ASIEN
Kairo
Suez-kanal
ÄGYPTEN
Rotes Meer
Nil
Khartum
SUDAN
Asmara
Eritrea
Assab
Gondar
Tigre
DJIBOUTI
Golf von Aden
Diredaua
Addis Abeba
Harrar
ÄTHIOPIEN
Ogaden
SOMALIA
Zaïre
UGANDA
KENIA
Mogadischo
Kisangani
Kampala
Mount Kenia
ÄQUATOR
RUANDA
Nairobi
ZAÏRE
BURUNDI
SEYCHELLEN
Dodoma
Sansibar
TANSANIA
Dar es Salaam
INDISCHER OZEAN
Lubumbashi
KOMOREN
Moroni
Mahoré (Fr.)
SAMBIA
MALAWI
Lilongwe
Sambesi
Lusaka
Cabora Bassa-Staudamm
Harare (Salisbury)
Quelimane
MADAGASKAR
MOSAMBIK
SIMBABWE
Antananarivo
Bulawayo
Beira
MAURITIUS
BOTSUANA
Réunion (Fr.)
Gabarone
Pretoria
Maputo
Johannesburg
SWASILAND
AFRIKA
LESOTHO
Kwazulu
Maseru
Durban
Oranje
Port Elizabeth

PETER SCHOLL-LATOUR
Mord am großen Fluß

PETER SCHOLL-LATOUR

Mord am großen Fluß

Ein Vierteljahrhundert afrikanische Unabhängigkeit

Deutsche Verlags-Anstalt
Stuttgart

CIP-Kurztitelaufnahme der Deutschen Bibliothek

Scholl-Latour, Peter:
Mord am grossen Fluss: e. Vierteljh. afrikan.
Unabhängigkeit / Peter Scholl-Latour. –
Stuttgart: Deutsche Verlags-Anstalt, 1986.
ISBN 3-421-06307-9

Karten: Horst W. Auricht, Stuttgart
Satz: Setzerei Lihs, Ludwigsburg
Druck und Bindearbeit: Mohndruck
Graphische Betriebe GmbH, Gütersloh
Printed in Germany

INHALT

VORWORT

Die zentralen Ereignisse des Buches liegen ein Vierteljahrhundert zurück. Diese zeitliche Distanz und dieser Erfahrungswert sollen einer nüchternen Bewertung des aktuellen Zustandes Afrikas wie auch den Spekulationen über künftige Entwicklungen zugute kommen. Bei der Schilderung der ersten Monate nach der Unabhängigkeit von Kongo-Zaire habe ich Notizen und Rundfunkreportagen verwendet, die unter dem Eindruck des turbulenten Tagesgeschehens entstanden und damals unter dem Titel »Matata am Kongo« zusammengefaßt wurden. Eine gelegentliche Sprunghaftigkeit der Berichterstattung nehme ich in Kauf, um dem Leser die subjektiv wahrgenommene Realität und die überreizte Stimmung dieser grenzüberschreitenden Krise zu vermitteln.
Zaire, die heutige Bezeichnung des Kongo, ist von dem afrikanischen Wort »Zadi« abgeleitet. Zadi heißt »Der große Fluß«.

P. S.-L.

Veritas filia temporis

Die Wahrheit ist Tochter ihrer Zeit

WIEDERSEHEN AM GROSSEN FLUSS

Der Marschall trinkt Champagner

Kinshasa, im Dezember 1984

Die Präsidentengarde trug Operettenuniform. Die schwarzen Soldaten waren in spinatgrünes Tuch gekleidet, die Jacken mit rot-goldenen Schnüren, Litzen und Epauletten verziert. Mit ihren hohen gesprenkelten Tschakos wirkten die Palastwächter wie exotische Husaren. Man hatte Mühe sich vorzustellen, daß dies eine Elitetruppe war, die von israelischen Experten ausgebildet wurde. Die Gemeinen trugen Schnellfeuergewehre. Die Offiziere schleppten Säbel. Noch malerischer waren die Berittenen, die allerdings höchst selten zu Pferde saßen. Sie stelzten in schwarzen Stulpenstiefeln mit klirrenden Sporen einher. Über den tiefschwarzen Gesichtern türmten sich riesige Bärenfellmützen, was diesen Kriegern trotz oder gerade wegen ihrer Rokoko-Kostümierung einen urweltlichen Ausdruck verlieh.

Der Präsident der Republik Zaire, Marschall Mobutu Sese Seko, hatte eine kleine Gruppe Journalisten zum lockeren Cocktailgespräch in den Park seines Palastes auf den Ngaliema-Hügel geladen. Zwischen den Palmen stolzierten Pfauen, schlugen Rad und krächzten laut. Weiter unten, zur Straße hin, weideten Gazellen. Hinter Gittern saß ein Löwe mit mächtiger Mähne auf einem Felsblock wie auf einem Sockel. Vom offenen Pavillon, wo uns rosa Champagner der teuersten Sorte serviert wurde, blickten wir auf die Stromschnellen des Kongo, des Zaire, wie man ihn auf dem südlichen Ufer nannte, seit Mobutu im Zeichen der »Authenticité africaine« vor fünfzehn Jahren auf den alten portugiesischen Namen dieses gewaltigen Stromes zurückgegriffen hatte.

In jenen Tagen waren auch die Städte Leopoldville in Kinshasa, Stanleyville in Kisangani, Elisabethville in Lubumbashi umgetauft worden. Vergebens suchte ich nach dem Denkmal des Angloamerikaners Henry Morton Stanley, des ungestümen, gewalttätigen Entdeckers Zentralafrikas, der das Kongo-Becken zwischen 1874 und 1877 in 999 Tagen durchquert hatte. Statt seiner ragte jetzt ein nackter Afrikaner, mit Speer und Schild bewaffnet, über den großen »Zadi« und verharrte in sieghafter Pose.

Unter den Ministern und Höflingen entstand Bewegung. Soldaten präsentierten das Gewehr. Die Offiziere zogen den Degen blank. Präsident Mobutu – von wenigen Sicherheitsbeamten umgeben – kam burschikos und lächelnd auf uns zu, schüttelte jedem die Hand und ging im Plauderton auf unsere Fragen ein. Zwei Tage zuvor hatte ich ihn bei der feierlichen Eidesleistung im »Palais du Peuple« beobachtet, einem Bauwerk im Stil des Pekinger Volkspalastes am Platz des Himmlischen Friedens, das die Volksrepublik China im Oktober 1979 gestiftet hatte. Vorgestern war der Staatschef in schwarzer Marschallsuniform erschienen, über und über mit Gold chamarriert. In der Hand hielt er einen grünen Marschallstab mit vielen Sternen. Er hatte dann, bei der Proklamation seiner neuen Präsidentschaftsperiode von weiteren sieben Jahren – das Votum des Volkes war, wie erwartet, einstimmig zu seinen Gunsten ausgefallen –, auf einem samtbezogenen, reich geschnitzten Thron von gewaltigen Ausmaßen Platz genommen. Mobutu war auf diesem Prunksessel, dessen kastenähnlicher Bau an einen Beichtstuhl erinnerte, zu einer hieratischen Häuptlingsgestalt, zum überlebensgroßen Fetisch erstarrt. Der »Président-Fondateur«, Gründer der allgegenwärtigen Einheitspartei »Mouvement Populaire de la Révolution«, hatte die Akklamationen, die afrikanischen Gesänge, die sogenannte »Animation«, die fast liturgisch klingenden Hymnen, die von der berühmten Luba-Messe inspiriert waren, er hatte die litaneiähnlichen Lobpreisungen auf den »Retter«, den »Erlöser« der Nation in maskenähnlicher Reglosigkeit entgegengenommen. Es war nicht leicht, in diesem düster blickenden Potentaten jenen jungen, freundlichen und etwas gehemmten Oberst wiederzuerkennen – eben erst vom Sergeanten zum Generalstabschef befördert –, dem ich vor einem Vierteljahrhundert zum ersten Male begegnete.

Doch an diesem Nachmittag im Palastgarten über den Stromschnellen gab er sich wieder wie einst. Mobutu wirkte jünger, weniger korpulent als auf den Stufen des Volkspalastes. Hinter der dunkel getönten Brille beobachtete er mich aufmerksam, reagierte aber zunächst zurückhaltend, als ich ihn auf unsere frühe Bekanntschaft ansprach. Er war relativ schlicht gekleidet. Er hatte auf die sonst übliche Leopardenkappe des Staatschefs und den wuchtigen, kunstvoll ziselierten Häuptlingsstab verzichtet, in dem angeblich ein wundertätiger Fetisch eingelassen ist. Der »Président-Fondateur« trug – wie alle seine Beamten, Minister und höheren Gefolgsleute – den »Abacost«, eine nach Mao-Look stilisierte Jacke, hochelegant aus teurem, dunklem Stoff tailliert. Der Kragen war im Gegensatz zum chinesischen Vorbild aufgeknöpft und gab einen modischen Seidenschal frei, der durch ein Brusttuch gleichen Musters ergänzt wurde.

Der »Abacost« war im Zeichen der »Zaïrianisation«, der afrikanischen Kulturrevolution, vom Président-Fondateur im Jahr 1971 als Nationaltracht für die einheimische Führungsschicht angeordnet worden, ungeachtet der Tatsache, daß seine Landsleute vor Einbruch der weißen Fremdherrschaft sich mit sehr viel spärlicherer Kleidung begnügt hatten. Der »Citoyen Président« – jeder Zairer wurde zur ständigen Bekräftigung seiner revolutionären Gesinnung als »Citoyen«, jede Zairerin als »Citoyenne« angeredet – hatte offenbar den Präzedenzfall der »Sansculottes« und Jakobiner im Auge, die die »Culotte«, die Kniehose des »Ancien régime«, als verpöntes Relikt aristokratischer Überlegenheit abgeschafft hatten. »Abacost« war die Abkürzung der Forderung: »A bas le costume! – Nieder mit dem (europäischen) Anzug!« und symbolisierte eine zusätzliche Absage an die koloniale Überfremdung.

Als ich Mobutu kennengelernt hatte, hörte er noch auf den frommen Vornamen »Joseph Désiré«. Auch das hatte sich geändert. Im Zuge seines Kulturkampfes gegen die Bevormundung durch die katholische Kirche hatte er verfügt, daß jeder Citoyen sich einen afrikanischen Vornamen zulegen mußte. Er selbst war mit gutem Beispiel vorangegangen. »Mobutu Sese Seko Kuku Ngbendu wa za Banga« war nunmehr auf unzähligen Plakaten und Portraits des »Big man« mit der Leopardenkappe zu lesen: »Mobutu auf alle Zeit, der mächtige Hahn, der keine Henne unbestiegen läßt.« Ich hatte mehrere, durchaus seriöse Sprachkundige befragt, ehe ich mich davon überzeugen ließ, daß es sich bei dieser protzigen Namensgebung nicht um einen plumpen Europäerwitz handelte. Die meisten Afrikaner nahmen diese Exzentrizität offenbar als etwas Natürliches hin, waren weder schockiert noch amüsiert.

Der Marschall fühlte sich wohl in der Runde der Journalisten. Er erwähnte ja gern, daß er dank der Vermittlung eines belgischen Gönners nach seiner Militärzeit auch als Redakteur für ein Blatt der Kolonialbehörden gearbeitet hatte, daß er gewissermaßen zur Zunft gehöre. Was er unter anderen Umständen als Majestätsbeleidigung geahndet hätte, die direkten, fast impertinenten Fragen eines Reporters madegassischer Herkunft, der zudem noch unter Alkohol- oder Drogenwirkung zu stehen schien, quittierte er hier mit Leutseligkeit.

Mobutu machte kein Hehl daraus, daß er über die jüngste französische Afrika-Politik verstimmt war. Präsident Mitterrand würde am kommenden Tag der Republik Zaire einen Staatsbesuch abstatten. Aber das Datum war schlecht gewählt. Der Abzug der französischen Truppen aus dem Tschad, der Abbruch der Militäroperation »Manta« in der nördlichen Sahel-Zone, die ungewöhnliche Begegnung Mitterrands mit dem Unruhestifter Kadhafi auf Kreta, hatten bei allen gemäßigten Staatschefs des frankophonen Afrika höchste Beunruhigung ausgelöst. War auf die Franzosen noch Verlaß? Waren die ideologischen Vorbehalte der französischen Sozialisten gegen das proamerikanische, kapitalfreundliche Regime von Zaire so eingefleischt, daß die enge strategische Zusammenarbeit zwischen Paris und Kinshasa dadurch ins Wanken geriet?

Giscard d'Estaing hatte 1978 nicht gezögert, seine Fremdenlegionäre über Kolwezi in der Kupferprovinz Katanga – heute »Shaba« – abspringen zu lassen. Er hatte damit die Invasion der »Katanga-Gendarmen« abgewehrt und den Zerfall der Republik Zaire, der sich bedrohlich ankündigte, vereitelt. Mobutu hatte den Franzosen drei Jahre später gedankt, indem er zweitausend zairische Soldaten in die Tschad-Hauptstadt Ndjamena zum Schutz des dortigen Präsidenten Hissène Habré abkommandierte. Am Tschad stand mehr auf dem Spiel als die ohnehin trübe Zukunft einer künstlich zusammengestükkelten Sahel-Republik.

Vor einem Monat erst – im November 1984 – war es zu einer neuen Rebellion im äußersten Südosten der riesigen Zaire-Republik gekommen, die fünfmal so groß ist wie Frankreich. In dem Shaba-Städtchen Moba am Tanganyika-See hatten Aufständische, die sich zur »Revolutionären Volkspartei« bekannten und sich als Rächer des ermordeten Nationalhelden Patrice Lumumba gebärdeten, die Garnison überrumpelt. Mit diesen »Salopards«, diesen »Schweinehunden«, wie der Marschall sie jetzt nannte, sei kurzer Prozeß gemacht worden. Die Republik Zaire habe ihre innere Stabilität bewiesen und den Staatsfeinden habe es nichts genutzt, daß sie aus dem benachbarten Tansania Unterstützung erhielten.

Die Wirklichkeit sah anders aus. Ein französischer Hauptmann, der bei der 31. Fallschirmbrigade von Zaire, der Prätorianer-Garde des Regimes, diente, hatte mir die Vorgänge von Moba unverblümt geschildert. Etwa dreißig Rebellen, die einer linksradikalen Oppositionsgruppe angehörten, waren aus ihren Schlupfwinkeln in der südlichen Kivu-Provinz in den Nordosten von Shaba eingesickert. Im Handstreich hatten sie die Garnison der Zaire-Armee von Moba, etwa hundertfünfzig Mann, überwältigt und in den Busch gejagt. Die Regierungssoldaten, die seit Monaten weder Sold noch Verpflegung erhalten hatten, waren zur Landplage geworden. Sie hatten die Bevölkerung geplündert und drangsaliert. Kein Wunder, daß die Aufständischen wie Befreier begrüßt wurden.

Es dauerte ein paar Tage, ehe man in der Befehlszentrale von Ost-Zaire bemerkte, daß in Moba Ungewöhnliches passiert war. Das Flugzeug eines kanadischen Missionars wurde von dem regionalen Kommandeur requiriert. Bei der Landung in Moba wurde der Kanadier von den Rebellen erschossen, der zairische Oberst verschwand – tot oder lebendig – im Dschungel. In Kinshasa erkannte Mobutu die Alarmzeichen. Ein Bataillon Parachutisten, von französischen Offizieren organisiert und befehligt, sprang über Moba ab. Die Zivilisten waren in die Wälder geflüchtet, aber viele wurden aufgestöbert und mehr als hundert Menschen von den Regierungssoldaten zur Abschreckung niedergemacht. Die ursprüngliche Garnison von Moba hatte bei dem kurzen Scharmützel mit den Rebellen zehn Mann verloren. Gegen sie wurden jetzt strenge Disziplinarmaßnahmen ergriffen. Die Aufrührer waren über die Grenze nach Sambia entwichen. In

Kinshasa wurde ein Siegeskommuniqué ausgegeben: Am Westufer des Tanganyika-Sees seien Ruhe und Ordnung wiederhergestellt.

Während dieses Gesprächs erfuhr ich zu meiner Verwunderung, daß die 31. Fallschirmbrigade unter dem direkten Kommando eines französischen Obersten stand, daß die Offiziere – bis hinunter zum Zugführer – samt und sonders französische Paras seien und daß die Zairer Chargen in dieser Sondereinheit nur eine Statistenrolle spielten. »Bei den übrigen Militärexperten ist das etwas anders«, erläuterte der französische Hauptmann. »Die Belgier stellen nur Ausbildungspersonal, etwa hundertfünfzig Mann insgesamt. Die Chinesen instruieren in der Province Orientale eine Infanteriedivision, dürften aber – wie ihre nordkoreanischen Vorgänger – bald das Land verlassen. Schließlich halten sich die israelischen Sicherheitsexperten, die die Präsidialgarde und ›Sécurité‹ betreuen, diskret, aber effizient im Schatten.« »Die Armee von Zaire«, lachte der Capitaine, »ist die beste Armee der Welt, wie die beiden Shaba-Feldzüge von 1977 und 1978 gezeigt haben. Sie weicht vor jedem eindringenden Gegner zunächst in wilder Auflösung zurück. Daraufhin werden ferne Alliierte – Franzosen, Marokkaner, Belgier – zu Hilfe gerufen, die die Rebellion in einer Blitzaktion niederwerfen; die Zairer Armee besetzt dann siegreich das verlassene Schlachtfeld.«

Mobutu Sese Seko war in mitteilsamer Laune. Unter den geladenen Journalisten befanden sich Veteranen der Afrika-Berichterstattung. Der eine oder andere – so wußten die Eingeweihten – nutzte gelegentlich den Reportereinsatz für nachrichtendienstliche Zwecke. Der Marschall kam auf die letzte Tagung der »Organisation für Afrikanische Einheit« in Addis Abeba zu sprechen. Er hatte diese Veranstaltung aus Protest gegen die mehrheitliche Anerkennung der Polisario-Republik in der West-Sahara verlassen. Mobutu sah darin eine Verletzung der panafrikanischen Satzungen. Nachdrücklich schlug er sich auf die Seite des marokkanischen Königs und verteidigte dessen Anspruch auf den ehemals spanischen Wüstenstreifen. Das Eingreifen marokkanischer Bataillone – von der US-Air Force transportiert – hatte dem Mobutu-Regime im ersten Shaba-Krieg 1977 erlaubt, eine desperate Bürgerkriegssituation zu überleben. Im übrigen mochte sich der Marschall daran erinnern, daß der marokkanische General Kettani, damals einer der führenden Offiziere der UN-Truppe am

Kongo, ihn im Herbst 1960 vor der Wut lumumbistischer Meuterer gerettet hatte.

Ein Mulatte im dunkelgrauen »Abacost« mit energischen Zügen und scharfem Blick war zu uns getreten. Mobutu brauchte den Neuankömmling nicht vorzustellen. Premierminister Kengo Wa Dondo war Generalstaatsanwalt der Republik Zaire gewesen, bevor er Regierungschef wurde. Er hatte damals unerbittliche Urteile gegen eine ganze Serie von Oppositionspolitikern und Meuterern gefällt. Das Gerücht ging, Kengo werde im Zuge einer umfassenden Kabinettsumbildung demnächst in Ungnade fallen. Aber der Präsident ließ seine engsten Mitarbeiter gern im ungewissen über seine Absichten. Ein Belgier flüsterte mir zu, daß Kengo Wa Dondo ursprünglich Leibovitz geheißen habe und Sohn eines polnisch-jüdischen Kaufmanns von Leopoldville sowie einer afrikanischen Mutter sei.

Der madegassische Reporter stichelte weiter. Warum Zaire denn als erster schwarzafrikanischer Staat die diplomatischen Beziehungen zu Israel nach dem Bruch von 1973 wieder hergestellt habe. Der Marschall ließ sich nicht reizen. Er wolle nicht »katholischer sein als der Papst«. Seit dem Camp-David-Abkommen habe Israel den Sinai an Ägypten zurückgegeben und sein Verhältnis zu Kairo normalisiert. Er, Mobutu, werde sich nicht von den Extremisten der Araber-Liga seine Marschroute vorschreiben lassen. Er kam dann zu seinem neuen Lieblingsthema, der Schaffung einer negro-afrikanischen Staatengruppe, die – unabhängig von der arabo-afrikanischen Staatengruppe des Nordens – ihre eigenen Interessen, notfalls auch im Gegensatz zu den Arabern, wahrnehmen müsse. Er sei sich bewußt, daß er als Chef eines reichen afrikanischen Flächenstaates im Herzen des Kontinents, mit ganz wenig muslimischen Bürgern, in einer sehr viel stärkeren, unabhängigeren Position sei als so viele seiner negro-afrikanischen Kollegen, die Rücksicht auf ihre islamisierten Völkerschaften nehmen müßten und der radikalen Agitation eines Kadhafi ausgeliefert seien.

Die Politiker von Zaire beobachteten die Ausbreitung des Islam im schwarzen Afrika mit zunehmender Sorge, hatten doch Ende des 19. Jahrhunderts die Eiferer und Sklavenhändler des sudanesischen Mahdi die heutige Ostprovinz von Kisangani vorübergehend unterworfen. Für Mobutu – das war ein Beweis seines Selbstbewußtseins – ist der Begriff »nègre« und »Négritude« ebensowenig ein Schimpfwort wie für den Dichter-Präsidenten Leopold Sedar Senghor von Senegal.

Der Marschall nahm mich beiseite. An seine schwierigen politischen Anfänge vor einem Vierteljahrhundert – er gehörte ursprünglich zu den Anhängern Lumumbas, wurde später jedoch dessen dezidierter Gegner – erinnerte er sich ungern, wollte sich nicht darüber auslassen. »Es ist so viel Zeit seitdem vergangen«, sagte er reserviert, »fragen Sie mich nicht nach den Politikern von damals. Die junge Generation, die seitdem in Zaire herangewachsen ist, macht etwa siebzig Prozent der Gesamtbevölkerung aus. Die können sich an diese Namen der Vergangenheit schon gar nicht mehr erinnern. Afrika ist ein schnellebiger Kontinent. Blicken Sie doch auf das benachbarte Angola. Vor fünf Jahren galten die angolanischen Marxisten noch als unsere Todfeinde, und vorgestern habe ich den angolanischen Präsidenten Dos Santos, der zu meiner Eidesleistung als Staatsgast gekommen war, in die Arme geschlossen.« Zaire werde sich hüten, im Angola-Konflikt irgendeine Vermittlerrolle zwischen den dortigen Bürgerkriegsparteien zu übernehmen.

Ein Diener kam, um Champagner nachzugießen. Plötzlich mußte ich an eine Szene aus dem Frühjahr 1961 denken. Mobutu, damals gerade zum Generalleutnant befördert, reiste mit großer militärischer und journalistischer Eskorte auf einem Kongo-Dampfer von Coquilhatville in der Äquator-Provinz nach Leopoldville zurück. Die Sonne ging über dem schwarzen Urwald und dem rot schimmernden Strom auf. Mobutu stand neben dem damaligen Außenminister Bomboko am Bug des Schaufelbootes. Eine schwarze Ordonnanz brachte schon damals Champagner. Da nahm Bomboko die Flasche prüfend in die Hand und fuhr den Servierer an: »Imbécile, du Dummkopf, weißt du nicht, daß der General morgens nur ›Champagne Brut‹ trinkt?«

Welch unglaubliches, atemberaubendes Schicksal war diesem Mann beschieden, der einer kleinen Volksgruppe aus der nördlichen Äquatorial-Provinz entstammt und dessen Mutter, der er viel verdankt, sich als Magd in einem Europäerhotel der Hauptstadt verdingen mußte. Bei dem Festakt im Volkspalast hatte mich der »Président-Fondateur« in bedenklicher Weise an den grotesken Kaiser Bokassa I. von Bangui gemahnt. Doch der Vergleich war unzutreffend. Mobutu war eine Figur ganz anderen Kalibers.

Erriet er meine Gedanken? »Sie finden vielleicht, daß viel Pomp bei den Feierlichkeiten zu meiner neuen Amtseinführung entfaltet wurde«, sagte er. »Glauben Sie mir, ich kenne meine Zairer, sie erwarten von mir – entsprechend unserer afrikanischen Häuptlingstradition –, daß ich sie mit Prunk und Würde repräsentiere. Ich, Mobutu, verkörpere diesen Staat, der ohne meine einigende Gestalt in hundert Stücke zerfiele.« Vielleicht hatte er schon zuviel gesagt, bereute er, ein paar Minuten aus seiner steifen Attitüde herausgetreten zu sein. Er ging mit einem kurzen Nicken.

Die Runde im Park über den Stromschnellen verweilte noch, bis übergangslos die tropische Nacht anbrach. Der Alkohol hatte die Zungen gelöst. Das ständige Europäer-Thema am Kongo kam auf: das sagenhafte, immense Vermögen dieses afrikanischen Potentaten. Auf die Frage eines amerikanischen Korrespondenten, ob er tatsächlich der reichste Mann Afrikas sei, hatte der »Président-Fondateur« lachend erwidert, nein, er rangiere nur an zweiter Stelle und ließ die Frage offen, ob er mit Nummer eins den König von Marokko oder den südafrikanischen Industriemagnaten Harry Oppenheimer meinte. Ein blasser Flame, dem ich schon vor fünfundzwanzig Jahren in Leopoldville begegnet war, schätzte den Privatbesitz Mobutus auf die wenig glaubhafte Summe von sieben Milliarden Dollar. In Gbadolite, seinem Geburtsort, den er zu einer Modellsiedlung und Sakralstätte umgestaltet hatte, sei der ersten Ehefrau Mobutus ein Mausoleum errichtet worden, das sich mit dem Grab Napoleons in der Invalidengruft messen lasse.

In Brüssel, so hieß es, sei man genauestens über die Vermögensverhältnisse Mobutus, seine Schlösser, seine Latifundien, seine Anhäufung kostbarster Diamanten, seine Gold- und Devisendepots in der Schweiz informiert. Kein Geringerer als Karl-I-Bond, früherer Premierminister und, wie es hieß, zu jener Zeit engster Freund Mobutus, fast sein Bruder, sei die Quelle dieser Enthüllungen. Die Entzweiung zwischen den beiden Männern rühre aus einem Eifersuchtsdrama in der intimsten Umgebung der Präsidentschaft. Aber Karl-I-Bond, der in den liberalen und progressiven Kreisen Brüssels gern als Alternative zu Mobutu gehandelt wurde, war seinerseits interviewt worden, wie denn er selber zu dem großen Geld gekommen sei, mit dem er sein Exil vergolde. Die Antwort war direkt und entwaffnend: »Ich verstehe Sie nicht«, entgegnete der Oppositionspolitiker Karl-I-Bond, »ich bin jahrelang Minister und Regierungschef in Zaire gewesen, und ich wäre doch ein ausgemachter Narr, wenn ich diese Chance nicht weidlich genutzt hätte.«

Nicht nur die Wahrheit, auch die Moral ist Tochter ihrer Zeit. Der Mann, dem Präsident Kennedy 1962 bescheinigte, er habe für den Kongo Großes geleistet und Zentralafrika davor bewahrt, eine Einflußzone Moskaus zu werden, hatte darauf bescheiden geantwortet: »J'ai fait ce que j'ai pu – Ich tat, was ich konnte.« Seitdem hatte er eine schwindelerregende Karriere durchlaufen. Wie konnte er diesen Aufstieg zu Pomp und Macht verkraften? Mobutu näherte sich dem 55. Lebensjahr, ein kritisches Alter für Afrikaner. Sein leicht aufgeschwemmtes, dunkel geflecktes Gesicht war von Einsamkeit und Menschenverachtung geprägt.

Sag mir, wo die Helden sind

Kinshasa, im Dezember 1984

Es war ein nostalgischer Abend. Mit meinem alten Weggefährten Jean-Louis war ich zur »Devinière« gefahren, dem gepflegtesten Restaurant Kinshasas nahe dem Villenviertel Binza. Jean-Louis war mit dem Pressevortrupp Präsident Mitterrands ein paar Stunden zuvor in Zaire eingetroffen. Ihm war das große Land am afrikanischen Strom ebenso vertraut wie mir. In Leopoldville hatten wir uns 1961 kennengelernt, im Dezember 1962 über den zweiten Katanga-Feldzug berichtet und im Stadtzentrum von Elisabethville Deckung vor den Granatwerfern der Vereinten Nationen gesucht, als ein Dutzend französischer und belgischer »Söldner« die glorreiche Friedenstruppe der Weltorganisation tagelang in Schach hielt. Später hatten sich unsere Wege in Indochina gekreuzt. Wir wurden 1973 vom Vietkong, genauer gesagt von den Norvietnamesen, gefangengenommen, und hatten 1975 die letzten Tage Saigons vor der kommunistischen Eroberung gemeinsam verbracht.

Neben zwei gemischten Tafelrunden aus Zairern und Belgiern waren wir die einzigen Gäste in der »Devinière«. Der schwarze

»Citoyen-Maître d'Hôtel« nahm unsere Bestellung sehr zeremoniös entgegen. In Erinnerung an alte Zeiten hatten wir zum Hors d'œuvre scharf gewürzte Riesenkrabben, »Cossa-Cossa au Pili-Pili« bestellt, und obwohl sich unsere kulinarischen Ansprüche in Grenzen hielten, entrichteten wir am Ende für zwei Personen den Gegenwert von fünfhundert D-Mark. Der »Zaire«, die Zahlungseinheit des neuen Kongo-Staates, war vor wenigen Wochen auf Weisung Mobutus um 486 Prozent abgewertet worden und galt seitdem als harte Währung.

Der »Président-Fondateur« hatte nach einer Vielzahl genossenschaftlicher, halbsozialistischer Experimente, nach der Vertreibung aller privaten Klein- oder Mittelunternehmer aus dem Ausland, nach der Verstaatlichung der meisten großen Gesellschaften einen konsequenten Schlußstrich unter diese Verirrung gezogen, die die Staatsfinanzen an den Rand des Abgrunds, die Zaire-Ökonomie in einen Zustand desolaten Niedergangs getrieben hatte. Marktwirtschaft, freie Initiative, Ermutigung ausländischer Investitionen lautete von nun an das Rezept des wirtschaftlichen Heils. Die Belgier, die ohnehin stets einen Fuß in der Tür behalten hatten, kamen wieder und waren zahlreicher als in den Tagen der Kolonisation. Auch die portugiesischen und griechischen Händler fanden sich nach ihrer schimpflichen Ausweisung wieder ein.

Die meisten Konsumgüter des Westens waren nun in Kinshasa zu finden. Die teuren Boutiques von Pierre Cardin, Daniel Hechter, Cerruti und anderen lockten eine exklusive europäische und zairische Kundschaft. In »La Devinière« wurden die besten Wein- und Champagnersorten angeboten. Das kleine Volk hatte das Nachsehen. Die Aufhebung der Subventionierung von Grundnahrungsmitteln, insbesondere die Freigabe des Preises für Maniok, zwang den Durchschnitts-Citoyen, seinen Gürtel bei gleichbleibenden Löhnen enger zu schnallen. Das überquellende Lebensmittelangebot auf den Eingeborenenmärkten blieb für viele unerschwinglich. In den amerikanischen und europäischen Geschäftskreisen von Kinshasa wurden Wetten geschlossen, ob die »neue Wirtschaftspolitik« Mobutus erfolgreich sein könne. Schlimmer als in den vergangenen Jahren des totalen Niedergangs nach der »Zaïrianisation« konnte es freilich nicht kommen.

Jean-Louis war jetzt Redakteur einer Pariser Tageszeitung mit gemäßigt sozialistischer Orientierung. Er war alles andere als ein Marxist; jede Ideologie war ihm ein Greuel. Am lässigen Auftreten erkannte man den »grand bourgeois«. Der gewaltige RAF-Schnurrbart, der ihn in Saigon geziert hatte, war etwas gestutzt worden. Er beobachtete weiterhin die Welt, insbesondere die Auswüchse afrikanischer »Authentizität«, mit amüsierter Sympathie. Für mich verkörperte er den Prototyp des »honnête homme«, hochgebildet und etwas altmodisch. Vielleicht war er in der sozialistischen Umgebung des Elysée-Palastes deshalb besonders gut gelitten.

Beim Dessert prosteten wir uns zu. Der Zeitpunkt des Wiedersehens verdiente, gefeiert zu werden: Fünfundzwanzig Jahre Unabhängigkeit am Kongo; zwanzig Jahre, ein Lustrum, seit Mobutu die Staatsgewalt an sich riß; hundert Jahre schließlich nach jener Berliner Konferenz, die Afrika – unter der diskreten Taktführung Bismarcks – zwischen den europäischen Mächten aufteilte. Das riesige Kongo-Becken war damals eben erst entdeckt worden. Schon kündigten sich britische und französische Rivalitäten in diesem Raum an, von den aufkeimenden deutschen Ansprüchen auf ein durchgehendes zentralafrikanisches Schutzgebiet zwischen Atlantik und Indischem Ozean ganz zu schweigen. So wurde der Kongo aus dem Schacher ausgeklammert. Die Konferenzpartner von Berlin übereigneten ihn kurzerhand dem König von Belgien, Leopold II., der sich als Förderer kolonialer Forschungsgesellschaften, aber auch als skrupelloses und brutales Finanzgenie einen Namen gemacht hatte. Bis zum Jahre 1971 war das noch von Leopold entworfene blaue Tuch mit dem gelben Stern Nationalemblem der auf seinem früheren Territorium entstandenen Kongo-Republik gewesen. Dann hatte der »Président-Fondateur« eine neue Flagge entworfen: Grasgrünes Feld mit einem gelben zentralen Kreis, auf dem sich eine schwarze Faust mit rotlodernder Fackel abhob.

»Wer hätte damals geahnt, daß der artige, etwas hilflos wirkende Oberst Mobutu sämtliche Wirren überleben und seinen kongolesischen Subkontinent zusammenhalten könnte?« sinnierte Jean-Louis. In den Kanzleien und Redaktionen des Westens – von denen des Ostens ganz zu schweigen – gehörte es seit langem zum guten Ton, den Stab über das Zaire-Regime und seinen »Guide«, seinen »Führer«, zu brechen. Die einen witzelten über diesen »Sonnenkönig Zentralafrikas«, der – zumindest was das Nationaleigentum seiner Republik betraf – dem Grundsatz huldigte: »L'Etat c'est moi«. Andere beklagten seine pseudo-napoleonische Hybris. Seine Armee wurde mit den verrohten Landsknechtshaufen des Dreißigjährigen Krieges, seine Regierungsmethoden mit denen der Merowinger verglichen. Es sei schwer, ein Land, das sich noch mit einem Fuß in der Steinzeit befinde, mit den Maßstäben von »Amnesty International« zu bewerten, kamen wir überein, und das war durchaus nicht als Herabminderung dieser verdienten Institution gemeint.

Wo waren sie denn heute, die Fackelträger der panafrikanischen Befreiung, die bei europäischen wie bei amerikanischen Liberalen oder Progressisten so hohe Erwartungen geweckt hatten? Im Jahr 1960, an der Schwelle der afrikanischen Unabhängigkeit, klammerten sich viele Abendländer an die Wunschvorstellung, die Spontaneität, die angebliche Unverbrauchtheit der Völker der Dritten Welt könnten neue Impulse, eine originäre politische Phantasie zeugen und dazu beitragen, jene Zivilisationsmüdigkeit zu überwinden, die so sehr auf manchem Weißen zu lasten schien. Erst später nahm man zur Kenntnis, daß die Afrikaner zu den frühesten Rassen der Welt zählen, ja die Theorie verhärtete sich, der Ursprung der Menschheit liege im ostafrikanischen Raum. Kein Wunder, daß bei diesen Stämmen gewisse Erosions-Erscheinungen auftraten wie bei altem ehrwürdigem Gestein. Seit 1960 hatten sich Enttäuschung und Ernüchterung breit gemacht, selbst bei den Salonanwälten des »afrikanischen Sozialismus« und bei jenen Dritte-Welt-Bewunderern, den »Tiersmondisten«, die man in Paris neuerdings als »Tiers-Mondäne« belächelte. Die zeitgemäße Vision des »bon sauvage«, des »guten Wilden«, den Jean-Jacques Rousseau einer dekadenten Rokoko-Generation als Vorbild empfohlen hatte, verblaßte nach und nach.

Die einstigen Herolde der afrikanischen Selbstbehauptung, die wir in der »Devinière« Revue passieren ließen, hatten meist eine tragische oder groteske Entwicklung durchlaufen. Da war Kwame Nkrumah von Ghana, der im Februar 1966 während eines Staatsbesuchs in Peking durch seine eigenen Militärs gestürzt wurde und nach langem Exil in Guinea völlig vergessen in Bukarest gestorben war. Zuvor war die ehemals britische Goldküste, die er mit einer blühenden Agrarwirtschaft und großen Finanzreserven übernommen hatte, unter Anleitung des »Osagyefo«, des »Erlösers«, wie auch Nkrumah sich nennen ließ, in Elend und blutige Wirren geschlittert. Julius Nyerere von Tansania – inzwischen amtsmüde geworden – regierte in Dar-es-Salam mit Hilfe der Einheitspartei TANU. Aber sein Ujamaa-Konzept, die überstürzte Schaffung von Agrarkommunen, das ein so positives Echo im Ausland gefunden hatte, erwies sich als Fiasko. Überdies hatte die tansanische Armee, die im Auftrag dieses ostafrikanischen »Friedensfürsten« nach Kampala eingerückt war, um dort dem Nyerere-Freund Milton Obote mit Waffengewalt zur Macht zu verhelfen, solche Ausschreitungen und Stammesmassaker in Uganda begünstigt, daß die einheimische Bevölkerung die wahnwitzige Tyrannei eines Idi Amin rückblickend als geringeres Übel empfand. Selbst von dem leutseligen Präsidenten Kenneth Kaunda, dem »weisen alten Mann« Sambias, der seit zwanzig Jahren – mit dem weißen Tuch winkend – nach Kompromißformeln für die Entspannung im südlichen Afrika suchte, hieß es bei den Experten des Internationalen Währungsfonds, er sei in der Lage – falls ihm die Verwaltung der Schweiz anvertraut würde –, die Eidgenossenschaft binnen sechs Monaten in den Bankrott zu steuern.

Die Liste ließ sich beliebig verlängern. Die positiven Entwicklungen waren die Ausnahme. Am schrecklichsten berührte uns der Fall Sekou Touré. Ich selber war von diesem Revolutionär aus der westafrikanischen Republik Guinea fasziniert gewesen, als ich ihm 1959 zum ersten Mal gegenübersaß. Der tiefschwarze Volkstribun vom Stamm der Malinke trat würdig und selbstbewußt auf. Dieser ehemalige Postbeamte und Gewerkschaftssekretär stammte von dem Kriegsherrn Samore ab, der sich im vergangenen Jahrhundert mit den vorrückenden Franzosen herumgeschlagen hatte. Im Gespräch strahlte Sekou Touré Dynamik und Kraft aus. Sein Erneuerungswille klang überzeugend. Als einziger unter den afrikanischen Regierungschefs französischer Sprache, die an die Schwelle der Unabhängigkeit gelangten, hatte er 1958 dem General de Gaulle den Fehdehandschuh hingeworfen. Dazu gehörte viel Kühnheit und Stolz.

Fast drei Jahrzehnte lang hatte Sekou Touré über die vier Millionen Einwohner Guineas, über einen sozialistischen Staat von den Ausmaßen der Bundesrepublik, als allmächtiger Landesvater, als »Silly«, der »Große Elefant«, geherrscht. Alle Trümpfe waren auf seiner Seite: fruchtbarer Boden mit üppigen Ernten, blühende Viehzucht im

Fouta-Djalon, die mächtigsten Bauxitlager des Kontinents, hochwertige Eisenreserven im Nimba-Gebirge und ergiebige Diamantenfelder. Die Russen hatte er als Garanten seiner antigaullistischen »Indépendance« zunächst willkommen geheißen. Später rief er sie streng zur Ordnung. Mit dem Frankreich Giscard d'Estaings hatte er sich schließlich spektakulär und grandios versöhnt. Sekou Touré galt als einer der Großen auf den Foren der Dritten Welt, auf den Tribünen der Blockfreien.

Beim Staatsbesuch in Washington im März 1984 starb er unerwartet – und jäh brach die glänzende Fassade, die er um sich aufgerichtet hatte, zusammen. Was sich hinter dem internationalen Prestige des »Großen Elefanten« verbarg, trat nach seinem Tod als nackter Horror zutage. Etwa ein Viertel der Bevölkerung Guineas war vor der Willkür dieses Tyrannen und den Zwangsmethoden seiner revolutionären Einheitspartei ins Ausland geflüchtet. In diesem von der Natur gesegneten Land herrschten Unterernährung, ideologischer Obskurantismus, Verzweiflung und vor allem eine entsetzliche, lähmende Angst. Das Volk zitterte stündlich vor den Schergen des Terrorregimes, die in den Folterzellen des Konzentrationslagers Boiro mit höchster Billigung ihren Sadismus austobten. Sekou Touré, einst als strahlender Freiheitsheld Afrikas angetreten, entpuppte sich als der gräßliche Zombie einer blutrünstigen Willkür.

»An diesen Leitfiguren gemessen, ist unser Mobutu Sese Seko gar nicht so fürchterlich«, sagte Jean-Louis gönnerhaft, während wir die »Devinière« verließen. Draußen sammelte sich eine ausgelassene Gruppe junger Weißer vor dem benachbarten Disco-Club »Le Privé«. Die Jünglinge sahen aus wie sportliche Söhne reicher Eltern. Die Mädchen waren attraktiv und sehr modisch gekleidet. Die »Jeunesse dorée« des neuen belgischen Establishment widmete sich lärmend ihrem exklusiven Vergnügen. Wir hatten keine Lust, ins »Intercontinental« zurückzukehren, wo sich die »Presse Présidentielle« aus Paris um die Hotelzimmer stritt, wo die Pariser Journalisten – von ihrer Wichtigkeit durchdrungen – auf die vergebliche Jagd nach Informationen gingen und nur Aufregung stifteten.

Das verlassene Denkmal

Wir fuhren über spärlich beleuchtete Kurven den Hügel hinab. Die Straßen von Kinshasa lagen um 23 Uhr wie ausgestorben. Unter einer Laterne winkten uns drei schwarze Freudenmädchen zu. Wir bogen über die Prachtallee der Hauptstadt ab, den früheren Boulevard Albert – zu Ehren des Unabhängigkeitstages jetzt »Boulevard du 30 Juin« benannt – in Richtung auf den früheren Amtssitz Lumumbas, die gelbe Villa am Strom. Knappe sechs Monate hatte Patrice Lumumba, das Idol aller afrikanischen Revolutionäre, hier als Premierminister amtiert. Nach seiner Absetzung durch den damaligen Generalstabschef Mobutu war er ein paar Wochen lang in diesem Haus von der eigenen Armee belagert worden, ehe er Anfang 1961 einen abenteuerlichen Fluchtversuch unternahm, der mit seiner Inhaftierung und Ermordung endete.

Der klare Sternenhimmel wurde durch das Laubgewölbe der Flamboyants und der Mangobäume verdunkelt. Plötzlich leuchtete eine Taschenlampe auf. Wir wurden von Bewaffneten gestoppt. Unter dem Stahlhelm blickten wir in die weißschimmernden Augen einer schwarzen Gendarmeriepatrouille. Zwanzig Jahre waren vergangen, aber es war wie ein Schlag in den Magen. Plötzlich war das Gefühl der Unsicherheit, das quälende Bewußtsein des Ausgeliefertseins an die Launen dieser unberechenbaren Soldaten wieder da. Automatisch knipste ich die Innenbeleuchtung des Autos an, setzte ein möglichst harmloses Lächeln auf und streckte dem kontrollierenden Unteroffizier, der uns die Maschinenpistole routinemäßig unter die Nase hielt, irgendeinen Ausweis entgegen. Die Gendarmen waren in milder Laune. Sie winkten uns grinsend durch. Am nächsten Morgen erfuhren wir allerdings, daß ein kanadischer Geschäftsmann zur gleichen Stunde durch diese oder eine andere Streife von Ordnungshütern ausgeplündert und mißhandelt worden war.

Jean-Louis bat mich, vor der Post anzuhalten. Er hatte in den Monaten der großen Kongo-Krise jeden Tag ein paar Stunden in diesem quadratischen Gebäude am Boulevard Albert verbracht, um für die Agence-France-Presse seine Kabel abzusetzen. Der Kongo beherrschte damals die Schlagzeilen der Weltpresse. Auf ein breites

Spektrum der amerikanischen Öffentlichkeit wirkten die Drohungen des schwarzen Revolutionärs Lumumba kaum weniger bedrohlich als die Brandreden Fidel Castros. Als die Kongo-Republik in zwei feindliche Lager auseinanderzubrechen drohte – ein westliches in Leopoldville, ein östliches in Stanleyville –, bemühten die Kommentatoren schon den Vergleich mit Korea. Würde Zentralafrika für den Westen ebenso verlorengehen wie das asiatische Festland, fragten die »hardliner« der China-Lobby. Präsident Eisenhower und nach ihm Präsident Kennedy fühlten sich durch die kongolesischen Ambitionen Chruschtschows ähnlich herausgefordert wie durch dessen Strangulierungsmaßnahmen gegen West-Berlin. Ganz am Rande – in Afrika kaum wahrgenommen – schwelte in Fernost ein verworrener Dauerkonflikt um das indochinesische Königreich Laos. Kaum einer unter den Presseleuten von Leo- oder E-ville, wie man abkürzend sagte, ahnte zu jener Zeit, daß sein nächstes Assignment Saigon heißen könnte. Für die meisten Krisenreporter führte der Weg direkt vom Kongo nach Vietnam.

Schnellebigkeit der Politik und des Sensationsjournalismus! Wo spielte die Presse je eine größere Rolle als hier am Kongo? Schon der hemdsärmelige Entdecker Henry Morton Stanley hatte der schreibenden Zunft angehört, für den »Herald« in New York im Auftrage des berühmten James Gordon Bennett berichtet und die Richtung gewiesen. Dieses gewaltige Becken im Herzen Afrikas übte offenbar eine düstere Anziehungskraft gerade auf jene Schriftsteller aus, deren Romane und Novellen sich in intimer Nachbarschaft zur journalistischen Chronik bewegten. Joseph Conrad hatte hier das »Herz der Finsternis« gefunden. Graham Greene meditierte in einer Leprastation über seinen »Ausgebrannten Fall«. R. S. Naipaul, der Brahmanen-Abkömmling aus Westindien, beschrieb den Niedergang von Stanleyville in seinem Roman »An der Biegung des großen Flusses« und sicherte – welch anderer afrikanische Autokrat kann sich dessen rühmen – Mobutu Sese Seko, »The big man«, einen Platz in der Weltliteratur.

Patrice Lumumba, der selber ein paar Monate lang von Stanleyville aus als »stringer« für die französische Nachrichtenagentur gearbeitet hatte, blieb von dieser Berufsgattung so fasziniert, daß ihm die tägliche Pressekonferenz während seiner halbjährigen Regierungszeit wichtiger erschien als die Kabinettssitzungen. Er war ganz und gar Bantu, der »wahre Sohn Afrikas«, wie ihn eine sowjetische Filmdokumentation nach seiner Ermordung nannte. Er maß der verbalen Beschwörung eine fast magische Bedeutung bei, glaubte wohl, daß das Wort die Tat erzwingen könne. Tatsächlich war Lumumbas Rhetorik bis zum Ende seine wirksamste Waffe. Weil seine Gegner die Zündkraft seiner Rede fürchteten, sahen sie keinen anderen Ausweg als seine Beseitigung. Sie machten ihn im wahrsten Sinne des Wortes »mundtot«.

So mancher Kollege war in jenen Tagen mit präzisem politischem Auftrag nach Leopoldville gekommen. Zu den prominentesten gehörte der TASS-Korrespondent Georgij Fedyaschin, heute Vizepräsident der Agentur Novosti, der nach der Ausweisung der sowjetischen Botschaft durch den damaligen Oberst Mobutu als erster Russe an den Kongo zurückkehrte, die Verbindung zur Gegenregierung Gizenga in der Ostprovinz pflegte und sich ansonsten als verläßlicher Kamerad erwies. Als der belgische Journalist Louis W. im Herbst 1961 von einer angetrunkenen Rotte der Kongo-Nationalarmee verhaftet und in die berüchtigten Lokale des Sicherheitsdienstes verschleppt wurde, war ich zu Fedyaschin in dessen Dienst-Mercedes gestiegen. Wir inszenierten mit viel Bluff eine offizielle Demarche, und nach längerem Palaver war Louis wieder frei. Im selben Jahr war der Chinese Wang Shu von der Agentur Hsin-Hua in der Kongo-Hauptstadt aufgetaucht, immer lächelnd, immer verschlossen. Er sollte später in derselben Eigenschaft in Bonn antreten und schließlich erster Botschafter der Volksrepublik China in der Bundesrepublik Deutschland werden.

Es fehlte nur, daß der britische Autor Evelyn Waugh über die Kongo-Krise in ähnlich ätzender Form berichtet hätte wie über den Abessinien-Krieg des Jahres 1936. Die agierenden Personen am großen Fluß waren durchaus würdig, in der Nachfolge von »Scoop« oder »Black Mischief« zu figurieren. Mancher weiße Reporter in Leo hätte den Redaktionsstuben des »Daily Brute« und des »Daily Beast« alle Ehre gemacht.

»Eines werde ich mir nie verzeihen«, sagte Jean-Louis, während wir das Postgebäude hinter uns ließen und auf die Eingeborenenstadt, die »Cité«, zusteuerten, »nämlich daß ich ›Joe von Paris‹ damals verpaßt habe.« Diese seltsame Gestalt war erst zwanzig Jahre später mit der

Enthüllung der geheimen Telegramme des CIA, der »Congo Cables«, durch die Amerikanerin Madeleine Kalb bloßgestellt worden. In höchstem Auftrag war ein Mann namens Sidney Gottlieb vom US-Geheimdienst angeheuert und im Herbst 1960 mit der Order nach Leopoldville entsandt worden, Patrice Lumumba zu vergiften. »Joe from Paris«, wie Gottlieb im Code des CIA hieß, sollte einen Komplizen in die Umgebung Lumumbas mit dem Auftrag einschleusen, die tödliche Dosis der Zahnpasta des Premierministers beizumischen. »Eigentlich hätten wir diesem Joe begegnen müssen«, ärgerte sich Jean-Louis. »Ich hatte damals beste Beziehungen zum amerikanischen Botschafter Timberlake, und den CIA-Chef Devlin traf ich gelegentlich. Womöglich war Gottlieb als Journalist getarnt.« Der Anschlag gegen Lumumba mißlang – wie später ähnliche Aktionen gegen Fidel Castro. Das Gift, das aufgrund langer Lagerung untauglich geworden war, wurde angeblich vom CIA-Residenten in den Kongo geworfen. Nach dieser unrühmlichen Episode war es um so verblüffender, wie lange die Spezialisten des amerikanischen Nachrichtendienstes brauchten, um festzustellen, daß Patrice Lumumba schon während seiner Verschleppung nach Katanga Anfang 1961 zu Tode gefoltert wurde. Drei Wochen lang war Präsident Kennedy in dem Glauben belassen worden, der gestürzte Premierminister werde in einem Kerker des Separatisten Moise Tschombe gefangengehalten.

Die Europäerstadt, durch die wir auf dem Weg zur »Cité« fuhren, wirkte wie ausgestorben. Plakate mit dem Konterfei des »Big man« säumten die Alleen. Die Parolen lösten sich ab: »Gesundheit und vollen Erfolg für unseren Führer während seiner dritten Amtszeit!« – »Wählt Mobutu zu hundert Prozent!« – »Sieben Jahre Sozialpolitik, das ist die Losung der erneuerten Präsidentschaft!« – »Komplizenschaft zwischen Mobutu und dem Volk!« – »Mobutu Mokako Swa«, was einer Danksagung an den Präsidenten gleichkam – und immer wieder der programmatische Leitsatz: »Der Mobutismus ist unsere Lehre, die afrikanische Ursprünglichkeit, die ›Authenticité‹, ist unsere Ideologie.« Die Terrassenrestaurants, die Straßencafés von Leopoldville gehörten einer fernen Vergangenheit an. Wie in den meisten Ländern der Dritten Welt verharrten die Weißen nach Einbruch der Dunkelheit in den Lobbies und Bars der großen Ausländerhotels wie in Zufluchtsburgen.

Die Betonkästen der großen Firmen, die behäbigen Villen im flämischen Stil inmitten der tropischen Vegetation, lagen hinter uns. Schnurgerade Straßen führten an niedrigen Hütten, meist mit Wellblech gedeckt, vorbei. Die »Cité« der Afrikaner war übervölkert und verwahrlost; der Unrat häufte sich in den Hinterhöfen. Die schwarze Einwohnerschaft von Kinshasa war, so schätzte man, seit 1960 von dreihunderttausend auf drei Millionen angeschwollen. Die Arbeitslosigkeit grassierte. Aber in diesen Gassen pulsierte selbst bei vorgerückter Stunde intensives afrikanisches Leben. Eine planlose Geschäftigkeit trieb die Bevölkerung um. Aus den Baracken klangen Palaver und Gelächter. Eine Vielzahl von Bierhallen und »Dancings« blieben bis ins Morgengrauen geöffnet. Eine ausschließlich schwarze Kundschaft wiegte sich zu Antillen-Klängen. An der Bar wurden pausenlos Bierflaschen der Marke »Primus« nachgereicht. Wir erinnerten uns, daß Lumumba – nach seiner Tätigkeit als Schalterbeamter der Post von Stanleyville – Vertreter einer Brauerei gewesen war, ehe er seine politische Berufung entdeckte. Bier galt als Nationalgetränk in Zaire, noch eine Hinterlassenschaft der Belgier.

Zwei Tage zuvor hatte unser Kamerateam in einer dieser Afrikaner-Bars Aufnahmen machen wollen. Der Empfang durch die Gäste war freundlich gewesen, und die »Citoyennes« hatten sich bereitwillig in ihren langen Kattunkleidern filmen lassen, auf denen der »Président-Fondateur« in Gala-Uniform mit erhobenem Marschallstab abgedruckt war. Aber dann kam es plötzlich zu »Matata«, zu Palaver, Streit und Schlägerei, als ein aufgeregter Schwarzer mit drohender Gebärde auf den Kameramann zuging und den Toningenieur beim Hemd packte. Die Mehrheit der Gäste stand sofort auf unserer Seite. Der Querulant – angeblich handelte es sich um einen landesfremden »Musulman« – wurde gebändigt und einer Polizeistreife übergeben. Doch eine gewisse Beunruhigung blieb zurück.

Mein Fahrer André hatte mir von seltsamen Zauberbräuchen in dieser überquellenden Metropole berichtet. Selbst hier, in der Nähe europäischer Zivilisation, blieb die Macht des Zauberers, des »féticheur«, des »Ngamba«, wie die Bakongo sagen, wirksam. Die afrikanische Urangst lebte immer wieder auf – so als das Gerücht umging, Männer aus dem fernen Norden, aus dem Senegal, trieben in der »Cité« ihr Unwesen, würden schwarze Frauen entführen, sie umbringen und ihr Gehirn nach Dakar verschicken, wo es als wunderkräftige Medizin gelte. Auf meine Ungläubigkeit reagierte André fast beleidigt. »Es geschehen seltsame Dinge bei uns, Patron«, sagte er.

Aus dem Gassengewirr der »Cité« hatten wir zur Straße von Ndjili in Richtung Flugplatz zurückgefunden. Gegen den Sternenhimmel zeichnete sich wie ein gewaltiger Sendeturm auf vier Säulen das unvollendete Denkmal zu Ehren Patrice Lumumbas ab. Dieser gigantische Bau, von Mobutu Anfang der siebziger Jahre gleichzeitig mit der Proklamation Lumumbas zum Nationalhelden in Auftrag gegeben, blieb unvollendet. Angeblich wurde das Geld unterschlagen, hatte der italienische Baumeister versagt, war das Projekt zu teuer geworden. In Wirklichkeit fühlte sich Mobutu ab 1973 stark genug, um auf eine solche posthume Huldigung an seinen ermordeten Todfeind zu verzichten. Das Denkmal Lumumbas wurde zur Ruine. Mochten die Moskowiter ihre Dritte-Welt-Hochschule in »Patrice Lumumba-Universität« umbenennen – in Zaire bemühte sich der »Président-Fondateur«, die Erinnerung an diesen feurigen Märtyrer des afrikanischen Nationalismus systematisch zu ersticken.

Doch das Lumumba-Monument hat so gigantische Dimensionen, daß es von allen Stadtvierteln Kinshasas zu sehen ist. Es wurde zum Wahrzeichen der Hauptstadt. Sogar vom Präsidentenpalast auf der Ngaliema-Höhe sieht man dieses Betongerüst, das sich wie ein mahnend erhobener Finger in den dunstigen Äquator-Himmel bohrt. Geschmackvoll ist dieses Bauwerk mitnichten. Die glänzenden Kupferwaben am oberen Turm würden zu einem Panoramarestaurant passen. Der klotzige Sockel ruht auf einer Art Autobahnzufahrt, und nach allen Seiten heben sich geschwungene Betonkonstruktionen wie überdimensionale Skischanzen. Die oberste Spitze läuft wie eine Zigarrenhülse aus.

Lumumba hätte wohl eine angemessenere Gedenkstätte verdient. Sein Bild ist nirgends mehr anzutreffen. Man muß auf das nördliche Zaire-Ufer in die sozialistische Kongo-Republik von Brazzaville übersetzen, um das Antlitz des toten schwarzen Revolutionärs neben dem Portrait Che Guevaras anzutreffen. War dieser tragische Held der afrikanischen Sache noch präsent in der Erinnerung seines Volkes in diesem schnellebigen Kontinent, dessen Menschen weder für das Gestern noch für das Morgen einen angemessenen sprachlichen Ausdruck kennen? Aber ganz sicher war sich Mobutu seiner Sache wohl immer noch nicht. Das verlassene Denkmal ist zum drohenden Fetisch geworden. Galt auch in Afrika das Wort der Anna Seghers, daß die Toten – und nur die Toten – jung bleiben?

Es war Mitternacht. Mit Jean-Louis war ich am »Beach«, an der Fährstelle nach Brazzaville, aus dem Auto gestiegen. Wir blickten auf die spärlichen Lichter des Gegenufers. Im Mondschein zeichneten sich die Wasserhyazinthen, die den Stromschnellen entgegentrieben, wie schwarze Begräbniskränze von der silbernen Flut ab. Nahe dieser Stelle hatte ich 1956 auf einem altmodischen Schaufeldampfer meine erste Reise quer durch Zentralafrika angetreten. Über Stanleyville, den Lualaba-Fluß, den Tanganyika-See und die lange, von den Deutschen vor 1914 gebaute Bahnstrecke war ich nach Dar-es-Salam am Indischen Ozean gelangt.

Am Ende des früheren Boulevard Albert hatten sich zwei schwarze Nachtwächter auf einer Matte ausgestreckt und auf dem Trottoir ein Lagerfeuer entzündet. Unweit davon – zwischen zwei Ziegelsäulen – war das Podest erhalten geblieben, von dem einst der Gründer der Kongo-Kolonie – der bärtige König Leopold II. – auf die Prachtallee blickte. Seine Bildsäule war verschwunden und sollte demnächst durch einen bronzenen Mobutu ersetzt werden. Hinter diesem verwaisten Schaustück belgischer Fremdherrschaft erstreckte sich das Bahnhofsgelände von Kinshasa. Im Oktober 1959 hatte ich hier einen Fahrschein gelöst und den Zug nach Matadi, dem Hafen von Belgisch-Kongo an der atlantischen Mündung des großen Flusses, bestiegen. Ein Vierteljahrhundert war seitdem vergangen.

VORBOTEN DES STURMS

Matadi, im Oktober 1959

»Die fetten Jahre sind für uns zu Ende«, sagte der Belgier, der mir im »Weißen Zug« zwischen Leopoldville und dem Kongo-Hafen Matadi gegenübersaß. Die stolzen Hochhäuser von Leopoldville, der Hauptstadt von Belgisch-Kongo, wurden allmählich durch die ersten grauen Büsche der Savanne verdeckt. Die Wohnviertel der belgischen Beamten und Kaufleute, die trotz der exotischen Blumen, der Palmen und der Klimaanlage mit ihrer gedrungenen Architektur an wohlhabende flämische Villenvororte erinnern, hatten den Lehmhütten der Eingeborenen Platz gemacht. Während der »Weiße Zug« vorbeistampfte, stürzten die Schwarzen aus ihren Katen und machten eine weit ausholende Bewegung mit dem Arm. Sie zeigten in die Richtung, wo sich der Ozean am Ende der Bahnstrecke befand. »Va-t-en – geh weg!«, schrien sie mit wutverzerrten Gesichtern auf französisch und in der Kikongo-Sprache. Der blasse, melancholische Belgier in meinem Abteil zog die Schultern hoch. »Wir gehen ja schon«, murmelte er bitter.

Es führt eine gute Straße von Leopoldville nach Matadi. Aber seit Wochen wird sie von niemand mehr benutzt. »Als wir das letzte Mal nach Boma mit dem Auto fahren wollten, haben sie uns einen Pflasterstein in die Vorderscheibe geworfen«, hörte ich eine Frau erzählen. Andere Belgier im Zug berichten von Wegzöllen, die die Eingeborenen im ganzen unteren Kongo-Gebiet von den Weißen erheben. Die Verwaltung hat es längst aufgegeben, Steuern einzutreiben. Streiks sind an der Tagesordnung. Immer wieder kommt es zu blutigen Zwischenfällen zwischen den aufgeputschten schwarzen Massen und belgischer Polizei. Im Mayombe-Gebiet ist eine Schienenstrecke von sechshundert Metern von Aufrührern abmontiert worden, und ich frage mich – während die Bahn durch die gelben Berge und stickigen Dschungeltäler keucht –, wie lange wohl noch das Öl durch die Pipeline fließen wird, die allzu verwundbar die Hauptstadt mit dem Ozean verbindet.

»Wir wissen nicht, was uns noch bevorsteht«, erzählt der Belgier weiter, »es kann heute nacht passieren oder erst in zwei Monaten. Aber bestimmt dauert es nicht mehr lange, dann geht der große Aufstand am unteren Kongo los. Dann kommt das große Gemetzel, und wir werden unsere Familien mit der Waffe in der Hand vor den rasenden Schwarzen schützen müssen.«

Die Belgier haben sich noch nicht vom großen Schreck des 4. Januar 1959 erholt. Da war der Orkan des Aufruhrs völlig unerwartet über Leopoldville mit seinen 350000 Einwohnern hereingebrochen. Nichtsahnende Europäer wurden an jenem Nachmittag aus ihren Autos gezerrt. In der Eingeborenenstadt wurden Missionskirchen entweiht und in Brand gesteckt. Belgische Sozialfürsorgerinnen wurden vergewaltigt. Die Ordnung kehrte erst zurück, nachdem die Belgier die »Force Publique« gegen die Aufrührer einsetzten. Die schwarze Schutztruppe galt in jenen Tagen als das blinde Werkzeug, der unbedingt verläßliche Kern der weißen Kolonialmacht. Die Soldaten der Force Publique waren unter dem Befehl ihrer belgischen Offiziere mit bedenkenloser Brutalität gegen ihre schwarzen Rassegenossen von Leopoldville vorgegangen. Sie hatten das Feuer eröffnet, und mindestens 250 Demonstranten fanden den Tod. Der Aufstand von Leopoldville war zusammengebrochen. Seitdem herrscht wieder Ruhe in der Hauptstadt. Aber diese Ruhe ist trügerisch. Das Feuer schwelt weiter, und die biederen, etwas schwerfälligen Flamen, die die Mehrheit der weißen Kolonialbevölkerung ausmachen, sehen jeden Schwarzen an, als könnte er morgen ihr Mörder sein.

Ehe der Zug den Hafen Matadi erreicht, tut sich plötzlich das Kongo-Tal auf. Der riesige Strom ist hier in ein enges Felsbett eingezwängt und schießt mit neunzig Kilometer Geschwindigkeit dem Meer entgegen. Die schokoladenbraune Flut dreht sich in urgewaltigen Strudeln. Eine infernalische Landschaft umgibt den Hafen Matadi, dessen Häuser und Kaianlagen gewaltsam gegen den steilen Felsen gepreßt wurden. Auf einer kahlen, ockergelben Kuppe jenseits des

Stroms stand das Lager Stanleys, nachdem er 1877 als erster Weißer das innere Kongo-Becken durchquert hatte. »Bula Matari«, den »Felszertrümmerer«, hatten die Schwarzen den rücksichtslosen Conquistador der Neuzeit genannt.

Die Belgier, die man heute in Matadi trifft, haben mit diesem angelsächsischen »Pizarro« wenig gemeinsam. Es lastet eine Art Belagerungszustand über der Hafenstadt. Bei Nacht sind die Straßen ausgestorben, und ein Polizeikordon sichert die eingeschüchterte Europäerstadt, an deren Toren das Afrikanerviertel wie ein sprungbereites Ungeheuer kauert. An der Bar des Hotels Metropole erzählt man von jener Ordensschwester der katholischen Mission zehn Kilometer im Norden, der die Eingeborenen die Zähne einschlugen, weil eine schwarze Wöchnerin trotz vorbildlicher Pflege in ihrer Krankenstation starb.

Zwei Tage vorher konnte ich auf der Terrasse des Hotels Regina von Leopoldville zwei Afrikaner beobachten. Sie hatten sich mit großer Natürlichkeit an den Tisch gesetzt und ein belgisches Bier bestellt. Die anwesenden Weißen setzten steinerne Mienen auf und taten, als sähen sie die Schwarzen nicht, die elegante Anzüge europäischer Konfektion trugen. Sie hatten Fotoapparate umhängen wie Touristen und waren ja auch so etwas wie fremde Touristen an dieser europäischen Prachtstraße von Leopoldville, dem Boulevard Albert, der sich als »Via triumphalis« der Kolonisation vom Flußhafen am Kongo bis zum »Belge«, wie man hier die Eingeborenenviertel paradoxerweise nennt, hinzieht.

Im Sommer 1956 hatte ich den Belgischen Kongo zum ersten Male besucht. Seitdem ist eine Welt in Scherben gegangen. Damals blickten die Belgier mit mitleidiger Herablassung auf das nördliche Kongo-Ufer hinüber, nach Brazzaville, wo die Franzosen ihre ersten Auseinandersetzungen mit dem afrikanischen Nationalismus zu bestehen hatten. »Das haben sich die Franzosen selbst eingebrockt«, sagten die rotbäckigen Flamen voller Genugtuung, »sie haben die Schwarzen nach Paris kommen lassen, sie haben sie in ihre Universitäten geschickt, eine störrische Intelligenzia herangezüchtet. Heute haben sie Ärger mit diesen selbstgezogenen Nationalisten, und sie haben es nicht besser verdient.«

1956 herrschten die Belgier noch mit väterlicher Strenge am Kongo.

Diese Kolonie war unter König Leopold II. als schlimmstes Zwangsarbeitslager der Neuzeit berüchtigt gewesen. Hier war um die Jahrhundertwende der »blutige Kautschuk« geerntet worden, und die Eingeborenenbevölkerung hatte sich infolge der weißen Ausbeutungsmethoden angeblich um vier Millionen Menschen verringert. In diesem Herzland Afrikas, größer als ganz Westeuropa, ist dennoch seit dem Ersten Weltkrieg ein wirtschaftlicher Musterbetrieb entstanden. Nirgends in Afrika wurden die Eingeborenen so gut bezahlt, so gut untergebracht, so gut verköstigt wie im Belgischen Kongo, der dem Mutterland überreichen Gewinn brachte. Die Buntmetall- und Uraniumgruben von Katanga, die Diamantenfelder von Kasai warfen märchenhafte Gewinne für die großen Gesellschaften, die »Union Minière«, die »Forminière« und die »Société Générale«, ab. Aber der Eingeborene hatte seinen Anteil daran. Er wurde gepflegt wie ein wertvolles Arbeitstier. Die allmächtigen katholischen Missionen behandelten ihn wohlwollend als großes Kind, und man betrachtete es schon als halbe Aufsässigkeit, wenn ein paar schwarze Halbgebildete ihre »Shorts« mit der langen Hose des »Evolué« vertauschen wollten.

Politik konnte diesen großen Kindern nur schaden, höhere Bildung ebenfalls. Man suchte hingegen, Facharbeiter heranzuziehen. Streng und gerecht wollte der Schwarze behandelt sein, und der »Mundele«, der Weiße, blieb ein Wesen höherer Art. Im Sommer 1956 habe ich sie erlebt, diese höheren Wesen. Brave und fleißige Leute gewiß, rechtschaffene Kleinbürger aus Brügge und Gent, die ein Stück flämischer Sauberkeit und Gediegenheit bis in den afrikanischen Busch verpflanzten. Sie waren keine Abenteurer und keine Imperialisten, eher Geschäftsleute, nahe geistige Verwandte jener niederländischen Kaufleute, die einst aus Indonesien eine Musterkolonie gemacht hatten. Wenn sie unter dem schwülen Klima ausschweifend wurden, wie ich sie einmal in dem verlorenen Äquatorflecken Bumba antraf, dann betranken sie sich mit Importbier und veranstalteten Feste von urwüchsiger, Breughelscher Ausgelassenheit.

Man lebte gut in Leopoldville zu jener Zeit. Die europäischen Delikatessen wurden eingeflogen. Man verdiente sehr viel Geld und gab es großzügig aus. Damals, im Jahre 1956, wäre kein Schwarzer auf den Gedanken gekommen, sich auf die Caféterrassen des Boulevard Albert zu setzen. Die Rassentrennung, die Segregation, war zwar theoretisch gerade aufgehoben, aber niemals reiste ein Schwarzer in einem Abteil erster Klasse. Die Belgier blieben unter sich. Es war ihnen zwar unter Strafe verboten, die Eingeborenen als »Makaken« zu beschimpfen oder sie zu schlagen. Doch mancher Weiße war gern bereit, die 250 belgischen Franken Buße zu zahlen, um seinem Boy eine »wohlverdiente« Ohrfeige geben zu können. Der holländische Wappenspruch »Je maintiendrai« hätte die Devise von Belgisch-Kongo sein können. Politische Parteien der Eingeborenen schienen 1956 nicht einmal im Keim zu existieren.

Im Herbst 1959 gibt es über achtzig politische Parteien und Gruppen unter den Schwarzen am Kongo. Die genaue Zahl kennt niemand. Jeden Tag vollziehen sich neue Spaltungen und Gründungen. Die Politik ist mit der Plötzlichkeit einer Seuche über das Land am großen Fluß gekommen. Vor drei Jahren hatten allenfalls ein paar Jesuitenmissionare die Zeichen der Zeit erkannt. Sie waren die einzigen, die mit der Handvoll eingeborener Studenten der Universität Lovanium Kontakt hielten und den Finger am Puls des schwarzen Mannes hatten. Ansonsten wußte die Verwaltung nur von Leoparden- und Krokodilmenschen im Landesinnern zu berichten, von grausigen Ritualmorden, deren Scheußlichkeit angeblich an die Mau-Mau-Bräuche in Kenia anknüpfte.

Und dann gab es am unteren Kongo den mystischen, aufsässigen Stamm der Bakongo, der die Hälfte der Einwohner von Leopoldville stellt und sich seit Beginn der Kolonisation in einem geheimnisvollen Gärungszustand befindet. Die Bakongo leben nicht nur in der belgischen Kolonie, wo sie eine geschlossene Gruppe von mehr als einer Million Menschen bilden. Ihr Siedlungsgebiet greift auf das ehemalige Französisch-Äquatorial-Afrika und auf Portugiesisch-Angola über. Sie sind ein internationaler Problemfall im heutigen Afrika. Dieses eigensinnige, intelligente, arbeitsame Volk scheint seit Menschengedenken in religiösen Trancezuständen zu leben. Als die Portugiesen vor fünf Jahrhunderten die Mündung des Kongo entdeckten, den sie »Zaire« nannten, fanden sie bereits ein mächtiges, blutrünstiges Bakongo-Reich vor, das sich zwar nicht massiv zum Christentum bekehrte, aber den Gott der Christen und seine Heiligen in seine Mythologie aufnahm. In jener fernen Epoche wurden der Jungfrau Maria am Zaire Menschenopfer dargebracht.

Viel später, unter den belgischen Administratoren des 20. Jahrhunderts, haben vor allem die protestantischen Sekten bei den Bakongo Erfolg gehabt. Die Lehre der Heilsarmee fiel auf fruchtbaren Boden. Die Predigten der Methodisten und Baptisten riefen eine Vielzahl von schwarzen Propheten und Wundertätern wach, die heute als Vorläufer der antieuropäischen, nationalistischen Agitation gelten dürfen.

Der größte unter diesen krausen, schwarzen Mystikern war ein gewisser Simon Kimbangu, der unmittelbar nach dem Ersten Weltkrieg eine Art schwarzes Christentum und den Widerstand gegen die Kolonialverwaltung verkündete. Kimbangu, von den Belgiern in die Bergwerke von Katanga verschickt, wo er starb, gehört weiterhin zu den treibenden, okkulten Kräften zwischen Leopoldville und Matadi. Für seine treuen Anhänger ist Simon Kimbangu Messias und Prophet, der Erlöser der schwarzen Menschheit vom üblen Fetisch des weißen Mannes. Lange Jahre hindurch hat das religiöse Sektierertum bei den Eingeborenen die politische Betätigung ersetzen müssen. Als der Generalgouverneur in Leopoldville am Ende nicht länger die Augen vor der wachsenden Unruhe am unteren Kongo schließen konnte, hat er versucht, das politische Verantwortungsgefühl der Afrikaner durch eine vorsichtige Beteiligung an den ersten Kommunalräten der Kolonie zu erproben.

Die Belgier glaubten, mit diesem beschränkten Wahlrecht ein Sicherheitsventil zu öffnen. In Wirklichkeit hatten sie eine Lawine ins Rollen gebracht. Die ersten afrikanischen Bürgermeister der Eingeborenenviertel von Leopoldville gehörten fast ausschließlich einer Organisation an, die ursprünglich als kultureller Verein zugelassen worden war, in der jedoch der Geist Simon Kimbangus weiterlebte. Wer im Herbst 1959 am unteren Kongo von Politik sprach, meinte die »Abako« – Alliance des Bakongo –, deren Gefolgsleute im Januar 1959 den großen Aufstand gegen die Belgier auslösten und die an der Spitze des Kampfes für die Unabhängigkeit des Kongo steht.

Nicht alle Abakisten sind politische Mystiker. Im »Belge«, dem Eingeborenenviertel von Leopoldville, habe ich Gabriel Makoso, den Redakteur ihrer maßgeblichen Zeitschrift, aufgesucht, einen klugen jungen Mann, dessen umsichtiges Auftreten die Schulung der katholischen Missionare verrät. Dieser Abako-Anhänger sah den kommenden Monaten mit beinahe ebenso großer Sorge entgegen wie die Belgier. »Wir haben ja keine echte Kontrolle über unsere Landsleute«, sagte er. Als Führer der Abako hatte sich im Herbst 1959 Joseph Kasavubu durchgesetzt, ein ehemaliger katholischer Seminarist, der zum Protestantismus übergetreten ist. Er war schon Bürgermeister, als am 4. Januar die blutigen Krawalle ausbrachen. Kasavubu hatte vergeblich versucht, zu bremsen und zu beschwichtigen. Dennoch wurde er von den Belgiern verhaftet, nach vier Monaten wieder freigelassen und galt von da an als Märtyrer des Kongo-Nationalismus. »Kasavubus Ansehen ist groß, aber wenn die Masse in Raserei gerät, wenn das Unwiderrufliche geschieht, dann wird ›König Kasa‹, wie man ihn bei uns nennt, von der kollektiven Erregung mitgerissen werden«, meinte Gabriel Makoso.

In den Verwaltungsstäben der Kolonialmacht herrscht 1959 offene Ratlosigkeit. Die Belgier haben ein wundervolles Programm ausgearbeitet, nachdem König Baudouin, der in Kongo-Sachen als engagierter Liberaler gilt, schon am 13. Januar 1959 den Schwarzen die Unabhängigkeit in Aussicht gestellt hat. Vor Ende 1959 sollten Kommunalwahlen stattfinden, Anfang 1960 die Provinzialräte, eine Reihe von föderativen Versammlungen, bestimmt werden, und Ende 1960 die erste gesetzgebende Versammlung für den gesamten Kongo in Leopoldville ihre Arbeit aufnehmen. »Timing« nennt man das am Kongo, aber man hinkt den Tatsachen nach.

»Leopoldville ist nicht der Kongo«, sagen die erbitterten belgischen Siedler, die an ihrer eigenen »liberalen« Verwaltung ebenso verzweifeln wie an den aufsässig gewordenen Afrikanern. Die Bakongo stellen nur eine Million bei einer Gesamtbevölkerung von vierzehn Millionen. Im Landesinnern, in Kivu oder in der Äquatorprovinz, herrschen noch in uneingeschränkter Machtfülle die großen Häuptlinge, die mit den Weißen loyal zusammenarbeiten. In Katanga haben die Grubengesellschaften ihre eigene afrikanische Partei ins Leben gerufen, um den Agitatoren aus Leopoldville das Wasser abzugraben. Die Administration begünstigt die sogenannte »Union Interfédérale«, stützt sich auf den Partikularismus und die alten Feindschaften der Stämme, um die nationalistische Flut aufzuspalten. In allen Provinzen des Kongo ist das »Mouvement National Congolais« – MNC – unter ihrem Führer Patrice Lumumba zu einem tätigen Rivalen der Abako herangewachsen.

Die belgische Verwaltung mißtraut Patrice Lumumba, dem dreiunddreißigjährigen Volkstribun aus Stanleyville, der die Masse seiner schwarzen Zuhörer in ein wogendes Meer nationaler Leidenschaft zu verwandeln weiß. Aber die Belgier setzen auch Hoffnungen auf diesen ehemaligen Postangestellten, dessen Ehrgeiz sich an der Patriarchenstellung Kasavubus reibt. In der MNC-Partei Lumumbas glauben manche Belgier ein Gegengewicht zur aufsässigen Abako gefunden zu haben.

Natürlich verläuft dann alles anders, als die Kolonisatoren es erhoffen. Da stürmen auf einmal in Elisabethville, der Hauptstadt des Grubendistrikts Katanga, der bislang als Hort der Ordnung galt, wütende schwarze Streikende das europäische Geschäftsviertel. In der Diamantenprovinz Kasai ist eine Spaltung des MNC zur uralten Stammesfehde zwischen Lulua und Baluba ausgeartet. Auf den Straßen der biederen Stadt Luluabourg haben splitternackte Afrikanerinnen Kriegstänze aufgeführt. Die Spezialisten für Eingeborenenfragen stehen wie Zauberlehrlinge vor den entfesselten Kräften der Steinzeit.

Die Abako hat die Manöver der Belgier durchschaut. Sie befürchtet, in einer föderativen Kongo-Republik von den anderen Völkerschaften, welche die Belgier teilweise noch bevormunden, überstimmt zu werden. Deshalb fordert die Abako die Separation vom übrigen Kongo, die Schaffung eines gesonderten Staates im unteren Kongogebiet, der später auch die Stammesbrüder von Französisch-Brazzaville und Nord-Angola umfassen soll. Der ganze Kongo ist ein Hexenkessel. Jeder Tag bringt die Gründung und den Verfall mindestens einer neuen Partei. Die katholischen Missionen, die bislang den schwarzen Nationalismus ablehnten, haben endlich das Gebot der Stunde erkannt. Die Einäscherung zahlreicher Kirchen von Leopoldville war ein Fanal. In aller Eile wurde der dritte schwarze Bischof des Kongo, Monsignore Malula, in Leopoldville vor einer unübersehbaren Menschenmenge geweiht. Auf der Ehrentribüne war das breite Buddha-Gesicht des Abako-Führers Kasavubu zu sehen. Unendlicher Jubel brach aus, als der Bischof in vollem Ornat verkündete, daß es jetzt darum gehe, »eine Kongo-Kirche im Kongo-Staat« aufzubauen.

Der junge Abako-Redakteur Makoso sieht pessimistisch in die Zukunft. Der blutige Aufstand kann jeden Moment losbrechen. Dann gibt es kein Halten mehr. »Heute rächt es sich«, sagt er, »daß die Belgier keine politische Elite herangebildet haben und uns immer wie Kinder behandelten. Hätten wir eine echte schwarze Führung, dann wären wir in der Lage, den elementaren Ausbruch des mystischen Nationalismus zu lenken, ihn zu kanalisieren. Weil wir keine Intellektuellenschicht, keine anerkannten, erfahrenen Politiker und Gewerkschafter haben, deshalb droht uns das Chaos.« Jenseits des großen Flusses, im französischen Brazzaville, wo die Franzosen die Geschicke ihrer jungen Kongo-Republik rechtzeitig in die geordnete Bahn der Autonomie gesteuert haben, kommentiert man nachdenklich das belgische Experiment: »Es ist gefährlich, dem Schwarzen Zugang zur höheren Bildung zu verschaffen; ihm diesen Zugang zu verweigern, ist jedoch viel gefährlicher.«

Eigenartig, wie schnell die festgefügte Position der Belgier jetzt zerbröckelt. Noch trägt der Kongo reichen Gewinn. Aber die Neuinvestitionen sind auf dem Nullpunkt angelangt. Von den hunderttausend Belgiern der Kolonie sind bereits ein paar tausend heimgekehrt. Die Katanga-Provinz blickt hilfesuchend nach Rhodesien, und viele Belgier fürchten, daß es ihnen ergehen wird wie den Holländern in Indonesien.

Es gibt keine Brücke mehr zwischen Belgiern und Schwarzen. Auf das Hochkommen des Nationalismus haben die Flamen und Wallonen mit mißmutiger Erbitterung reagiert. Ein Dialog kommt nicht zustande. Zwischen Schwarzen und Engländern, zwischen Schwarzen und Franzosen wird vielleicht auch jenseits der Kolonial-Ära das Gefühl einer gewachsenen Gemeinschaft, ja eine gewisse geistige Komplizenschaft bestehen bleiben. Die wirklichen Zukunftschancen einer europäisch-afrikanischen Zusammenarbeit dürften sich weit mehr auf kulturelle Affinitäten als auf die wirtschaftlichen Erfordernisse gründen, die der Schwarze gering achtet. Aber was bindet den Kongolesen an das kleinbürgerliche Ideal flämischer Tüchtigkeit und Behaglichkeit?

»Petit pays, petites gens – Kleines Land, kleine Leute«, hatte der große Finanzier auf dem Thron, Leopold II. von Belgien, über seine Landsleute geurteilt. Es fehlt den Belgiern die imperiale Ader. Das wird in der Stunde des Abgangs der Kolonisatoren besonders deutlich. Sie grollen und schmollen und räumen das Feld. Jedesmal, wenn eine afrikanische Beamtenfamilie jetzt am Rande der Europäerstadt von Leopoldville eine neue Wohnung bezieht, setzt ein Massenexodus der benachbarten Belgier ein. Sie weisen auch heute noch jeden Kontakt mit den »sales nègres« empört von sich und packen die Koffer.

Gewiß, man trifft gelegentlich rauhere, vitalere Gestalten wie jenen Pflanzer aus dem östlichen Kivu-Hochland, der mir an der Bar des Hotel Memling weismachen wollte, die »Ultras« am Kongo würden das Beispiel der Extremisten der »Algérie Française« nachahmen. Tatsächlich geht die Rede von »Wohlfahrtsausschüssen«. Man schimpft auf die Verräter im Mutterland. Bewaffnete europäische Miliz soll den »Negern« wieder Respekt vor dem weißen Mann beibringen. In Bukavu, der Hauptstadt von Kivu, ist der Kongo-Minister van Hemelrijk von den Siedlern mit Tomaten beworfen worden wie der französische Sozialistenführer Guy Mollet 1956 in Algier. Aber zu einem 13. Mai 1958 wird es am Kongo nicht reichen. Die Flamen sind keine Korsen und taugen nicht zum Putsch. Der belgische Oberkommandierende am Kongo, General Janssens, ist kein General Massu, auch wenn er manchmal aus der Reihe tanzt. Die belgischen Fallschirmjäger des Kongo-Stützpunktes Kamina haben keinen Indochina-Feldzug hinter sich und sind nicht zum Äußersten entschlossen.

Eine nächtliche Rundfahrt durch die Afrikanerstadt von Leopoldville ist ein zwiespältiges Erlebnis. Hier und dort sind die ausgebrannten Ruinen von Missionskirchen und portugiesischen Geschäften zu sehen. In den Tanzbars der Eingeborenen, wo nun ungehemmt Starkbier ausgeschenkt werden darf, geht es hoch her. Die Frauen in grellbunter Antillen-Tracht tanzen mit unnachahmlichen, suggestiven Hüftbewegungen. Die jungen Männer sind leicht angetrunken. Viele von ihnen lesen ostentativ die neue Zeitung, die den Titel »Indépendance« – Unabhängigkeit – trägt. Sie sind dem einsamen Weißen gegenüber nicht feindselig. Der durchschnittliche Belgier geht bei Nacht ohnehin nicht in den »Belge«. Taxichauffeure und Kellner begnügen sich hier, den Europäer gutmütig zu erpressen. »Dash«, sagt man in Liberia, und liberianische Sitten reißen bereits unter den Kongolesen ein. Schon blättert die Tünche flämischer Wohlanständigkeit ab.

Der Wallone aus Namur, der mich zum Hotel zurückfährt, hat seine Taschenlampe sorgfältig in eine Zeitung gewickelt. Er sieht meine Verwunderung und lacht. »Ich habe keine Lust, von den

Schwarzen für den ›Mundele ya Mwinda‹ gehalten zu werden, für ›den weißen Mann mit dem Licht‹. Sie wissen nicht, wer das ist? Sie kennen nicht das neueste Schreckgespenst der Eingeborenen? Irgendein Amerikaner hat hier Konservenbüchsen mit Corned beef verkauft, auf denen ein lachender Neger abgebildet war. Und schon ging unter den Schwarzen das Gerücht um, in diesen Büchsen werde ›Negerfleisch‹ auf den Markt gebracht. Bei Nacht kämen die Beauftragten eines geheimnisvollen weißen Mannes mit der Blendlampe in die Eingeborenenviertel. Dort, so erzählen die Afrikaner, übertölpeln sie vor allem die nichtsahnenden Kinder, packen sie in ein Auto und verarbeiten sie zu Corned beef.«

Das klingt nach einem schlechten Journalistenscherz. Aber der »Mundele ya Mwinda« ist für die Belgier zur ernsten Belastung geworden. Autos, deren Fahrer bei Nacht ihren Weg mit der Taschenlampe suchten, wurden in Brand gesteckt. Touristen, die an schwarze Kinder Süßigkeiten verteilten, wurden für Agenten des »Mundele« gehalten und konnten sich nur durch Flucht retten. Missionsschwestern wurden verdächtigt, an diesem aberwitzigen Fleischhandel teilzuhaben, und die »Mamas« holten zeternd ihre Kinder aus der Schule. In Leopoldville und Matadi kam es zu Straßenumzügen gegen den ominösen »Weißen mit dem Licht«.

Der Belgier hält seine getarnte Taschenlampe wie ein Corpus delicti in der Hand. »Es ist so viel leichter«, fährt er fort, »die Masse mit einer solchen Fabel in Wallung zu bringen als mit dem abstrakten Begriff der Unabhängigkeit. Haben Sie einmal gehört, wie die Schwarzen im Chor das Wort ›Unabhängigkeit‹ schreien? Aus ›Indépendance‹, was sie nicht aussprechen können, wird dann ›Dépendance‹ – Abhängigkeit oder ›Dependa‹. In keiner Eingeborenensprache gibt es eine Übersetzung für diese Zauberformel aus Europa. Ob sie denn kein Wort für ›Freiheit‹ hätten, habe ich mich meinerseits erkundigt. Die Kongolesen, die ich fragte, haben lange herumgedruckst. ›Wenn wir von einem Mann sagen wollen, daß er frei ist‹, antworteten sie schließlich, ›sagen wir, daß er kein Sklave ist.‹« Der Belgier schüttelte den Kopf. »Sie sehen, wie weit wir mit unserer politischen Terminologie in Afrika kommen.«

WESTAFRIKANISCHE STATIONEN

Marseille, im Juli 1960

Der Kongo war seit sechs Tagen unabhängig, als ich mich auf dem Passagierdampfer »Maréchal Foch« in Marseille einschiffte. Die Zeitungen in Europa hatten ausführliche Berichte über die Unabhängigkeitsfeiern in Leopoldville gebracht. Joseph Kasavubu war Staatspräsident der jungen Republik, und sein rühriger Gegenspieler Patrice Lumumba hatte die erste Regierung des unabhängigen Kongo gebildet. Wenn man den Presseberichten Glauben schenkte, war am 30. Juni 1960 noch einmal alles gutgegangen. Die Belgier hatten in letzter Minute das Steuer herumgerissen und in waghalsiger Fahrt ihre Kongo-Domäne vom Zustand der absoluten Kolonialherrschaft in die Ära der unbeschränkten »Indépendance« gelenkt.

Gewiß, es war in Leopoldville bei den großen Festlichkeiten zu einigen unliebsamen Zwischenfällen gekommen. Da hatte ein närrischer Schwarzer dem König der Belgier den Degen entrissen, als Baudouin auf dem Boulevard Albert in seiner schwarzen offenen Luxuslimousine paradierte. Von Lumumba waren die Belgier tödlich enttäuscht, als er in Gegenwart Baudouins die bisher brutalste Kritik an dem belgischen Kolonialwerk äußerte. Der König hatte diese Taktlosigkeit mit seiner sofortigen Abreise quittiert, obwohl am Vortage noch die Wände des afrikanischen Parlaments von dem Ruf »Vive le Roi« gedröhnt hatten. Neuerdings hörte man auch einen anderen Schrei in Leopoldville. Die Lumumba-Anhänger brüllten bei jeder Gelegenheit »Uhuru«. »Uhuru« ist ein Wort der Suaheli-Sprache, vom arabischen »Hurria« abgeleitet, das soviel wie »Freiheit« oder »Unabhängigkeit« heißt. Endlich hatten die Schwarzen ein eigenes

Wort für den lang ersehnten politischen Idealzustand, und nur die wenigsten Weißen machte es stutzig, daß dieses neue Schlagwort, das an die Stelle des französischen »Indépendance« treten sollte, dem politischen Vokabular des Orients entliehen war.

Beinahe drei Wochen soll die Seereise der »Foch« dauern, ehe ich in Pointe-Noire, der Hafenstadt der ehemals französischen Kongo-Kolonie, an Land gehen kann. Bis dahin, so ist zu vermuten, dürften sich die ersten Folgen der Unabhängigkeit besser übersehen lassen als in den Sturmtagen des Überschwangs und der Feiern. Es wird sich zeigen, ob die Rechnung der Belgier aufgeht, ob die imponierenden belgischen Wirtschaftspositionen am Kongo den politischen Leidenschaften der Afrikaner standhalten, ob die den weißen Offizieren angeblich treu ergebene schwarze Schutztruppe, die »Force Publique«, sich als Säule der Ordnung auch im Orkan des afrikanischen Nationalismus bewährt.

Am zweiten Tag der Überfahrt lief die »Foch« im Hafen von Algier ein.

Algerien: Hiobsbotschaft in der Kasbah

Algier, im Juli 1960

Kaum hatte ich im maurischen Kaffeehaus am unteren Eingang der Kasbah von Algier einen Mokka bestellt, da wurde der schmuddelige Platz mit den abbröckelnden orientalischen Stuckfassaden von französischen Soldaten eines Zuaven-Regiments umstellt. Ihre Maschinenpistolen waren auf die dicht gedrängten Gäste gerichtet, ausschließlich Araber und Kabylen, die teils in der wallenden maghrebinischen Tracht, teils aber auch in Monteuranzügen und Bluejeans orientalischen Müßiggang pflegten. Die Alten unter dem golddurchwirkten Turban hatten aufgehört, an der Wasserpfeife zu schmauchen. Die Schachpartien wurden unterbrochen. Die getuschelten Gespräche, in denen die letzten Nachrichten des Partisanenkrieges so schnelle Verbreitung finden, daß die Franzosen dafür das Wort »téléphone arabe« erfanden, waren jäh verstummt. Als wäre das selbstverständlich, stellten die Kaffeehausgäste sich in drei Reihen auf. Von den rotbemützten Zuaven bewacht, gingen sie in langem Zug durch eine modrige Gasse der Kasbah auf ein großes vergittertes Haus zu, wo man sie nach Waffen untersuchte und ihre Papiere prüfte.

»Das ist nur Routine«, sagte der französische Unteroffizier, den ich ansprach, »wir tun das etwa zweimal in der Woche. Häufig erwischen wir dabei einen Terroristen.« Ob diese Polizeimaßnahmen auch von den Betroffenen als Routine empfunden werden? Mit ausdruckslosen Gesichtern schritten die Verdächtigen der Kasbah zwischen den Soldaten einher. Ihre Kleidung war oft zerlumpt, ihr Aussehen meist armselig. Aber ihre Schicksalsergebenheit war eindrucksvoll. Aus der Menge, die den Zug der Gefangenen umgab, wurde kein Zuruf laut. Die Mienen verschlossen sich, der Handel ging weiter; sogar die Araberkinder unterbrachen ihr Spiel nicht. Helfen konnten die Einwohner der Kasbah ihren Landsleuten nicht, und so taten sie, als sähen sie ihre vorübergehende Inhaftierung nicht, breiteten über die Demütigung dieser Männer den Schleier der islamischen »Hischma«, der schamvollen Zurückhaltung.

Ich war ziemlich allein geblieben in dem Kaffeehaus. Auf dem verlassenen Nebentisch lag die letzte Ausgabe einer Tageszeitung, des »Echo d'Alger«. In riesigen Schlagzeilen stand dort rot unterstrichen, daß am Kongo die schwarze Schutztruppe der Belgier, die Force Publique, gemeutert habe, daß in der Garnison von Thysville am unteren Kongo die belgischen Offiziere von den eingeborenen Soldaten überwältigt wurden. Unter der belgischen Zivilbevölkerung sei Panik ausgebrochen.

Bis zur Abfahrt des Schiffes bleiben noch zwei Stunden. Der alte türkische Palast, in dem ein paar französische Offiziere die Kasbah von Algier seit Jahren verwalten, überwachen und sozial betreuen, ist nicht fern. Diese jungen blonden Männer mit dem eifernden Blick mittelalterlicher Ordensritter hatte ich noch vor einem Jahr als siegesgewisse, glühende Anhänger des »französischen Algerien« angetroffen. Sie waren auf die Algier-Franzosen, die man hier aus einem schleierhaften Grund die »Schwarzfüße« nennt, gar nicht gut zu sprechen. Sie wollten ja die volle Gleichberechtigung der Moslems durchsetzen, eine Egalität im Rahmen der französischen Republik, als »muselmanische Franzosen«, wie man damals sagte. Die Stimmung im Palast ist heute ganz anders. Der Alltag des Krieges hat sich in Algerien seit einem Jahr nicht geändert, trotz der Vorbesprechungen zwischen französischen und algerischen Emissären, trotz der optimistischen Proklamationen General de Gaulles. Der Partisanenkampf und die Attentate haben sich nicht verschärft, und auch nicht nachgelassen. Dennoch ist ein psychologischer Wandel im Gange, und niemand spürt das so deutlich wie die beiden jungen Hauptleute, denen ich auf einem geschnitzten Hocker gegenübersitze. Sie machen aus ihrem Herzen keine Mördergrube.

Seit de Gaulle, der sich stets geweigert hat, das Wort »Algérie française« in den Mund zu nehmen, dazu übergegangen ist, vom »algerischen Algerien« zu reden, von der Selbstbestimmung der Muselmanen, ja von der künftigen algerischen Regierung, seitdem ist den Offizieren der Kasbah die propagandistische Rüstkammer ausgeräumt worden. An den Wänden der SAU, der Verwaltungseinheit für die untere Kasbah, hängen noch die Plakate aus der fröhlichen Zeit des Integrationsrummels. Ein französischer Soldat schließt brüderlich die Arme um einen Moslem im Turban und einen Algier-Franzosen. »Algerien ist französisch – auf immer«, steht darunter. Was sollen diese Parolen heute noch?

Die ersten Auswirkungen unter den Arabern der Kasbah haben nicht auf sich warten lassen. De Gaulle in Person hat die Schaffung einer Algerischen Republik in Aussicht gestellt, und schon halten die Anhänger der Algerischen Befreiungsfront FLN nicht mehr ganz so vorsichtig mit ihren Meinungsäußerungen zurück. Jene Algerier, die öffentlich mit der französischen Armee kollaboriert haben – so wenige sind das nicht –, fühlen sich noch bedrohter als zuvor. Die Masse der muslimischen Bevölkerung, die bisher vorsichtig abgewartet hatte, die sich der französischen Militärverwaltung beugte und an die Kommissare der FLN regelmäßig ihre Abgaben entrichtete, wittert, daß die Nationalisten den Wind im Rücken haben. Die Kasbah ist ganz allmählich in Bewegung geraten. Die Meinungssonden, die die jungen französischen Verwaltungsoffiziere auswerfen, bleiben ohne Echo. Die Zellen der FLN bereiten sich darauf vor, ihre bisher überwiegend militärisch-terroristische Organisation auf eine politische Betätigung am hellen Tag umzustellen.

Die französischen Offiziere machen mürrische, entmutigte Gesichter. Auch sie haben die Morgenzeitung vor sich liegen, wo von der Meuterei der »Force Publique« am Kongo die Rede ist. »So weit kommt Europa, wenn es die Schleusen der marxistischen Revolution öffnet«, sagt ein Capitaine, »wenn die Kolonialmächte ohne Sinn für Verantwortung abdanken und den farbigen Nationalisten das Feld räumen. Was mit den Belgiern am Kongo geschieht, ist eine Warnung für uns Franzosen in Algerien.«

SENEGAL: Furcht vor der Balkanisierung

Dakar, im Juli 1960

Zwischen Casablanca und Dakar flimmert am östlichen Horizont die dunstige Wüstenküste der spanischen Sahara. Jeden Morgen wird an die Passagiere der »Maréchal Foch« eine hektographierte Bordzeitung verteilt. Die Meldungen vom Kongo stehen an der Spitze. Die Meuterei von Thysville hat sich ausgebreitet. Auch die schwarzen Soldaten der Hauptstadt Leopoldville haben ihre weißen Offiziere vertrieben. Als die ersten Opfer der Unruhen, die vergewaltigten Frauen vom unteren Kongo, in Leopoldville eintrafen, ist dort bei den Belgiern ein unbeschreibliches Entsetzen ausgebrochen. Mitten in der Nacht sind Tausende von europäischen Familien über den reißenden Strom in das rettende französische Brazzaville am Nordufer geflüchtet. Zum Schutz ihrer Staatsbürger hat die Regierung von Brüssel sämtliche verfügbaren Fallschirmjäger, die »Para-Commandos«, nach Zentralafrika eingeflogen. Aber nur in der südlichen Kupferprovinz Katanga ist die belgische Intervention von Erfolg gekrönt. Der Provinzchef von Katanga, Moise Tschombe, fordert weitere belgische Hilfe an und proklamiert die Unabhängigkeit seines Splitterstaates von der kongolesischen Zentralregierung in Leopoldville.

Patrice Lumumba und Joseph Kasavubu haben mit äußerster Heftigkeit auf das Eingreifen der belgischen Elitetruppen reagiert. Sie bezeichnen diese Aktion als eindeutige Aggression gegen ihren unabhängigen Staat und rufen die Vereinten Nationen zu Hilfe. Hinter der Loslösung Katangas sehen sie das Komplott der großen belgischen

Grubengesellschaften, die dort Kupfer, Kobalt, Zink und Uranium fördern.

Das morgendliche Bulletin wird von den Passagieren der »Foch« mit sehr gemischten Gefühlen gelesen. In der Mehrzahl sind es Offiziere der französischen Armee oder deren Familien. Wirkliche Beunruhigung ist nicht aufgekommen, denn diese Kolonialsoldaten haben fast alle den Indochina-Feldzug erlebt. Sie haben in Algerien gekämpft und teilweise auch in Kamerun, wo seit Jahren ein von der übrigen Welt unbeachteter Partisanenkampf glimmt. Die Franzosen sind an Kolonialkriege, an Siege und Niederlagen, gewöhnt. Sie stemmen sich seit fünfzehn Jahren mit aller Gewalt gegen diese Entwicklung in der farbigen Welt, erkennen aber insgeheim deren Schicksalhaftigkeit an.

Als sie von der Flucht der Belgier über den Fluß hörte, meinte eine Majorsfrau, die noch von Saigon her die Spuren eines Handgranatenattentats im Gesicht trug, diese Flamen hätten doch wirklich zu schwache Nerven. Ich muß an die ersten Seiten des Romans »Die Eroberer« von André Malraux denken. Der französische Schriftsteller beschreibt darin die Stimmung unter den europäischen Passagieren eines Schiffes, das in den zwanziger Jahren nach Kanton unterwegs ist, während an Bord die Nachricht vom Ausbruch der Kämpfe zwischen Kommunisten und Kuomintang durch Funkspruch bekannt wird. Welch abschüssige Strecke hat doch der weiße Mann in diesen fünfunddreißig Jahren zurückgelegt.

Über der Hauptstadt der Mali-Föderation, dem großen westafrikanischen Hafen Dakar, wehen noch die Fahnen des 20. Juni 1960. An diesem Tag ist die Mali-Föderation, bestehend aus den ehemals französischen Kolonien Senegal und Sudan, unabhängig geworden. Der feuchte Wind des Atlantik zerrt an der grün-gelb-roten Fahne mit dem schwarzen Strichmännchen im Mittelfeld. Aus der Ferne gesehen erinnern die weißen Hochhäuser des Stadtzentrums von Dakar an die stolzen Wolkenkratzer des Boulevard Albert in Leopoldville. Hier hört der Vergleich mit Belgisch-Kongo auch schon auf. Mali ist zehn Tage vor dem Kongo unabhängig geworden, aber von Anarchie, von Europäerfeindlichkeit, von Meuterei der eingeborenen Soldaten ist in Dakar nicht eine Spur zu finden.

Wenn man die Senegalesen fragt, warum bei ihnen die Freiheit so gesetzlich und ordentlich gekommen ist, während sich am Kongo das

Chaos auftut, dann lachen sie überlegen: »Bei uns, Monsieur«, so sagen sie, »wird schon seit hundert Jahren gewählt. Am Senegal gibt es die sogenannten vier ›Communes‹, die seit einem Jahrhundert ihren Deputierten nach Paris schicken.« In Senegal besteht keine Gefahr der Anarchie. Hier gibt es genug schwarze Intellektuelle, die bereit sind, die Nachfolge der Franzosen anzutreten. Manchmal scheint es sogar, als gäbe es zu viele Juristen, während es an Ingenieuren und Technikern mangelt.

Der Zufall wollte es, daß der erste Senegalese, dem ich auf dem Hafenkai von Dakar begegnete, Colonel Fall war. Der Oberst ist ein tiefschwarzer, hochgewachsener Afrikaner und soll zum ersten Generalstabschef der entstehenden Mali-Armee ernannt werden. Mali ist nicht darauf angewiesen, wie Patrice Lumumba und Joseph Kasavubu am Kongo, über Nacht meuternde Sergeanten zu Stabsoffizieren zu befördern. Senegal und Sudan verfügen seit geraumer Zeit über eine Anzahl vollwertiger Offiziere, die in der französischen Armee auch über weiße Soldaten das Kommando führten.

Noch ist das junge Mali-Heer mitten in der Aufstellung begriffen, und schon sieht es sich mit der ersten internationalen Aufgabe betraut. In Beantwortung des Hilferufs Lumumbas aus Leopoldville hat der UN-Generalsekretär Dag Hammarskjöld neben Ghana und Guinea die Mali-Föderation aufgefordert, Truppen an den Kongo zu entsenden. Der Regierungschef von Mali, der Sudanese Modibo Keita, einer der ehrgeizigsten Staatsmänner Afrikas, der vom alten Herrschergeschlecht des historischen Mali-Reiches abstammt, hat sofort positiv geantwortet. Ab 1. August wird ein Mali-Bataillon in Richtung Kongo in Marsch gesetzt, um dort mit den Blauhelmen der Vereinten Nationen für Ordnung zu sorgen.

Am Place Protet, dem architektonischen Schaustück der Franzosen im Herzen Dakars, habe ich Jean Magistrat in seinem Pressebüro aufgesucht. Im Frühjahr 1951 hatte ich ihn kennengelernt. Wir waren damals gemeinsam beim katholischen Bischof von Phat-Diem im Tonking-Delta zu Besuch gewesen. Die Reportage hätte beinahe ein böses Ende genommen, denn das Bistum mitsamt den kampffreudigen Milizen des asiatischen Bischofs wurde durch den kommunistischen Vietminh vorübergehend von der Außenwelt abgeriegelt. Im Bauch einer Dschunke verborgen, waren wir über Nebenkanäle des Roten

Flusses bis Namdinh gelangt, wo sich das nächste französische Kommando befand. Seitdem war ich Magistrat in regelmäßigen Abständen, aber an immer neuen Standorten wieder begegnet.

»Du sitzt auf dem falschen Boot«, lachte Magistrat, während wir von seiner Agentur aus über das französische Ehrenmal am Place Protet schauten, das mit blau-weiß-roten und grün-gelb-roten Trikoloren geschmückt war. »Bis du mit deiner ›Maréchal Foch‹ am Kongo anlegst, ist alles vorbei. Morgen treffen dort schon die ersten Ghana-Soldaten ein. Die amerikanische Air Force spannt eine Luftbrücke zwischen Accra und Leopoldville. Der Weltsicherheitsrat ist zu einer Sondersitzung über den Kongo zusammengerufen, und Lumumba schickt sich an, nach New York zu reisen. Eine Seereise ist zwar eine wunderschöne Erholung, aber viel zu langsam für unser schnellebiges Zeitalter.«

Ich mußte Magistrat recht geben, doch das erste Direktflugzeug nach Leopoldville würde Dakar erst in einer Woche verlassen. Die anderen Verbindungen längs der Küste waren auch nicht besser. Also blieb ich am besten auf der »Foch«. Wenn sich am Kongo wirklich alles so schnell regeln würde, wie Magistrat das annahm, wäre ich so oder so zu spät gekommen.

Während des Mittagessens bei Magistrat sprachen wir über die frisch gegründete Mali-Föderation. Ganz so optimistisch wie die übrigen Franzosen von Dakar war Magistrat nicht. Das allzu herrische Temperament Modibo Keitas machte ihm Sorgen. Für die straff organisierten, sozialistischen Sudanesen war der große Mann des Senegal, der Dichter Leopold Sedar Senghor, kulturell zu stark von Frankreich assimiliert. Sie sahen in ihm eine Art afrikanischen Edouard Herriot. »Hoffentlich geht das Mali-Experiment gut«, sagte Magistrat, »sonst droht die Balkanisierung Westafrikas.« Er blickte zur Decke hoch, wo die grazilen »Margouillats«, flinke kleine Echsen, mit spielerischer Leichtigkeit wie Trapezkünstler nach Moskitos jagten. Zwei afrikanische Mädchen trugen kreolischen Reis auf. Sie kamen aus der hintersten Savanne des Senegal, hatten die Haare zu winzigen, steil aufstehenden Rattenschwänzchen gedreht. Aber sie trugen stolz die snobistischen französischen Modenamen »Lucrèce« und »Chantal«.

Wie alle Franzosen in Afrika, die einmal in Ostasien gelebt hatten, leitete Magistrat sehr bald das Gespräch auf Indochina über. Das war für mich das Signal zum Aufbruch; denn ich wollte noch dem Büro der »Afrikanischen Partei der Unabhängigkeit« einen Besuch abstatten. Die P.A.I. (Parti Africain de l'Indépendance), eine radikale Splittergruppe, die mehr und mehr ins kommunistische Fahrwasser geriet, bezog ihre Direktiven aus dem Guinea Sekou Tourés. Sehr eindrucksvoll war ihr Parteilokal in der Rue de Bayeux nicht. Im Hintergrund grüßte ein unglaublich kitschiges Gemälde von der Wand, auf dem das blutende afrikanische Herz von den Flammen des Kolonialismus geröstet wurde. Darunter lehnte eine alte Flinte, ein Vorderlader, wie man ihn auf jedem maurischen Markt findet. Nicht das Gewehr machte mich stutzig, sondern die Schriften und Broschüren, die daneben zu Haufen getürmt waren. Sie kamen sämtlich aus der Volksrepublik China, trugen noch den Poststempel der Zwischenversandstation Hongkong. »Neues China«, »Mao Tse-tung«, »Grundsätze der chinesischen Revolution«, so lauteten die Titel. Der ideologische Griff Pekings nach Afrika war in der verwahrlosten Rue de Bayeux dokumentarisch belegt.

Die jungen Afrikaner von der Unabhängigkeitspartei begrüßten sich als »Genossen« und mit dem Wort »Momsarew«, was in der Ouolof-Sprache heißt: »Dieses Land ist unser.« Ihr Wortführer, von seinen Genossen als »Professor« bezeichnet, trug einen Spitzbart. Er sah aus wie ein schwarzer Ho-Tschi-Minh und machte aus seiner marxistischen Überzeugung kein Hehl. »Ich bin gestern aus Guinea zurückgekommen. Dort hat Sekou Touré eine echte Unabhängigkeit verwirklicht. Dort wurden die Massen nicht enttäuscht wie hier«, sagte er. Für die Wirren am Kongo machte er die Belgier verantwortlich, die durch ihre »Provokationen« Anarchie gestiftet hätten, um danach die Abtrennung der reichen Katanga-Provinz zu betreiben. »Es ist gut, daß aus der Republik Guinea Truppen nach dem Kongo gehen«, meinte der Professor, »die Guineer müssen darüber wachen, daß der Kolonialismus nicht unter einer neuen Maske in Afrika Fuß faßt.« Kein Zweifel, daß diese jungen afrikanischen Marxisten in dem Bataillon Sekou Tourés bereits die Vorhut der großen sozialistischen Revolution im schwarzen Erdteil sahen.

Als die »Foch« sich in der Nacht vom Kai löste, wurde die Fahne der Unabhängigkeit mit dem schwarzen Strichmännchen von Scheinwerfern angestrahlt. In der Mythologie Westafrikas soll dieses Ideogramm den zu seinen Göttern rufenden afrikanischen Menschen symbolisieren. Seit den Kongo-Wirren ist auch in Senegal ein Schatten auf die erste und reine Freude an der Freiheit gefallen. Manchem besorgten Europäer scheint es, als vollführe das Strichmännchen, wenn die Flagge vom Wind gebauscht wird, einen beängstigenden Kriegstanz.

GUINEA: Die Volksdemokratie des »Großen Elefanten«

Conakry, im Juli 1960

Sobald der Hafen von Conakry in Sicht kommt, halten die Kapitäne nach Schiffen des Ostblocks Ausschau. Es lagen nur ein russischer und ein polnischer Frachter älteren Baujahres hinter der Mole. Seit die Republik Guinea sich unter Führung Sekou Tourés im Herbst 1958 mit Eklat von Frankreich trennte und tschechische Techniker und Offiziere ins Land rief, genießt der junge afrikanische Staat an der regnerischen Westküste den Ruf der ersten afrikanischen Volksdemokratie. Den französischen Militärs an Bord wurde rechtzeitig mitgeteilt, daß ein Landurlaub für sie nicht in Frage komme. Auch die übrigen Passagiere wurden gewarnt. Ein Ausflug in die Hauptstadt Conakry wird auf eigene Gefahr unternommen. Die guineischen Zoll- und Polizeibehörden, die die Kontrolle im Eßraum der Kabinenklasse vornahmen, trugen Uniformen von tschechischem Zuschnitt. Sie waren mißtrauisch, aber betont höflich.

Wir hatten den Termin unserer Ankunft gut abgepaßt. Die Republik Guinea hatte zu einem großen »Tag des Protestes« gegen die »belgische Aggression« am Kongo aufgerufen. Ich ging eilig durch die schattigen Alleen der Hauptstadt, aber ich habe an diesem Sonntag vergeblich nach Massenaufmärschen und empörten Volksscharen gesucht.

Seit meinem letzten Besuch vor einem Jahr ist Conakry noch stiller geworden. In Ermangelung von Ersatzteilen sind alle Garagen bis auf eine geschlossen, so daß der Straßenverkehr sich gelichtet hat. Neben den französischen Modellen tauchen die ersten tschechischen Automobile der Skoda-Werke auf. Auch die ungarischen Autobusse, die

die Regierung zur Beförderung der arbeitenden Bevölkerung einsetzt, waren vor einem Jahr noch nicht da. Zahllose schwarze Gendarmen mit flachen Mützen wachen unerbittlich darüber, daß die Höchstgeschwindigkeit von 40 Kilometern nicht überschritten wird.

Im Frühjahr hat sich Guinea aus der Franc-Zone gelöst und eigene Guinea-Franken ausgegeben, die in Prag gedruckt werden. Wie es sich gehört, ist Sekou Touré, »Silly«, der »Große Elefant« – so nennen ihn seine Landsleute –, auf den Noten abgebildet. Mit dem Guinea-Franken ist nicht viel anzufangen. Der Außenhandel beschränkt sich im wesentlichen auf einen summarischen Warenaustausch, Bananen gegen tschechische Elektroapparate etwa; der Import von Konsumgütern hat praktisch aufgehört. Die letzten europäischen Geschäfte haben sich geleert, und selbst die Auslagen der rührigen libanesischen Händler erinnern an Warenregale vor der Währungsreform. Immerhin will der Staat dafür sorgen, daß die wichtigsten Lebensmittel, vor allem Reis, für die eingeborene Bevölkerung ausreichend und zu niedrigen Preisen überall zu haben sind. Die volkseigenen Läden nach östlichem Vorbild, die man einzurichten beginnt, sind auf die bescheidenen Bedürfnisse der Afrikaner zugeschnitten. Die letzten französischen Kaufleute packen die Koffer.

Durch einen Zufall habe ich dann doch eine Protestkundgebung im Hof einer ärmlichen Moschee entdeckt. Die Agitatoren der Einheitspartei, der »Parti Démocratique de Guinée«, hatten die Bewohner des Stadtviertels unter riesigen Baobab-Bäumen versammelt und trugen mit heiserer Stimme ihre Losungen vor. Zwischendurch wurde getrommelt und getanzt. Es war beileibe nicht nur vom belgischen Kolonialismus am Kongo die Rede, sondern sämtliche Mächte des Atlantikpaktes wurden unter der Anklage des Imperialismus in einen Topf geworfen. Vor allem die amerikanischen Kapitalisten wurden als Drahtzieher gebrandmarkt, die die Unruhen in Leopoldville nur als Vorwand nutzten, um die reiche Grubenprovinz Katanga weiterhin in Abhängigkeit zu halten.

Nirgends sind die Nachrichten vom Kongo mit so brennendem Interesse aufgenommen worden wie in den Regierungskreisen von Conakry. Guinea war in den letzten Monaten ein wenig ins Hintertreffen geraten. Präsident Sekou Touré, der revolutionäre Gründer dieses Landes, hatte nach seiner Auflehnung gegen das »Communauté«-Angebot de Gaulles als der fortschrittlichste, der kompromißlose Prophet des schwarzen Nationalismus gegolten. Aber seitdem ist die benachbarte Mali-Föderation unabhängig geworden. Sämtliche Staaten der französisch-afrikanischen Gemeinschaft werden vor Ende des Jahres 1960 Sitz und Stimme bei den Vereinten Nationen haben. Die Republik Guinea wird nur eine unter vielen afrikanischen Nationen sein und beileibe nicht die bedeutendste an Einwohnerzahl und Fläche. Trotz aller Zuwendungen des Ostblocks kann Guinea mit dem Freund und Rivalen Ghana, der ehemals britischen Goldküste, nicht gleichziehen.

Seit der Kongo in der Anarchie versinkt, ist Sekou Tourés Stern wieder im Steigen. Die afrikanische Politik ist mit einem Schlag radikalisiert worden. In Leopoldville hat ein Wettlauf der Extremisten eingesetzt, und in allen jungen afrikanischen Staaten zwischen Dakar und Brazzaville gehört es jetzt zum guten Ton, gegen die ehemaligen Kolonialmächte Europas einen harten, unerbittlichen Ton anzuschlagen. Der athletische Staatschef von Guinea, der beim Reden die linke Schulter wie ein Boxer nach vorne schiebt, hat dafür gesorgt, daß er an patriotischer Heftigkeit nicht überboten wird. Er appelliert ganz offen an die revolutionäre Leidenschaft der afrikanischen Nationalisten und hat sich nicht mit der Verurteilung der belgischen »Aggression« begnügt. In Conakry ist man dazu übergegangen, die sowjetischen und rotchinesischen Stellungnahmen zur Kongo-Krise im Wortlaut zu veröffentlichen. Sekou Touré hat – ohne viel Erfolg übrigens – alle anderen afrikanischen Länder aufgefordert, die diplomatischen Beziehungen zu Brüssel abzubrechen. Dem Ministerpräsidenten der separatistischen Katanga-Provinz Moise Tschombe, der Conakry wie allen anderen Hauptstädten die Gründung seiner unabhängigen »Kupfer-Republik« mitteilte, hat der guineische Staatschef mit Beleidigungen geantwortet. Er hat Tschombe als einen »Verräter an der afrikanischen Sache und einen Knecht des Imperialismus« beschimpft.

In den Truppenlagern des Innern, wo die vier Bataillone der guineischen Armee von tschechischen Instrukteuren an Waffen des Ostblocks ausgebildet werden, ist eine Einheit von rund 500 Mann zum Abstransport nach Leopoldville bereit. Der Generalsekretär der Vereinten Nationen, Dag Hammarskjöld, hat dafür gesorgt, daß die Soldaten des Commonwealth-Staates Ghana vor den »Jakobinern« aus Conakry am Kongo eintrafen. In den guineischen Ministerien sind recht unfreundliche Bemerkungen über den ghanaischen Präsidenten Kwame Nkrumah zu hören, dessen Armee sich immer noch unter dem Kommando des stockbritischen Generals Alexander befindet.

In einem Punkt sind sich freilich fast alle Afrikaner einig: Die Unruhen am Kongo sollen zwar im Zeichen der Vereinten Nationen, aber ausschließlich durch den Einsatz afrikanischer Truppen beigelegt werden. Das Regime von Guinea gibt unumwunden zu, daß der Kongo in diesem Falle nur ein Sprungbrett sein wird, von wo aus sich der Aufstand der Schwarzen nach Portugiesisch-Angola und Rhodesien weiterpflanzen soll. In aller Diskretion hat sich in Conakry neben der Befehlszentrale der Aufständischen von Kamerun auch eine Exilgruppe von Angolanern etabliert.

Sekou Touré hört am Kongo seine große Stunde schlagen. Dieser kühnste aller schwarzen Staatsmänner gibt sich nicht mit der Revolution im eigenen Land zufrieden. Das Chaos am Kongo ist ein fruchtbarer Nährboden für seine kompromißlose Ideologie vom afrikanischen Sozialismus. Aus Conakry tönt am lautesten die Forderung auf Nichteinmischung der Nicht-Afrikaner am Kongo. Afrika den Afrikanern! Eine afrikanische Monroe-Doktrin ist im Entstehen, und diese Bewegung wird Sekou Touré mit allen Kräften nützen.

Elfenbeinküste: Der alte Häuptling schwimmt gegen den Strom

Abidjan, im Juli 1960

Die Elfenbeinküste steht wenige Tage vor ihrer Unabhängigkeitsfeier, aber einen Freudentaumel wird die »Indépendance« in der Hauptstadt Abidjan nicht auslösen. So meinen wenigstens die französischen Kaufleute, die an Bord der »Foch« gekommen sind, um ihre Kinder abzuholen, die ihre Sommerferien in Afrika verbringen. Die Zustände am Kongo haben die gemäßigten afrikanischen Führer dieser ehemals französischen Kolonie mit Sorge erfüllt. Sehr eifrig wird in Abidjan der jüngste Beschluß des Weltsicherheitsrates diskutiert, demzufolge die belgischen Interventionsstreitkräfte in kürzester Frist den Kongo räumen müssen, während die Soldaten der Vereinten Nationen Ruhe und Ordnung sowie die Einheit des Kongo-Staates garantieren sollen.

Am Vortag hat der Ministerpräsident der Republik Elfenbeinküste, Felix Houphouet-Boigny, die Direktoren der größten französischen Unternehmen von Abidjan in der dortigen Handelskammer zusammengerufen. Der kleine, skeptische, meist etwas traurig wirkende Mann, der in seiner Jugend in Dakar ein verkürztes französisches Medizinstudium absolvierte und einer der mächtigsten Häuptlingsfamilien des Landes entstammt, wies die versammelten Franzosen auf die Möglichkeit von Zwischenfällen auch in diesem Teil Afrikas hin. »Die Gefahr kommt von den kleinen Weißen«, hat er gesagt, »von den ›petits blancs‹, die den Gang der Zeit nicht begreifen, und von den einfachen, unwissenden Afrikanern, die von der Unabhängigkeit Fabeldinge erwarten. Deshalb wollen wir uns die Arbeit teilen. Sie, Messieurs, sollten darauf achten, daß Ihre Angestellten nicht zu den Afrikanern sagen: ›Ihr wollt unabhängig sein und könnt nicht mal eine Streichholzschachtel fabrizieren!‹, und ich werde meinerseits dafür sorgen, daß kein Afrikaner seinem europäischen Arbeitgeber droht: ›Jetzt sind wir frei, und jetzt will ich in deinem Haus wohnen.‹«

Houphouet-Boigny ist ohne Widerspruch der starke Mann der Elfenbeinküste, ein paradoxer Fall afrikanischer Politik. Als ich ihn im Herbst 1959 aufgesucht hatte, schien seine Stellung leicht erschüttert. Denn der alternde routinierte Politiker war der einzige afrikanische Führer, der nicht an die Heilswirkung der Unabhängigkeit glaubte. »Afrika ist noch nicht reif für die volle Souveränität«, sagte er damals, »wir brauchen noch sehr viel Zeit, ehe wir psychisch und wirtschaftlich dafür gerüstet sind. Deshalb bin ich ein entschiedener Anhänger der französisch-afrikanischen Föderation, der ›Communauté‹ in ihrer engsten Verflechtung. – Was heißt Antikolonialismus«, fuhr er damals fort, »auch ein Teil Deutschlands ist einst von den Römern kolonisiert worden. Die alte ›Colonia Agrippinensis‹ heißt heute noch Köln. Niemand im Rheinland schämt sich dieser lateinisch-kolonialen Vergangenheit. Im Gegenteil.«

Im Herbst vor einem Jahr war Houphouet-Boigny bei allen afrikanischen Nationalisten als Verräter an der eigenen Sache, als Vasall der Franzosen verschrien. Sekou Touré und Kwame Nkrumah, der auch Gebietsansprüche gegenüber der Elfenbeinküste anmeldete, versäumten keine Gelegenheit, ihren Nachbarn anzuprangern. Niemand, auch nicht die Houphouet-Boigny zujubelnden Europäer, schien sich zu entsinnen, daß dieser Häuptlingssohn aus dem Baoule-Stamm unmittelbar nach dem Zweiten Weltkrieg bei der französischen Kolonialverwaltung als Marxist und gefährlicher Agitator bekannt war. Damals hatte Houphouet-Boigny die große afrikanische Sammelbewegung für ganz Französisch-Afrika, die R.D.A. (Rassemblement Démocratique Africain) gegründet. Er machte kein Hehl aus seinen kommunistischen Sympathien, wurde von der französischen Polizei gesucht und stützte sich auf einen engen Mitarbeiter namens Sekou Touré.

Später hat Houphouet-Boigny seinen Frieden mit Paris gemacht. Die R.D.A. wurde Regierungspartei in verschiedenen Territorien der »Union Française« und der afrikanische Arzt – mit den Anhängern François Mitterrands verbündet – wurde Minister in Paris. Er blieb auch nach dem Machtantritt de Gaulles im Amt und war maßgeblich an der Planung der französisch-afrikanischen Gemeinschaft beteiligt. Doch im eigenen Land, an der Elfenbeinküste, wo seine Partei das Monopol der politischen Betätigung behauptet, regten sich Gegenkräfte. In den Dörfern der Baoule ging die Rede um, Houphouet sei »weiß geworden«. Die Schwarzen meinten das nicht nur symbolisch.

Heute gesteht Houphouet-Boigny, der inzwischen seinen Ministersessel in Paris mit dem des Regierungschefs der Elfenbeinküste vertauscht hat, daß er die Unabhängigkeit nur mit Widerstreben gewählt hat. »Ich wurde dazu gezwungen«, sagt er im vertraulichen Gespräch, »General de Gaulle hat mir ja keinen anderen Ausweg gelassen. Aber jetzt werde ich konsequent sein. Ich fordere Unabhängigkeit ohne Einschränkung, die absolute Souveränität.« Houphouet-Boigny verhält sich wie ein verschmähter Liebhaber. Tatsächlich hatte Charles de Gaulle sehr bald erkannt, daß ein förderatives französisch-afrikanisches Gebäude dem Ansturm aller nationalistischen Kräfte des schwarzen Erdteils ausgesetzt wäre. Deshalb verlieh er Mali die Unabhängigkeit und gab auch der Elfenbeinküste zu verstehen, daß er keine großen Hoffnungen in einen gemeinsamen Staatenbund setzte. Möglicherweise hat der französische Präsident so die politische Karriere Houphouet-Boignys gerettet.

Sicher ist, das Houphouet-Boignys Ansehen inzwischen steigt. Kaum hat er seinen Willen zur totalen Selbständigkeit proklamiert, da biedern sich die beiden feindlichen Nachbarn, Sekou Touré und Kwame Nkrumah, schon wieder an. In Afrika sind weder politische Freundschaften noch politische Feindschaften von Dauer. Sie können jeden Tag umgestoßen werden. Ganz allmählich wird der Politiker vom Baoule-Stamm erneut zum »great old man« des schwarzen Nationalismus in den französisch-sprachigen Gebieten.

Abidjan ist eine der schönsten afrikanischen Städte. Die weißen Hochhäuser sind in beinahe brasilianischem Rhythmus aus dem Boden geschossen. Der Kern dieser Hauptstadt ist ganz europäisch und könnte von Le Corbusier entworfen sein. Hier sind beachtliche französische Kapitalien investiert, denn die Elfenbeinküste ist das einzige Territorium im ganzen ehemaligen Französisch-Westafrika, das dank seiner Naturprodukte – Kaffee, Kakao, Edelhölzer – etwas hergibt und auf eigenen Füßen steht. Die französischen »Banker« und Financiers von Abidjan, die dem Ministerpräsidenten seit langem wie treue und gut verdienende Vasallen ergeben sind, haben sich durch die Unabhängigkeitserklärung nicht bange machen lassen. Sie setzen weiterhin auf Houphouet-Boigny und sind überzeugt, daß er die wirtschaftliche Bindung an Frankreich niemals gefährden wird. Man munkelt allenfalls, daß in der Umgebung des Regierungschefs – der gemäß der neuen Verfassung demnächst zum Staatspräsidenten avanciert – kritische Töne laut werden, daß das Schaukelspiel Sekou Tourés zwischen West und Ost auch an der Elfenbeinküste Befürworter findet.

Doch es sind nicht diese gelegentlichen Kabinettsintrigen, die Houphouet-Boigny heute nachdenklich stimmen. Über das brackige Wasser der Lagune von Abidjan richtet sich sein Blick auf die große Eingeborenenstadt Treichville. In Abidjan werden die Geschäfte gemacht. Aber in den übervölkerten Gassen von Treichville lebt das afrikanische Volk, ein lärmendes, lebensfrohes Proletariat, das am Tage des Aufruhrs zur gefährlichen Manövermasse von Extremisten werden könnte.

Ich bin bei Nacht in Treichville spazierengegangen und habe kein Zeichen europäerfeindlicher Stimmung entdeckt. Statt sich über Politik zu erhitzen, widmeten sich die Eingeborenen dem aus Frankreich importierten »Boule«-Spiel. Anstelle revolutionärer Kampflieder drang das rhythmische Klagegeschrei einer Trauergemeinde aus dem Hinterhof einer Wellblechsiedlung. »Doch wer weiß, was morgen geschieht«, mutmaßen die »petits blancs«. »Vielleicht genügt eine Schlägerei mit betrunkenen französischen Matrosen, und schon geraten die Eingeborenen von Treichville in Wallung, fegen sie alle Vernunft beiseite mit der ihnen eigenen hysterischen Erregbarkeit.«

Das ist wohl das bitterste Ergebnis der Kongo-Wirren: Die Europäer trauen den Schwarzen nicht mehr. In dem vorurteilslosen Nightclub »Black and White« von Treichville, der seinem Namen alle Ehre machte, steht auf einmal das Mißtrauen wie eine unsichtbare Schranke zwischen afrikanischen und französischen Freunden, die jeden Rassenkomplex bisher erfolgreich verdrängten.

Kamerun: Bandenkrieg unter roter Fahne

Duala, im Juli 1960

Die Einfahrt nach Kamerun ist unheimlich. Rechts und links säumen Sumpf und Wald die Fahrrinne, eine urweltliche Landschaft, hinter der man andere, zahllose Wasserläufe wie satte Riesenschlangen ahnt. Die Abendluft ist schwül und mit Elektrizität geladen. Das Gefühl der Beklemmung verläßt den Einreisenden auch dann nicht, wenn er in der Hafenstadt Duala an Land geht, wo noch ein paar massive Gebäude an die Ära der wilhelminischen Kolonisation erinnern.

Seit einem Monat haben die Attentate schwarzer Extremisten in Duala nachgelassen. Trotzdem werden die Europäer ihres Lebens nicht froh. An jeder Straßenecke stehen eingeborene Gendarmen, die den Tommy-Helm oder die Schirmmütze der französischen Fallschirmjäger tragen. Doch sie flößen den Weißen kein Vertrauen mehr ein. Seit die Meuterer der Force Publique am Kongo die Gewehre gegen die belgischen Offiziere kehrten, fürchten sich manche Franzosen in der unabhängigen Republik Kamerun vor den Maschinenpistolen ihrer schwarzen Ordnungshüter. Kritische Stimmen wurden laut, als die Regierung des Präsidenten Ahidjo zur Bekämpfung der linksextremistischen Guerilla zwei afrikanische Kompanien als Kern der nationalen Kamerun-Armee mit französischer Hilfe auszurüsten begann.

Vier Jahre dauert bereits der Aufstand in Kamerun. Der ganze Süden ist verseucht. Schwerpunkte der Unruhen sind weiterhin die große Hafenstadt Duala und das Stammesgebiet der Bamilike längs der Grenze mit Britisch-Kamerun. Auch beim Bassa-Volk, das seit dem vergangenen Jahr als befriedet und für die Regierung gewonnen galt, rumort es wieder. Meist nur mit Buschmessern bewaffnet, gelegentlich auch mit tschechischen Handfeuerwaffen, die aus Guinea eingeschmuggelt wurden, suchen die Freischärler bei Einbruch der Dunkelheit die Dörfer heim, massakrieren, was sich ihnen in den Weg stellt. Sogar französische Gendarmerieposten greifen die Rebellen an, wenn sie von ihren Zauberern in Trance versetzt und mit wundertätigen Säften eingerieben werden, die sie unverwundbar machen sollen.

Hinter diesen Haufen verzweifelter Partisanen steht ein dezidiertes Grüppchen Intellektueller, der Führungsstab der UPC, der »Volksunion von Kamerun«, die sich geschworen hat, notfalls mit Gewalt an die Macht zu kommen. Die französischen Abwehrstellen haben Rundschreiben der UPC abgefangen. Darin werden die Parteigänger aufgefordert, sich freiwillig zur jungen Nationalarmee Kameruns oder zur Polizeitruppe zu melden, um diese zu unterwandern.

Ist die Volksunion eine kommunistische Kampforganisation? Aus ihrem marxistischen Gedankengut macht sie jedenfalls kein Geheimnis. Ihre Befehle sind von Roland Felix Moumié unterzeichnet, und Moumié ist kein Unbekannter. Ich habe diesen Führer des Kamerun-Aufstandes vor einem Jahr in Conakry kennengelernt. Guinea ist zum Refugium aller Extremisten geworden, die mit Gewalt gegen die bestehende afrikanische Ordnung vorgehen. Roland Felix Moumié sieht durchaus nicht wie ein blutrünstiger Gewaltmensch aus. Er ist klein und schmächtig. Mit seinem gestutzten Schnurrbart wirkt er nicht ganz seriös. Im Gespräch lacht er viel, das helle, kindliche Lachen der Afrikaner. Er lacht auch, wenn von Vernichtung und Totschlag die Rede ist. Zu Beginn dieses Jahres traf ich Moumié auf dem Kongreß der Afrikanischen Völker in Tunis wieder. Da spielte der ehemalige Arzt aus Kamerun eine gewichtige Rolle hinter den Kulissen und wurde von den Sendboten des Ostblocks hofiert. Er stieß unmißverständliche Drohungen aus. Auf ein Entwicklungsprojekt der Bundesrepublik angesprochen, die damals plante, die Eisenbahnlinie Kameruns von der Hauptstadt Jaunde bis zum Tschad-See zu verlängern, antwortete er brüsk: »Wenn die Deutschen das tun, werden wir jeden Meter dieser Bahnlinie in die Luft jagen.« – »Monsieur Moumié«, fragten wir ihn eindringlich, »sind Sie nun Kommunist oder nicht?« Da wurde er ärgerlich: »Warum suchen Sie Läuse auf meinem Kopf, wo keine sind?«

Während ich mich im Taxi vom Anlegeplatz der »Foch« entferne und auf das Zentrum von Duala zufahre, bekennt sich der schwarze Chauffeur zur Bewegung Moumiés. Die Regierung Ahidjo habe einen geheimen Emissär nach Conakry geschickt, um für alle Fälle das Terrain zu sondieren, berichtet der Fahrer. Viel werde dabei nicht herauskommen, zumal die Volksunion aus den Kongo-Ereignissen gelernt habe, daß Gewalt sich bezahlt macht. – »Wäre es nicht das beste, wenn die Blauhelme der Vereinten Nationen auch in Kamerun eingesetzt würden?« habe ich eine Runde Europäer gefragt, die sich in der Bar »La Frégate« über die politischen Zustände entrüsteten. Sie meldeten starke Bedenken an und wehrten sich vor allem gegen neue Wahlen in Kamerun, auf die die UNO im Falle ihrer Einschaltung wohl dringen würde. Bei einer Volksbefragung unter Beteiligung der revolutionären UPC wäre das Schicksal des gemäßigten Präsidenten Ahidjo besiegelt und der Sieg Moumiés im stark besiedelten, brodelnden Süden kaum noch zu verhindern, kamen die Franzosen überein. »Wir würden damit eigenhändig die Kommunisten in den Sattel heben, denn Moumié wurde im Ostblock ausgebildet. Er ist ein aktiver Agent Moskaus. Wollen Sie denn zwischen der Republik Guinea, die ohnehin zum Marxismus neigt, und dem chaotischen Kongo noch eine Volksrepublik Kamerun als Relaisstation der Weltrevolution einschalten?« Wer konnte damals ahnen, daß Felix Moumié schon im November 1960 vergiftet und seine Volksunion in den folgenden Jahren auseinanderbrechen würde?

Auf der Terrasse des Akwa-Hotels in Duala, gleich neben dem Kino, wo unlängst ein paar Europäer von schwarzen Terroristen mit

Buschmessern zerfleischt wurden, erfahre ich, daß Patrice Lumumba die militärische Unterstützung der Sowjetunion angefordert hat, um die belgischen Fallschirmjäger aus dem Kongo und aus Katanga zu vertreiben. »Wird der Kongo ein zweites Korea?«, fragt mich ein aufgeregter französischer Ananaspflanzer aus Jaunde.

Pointe-Noire, im Juli 1960

Endlich hat die »Maréchal Foch« ihr Reiseziel erreicht. In Pointe-Noire sind die letzten Passagiere an Land gegangen. Schon schicken die Matrosen des Luxusdampfers sich an, im Zwischendeck Schlafstellen für mehrere hundert belgische Kongo-Flüchtlinge aufzuschlagen. Ein belgischer Zerstörer liegt hier vor Anker. Vor wenigen Tagen war er in Matadi. Die flämischen Matrosen haben dort ohnmächtig zusehen müssen, wie die Meuterer der Force Publique das dortige Europäerviertel brandschatzten.

In den Straßen von Pointe-Noire trifft man zahlreiche Limousinen mit dem blauen Nummernschild der belgischen Kolonie. Die Hotels und die Durchgangsquartiere für Flüchtlinge sind überfüllt. Die meisten Belgier haben den Kongo bereits verlassen. An ihre Stelle rücken jeden Tag neue Soldaten der Vereinten Nationen nach. Lumumba ist nach New York geflogen und hat auf die sowjetische Militärintervention vorerst verzichtet. Dag Hammarskjöld wird morgen in Leopoldville erwartet. Kann er die Kongo-Krise rasch beilegen oder steckt sie erst in ihren Anfängen?

Die Äquatornacht ist tintenschwarz, während der Zug über die kurvenreiche Strecke des Mayombe-Urwaldes nach Brazzaville rattert. Morgen mittag werde ich am großen Fluß stehen und versuchen, mit der Fähre nach der aufgewühlten Stadt Leopoldville überzusetzen, die ich als Hochburg belgischer Kolonialherrlichkeit in Erinnerung habe.

KONGO – ANATOMIE EINER KRISE

Die Schmach der Belgier

Leopoldville, Ende Juli 1960

Die »Neger« von Leopoldville haben es geschafft. Heute sitzen sie wie selbstverständlich auf den Kaffeehausterrassen des Boulevard Albert im Herzen der Kongo-Metropole. Sie können sich dem Gefühl hingeben, daß diese Hochhäuser, diese Prachtallee ihnen gehören. Als ich im Sommer 1956 den Kongo zum ersten Mal besuchte, da waren die Schwarzen in den Restaurants der Europäerstadt nur als Boys geduldet. Drei Jahre später erregte es noch Aufsehen, wenn einige von ihnen als Gäste erschienen. Heute haben die Afrikaner vom Boulevard Albert Besitz ergriffen. Aber eigenartigerweise findet man sie nur an Restaurants und Bars, die von ihren belgischen Besitzern verlassen wurden, wo Stühle und Tische herrenlos auf dem Trottoir stehen. Sie haben sich dort niedergelassen, wo nicht serviert wird, also auch nicht bezahlt zu werden braucht. Denn die Unabhängigkeit haben die Schwarzen errungen; aber jetzt haben sie weniger Geld als vor der Proklamation der Kongo-Republik. Seit die Belgier flohen und die weißen Firmen ihre Türen schlossen, zählt man 70000 Arbeitslose unter den 100000 Eingeborenen, die früher von Europäern beschäftigt wurden.

Einige Gaststätten im Zentrum sind von ihren Besitzern bisher nicht aufgegeben worden. Dort findet man weiterhin die paar Belgier, die ausgeharrt haben, die Journalisten aus aller Herren Ländern und in ständig wachsender Zahl die Soldaten der Vereinten Nationen. Es ist höchst selten, daß man hier einen Kongolesen antrifft. Die schwarze Bevölkerung von Leopoldville stellt mit schmerzlicher Verwunderung fest, daß die Segregation, die Rassentrennung der ehemaligen Kolonialherren, durch eine andere Schranke abgelöst worden ist, durch die des Geldbeutels.

Leopoldville ist so ganz anders, als ich es mir nach den dramatischen Tagen des Aufruhrs vorgestellt hatte. Zwei Drittel aller Europäer haben die Stadt Hals über Kopf verlassen. Die meisten Geschäfte sind geschlossen. Das Ausgehverbot wurde dieser Tage wieder auf sechs Uhr abends vorverlegt. Aber man findet keine Spuren einer Straßenschlacht. Die Hotelbedienung erscheint mir höflicher als vor einem Jahr. Schwarze Polizisten ohne Waffen regeln den Straßenverkehr. Die Wasser- und Stromversorgung war niemals unterbrochen.

Am Kongo-Ufer gegenüber Brazzaville, sind die belgischen Einwanderungsoffiziere verschwunden und durch ihre eingeborenen Hilfsschreiber ersetzt worden. Das trägt nicht zum ordentlichen Amtsablauf bei, aber die schwarzen Ersatzbeamten zeigen sich äußerst korrekt. Die einzigen Eingeborenen, die mich belästigten, waren die Geldwechsler, die in ganzen Schwärmen über den Einreisenden herfallen und ihm belgische Kongo-Franken zu einem Fünftel des offiziellen Kurswertes anbieten. Mitten in dem Durcheinander von Taxichauffeuren, Geldwechslern, von Pakete schleppenden schwarzen Frauen in bunten Tüchern, die über den Fluß wollen, und eingeschüchterten Belgiern entdeckte ich unvermutet den ersten Soldaten der Vereinten Nationen, einen pechschwarzen Mann aus Ghana.

Der Soldat aus Ghana im englischen Battle-Dress trug statt des blauen UN-Helms noch das schwarze Barett der Ghana-Armee. Er stützte sich lässig auf das Gewehr mit aufgepflanztem Bajonett und schaute träge auf das bunte Treiben am Flußübergang. Er flößte Vertrauen ein. Am Boulevard Albert lösten sich die Wachposten aus Ghana mit hochaufgeschossenen, schlaksigen Schweden ab. Die Schweden erinnerten mich an die UN-Kontingente an den Grenzen Israels, die übers Wochenende oft nach Beirut an den Libanon kamen, um dort den Urlaub zu verbringen und die Lasterstätten der Levante aufzusuchen. Die »Touristensoldaten« hatte man die Schweden im Nahen Osten genannt, weil sie offensichtlich mit der Kamera vertrauter waren als mit ihren Schnellfeuerwaffen. Jetzt sind die Schweden am Kongo, und man kann sich keinen größeren Kontrast vorstellen als die Doppelposten am Boulevard Albert, bestehend aus einem gedrungenen Schwarzen von der Goldküste und einem blonden, nordländischen Riesen. Gemeinsam haben sie nur das blaue UN-Wappen auf dem Arm und die Maschinenpistole an der Hüfte.

Die Belgier, die nicht geflohen sind, haben aufgeatmet, als die ersten Schweden in Leopoldville landeten. Die Tunesier, die noch vor den Nordländern eintrafen, schienen den Flamen und Wallonen nicht ganz geheuer. Sie waren ihnen zu dunkelhäutig, von dem Kontingent aus Ghana ganz zu schweigen. Die Belgier am Kongo sind völlig allergisch geworden gegenüber schwarzer Haut. Sie hatten schon immer die Eingeborenen mit Herablassung und Kälte behandelt, aber seit der Meuterei der schwarzen Soldaten ihrer Force Publique sprechen die Belgier von ihren früheren Kolonialuntertanen stets mit einem feindseligen Unterton. Sie haben am Kongo das Gesicht verloren, so plötzlich und so brutal, wie das keiner einzigen europäischen Macht in ihren überseeischen Besitzungen jemals passiert ist. Seitdem leiden sie an einem offen eingestandenen Komplex.

In der Hauptstadt Leopoldville verliefen die Ereignisse um die Julimitte weit weniger dramatisch, als das häufig geschildert wurde. Hier ist keine weiße Frau vergewaltigt worden. Zwar haben die schwarzen Soldaten der Schutztruppe nach der Meuterei Haussuchungen in europäischen Villen durchgeführt, belgische Passanten belästigt und mit ihren entsicherten Gewehren herumgefuchtelt. Doch entgegen allen Erwartungen ist die eingeborene Zivilbevölkerung völlig friedlich geblieben. In den verlassenen Geschäften wurde kein einziges Schaufenster eingeschlagen. Die schwarzen Müßiggänger, die sich an den Scheiben vor den verlockenden Auslagen die Nasen plattdrücken, scheinen gar nicht auf den Gedanken zu kommen, das Glas zu zertrümmern und zuzugreifen, obwohl niemand sie daran hindern könnte. Geflüchtete Belgier, die nach den unruhigen Tagen aus Brazzaville zurückkamen, fanden häufig ihren Boy zu Hause, der die Wäsche bügelte, als sei nichts geschehen. Gewiß, am Kongo hat eine Revolution stattgefunden, aber sie war nicht halb so blutig und grausam, wie sie in Europa verlaufen wäre. In Leopoldville hat es weder einen Bastillesturm noch eine Kristallnacht gegeben.

Wer den Kongo noch vor einem Jahr besucht hat, der steht fassungslos vor dem Zusammenbruch des imponierenden Gebäudes der belgischen Kolonisation. In sechs Tagen ist ein Imperium untergegangen. Die letzten Belgier von Leopoldville fühlen sich als Verfemte und sehen einerseits mit Bitterkeit den Triumph der Schwarzen, andererseits mit heimlicher Wut die Emsigkeit, mit der sich die Experten der UNO an ihre Stelle drängen. Es sind fast nur Junggesellen und Strohwitwer unter den Belgiern zurückgeblieben. Die Familien wurden ins Mutterland verfrachtet, als die ersten Nachrichten von Vergewaltigungen durch schwarze Soldaten ruchbar geworden sind. Man kann sich nichts Bedrückenderes vorstellen als die einsamen Whisky-Abende dieser verwaisten Belgier. Sie zerfleischen sich mit ihren Selbstvorwürfen. Sie leiden unter der Schmach jener Schicksalsnacht, als aufgrund haltloser Gerüchte plötzlich die Panik über die sonst so phlegmatischen Flamen und Wallonen hereinbrach, als sie mitten in der Nacht in ihre Autos sprangen, die Frauen teilweise im Nachthemd, die Männer unter Zurücklassung von Geld und Papieren, und die heillose Flucht zum Kongo-Ufer begann, in Richtung auf die rettende französische Gegenseite von Brazzaville. Die Schwarzen haben in jener Nacht mit maßloser Verwunderung den Angstrausch ihrer weißen Herren erlebt. In dieser Stunde hat das Ansehen der Belgier in Afrika den Todesstoß bekommen, aber auch das Prestige aller übrigen Weißen gelitten.

Wie unendlich fern scheint die Zeit, da die Belgier mit selbstgefälliger Herablassung auf die Franzosen von Brazzaville herabblickten. In den Tagen ihrer Flucht mußten sie Abbitte leisten. In Brazzaville wurden sie nicht nur von den Franzosen wie Brüder aufgenommen, auch die Afrikaner boten ihnen dort ihre Hütten als provisorische Unterkunft an. Der exzentrische Präsident der Kongo-Republik von Brazzaville, der gaullistische Abbé Youlou, der wegen seiner erotischen Eskapaden als recht merkwürdiger Gottesmann gilt, fand Worte menschlicher Solidarität, wie man sie im Munde von Afrikanern und auch Europäern häufiger hören möchte.

Jeden Abend um fünf Uhr ist die Fähre von Leopoldville nach Brazzaville voll besetzt. Manche Belgier fürchten die afrikanische Nacht und schlafen am anderen Ufer. Es ist ein merkwürdiges Schauspiel, die verängstigten, entthronten Kolonialherren das Flußboot besteigen zu sehen. Harm, Enttäuschung, vor allem ein grenzenloses Staunen sind in den Gesichtern der furchtsamen Weißen zu erkennen – und eine tiefe Demütigung.

Ein frischgebackener Oberst namens Mobutu

Leopoldville, Ende Juli 1960

Jeden Tag landen neue internationale Einheiten der UN-Armee am Kongo: Guineer, Marokkaner, Liberianer, Mali-Soldaten. Auch der Beamtenstab der Vereinten Nationen schwillt immer mehr an. 20000 Blauhelme sollen am Kongo versammelt werden und, wenn möglich, Tausende von Zivilverwaltern, die sich darauf einrichten, fünf Jahre, ja manche sagen fünfzehn Jahre, im Herzen Afrikas zu bleiben. Kein Wunder, daß die Schwarzen am Kongo da nicht ganz mitkommen, daß sie ziemlich fassungslos vor diesen unerwarteten Folgen ihrer Unabhängigkeit stehen.

Die blaue Fahne der UNO erinnert auf einmal die Kongolesen an die blaue Flagge König Leopolds II. von Belgien, dem der Berliner Kongreß 1885 den Kongo als Privateigentum übertragen hatte. Heute könnte man glauben, das Rad der Geschichte sei zurückgedreht, es falle unter dem blauen Tuch der Vereinten Nationen dem Schweden Hammarskjöld das Vermächtnis des eigenwilligen Leopold zu.

Ein faszinierendes Experiment ist hier im Gange: die Übernahme eines riesigen afrikanischen Landes durch die Spezialabteilungen der Weltorganisation. Ganz allmählich spüren die Kongolesen, daß der Abgang der Belgier nicht alle Freiheiten und eine Menge neuer Bindungen gebracht hat. Ihr Mißtrauen ist wach geworden, und dieses Mißtrauen richtet sich bereits gegen die Person des Generalsekretärs der Vereinten Nationen, der zur Stunde in Leopoldville weilt.

»Die Kongo-Krise wird in eine UN-Krise ausarten«, sagen die zahlreichen Journalisten, die den Ablauf der kongolesischen Tragödie in Leopoldville wie der antike Chor mit ahnungsvollem Geraune begleiten. Der Konflikt zwischen Kongolesen und Belgiern ist noch nicht ausgestanden, und schon zeichnen sich die nächsten Schwierigkeiten ab. Diesmal stehen sich die Kongolesen und die Organisation der Vereinten Nationen gegenüber.

Staatspräsident Kasavubu hatte zu Ehren Dag Hammarskjölds zu einem Empfang eingeladen. Das Fest fand in einem luxuriösen Gartenrestaurant statt. Die tropische Nacht war mild. Die Lichter von Leopoldville wetteiferten mit dem äquatorialen Sternenhimmel. Auf der Hinfahrt zur »Party« wurden die Autos von Streifen der kongolesischen Militärpolizei kontrolliert. Die wenigen Belgier, die zu dem Fest fuhren, prallten zurück, als sie die schwarzen Soldaten, die Meuterer der ehemaligen Force Publique, von denen es hieß, sie seien von der UNO entwaffnet worden, wieder mit Gewehren hantieren sahen. Soldaten der Kongo-Armee standen auch am Eingang zur Gartenparty Spalier. Die eingeborenen Unteroffiziere hatten die belgischen Offiziere ersetzt. Die schwarzen Gesichter über dem präsentierten Karabiner waren wie aus Stein. »So sehen also die Vergewaltiger der weißen Frauen aus«, flüsterte ein Konsul aus Europa. Die Militärkapelle spielte belgische Weisen. »Jetzt spielen sie den Marsch meines Regiments«, bemerkte ein Flame melancholisch. Ein ganzer Wald von kongolesischen Fahnen war entfaltet worden, obwohl die Regierung bereits angekündigt hat, daß sie diese blaue Flagge Leopolds II. durch die afrikanischen Farben Grün-Gelb-Rot ersetzen will.

Die zahllosen Minister der Kongo-Regierung waren – beinahe ebenso stramm wie ihre Soldaten – in Reih und Glied angetreten und schüttelten jedem Ankommenden die Hand. Sie waren rührend linkisch in ihrer Rolle. »Sie erinnern mich an Schulbuben«, sagte irgendein UN-Beamter, »aber dafür können die armen Kerle nichts; über die Volksschulbildung haben die Belgier sie ja nicht herauskommen lassen.« Unter den Klängen der alten belgischen »Congolaise«, an deren Ende immer noch Gottes Schutz für den König der Belgier erbeten wird, hielt Joseph Kasavubu seinen Einzug.

Der Präsident und Vorsitzende der Abako-Partei weckt Vertrauen. Obwohl er erst 45 Jahre alt ist, macht »König Kasa«, wie ihn seine Anhänger nennen, einen altväterlichen Eindruck. Einem Gerücht zufolge stammt er von einem chinesischen Streckenarbeiter ab, der als Kuli an der Bahnlinie Kongo–Matadi geschuftet habe. Wie ein schwarzer lächelnder Buddha schritt er auf seine Gäste zu. Hinter ihm gingen zwei frischgebackene Obersten der Kongo-Armee in belgischen Uniformen. Vor einem Monat waren sie noch Sergeanten. Die Journalisten feixten. Es waren skeptische und abgebrühte Berichterstatter aus aller Welt hier zusammengekommen. Der »Newsweek«-Korrespondent Edward Behr zitierte die Frage eines dieser Presserabauken an eine Gruppe verstörter belgischer Frauen, denen er an der Kongo-Fähre begegnet war: »Ist hier jemand, der vergewaltigt wurde und Englisch spricht?« Neben manchen Reportern wirkten die Kongo-Minister wie gesittete Chorknaben.

Im dunkelblauen Anzug mit der unvermeidlichen Fliege traf Dag Hammarskjöld ein. Er setzte sich zu Kasavubu an den Tisch und stopfte sich die Pfeife, während ein Afrikaner im Smoking, der stellvertretende Ministerpräsident Antoine Gizenga, ans Mikrophon trat. Gizenga hat ein abweisendes, unbewegliches Gesicht unter der dicken Hornbrille. In Abwesenheit des Premierministers Patrice Lumumba führt er die Regierungsgeschäfte. Gizenga ist den westlichen Diplomaten nicht ganz geheuer. Dieser kompromißlose Politiker vom unteren Kongo hat die »Partei der Afrikanischen Solidarität« gegründet, die enge Beziehungen zur Republik Guinea und deren Präsidenten Sekou Touré pflegt. Gizenga ist auch der einzige prominente Kongolese, der den Ostblock bereist hat, der in Prag und in Moskau war. Auf die Frage eines Amerikaners, ob er Kommunist sei, hat Gizenga geantwortet: »Wenn Sie nach Peking fahren, werden Sie dann Chinese?«

Gizenga wandte sich zunächst mit den üblichen Begrüßungsworten an Hammarskjöld. Aber dann kam er zum Thema, indem er Kritik an der Aktion der Vereinten Nationen am Kongo übte. Drei Wochen seien die Blauhelme nun schon im Land, und immer noch hielten sich die belgischen Fallschirm-Commandos in den verschiedenen Stützpunkten. Von einer Beibehaltung der belgischen Basen in Kitona und Kamina, die in dem belgisch-kongolesischen Freundschaftsvertrag ursprünglich vorgesehen war, könne nach der belgischen »Aggression« gegen die Kongo-Republik überhaupt nicht mehr die Rede sein. Noch heftiger wandte sich Gizenga gegen die Abtrennungsversuche der reichen Grubenprovinz Katanga im Süden. Auch hier erwarte er von den Vereinten Nationen eine schnelle Intervention und die Vertreibung der Belgier.

Hammarskjöld hatte aufgehört, an seiner Pfeife zu ziehen. Er ging ans Mikrophon. Der UN-Generalsekretär erschien als angelsächsisch geprägter, kühler Gentleman. Der afrikanische Rahmen betonte diesen Eindruck. »Der Mann ist bedeutend besser als sein Ruf«, gaben sogar die anwesenden Franzosen zu, die ihm seit ihrer Landung am Suezkanal, wo Hammarskjöld eindeutig für die Ägypter Partei ergriffen hatte, immer noch grollten. Der Generalsekretär sprach in fehlerfreiem Französisch. Man solle die Vergangenheit ruhen lassen. Er persönlich sei ein Feind der Geschichte. Im übrigen sei nicht nur der Friede das Hauptziel der Organisation, die er vertrete, sondern auch die Gerechtigkeit. Eine versöhnungsbereite Menschheit solle in den politischen Dingen das Herz sprechen lassen.

Es war eine ausgewogene Rede. Hammarskjöld gab den Kongolesen zu verstehen, daß sie Maß halten sollten, daß jedes Ding zwei Seiten habe und auch die Belgier Anspruch auf Gerechtigkeit vor den Vereinten Nationen hätten. Waren die Kongo-Minister gewillt, auf diese diplomatische Sprache, die elegante Ablehnung ihrer brüsken Forderungen einzugehen? Schon an diesem ersten Abend war das gegenseitige Mißverständnis offenkundig.

Mit seiner Einführungsrede hatte Gizenga eine klare Absage vorweggenommen. Der stellvertretende Regierungschef des Kongo hatte sein Anliegen unverblümt, doch höflich, ja geschliffen vorgetragen. Er hatte den Text wohl nicht allein verfaßt, und deshalb gingen die Blicke immer wieder zu der geheimnisvollen Frau, die an diesem Abend als Protokollchef fungierte. Madame Blouin ist eine außerordentlich schöne, hellhäutige Mulattin und gilt – zu Recht oder zu Unrecht – als »Mata Hari« des Kongo. Sie ist in Französisch-Äquatorial-Afrika geboren und hat längere Zeit in Conakry, der Hauptstadt von Guinea, gelebt, wo sie die Vertraute Sekou Tourés gewesen sein soll. Deshalb nennt man sie auch die geheime Botschafterin Guineas in Leopoldville und sagt ihr großen Einfluß nach.

Tatsache ist, daß sie als rechte Hand des Ministers Gizenga fungiert und wohl auch seine Reden redigiert. In ihren Rundfunkkommentaren tut sie sich durch die Heftigkeit ihrer antiwestlichen Stellungnahmen und ihre Sympathien für den Osten hervor. Vermutlich rächt sich diese emanzipierte Halbafrikanerin für all die Demütigungen, die sie aufgrund ihrer Hautfarbe früher erlitten hat. Sie möchte nun eine politische Rolle spielen. Madame Blouin bewegt sich mit der Geschmeidigkeit einer Tigerin. Kein Wunder, daß sich wildeste Gerüchte um diese ungewöhnliche Frau ranken. Die Männer lassen die Augen nicht von ihrem wohlgeformten Dekolleté. Der amerikanische Geschäftsträger macht ein sorgenvolles Gesicht, wenn er ihr begegnet.

Die schwarzen Politiker von Leopoldville haben schnell begriffen, daß es nur ein Mittel gibt, die Belgier, den Westen und die Weltorganisation unter Druck zu setzen, nämlich die Anrufung des Ostblocks. Deshalb bildete sich auf der Gartenparty am Rande der Kongo-Hauptstadt ein Kreis von Neugierigen um einen recht unscheinbaren, stillen Mann, den Geschäftsträger der Tschechoslowakischen Sozialistischen Republik, bis dahin der einzige am Kongo akkreditierte Diplomat der kommunistischen Welthälfte. Der Tscheche ist ein höflicher und reservierter Beamter, der sich vor allem zu informieren sucht. Aber er ließ eine vielversprechende Aussage entschlüpfen. »Was wollen Sie«, meinte der Diplomat aus Prag, »Mr. Hammarskjöld ist eben doch ein Repräsentant der internationalen Monopole, und er versucht hier am Kongo, für die belgischen Interessen zu retten, was zu retten ist.«

Eine Gruppe von frischgebackenen Kongo-Offizieren hatte sich um einen eleganten Afrikaner geschart. Der hochgewachsene Mann in Zivil mußte noch sehr jung sein. Selbst am späten Abend trug er eine Sonnenbrille. Er suchte die Gesellschaft der Journalisten mit den Worten: »Ich bin selber einmal Journalist gewesen.« Dann stellte er sich vor: »Oberst Joseph Mobutu, Generalstabschef der kongolesischen Nationalarmee.« Für alle Fälle schrieb man sich den Namen auf. Auf Anfrage bei den anwesenden belgischen Kollegen erfuhr man, daß Mobutu als Unteroffizier im Stab der militärischen Führungsschule von Luluabourg gedient, daß er an einer Zeitschrift der Force Publique unter den Belgiern mitgewirkt hatte, ehe er die Politik entdeckte und in der MNC-Partei Lumumbas zu Ehren und Einfluß kam. Ein hünenhafter Kongo-Sergeant, eine Art Leibwächter, begleitete den jungen Oberst auf Schritt und Tritt. Der Sergeant erinnerte sich an einen Europa-Aufenthalt auf Einladung der Brüsseler Regierung, die ihn auch zur Besichtigung belgischer Einheiten in Westdeutschland in die Gegend von Köln geschickt hatte. »Deutschland ist ein Industrieland«, sagte der Unteroffizier. »Wir brauchen deutsche Techniker und Ingenieure. Wir erwarten viel von der deutschen Hilfe.« Den Oberst Mobutu pries der Sergeant als den »großen Intellektuellen« der Kongo-Armee.

»Unter den Blinden ist der Einäugige König«, bemerkte ein australischer UN-Beamter mit der unter Weißen gängigen Arroganz. Mobutu war der einzige Afrikaner auf dieser Party, der sich nicht linkisch oder anmaßend benahm. Vielleicht wirkte er zu leutselig, zu geschniegelt und trotzdem ein wenig scheu. »Das ist kein Generalstabschef, das ist ein schwarzer Playboy in Uniform«, tuschelte ein Flame.

Obwohl der wichtigste Mann der Kongo-Republik auf diesem Empfang nicht zugegen war, lastete sein Schatten fühlbar auf der kunterbunten Gesellschaft. Patrice Lumumba, der »Elvis Presley der afrikanischen Politik«, wie ihn ein westlicher Botschafter mit billigem Witz beschrieb, hielt sich noch in Amerika auf. Doch jeder fragte sich, welche Überraschungen der hektische, hochintelligente und völlig unberechenbare kongolesische Premierminister in seinem Reisegepäck nach Hause bringen mochte.

»Was meinen Sie mit Demokratie?«

Leopoldville, Anfang August 1960

Vor einem Jahr saß ein gelangweilter belgischer Kolonialbeamter an diesem Schreibtisch mit den Ebenholzschnitzereien. Heute hat der kongolesische Informationsminister Anicet Kashamura seinen Platz eingenommen. Vor ihm auf Hockern, Stühlen oder auf dem bloßen Boden lauert und kauert die Weltpresse. Draußen im Hof schnattern unbekümmert afrikanische Frauen in bunten Tüchern, spielen mit viel Lärm reizende afrikanische Kinder.

Nicht nur bei den Journalisten, die bekanntlich zur Übertreibung neigen, steht Kashamura im Ruf »sexueller Besessenheit«, der »obsession sexuelle«. Seine zahlreichen Sekretärinnen dienen ihm angeblich als Harem. Kashamura stammt aus der östlichen Kivu-Provinz, die an das britische Uganda grenzt. Er gilt als einer der radikalsten Nationalisten und wird von den Belgiern kommunistischer Sympathien bezichtigt. Der Minister hat zu bedenklichen Erklärungen ausgeholt. Er kündigt Maßnahmen der Regierung zum Schutze des Staates an. Es sollen Sicherheitsvorkehrungen getroffen werden gegen umstürzlerische, zersetzende Elemente und ausländische Agenten. Bei den Journalisten geht das Geraune los. Ob damit auch eine Einschränkung der demokratischen Freiheiten, insbesondere der Pressefreiheit, gemeint sei, fragt Gabriel Makoso, der mit viel Mut Oppositionsartikel gegen Lumumba schreibt, sich zu einer fortschrittlich-katholischen Gruppe bekennt und von seinen Feinden als »Konterrevolutionär« diffamiert wird. Ich habe ihn im Herbst 1959 kennengelernt. Auch damals gehörte er als Akabo-Anhänger zur Opposition, in jenen Tagen zur Opposition gegen die Belgier.

»Was meinen Sie mit Freiheit und Demokratie?« fragt Kashamura. »Ich bin gar nicht so sehr für Ihre Demokratie. Die ist mir zu europäisch, zu westlich. Wir müssen eine Form der afrikanischen Freiheit, eine afrikanische Demokratie finden.« Er blättert eine Weile selbstgefällig in einem Haufen von Photographien, die ihn in diversen Rednerposen darstellen. Dann wacht er wieder auf. »Wir Kongolesen werden immer gefragt, ob wir Kommunisten seien. Die Frage ist völlig unsinnig. Uns geht der Kampf zwischen Ost und West überhaupt nichts an. Wir nehmen die Hilfe dort an, wo wir sie finden. Das ist entscheidend. Im übrigen sind wir weder Kapitalisten noch Kommunisten. Wir sind afrikanische Nationalisten.«

Ein gut aussehender Afrikaner mischt sich aus dem Hintergrund in die Debatte ein. Er spricht ein viel eleganteres Französisch als der Minister. Er stellt sich als Korrespondent der Presseagentur von Guinea vor, einer Agentur, deren Existenz bisher unbekannt war, zumal die Republik Guinea nicht einmal über eine Tageszeitung verfügt. »Wenn ich hier durch Leopoldville gehe«, beginnt der Guineer, »habe ich den Eindruck, ich befände mich in Paris.« Gelächter bei den europäischen Kollegen. »Ich meine das so«, fährt der Gefolgsmann Sekou Tourés fort, »die Oppositionspresse genießt hier eine Freiheit, die mit den wahren Interessen der Kongo-Republik nicht zu vereinbaren ist. Wir Afrikaner können uns nicht den Luxus einer europäischen Scheindemokratie leisten. Wir müssen alle patriotischen Kräfte gleichschalten und die Handlanger des Imperialismus im Innern ausmerzen.« Selbst Minister Kashamura schien von der allzu deutlichen Sprache des Guineers betroffen.

Bisher ist in den internationalen Kommentaren stets vom Einflußkampf zwischen Ost und West die Rede gewesen. Die dröhnenden Hilfsangebote Nikita Chruschtschows wurden den zögernden Initiativen des amerikanischen State Department gegenübergestellt. Doch die eigentliche Rivalität spielt sich zwischen zwei afrikanischen Staaten ab, zwischen der Republik Ghana des panafrikanischen Herolds Kwame Nkrumah und der Republik Guinea des afrikanischen Sozialisten Sekou Touré. Diese Konkurrenz spitzt sich jeden Tag deutlicher zu, obwohl beide Staaten offiziell die freundschaftlichsten Beziehungen pflegen und sogar vor zwei Jahren eine lockere Föderation eingegangen sind.

Präsident Nkrumah von Ghana ist der Schnellere gewesen. Seine Soldaten im britischen Battle Dress und seine englisch gedrillte Polizeitruppe trafen als erste in Leopoldville ein. Er unterstützt mit aller Kraft die kongolesischen Forderungen gegen Belgien, aber insgeheim wachen seine politischen Sendboten auch darüber, daß der Kongo nicht völlig ins östliche Fahrwasser gerät. Nkrumah ist ein ehrgeiziger Mann, er träumt davon, der Gründer eines weitgesteckten afrikanischen Staatenbundes zu werden. Der lose Zusammenschluß mit Guinea, der auf beiden Seiten mit viel Mißtrauen belastet ist, genügt ihm nicht. Er möchte die Masse der vierzehn Millionen Kongolesen dazugewinnen, mit denen er dann halbwegs in der Lage wäre, seinem englischsprachigen Konkurrenten an der Benin-Küste, dem Koloß Nigeria mit seinen vierzig Millionen Menschen, die Waage zu halten. Für alle Fälle hat Ghana dem kongolesischen Regierungschef ein komplettes Sekretariat und einen Ratgeberstab zur Verfügung gestellt. Der Nachteil dieser Ghanaer ist eben nur, daß sie englisch und nicht französisch sprechen und infolge ihrer anderen kulturellen Ausrichtung von den Kongolesen durch einen Abgrund getrennt sind.

Hier liegt die Chance Guineas. Sekou Touré hat sich voll am Kongo engagiert. Das guineische Bataillon ist mit tschechischer Ausrüstung am Kongo eingetroffen. Es wird kommandiert von General Diane Lansane, der im Gegensatz zu seinen meisten Offizieren niemals in der französischen Armee gedient hat. General Diane, den seine Soldaten mit »Camarade Général – Genosse General« anreden, ist mehr der Typus eines politischen Kommissars als eines Soldaten. Er erging sich gleich nach der Landung in flammenden Proklamationen und ließ keinen Zweifel daran, daß Guinea als das einzige wirklich unabhängige Land Afrikas zu gelten habe. Diane spricht ein vorzügliches Französisch. Sein Pathos ist durch die Akzente der großen Revolution von 1789 geprägt. Nur selten verirrt er sich in den papiernen Jargon des Marxismus-Leninismus.

Die Guineer sind mit klaren Zielvorstellungen an den Kongo gekommen. In der offiziellen Propaganda von Conakry hat man nicht nur die Belgier für die Unruhen am Kongo verantwortlich gemacht, sondern auch die Amerikaner. Sekou Touré bewegt sich auf der sowjetischen Linie. Der Oberbefehlshaber der UN-Truppe, der schwedische General von Horn, hat deshalb die Guinea-Soldaten in einer Gegend stationiert, wo sie nicht viel ausrichten können. Ihr Sektor um Banningville am mittleren Kongo zählt kaum noch europäische Einwohner und hat keine gemeinsamen Grenzen mit gefährdeten Kolonialgebieten wie Portugiesisch-Angola oder Britisch-Uganda.

Ein verwirrendes Sammelsurium von Völkern gibt sich am Kongo Stelldichein. So sind in der Ostprovinz rings um Stanleyville Äthiopier aus den Transportmaschinen gestiegen. Die dunkelhäutigen Krieger des Negus haben unter der ansässigen Bantu-Bevölkerung Panik ausgelöst. In der Ostprovinz erinnern sich die Alten noch an die arabischen und sudanesischen Sklavenhändler, die Ende des letzten Jahrhunderts bis zu den Ufern des oberen Kongo vorstießen. Als die stolzen Amharen des äthiopischen Hochlandes im Namen der Vereinten Nationen die oberste Polizeigewalt übernahmen, kamen altverwurzelte Befürchtungen hoch, zumal die Männer des Löwen von Juda, wie der Negus genannt wird, sich aufführten wie in einem eroberten Land und den von ihnen verachteten »Kongo-Negern« mit rauhen Methoden beikamen.

Die Verteilung der Blauhelme je nach Nationalität ist vom Oberkommando mit gesundem Menschenverstand verfügt worden. Die blonden Schweden in Leopoldville haben die Aufgabe, die verbliebenen Belgier zu beruhigen. Im Hochland von Kivu hat man ein irisches Bataillon stationiert, weil dort die europäischen Pflanzer verhältnismäßig zahlreich sind und nach einer weißen Truppe verlangten. An der kritischen Kasai-Grenze gegenüber Portugiesisch-Angola wurden die besonnenen Tunesier entfaltet.

Das höchste Lob wird den drei marokkanischen Bataillonen gespendet, die die schwierigste Region übernahmen, den unteren Kongo, wo sich das Lager Thysville der Kongo-Truppen befindet und die Meuterei der Force Publique gegen die belgischen Offiziere ihren Ausgang nahm. Der Hafen Matadi, die einzige Ortschaft, die von den Kongolesen systematisch geplündert wurde, gehört zum marokkanischen Befehlsbereich.

Das große Fragezeichen am Kongo bleibt die kongolesische Nationalarmee ANC (Armée Nationale Congolaise), wie sich die ehemals belgische Schutztruppe heute stolz nennt. Lumumba hat durchgesetzt, daß in seiner Abwesenheit ein ihm ergebener früherer Unteroffizier zum Oberbefehlshaber ernannt wurde. Generalmajor Victor Lundula gehört wie der Ministerpräsident selbst dem Stamm der Batetela an, der im Norden der Kasai-Provinz ansässig ist. Diese Verwandtschaft ist seine beste Qualifikation.

Staatspräsident Kasavubu, laut Verfassung auch oberster Kriegsherr am Kongo, hat die Ernennung Lundulas selbst verkünden wollen. Im Camp Leopold, dem riesigen Militärlager im Herzen der Hauptstadt, wo rund dreitausend Soldaten mit ihren Familien leben, wurde eine Truppenschau veranstaltet. Kasavubu hatte sich zur Feier des Tages in Generalsuniform geworfen, eine getreue Kopie der Uniform, die König Baudouin bei offiziellen Anlässen trägt. Der rundliche kleine Mann gab kein soldatisches Bild ab. Der neuernannte Generalmajor Lundula hatte während des Krieges als Korporal in Abessinien gegen die Italiener und in Burma gegen die Japaner gekämpft. Jetzt stand er in seiner entliehenen Generalsuniform – der belgische Löwe zierte noch die Mütze – mit erstarrtem Gesicht und unbeholfen gezogenem Degen da. Um ihn scharten sich andere Befehlshaber, darunter »General« Mpolo, Sportminister und Führer der Parteijugend Lumumbas, der niemals gedient hatte, sowie Generalstabschef Oberst Mobutu, dieses Mal in Uniform, mit keck aufs Ohr geschobener Mütze. Sie alle fuchtelten mit den Säbeln in der Luft, wie sie das den belgischen Offizieren abgeguckt hatten.

Auf dem Exerzierfeld des Lagers Leopold, wo die Force Publique noch vor wenigen Wochen gegen die weißen Offiziere gemeutert hatte, war ein Bataillon im Carré angetreten. Frauen und Angehörige standen im Kreis herum und spendeten Beifall. Als die Salutschüsse donnerten, jagte eine Herde Ziegen vorbei. Dann trat das erste Bataillon der kongolesischen Nationalarmee – vom UN-Kommando ausnahmsweise mit Gewehren ausgestattet – zum Vorbeimarsch an, an der Spitze ein riesiger Tambourmajor mit Leopardenfell. Es war eine eindrucksvolle, vorzüglich gedrillte Schau, bei der die kongolesischen Unteroffiziere und Korporale die Stelle der belgischen Offiziere einnahmen.

»Die Kerle haben nicht immer so nett und ordentlich ausgesehen«, sagte der russische Prawda-Korrespondent neben mir, dem die meuternden Soldaten der Force Publique in den hitzigen Julitagen den Photoapparat zertrümmert hatten. Es war kaum zu glauben, daß diese heute so disziplinierte Truppe im Verlauf weniger Stunden den Kongo in die Anarchie gestürzt hatte. Die Belgier am Kongo stöhnen noch vor Wut, wenn der Name des Generals Janssens fällt, des damaligen Kommandeurs der Force Publique. Janssens hatte den kongolesischen Unteroffizieren mitteilen lassen, daß die Unabhängigkeit des Kongo wohl für die Zivilisten, nicht aber für das Militär gültig sei. An eine Beförderung zu Offizieren könne vorläufig nicht gedacht werden, schon gar nicht an eine Solderhöhung. »Wäre der General Janssens weniger stur gewesen«, klagen heute die Belgier, »wäre es niemals zu einer Meuterei der schwarzen Soldaten gekommen, hätte die Entkolonisierung einen viel friedlicheren Verlauf genommen«. Die meisten ausländischen Beobachter stimmen mit dieser Beurteilung überein.

»Mit welchem Kontingent der Vereinten Nationen arbeiten Sie am besten zusammen?« habe ich Generalstabschef Mobutu gefragt, der sich neben Lundula wie ein Gardeleutnant neben einem Landesschützen ausnahm. »Am liebsten sind uns die Marokkaner«, antwortete er. »Nicht nur, weil sie wie wir französisch sprechen, sondern weil ihr Befehlshaber, General Kettani, uns am besten versteht. Er hat uns versprochen, binnen sechs Monaten fünf reguläre Kongo-Bataillone aufzustellen. Ich werde vorschlagen, daß die Mehrzahl unserer jungen Offiziere nach Rabat zur Ausbildung geschickt wird.« Kettani, zum stellvertretenden Oberbefehlshaber der Blauhelme am Kongo ernannt, hat fast vierzig Jahre lang in der französischen Armee gedient, wo er noch vor der Unabhängigkeit seines Landes zum General befördert wurde.

Den Meuterern von Thysville hat er gesagt: »Nicht jeder gute Unteroffizier gibt einen guten Offizier ab.«

Kupferkreuze in Katanga

Leopoldville, Anfang August 1960

Donnerstag
Die Mitteilung Dag Hammarskjölds, daß am Wochenende die Blauhelme der UNO auch in der Grubenprovinz Katanga ihren Einzug halten würden, hat in Leopoldville erlösend gewirkt. In den Beamtenstäben der Weltorganisation und in den westlichen Botschaften hat man einen Seufzer der Erleichterung ausgestoßen. Die Regierung Lumumba hatte auf schnelle und kompromißlose Durchführung des Beschlusses des Weltsicherheitsrats gedrängt, der den Abzug aller belgischen Militärs aus Katanga und die Wiederherstellung eines einheitlichen Kongo-Staates vorschrieb. Das Mißtrauen der Kongolesen gegenüber Hammarskjöld war im Wachsen. Die Drohung einiger Minister, notfalls eine Annäherung an den Ostblock zu suchen, war durchaus ernst gemeint. In den Eingeborenenvierteln von Leopoldville bereiteten die Jugendbewegungen Massendemonstrationen vor.

Die am Kongo verbliebenen Belgier sind natürlich von dieser Entwicklung herb enttäuscht. In der Grubenprovinz Katanga war bisher unter dem schwarzen Ministerpräsidenten Moise Tschombe ein Bruchstück ihres Imperiums erhalten geblieben. Im übrigen ist die Südprovinz Katanga das bei weitem reichste Gebiet des Kongo. 66 Prozent der Einnahmen des gesamten Landes kamen von dort, und die mächtige Bergwerksgesellschaft »Union Minière du Haut-Katanga« behauptete sich mit ihrer Kupfer-, Kobalt- und Uranium-Produktion in der Spitzengruppe der größten Weltkonzerne.

In Katanga war die Juli-Meuterei der Force Publique von den belgischen Fallschirm-Commandos rechtzeitig erstickt worden. Die Massenflucht der weißen Verwaltungsbeamten und Grubeningenieure wurde in den Anfängen eingedämmt. Moise Tschombe, den seine Gegner als eine Marionette der Kolonialmacht hinstellen möchten, hat sich geweigert, in den Chor der Haßtiraden gegen die Europäer einzustimmen und seine Provinz vor dem wirtschaftlichen und administrativen Chaos bewahrt. Auf belgischen Rat hat der Sproß einer südkongolesischen Häuptlingsfamilie und Sohn des reichsten eingeborenen Kaufmanns in der ehemals belgischen Kolonie die Unabhängigkeit der Republik Katanga ausgerufen. Sogar eine eigene Landesfahne hat er entworfen, in der bezeichnenderweise drei Kupferkreuze abgebildet sind. Kupfer ist seit prähistorischen Zeiten der Reichtum der Südprovinz, und das massive Kreuz aus Kupfer – etwa zwanzig Zentimeter hoch und breit – diente schon vor Ankunft der Belgier als Zahlungsmittel bei den Eingeborenen im zentralafrikanischen »Copper-Belt«. Die Kreuzform geht vielleicht auf frühe portugiesische Missionierungsversuche zurück.

Die Belgier sind zutiefst erbittert, daß ihnen nun auch der letzte Fetzen ihres Kolonialreiches entrissen wird, ohne daß die Atlantikpaktmächte sich mit ihnen solidarisch erklärten. Bei ihren Verbündeten stoßen sie jedoch auf wenig Sympathie. Auch heute wollen die entthronten Kolonialherren nicht einsehen, daß der Kongo zu einer Trumpfkarte im Pokerspiel zwischen Ost und West geworden ist. Eine Abtrennung der Katanga-Provinz hätte heftigste Reaktionen der Kongo-Regierung ausgelöst, einen tödlichen Konflikt zwischen UNO und Patrice Lumumba geschürt. Die Entscheidung Hammarskjölds, Blauhelme nach Katanga zu schicken, um die belgischen Fallschirmjäger abzulösen, könnte die Lage entschärfen, wenigstens vorübergehend.

Die Belgier werden versuchen, ihre beiden großen Militärstützpunkte Kitona und Kamina zu halten, deren Nutzung ihnen der belgisch-kongolesische Freundschaftsvertrag zusicherte, auch wenn die Kongolesen diesen Vertrag seit den dramatischen Zusammenstößen Mitte Juli als null und nichtig betrachten. Man sieht freilich nicht recht, welchen Nutzen Brüssel aus der Nutzung von Militärbasen in einem ringsum feindseligen Land ziehen soll. Den Schutz der europäischen Zivilbevölkerung, die in Katanga zu normalen Zeiten 35 000 bei einer Gesamteinwohnerzahl von nur 700 000 Menschen betrug, so hört man in UN-Kreisen, kann in Zukunft viel wirkungsvoller die Einsatztruppe der Vereinten Nationen übernehmen. Die ersten drei Kompanien, die am Samstag in die Transportflugzeuge nach der Katanga-Hauptstadt Elisabethville steigen sollen, umfassen ausschließlich schwedische Soldaten, weil man die in Katanga ansässigen Belgier besänftigen will.

Das Kommando der Vereinten Nationen von »Leo« hofft inständig, daß der Fehlschlag der Separationsbestrebungen in Katanga nicht auch dort einen Massen-Exodus der Europäer auslösen wird. Es wäre von den Belgiern nicht zu verantworten, so heißt es, wenn sie ihre Posten in Verwaltung und Gruben verließen und den Weg freigäben für Techniker, Berater und Ingenieure aus dem Ostblock. Inzwischen sammelt Patrice Lumumba mit viel Geschick die Trümpfe in seiner Hand. Auf seiner Rundreise durch die Hauptstädte des Westens und Afrikas rührt er die Werbetrommel. Er hat in diesen Tagen gespürt, daß es sich lohnt, die Belgier, den Westen, die Weltorganisation mit der Drohung einer sowjetischen Intervention unter Druck zu setzen.

Samstag
Die Propheten des Unheils haben recht behalten. Der Stellvertreter des UN-Generalsekretärs, der amerikanische Schwarze Ralph Bunche, ist in Katanga feindselig empfangen worden. Nach Leopoldville berichtete er, jede Landung von Truppen der Vereinten Nationen in der südlichen Kupferprovinz könne zu Blutvergießen führen. Der Sicherheitsrat hatte den Blauhelmen den Auftrag erteilt, Ruhe und Ordnung im ganzen Kongo wiederherzustellen. Der Regierungschef der Provinz Katanga und mit ihm die Belgier versichern, Ruhe und Ordnung seien dort nie gefährdet gewesen, also bestehe auch kein Anlaß für eine Intervention der Weltorganisation. Die belgischen Offiziere und Unteroffiziere werden in Elisabethville kurzerhand zu Militärberatern einer Katanga-Armee ernannt, die Ministerpräsident Tschombe aus dem Boden stampfen möchte. Damit ist der Form halber auch der UN-Forderung auf Räumung des Kongo durch die belgische Armee Genüge getan. Nun hängt alles wieder vom Weltsicherheitsrat ab.

Die Belgier von Leopoldville verheimlichen ihre Genugtuung nicht. Endlich einmal haben sie sich stark gemacht, bilden sich ein, der übrigen Welt zu trotzen und halten sich weiterhin für die Drahtzieher im kongolesischen Drama. In Wirklichkeit geht es nicht darum, ob die Belgier die Provinz Katanga in einer mehr oder minder versteckten Form halten können, sondern ob die Polizeitruppe der Vereinten Nationen dazu eingesetzt wird, der bisher noch sehr wackeligen Zentralregierung Lumumba im ganzen Kongo in den Sattel zu helfen und deren Autorität unter Brechung der örtlichen Widerstände auf sämtliche Außenprovinzen auszudehnen. Hier scheiden sich die Geister, denn dem hitzigen Tribun Lumumba traut kaum einer über den Weg.

Ein Scheitern der Vereinten Nationen in der Katanga-Frage, auch wenn dieser Fehlschlag nur vorübergehend wäre, dürfte in Leopoldville schwere Folgen haben. Die Empfindungen des durchschnittlichen Afrikaners wurden mir durch Gabriel Makoso interpretiert. »Warum wollen uns denn die Weltmächte dem Kommunismus in die Arme treiben?« fragte der sonst so gemäßigte Kollege. »In der Katanga-Frage werden wir unsere Verbündeten dort wählen, wo wir sie finden. Die Belgier haben immer versucht, uns mit dem Kommunismus zu schrekken. Aber sie haben uns in so vielen Dingen belogen. Aus welchem Grund sollen wir Afrikaner uns vor dem Kommunismus fürchten? Wir besitzen kein Privatkapital, das wir schützen müßten.«

Sonntag

Der Sonntag ist zu einem großen Tag der gesamtafrikanischen Solidarität geworden. Auf die Weigerung der probelgischen Regierung von Katanga, die UN-Soldaten landen zu lassen, haben die afrikanischen Schwesterstaaten mit Waffengeklirr geantwortet. »Wenn die UNO nicht befähigt oder gewillt ist, in Katanga die Beschlüsse des Weltsicherheitsrates durchzusetzen, dann sind wir bereit, die belgischen Kolonialisten aus Katanga zu vertreiben«, tönte es aus Ghana und Guinea. Kwame Nkrumah hat bereits drei Bataillone am Kongo stehen und nun angeboten, sie und zusätzliche Einheiten der Regierung Lumumba zur Verfügung zu stellen, um dem Separatismus von Katanga ein Ende zu setzen.

Nkrumah hatte gerade sein Angebot gemacht, da kam auch schon aus Conakry eine ähnliche Unterstützung. Präsident Sekou Touré will Patrice Lumumba nicht nur jene 470 guineischen Soldaten zur Verfügung stellen, die sich bereits am Kongo befinden, sondern seine gesamte Streitmacht von rund zweitausend Mann. Im Kampf um den größten Einfluß am Kongo möchte sich weder Ghana noch Guinea lumpen lassen.

Der kongolesische Regierungschef, der dieser Tage von einer westafrikanischen Hauptstadt zur anderen geisterte, konnte deshalb mit vor Erregung brechender Stimme vor Tausenden von Menschen in

Conakry verkünden, daß er die Vereinten Nationen gar nicht mehr nötig habe, daß die Afrikaner durchaus allein in der Lage seien, sich zu befreien und die Belgier sowie ihren Katanga-Verbündeten Tschombe zu vertreiben.

In Leopoldville hofft man, daß der Premierminister endlich den Heimweg antritt. In Erwartung dieser Rückkehr hat die Jugendbewegung der MNC, der Partei Lumumbas, zu einer Protestaktion gegen die Belgier, gegen die autonome Provinzregierung von Katanga und auch gegen die Vereinten Nationen aufgerufen. Sehr imposant war diese Schau nicht. Eskortiert von Vespa-Fahrern, bewegten sich Personen- und Lastwagen mit jugendlichen Schreihälsen zum Zentrum der Europäerstadt. Die UN-Soldaten hatten am Boulevard Albert strikte Sicherheitsvorkehrungen getroffen. Ghanaer und Schweden lösten sich alle zehn Meter ab. Leichte Maschinengewehre waren an den Kreuzungen aufgestellt. Die Ghana-Polizei mit rotem Fez und Wickelgamaschen hatte sich in dichtem Kordon vor der belgischen Botschaft aufgestellt. Eine Interventionseinheit der Schweden stand mit Knüppeln und Blechschilden auf einem Hinterhof. Die ausgelassenen blonden Soldaten amüsierten sich köstlich mit diesen mittelalterlichen Waffen, die ihnen das Aussehen von Wikingern verliehen. Ein Sanitätsauto des marokkanischen Roten Halbmonds war vorgefahren. Am Himmel brummte ein Pipercub mit dem blauen Wappen der Weltorganisation.

Vor der belgischen Botschaft kam die Fahrzeugkolonne der schwarzen Demonstranten zum Stehen. Heisere Kampfrufe wurden ausgestoßen. Ein Redner kletterte auf einen Kühler. Er trug ein dünnes Kinnbärtchen wie sein Vorbild Lumumba und ballte die Faust. »Wir wollen keine UN-Soldaten hier, die die Touristen spielen, unsere Töchter verführen, sich satt essen und spazierengehen. Die Schweden sollen die Befehle des Sicherheitsrates ausführen und die Belgier aus Katanga vertreiben«, schrie der vor Aufregung zitternde Mann. »Wenn in 24 Stunden Katanga nicht geräumt und der Verräter Tschombe nicht vor ein Volksgericht gestellt ist, dann werden wir unsere Freiwilligen mobilisieren. Zehntausende haben sich schon bei uns gemeldet, die bis zum letzten Blutstropfen kämpfen wollen.«

Die schwarzen Soldaten aus Ghana blickten mit anerzogenem britischen Phlegma auf die Tumultszene, die Schweden taten, als ginge sie das alles gar nichts an. Die Demonstranten fuhren dann über den Boulevard Albert zum Hotel Royal, wo der Stab der Vereinten Nationen untergebracht ist. Dort kam es zum zweiten Zusammenlauf. »Wir wollen keine Schweden mehr am Kongo« schrie ein Agitator, »wir wollen nur noch Afrikaner, die bereit sind, gemeinsam mit uns Katanga zurückzuholen. Hoch leben die Vereinigten Staaten von Afrika!«

War das eine historische Stunde? Wurde auf dem Boulevard Albert die Verwirklichung des panafrikanischen Traumes eingeleitet und eine Monroe-Doktrin des schwarzen Erdteils verkündet? Es klangen auch andere Töne mit. »Im Notfall rufen wir die Sowjetunion zu Hilfe«, schrie ein dritter Agitator. Ein junger Mann brachte den Ruf aus: »Es lebe Chruschtschow!« Er fand geringes Echo. Hingegen wurde mit Erfolg die Parole in Umlauf gesetzt, daß in Katanga die Amerikaner hinter den Belgiern ständen und die wahren Nutznießer der Separation der Kupferprovinz seien. Von den blonden Schweden wird erzählt, sie seien die Brüder der verhaßten Flamen.

Leopoldville bereitet sich auf neue und heftigere Kundgebungen vor. Unterdessen richten sich im Hinterland Anarchie und Zerfall ein. Die Verbindungen zu den meisten Ortschaften sind abgerissen. In Kasai tobt der Stammeskrieg zwischen Baluba und Lulua. Am unteren Kongo verlangt das Volk der Bakongo weitgehende Autonomie in einem kongolesischen Staatenbund. Eine Verwaltung gibt es nicht mehr, und die Wirtschaft steht vor dem Ruin. In diesem Durcheinander fehlt es nicht an erheiternden Noten. So hat der kongolesische Transportminister seine Kabinettskollegen und die Spitzen des Parlaments daran erinnert, daß es verboten sei, den vom Staat bewilligten Dienstwagen lukrativ als Taxi einzusetzen. Aus England erhielt das Kommando der Vereinten Nationen einen Protest besonderer Art: Der Londoner Tierschutzverein entrüstet sich darüber, daß sich keine Weltorganisation um die Hunde und Katzen kümmere, die von ihren geflüchteten belgischen Herren ohne Pflege zurückgelassen wurden.

Montag

Der Kongo hat gestern seinen Herrn wiedergefunden. Am späten Abend ist Premierminister Patrice Lumumba an Bord einer marokkanischen Maschine auf dem Flugplatz Ndjili gelandet. Es waren keine

Jubelchöre zusammengetrommelt worden, um den Wortführer des radikalen kongolesischen Nationalismus zu begrüßen. Die anwesenden Journalisten spürten instinktiv, daß ihnen hier die stärkste Persönlichkeit entgegentrat, die der heiße Boden am großen Fluß hervorgebracht hat.

Der Mann mit dem Mephistobärtchen gab eine kurze Erklärung ab: »Ganz Afrika von West bis Ost, von Nord bis Süd ist mobilisiert, um dem Kongo beizustehen.« Dann sprang er in die riesige schwarze Luxuslimousine, die auch in Zentralafrika zu den unentbehrlichen Symbolen der Macht gehört. Wenige Stunden zuvor war Patrice Lumumba bei dem besonnensten Staatsmann Afrikas zu Gast gewesen, beim Premierminister der Republik Togo, Sylvanus Olympio. Aber der »Bonafide-Kaufmann von Togo«, wie ihn die dort ansässigen Europäer nennen, ist leider nicht jener Typ Politiker, der einem Lumumba imponiert. Beim Abflug von Lome hatte der Kongolese wiederholt verkündet, daß Afrika den Afrikanern gehöre. Den Europäern räumte er ein, daß sie sich – bis auf weiteres? – in Europa zu Hause fühlen dürften. »Europa den Europäern!« rief er mit bissigem Humor.

Es wurde Zeit, daß Lumumba nach mehr als zweiwöchiger Abwesenheit heimkehrte. Es war zweifellos ein kluger Schachzug, den Kongo in den ersten Tagen der wirtschaftlichen Schwierigkeiten und des administrativen Chaos allein zu lassen, um nicht gleich für diese Verwirrung verantwortlich gemacht zu werden. Lumumba hatte als guter Psychologe darauf spekuliert, daß die amerikanische und afrikanische Triumphtournee bei seinen Landsleuten Eindruck machen, daß ein klirrendes außenpolitisches Schauspiel sich auszahlen würde.

Dennoch haben sich in den letzten Tagen die Widerstände verstärkt. Die Katanga-Provinz steht mit ihren Autonomiebestrebungen nicht mehr allein. Die gesamte ehemals belgische Kolonie droht auseinanderzufallen, seit sich in Kasai, in der Äquatorial-Provinz und vor allem am unteren Kongo die zentrifugalen Kräfte regen.

Gestern nachmittag hallte die Europäerstadt vor dem Hotel Memling von den Rufen »Lumumba Pamba!« wider. Das heißt »Nieder mit Lumumba!« in der Sprache der Bakongo. Die Abako-Partei hat wütende Angriffe gegen den Premierminister gestartet. Ihr gehört immerhin Staatspräsident Kasavubu an. Die anwesenden UN-Beobachter trauten ihren Ohren nicht, als die Abako-Jugend den in Leopoldville sonst als Verräter verschrieenen Moise Tschombe hochleben ließ. »Wir wollen keinen Zentralstaat, sondern einen kongolesischen Staatenbund!« schrieen die Bakongo, während Soldaten aus Ghana und Schweden, mit Schilden und Knüppeln bewaffnet, herbeieilten.

Am Sonntag hatten die Lumumba-Anhänger den Abzug der blonden Schweden gefordert. Gestern verlangte die Abako-Jugend das Verschwinden der Truppenkontingente aus Ghana und Guinea. »Wir wollen weder einen weißen noch einen schwarzen Kolonialismus bei uns!«, riefen die Demonstranten, während die Polizisten Nkruhmas mit dem roten Fez die schwarzen Passanten von den Bürgersteigen verjagten, die Europäer hingegen unbehelligt ließen. Als wir den Ordnungshütern aus Ghana übersetzten, daß ihre aufgeregten Rassegenossen in Sprechchören »Ghana raus!« skandierten, schüttelten sie vorwurfsvoll und schockiert die Köpfe.

Dienstag

Der Weltsicherheitsrat hat in einer neuen Sondersitzung seine Weisung an Dag Hammarskjöld bestätigt, auch in Katanga die Belgier durch seine Blauhelme ablösen zu lassen. Mit Spannung wartet Leopoldville auf die Durchführung dieser Resolution. Die afrikanischen Nationalisten triumphieren. Man rechnet kaum noch mit ernstem Widerstand gegen die Landung der UN-Truppen in Elisabethville. Unter den belgischen Militärs in der südlichen Kupferprovinz herrscht eine Stimmung, die an die Wut der französischen Ultras von Algier erinnert. Das Maximum, das Tschombe aus der dortigen Situation herausholen kann, wäre allenfalls die Anerkennung einer strikt begrenzten Katanga-Autonomie innerhalb des großen kongolesischen Bundesstaates.

Mittwoch

Unter dem Gejohle der Afrikaner ist die schwarz-gold-rote Flagge über der belgischen Botschaft im Zentrum von Leopoldville eingeholt worden. Von schwer bewaffneten UN-Truppen aus Ghana geleitet, fuhr der ausgewiesene belgische Botschafter van den Bosch durch ein

Spalier schreiender und vor Freude tanzender Kongolesen. Es war eine beklemmende Stunde für die anwesenden Europäer. Die Pressekorrespondenten aus aller Welt, die bisher mit Vorwürfen gegen die Belgier nicht gespart hatten, blickten jetzt sehr distanziert auf diese Ausgelassenheit der Eingeborenen.

Nach einigen Tagen erholsamer Frische ist das Wetter seit gestern schwül und stickig. Das scheint sich psychologisch auszuwirken. Die Beziehungen zwischen Schwarz und Weiß sind wieder gespannt. Es gehen wirre Gerüchte um. So sollen vierhundert belgische Fallschirmjäger in den Kellern der Botschaft versteckt bleiben. Der Oberbefehlshaber der kongolesischen Nationalarmee, General Lundula, hat die Agitatoren gemahnt, sie sollten zwischen reaktionären belgischen Militärs und aufbauwilligen belgischen Zivilisten unterscheiden. Aber sein Aufruf verhallt.

Niemand hatte der Kongo-Republik die Entfaltung parlamentarischer Tugenden zugetraut. Die jungen afrikanischen Staaten haben wohl nur die Wahl zwischen politischer Anarchie und straffer Regierungsführung mit Hang zur Diktatur. In Leopoldville wurde in dieser Hinsicht keine Zeit vergeudet. Patrice Lumumba war noch keine 24 Stunden von seiner Weltreise zurück, da wurde der Ausnahmezustand verhängt. Informationsminister Kashamura machte den Presseleuten klar, daß von nun an jede Kritik an der Kongo-Regierung mit Ausweisung und Schlimmerem geahndet würde. Die bislang zur Opposition neigende Presse der Hauptstadt, deren Ausrichtung von ein paar liberalen Katholiken bestimmt wurde, soll an die Kandare gelegt werden. Orientiert sich der Kongo an Guinea? Dem wird entgegengehalten, daß Patrice Lumumba von seinem Aufenthalt in Amerika außerordentlich beeindruckt sei und große Hoffnungen auf die finanzielle Unterstützung Washingtons setze. Vermutlich sind das leere Erwartungen. Der positive Neutralismus, zu dem Lumumba sich bekennt, hat seine eigene Logik, die vom Westen wegtreibt. Amerika wird sich als Verbündeter der europäischen Kolonialmächte nie so rückhaltlos wie die Sowjetunion hinter die Forderungen des afrikanischen Nationalismus stellen können. Der Kongo wiederum vermag dem ideologischen Werben des Ostens, im Gegensatz etwa zum islamischen Orient, kein eigenes festgefügtes Weltbild entgegenzusetzen.

Das Wort Lumumbas »Wir versprechen Freiheit und nicht Geld«, das er aus Conakry mitbrachte, erinnert an den Satz, den der stolze Sekou Touré General de Gaulle entgegenschleuderte: »Wir ziehen die Armut in Freiheit der Sklaverei in Wohlstand vor.« Auch die Auffassung des Premierministers, es sei undemokratisch und deshalb strafbar, die bestehende Regierungsgewalt anzufechten, hätte in Guinea reifen können. Die Europäer horchten auf, als der Regierungschef sich zur »geistigen Entkolonisierung« äußerte. Lumumba hat zum ersten Mal die katholische Kirche am Kongo mit dem belgischen Kolonialismus identifiziert. »Achtzig Jahre lang haben die katholischen Missionen die Befreiung des Kongo verhindert«, sagte er auf einer denkwürdigen Pressekonferenz, und seine Gefolgsleute spendeten Beifall. »Die Katholiken haben dafür gesorgt, daß uns keine höhere Bildung zuteil wurde. Wir wollen keine Diktatur der Kirche bei uns, wie sie in Belgien existiert«, fuhr Lumumba fort und griff auch die schwarzen Bischöfe scharf an. Unter der blauen Flagge der Vereinten Nationen treibt die Kongo-Republik der Alleinherrschaft eines Mannes entgegen. Die UNO hat nicht das Recht, sich in die inneren Angelegenheiten eines Mitgliedstaates, also auch nicht des Kongo, einzumischen. Ohnmächtig und voller Unbehagen beobachten deshalb die liebenswürdigen, aber ach so dilettantischen internationalen Beamten die Entwicklung in Leopoldville. Von den Journalisten werden sie wegen der französischen Abkürzung ONU für die Weltorganisation mit freundlichem Scherz die »Onuchen« genannt. Die Beauftragten Hammarskjölds sind sich bewußt, daß Lumumba den Vereinten Nationen weiterhin großes Lob spendet, solange er sie braucht, daß sich aber dieses gute Verhältnis nach der Regelung der Katanga-Krise sehr schnell zum Schlechteren verändern dürfte.

Die Russen und ihre Verbündeten haben bereits eine unterschwellige Kampagne gegen den UN-Generalsekretär eingeleitet. Im vierten Stock des Hotels Stanley, wo die ersten sowjetischen Diplomaten vorläufig Quartier bezogen, geben sich die kongolesischen Besucher die Türklinke in die Hand.

Kein Tag ohne »Matata«

Leopoldville, im August 1960

Donnerstag
In den Eingeborenenvierteln von Leopoldville herrschte Panik. Schreiende Schwarze rannten uns mit angstverzerrten Gesichtern entgegen. Den Flüchtenden dicht auf den Fersen rückten mit aufgepflanztem Bajonett die Soldaten der kongolesischen Nationalarmee nach. Die schwarzen Militärs in den grünen Uniformen, die ihnen die Belgier hinterlassen haben, waren wie betrunken von Gewalttätigkeit. Sie bellten auch uns Journalisten mit heiseren Rufen in der Lingala-Sprache an, fuchtelten mit dem Seitengewehr und schickten sich an, unser Auto umzuwerfen.

Seit gestern sind die Meuterer der schwarzen Schutztruppe von Belgisch-Kongo wieder entfesselt. Aber die Betroffenen sind dieses Mal nicht die Europäer, sondern die schwarze Zivilbevölkerung. Patrice Lumumba hat knappe drei Tage nach seiner Rückkehr aus Amerika zum großen Schlag gegen die innere Opposition ausgeholt und die Soldaten der Nationalarmee auf das Volk der Bakongo losgelassen. Am Mittwoch nachmittag schickte er Gendarmen und Soldaten aus, um die Führer der Abako zu verhaften. Rollkommandos von Lumumba-Anhängern stürmten und zertrümmerten die Parteilokale.

»Wenn Lumumba zurückkommt, dann gibt es ›Matata‹«, hatten die Kongolesen während der Weltreise ihres Regierungschefs gesagt. »Matata« heißt Unruhe, Schlägerei, Palaver in der Lingala-Sprache. Tatsächlich vergeht kein Tag mehr ohne »Matata«.

Die Bakongo haben sich gestern zur Wehr gesetzt. Als Lumumba gegen sechs Uhr abends am Place de la Victoire eintraf, um das zertrümmerte Parteilokal der Abako zu besichtigen, wurde er von einer rasenden Volksmenge empfangen und von einem Stein an der Stirn getroffen. Die Trommeln dröhnten im »Belge«. Die Bakongo stimmten alte Kriegslieder an. Dann kamen die Soldaten der Force Publique. Gegen die Gewehre, die ihnen die UNO unvorsichtigerweise gelassen hatte, waren die Steine der empörten Bakongo machtlos. Die Armee hat in die Menge gefeuert, den revoltierenden Stadtteil Dendale abgeriegelt, Massenverhaftungen durchgeführt und alle schwarzen Zivilisten in ihre Behausungen gescheucht.

Mitten in der Nacht bin ich noch einmal zum Place de la Victoire gefahren. Es war kein Zivilist mehr da. Wild blickende Soldaten der Nationalarmee tasteten mit den Scheinwerfern ihrer Jeeps die Hütten der Bakongo ab. In ihren Gesichtern war Gewalttätigkeit zu lesen, aber auch die große afrikanische Furcht. Ehe sie mich mit entsicherter Maschinenpistole zur schleunigen Umkehr zwangen, konnte ich leere Patronenhülsen, Glassplitter, aufgerissene Pflastersteine und auch Blutlachen vor dem Parteibüro der Oppositionspartei ausmachen.

An der nächsten Straßenkreuzung stieß ich auf Ghana-Soldaten. Diese Askari, die sich bei Tage unterkühlt und britisch gaben, spähten plötzlich ebenso verstört in die afrikanische Nacht wie ihre kongolesischen Brüder. Unlängst hatte mir ein englischer Offizier noch gesagt: »Ein Glück, daß meine Leute kein Französisch verstehen. Sonst könnte ich für nichts garantieren.« Die Unruhe springt auf die schwarzen UN-Kontingente über. Sie sind keine neutralen Schiedsrichter mehr.

Den Verantwortlichen im Hauptquartier der Vereinten Nationen ist diese zwielichtige Entwicklung nicht entgangen. Der offizielle Sprecher der Weltorganisation, ein sympathischer Kolumbianer, der wie ein Filmstar aussieht, verweist ohne viel Überzeugung auf den restriktiven Auftrag des Sicherheitsrats. Die Blauhelme haben das Blutvergießen zwischen Belgiern und Kongolesen rechtzeitig aufgehalten. Aber wenn die Afrikaner sich untereinander umbringen, wenn der bei seinen Landsleuten umstrittene Ministerpräsident Lumumba sich mit Gewalt durchsetzt und somit eine Situation ausnutzt, die die Vereinten Nationen geschaffen haben, dann geht das – der offiziellen Sprachregelung zufolge – die Weltorganisation nichts an. Vor der gelben Villa Lumumbas am Kongo-Ufer stehen Posten aus Ghana. Sie wachen darüber, daß dem Regierungschef nichts passiert. Aber niemand schützt die Oppositionspolitiker vor willkürlicher Verhaftung. Der Ausnahmezustand, den Lumumba nach seiner Rückkehr verhängte, sei völlig illegal, hat Parlamentspräsident Joseph Ileo der versammelten Presse versichert. Aber der gemäßigte, gebildete Ileo muß jederzeit damit rechnen, daß ihm Soldaten oder Rollkommandos Lumumbas die Wohnung verwüsten.

Arbeitslosigkeit, Haß und Angst suchen Leopoldville heim. Das Haus des Präsidenten Kasavubu neben dem massiven Standbild Stanleys ist so demonstrativ von schwarzer Militärpolizei umringt, daß das Gerücht aufkommt, Lumumba habe auch das Staatsoberhaupt in Verwahr genommen. Im Europäerviertel am Boulevard Albert patrouillieren weiterhin die schwedischen Touristen-Soldaten. Seit den Ereignissen der letzten Nacht sagen die Journalisten, denen Lumumba mit Ausweisung droht: »Sollten wir eines Tages auf den Schutz der Schweden gegen die Schwarzen angewiesen sein, dann gnade uns Gott.«

Freitag

Die Beamten der UNO stehen der Explosion afrikanischer Urgewalten hilflos gegenüber. Als der Sprecher der Weltgesundheitsorganisation WHO, ein unschuldig blickender Engländer, gefragt wurde, ob es seine Institution denn nicht beunruhige, daß in der Kasai-Provinz die Opfer des Stammeskrieges zwischen Lulua und Baluba zu Hunderten unter der Sonne verfaulten, antwortete er mit vornehmem Oxford-Akzent: »Oh yes, that has to be cleaned up – Das muß natürlich saubergemacht werden«, und verwunderte sich über das schallende Gelächter der Reporter.

Zum Mittagessen treffen sich viele Belgier gehobener Position im Restaurant am Zoo. Auch der »Prawda«-Korrespondent ißt dort, meist in Begleitung des Berichterstatters der DDR-Agentur ADN. Wir hatten uns an jenem Mittag um einen der neuernannten kongolesischen Senatoren geschart. Der afrikanische Politiker äußerte sich sachlich und ausgewogen. Eine halbe Stunde lang beantwortete er unsere Fragen mit viel gesundem Menschenverstand. Aber ganz unvermittelt schien er die Kontrolle über sich zu verlieren. »In der Afrikanerstadt bereiten sich große Dinge vor«, sagte er mit heiserer Stimme. »Unsere Leute erzählen: ›Die Weißen sind nur Dreck.‹ Ich habe selber gesehen, wie ein Belgier auf einen schwarzen Patrioten geschossen hat, doch der Mann hat die Kugeln mit der Hand aufgefangen. Die Weißen glauben, sie könnten uns Afrikaner umbringen, aber sie töten keine Menschen, sie töten nur Schatten. Wenn die Belgier wieder versuchen sollten, mit ihren Fallschirmjägern zu landen, dann haben wir Regenmacher bei uns, und der Regen wird so stark sein, daß kein Belgier durch ihn hindurchkommt.«

Samstag
Der Generalsekretär der Vereinten Nationen hat eine kurze Zwischenlandung in Leopoldville gemacht, ehe er nach E-ville, wie man Elisabethville nennt, weiterflog. Unter den Presseleuten, die an der Rollbahn warteten, fehlte Gabriel Makoso. Dieser begabte kongolesische Journalist war unlängst Chefredakteur der Zeitung »Courrier d'Afrique« geworden. Makoso war stets ein engagierter Nationalist. Dennoch ist er gestern von den Polizisten Lumumbas verhaftet worden. Allmählich senkt sich der Vorhang. Vor den Fernschreibern der auf Regierungsbefehl geschlossenen belgischen Nachrichtenagentur »Belga« stehen schwarze Gendarmen mit aufgepflanztem Bajonett.

Mit zwei schwedischen Kompanien ist Dag Hammarskjöld nach Katanga gereist. Die dreihundert Nordländer wurden in der offiziellen Sprachregelung des UN-Oberkommandos als friedliche Eskorte des Generalsekretärs bezeichnet. Man will den Eindruck vermeiden, die Regierung von Katanga habe sich einem Diktat des Weltsicherheitsrates beugen müssen. Im übrigen sind die Beamten der Vereinten Nationen nicht mehr gut auf die kongolesische Zentralregierung zu sprechen, seit Lumumba Mißtrauen gegen Dag Hammarskjöld sät und die Vorwürfe des Ostblocks gegen die Weltorganisation mit heimlicher Genugtuung registriert. Die Umgebung des UN-Generalsekretärs ist schockiert über das Vorgehen des Premierministers gegen seine politischen Gegner.

Die Vereinten Nationen dürfen sich bekanntlich nicht in die inneren Angelegenheiten der Kongo-Republik einmischen. Auf dieses Gebot der Enthaltung werden sich die zwei schwedischen Kompanien nun auch in Katanga berufen. Ministerpräsident Tschombe von Katanga war klug genug, den UN-Soldaten einen herzlichen Empfang zu bereiten. Hammarskjöld wird darüber wachen, daß die belgischen Truppen Katanga verlassen. Wie aber Patrice Lumumba es fertigbringt, seine Autorität in der südlichen Kupferprovinz zu etablieren, das wird seine eigene Angelegenheit sein.

Tschombe hat zur Bedingung gemacht, daß kein Soldat aus Ghana oder Guinea den Boden Katangas betritt. Auch die Emissäre der Zentralregierung werden am Flugplatz von E-ville abgewiesen. Aber was wird geschehen, wenn Lumumba, im Falle eines endgültigen Scheiterns seiner Zentralisierungs- und Gleichschaltungsbemühungen die

Kontingente aus Ghana und Guinea zu Hilfe ruft? Kwame Nkrumah und Sekou Touré haben sich bereiterklärt, notfalls ihre Soldaten dem Kommando der Vereinten Nationen zu entziehen und sie der zentralen Kongo-Regierung auszuleihen.

Die Präsenz der Ghanaer und Guineer wird zum Problem. Lumumba zeigt sich nicht mehr ohne eine imponierende Wache riesiger Askari aus Accra. Diese schwarzen Soldaten werden zum Stoßtrupp des panafrikanischen Nationalismus. Ihr Erscheinen an den Grenzen von Nordrhodesien oder von Portugiesisch-Angola würde unweigerlich zum Konflikt führen. Die weißen Siedler in Rhodesien, die portugiesischen Offiziere in Angola bereiten sich auf den Ernstfall vor.

Neben diesen zum Äußersten entschlossenen Schwarzen von der Guinea-Küste erscheinen Marokkaner und Tunesier als Kräfte der Beschwichtigung. Noch vor wenigen Jahren war es in den französischen Gazetten üblich, den virulenten Nationalismus der maghrebinischen Protektorate Marokko und Tunesien an der friedlichen Stimmung Schwarzafrikas zu messen. Wie schnell die Dinge sich ändern! Natürlich stehen heute Marokkaner und Tunesier auf seiten der Schwarzen, mit denen sie die kontinentale Einheit und der Kampf gegen den Kolonialismus verbindet, aber in mancher Hinsicht fühlen sie sich den europäischen Nachbarn jenseits des Mittelmeers noch enger verwandt. Im Arabischen bezeichnet das gleiche Wort »Abid« Neger wie Sklaven. Im Unterbewußtsein wirken solche Sprachassoziationen wohl fort.

Sonntag

An diesem Wochenende werden in Leopoldville Wetten abgeschlossen. Der Abzug der belgischen Militärs aus Katanga kommt allmählich in Gang. Wird die separatistische Regierung Tschombe diesen Verlust überdauern? Wird sie durch inneren Aufruhr zu Fall gebracht? Von dieser Frage hängt alles Weitere ab.

Die zweite Wette kreist um die Absichten Patrice Lumumbas. Er dürfte inzwischen erkannt haben, daß das UN-Oberkommando nicht gewillt ist, ihm in Katanga als Schrittmacher zu dienen. Der Premierminister will höchstpersönlich nach E-ville fliegen, um die Autorität der Zentralregierung durchzusetzen. Er hat bei den Vereinten Nationen militärischen Schutz für dieses Wagnis angefordert. Ralph

Bunche, Hammarskjölds Stellvertreter, hat ihm das verweigert. Das Gerücht wurde daraufhin ausgestreut, Lumumba werde die abenteuerliche Reise nach Elisabethville an Bord einer sowjetischen Iljuschin-Maschine antreten. Kein ernsthafter Beobachter nimmt ihm das ab. Die Sicherheitspolizei von Katanga lauert auf die Gelegenheit, den turbulenten Regierungschef von Leopoldville in Gewahrsam zu nehmen. Hingegen muß ernstlich damit gerechnet werden, daß Lumumba – im Falle eines endgültigen Scheiterns seiner Katanga-Pläne – die UN-Einheiten aus Ghana und Guinea um Beistand anruft.

Das Gerücht einer gesonderten Intervention der Guineer und Ghanaer in Katanga hat eine scharfe Stellungnahme des Oberkommandos der UNO ausgelöst. Das Ausscheren irgendwelcher Verbände oder ihre Sonderaktion zugunsten der kongolesischen Zentralregierung werde als Verletzung der Weisungen des Weltsicherheitsrates gewertet und mit allen Mitteln verhindert. Die Situation am Kongo wird jetzt mit der Intervention der Vereinten Nationen am Libanon im Sommer 1958 verglichen. In der Levante hatte eine Beobachtermission der Vereinten Nationen, bestehend aus rund fünfhundert Offizieren, darüber zu wachen, daß die feindlichen Parteien des christlichen Präsidenten Camille Chamoun und des muslimischen Oppositionsführers Raschid Karame keine militärische Unterstützung von außen erhielten. Zum ersten Mal hat somit die Weltorganisation ausgesprochen, daß am Kongo bürgerkriegsähnliche Zustände herrschen.

Noch eine dritte Hypothese erhitzt die Gemüter in der Pressebar des Hotels Stanley: Wird die Oppositionspartei Abako, die das Gebiet am unteren Kongo zwischen Leopoldville und dem Hafen Matadi kontrolliert, ihren Widerstand gegen Lumumba aufrechterhalten oder sich der Einschüchterung beugen? Zur Stunde scheint es, als bliebe die Abako hart. Lumumba hat auf Drängen Kasavubus sämtliche inhaftierten Abako-Führer freigelassen. Ich habe mich persönlich überzeugt, daß die Polizei- und Militärposten vom zentralen Parteibüro der Abako abgezogen wurden. Hingegen ist ein sehr unternehmungslustiger Ordnungsdienst der Abako-Partei in Stellung gegangen. Ehe man mich mit großer Höflichkeit einließ, wurde ich nach Waffen abgetastet. Die Führer der Abako fordern unverblümt den Abzug der Ghanaer und Guineer aus ihrem Stammesgebiet. »Lumumba will mit Hilfe der Soldaten aus Accra und Conakry den Kommunismus am

Kongo einschleppen«, sagen die aufgebrachten Bakongo-Politiker. Sie halten ihren Anspruch auf Schaffung eines kongolesischen Staatenbundes aufrecht. In der Ortschaft Thysville am unteren Kongo heizt sich die Kampagne gegen die Zentralregierung an. Voreilige amerikanische Beobachter spekulieren darauf, daß Lumumba binnen vierzehn Tagen zu Fall käme.

Doch das ist schon wieder eine neue Wette. Die Unberechenbarkeit der afrikanischen Ereignisse und Menschen wird dafür sorgen, daß es bei all diesen Prognosen mehr Verlierer als Gewinner gibt.

Unabhängigkeits-Cha-Cha-Cha in Brazzaville

Brazzaville, Mitte August 1960

Heute nacht wurden die Einwohner von Leopoldville durch Kanonenschüsse aus Brazzaville geweckt. Dort, wo noch die blau-weiß-rote Fahne der französischen Gemeinschaft weht, war keine Revolution ausgebrochen. Die Salutschüsse um Mitternacht begrüßten die Geburtsstunde eines neuen Staates im Herzen Afrikas, der aus der Autonomie innerhalb der Communauté nun in die volle Unabhängigkeit entlassen ist. Von heute null Uhr an gibt es zwei Kongo-Republiken: die eine auf dem Gebiet der ehemals belgischen Kolonie, die am 30. Juni ihre Eigenstaatlichkeit erlangte, ehe sie im Chaos der inneren Wirren versank, und die zweite, die der Regierung von Leopoldville den Namen streitig macht, aber sehr viel bescheidenere Ausmaße hat. Die frühere französische Kolonie mit der Hauptstadt Brazzaville ist ungefähr so groß wie Italien, zählt jedoch weniger Einwohner als die Stadt Köln. Ihr Jahresbudget übersteigt nicht den Gegenwert von 80 Millionen DM.

Trotzdem ist der Kongo-Brazzaville, wie diese Republik künftig heißen wird, ein im Vergleich zum ehemaligen Belgisch-Kongo von Gott gesegnetes Land. Die grün-gelb-rote Fahne der Unabhängigkeit ist hier in aller Freundschaft mit der früheren Kolonialmacht gehißt worden. Brazzaville hat keine protzigen Prachtalleen aufzuweisen wie die Schwesterstadt Leo jenseits des großen Stroms. Seine verträumten Provinzstraßen sind von schattigen Bäumen gesäumt. Die bescheidenen Villen der französischen Beamten liegen in äquatoriale Blumenpracht gebettet. Vor den Bistros wird der Aperitif getrunken und Boule gespielt. In den koketten Lädchen des kleinen Geschäftszentrums sitzen freundliche Damen aus der Touraine, die einmal bessere Tage gesehen haben.

Zum 15. August ist Brazzaville in ein Fahnenmeer getaucht. Grün-Gelb-Rot und Blau-Weiß-Rot wehen einträchtig nebeneinander. Aber es sah nicht nach einer großen politischen Feier aus, eher nach einer harmlosen »Guingette«, nach einem Volksfest mit Tanz und Akkordeonmusik. Die Plakate kündigten öffentliche Bälle auf allen Plätzen an. Man hätte meinen können, dort hinter den Brotbäumen flösse nicht der Kongo, sondern die Marne.

Am frühen Morgen wurde in der Kathedrale Sankt Anna vom Kongo das feierliche Tedeum gesungen. Die Blicke der Andächtigen in dieser Kirche, die wie eine Piroge geschwungen und deren Dach mit grünen Ziegeln wie mit Palmblättern gedeckt ist, gingen nicht zu dem zelebrierenden französischen Bischof im großen Ornat. Aller Augen ruhten auf dem kleinen Eingeborenen in der weißen Soutane des Geistlichen, der vor der Gemeinde auf einem einsamen Chorstuhl kniete. Der afrikanische Priester mit dem ernsten Kindergesicht wird von seinen kongolesischen Landsleuten nur der »Abbé« genannt. Abbé Fulbert Youlou ist Staatspräsident der Kongo-Republik von Brazzaville und ein beinahe unumschränkter Herrscher in seinem Land. Als der Bischof die Hostie zur Wandlung hob, tönte kein Schellengeläut in Sankt Anna. Die afrikanischen Urwaldtrommeln brachten statt dessen eine dumpf grollende Huldigung dar.

Staatspräsident Kasavubu, der dem gleichen Bakongo-Stamm angehört wie der »Abbé«, war zur Unabhängigkeitsfeier über den Strom gekommen. Youlou ist für ihn eine wertvolle Stütze in seinem Kampf gegen Lumumba, der den Kongo-Staat von Brazzaville mehrfach verächtlich als »Républiquette«, als »Republikchen« bezeichnet hat. Das zahlt ihm Fulbert Youlou mit Zinsen heim. Der Abbé behandelt Kasavubu wie einen Vetter, und verkehrt mit ihm so ähnlich wie früher die Monarchen Europas untereinander. Zum Tag der »Indépendance« war »König Kasa«, in der Generalsuniform des Königs von Belgien nach Brazzaville gekommen; der Abbé hat ihn noch übertrumpft: Obwohl ihm eine Vorliebe für himmelblaue und apfelgrüne

Soutanen nachgesagt wird, war er diesmal in Weiß erschienen und trat auf wie ein schwarzer Papst. Bis in die späte Nacht tanzten die begeisterten Schwarzen von Poto-Poto den »Indépendance Cha-Cha-Cha«, und im Bakongo-Viertel wurde Youlou auf den Schultern getragen.

Ganz ohne Sorgen blicken natürlich auch die schwarzen Minister von Brazzaville nicht über den Kongo. Sie haben bisher ihren turbulenten Stammesbrüdern jenseits des Stroms ein Beispiel politischer Mäßigung gegeben. Im Gegensatz zur belgischen Verwaltung hatten die Franzosen am Nordufer die Unabhängigkeit schrittweise vorbereitet, eine politische Führungsschicht herangebildet. Heute ernten sie die Früchte dieser Voraussicht. Die Bakongo von Brazzaville schütteln tadelnd die Köpfe, wenn die Rede auf die Ereignisse von Belgisch-Kongo kommt. »Die Leute drüben haben sich ja benommen wie Wilde«, sagen sie dann von oben herab.

Die Kongo-Republik von Brazzaville wird keine große Geschichte machen. Seit der Plan aufgegeben werden mußte, die Teilgebiete des früheren Französisch-Äquatorial-Afrika in einer Föderation zusammenzuschließen, seit Kongo, Gabun, Tschad und die Zentralafrikanische Republik gesondert ihre Aufnahme bei den Vereinten Nationen beantragten, geht dieser Teil Afrikas einer bedenklichen Balkanisierung entgegen. Nein, die große Geschichte spielt sich drüben ab, in dem riesigen, dampfenden Kongo Patrice Lumumbas.

Brazzaville, so scheint es, hat seine Geschichte bereits hinter sich. Hier hatte General de Gaulle während des Krieges die Hauptstadt des »Freien Frankreich« aufgeschlagen und Anfang 1944 sein liberales Afrika-Programm angekündigt. Schon damals war den Eingeborenen der französischen Kolonien die Selbständigkeit in Aussicht gestellt worden. De Gaulle ist deshalb bei den Afrikanern von Brazzaville eine Art Nationalheros, ja, hier vermischt sich schon Historie mit afrikanischer Mythologie. Die eingeborene Matswa-Sekte, die der französischen Verwaltung einst viel Kummer bereitete, verehrt eine seltsame Dreifaltigkeit: man findet darin Gott Vater, an seiner Seite den schwarzen Propheten Matswa, einen sehr sonderbaren Heiligen, dessen Sektierertum von antikolonialem Aufbegehren durchdrungen war, und schließlich den Fetisch N'gol, den man stets mit einem französischen Generals-Képi darstellt.

Es gibt keinen glühenderen Gaullisten als den kleinen Abbé Youlou, und es ist ein bemerkenswertes Schauspiel, daß im Angesicht der meuternden, tragischen Metropolis Leopoldville auf einem friedlichen Platz von Brazzaville am Tage der Unabhängigkeit das Standbild des französischen Staatschefs eingeweiht werden konnte. Als die französischen Unternehmer und Kaufleute am Kongo zum Abbé kamen und ihm von ihrer Sorge erzählten, der radikale Nationalismus und die Europäerfeindlichkeit könnten auch auf Brazzaville übergreifen, antwortete der schwarze Präsident: »Aber, Messieurs, so etwas können wir Kongolesen doch nicht tun. Was würde denn General de Gaulle dazu sagen?«

Trotzdem machen sich die Franzosen von Brazzaville, und dazu gehören noch zwei Kompanien Fallschirmjäger, auf alle Eventualitäten gefaßt. Es ist nicht ausgeschlossen, daß die schwarzen Extremisten von Leopoldville auch auf dem Nordufer des Stromes Unruhe stiften. In diesem Fall würde der Abbé nicht an die Blauhelme der Vereinten Nationen appellieren, sondern an die Armee der französisch-afrikanischen Gemeinschaft. Als ich eine junge französische Offiziersfrau fragte, was sie denn am vergangenen Sonntagnachmittag gemacht habe, antwortete sie: »Ich war auf dem Schießstand und habe mich im Revolverschießen geübt. Sie können sich darauf verlassen, daß wir uns hier im Ernstfall anders verteidigen werden als die Belgier nebenan.«

P.S.: Den großen Wind der Veränderungen, der laut Harold Macmillan über Afrika weht, hat diese wackere Dame mit ihrer martialischen Gebärde natürlich nicht aufzuhalten vermocht. Im Juni 1962 sollte Fulbert Youlou als Folge seiner einseitigen Stammespolitik zugunsten der Bakongo von aufsässigen schwarzen Militärs gestürzt werden. Der Kongo-Brazzaville taumelte in eine lange Folge von Putschen hinein, bekannte sich zum »wissenschaftlichen Sozialismus« und ersetzte die grün-gelb-rote Trikolore durch das einheitliche rote Banner der marxistisch-leninistischen Revolution. Die sich ablösenden Machthaber von Brazzaville, die sich zeitweilig sogar mit einer kubanischen Leibgarde umgaben, haben dennoch nicht mit Paris gebrochen.

Lumumba regiert mit Pressekonferenzen

Leopoldville, im August 1960

Montag

Die Entzweiung zwischen Dag Hammarskjöld und Patrice Lumumba ist vollzogen. Die Kongo-Krise weitet sich aus. Sie ist zur Krise der Weltorganisation geworden. Seit zwei Tagen rasen Rollkommandos der kongolesischen Gendarmerie durch die Straßen von Leopoldville, um unter den Belgiern wahllose Verhaftungen vorzunehmen. Lumumba ist mit einer Militäreskorte zum Flugplatz gebraust, angeblich um belgische Fallschirmjäger auszuheben. Viele Journalisten aus aller Welt rechnen mit ihrer Ausweisung. Nur das energische Eingreifen einer marokkanischen Streife hat verhindert, daß Beamte der Vereinten Nationen von betrunkenen schwarzen Polizisten zusammengeschlagen wurden. Heute hat schwer bewaffnete Kongo-Polizei das Stadtzentrum besetzt und kontrolliert alle Europäer, vor allem die Angestellten der UNO.

Nicht nur die Verschärfung des Gegensatzes zwischen Schwarz und Weiß hat die Journalisten am Kongo auf Trab gehalten. Bis spät in die Nacht haben sie mit übermüdeten Gesichtern auf eine endlos verzögerte UN-Erklärung gewartet. Der Konflikt zwischen Vereinten Nationen und Kongo-Republik ist in einem hektischen Briefwechsel niedergelegt. Im Verlaufe eines Nachmittags wurden sechs Schreiben zwischen Hammarskjöld und Lumumba ausgetauscht, obwohl ihre Residenzen nur wenige hundert Meter voneinander entfernt sind. Der Premierminister gab seine Antwort jeweils schon über den Rundfunk bekannt, ehe der Generalsekretär überhaupt seinen Brief in Händen hielt. Ursache des Konflikts ist natürlich die Katanga-Provinz, wo sich Tschombe mitsamt seinen belgischen Beratern gegen die Zentralregierung behauptet. Lumumba hat verlangt, daß die Blauhelme mit Gewalt der Existenz der autonomen Katanga-Regierung ein Ende setzen oder daß sie zumindest der kongolesischen Nationalarmee den Transport nach Katanga gewährleisten. Hammarskjöld hingegen beruft sich auf den vorsichtigen Beschluß des Weltsicherheitsrates.

In seiner Wut hat der Kongolese den Schweden der Sabotage bezichtigt. Er verdächtigt dessen Landsleute ganz offen der Komplizenschaft mit den Belgiern, zumal beide Königshäuser miteinander verwandt sind. Er verlangt, daß alle weißen Truppen der UNO aus Katanga abgezogen und durch afrikanische Kontingente ersetzt werden. Als der Regierungschef feststellen mußte, daß der Schwede durch dieses Ultimatum nicht zu beeindrucken war, hat er eine erneute Sitzung des Weltsicherheitsrats beantragt und die Forderung erhoben, eine Beobachterkommission, bestehend aus Beauftragten aller unabhängigen afrikanischen und einiger asiatischer Staaten, solle am Kongo die Durchführung der UN-Beschlüsse gemäß der von ihm vertretenen Auslegung überwachen.

Die gehetzten Journalisten sind erschöpft. Die gelangweilten Gentlemen der Weltorganisation setzen höchst abweisende Mienen auf, wenn die Rede auf die Methoden der Kongo-Regierung kommt. Alle Ausländer in Leopoldville, darunter auch die meisten Afrikaner, haben das Ränkespiel satt. Hammarskjöld hat eine letzte Konzession gemacht. Er kündigte an, daß neben den Schweden auch Marokkaner, Äthiopier und Mali-Soldaten nach Elisabethville geschickt werden. Dann ist er hart geblieben.

Der Katanga-Konflikt birgt unabsehbare Gefahren in sich. Heute versucht Lumumba, Afrikaner und Asiaten gegen Europäer und Amerikaner auszuspielen. Er wird sehr bald merken, daß er in der sogenannten Dritten Welt isolierter ist, als er denkt. Selbst seine Ratgeber aus Ghana fangen an, in allen Tönen auf die Kongolesen zu schimpfen. Diese Enttäuschung könnte Lumumba in die Arme der Russen und Chinesen treiben. Mehr und mehr Diplomaten kabeln an ihre Kanzleien, daß Lumumba für den Westen verloren sei und setzen ihre letzten Hoffnungen auf den besonnenen, aber ach so schweigsamen Staatspräsidenten Kasavubu.

Dienstag

Die Regierung Lumumba hat für eine Dauer von sechs Monaten den Belagerungszustand verhängt. Volksgerichtshöfe sollen für die Anwendung eines summarischen Kriegsrechtes sorgen. Zwar sind Gewaltakte in Leopoldville verhältnismäßig selten; auch die Verhaftungen halten sich in Grenzen, soweit die noch anwesenden Belgier sich nicht durch eigene Unbesonnenheit in Gefahr begeben. Aber bei der europäischen Bevölkerung herrschen Angst und Betroffenheit. Die nächste Entscheidung des Weltsicherheitsrats in der Katanga-Frage hängt wie ein Damoklesschwert über der kongolesischen Hauptstadt.

Die Pressekonferenz bei Lumumba, auf der der Belagerungszustand verkündet wurde, hatte mit einem bezeichnenden Zwischenfall begonnen. Ein kongolesischer Wachposten ist mit gefälltem Bajonett auf einen Photographen losgegangen, als dieser sich der Gartenumzäunung näherte. Daraufhin verließen die westlichen Journalisten aus Protest die Villa des Ministerpräsidenten. Zur Entgegennahme seiner Erklärungen blieben nur die Korrespondenten des Ostblocks zurück.

Die Verhängung des Belagerungszustandes ist von Kasavubu gegengezeichnet worden. Schon nehmen die Pessimisten an, der Staatspräsident habe sich Lumumba mit gefesselten Händen ausgeliefert. Sicher ist, daß die scharfen antibelgischen Maßnahmen, die Verhaftung des Vizepräsidenten der Sabena-Fluglinie, vor allem aber die angedrohte Verstaatlichung aller belgischen Unternehmen von der schwarzen Bevölkerung mit Genugtuung begrüßt werden. Lumumba macht sich auf diese Weise selbst bei den Opponenten der Abako-Partei populär. Seine Anschuldigung, die Schweden seien Komplizen der Belgier, klingt in den Ohren der Afrikaner durchaus glaubwürdig. Jetzt verlangt er mit Nachdruck den Abzug des schwedischen Kontingents.

Die wahre Kraftprobe steht noch bevor. Mit Katanga steht und fällt Lumumba. Mit Sorge muß er beobachten, wie Moise Tschombe seine Position in der Kupferprovinz weiterhin konsolidiert. Zwar hat es bei Ankunft der Blauhelme aus Schweden und Marokko einige Zwischenfälle gegeben, aber Tschombe kann mit Fug und Recht von sich behaupten, daß er seine Provinz besser in Ordnung hält als Lumumba sein eigenes Staatsgebiet. Kein Mensch weiß genau, bis wohin die Befehlsgewalt der Zentralregierung reicht, ob sie nicht schon in der Umgebung von Leopoldville endet. In den übrigen Provinzen herrscht ein unbeschreiblicher Wirrwarr. Die Soldaten des Negus sind dabei, die belgischen Fallschirmtruppen im Katanga-Stützpunkt Kamina abzulösen. Ein schwarzes Bataillon der Mali-Föderation, rückt von Kivu aus in Nordost-Katanga ein. Das große Spiel um die reiche Südprovinz kann beginnen.

Unterdessen geht der heimliche Macht- und Einflußkampf weiter. Neben den Ghanaern, deren Beziehungen zu Lumumba sich in letzter

Zeit abkühlten, und den Guineern, deren ideologische Anziehungskraft auf die Kongolesen stark ist, haben sich jetzt die Marokkaner und Tunesier nachhaltig eingeschaltet. Tunis ist durch den Sohn seines Präsidenten, durch Habib Burgiba junior, am Kongo vertreten. Die Marokkaner haben den Istiqlal-Minister Boucetta entsandt. Beide maghrebinischen Staaten bieten technische Hilfe und Experten an. Die Tunesier haben den Aufbau der inneren Sicherheit und der Polizei übernommen. Die Europäer beglückwünschen sich, daß vorläufig noch die Beauftragten Burgibas und nicht die Sendboten des Ostblocks mit dieser Aufgabe betraut sind.

Die merkwürdigste Erscheinung in Leopoldville ist zur Stunde der Presseattaché Lumumbas, Serge Michel, ein junger Franzose, der aus seiner marxistischen Überzeugung kein Geheimnis macht. In Tunis war er als enger Mitarbeiter der Algerischen Befreiungsfront bekannt. Es heißt, er sei von einem französischen Militärgericht zum Tode verurteilt. Als der sowjetische »Prawda«-Korrespondent unversehens diesem merkwürdigen blonden Pressereferenten begegnete, entschlüpfte ihm die Bemerkung: »Als guter afrikanischer Nationalist hätte er sich wenigstens das Gesicht anschwärzen können.« Dieser Public-Relations-Berater Lumumbas ist zum offiziellen Kommentator von Radio Kongo avanciert. In seiner ersten Sendung kündigte er an, daß die bevorstehende Gleichschaltung Katangas als Auftakt zur Befreiung ganz Südafrikas von der Kolonialherrschaft der Engländer, Portugiesen und Buren gewertet werden müsse.

Mittwoch

Es vergeht kaum ein Tag ohne Pressekonferenz Lumumbas. Die von grimmigen kongolesischen Soldaten bewachte Villa des Regierungschefs, ehedem Residenz des belgischen Gouverneurs, liegt idyllisch am baumbestandenen Kongo-Ufer. Der Strom weitet sich hier allmählich zum Stanley-Pool aus. Die flimmernde Wasserfläche wird im Norden durch eine wellige Hügellandschaft begrenzt. Im Herzen Afrikas drängt sich der Vergleich mit europäischen Mittelgebirgen auf.

Auf seinen Pressekonferenzen liefert Lumumba immer wieder Beweise seines taktischen Geschicks. Bei aller Heftigkeit läßt er sich nicht zu unbedachten Äußerungen hinreißen, zur großen Enttäuschung all jener, die ihn gern zu antiamerikanischen Brandreden aufstacheln möchten. Dieser schwarze Nationalist bleibt Anhänger des »positiven Neutralismus«. Der Premierminister verfügt nur über ein begrenztes französisches Vokabular. Er trägt seine Anklagen mit ruhiger, eindringlicher Stimme vor. Aufgrund gewisser Artikulationsschwierigkeiten sagt er stets »Blèges« statt »Belges«. Sein Standardsatz, der auf keiner Pressekonferenz ausgelassen wird, lautet: »Les Belges n'ont rien compris à la psychologie africaine – die Belgier haben von der afrikanischen Psychologie nichts begriffen.« Im Munde Lumumbas wird diese Elementarwahrheit verzerrt zu dem Ausspruch: »Les Blèges n'ont rien compris à la pisskologie africaine«. Das reicht aus, um bei Reportern und Photographen helle Freude zu stiften. Dennoch ist er ein meisterhafter Rhetor.

Wenn er antwortet, wirft er den Kopf zurück, und es spielt oft ein triumphierendes Lächeln um seinen Mund. Es gehört schon einige Voreingenommenheit dazu, immer wieder auf sein »Mephisto-Bärtchen« zu verweisen, die rollenden Augäpfel hinter den dicken Brillengläsern als beängstigend zu empfinden oder ihn gar als einen »schwarzen Lenin« zu bezeichnen, wie das so mancher weiße Korrespondent immer wieder tut.

»Statt zu regieren, hält dieser Mann Pressekonferenzen ab«, schimpfen die Ratgeber aus Ghana, deren Enttäuschung über Lumumba wächst. Doch der Premierminister ist ein realistischer Demagoge. Er weiß, daß nur die heftigsten Kampfparolen gegen die Kolonialisten die Völkerschaften des Kongo zusammenschweißen können. Würde er sich mit konkreten Vorschlägen zum wirtschaftlichen und politischen Aufbau befassen, dann liefe seine disparate Gefolgschaft sehr schnell auseinander. Lumumba braucht den belgischen Popanz, um die Einheit seines riesigen Landes zu wahren, um mit Hilfe des Ausnahmezustandes die eigene Herrschaft zu festigen. Nur fragt man sich besorgt in Leopoldville, wer wohl nach den Belgiern als Sündenbock in Frage kommt, um die politische Stimmung weiterhin auf dem Siedepunkt zu halten. Voraussichtlich werden die Vereinten Nationen diese Zielscheibe abgeben. Dag Hammarskjöld weiß davon ein Lied zu singen.

Lumumba hat angedeutet, daß er die Verstaatlichung des gesamten belgischen Eigentums am Kongo erwägt. Das ist keine Phantasterei. Selbst Brüsseler Finanzspezialisten geben zu, daß solche Maßnahmen auf keine unüberwindlichen Schwierigkeiten stoßen würden. Die riesigen Grubenunternehmen von Katanga werden zur Stunde durch die verhältnismäßig geringe Zahl von 1500 Technikern und Ingenieuren in Gang gehalten. Im übrigen würden die wertvollen Buntmetalle der Kupferprovinz auch nach der Nationalisierung auf dem Weltmarkt Absatz finden. Lumumba läuft nicht Gefahr, auf seinen Reichtümern sitzen zu bleiben. Die Katanga-Gruben in Gang zu halten, so sagen die Experten, ist relativ einfach, denn dem Ostblock mangelt es nicht an Technikern.

Die Drohung mit der Verstaatlichung rührt an den Nerv der Kongo-Krise. Wie wird das internationale Kapital darauf reagieren? Wird die Solidarität der Weltkonzerne sich zugunsten der »Union Minière« von Katanga auswirken, das heißt zugunsten der separatistischen Regierung Tschombe in Elisabethville? Droht der Kongo-Konflikt sich zu einer Konfrontation zwischen afrikanischem Sozialismus und westlichem Kapitalismus auszuweiten?

Mit zweitägiger Verspätung sind die Delegierten der Kongo-Regierung endlich zur Sitzung des Weltsicherheitsrats nach New York abgeflogen. Als Patrice Lumumba verkündete, daß seine Beauftragten an Bord einer sowjetischen Maschine über den Atlantik flogen, strahlte er über den gelungenen Streich. »Wir nehmen die Hilfe dort, wo sie uns angeboten wird«, sagte er lächelnd.

Die ganze Wucht der kongolesischen Propaganda ist jetzt auf Katanga gerichtet. Die Regierung Tschombe wird als Terrorregime angeprangert. Erneut hat die Zentralregierung mit ultimativem Nachdruck die Entsendung einer afrikanisch-asiatischen Beobachtermission an den Kongo gefordert. Diese Kommission soll faktisch an die Stelle Hammarskjölds treten, den Lumumba mit Tadel überhäuft.

Der Weltsicherheitsrat befindet sich in einer fatalen Lage. Ein Eingehen auf die Vorschläge der Kongo-Regierung käme einer öffentlichen Desavouierung ihres Generalsekretärs gleich, würde den höchsten UN-Beamten bloßstellen und ihn wahrscheinlich zum Rücktritt zwingen. Hält sich jedoch der Weltsicherheitsrat an die Empfehlungen des Generalsekretärs und verbietet auch weiterhin den UN-Truppen, im Bürgerkrieg zwischen Lumumba und Tschombe einzugreifen, dann wird Lumumba bis zum äußersten gereizt. Er hat feierlich bekräftigt, daß er sich nur mit einer klaren Aussage zufriedengeben wird, einer Entscheidung zugunsten der Zentralgewalt und gegen Tschombe.

»Wenn die UN-Truppen sich weiterhin weigern, der legalen Regierung von Leopoldville gegen die Separatisten von Katanga zu ihrem Recht zu verhelfen«, so drohte er, »ist für die Blauhelme kein Platz mehr am Kongo. Dann werde ich der Kongo-Armee den Einmarschbefehl in die Südprovinz geben und mich auf die Staaten verlassen, die mir ihre militärische Hilfe angeboten haben.«

Das UN-Kommando schafft in großer Eile Verstärkungen heran. Indonesier, Ägypter und Sudanesen werden in Leopoldville erwartet. In Elisabethville ist ein zweites irisches Bataillon gelandet, und neue marokkanische Einheiten verteilen sich in der Südprovinz. Für die Provinzen Kivu und Katanga wurde ein gesondertes Unterkommando geschaffen. Die Militärs der Vereinten Nationen wollen gegen alle Risiken gewappnet sein. Immer mehr Kongolesen äußern unterdessen den Vorwurf, unter der blauen Fahne der Weltorganisation würden koreanische Verhältnisse angestrebt und die Spaltung ihres Landes besiegelt. Noch hoffen die UN-Beamten von Leopoldville, der offene Bruch im Weltsicherheitsrat könne dadurch vermieden werden, daß Hammarskjölds Auftrag neu bestätigt, daß ihm allenfalls eine neutrale Beobachtermission zur Seite gestellt wird.

Ratlosigkeit bei den Blauhelmen

Leopoldville, im August 1960

Donnerstag
Auf dem Flugplatz Ndjili ist die Rollbahn heute morgen durch Drahtverhaue gesperrt. Sudanesen und Ghanaer stehen mit schußbereiter Maschinenpistole auf Posten. Die blaue Fahne der Kongo-Republik ist vom Kontrollturm verschwunden und durch das hellblaue Tuch der Vereinten Nationen ersetzt worden. Die Soldaten der Kongo-Armee wurden aus der Empfangshalle vertrieben. Falls sie versuchen sollten, mit Gewalt zurückzukommen, hat der Stellvertreter Dag Hammarskjölds, der amerikanische »Negro« Ralph Bunche, zum ersten Mal Schießerlaubnis erteilt.

Spät in der Nacht bin ich nach Ndjili hinausgefahren. Die Spannung war noch nicht gewichen. Ein englischer Leutnant der Ghana-Armee, der des Lobes voll war über die Disziplin seiner Soldaten, taumelte uns ermüdet entgegen. Er war seit drei Tagen nicht ins Bett gekommen. Gestern hatten Soldaten der kongolesischen Nationalarmee in Kompaniestärke am Flugplatz Stellung bezogen. Zwei indische Maschinen, die zum Flug nach Coquilhatville starten wollten, wurden von ihnen auf der Rollbahn gestoppt. Die indische Besatzung mußte aussteigen, ebenfalls drei marokkanische Soldaten. Der Irrwitz begann, als acht kanadische Offiziere und Unteroffiziere den Rumpf der Transportmaschinen verließen. An den Fallschirmabzeichen der Kanadier, die einem UN-Fernmeldetrupp angehörten, glaubten die Kongolesen, belgische Para-Commandos zu erkennen. Die Kanadier mußten sich flach auf den Boden legen. Von den schwarzen Soldaten wurden sie mit Stiefeln bearbeitet. Ein kanadischer Offizier wurde durch Kolbenschläge schwer verletzt.

Inzwischen war das Hauptquartier der Blauhelme in Leopoldville alarmiert worden. Als erster traf der indische General Rikhye in Ndjili ein und gab den Ghanaern endlich den Befehl, die rasenden Kongolesen zu entwaffnen. Mit einem Hubschrauber kam kurz darauf der marokkanische General Kettani, der erst tags zuvor aus Katanga eingetroffen war. Als dritter General eilte der äthiopische Befehlshaber Yassou zum Flugplatz.

Die kongolesische Nationalarmee ist zur öffentlichen Gefahr geworden. Ihre frisch beförderten Obersten und Generale verfügen über keine Autorität bei den Mannschaften. Am liebsten würde die UN-Truppe sämtliche Kongolesen noch heute entwaffnen. Die Weigerung Lumumbas, Ralph Bunche zu empfangen, hat die Gemüter im Hotel Royal zusätzlich erregt.

»Ein Glück, daß dieser Zwischenfall unmittelbar vor der Sitzung des Weltsicherheitsrats passiert ist«, sagen die Beamten der Weltorganisation. Die Ausschreitungen der Kongo-Soldaten hätten Dag Hammarskjöld den Rücken gestärkt. Schließlich sei kein Geringerer als Lumumba für die »Spionitis«, die Agentenpsychose, verantwortlich, die zu solchen Exzessen führt.

Für die britischen Offiziere des Ghana-Kontingents wird die Lage zusehends unhaltbar. Man spricht von ihrer Ablösung durch schwarze Offiziere aus Accra. In aller Eile wurde eine zusätzliche marokkanische Kompanie eingeflogen. Die Kritik an Lumumba und seiner Nationalarmee ist jetzt nicht mehr auf die Schweden und Iren beschränkt. Sogar die schwarzen Offiziere aus Ghana haben ihre Meinung zuungunsten Lumumbas revidiert, auch wenn ihr Präsident Nkrumah am Kongo an seinen panafrikanischen Zielen festhält.

Die Katanga-Krise ist seit gestern in eine neue Phase getreten. Gewiß, die Position Tschombes ist alles andere als rosig, und die Lumumba-freundliche Opposition in der Kupferprovinz hebt das Haupt. Doch die Vereinten Nationen werden es sich reiflich überlegen, ehe sie die kongolesische Nationalarmee auf Elisabethville loslassen. Falls die Guineer Sekou Tourés wirklich gewillt sind, mit Waffengewalt an die Seite Lumumbas zu treten, zeichnet sich jenseits der Grenzen eine erste Gegenaktion ab. Rhodesien hat seine weißen Reservisten in der Nachbarschaft Katangas einberufen.

Freitag
In Leopoldville ist es nicht ratsam, blond und blauäugig zu sein. Wer von den schwarzen Gendarmeriestreifen für einen Flamen gehalten wird, läuft Gefahr, auf offener Straße verhaftet zu werden. Die blaue Armbinde der Vereinten Nationen ist da ein unzulänglicher Schutz. Im Gegenteil, seit die Regierung Lumumba über den Rundfunk mitteilte, es seien belgische Fallschirmjäger unter der Tarnung der Weltorganisation in Leopoldville eingesickert, »belgische U-Boote«, wie der Premierminister sich ausdrückte, gehen die Polizeistreifen mit Vorliebe auf internationale Beamte und weißhäutige UN-Offiziere los.

Britische Chargen des Ghana-Kontingents werden auf den kongolesischen Wachen festgehalten. Ein hellbraun getönter indischer Offizier platzte im Hotel Stanley vor Wut, als selbst er verdächtigt wurde, ein getarnter belgischer Spion zu sein. Ein japanischer Journalist quittierte mit Gelächter, daß man ihn für einen Wallonen hielt. Auch die immer zahlreicheren Russen haben mit ihrer Pigmentierung Schwierigkeit. Doch das verschweigen sie fromm. Die Furcht vor Spionen unter den schwarzen Behörden von Leopoldville grenzt an Wahnwitz, aber dahinter steckt Methode. Die Regierung Lumumba legt es darauf an, die ausführenden Instanzen der Weltorganisation systematisch unter Druck zu setzen. Es scheint, als wolle sie im augenblicklichen Stadium die weißen UN-Angehörigen aus dem Kongo herausekeln.

In den westlichen Botschaften wird Lumumba folgender Plan unterstellt: Zuerst hatte er sich mit Hilfe der Blauhelme der belgischen Fallschirmtruppen entledigt. Zur Stunde versucht er, die afrikanischen UN-Kontingente gegen die Weißen – Kanadier, Schweden, Iren – auszuspielen. Als nächste Etappe würde er all jene afrikanischen Einheiten zu unliebsamen Gästen erklären, deren Regierungen nicht rückhaltlos auf die Karte Lumumba und auf seine radikale politische Linie setzen. Erst wenn am Ende nur noch treue Verbündete übrigblieben – die Guineer, die Ghanaer und die Araber Gamal Abdel Nassers –, wäre Lumumba seiner Sache sicher. Dann stände seiner persönlichen Machtentfaltung nichts mehr im Wege. Dann würde auch am Kongo die Stunde des afrikanischen Sozialismus schlagen.

Heute morgen sind auffällige Truppenkonzentrationen der Kongo-Nationalarmee im Umkreis der Hauptstadt im Gange. Bereitet Lumumba einen großen Schlag vor, um den Abzug der weißen UN-Soldaten zu erzwingen oder die Kontrolle des Flugplatzes Ndjili wieder an sich zu reißen?

Unbestreitbar hat er ein paar neue Trümpfe gesammelt. In der Residenz Kasavubus fand dieser Tage ein Treffen der Regierungschefs sämtlicher Kongo-Provinzen mit Ausnahme Tschombes statt. Der hochmoderne Bungalow blickt auf die dröhnenden Stromschnellen. Gleich daneben behauptet sich noch das Stanley-Denkmal. Der Bildhauer hat den Kongo-Entdecker wie einen kraftstrotzenden Schweizer Almhirten dargestellt, der gerade zum Rütli-Schwur ausholt. In der weißen Villa Kasavubus hat Lumumba es mit Redekunst und Überzeugungskraft geschafft, die versammelten Häuptlinge und Regionalpolitiker in einer Einheitsfront um sich zu scharen und den Separatisten von Katanga in Acht und Bann zu tun.

Der inneren Opposition ist damit der Wind aus den Segeln genommen. Die Abako-Gefolgsleute Kasavubus haben zwar noch einmal feierlich versichert, daß ihre Zusagen an die Zentralregierung durchaus nicht der Preisgabe ihrer föderalistischen Bestrebungen gleichkommen. Aber wer wird Lumumba jetzt noch zu Konzessionen zwingen können? Die letzten Belgier am Kongo, die vor keiner Übertreibung zurückschrecken, vergleichen Kasavubu bereits mit dem tschechischen Staatspräsidenten Benesch, der sich 1948 dem kommunistischen Umsturz beugte.

Im Innern ist Lumumba also stärker geworden. Seine außenpolitische Stellung hat unter den Pannen der letzten Tage gelitten. Die Afrikaner sind geteilter Meinung in der Beurteilung dieses allzu dynamischen Politikers. Präsident Tubman von Liberia spricht von dem Entsetzen, das ihn bei der Lektüre der Brandreden Lumumbas überkommen habe. Der marokkanische General El Kettani hat Seiner Scherifischen Majestät Mohammed V. berichtet, Hammarskjöld habe in Katanga gute Arbeit geleistet. Habib Burgiba hat sich längst von Lumumba distanziert. Selbst der frisch eingetroffene Botschafter Gamal Abdel Nassers in Leopoldville gibt sich im Privatgespräch sehr nuanciert. Nachdem eine Anzahl Kanadier von der Kongo-Gendarmerie mißhandelt wurden, kommt bei den schwarzen Offizieren aus Ghana alte Commonwealth-Solidarität auf. Die einfachen Soldaten Nkrumahs klagen: »These congolese people no good, we want home!«

Die überforderten, hilflos wirkenden UN-Beamten am Boulevard Albert Ier plädieren insgeheim dafür, die Aufnahme der Kongo-Republik als souveräner Staat in die Gemeinschaft der Vereinten Nationen um ein paar Jahre zu verzögern und dieses Herzland Afrikas einer Treuhänderschaft der UNO zu unterstellen. Dabei sollten sie wissen, wie unzeitgemäß solch neokoloniale Vorstellungen sind.

Ein Abako-Abgeordneter von Leopoldville, der inzwischen von der Polizei Lumumbas verhaftet wurde, hat unlängst die Unabhängigkeit seiner Heimat mit einer knallenden Sektflasche verglichen, deren belgischer Pfropfen mit Gewalt zur Decke geschleudert wurde. Der Schaumwein sei übergelaufen, und die erschrockenen Tafelgäste sähen jetzt ratlos zu, wie die quirlende Flüssigkeit sämtliche Speisen verdirbt.

Samstag

Der Weltsicherheitsrat in New York hat Lumumba eine Abfuhr erteilt. Die Direktiven an Hammarskjöld wurden bestätigt. Lumumbas Forderung, die Blauhelme hätten für die Gleichschaltung der Provinz Katanga laut Vorstellung der Zentralregierung zu sorgen, wurde heruntergespielt. Nicht einmal die Sowjets haben dem Kongo-Premierminister die Stange gehalten. Seine Enttäuschung muß groß sein, aber er beherrscht sich. Die Journalisten waren auf eine flammende Erklärung gefaßt, auf den seit langem vorausgesagten eklatanten Bruch mit der UNO. Statt dessen schloß Lumumba sich in seiner Villa ein.

Sein Pressechef Serge Michel ist in den kleinen Pavillon gekommen, der ihm als Pressezentrum dient. Serge Michel machte einen niedergeschlagenen Eindruck. Der Berufsrevolutionär hatte seine große Chance gewittert. Er hatte gehofft, die laue Ablehnung der Vereinten Nationen würde die Situation am Kongo auf die Spitze treiben, jenen sozialistischen Umbruch auslösen, als dessen Vorkämpfer er sich stilisiert. Statt dessen zwingt der unberechenbare Lumumba seinen Presseattaché zu lendenlahmen Erklärungen und macht wider Erwarten gute Miene zum bösen Spiel.

Serge Michel muß bekanntgeben, die Atmosphäre zwischen Kongo-Regierung und Vereinten Nationen sei doch ganz ausgezeichnet. Es bestehe kein Anlaß zur Erregung. Die angelsächsischen Journalisten lassen den Presseattaché ihren Spott und ihre Geringschätzung deutlich spüren. Sie glossieren das scheinbare Nachgeben des Premierministers mit höhnischen Bemerkungen. Doch ihre Annahme, Lumumba werde sich beugen, ist völlig verfehlt. Dieser Politiker ist ein unverwüstliches Stehaufmännchen, der in seiner Zurückgezogenheit bereits neue Waffen schmiedet.

Zunächst wird bei der schwarzen Bevölkerung von Leopoldville das Gefühl gezüchtet, sie sei ringsum von Komplotteuren umgeben. Alle Weißen sind verdächtig. Das nördliche Kongo-Ufer von Brazzaville gilt als feindliches Ausland. Das Gerücht wird ausgestreut, Spezialisten der psychologischen Kriegführung seien von den Franzosen aus Algerien dorthin transportiert worden. Die lange Nordgrenze zum ehemaligen Französisch-Äquatorial-Afrika wird als besondere Gefahrenzone für Agenteneinschleusung und Waffenschmuggel deklariert. Deswegen stationiert man das frisch eingetroffene ägyptische Fallschirmbataillon in diesem kritschen Streifen. Die Ägypter tun so, als seien sie von der Bedeutung dieses militärischen Auftrags durchdrungen und verteilen Bilder Gamal Abdel Nassers an die schwarze Bevölkerung.

In Wirklichkeit bleibt die Kongo-Regierung vom Süden fasziniert. Zunächst ist die Provinz Kasai an der Reihe, wo seit Monaten der

Stammeskrieg zwischen Lulua und Baluba tobt. Im reichen Diamantenbezirk von Bakwanga hat sich mit belgischem Segen eine neue separatistische Bewegung entfaltet, die mit Tschombe sympathisiert. Bevor Lumumba einen militärischen Schlag gegen Katanga führt, muß er die Loslösung des Diamantenbezirks von Bakwanga verhindern. Ein Bataillon der Nationalarmee ist bereits mit Flugzeugen der Air-Congo nach Luluabourg geflogen worden.

Ohne auswärtige Unterstützung sind die undisziplinierten und desorganisierten Soldaten Lumumbas zu einer solchen Aktion natürlich nicht in der Lage. Stabsbesprechungen mit den Guineern und neuerdings mit den Arabern Nassers sind deshalb im Gange. Gelingt die Aktion gegen Bakwanga, dürfte sich der nächste Schritt gegen Katanga richten. Man sollte sich im übrigen vor jenen angeblichen Fachleuten hüten, die ein militärisches Vordringen auf Katanga schon aus topographischen Gründen für unmöglich halten. Volksarmeen der Dritten Welt halten sich selten an die Grundregeln europäischer Kriegskunst. Zwei Einfallswege führen von Norden nach Katanga. Der erste folgt der Bahnlinie von Kasai, der zweite einem ganz im Osten gelegenen Schienenstrang in der südlichen Kivu-Provinz. Entscheidend wird es auf die fragwürdige Kampfmoral der Kongolesen, auf ihre Beratung durch ausländische Offiziere und vor allem auch auf den Verteidigungswillen der kleinen Streitmacht Tschombes ankommen.

Sonntag

»Leopoldville ist die Hauptstadt ganz Afrikas«, hat der kongolesische Regierungschef Patrice Lumumba proklamieren lassen. Für Afrika ist zu hoffen, daß diese ehrgeizige Ankündigung nur Teil des großen Palavers ist, mit dem die »Konferenz der unabhängigen afrikanischen Staaten« stimuliert werden soll. In drei Tagen wird dieser Kongreß beginnen. Noch immer liegt keine Tagesordnung vor, und der Ablauf der Sitzungen ist nicht einmal den Delegierten bekannt. Das Sekretariat ist von Experten aus Ghana übernommen worden. Nur diesem Umstand verdanken es die europäischen Beobachter, daß sie vom Ordnungsdienst nicht wie feindliche Agenten behandelt werden.

Doch die wesentlichen Ereignisse spielen sich nicht in der würfelförmigen Konferenzhalle der »Cité« ab. Das Schwergewicht der Kongo-Krise verlagert sich nach Süden. Vorläufig sind die riesigen Entfernungen Tschombes bester Schutz vor der kongolesischen Nationalarmee. Aber Lumumba spekuliert darauf, daß in dem Maße, wie sich sein Prestige in Leopoldville festigt, auch die Opposition gegen Tschombe in der Südprovinz an Boden gewinnt. Er hofft, daß die Regierung von E-ville durch einen Aufstand der ihm gewogenen Stammesorganisation Balubakat zu Fall kommt.

Eine andere militärische Kraftprobe steht unmittelbar bevor. Im Süden der Provinz Kasai hat Lumumbas schärfster Gegner, Albert Kalondji, den Splitterstaat der sogenannten »Province Minière« ausgerufen. Diese Grubenprovinz mit der Hauptstadt Bakwanga ist berühmt wegen ihrer Diamantenvorkommen. 60 bis 80 Prozent der Weltproduktion an Industriediamanten kommen aus Bakwanga. Diese »Province Minière« bildet seit gestern mit Katanga eine Föderation. Beide Staaten haben eine gemeinsame Verteidigungspolitik beschlossen.

Albert Kalondjis Tage scheinen gezählt. Bakwanga liegt knappe hundertzwanzig Kilometer von der Kasai-Hauptstadt Luluabourg entfernt, wo sich rund dreihundert Mann der Nationalarmee Lumumbas zum Vormarsch rüsten. Belgische Experten schätzen die Aussichten einer erfolgreichen Verteidigung Kalondjis gering ein. Sie befürchten, daß Lumumba schon in wenigen Tagen seinen Einzug in Bakwanga halten könnte.

Die Folgen für die Katanga-Regierung lägen auf der Hand. Dem Separatismus des ganzen Südens könnte in Kasai das Rückgrat gebrochen werden. Wenn Lumumba sich in Katanga durchsetzt, wird es im benachbarten Nordrhodesien kein Halten mehr geben. Die Weißen würden sich dort auf den permanenten Belagerungszustand einrichten oder – was plausibler erscheint – ein konsequentes Programm für die schwarze Unabhängigkeit »Sambias« in die Wege leiten müssen. Die Portugiesen in Angola haben die massiven Drohungen des Kongo-Regierungschefs wohl vernommen. In seiner Begrüßungserklärung zum Panafrikanischen Kongreß von Leopoldville hat Lumumba die Unabhängigkeit Kenias und Tanganjikas gefordert und zur Befreiung Südafrikas aufgerufen. Auf einer Pressekonferenz gab er triumphierend bekannt, daß er in der benachbarten Kongo-Republik von Brazzaville über genügend Anhänger verfüge, um dort die prowestliche Regierung zu beseitigen.

In der Mausefalle

Leopoldville, Ende August 1960

Sonntag
Die zierliche blonde Portugiesin im zitronengelben Bikini schwebte auf ihren Wasserskis wie ein Schmetterling über den schlammbraunen Wassern des Kongo. Wir lagerten auf einer flachen Sandinsel. Von Zeit zu Zeit tauchten wir in die warme Flut. Die starke Strömung bot Gewähr gegen die im Kongo verbreitete Bilharzia. Die Krokodile, seit Rückgang des Schiffsverkehrs im Stanley-Pool wieder heimisch geworden, würden durch den Lärm der Außenbordmotoren ferngehalten, hatte man uns versichert. Es war eine fröhliche Party, an der überwiegend Portugiesen teilnahmen. Eine junge Polin mit rotem Haar, Tochter eines Offiziers, der auf britischer Seite gekämpft hatte, verteilte Hähnchenflügel und Pasteten. Dazu wurde portugiesischer Rotwein getrunken.

Am Rande des zartblauen Himmels – sehr weit weg – flimmerte die weiße »Skyline« von Leopoldville. Eine Piroge mit Eingeborenen mühte sich stromaufwärts. Die Schwarzen sangen ein eintöniges Lied. Auf unserer Höhe angelangt, winkten sie lebhaft. Eine friedlichere Sonntagsstimmung hätte man sich kaum vorstellen können. Dennoch wichen die Gespräche bald vom Gesellschaftsklatsch ab und wandten sich den Tagesereignissen zu. Mit Witzen über Patrice Lumumba fing es an. Wenn die Belgier von »Leo« auf ihren Junggesellenabenden von ihm sprechen, nennen sie ihn »Fidel Castro«, denn der schwarze Boy könnte ja mithören. Hier, auf der einsamen Insel, war solche Vorsicht überflüssig.

Die Portugiesen sind ein ganz anderer Schlag als die Belgier. Ihre große Vergangenheit liegt um Jahrhunderte zurück. Die Erben Heinrichs des Seefahrers sind unter der Last der Geschichte müde geworden. Aber die imperiale Ader schlägt noch in ihnen. Selbst die Portugiesen von Belgisch-Kongo – meist Kaufleute, oft auch Handwerker – krallen sich mit der ihrer Rasse eigenen Hartnäckigkeit an die afrikanische Erde. Sie sprechen die Eingeborenendialekte und sind die besten Interpreten der afrikanischen Volksstimmung. In ihren afrikanischen »Provinzen« sind die Portugiesen die strengsten, die rücksichtslosesten Kolonisatoren. Doch im Gegensatz zu den Belgiern wissen sie, was unter den Schwarzen vor sich geht.

»Lumumba ist ein genialer Redner für die Eingeborenen«, sagte die Portugiesin mit dem tragischen Profil einer Fado-Sängerin, »wenn ich Afrikanerin wäre und er auf Lingala zu mir spräche, wäre ich seine begeisterte Anhängerin.« Ein solches Zugeständnis wäre im Munde einer Flamin undenkbar. Die portugiesischen Männer sprachen von den militärischen Vorkehrungen, die die Lissaboner Regierung in Angola und Mosambik trifft, von den Generalstabsbesprechungen, die mit Offizieren der Südafrikanischen Union stattfinden. »Wie die Dinge in Portugiesisch-Afrika ausgehen werden, kann niemand prophezeien«, sagte ein athletischer Architekt, »aber eines versichern wir Ihnen: Wir Portugiesen werden im Notfall mit Glorie untergehen.« Der Rest des Nachmittags verging mit harmlosem Geplauder und in strahlender Sorglosigkeit.

Während die Motorboote wieder am Anlegesteg des Jachtclubs von Leopoldville angetäut wurden, fuhren schwarze Soldaten der Kongo-Armee schwer bewaffnet auf Lastwagen vorbei. Sie besetzten alle Fährstellen und unterbanden jeden Verkehr nach Brazzaville. Die Europäer hatten das Gefühl, als sei die Mausefalle hinter ihnen zugeschnappt, als sei ein Vorhang gefallen. Die Hauptstadt des Kongo war von der Außenwelt abgeschnitten. Wo sich am Vortage noch die bunte, lärmende Menge der afrikanischen Grenzgänger am Ufer drängte, lungerten an diesem Abend angetrunkene Soldaten der Nationalarmee. Die Tarnnetze über dem Stahlhelm verliehen diesen Männern ein beinahe urweltliches Aussehen. Krieger der Steinzeit, aber mit vollautomatischen Waffen.

Als die Nacht hereinbrach, brausten die Rollkommandos der Nationalarmee durch das europäische Stadtzentrum. Hausdurchsuchungen und willkürliche Verhaftungen begannen. Das heitere Picknick auf dem Fluß gehörte bereits einer anderen Epoche an. Der portugiesische Architekt lud mich zu einem letzten Vinho Verde in seinen Bungalow ein. »Sie kennen doch die ›Zeitmaschine‹ von H. G. Wells«, fragte er. »Unsere ausgelassenen Gastgeber von heute nachmittag erinnern mich jetzt an die Tagmenschen dieses Buchs, die unbeschwerten Spielen nachgingen, solange die Sonne schien; sobald jedoch die Dunkelheit anbrach, da kamen die Schattenmenschen aus ihren Höhlen und entführten die genußfreudigen Lichtwesen in die Verliese ihrer Unterwelt.«

Montag

Wer in Leopoldville Wert auf eine gepflegte Tafel legt, geht weiterhin im Zoo-Restaurant essen. Dort trifft sich neuerdings eine sehr kosmopolitische Gesellschaft. Ein paar Direktoren großer belgischer Unternehmen sind am Kongo zurückgeblieben, aber der Prozentsatz der Afrikaner unter den Gästen hat erheblich zugenommen. Teilweise merkt man den Kongolesen die strenge Erziehung der Missionsschulen an, zumal wenn sie in Begleitung von Jesuiten in weißer Soutane bei Tisch sitzen. Man begegnet auch Senatoren, die sich mit dem Eßbesteck schwertun. Der schwedische Befehlshaber der UN-Streitkräfte, General von Horn, ist häufig mit einem schmucken dänischen Ordonnanzoffizier am Zoo. Er trägt hochmütige Reserviertheit zur Schau. Seine Augen sind so blau wie sein Halstuch.

An einem abgesonderten Tisch mit ein paar robusten Herren in hellen Anzügen und weiten Hosenbeinen tafelt der Repräsentant der Sowjetunion. Botschafter Jakowlew ist weißhaarig, hat buschige schwarze Augenbrauen und sieht wie ein Mechaniker aus. Sein Chauffeur ist kein Afrikaner, sondern ein hünenhafter Russe. Um ein Uhr dreht der schwarze Oberkellner die Nachrichten von Radio Brazzaville an. Alle Gespräche verstummen, und die russischen Diplomaten hören ebenso aufmerksam zu wie der amerikanische Botschafter Timberlake, der einige Tische entfernt mit einem Schwarm Journalisten zusammensitzt. Seit Radio Leopoldville durch Lumumba gleichgeschaltet und die Zeitung »Courrier d'Afrique« verboten ist, können die Einwohner des Kongo sich nur noch durch den französischen Rundfunk Brazzaville über die Weltereignisse informieren.

Der Garten des Zoo-Restaurants ist mit hohen Palmen bestanden. Dazwischen sind bunte Glühlampen gespannt. Im Hintergrund sind die Gatter des Tiergartens zu erkennen. Als unbeweglicher Zuschauer reckt eine Giraffe ihren endlosen Hals – ein Bild vornehmer Langeweile. »Man sollte dieser Giraffe eine Anstellung bei den Vereinten Nationen besorgen«, witzelt ein französischer Reporter.

Am späten Abend hat sich eine Gruppe Deutscher – Journalisten, Botschaftsangehörige, ein Berufsschullehrer, ein Arzt mit zweifelhafter politischer Vergangenheit – in der verlassenen Wohnung eines Belgiers zusammengefunden. Der Flame hatte vor seiner Flucht den deutschen Arzt gebeten, über seinen Besitz zu wachen. Er hatte ein paar Kisten Sekt und ein Tonbandgerät hinterlassen. Der Abend versprach, feucht-fröhlich zu werden. Von dem Appartement des Hochhauses ging der Blick auf die schnurgeraden, verwaisten Prachtalleen von Leopoldville. Manchmal raste ein Wagen mit aufgeblendeten Scheinwerfern wie in einem Kriminalfilm vorbei.

Unter den Tonbändern hatten wir auf gut Glück eine Auswahl getroffen. Sie waren nicht beschriftet, und wir waren auf Tanzmusik gefaßt. Der Sekt perlte schon in den Gläsern. Aber statt eines Cha-Cha-Cha ertönte aus dem Magnetophon »Gaudeamus igitur«, dann »Im schwarzen Walfisch von Askalon«. Es sollte noch besser kommen. Der flämische Wohnungsbesitzer muß ein seltsamer Mensch gewesen sein, denn jetzt dröhnte »Lore, Lore, Lore« und »Oh, du schöner Westerwald« in die afrikanische Nacht. Zuerst hatten wir schallend gelacht, aber dann kamen Erinnerungen hoch. Der europäische Krieg wurde wieder lebendig. Der Schaumwein, statt fröhlich zu stimmen, vermischte sich mit den Märschen der Vergangenheit zu einem Getränk der Schwermut und des Unbehagens. Als das zweite Tonband Kirmesmusik brachte, war die Stimmung bereits verdorben. Unvermittelt gingen die Akkordeonwalzer in eine flämische Weihnachtspredigt über. Wie ergreifend diese kehlige Sprache doch sein kann, wenn sie die Bibel wiedergibt, wie urwüchsig klang die Frömmigkeit. Das Tonband endete mit dem Kirchenlied: »Es ist ein Ros' entsprungen ...«

Der Lehrer sinnierte laut vor sich hin. Der Alkohol machte ihn gesprächig. »Was waren das doch für Menschen, diese Flamen am Kongo? Was hatten sie nur hier im Herzen Afrikas gesucht? Ihre selbstgefällige Bürgerlichkeit, ihr wohlanständiges Spießertum paßten nicht in diesen maßlosen Kontinent. Was haben sich wohl die schwarzen Diener gedacht, wenn sie die Ausbrüche Breughelscher Trinkfreudigkeit erlebten? Was sollten die Schwarzen mit dieser germanischen Gefühlsduselei anfangen?« Kaufleute und Organisatoren seien die Belgier am Kongo gewesen, fuhr der strohblonde Lehrer fort, der selbst wie ein Flame aussah, Kolonialisten seien sie gewesen, aber imperial hätten sie nie gedacht.

Dienstag
Zwei Tage lang ist die Fähre nach Brazzaville jetzt geschlossen, und schon sieht es aus, als wachse Moos auf der breiten Wasserstraße. Die Hyazinthen des Kongo treiben in immer dichteren Büscheln flußabwärts. Am »Beach« herrscht große Aufregung. Zwischen den Containern eines Flußdampfers ist ein Belgier entdeckt worden, der in seiner Angst auf diesen Fluchtweg verfallen ist. Die schwarzen Soldaten haben ihn mit Gewehrkolben bearbeitet. Dann sind die langen Askari aus Ghana angerückt. Sie haben den roten Fes mit dem blau gestrichenen Tommy-Helm vertauscht. Aber intervenieren durften sie nicht.

Der englische Leutnant, der die Ghanaer befehligte, machte seinem Ärger Luft. »Wir befinden uns in einer würdelosen Situation«, schimpfte er. »Klare Befehle gibt es nicht, und für einen Soldaten gibt es nichts Schlimmeres als eine heikle Situation ohne eindeutige Weisungen. Wenn es zu Zwischenfällen kommt, müssen wir untätig dabeistehen. Schießen dürfen wir nur aus Notwehr in ganz verzweifelten Situationen. Die Regierung von Ghana wünscht jetzt, daß alle englischen Subaltern-Offiziere durch Afrikaner ersetzt werden. Uns kann das nur recht sein. Wir haben die Nase von diesem UN-Dienst voll.«

Die Belgier haben heute morgen wieder den gehetzten Blick der schlimmsten Julitage. Jeder Waffenbesitz war seinerzeit auf den grünen Kennkarten der belgischen Verwaltung vermerkt worden, und nun prüft die Kongo-Polizei nach, ob die Revolver und Gewehre auch abgeliefert worden oder noch im Garten vergraben sind. Die Stadt wimmelt von aufgeregten Soldaten. Vor der kleinen Villa neben der »Sûreté«, wo Serge Michel die Pressestelle Lumumbas organisiert, ist ein Zellenwagen der Nationalarmee vorgefahren. Im Innern erkennen wir drei verhaftete Weiße. Sie haben schreckensbleiche Gesichter. Während die schwarzen Soldaten sie mit wütendem Bellen aus dem Auto zerren, zittern sie am ganzen Leib. Oberst Mobutu, mit Shorts und rotem Mützenband, sorgt dafür, daß die Gefangenen in die Büros der Sicherheitspolizei abgeführt werden. Er trägt nach britischer Art den Offiziers-Stick unter dem Arm. Erst nachdem die finsteren Krieger abgerückt sind, ist der Generalstabschef für die Presse zu sprechen.

Die drei Europäer – zwei Belgier und ein Italiener – sind irrtümlich verhaftet worden, gibt er zu. Sie hatten einen Sender bedient, für den eine offizielle Erlaubnis vorlag. Aber die Soldaten behaupteten, sie seien Spione. »Aus psychologischen Gründen«, fuhr Mobutu fort, »konnte ich die Gefangenen nicht in Gegenwart der Truppe entlassen. Deshalb hat man sie erst zur Sûreté gebracht.« Deutlicher konnte er nicht eingestehen, daß er keine Befehlsgewalt über die eigene Soldateska besaß. Dann schüttelte er den entlassenen Weißen mit strahlendem Lächeln die Hand.

Am gleichen Morgen hat eine Verhandlung gegen Major Dieu, den Vizepräsidenten der belgischen Fluglinie Sabena, stattgefunden. Die Atmosphäre im Gerichtssaal war die eines Schauprozesses. Paradox wirkte die Präsenz eines anderen Belgiers auf dem Sessel des Generalstaatsanwalts; der Procureur-Général Room ist ein ehemaliger Anwalt aus Stanleyville. Er klagte Major Dieu der Spionage und der Aufwiegelung an. Dieu war in seiner Zelle verprügelt und mit Wasser wieder zur Besinnung gebracht worden. Als das Gericht ihn wider Erwarten aus der Haft entließ, flüchtete er sofort in die französische Botschaft, die die belgischen Interessen am Kongo vertritt. Am Nachmittag wollte eine Kompanie Kongo-Soldaten ihn dort wieder herausholen, aber die Ghanaer waren rechtzeitig zur Stelle. Eine Viertelstunde standen sich die beiden afrikanischen Truppenkontingente mit durchgeladenen Gewehren gegenüber. Schließlich zogen die Kongolesen ab.

Auch der schwarze Oppositionspolitiker Senator Fellé ist heute auf freien Fuß gesetzt worden. Er hatte ein Telegramm an die Vereinten Nationen geschickt, in dem er Lumumba als Diktator und Kommunisten bezeichnete. Das Kabel war nie abgegangen, und Fellé landete im Gefängnis. Sofort nach seiner Freilassung ist der Senator, der ein mutiger Mann sein muß, auf die Post geeilt, um die Gebühren für das nicht beförderte Telegramm zurückzufordern. Dabei wurde er zum zweiten Mal verhaftet.

Mittwoch

Jeden Morgen, wenn ich im kleinen belgischen Bistro Kaffee und Hörnchen bestelle, hält vor dem portugiesischen Friseurladen nebenan eine grüne Limousine mit vier Sternen auf dem roten Blechschild. Ihr entsteigt mit hellblauer Baskenmütze General von Horn. Er kommt zur Rasur. Unterdessen bezieht seine Leibwache, ein

baumlanger Inder, auf dem Trottoir Stellung. Der Doghra-Soldat trägt noch die prachtvolle Uniform der britischen Indien-Armee mit einem zum Hahnenkamm hochgesteckten Turban. Die Kongolesen freuen sich am kriegerischen Putz dieses exotischen Mannes.
In der Buchhandlung des Hotels Memling, wo man vergeblich nach neuen Zeitungen aus Europa sucht, kaufen zwei Offiziere aus Guinea Postkarten. In ihrer olivbraunen Uniform mit den steifen tschechischen Mützen wirken sie wie politische Kommissare. Erstaunlich, wie »volksdemokratisch« diese Abgesandten Sekou Tourés schon sind. Die Guineer geben sich unnahbar und puritanisch, als hätte die marxistische Ideologie bei ihnen bereits einen neuen Menschentypus geprägt. Ein Kongolese schiebt sich mit irgendeinem ausländischen Geldschein an sie heran, um einen vorteilhaften Wechsel vorzuschlagen. Die Guineer sehen ihn streng und tadelnd an: »Ich bedaure, Genosse«, sagen sie wie aus einem Mund.

Donnerstag
Aus dem Lautsprecher dröhnte die Stimme Patrice Lumumbas, der zu den Delegierten der Afrikanischen Staaten-Konferenz von Leopoldville sprach: »Meine Herren, hier befinden Sie sich in Tuchfühlung mit der kongolesischen Wirklichkeit. Hier können Sie sich selbst ein Urteil bilden.«

Im gleichen Moment knüppelte vor der Festhalle die schwarze Gendarmerie die Opposition nieder. Die kongolesische Truppe ging wie auf einem Manöverfeld in Schützenlinie gegen eine Masse von rund tausend Afrikanern vor, die den Auftakt der panafrikanischen Tagung zur Großkundgebung gegen Lumumba benutzen wollte. Die Soldaten knieten nieder, feuerten in die Luft, verfolgten dann wieder die Flüchtenden. Sie warfen Tränengasgranaten und zertrampelten mit Ingrimm die Transparente, auf denen zu lesen stand: »Wir wollen keinen Kommunismus am Kongo! Fort mit dem Neokolonialismus Lumumbas! Lumumba, tritt zurück!«

Das würfelförmige, hochmoderne Kulturhaus, in dem der afrikanische Kongreß tagt, steht auf einem freien, öden Feld mitten im Afrikanerviertel. Ringsum erstrecken sich die niedrigen Hütten der Bakongo. Der Festsaal war nur zur Hälfte gefüllt. Auf der Tribüne saßen Delegierte aus zehn afrikanischen Staaten. In ihrer Mitte thronte

Patrice Lumumba und tat so, als berühre ihn der Tumult vor dem Portal überhaupt nicht.

Nach dem Bericht eines Polizeioffiziers gab er Weisung, den Photographen, die die Schießerei aufgenommen hatten, die Kameras wegzunehmen. Vor dem Festsaal kam es zu wüsten Szenen. Die Kongo-Soldaten rissen den Presseleuten die Apparate aus der Hand, stießen einem amerikanischen Korrespondenten, der telefonieren wollte, den Gewehrkolben ins Kreuz und fuchtelten wild mit entsicherten Maschinenpistolen um sich. Im gleichen Moment drang die Stimme des marokkanischen Delegationsführers Boucetta aus dem Mikrophon: »Wir Afrikaner wollen keine Diskriminierung und keinen Rassenhaß.«

Der amerikanische Konsul wurde von einem wutschnaubenden Unteroffizier angegangen. Ein Major der Kongo-Armee versuchte vergeblich, ihn zur Räson zu bringen, wurde aber beiseite geschoben. Die bewaffneten Kongolesen palaverten und stritten miteinander. Es roch nach Soldatenräten. Inzwischen war ein Wasserwerfer vorgefahren und begoß die letzte Rotte Demonstranten. Am Himmel kurvte ein weißer Hubschrauber der Vereinten Nationen.

Im Sitzungssaal lösten sich die Begrüßungsreden ab. Sie klangen hohl angesichts der Mißhandlung der Bakongo-Opposition draußen vor der Tür. Als bester Redner tat sich der Generalsekretär der Konferenz, der guineische Minister Diallo Abdoulaye, hervor, der die Kampfparolen Lumumbas noch übertraf und den Zuhörern die Fabel von den neun Ochsen erzählte, die einer nach dem anderen vom bösen Löwen gefressen wurden, weil sie uneinig waren. Diallo unterstützte Lumumbas flammende Aufforderung, unverzüglich das portugiesische Angola zu befreien.

Die Nacht war schon hereingebrochen, als der Premierminister im schwarzen offenen Cadillac die Kongreßhalle verließ. Blau-gelb uniformierte Mädchen winkten ihm zu. Ein Trupp seiner Parteigänger spendete Applaus. Überall waren Soldaten und Polizisten mit schußbereiten Gewehren postiert, das Bild eines »Pronunciamientos«. Auf den Straßen des Eingeborenenviertels sah man angstvolle und verbitterte Gesichter.

In der Bar des Hotels Stanley zitierte eine Stunde später ein amerikanischer Diplomat den Kernsatz des äthiopischen Delegierten zur

Eröffnung der Panafrikanischen Konferenz: »1960 wird als das Jahr Afrikas in die Geschichte eingehen – 1960 will be indeed the year of Africa!« – »Indeed« wiederholten die Zuhörer in der Stanley-Bar wie das Amen in der Kirche.

Freitag

Pressekonferenz bei Patrice Lumumba. Eine Herde von fünfzig Journalisten wird unter dem mißtrauischen Blick der Posten in seine Villa geführt. Lumumba läßt wie üblich auf sich warten. Unterdessen hört man seine Kinder im Treppenaufgang spielen. Endlich betritt er den Saal. Die Ereignisse des Vorabends sind spurlos an ihm vorübergegangen.

»Messieurs«, sagt Lumumba. »Sie waren gestern Zeugen, mit welcher Begeisterung die kongolesische Bevölkerung die Eröffnung der Afrikanischen Staaten-Konferenz begrüßt hat.« Ob so viel Unverfrorenheit bleibt den Journalisten die Sprache weg. Nur der Amerikaner, der in der Telefonzelle mit dem Gewehrkolben Bekanntschaft machte, stimmt ein hysterisches Gelächter an. Der Premierminister ist schon bei einem anderen Thema. Er spricht von den Agenten, die in Brazzaville finstere Pläne zum Sturz der Kongo-Regierung schmieden. Lumumba teilt mit, daß auf dem ehemals französischen Nordufer die patriotischen Kräfte sich rüsten, um dem prowestlichen Regime des Priester-Präsidenten Fulbert Youlou ein Ende zu bereiten.

Ganz beiläufig teilt Lumumba mit, daß er nach der restlosen Evakuierung der belgischen Militärs auch den stufenweisen Abzug der Blauhelme fordern wird: »Wir wollen die belgische Kolonisation nicht durch eine Okkupation der Vereinten Nationen ersetzen.« Am Ende geht der Regierungschef kurz auf die Zwischenfälle des Vortages ein. Diese Opposition sei ein Gesindel von Dieben und Mördern, wie man sie in jedem Land anträfe. Im übrigen sei Leopoldville nicht typisch für den gesamten Kongo.

Am Nachmittag findet das übliche Presse-Briefing bei den Vereinten Nationen statt. Die UN-Informationsstelle ist jetzt in einem unfreundlichen Geschäftshochhaus untergebracht, das die Abkürzung »Forescom« trägt. Viel Neues weiß der australische Sprecher nicht zu berichten. Er gibt ein paar muntere Einzelheiten aus der Kivu-Provinz zum besten. In jener grünen Gebirgslandschaft, wo das Afrika Hemingways beginnt, ist ein irisches Bataillon eingesetzt. Die etwas skurrilen Männer aus Eire haben eine originelle Methode erfunden, um ihr Verhältnis zur Kongo-Armee zu entkrampfen. Sie haben sportliche Wettkämpfe ausgeschrieben. Angefangen hat das mit einem Wettschießen zwischen Iren und Kongolesen. »Wer waren die Ziele?« fragen die Journalisten im »Forescom«. »Wieviel Verluste hat es gegeben?« Offenbar ist die Veranstaltung sehr harmlos verlaufen. Die Kongolesen waren die besseren Schützen. Am nächsten Tag haben sich dafür die Iren mit einem siegreichen Fußballmatch gerächt. Nach dem Wettschießen haben die Söhne Sankt Patricks den Schwarzen die Waffen wieder abgenommen, und schon hielten sie ein neues Spiel bereit. Es wurden gemischte Patrouillen aus Iren und Einheimischen gebildet. An die besten Streifen wurden Preise verteilt. So bekamen die zuverlässigsten Kongolesen ihr Gewehr zurück, ohne Munition, versteht sich.

Die Abende sind traurig in Leopoldville. Die Kinos spielen alte Filme. Weiße Frauen sind selten. Ein paar Belgier und Portugiesen versacken bei einbrechender Nacht in anrüchigen Lokalen, wo schwarze Animiermädchen in hautengen, grellbunten Hosen Bier und Whisky servieren. In der Elysée-Bar geht es noch halbwegs gesittet zu. Das Dancing »Habanera« hingegen ist eine finstere Kaschemme. Betrunkene Flamen tanzen mit kreischenden schwarzen Frauen. Ein angetrunkener blonder Mann setzt sich zu mir an den Tisch. »Die letzte Verständigung zwischen Schwarz und Weiß«, so lallt er, »findet auf der Ebene der Prostitution statt.«

Das Wochenende in Leopoldville verspricht friedlich zu werden. Kein Wunder, denn Lumumba ist nach Stanleyville, seine Hochburg in der Ostprovinz, abgeflogen. Gegen Mittag ist Staatspräsident Kasavubu an die Fährstelle nach Brazzaville gekommen und hat veranlaßt, daß der Grenzverkehr wieder aufgenommen wird. Auf den Bällen in der Eingeborenenstadt werden weiße Besucher freundlich aufgenommen. Die Bakongo prosten ihnen zu. Die Kapelle spielt einen Tanz, zu dem folgender Refrain gesungen wird: »Lumumba, cha-cha-cha, Kasavubu, cha-cha-cha, Kalondji, cha-cha-cha, Balikango, cha-cha-cha...« Die beiden letzten Namen bezeichnen zwei Oppositionspolitiker, die Lumumba längst in Acht und Bann tat. Breithüftige schwarze Matronen fordern die europäischen Gäste gutmütig und energisch zum Tanz auf. Ein hagerer, rothaariger Engländer – von der schwarzen Menge angefeuert – verrenkt die Hüften zum tropischen Rhythmus. Von der Wand blickt immer noch mit unbewegter Miene König Baudouin von Belgien. Die Revolution hat ihn dort vergessen. »Kasavubu et Lumumba dansent Cha-Cha-Cha«, dröhnt es im Chor.

Spät in der Nacht hat Mohammed Yazid eine Runde Journalisten in der Bar des Hotel Memling um sich versammelt. Der Informationsminister der algerischen Exilregierung leitet seine Delegation bei der Afrikanischen Konferenz. Yazid sieht aus wie ein französischer Intellektueller, und das ist er wohl auch. Seine Frau ist Amerikanerin. Manche der anwesenden Franzosen kennen Yazid seit langen Jahren, und er duzt sich mit ihnen.

Ein blonder Reporter beginnt das Gespräch: »Sag mal, Yazid, was machst du denn überhaupt hier bei den Kongolesen? Du bist doch genauso europäisch wie wir.« – Yazid lehnt sich lachend zurück. »Ihr Franzosen seid komische Leute«, antwortet er, »jahrzehntelang habt ihr uns eingetrichtert, daß wir keine Europäer, keine Weißen seien. Ihr habt uns das so eindringlich beigebracht, daß ihr uns am Ende überzeugt habt, und jetzt wenden wir uns Afrika zu. Ihr habt uns ja dahin getrieben.«

»Ihr Algerier seid die Märtyrer Afrikas«, meint ein anderer Franzose. »Ihr holt für die anderen die Kastanien aus dem Feuer. Alle schwarzen Territorien werden unabhängig, und ihr seid immer noch nicht am Ziel.« Mohammed Yazid zieht die Achseln hoch: »Was wollt ihr, wir sind Gentlemen; wir boxen den anderen den Weg frei, wir stoßen die Tür auf, und dann sagen wir: Bitte nach Ihnen.«

Am Montag wird Yazid vor dem Afrikanischen Kongreß sprechen. »Diese Exilalgerier können besser reden als kämpfen«, mäkelt ein dritter Franzose auf dem Heimweg. Doch der Mann verstand nichts vom revolutionären Krieg. Der englische Reuters-Kollege belehrte ihn und zitierte Lawrence of Arabia: Für Freischärler und Partisanen sei jede Predigt ein Sieg, jede Schlacht ein Irrtum.

Der Prophet in Stanleyville

Stanleyville, Ende August 1960

Lumumba ist an Bord einer sowjetischen Maschine in Stanleyville eingetroffen, wo er sich zu Hause fühlt. Er ist zwar in der Provinz Kasai geboren und gehört dort dem kleinen Volk der Batetela an. Aber in Stanleyville war er bei den Belgiern als Postangestellter tätig und wurde in eine obskure Unterschlagungsaffäre verwickelt. Hier hat er seine Partei, »Mouvement National Congolais« (MNC), gegründet und wurde zum Idol der Massen. Es ist etwas Außergewöhnliches an dem kometenhaften Aufstieg dieses schwarzen Tribuns in einer ihm ursprünglich fremden Stadt, in einer ablehnenden Stammesumgebung. Lumumba ist der einzige Kongo-Politiker, der seinen Erfolg nicht dem ethnischen Zusammengehörigkeitsgefühl verdankt, der erste, der sich aus den Fesseln des Tribalismus lösen konnte.

Wer bei den afrikanischen Studenten in Paris erlebt hat, wie sehr sie unter den Stammesnarben leiden, die viele von ihnen noch im Gesicht tragen, wie hart sie die Rückständigkeit der Häuptlingskasten und der Sippenüberlieferung empfinden, der begreift, warum Patrice Lumumba, der Zentralisator am Kongo, gerade bei der nationalistischen Intelligenzia Anklang und Anhang findet. Er verkörpert heute ganz allein die Kongo-Nation, die es noch gar nicht gibt. Sollte es ihm gelingen, die Provinzen und Völker am großen Fluß zu einer Einheit zusammenzuschmelzen, dann könnte ihm mit weit mehr Berechtigung ein Denkmal gesetzt werden als dem Schöpfer von Ghana, Kwame Nkrumah, unter dessen Bildsäule vor dem Parlament in Accra zu lesen steht: Founder of the Nation, Gründer der Nation.

Nur wenige westliche Journalisten haben in den Iljuschin-Maschinen Platz gefunden, die Lumumba und sein Gefolge nach Stanleyville bringen. Das hat nicht an den russischen Piloten gelegen, sondern an der zahlreichen Eskorte des Regierungschefs. Die Tass- und Prawda-Korrespondenten haben sich sogar zu den Piloten in das Cockpit geklemmt, um den Berichterstattern westlicher Agenturen die Chance zu geben, mit Lumumba nach »Stan« – der Hauptstadt der Ostprovinz – zu kommen.

Das Flugzeug Lumumbas war innen ausgestattet wie ein Salon. Die schwarzen Minister saßen in tiefen Klubsesseln. Die paar ausgewählten Journalisten kauerten auf Sitzkissen. Das Wetter war böig, so daß die Iljuschin auf und ab geschüttelt wurde. Die Minister quittierten das mit fröhlichem Gequietsche. Es kam die Stimmung einer Berg- und Talbahn auf, bis die erste Exzellenz mit plötzlichen Schweißperlen auf der Stirn nach der Papiertüte griff.

Als die Maschine über dem Flugplatz von Stanleyville kreiste und zur Landung ansetzte, blickte Lumumba zum Fenster hinaus. Seine Züge wurden hart und maskenhaft. Dort unten drängte sich eine gewaltige Menschenmasse. Es mußten mehr als Hunderttausend zusammengeströmt sein. Unzählige schwarze Hände streckten sich dem Flugzeug entgegen. Als sich die Tür der Maschine öffnete, brandete der Schrei der Menge wie eine Flutwelle in den Aluminiumrumpf. Das Volk von Stanleyville schrie »Uhuru« – Freiheit – in einem leidenschaftlichen Chor, der vom Grollen der Tamtam untermalt war. Ein englischer Journalist drängte sich an die Seite Lumumbas und fragte ihn: »Als was gelten Sie in den Augen dieser Menschen, als was werden Sie von Ihren Landsleuten verehrt, Herr Präsident?« Lumumba bekam einen starren, beinahe tragischen Blick. »Für diese Menschen bin ich ein Prophet«, sagte er tonlos. Dann wurde er auf den Schultern seiner Anhänger davongetragen.

Von dieser rollenden menschlichen Sänfte aus, die den Regierungschef zur Luxuslimousine trug, konnte er nicht die frischen Blutlachen auf der Rollbahn sehen. Eine halbe Stunde vorher war in Stanleyville eine Maschine der Vereinten Nationen mit acht amerikanischen Piloten gelandet. In Windeseile hatte sich das Gerücht verbreitet, belgische Fallschirmjäger seien im Kommen und trachteten Lumumba nach dem Leben. Mit wutverzerrten Gesichtern stürzten sich Soldaten der Kongo-Armee auf die Amerikaner, malträtierten sie mit Gewehrkolben und trampelten wild auf ihnen herum. Äthiopische UN-Soldaten und eine löwenmutige äthiopische Krankenschwester hatten die größte Mühe, die schwerverletzten Weißen freizukämpfen. Zur gleichen Stunde drangen andere Kongo-Soldaten in das Hauptquartier der Vereinten Nationen in Stanleyville, mißhandelten dort zwei Kanadier und einen Schweden und sperrten das übrige Personal im Keller ein.

Während sich die Nachrichten aus Stanleyville, wie von Buschtrommeln getragen, mit Windeseile im ganzen Land verbreiteten, mußte ich an eine Flußreise von »Leo« nach »Stan« denken, die ich im Frühjahr 1956 unternommen hatte. Vier Jahre waren seitdem erst vergangen, aber schon muteten meine Tagebuchnotizen wie ein ferner Chronistenbericht an:

Tagebuch einer Flußfahrt

Coquilhatville, Mai 1956

Wir fuhren schon den dritten Tag auf dem Kongo. Die Schiffe, die zwischen Leopoldville und Stanleyville den Strom hinaufkeuchen – sie brauchen eine ganze Woche dazu –, sind nach dem Vorbild der Mississippi-Dampfer gebaut. Der Kiel ist so flach, wie es nur irgend geht, um die zahllosen Sandbänke und Klippen zu vermeiden. Der quadratische Aufbau türmt sich hingegen in drei Etagen. Die meisten Boote, denen wir begegneten, waren noch mit hohen Schaufelrädern versehen. Längs der Ufer waren in Abständen von zwanzig Kilometern riesige Holzstapel für die Feuerung angelegt.

Am ersten Tag, als die Wolkenkratzer von Leopoldville kaum aus dem Blickfeld verschwunden waren, breitete sich der Kongo zu einer vierzig Kilometer breiten Geschwulst, dem sogenannten »Pool«, aus. Dann verlief er zwischen welligen Hügeln ohne jede Bewaldung. Je weiter wir in das Innere Afrikas vordrangen, desto flacher wurden die unendlichen Sümpfe, desto finsterer und undurchdringlicher wurde das Dickicht.

Auf dem Schiff waren die flämischen, meist eben erst eingetroffenen Kolonialbeamten in der Überzahl. Sie machten angesichts dieser urzeitlichen Landschaft einen etwas hilflosen Eindruck. Am Abend saß ich meist mit einem höheren belgischen Administrateur auf dem unteren Deck. Er war ein mächtiger blonder Mann aus Antwerpen. Wie seine meisten Landsleute am Kongo war er fähig, an einem Abend zwölf große Flaschen Bier herunterzuspülen. Der Schweiß stand ihm ständig in hellen Streifen auf der Stirn. Er lebte schon fünfzehn Jahre am Kongo und hatte lange Zeit in den Sümpfen des Kwango verbracht. Für seine Eingeborenen war er ein beinahe absoluter Herrscher gewesen: Verwalter, Richter, Sozialbetreuer, Steuereinnehmer und Arzt, ein weißer Oberhäuptling.

»Bis zu einem gewissen Grad werden Sie mit dem Neger vertraut«, sagte er, »und dann ist plötzlich eine Schranke da. Ein Boy, auf den Sie jahrelang bauen konnten, wird auf einmal völlig verquer. Bei Gericht ist es am schlimmsten. Wenn innerhalb eines Stammes eine Straftat begangen wird, bestimmt oft der Häuptling, wer als Schuldiger büßen soll. Alle Zeugen werden dann einen Unschuldigen belasten, und der Angeklagte wird sich der Sippendisziplin fügen und eine fremde Schuld auf sich nehmen.« Sobald seine junge flämische Frau, die eben aus Europa gekommen war, in der Kabine zur Ruhe gegangen war, sprach der Beamte auch von den eingeborenen Frauen, ihrer animalischen Unbekümmertheit und ihren häuslichen Listen. »Heute gibt es kaum noch Junggesellen in der Kolonie«, seufzte er, »seitdem leben wir in einem Salon.«

Wenn bei Nacht die Lehm- und Strohhütten eines Dorfes in schwachen Umrissen auftauchten, gellte das Geschrei der Schwarzen durch die Finsternis, und die Tamtam begannen ihren dumpfen Wirbel. Die Äste der Sumpfbäume schimmerten silberweiß im Mondlicht. Die schmalen Silhouetten der Pirogen glitten wie schwarze Sicheln über die glitzernde Wasserfläche. Aus dem Urwald drang das Plärren der Affen, das Summen der Insekten und das lange Dröhnen der Ochsenfrösche.

Am folgenden Tag machten wir in Coquilhatville halt, eine der ältesten belgischen Kongo-Niederlassungen direkt am Äquator. Die Stadt gefiel uns, weil sie noch viele rotgetünchte Kolonialbauten aufwies. Die Europäerviertel waren von herrlichen Palmenalleen durchzogen. Die Belgier leben hier oft in bescheidenen Berufen als Handwerker und Büroangestellte. Dank der scharfen Absonderung des Eingeborenenviertels ist aber der soziale Abstand zu den Schwarzen strikt gewahrt. Im Kino von Coquilhatville sah ich mir einen schlechten Wildwestfilm an. Das Publikum war ausschließlich weiß. In der Wochenschau wurde eine Sitzung des belgischen Kolonialrates in Brüssel gezeigt, und die Kamera verweilte einige Sekunden auf einem Schwarzen in elegantem Anzug, irgendeinem Stammeshäuptling vom Kongo, der – wohlweislich nur als Zuhörer – an dieser Beratung teilnahm. Als das Bild des Kongolesen die Leinwand füllte, erhob sich unter den weißen Zuschauern ein Sturm des Protestes. Sogar die kleinen Jungen in Badehosen pfiffen auf den Fingern.

Auf dem Rückweg zum Schiff fand ich den Administrateur in einer Bar am Hafen und erzählte ihm von dem Vorfall. Er schüttelte mißmutig den Kopf. »Ja, ja«, sagte er, »es fängt schon an. Die ›petits blancs‹, wie wir sie nennen, die Vorarbeiter und unteren Kommis, fühlen als erste, daß sich etwas geändert hat in unserer Kolonialpolitik. Jedes Zugeständnis an die Schwarzen empfinden sie als eine Zurücksetzung. Sie können sich nicht vorstellen, auf welche Schwierigkeiten wir Beamten oft stoßen, wenn wir die kleinen Kolonisten zwingen müssen, unsere Sozialgesetzgebung gegenüber ihren eingeborenen Arbeitern einzuhalten. Heute ist die Prügelstrafe abgeschafft, und wer einen Schwarzen schlägt, muß 1000 belgische Franken zahlen. Neuerdings haben die Kongolesen sogar das Recht, in die weißen Gaststätten zu kommen, wenn sie das auch kaum ausnutzen. Der Alkoholausschank im Eingeborenenviertel ist ebenfalls freigegeben, und wenn Sie in den Verkehrsmitteln noch immer eine säuberliche Trennung zwischen Schwarz und Weiß finden, so ist doch die Colour-Bar im Abbröckeln. Schauen Sie nur in dieser Kneipe.«

Nahe der Theke hatten zwei schwarze Chauffeure Platz genommen und tranken eine Flasche Bier nach der anderen. Etwas weiter saßen zwei herausgeputzte Afrikanerinnen in bunten Kopftüchern, die die ankommenden Gäste allzu freimütig musterten. »Wenn das die ersten Resultate der schwarzen Emanzipation sind«, sagte der Administrateur, »dann müssen Sie verstehen, daß die meisten Europäer darauf verzichten möchten.«

Die nächste Station am Fluß war ein großer Umschlagplatz namens Bumba. Eine muntere und schon am hellen Nachmittag angeheiterte weiße Gesellschaft kam an Bord, die bis zur Abfahrt des Schiffes eine unglaubliche Zahl von Bierflaschen leerte. Vor allem die Frauen taten sich dabei hervor und bestätigten den frivolen Ruf, den Bumba am ganzen Kongo, ja sogar im belgischen Mutterland genießt. Auf einer Modenschau in Brüssel soll ein besonders tief ausgeschnittenes, gewagtes Cocktailkleid den Namen »Zwischenlandung in Bumba« getragen haben.

Weiter stromaufwärts liegt Isangi zwischen rot, gelb und lila blühenden Bäumen. Sträflinge in blau-gelb gestreiften Trikots trugen

Baumwollballen auf dem Kopf. Sie wurden von barfüßigen Askari in blauer Tuchuniform bewacht. Am Hafen selbst lungerten die Wachposten der großen Transportgesellschaften herum. Als Waffe führten sie immer noch den Speer ihrer Vorfahren, der kriegerischen Bangala.

Der Administrateur nahm mich beiseite. »Bis hierher sind Ende des vergangenen Jahrhunderts die fanatisierten Horden des Mahdi vorgedrungen. Zwei belgische Offiziere wurden von ihnen enthauptet. Wer erinnert sich heute noch an diese Gefechte zwischen einer Handvoll belgischer Edelleute, die König Leopold II. an den oberen Kongo ausgeschickt hatte, und den aus dem Sudan vorstoßenden Derwischen des Islam?«

Dort, wo zwischen den Palmen die weiße Missionskirche über den Fluß schaute, hatten sich ein paar Weiße im ausgehenden 19. Jahrhundert der Illusion hingegeben, eine afrikanische Schlacht von Poitiers zu bestehen.

Stanleyville, im Mai 1956

Stanleyville hat Charme bewahrt. Unweit der neuen Geschäftsstraßen, die in ihrer flachen Architektur an »Main Street USA« erinnern, hat sich an den Stromschnellen des Kongo das Fischerdorf Wagenia erhalten, wo die Eingeborenen mit dem tätowierten Hahnenkamm auf der Stirn kunstvolle Bambusgerüste bis mitten in den Strom bauen und in halsbrecherischer Arbeit ihre Netze aushängen.

In »Stan« schwingt noch ein Hauch des großen Entdeckungszeitalters nach, trotz der asphaltierten Palmenalleen, die zu den exakt angelegten, blitzneuen Arbeitersiedlungen der Schwarzen führen. Einmal in der Woche kommen die weißen Pflanzer aus den umliegenden Baumwoll- und Kaffeeplantagen nach Stanleyville, und für einige Stunden hallen die Bars von rauhen Flüchen und anzüglichen Refrains wider, wie sie in Europa vor zwanzig Jahren einmal gesungen wurden. Ein paar weißhaarige Alte erzählen von den fernen Zeiten, als der Giftpfeil der Afrikaner noch kein Museumsrequisit war. In den Empfangsräumen der großen Hotels hat sich bereits eine neue, dünnblütige Generation niedergelassen und blickt mit bürgerlichem Dégoût auf diese Fossile der Pionierzeit herab, von denen einige – man denke nur – mit schwarzen Frauen zusammenleben.

In den jüngeren Kreisen der belgischen Kolonie – bei Beamten, Ingenieuren, Kaufleuten – bemüht man sich um einen betont europäischen Lebensstil. Dazu gehört heute keine Anstrengung mehr, allenfalls Geld. In Leopoldville geht das so weit, daß man die Blumen per Flugzeug aus Brüssel kommen läßt und die herrlichen Orchideen von Kivu verschmäht. Während Europa zum Rhythmus der Negerkapellen tanzt, gehört es im Herzen des Kongo zum guten Ton, nur weiße Tango-Orchester zu engagieren. Dem Schwarzen gegenüber wahrt man eine prüde Zurückhaltung und räumt ihm mit Nasenrümpfen die neuen sozialen Vorzüge ein, so daß dem Besucher die hartgesottene Gesellschaft der alten »Kolonialisten« beinahe sympathisch erscheint.

Wie kommt es nur, daß gerade in diesem Land, wo der Europäer sich noch vollauf behauptet und von seiner Überlegenheit durchdrungen ist, kein Kiplingscher Geist zu finden ist? Man wird am Kongo vergeblich nach jenen einsamen Herrengestalten suchen, wie man sie unter den abtretenden britischen Distrikt-Offizieren an der Goldküste trifft, oder nach jenen verlorenen Wüstenkommandanten im französischen Sudan, die die Ergebnisse ihrer eigenen Zivilisationsarbeit mit dem höheren Abstand einer schon historischen Objektivität prüfen.

In ihrer Hochstimmung des wirtschaftlichen Erfolges, in diesem Klima optimistischer Gründerjahre fehlt den flämischen Kolonisatoren das Gespür für die zwielichtige Tragik, die den schwarzen Erdteil umgibt. Entfaltet sich die Würde des Europäers nur noch in der Vorahnung seines Untergangs?

Vor der Post von »Stan« traf ich den aufgeschlossenen belgischen Administrateur vom Flußdampfer im Gespräch mit einem kleinen, untersetzten Eingeborenen wieder. Der Schwarze wurde mir als der Autor kleiner Theaterstücke in Lingala-Sprache vorgestellt. Lingala ist die große Verkehrssprache des westlichen Kongo, während östlich von Stanleyville schon Kisuaheli vorherrscht. Ich stutzte, als der Administrateur zum ersten Mal einen Eingeborenen mit »Sie« anredete, und war noch mehr verwundert, als er ihn zu einem Glas Bier in ein europäisches Café einlud. Der Autor war ein Mann von sicherem Auftreten. Er sprach – im Gegensatz zu seinen übrigen Landsleuten – ein vorzügliches Französisch. Selbst in Leopoldville stammen die meisten Sekretäre und Buchhalter aus Französisch-Afrika oder der britischen Goldküste.

Der Autor weilte in Stanleyville, um sein letztes Drama in Suaheli übersetzen zu lassen. Der Titel lautete: »Nur das Herz«. Es ging um das Schicksal zweier Liebender aus verfeindeten Stämmen, die sich in einer städtischen Siedlung kennengelernt haben. Den Menschen des Kongo-Beckens soll lehrhaft vorgeführt werden, wie die Liebe alteingefleischte Sippengegensätze und ethnische Vorurteile überwindet. Romeo und Julia in Zentralafrika.

»Hoffentlich wissen Sie, welche Chancen Ihnen heute winken«, sagte der Administrateur väterlich zu dem Schwarzen, der einst sein Sekretär gewesen war. »Unsere Kolonialverwaltung ist auf Leute Ihres Bildungsstandes angewiesen, und wir haben nicht viele davon. Wenn Sie die nötige Selbstdisziplin aufbringen, stehen Ihnen alle Möglichkeiten offen.« Wir unterhielten uns lange über die neuen Aussichten für die Eingeborenen am Kongo. Bisher war die Schulerziehung zwar weitverbreitet, aber auf den Elementarunterricht beschränkt. Die Missionen, die das Lehrmonopol besaßen, unterrichteten in den Eingeborenensprachen, was die Schwarzen zwar befähigte, den Katechismus zu lernen, aber für jede Verwaltungsarbeit untauglich war. Einigen wenigen gelang es, sich eine höhere Bildung anzueignen. Sie konnten sich dann um den Status des »Immatriculé« bewerben. Theoretisch waren sie damit den Europäern gleichgestellt. In der Praxis verloren sie jeden Zusammenhang mit ihren Rassebrüdern und begaben sich vor allem außerhalb der schützenden Bestimmungen des Eingeborenenrechts. Die Zahl der »Immatriculés« blieb deshalb sehr gering.

Ponthierville, im Mai 1956

Gegen Abend sahen wir Flußpferde. Nur die Nüstern und Ohren zeichneten sich über dem gelben Wasser ab. Gelegentlich bliesen sie wie zum Spiel eine Wasserfontäne hoch. Als es Nacht wurde, leuchteten die Augen der Krokodile rötlich aus dem Schilf des nahen Ufers. Die Reptilien erreichen hier eine Länge von sechs Metern. Der Oberlauf des Kongo – von den Eingeborenen Lualaba genannt – gehört zu den unerschlossensten Gebieten der belgischen Kolonie. Als Stanley den Fluß zum ersten Mal erforschte, glaubte er noch, auf seiner Fahrt nach Norden den obersten Arm des Nil entdeckt zu haben.

Stanleyville lag rund hundert Kilometer hinter uns im Norden. Bis Ponthierville hatten wir einen keuchenden Bummelzug benutzt. Von hier ab war der Strom wieder schiffbar. Wir waren auf einen altmodischen Raddampfer umgestiegen. Der Bauch des Schiffes war mit Brennholz gefüllt. In der Dunkelheit zog der Schornstein einen prächtigen Funkenschweif hinter sich her.

Der Kapitän und die Reisenden zwischen Ponthierville und Kindu waren Wallonen. Es herrschte eine aufsässige Stimmung an Bord. Meist waren es kleine Kolonisten aus dem abgelegenen Maniema-Gebiet, wo die Eingeborenen mit den gefeilten Eckzähnen noch vor wenigen Jahren als Leopardenmenschen blutige Menschenopfer brachten. Sie spürten die ersten Anzeichen der politischen Unrast. »Neulich ist doch ein Schwarzer auf mich zugekommen«, erzählte eine stämmige Wallonin, die seit dem Tod ihres Mannes ganz allein die Pflanzung weiterführte, »und hat zu mir gesagt: Du bist weiß, Madame, und deshalb bist du schlecht.«

Der Oberlauf des Kongo ist auch der Herd der aufrührerischen Kitawala-Bewegung, die der belgischen Verwaltung ernste Sorge bereitet. Eine ursprünglich protestantische Sekte war in den Händen einiger mystischer Agitatoren zum Instrument der antikolonialen Verschwörung geworden. Der Boykott belgischer Waren machte sich bis in die Gegend von Stanleyville bemerkbar. Die Rebellen hatten einen isolierten Administrateur zwei Tage lang mit seiner Frau eingeschlossen und belagert. Der afrikanische Dämonenglaube vermischte sich einmal mehr mit den Vorläufern des Nationalismus. Die Force Publique nahm in aller Hast 250 Verhaftungen und Deportationen vor. Man war nicht wenig erstaunt, einen hochangesehenen eingeborenen Richter als Rädelsführer zu entlarven.

»Das alles hat uns König Baudouin eingebrockt«, schimpften die Wallonen und waren sichtbar froh, ein neues Argument für ihren eingefleischten Antimonarchismus gefunden zu haben. »Als Baudouin den Kongo besuchte, hat er mehr mit den Schwarzen sympathisiert als mit seinen belgischen Landsleuten.« Sie wußten eine Menge Anekdoten zu erzählen, so die Geschichte jenes alten schwarzen Vorarbeiters von Katanga, dem der König die Hand gereicht hatte. Der Alte wurde von seinen Kollegen umringt, die wenigstens indirekt an dieser Auszeichnung teilhaben wollten. Jeder wollte die Finger des

Geehrten berühren. Der Alte ließ sich für jeden Händedruck, den er weiterreichte, fünf belgische Franken zahlen.

Alle fünf Stunden legte der Dampfer an. Es wurde Feuerung an Bord geschleppt. Die Schwarzen begleiteten das Laden des Holzes mit langgezogenen Gesängen. Man tat gut daran, nicht nach dem Text dieser Lieder zu fragen. Sie waren von ernüchternder Alltäglichkeit: »Die Frauen haben das Geld ausgegeben« oder »Wenn die Frau aus dem Hause ist, wird kein Essen gekocht.« – Nur die nackten Pirogenschiffer wissen noch um die schwermütige Einfalt des Volksliedes: »Der Fluß ist hart – Der weiße Mann ist gut oder böse – Aber der Fluß, unser Vater, ist hart.«

Landwirtschaftskommunen in der Ostprovinz

Leopoldville, August/September 1960

Sonntag
»Für künftige afrikanische Geschichtsschreiber wird der Name Bakwanga vielleicht ähnlich klingen wie Poltawa oder Valmy in den Ohren eines Europäers.« Die hochtrabende Behauptung stammt vom Korrespondenten der polnischen »Tribuna Ludu« am Kongo. Am Wochenende ist die gemeldete Einheit der Nationalarmee in Stärke von dreihundert Mann überraschend in Bakwanga eingerückt. Dieser Regierungssitz des Sezessionisten Kalondji und seines kurzlebigen Diamantenstaates in Süd-Kasai war zum Symbol des Widerstandes gegen die Zentralisierungsbestrebungen Lumumbas geworden. Bakwanga lag zu nahe an der Provinzhauptstadt Luluabourg, deren Garnison vor einer Woche durch Lufttransporte der Nationalarmee verstärkt worden war. Von Luluabourg waren die Stoßtrupps Lumumbas in wenigen Stunden längs der Kasai-Bahnlinie hundert Kilometer nach Süden vorgestoßen. Sie eroberten Bakwanga ohne Gefecht.

Damit ist zunächst der Tätigkeit der belgischen Grubengesellschaft Forminière, die die Diamanten von Kasai ausbeutet, ein Ende gesetzt. Dem riesigen Unternehmen droht heute die Verstaatlichung, zumal die Forminière als treibende Kraft hinter den Separatisten agierte.

Die Einnahme von Bakwanga durch die Kongo-Armee hat alle Voraussagen der westlichen Militärexperten über den Haufen geworfen. Wieder einmal ist die Schlagkraft einer farbigen Revolutionsarmee unterschätzt worden. Die Belgier, die für den Fehlschlag von Bakwanga mitverantwortlich zeichnen, suchen sich damit herauszureden, die tunesischen UN-Truppen hätten die Stammeskrieger Kalondjis am Kämpfen gehindert. Aber das nimmt ihnen niemand ab. Schon wenden sich skeptische Blicke auf die reiche Grubenprovinz Katanga, wo sich Tschombes Widerstand gegen die Zentralregierung versteift.

Die Nationalarmee hat angekündigt, daß sie in Bakwanga nicht haltmachen wird, sondern längs des Schienenstranges in Richtung auf Kamina und Elisabethville weiter vormarschieren will. Das wird kein Spaziergang sein. Die Partisanen Tschombes sind dabei, sämtliche Brücken an den Grenzen nach Kasai in die Luft zu jagen. Die Strecke von Bakwanga nach der Katanga-Hauptstadt Elisabethville beträgt über achthundert Kilometer. Die Piste bis zum großen Flugstützpunkt Kamina in Nordkatanga führt durch unwegsames Gebirgsland und Urwälder. Im übrigen besteht bei den Lunda-Stämmen der Südprovinz ein echter Haß auf die Leute aus dem Norden.

Die kongolesische Nationalarmee bleibt das Sorgenkind der UNO. Von allen Seiten war lebhaft begrüßt worden, daß die Kongo-Regierung den marokkanischen General Kettani beauftragte, die Reorganisation und Neuausbildung dieser Truppe in die Hand zu nehmen. Die Berufung Kettanis war einer der wenigen Lichtblicke in der düsteren Situation. Zwischen dem Marokkaner und Lumumba sind erste Reibungen aufgetreten. Der General ist ein konservativer Mann, eine Stütze des Königs Mohammed V. Er hat dem kongolesischen Volkstribun rundheraus erklärt, daß für ihn das Militär kein politisches Instrument sei, daß auch die Kongo-Streitkräfte im Dienste des Staates und nicht zur Verfügung einer Partei oder eines Mannes stehen müßten.

Sollte sich der Konflikt verschärfen und Lumumba auf die Dienste Kettanis verzichten, wäre die Ausweichlösung klar vorgezeichnet. Die Guineer Sekou Tourés, die in der Umgebung des Premierministers über großen Einfluß verfügen, haben sich angeboten, aus der ehemaligen Force Publique eine revolutionäre Stoßtruppe, eine »Volksarmee«, zu machen. Da die Republik Guinea mit höchstens zweitausend Soldaten natürlich nicht das erforderliche Rahmenpersonal stellen kann, liegt die Vermutung nahe, daß Instrukteure aus dem Ostblock, vornehmlich aus der Tschechoslowakei, den Neuaufbau der kongolesischen Streitkräfte übernehmen würden.

Montag
Hammarskjölds Vertreter Ralph Bunche hat den Kongo verlassen. Der Verzicht dieses hochintelligenten, etwas scheuen Amerikaners afrikanischer Abstammung war von Tragik gezeichnet. Es ist wohl immer das gleiche Mißgeschick mit den amerikanischen »Coloured« in diesem Kontinent. Sie kommen in die Heimat ihrer Vorfahren zurück in der geheimen Erwartung, ein schwarzes Zion oder zumindest ihre Wurzeln, »Roots«, zu entdecken. Doch von der Wirklichkeit Afrikas sind sie oft mehr befremdet, ja schockiert, als der durchschnittliche weiße Besucher. Der schwarze Autor Richard Wright hatte die bitteren Erfahrungen einer verfehlten Heimkehr in Ghana gesammelt und sie in dem Buch »Black Power« beschrieben. Seitdem ist mancher andere »Coloured« aus USA, insbesondere die farbigen Diplomaten, die das State Department ausschickte, um den Afrikanern zu schmeicheln, bei den Nationalisten des schwarzen Erdteils auf die gleiche halb argwöhnische, halb herablassende Distanz gestoßen.

Der amerikanische »Negro« Ralph Bunche – damals war dieser Ausdruck noch geläufig, das Wort »Black« wurde in den USA als rassische Diskriminierung empfunden, und erst später kam der Begriff »Black is beautiful« auf – hatte nach eigenen Aussagen bei seinen Kontakten mit den Kongolesen unendlich gelitten. War er in die unerträgliche Situation jener schwarzen amerikanischen Gastprofessoren geraten, die ich an der Universität Nsukaa im Ibo-Land Nigerias treffen sollte und die von ihren eingeborenen »Boys« im Gegensatz zu den weißen Dozenten mit Mißachtung behandelt wurden, weil sie Nachkommen – oft gemischten Bluts – westafrikanischer Sklaven waren?

Seine letzte Pressekonferenz in »Leo« hat Ralph Bunche die Sympathie aller Journalisten eingebracht, aber sie war der Rechenschaftsbericht eines Fehlschlages.

Die Intervention der UN-Streitkräfte hat die Kongo-Frage nicht gelöst. Als ich vor mehr als einem Monat in Leopoldville ankam, waren die meisten westlichen Beobachter noch geneigt zu sagen: »Wenn die Organisation der Vereinten Nationen nicht existiert hätte, für die Kongo-Krise hätte man sie erfinden müssen.« Seit diesen hoffnungsvollen Tagen ist ihr Prestige stetig geschrumpft. 16800 Blauhelme sind jetzt über den Kongo verteilt. Auch eine Vermehrung dieser Truppenzahl wird die Autorität des UN-Kommandos nicht erhöhen.

Die Europäer am Kongo sind irritiert, wenn sie die Starallüren gewisser skandinavischer Stabsoffiziere an der militärischen Nutzlosigkeit ihres Einsatzes messen. Selbst die Liberianer haben die Nase voll, nachdem ihr Oberst zwei Tage lang unter Spionageverdacht in Banningville eingesperrt wurde. Ähnlich wie der britische Oberkommandierende der Ghana-Armee, General Alexander, hat Oberst Thompson von Liberia seine Regierung um die Rückführung seines Kontingents ersucht, falls ihm nicht Schießerlaubnis erteilt wird. In seiner Abschiedserklärung hat Ralph Bunche mit trauriger Stimme gesagt, die Wochen am Kongo seien ihm wie Jahre vorgekommen. Nirgends habe er bisher ein so tiefes Mißtrauen vorgefunden. Er führte das auf die Folgen der Kolonisation und die den Afrikanern angeborene Angst zurück.

Unter dem Titel »Emancipation« ist eine neue Wochenschrift als Sprachrohr des afrikanischen Sozialismus radikaler Prägung lanciert worden. Im jüngsten Leitartikel steht zu lesen: »Unsere Regierung sollte eindeutig feststellen, daß die Amerikaner die eigentlichen Drahtzieher des belgischen Kolonialsystems, daß die Yankees die wildesten, heimtückischsten und gierigsten Kolonialisten sind.«

»Emancipation« sagt auch den Portugiesen den Kampf an und enthüllt die nächste Stoßrichtung des militanten afrikanischen Nationalismus. Angola ist nach dem Kongo an der Reihe. Das Blatt verdammt alle gemäßigten schwarzen Politiker. »Die afrikanische Philosophie und vor allem die kollektiven Lebensformen der Bantu-Völker« – so heißt es dort – »sind unvereinbar mit dem kapitalistischen Egoismus des Westens. Was müssen wir aber in letzter Zeit erleben? Wir sind Zeugen der Geburt einer schwarzen Bourgeoisie, einer afrikanischen Klasse von Kapitalisten und Faschisten ...«

Das Gewicht einer solchen Publikation sollte nicht überschätzt werden. Doch »Emancipation« wäre längst beschlagnahmt und verboten, wenn die von ihr vertretenen Meinungen den Intentionen der Regierung zuwiderliefen. Selbst die offiziöse Tageszeitung »Congo« gibt sich neuerdings antiwestlich. Für den Widerstand in Katanga werden nicht nur die Belgier und Ministerpräsident Tschombe verantwortlich gemacht, sondern sämtliche Mitgliedstaaten des Atlantikpakts.

Der Bürgerkrieg um Katanga hat begonnen. Die Vorkommandos der Nationalarmee hatten erste Gefechtsberührung mit Freischärlern Tschombes. Die Bedeutung dieses Vorstoßes in die Kupferprovinz reicht weit über die eines lokalen Savannenfeldzuges hinaus. Für den schwarzen Nationalismus geht es in Katanga um eine schicksalhafte Entscheidung zwischen westlichem Kapitalismus und afrikanischem Sozialismus.

Dienstag

Der Ausgang des Panafrikanischen Kongresses von Leopoldville ist für Lumumba enttäuschend. Auf Betreiben der Diplomaten des tunesischen Präsidenten Burgiba sind die Resolutionen der Konferenz für die Vereinten Nationen sehr positiv ausgefallen. Lumumba hatte versucht, die Staaten des schwarzen Kontinents gegen Hammarskjöld aufzuputschen. Diese Absicht ist fehlgeschlagen. Der Arbeit der UNO am Kongo wird von den versammelten Afrikanern hohes Lob gespendet, der Kongo-Regierung wird geraten, mit der Weltorganisation aufs engste zusammenzuarbeiten.

Ghana hatte den Vorschlag einer weitgespannten afrikanischen Militärallianz eingebracht. Aber die Maghrebiner haben sich durchgesetzt. Sie stützten sich auf ein gewichtiges Argument. Die nächste Vollversammlung der UNO steht bevor, und dabei wird die Algerien-Frage wieder einmal zur Debatte stehen. Die Freunde der FLN können es sich nicht leisten, wichtige Mitglieder der Weltorganisation zu verstimmen. Lumumba muß kurztreten, damit die algerischen Chancen gewahrt bleiben.

Die Ratschläge zur Mäßigung, die die versammelten Afrikaner dem kongolesischen Regierungschef bei aller Sympathie so gönnerhaft erteilten, werden vielleicht zur Entspannung zwischen dem UN-Kommando und den lokalen Behörden beitragen. Ihre Wirkung sollte jedoch nicht überschätzt werden. Kaum war Lumumba aus seiner

Hochburg Stanleyville in die Hauptstadt zurückgekehrt, nahm er auch schon die ersten Generalstabsbesprechungen auf. Mehr denn je steht die Rückeroberung Katangas auf der Tagesordnung. Auf Drängen seiner afrikanischen Brüder hat Lumumba darauf verzichtet, die bewaffnete Unterstützung der Ghanaer und Guineer für seinen Feldzug anzufordern. Nach der Einnahme von Bakwanga wiegt er sich ohnehin in der Hoffnung, sein Sieg in Katanga sei nicht mehr aufzuhalten.

Seit gestern nacht sind die letzten belgischen Truppeneinheiten aus der Kupferprovinz abgezogen. Es bleiben noch jene belgischen Offiziere und Unteroffiziere in Katanga zurück, die das Rückgrat der kleinen Armee Tschombes bilden sollen. Gegen diese belgischen Berater und Instrukteure richtet sich nun die ganze Wucht der offiziellen Propaganda. Schon werden die Vereinten Nationen für das Verbleiben dieser belgischen Militärs in der Umgebung des Separatisten Tschombe verantwortlich gemacht.

Die Aussichten der autonomen Katanga-Regierung werden sehr niedrig angesetzt. Was kann die bunt zusammengewürfelte Gendarmerie Tschombes wohl taugen? Was werden die belgischen »Berater« im Ernstfall ausrichten können? Die Meuterei der Force Publique hat ein für allemal demonstriert, wie unpopulär die belgischen Vorgesetzten bei den eingeborenen Soldaten sind. Eine schwarze Miliz, die unter dem Verdacht neokolonialistischer Umtriebe steht, dürfte keine Chancen haben, zumal wenn sie einer rein afrikanischen, vom Mythos der nationalen Befreiung getragenen Truppe gegenübersteht.

Auch nach dem Ende der Panafrikanischen Konferenz von Leopoldville geht der Machtkampf in den Kulissen weiter. Stark beachtet wurde das herzliche Grußtelegramm Nikita Chruschtschows an die Konferenz. Noch größeres Aufsehen erregte das Interview, das der sowjetische Kulturbeauftragte Schukow der Zeitung »Congo« während seines Aufenthalts in Leopoldville gewährt hatte. Nach seinen Reiseeindrücken befragt, sagte dieser einflußreiche Mann aus dem sowjetischen Parteiapparat, der hundertfünfzig Stipendien für Kongo-Studenten in Moskau mitbrachte: »Sie haben ein herrliches Land, in dem der Touristenverkehr blühen sollte. Die Straßen hier sind sauber. Die Frauen sind elegant. Leopoldville ist eine schöne Stadt; sie ist noch schöner geworden, seit sie ihren wahren Besitzern zurückgegeben wurde.« Mit solchen Kraftsprüchen werden die Sendboten des Westens nie Schritt halten können.

Mittwoch

Die bunten Flaggen der diversen afrikanischen Staaten vor dem Tagungsgelände der Panafrikanischen Konferenz sind eingeholt worden, die großen Worte sind verhallt. Der Kongo steht wieder vor seinen alten Problemen. Bei den Schwarzen der Hauptstadt greift die Arbeitslosigkeit weiter um sich. Die neue einheimische Verwaltung macht unter Leitung von Experten der Vereinten Nationen die ersten unbeholfenen Gehversuche. Die zahllosen Beobachter aus dem Ausland starren wie gebannt nach Katanga, wo die Nationalarmee Lumumbas einen Blitzkrieg versprochen hat. Doch aus Bakwanga, der Hauptstadt des kurzlebigen Splitterstaates in Süd-Kasai, dessen Eroberung die Zentralregierung so triumphierend verkündet hat, kommen verwirrende Nachrichten. Nach ihrem kampflosen Einmarsch sind die Soldaten der Kongo-Nationalarmee plötzlich auf den erbitterten Widerstand von Baluba-Stammeskriegern gestoßen. Der einzige Augenzeuge, der bisher Bakwanga mit einem UN-Flugzeug verlassen konnte, berichtet von grausigen Auswüchsen dieses Krieges.

Das bemerkenswerteste Ereignis der Kongo-Politik hat sich unterdessen weit im Osten zugetragen. Die »Province Orientale« von Stanleyville ist ein riesiges Gebiet von Wäldern und Savannen, fast so groß wie Frankreich, jedoch nur von drei Millionen Menschen bewohnt. Hier wurde der »afrikanische Sozialismus« ausgerufen. Bisher hatte man Lumumba mit Recht vorgeworfen, vor lauter Außenpolitik und Pressekonferenzen vernachlässige er völlig den inneren Aufbau seiner jungen Republik. Seit der »Revolution« von Stanleyville muß diese Meinung revidiert werden, und der Westen hat wenig Grund, sich zu dieser unerwarteten Aktivität des Regierungschefs zu beglückwünschen. Im Osten hat Lumumba eine »Province Pilote« aus der Taufe gehoben, die fortschrittliche Kernzelle des neuen riesigen Kongo-Staates, die für alle übrigen Regionen richtunggebend sein soll. Er gab dabei ganz offen zu, daß ihn das Beispiel der Republik Guinea des dynamischen Sekou Touré inspiriert hat.

Zunächst ist mit einem Federstrich das uralte afrikanische Stammessystem abgeschafft worden. Die Häuptlinge wurden entmachtet und durch Beamte der Provinzregierung ersetzt. Sogar ihre Kronen aus Leopardenfell und Federn mußten die Häuptlinge abliefern. Mit diesem Willen zur Gleichschaltung, zur systematischen Verwischung der ethnischen Unterschiede steht Lumumba heute in Afrika nicht allein. Die Überwindung dieser vorkolonialen Strukturen ist nicht nur am Kongo, sondern auch in Ghana, Guinea, Mali – ja in ganz Afrika – Voraussetzung für die Schaffung eines modernen Nationalgefühls. An die Stelle des ererbten Brauchtums tritt die straff organisierte Provinzverwaltung und vor allem die Allmacht der Einheitspartei. Lumumba hat in der Ostprovinz Kreiswahlen ausgeschrieben. Es besteht kein Zweifel, daß seine MNC-Partei in dieser Volksbefragung alle anderen politischen Gruppierungen überrunden und ausschalten wird. Die Aktivisten der neuen Einheitspartei sollen in Zukunft selbst in den entlegensten Urwalddörfern die Anweisungen der Regierung und des Generalsekretariats mit Nachdruck durchsetzen. Auch hier hat die Demokratische Partei Guineas Pate gestanden.

Die »Province Orientale« hat sich auf den Weg zum »Afrikanischen Sozialismus« begeben. Die Dörfer werden neu gruppiert und in Landwirtschaftskommunen zusammengeschlossen. Das Wort klingt chinesisch, der Gedanke geht jedoch auf ursprüngliche Formen des afrikanischen Gemeinschaftslebens zurück. Neben den landwirtschaftlichen Genossenschaften werden auch das Handwerk, der Warentransport, der Handel auf kooperativer Basis neu geregelt. Der Arbeitslosigkeit soll mit einem anderen aus Guinea importierten Schlagwort beigekommen werden, mit dem »investissement humain«, dem planmäßigen Einsatz menschlicher Arbeitskräfte zur Bewältigung großer gemeinnütziger Projekte wie Straßenbau, Kanalisierung, Rodungen. Noch aufschlußreicher ist die Beschlagnahme und Verstaatlichung aller Mineralvorkommen in der Ostprovinz. Im Umkreis von Stanleyville handelt es sich um eine relativ bescheidene Goldförderung, aber der Wink in Richtung Katanga ist deutlich. Die großen belgischen Grubenkonzerne im separatistischen Süden wissen jetzt, was ihnen blüht.

Afrikanischer Sozialismus ist kein Kommunismus, und die offizielle außenpolitische Doktrin Lumumbas bleibt der »positive Neutralismus«. Man soll auch nicht die realen Auswirkungen der jüngsten Erlasse Lumumbas überschätzen. Pharaonenwerke werden am Kongo nicht vollbracht werden. Die Nachahmung des großen Vorbildes Mao Tsetung bleibt in Zentralafrika ein Hirngespinst. Dennoch hat Lumumba, zumindest ideologisch, im großen Ringen zwischen Ost und West Partei ergriffen. »Der Marxismus ist die Ideologie, die uns Afrikanern am ehesten entspricht«, hatte mir Sekou Touré vor einem Jahr in Conakry gesagt. Der Kampf um Katanga, wo die Kongo-Regierung auf die Gegnerschaft des belgischen Kapitalismus stößt, dürfte dazu beitragen, Lumumba vom Westen weg- und dem Osten zuzutreiben.

Donnerstag

Seit der Lumumba-Apotheose von Stanleyville trägt Serge Michel ein gelb-weißes Käppchen. Auch in die Bar des Hotels Memling ist der Presseattaché Lumumbas mit dieser eigenartigen Kopfbedeckung gekommen. Das Käppchen wird bei den islamisierten Schwarzen der kongolesischen Ostprovinz getragen. Michel, ein aktiver Mitstreiter der Algerischen Befreiungsfront, will mit dieser Kostümierung wohl bekunden, daß er sich trotz weißer Haut und französischer Erziehung zu Afrika bekennt. In Stanleyville hat er eine solche Tarnung nötig gehabt. Wie alle Europäer wurde er dort mit mißtrauischen Blicken gemustert. Wenn ein Weißer den Eingeborenen von Stan zu erklären suchte, er sei ein Anhänger, ja ein Vertrauter Lumumbas, dann traf er noch keineswegs auf brüderliche Zustimmung. Er erschien dem unverbildeten Schwarzen beinahe doppelt verdächtig. »Auch Lumumba kann von den Agenten des Imperialismus irregeführt werden«, hatte ein besonders skeptischer Parteifunktionär des MNC in der Hochburg des Regierungschefs gesagt.

Das muselmanische Käppchen hat dem Vertrauten Lumumbas bei den Journalisten von Leopoldville, bei den Stammgästen der Memling-Bar, teils amüsierte, teils verächtliche Bemerkungen eingebracht. Ein eigenartiger, leidenschaftlicher, sichtlich gequälter Mensch ist er schon. Serge Michel, sein wirklicher Name lautet ganz anders, ist polnisch-russischer Abstammung. Er beruft sich gern auf seine Großmutter, angeblich eine georgische Prinzessin. Tatsächlich erinnern die übergroßen Augen dieses noch jungen Mannes an byzantinische oder armenische Ikone. Er spricht mit heller Begeisterung von dem Massenrausch in Stanleyville, als hunderttausend Schwarze ihren Messias feierten. Serge Michel ist Marxist, kein rechtgläubiger Kommunist, wie mir der Ostberliner ADN-Korrespondent am Kongo distanzierend mitteilte, sondern ein Trotzkist. Der Beruf dieses Mannes ist die Revolution – weniger die Kongo-Revolution als die der Algerier.

Mit dem Ministerpräsidenten der algerischen Exilregierung, Ferhat Abbas, hatte Serge Michel schon vor Ausbruch des algerischen Aufstandes zusammengearbeitet. Dieser engagierte Ideologe glaubt, bei den Algeriern eine neue Heimat gefunden zu haben. Er möchte wohl in Afrika die Rolle spielen, in der sich einst André Malraux im China der zwanziger Jahre beim Machtkampf zwischen Kommunisten und Kuomintang gefiel. Aber Serge Michel wird keine »Condition humaine« schreiben. Er sieht selber ein, daß die Kongo-Affäre in keiner Weise mit dem gewaltigen Erdbeben zu vergleichen ist, das das Reich der Mitte erschütterte. Er hat Stunden tiefster Entmutigung und Demütigung erlebt mit diesen Schwarzen, die ihre Ressentiments gern auf die ihnen wohlgesonnenen weißen Mitarbeiter abwälzen.

Jean Daniel, Chefredakteur des linksorientierten »Observateur« und Herold aller antikolonialistischen Bestrebungen, der von Paris nach Leopoldville gereist kam, um Lumumba zu interviewen, verließ den Regierungssitz mit allen Zeichen der Ernüchterung. »L'idéologie en prend sacré coup – Die Ideologie wird hier hart angeschlagen«, kommentierte er sein Gespräch mit dem Premierminister. Auch Michel überrascht seine Kollegen gelegentlich mit erstaunlichen Formulierungen. Als die zentralafrikanische Krise wieder einmal einem absurden Höhepunkt zutrieb, sagte er mit beißender Ironie: »Wir erreichen jetzt die dritte Phase der surrealistischen Revolution.« Und: »Ich komme mir hier am Kongo vor wie ein Geheimagent André Bretons.«

Ein eigenartiges Verhältnis verbindet Serge Michel mit den Korrespondenten. Die Amerikaner und Engländer lehnen den Renegaten strikt ab und lassen ihn ihre Geringschätzung deutlich spüren. Bei den Franzosen ist das anders. Selbst die Berichterstatter konservativer französischer Blätter sind von dem tragischen Zwielicht fasziniert, das diesen Mann umgibt. Die Franzosen sind denn auch die einzigen, die von Michel wertvolle Informationen erhalten. Stundenlang sitzt er mit ihnen bis spät in die Nacht am niedrigen Bartisch, erzählt aus der Zeit, als er sich mit dem algerischen Revolutionär Oussedik vor der französischen Polizei zwei Wochen lang in einem Wandschrank verstecken mußte. Die Franzosen halten ihm zugute, daß er ehrlich ist, daß seine Parteinahme für die Algerier einem verwegenen Einsatzwillen und einer großen Einsamkeit entspringt.

Aber manchmal prallen die Gegensätze hart aufeinander. Dann wählt der Presseattaché Lumumbas gerade die liberalsten Gesprächspartner als Zielscheibe seiner Angriffe. »Ihr habt eure Ideale verraten«, sagt er in vorgeschrittener Stimmung, »ihr habt euch von euren ›Patrons‹, von Chefredakteuren und Verlegern, einkaufen lassen. Ihr habt ja keine Freiheit mehr, hier die Dinge am Kongo so zu schildern, wie sie sind. Als junge Revolutionäre habt ihr einst die Hörsäle der Sorbonne verlassen, und heute seid ihr zu Säulen des bürgerlichen Meinungskonformismus geworden.«

Das Journalisten-Ghetto zwischen Hotel Stanley und Hotel Memling in dem von weißen Frauen fast entblößten Leopoldville zehrt an den Nerven. Die dänischen Krankenschwestern, die heute im Hotel Royal eingetroffen sind, könnten nicht einmal einen Schiffbrüchigen auf einer menschenleeren Insel reizen, sagen die Klatschmäuler auf den Barhockern. Jenseits der Theke in der besonders trübseligen Memling-Bar tummeln sich in einem großen Käfig grellbunte Papageien und Kolibris. Über den Rand des Whiskyglases hinweg beobachten die einsamen Journalisten von Leopoldville das Liebesleben der Vögel.

Freitag

Als letzte Delegation der Panafrikanischen Konferenz von Leopoldville sind die Algerier vom Flugplatz Ndjili gestartet. Die Beauftragten der Algerischen Befreiungsfront müssen auf ihrer Rückreise darauf achten, daß sie nirgendwo das Gebiet der französisch-afrikanischen Communauté berühren. Dort lauert die französische Abwehr auf eine Gelegenheit, sie zu verhaften. Die Algerier haben ihren Aufenthalt am Kongo zu einer großen Schau benutzt. Ihr Informationsminister Mohammed Yazid hat beim Abflug von Leopoldville eine Bemerkung gemacht, die aufhorchen ließ. Er sagte: »Bisher war der algerische Krieg eine Angelegenheit zwischen Algerien und Frankreich. Von nun an weitet er sich zu einer Auseinandersetzung zwischen den sich befreienden Völkern Afrikas und den NATO-Mächten aus, die Frankreich unterstützen.« Die FLN ist offenbar dabei, afrikanische Stimmen für die UN-Vollversammlung im September zu sammeln.

Man sollte die Solidarität nicht unterschätzen, die die so grundverschiedenen Länder Afrikas gerade in der Katanga-Frage verbindet und auf die Seite Lumumbas treibt. Fast jedes afrikanische Land sieht sich mit einer Sezessionsdrohung konfrontiert, erhebt Territorialforderungen, leidet unter seinem spezifischen »Katanga-Komplex«. So vergleichen die Marokkaner die belgischen Machenschaften zur Abspaltung der südlichen Kupferprovinz mit der Ausrufung der unabhängigen Republik Mauretanien durch die Franzosen. »Mauretanien ist unser Katanga«, sagt man in der Umgebung des marokkanischen Ministers Boucetta, »nur daß es in der West-Sahara um Eisenerz und nicht um Kupfer geht.«

Seit die Republik Senegal sich schlagartig aus der Mali-Föderation mit dem früheren französischen Sudan gelöst hat, sind die Politiker von Dakar und Bamako zutiefst verfeindet. Der Beauftragte Modibo Keitas, des zürnenden Mali-Präsidenten, zögert nicht, die führenden Staatsmänner aus Senegal, Senghor und Mamadou Dia, mit dem Katanga-Separatisten Moise Tschombe zu vergleichen. Die Algerier stellen eine Parallele her zwischen den französischen Plänen, die Sahara von den nordafrikanischen Atlas-Départements abzuspalten und den belgischen Machenschaften am Kongo. Der Sudan blickt mit Sorge auf den autonomistischen Aufstand der christlich-animistischen Niloten-Stämme im Süden gegen die Autorität der muslimischen Zentralregierung von Khartum. Sogar die Tunesier haben sich bereiterklärt, der Armee Lumumbas Transportmittel für ihren Feldzug gegen Katanga zu liefern. Sehr viel größere Sorge bereitet den westlichen Diplomaten jedoch die Ankunft von sieben sowjetischen Transport-Iljuschin auf dem Flugplatz von Stanleyville sowie die Lieferung von mehr als hundert russischen Lastkraftwagen im Kongo-Hafen Matadi.

Um die Stimmung der Nationalarmee ist es dagegen nicht sonderlich gut bestellt. Das Monatsende ist gekommen, der Sold blieb an vielen Orten aus, und die Verpflegung wird knapp. Die Unruhen in den Garnisonen der Äquatorial- und unteren Kongo-Provinz haben zwar noch keine ernsten Ausmaße angenommen. Aber die Tatsache, daß ausgerechnet das guineische Bataillon von Banningville das UN-Kommando auf diesen Gärungszustand aufmerksam machte, spricht für sich. Die Rückeroberung Katangas könnte durch solche Zersetzungserscheinungen mehr noch als durch die bevorstehende Regenzeit erheblich verzögert werden.

Zum ersten Mal seit langer Zeit ist auch die kongolesische Abgeordnetenkammer in Leopoldville zusammengetreten. Der prächtige holzgetäfelte Saal im sogenannten »Palast der Nation« war zu zwei Dritteln leer. Die wenigen schwarzen Politiker, die auf den Bänken Platz nahmen, machten einen hilflosen Eindruck. Keiner von ihnen schien sich bewußt zu sein, welche Macht sie theoretisch darstellen, ja daß sie die Regierung Lumumba stürzen könnten. Statt zur Tagesordnung überzugehen, begrüßten sie sich endlos unter schallendem Gelächter. Viele Abgeordnete trugen goldbestickte Samtkäppchen. Immer wieder erschallte der Ruf »Uhuru«. Schließlich stellte jemand fest, daß die Kammer gar nicht beschlußfähig war, weil zu viele Abgeordnete fehlten. Das weiße Mausoleum am Kongo versank wieder im Schlaf. Lumumba braucht sich wegen des Parlaments keine Sorgen zu machen.

Die Stadt des schwarzen Heilandes

Thysville, Anfang September 1960

Die bleigrauen Wolken der anziehenden Regenzeit verdüsterten den Himmel, während wir auf einer geschlungenen Asphaltstraße von Leopoldville nach Thysville fuhren. Die Savanne war in den Monaten der Trockenheit rostbraun gebrannt. Nur in den Niederungen zwischen unregelmäßigen Hügelketten wucherten grüne Pflanzungen, vor allem Bananenstauden. Die Dörfer machten einen für afrikanische Verhältnisse wohlhabenden Eindruck. Die Schwarzen, die uns begegneten, blickten erstaunt auf unsere weißen Gesichter. Europäer wagten sich nicht mehr gern in das untere Kongo-Gebiet. Aber offene Feindseligkeit haben wir an diesem Morgen selten entdeckt. Von Zeit zu Zeit sahen wir eine geballte Faust. Einmal bückte sich ein junger Mann, um einen Stein zu werfen. Die meisten hielten uns wohl für

UN-Angehörige, wahrscheinlich für Nordafrikaner, die die Eingeborenen von Europäern nicht unterscheiden können.

Am Eingang der Ortschaft Thysville erstreckt sich das riesige Militärlager des »Camp Hardy«. Wie mit dem Lineal ausgerichtet gruppieren sich die niedrigen, sauberen Behausungen der schwarzen Soldaten und Unteroffiziere, die mit Familien und Kleinvieh im »Camp« leben. Deutlich abgesondert und noch dazu auf einem beherrschenden Hügel leuchten die roten Dächer der Offiziersvillen aus dem Grün. Hier waren die belgischen Offiziere von der Meuterei überrascht worden.

Der schwarze Wachposten am Eingangstor machte die uns schon vertraute drohende Bewegung mit dem Gewehrkolben, als wir in seiner Nähe anhielten. Ein marokkanischer Unteroffizier mit blauem Helm war schnell zur Stelle. In Gegenwart eines Marokkaners fühlt man sich geborgener als in Anwesenheit eines schwedischen Soldaten.

Unteroffizier Mustafa aus Meknes gab uns den Rat, auf den Besuch des Lagers zu verzichten. Dreitausend Kongo-Soldaten sind dort versammelt. Die Blauhelme aus Nordafrika haben ihnen im Juli die Waffen abgenommen und Wachen vor die Magazine gestellt. Nur an die Posten am Eingang des Camp werden Gewehre ausgegeben. Die Stimmung der Kongolesen ist nach wie vor aufgebracht. Auch die Soldaten Seiner Scherifischen Majestät fühlen sich nicht mehr ganz in Sicherheit. Der letzte belgische Arzt, der im Camp Hardy ausgeharrt hatte, ein Mann, dem selbst in den turbulenten Tagen des Aufruhrs kein Haar gekrümmt wurde, packt mit seiner Frau die Koffer. Wenn er bei den Morgenvisiten die schwarzen Simulanten nicht krankschreiben will, bekommt er Drohungen zu hören. Wenn er in seinem kleinen Auto über die Lageralleen fährt, versperren ihm manchmal die Kongo-Soldaten den Weg. »Was will dieser verdammte Flame noch bei uns«, sagen die Meuterer und werfen ihm böse Blicke zu.

Die Ortschaft Thysville zählt rund fünfzehntausend Einwohner. Ein leichter Regen nieselte auf die Wellblechdächer. Die Schwarzen gingen in Gruppen auf den Straßen spazieren. Wenn man sie intensiv musterte, grüßten sie meist höflich mit »Bonjour, Monsieur«. Die Stimmung war nicht unfreundlich. Es herrscht der Eindruck von Müßiggang und Ratlosigkeit. Früher haben achthundert Europäer in

Thysville gelebt. Heute ist knapp ein Dutzend zurückgeblieben, in der Mehrzahl Portugiesen. Die portugiesischen Kaufleute in ihren Trödlerläden machen sorgenvolle Gesichter. Auf politische Gespräche lassen sie sich nicht ein. Sie sind froh, wenn die lästigen europäischen Fragesteller ihnen wieder den Rücken kehren.

In einem Geschäft, das noch unverdrossen die Inschrift »Compagnie Coloniale Belge« führt, habe ich eine einsame Flamin aus Antwerpen angetroffen. Sie ist erst vor drei Tagen zurückgekehrt, nachdem sie ihr Töchterchen nach Europa in Sicherheit gebracht hat. Von den Ereignissen im Juli will sie kaum etwas gemerkt haben. Sie sei von den Schwarzen in Ruhe gelassen worden. Dann habe sie sich allerdings der allgemeinen Flucht angeschlossen. Als sie nach sechs Wochen wieder nach Thysville kam, waren Laden und Wohnung völlig unversehrt. Die Frau unterbrach das Gespräch, um afrikanische Kundschaft zu bedienen. Sie sei mit ihrem Schicksal zufrieden, sagte sie, aber auf ihrem energischen Gesicht lag ein gequälter Ausdruck.

»So ähnlich wie Thysville heute müssen einmal die gallischen Städte des römischen Imperiums nach dem Einbruch der Barbaren ausgesehen haben«, meinte ein bärtiger französischer Missionar, der zur Unterstützung seines belgischen Confraters aus Brazzaville über den Strom gekommen war. »Die meisten germanischen Söldner hatten damals ihre römischen Centurionen verjagt und übten willkürliche Macht aus. Das Leben lief noch eine Zeitlang in den alten Bahnen, bis ein Rad nach dem anderen in dem wohlgeordneten Verwaltungs- und Wirtschaftsleben zum Stehen kam. Die italischen Präfekturbeamten waren geflüchtet, und nur die levantinischen Händler klammerten sich wie hier die Portugiesen an ihre Habe. Ein neues, ungewisses Zeitalter brach an. Aber die erste Stufe war das Chaos.«

Der Distriktverwalter des Bezirks Thysville ist ein kluger Afrikaner, der die Dinge beim Namen nennt. Seiner Administration unterstehen 130000 Menschen. Seine größte Sorge ist die Arbeitslosigkeit, die immer mehr um sich greift. Auch an Ärzten und Medikamenten fehlt es. Die beiden polnischen Mediziner, die ihm die UNO zur Verfügung gestellt hat, haben sich noch nicht eingewöhnt. Neuerdings sind Brot und Kartoffeln selten geworden. Für die diesjährige Schuleröffnung fehlen mindestens fünfzig Lehrer. Die Flußschiffahrt, die Straßenarbeiten liegen still.

Im Nebenzimmer des Verwaltungschefs befindet sich ein Waffenarsenal. Die Eingeborenen von Thysville fürchten sich heute vor der eigenen Armee. Der Administrateur gibt zu, daß die Regierung keinerlei Kontrolle über die Truppe ausübt. Ein Glück, daß die Marokkaner da sind und den Monatssold für die Kongo-Soldaten aufgetrieben haben. Die neuen, schwarzen Offiziere, die im Juli über Nacht befördert wurden, können sich bei den Untergebenen nicht durchsetzen. Der »Camp Hardy« ist ein Zentrum brodelnder Unruhe.

Der Befehlsstand des marokkanischen Hauptmanns ist in einer roten Villa untergebracht. Der Capitaine hat uns zum grünen Pfefferminztee eingeladen. Er trägt den kurzen marokkanischen Backenbart um das blasse Gesicht eines Bürgers von Fez. Er bewegt sich mit Würde. Auf diesem Außenposten am Äquator wird in den Maghrebinern eine alte imperiale Tradition wach. Sie werden an die abenteuerliche Expedition des Sultans Ahmed el Mansur erinnert, dessen Krieger in der Niger-Schleife nach dem geheimnisvollen Goldland Ghana suchten. Die Marokkaner stehen in hoher Achtung bei den Schwarzen, auch wenn sie, wie am Vortag, auf eine Gruppe Meuterer Warnschüsse abfeuern müssen.

Vor manchen Hütten der Eingeborenen parken die breiten amerikanischen Limousinen geflohener Belgier. Meist sind sie in einem erbärmlichen Zustand, und in wenigen Wochen werden sie Wracks sein. Vor der katholischen Kirche von Thysville habe ich einen belgischen Missionar entdeckt. Der Priester in der weißen Soutane ist schnell wieder im Gotteshaus verschwunden. Wenn er die Messe liest, ist er mit dem Dutzend Europäer und einigen Missionsschwestern allein. Die Afrikaner gehen nicht mehr in die Kirche. Auch die Missionare waren im Juli ohne Ausnahme nach Leopoldville geflohen. Auf Weisung ihres Bischofs sind sie an ihre Wirkungsstätte zurückgekehrt. Sie begreifen heute noch nicht, was mit den Schwarzen vorgegangen ist, die sie zu kennen glaubten.

Im Hotel Royal von Thysville habe ich mich zu einem würdigen alten Kongolesen an den Tisch gesetzt. Er war Lehrer gewesen und betätigt sich heute als verantwortlicher Führer der Abako-Bewegung. Der Mann saß still vor einem Glas Rotwein und musterte mich lange. Ob ich Russe sei, fragte er. Der Alte machte aus seiner Opposition gegen Lumumba kein Hehl. Nur sei der Zeitpunkt für einen offenen

Kampf der Bakongo-Autonomisten gegen die Zentralregierung noch nicht gekommen. Hingegen schien der in Leo verschrieene Separatist Tschombe in Thysville eine gewisse Achtung zu genießen. »Was Tschombe in Katanga macht, das ist seine eigene Sache, das geht Lumumba nichts an«, meinte der Abako-Politiker. In Thysville hatte der schwarze Messias Simon Kimbangu gewirkt, und alle antiklerikalen Parolen haben sofort Glauben gefunden.

Der Alte bedauerte, daß die europäischen Zivilisten nach Europa geflohen seien. Darunter leide die Wirtschaft und der Wohlstand des Landes. Die Abako kenne keinen Haß gegen die Weißen. Nur von den Missionaren wollte er nichts wissen. »Die Missionare hatten uns gelehrt, du sollst nicht töten«, erzählte der Alte, »aber als wir ihre Häuser durchsuchten, haben wir Waffen gefunden. Sie haben uns gepredigt, du sollst nicht stehlen, aber sie haben in unseren Gemeinden in Reichtum gelebt. Was haben sie uns nicht noch alles gesagt? Heute zweifeln wir daran, daß es überhaupt einen lieben Gott gibt.«

Es wohnten keine weißen Gäste mehr im Hotel Royal. Die Bedienung ging recht und schlecht weiter. Der Boy brachte Kaffee und Spiegeleier. An der Bar führte ein Unteroffizier der Kongo-Armee ein lautes Gespräch mit dem schwarzen Kassierer. »Wollen Sie nicht nach Süden marschieren, um Katanga zu befreien?« fragte ich den Soldaten. Der stimmte ein schallendes Gelächter an. »Was geht mich Katanga an«, antwortete er. »Wir sind hier in Thysville und bleiben hier. Monsieur Lumumba hat uns in Thysville keine Befehle zu geben.« Der Mann hinter der Bar stimmte eifrig zu: »Unsere Soldaten bleiben bei uns. Vielleicht werden wir sie noch einmal gegen die Zentralregierung brauchen können.« Was war an diesen Reden Ausdruck der wirklichen Stimmung? Was war Palaver? »Das Volk von Thysville hat seine eigenen Propheten«, hatte der Abako-Führer beteuert; »die Bakongo haben nicht auf den Messias Lumumba gewartet.« An der Bahnlinie zwischen Leopoldville und dem Hafen Matadi soll es in letzter Zeit zu Sabotageakten gekommen sein.

Die schrecklichen Speere der Baluba

Leopoldville, Anfang September 1960

Samstag

»Bakwanga ist unsere Marne-Schlacht am Kongo«, sagen die letzten Belgier von Leopoldville. Das ist natürlich maßlos übertrieben. Für Belgien ist der Kongo verloren, wie auch immer der Bürgerkrieg in Kasai oder Katanga ausgehen mag. Aber man versteht die Genugtuung der Belgier. Denn in der Diamantenstadt Bakwanga zeichnet sich eine dramatische Wende der Kongo-Krise ab.

Die Hauptstadt des sogenannten Diamantenstaates in Süd-Kasai ist ein schmuckes Städtchen von etwa fünfzehntausend Einwohnern. Die geduckten Siedlungen der schwarzen Arbeiter umgeben in weitem Umkreis die Villen der belgischen Bergbauingenieure, halten sich aber respektvoll auf Distanz. Die Ziegeldächer dieser Villen sind die einzigen Farbflecke in einer flachen, staubigen Savannenlandschaft. Die Häuser der Belgier sind heute von ihren Bewohnern verlassen. Die riesigen Bagger der Diamantengruben stehen still. Die 120 Europäer, die in Bakwanga zurückblieben, sind in ein Clubhaus geflüchtet, wo die tunesischen UN-Soldaten zu ihrem Schutz Maschinengewehre in Stellung brachten.

In den Eingeborenenvierteln von Bakwanga ist die Hölle los. Vor einer Woche waren die Soldaten der Lumumba-Armee überraschend und kampflos einmarschiert und hatten den ärgsten Gegner Lumumbas, den Baluba-Führer Albert Kalondji, zur Flucht gezwungen. Das Schicksal des separatistischen Zwergstaates im Vorfeld von Katanga schien besiegelt. Aber kaum hatten sich die Soldaten der Nationalarmee in Bakwanga häuslich eingerichtet und auf endlosen Gelagen dem Palmwein zugesprochen, schlichen die Krieger des Baluba-Stammes im Schutz der Dunkelheit bis an die Stadtgrenze. Teils waren sie mit Giftpfeilen, Speeren und Vorderladern, teils aber auch mit belgischen Schnellfeuergewehren bewaffnet.

Die Schlacht um Bakwanga, wie man hier phantasievoll sagt, hatte begonnen. Sie artete in einen regelrechten Straßenkampf aus. In den ersten Tagen wurde Munition verschossen, ohne daß viele Opfer zu beklagen waren. Die Lumumba-Truppen veranstalteten mit Maschinengewehren und Granatwerfern ein wildes Feuerwerk. Doch als die Angriffe der Baluba sich versteiften, als die Toten und Verwundeten bei der Nationalarmee sich mehrten, da wurden die schwarzen Krieger Lumumbas vom Blutrausch gepackt. Fünfzig wehrlose Männer und Frauen, die in einem Missionsgebäude Zuflucht vor den Kugeln suchten, wurden von den Soldaten der Zentralregierung mit dem blanken Buschmesser abgeschlachtet.

Seitdem haben die Kämpfe um Bakwanga nicht nachgelassen. Vorsichtige Berichte der Vereinten Nationen nennen die Zahl von dreihundert Toten. Die Lumumba-Truppe, die auf mehr als tausend Mann verstärkt wurde, steht vor ernsten Nachschubschwierigkeiten. Unter Androhung von Gewalt wurden belgische Sabena-Piloten gezwungen, fünf Tonnen Munition nach Kasai zu fliegen. Alarmmeldungen kommen ebenfalls aus Stanleyville. Von dort ist ein zusätzliches Bataillon der Lumumba-Loyalisten in Richtung auf Luluabourg und Bakwanga in Bewegung gesetzt worden. Die Maschinen, die diese Soldaten bestiegen, gehörten keiner belgischen Gesellschaft. Es waren frisch eingetroffene sowjetische Transportflugzeuge.

Zehn russische Iljuschin befinden sich zur Stunde am Kongo. Sieben davon sollen bereits in der Kasai-Provinz eingesetzt sein. Ein englischer Agentur-Korrespondent meldete nach London: »Die Russen mischen sich am Kongo ein.« Da auf der anderen Seite die Belgier zugunsten Katangas und der Guerilla Kalondjis auf versteckte Weise intervenieren, ist das Wort von der Internationalisierung des zentralafrikanischen Bürgerkrieges wieder in aller Mund.

Der Kampf um Katanga dürfte unter diesen Umständen noch lange dauern. Vielleicht ist die Schlacht um Bakwanga für Moise Tschombe nur ein hinhaltendes Gefecht. Sie wird der abgefallenen Südprovinz jedoch erlauben, die Regenzeit abzuwarten, die alle Straßen und Wege zwischen Kasai und Katanga in Morast verwandelt. Entscheidend dürfte es in diesem afrikanischen Feldzug auf den Besitz der wenigen Flugplätze ankommen. Der große belgische Flugstützpunkt Kamina, auf halbem Wege zwischen Bakwanga und Elisabethville, ist die eigentliche Schlüsselstellung. Kamina ist nach dem Abzug der Belgier durch ein UN-Kontingent neutralisiert worden. Bezeichnenderweise fordert die Sowjetunion die unverzügliche Übergabe dieser Base an Lumumba.

Die Vereinten Nationen haben in Kasai bisher dem Gemetzel untätig zusehen müssen. Die Blauhelme aus Tunis sind nicht zahlreich genug, um sich mit Aussicht auf Erfolg einzumischen. Dennoch erscheint es absurd, daß die Soldaten der Weltorganisation, die zur Aufrechterhaltung von Ruhe und Ordnung an den Kongo kamen, keinen Finger krümmen dürfen, um dem Blutvergießen unter den Kongolesen ein Ende zu setzen. Das UN-Oberkommando in Leopoldville erwägt immerhin ziemlich ratlos diverse militärische Maßnahmen zur Trennung der Kämpfenden.

Sonntag
Die weiße UN-Maschine kreiste wie ein Symbol des Friedens über der Ebene von Ndjili. Die Sonne sank mit tropischer Schnelligkeit. In der Savanne regten sich die ersten Laute der Nacht. Vom Kongo, der hinter der gelben Hügelkette rauschte, wehte eine laue Abendbrise. Im Flugplatzrestaurant saß eine Gruppe von siebzig Tschechen, wohl vor allem Ingenieure und Techniker, vielleicht auch Militärs. Sie hielten sich streng abgesondert und sprachen nur halblaut miteinander. Drei italienische UN-Piloten an der Bar machten mehr Lärm als die siebzig Beauftragten aus Prag. Neben der Rollbahn warteten zwei Iljuschin-Maschinen mit den Farben der Tschechoslowakei.

Kaum jemand beachtete die Tschechen an diesem Abend. Alle starrten auf die Maschine, die gerade zur Landung ansetzte. Eine Rotte Photographen stürzte auf das eben gelandete weiße Flugzeug zu. Die Tür der Kabine ging auf. Hinter zwei amerikanischen Offizieren wurde ein Sarg heruntergetragen. Henry Taylor, Korrespondent der Hearst Press und Sohn des amerikanischen Botschafters in der Schweiz, war zwei Tage zuvor bei den Kämpfen im Raum von Bakwanga ums Leben gekommen.

Eine Stunde später aß ich mit Pierre Agostini, dem Berichterstatter einer großen Pariser Zeitung, zu Abend. Er war mit dem toten Taylor in Bakwanga gewesen und war noch gezeichnet von Strapazen und Schrecken. Wir saßen in einem schmuddeligen portugiesischen Restaurant am Rande des Eingeborenenviertels. Als Romanen sympathisierten die Franzosen am Kongo mit den Portugiesen, hielten aber nicht viel von ihrem Essen. Nur Agostini kehrte unermüdlich in dieses klebrige Restaurant zurück, wo sogar die schwarzen Boys sich in der Sprache Camões' ausdrückten, wo die dunkel gewandete Besitzerin mit der Würde einer lateinischen Matrone hinter der Theke hantierte. Die portugiesischen Gäste trugen unsagbare Traurigkeit im Gesicht. Agostini fühlte sich bei den Portugiesen zu Hause. Sie gehörten wie er dem mediterranen Lebenskreis an, und in diesem Lokal konnte man sich in eine Kneipe von Ajaccio versetzt glauben.

Mit einem Charterflugzeug war Agostini vor drei Tagen in Bakwanga gelandet. Freischärler Kalondjis vom Stamme der Baluba hatten mit belgischer Bewaffnung und Beratung gerade zum Gegenstoß angesetzt. Die Stadt war von den meisten Einwohnern verlassen. Auf den Soldaten der Nationalarmee lastete die Feindseligkeit des Landes ringsum. Sie waren aufgeregt und unsicher. Die weißen Ingenieure der belgischen Diamantengesellschaft »Forminière« hatten sich im »Club« verschanzt, wo die Tunesier über sie wachten. Journalisten und Belgier sympathisierten nicht miteinander. Die flämischen Ingenieure hatten schon in der Kolonialzeit nicht viel von Afrika verstanden und seit den dramatischen Juli-Ereignissen nichts dazugelernt.

Die Nationalarmee von Bakwanga war von der Ankunft der Journalisten, unter denen sich der Amerikaner Henry Taylor befand, offiziell unterrichtet worden. Die schwarzen Offiziere legten eine unerwartete Hilfsbereitschaft an den Tag. Nur die Transportfrage machte Schwierigkeiten, denn die kleine Gruppe wollte von Bakwanga aus nach Südosten in Richtung auf die Katanga-Grenze vorstoßen, wo die Gefechte zwischen Nationalarmee und Baluba-Freischärlern am heftigsten sein sollten. Schließlich trieb man drei australische Ärzte der Weltgesundheitsorganisation auf, die über ein altertümliches Motorfahrzeug verfügten, eine Art Taxi der Marne-Schlacht, über dem die weiße Fahne mit dem roten Kreuz wie eine Zeltplane gespannt war. »Jetzt fehlt uns nur noch Henri Dunant als Chauffeur«, sagte ein Spaßvogel.

Die Fahrt nach Südosten im motorisierten Konvoi schwerbewaffneter Kongo-Soldaten war beklemmend. Gleich hinter Bakwanga dehnte sich ein Kranz ausgebrannter Baluba-Dörfer. Irgendwo am Horizont regten sich Trommeln, unermüdlich und unverständlich. Rauchfahnen wiesen den Weg nach Katanga. Auf einmal sprangen die Soldaten aus ihren Jeeps. Hinter einem halb verkohlten Türpfosten hatten sie einen Menschen entdeckt, einen Baluba-Krieger. Er stützte sich auf einen Speer und trug den Grubenhelm der belgischen »Forminière« auf dem Kopf. Er ließ sich ohne jede Gegenwehr in den Jeep der wild schreienden Soldaten zerren. Vermutlich hatte ihm ein Zauberer einen Trunk bereitet, der ihn unsichtbar machen sollte. Nun kannte die Verwunderung des Luba keine Grenzen, daß dieser Fetisch nicht geholfen hatte. Irgendein Fehler mußte bei seiner Zubereitung unterlaufen sein. Mit noch größerem Staunen beobachtete der Gefangene die Weißen, die die Kongo-Armee begleiteten. Weiße bei den Soldaten Lumumbas – das war eine Welt, die diesem einfachen Mann irrsinnig und unbegreiflich erschien. Er fügte sich sanft und wie verschämt in sein Schicksal, das zu erraten nicht schwer war.

In einem Hohlweg kam es zur ersten Stockung. Baluba-Partisanen waren gesichtet worden. Ein Offizier schrie auf französisch und auf tschiluba in ein Megaphon: »Kommt zu uns, ihr Baluba-Krieger! Wir wollen euch nichts Böses tun. Wir sind alle Brüder in der großen Kongo-Nation. Laßt euch von euren falschen Hirten nicht irreführen! Kommt zu uns und schließt Frieden mit der einzig legalen Zentralregierung!« Jetzt erst verstanden die Journalisten, warum sie so bereitwillig mitgenommen wurden. Nach den Massakern von Bakwanga, die ihre Brutalität bloßgestellt hatten, wollten die Soldaten Lumumbas sich nun als Friedenstruppe gebärden, die nicht zur Ausrottung, sondern zur Versöhnung nach Süd-Kasai gekommen war.

Eine kleine Gruppe Baluba ging zögernd auf die Soldaten zu. Sie trugen europäische Kleidung. Drei von ihnen waren mit Maschinenpistolen bewaffnet. Die übrigen führten das breite, gefährliche Buschmesser, den »Coupe-Coupe«. Die Diskussion über die Waffenruhe artete bald zum Streit aus. Die Europäer sahen verständnislos zu, wie das Palaver immer gestenreicher wurde, wie die Blicke der Schwarzen sich drohend trafen und die Gesichtszüge sich auf beiden Seiten verzerrten.

Unvermutet ging der erste Schuß los, auf welcher Seite war nicht festzustellen, denn nun schossen die Soldaten mit ihren Maschinenpistolen, und auch die Baluba feuerten in den Haufen der Uniformierten, die vergeblich nach Deckung suchten. Die Freischärler waren unter Zurücklassung mehrerer Toter schreiend hinter der nächsten Bodenwelle verschwunden. Ihre Verwundeten wurden von Soldaten der Nationalarmee niedergemacht. Auch die Militärs hatten Verluste.

Die Europäer knieten um den schwer getroffenen Henry Taylor, der bald seinen Verletzungen erlag.

Der Leichnam Taylors war kaum in den australischen Sanitätswagen gebettet, da peitschten neue Schüsse. Seitlich des Hohlweges ertönte markerschütterndes Geschrei. Das war der dramatische Höhepunkt dieses kriegerischen Ausfluges, wie Agostini berichtete. Ohne in der welligen Savanne Deckung zu suchen, stürmten mehrere hundert Baluba auf die kleine Fahrzeugkolonne der Nationalarmee los. Die Stammeskrieger trugen bunte Hemden und Bluejeans wie irgendwelche Jugendliche zwischen San Francisco und Berlin. Aber in der Faust hielten sie den Speer ihrer Vorfahren, die Waffe der Steinzeit. Bei den Soldaten der Nationalarmee brach Panik aus. Sie sprangen in ihre Fahrzeuge und wendeten. Sie zwängten sich auch in das überladene Sanitätsauto und drohten mit dem Bajonett, als der australische Arzt sie auf die Bestimmungen der Genfer Konvention verweisen wollte. Während der Flucht nach Bakwanga, sprachen Weiße und Schwarze kaum ein Wort. Die eingeäscherten Siedlungen wirkten nun noch gespenstischer als auf dem Hinweg.

Am späten Nachmittag, während die Reporter auf die UN-Maschine zum Abtransport des toten Amerikaners warteten, flogen drei Iljuschin ein. Sie trugen das rote Wappen der Sowjetunion. Die russischen Piloten brachten Verstärkungen Lumumba-treuer Truppen aus Stanleyville in die Diamantenprovinz.

Agostini beendete seine Erzählung. Er hatte kaum gegessen. Dem roten Angola-Wein hingegen hatte er kräftig zugesprochen. Endlich hörten seine Hände auf zu zittern. »Das ist das Verrückteste an dieser Geschichte«, sagte er, »in Wirklichkeit stehen sich am Kongo Russen und Amerikaner gegenüber mit dem unheimlichen Arsenal ihrer Kernwaffen und Raumraketen im Hintergrund; aber stellvertretend in Kasai tragen die Kongolesen ihre Gegensätze mit Lanzen und Giftpfeilen aus, wie in einem Indianerkrieg.«

Kasavubu setzt Lumumba ab

Leopoldville, im September 1960

Montag

Der kleine schwarze Korporal hatte den Befehl, das Postgebäude von Leopoldville gegen Überfälle zu schützen. Aber er war sich seiner Sache nicht ganz sicher. »Für wen ist denn die Nationalarmee, für Kasavubu oder für Lumumba?« fragte ich ihn. Er zuckte verlegen die Schultern. »Ich bin nur ein einfacher Soldat, Monsieur, wir wissen nicht, was wir tun sollen. Wir führen nur Befehle aus. Heute nacht, Monsieur, hat für den Kongo das große Unheil begonnen.«

Es war wirklich eine verworrene Nacht. Ich war mit einem französischen Kollegen im Zoo-Restaurant zum Abendessen. Wir hatten einen »Capitaine« bestellt; so heißt der schmackhafte Kongo-Fisch bei den Europäern. Mitten im Gespräch wurden wir von einem australischen Beamten der Vereinten Nationen unterbrochen. »Was ich Ihnen jetzt sage«, begann er, »ist eine private Mitteilung: Soeben hat der Staatspräsident Kasavubu den Premierminister Lumumba seines Amtes enthoben und an seiner Stelle den Senatspräsidenten Ileo mit der neuen Kabinettsbildung betraut. Gleichzeitig hat er den Vereinten Nationen den Auftrag erteilt, Ruhe und Ordnung im Lande wiederherzustellen.« Das war eine sensationelle Nachricht. Der grauhaarige Australier lächelte wie ein erfolgreicher Verschwörer.

Wir haben unseren »Capitaine« stehenlassen und sind in das Auto gesprungen. Noch ehe wir die Villa Lumumbas erreichten, bemerkten wir eine Menschenansammlung vor dem Gebäude von Radio Kongo. Einige Lumumba-Minister gingen gerade mit wütenden Gesichtern und geballten Fäusten auf eine Gruppe Journalisten los. Stoische Ghana-Soldaten trennten die Streitenden. Im Studio von Radio Kongo sprach Patrice Lumumba zu seinen Landsleuten. Die Verfügung Kasavubus sei illegal. Er, Lumumba, bleibe weiterhin Regierungschef. Er rufe die Nationalarmee auf, gemeinsam mit ihm die Kongo-Republik gegen Kasavubu und die Belgier zu schützen. Er sei bereit, die Fahne hochzuhalten und notfalls unter ihr zu sterben.

»Das ist ein Komplott Kasavubus und der Vereinten Nationen!«, schrie ein aufgeregter Minister auf der Straße. »Man gebe uns Waffen und Uniformen, dann werden wir kämpfen!«, rief ein zweiter. Der Direktor von Radio Kongo, ein Mulatte, der bislang als glühender Lumumba-Anhänger galt, wich meinen Fragen aus. »Was soll ich schon sagen«, wand er sich, »ich bin Beamter.« Lumumba hatten wir nicht erreicht, und so versuchte ich, in seine Villa am Kongo einzudringen. Der Ghana-Posten hielt mich wohl für einen UN-Beauftragten und ließ mich durch. Ein Kongo-Soldat mit dem aufgepflanzten Bajonett zögerte etwas, dann trat er zur Seite. Im unteren Salon war eine aufgeregte Menge versammelt. Frauen und Kinder waren dabei. Es war ein Bild, wie es wohl alle zusammenbrechenden Regime bieten. »Was wollen Sie denn hier?« fragte mich ein riesiger Kongolese. Ich war der einzige Weiße. Kaum hatte ich gesagt, daß ich Journalist sei, sprang er mir an die Gurgel. Ein Glück, daß die anderen Gäste im Hause Lumumbas besonnener waren und den Mann beschwichtigten. Der Ghana-Soldat, den ich zu Hilfe gerufen hatte, war nicht sonderlich erstaunt. Er war es schon gewohnt, daß UN-Beauftragte in diesem Haus höchst unsanft aufgenommen wurden.

Inzwischen hatte sich wieder ein Rudel Journalisten angesammelt. Wir fuhren zum Stanley-Denkmal hoch über den Stromschnellen, zur Villa Kasavubus. Auf dem Hinweg begegneten wir weißen Jeeps der Vereinten Nationen. Der Staatspräsident befand sich bereits unter dem Schutz marokkanischer Truppen. Unter dieser Obhut brauchte ihm vor etwaigen Aktionen der Lumumba-Truppen nicht bange zu sein. Ein marokkanischer Hauptmann gab uns den energischen Rat, den Umkreis der Residenz zu verlassen.

Es war eine seltsame Nacht. Da hatte ein Putsch stattgefunden. Der Staatspräsident und der Regierungschef standen sich als erbitterte Feinde gegenüber, aber nirgendwo waren Militärpatrouillen zu sehen. Es schien, als sei in Wirklichkeit gar nichts passiert. Ich bin dann mit einem Kollegen zum großen Lager der Nationalarmee gefahren, in die Höhle des Löwen gewissermaßen. Vor zwei Stunden hatten dort die Sirenen geheult und den Alarmzustand verkündet. Am Eingang des Camp Leopold kamen uns nur untätige Soldaten in verwahrloster Uniform entgegen. Sie waren nicht aufgeregt und benahmen sich uns Europäern gegenüber erstaunlich korrekt. Oberst Mobutu, den wir suchten, war nicht aufzutreiben. Die meisten Soldaten waren auf Streife in die Eingeborenenstadt geschickt worden. Sie alle hatten die

Reden Kasavubus und Lumumbas gehört. In den schwarzen Gesichtern war Ratlosigkeit zu lesen. »Für wen seid ihr denn«, fragte ich erneut den Sprecher der Gruppe, »für Lumumba oder für Kasavubu?« Der Unteroffizier druckste herum: »Wir gehorchen den Befehlen, aber die meisten Soldaten hier stehen wohl auf seiten Kasavubus, wenn es darauf ankommt.«

Im Hotel Royal, das sich von ferne wie die Silhoutte eines Ozeandampfers ausnimmt, brennen die ganze Nacht über die Lichter. Den Vereinten Nationen werden seit einigen Tagen schwere Vorwürfe gemacht. Unter den Baluba in Kasai geht das Gemetzel weiter. Wenn die Weltorganisation überhaupt einen Sinn haben soll, dann muß sie hier einschreiten.

Dienstag

Leopoldville gleicht einer belagerten Stadt. Die Wachen der Vereinten Nationen sind verdoppelt worden. Die Ghana-Soldaten haben ihre blauen Bakelithelme mit richtigen Stahlhelmen vertauscht. Am UN-Hauptquartier brennen die riesigen kanadischen Militärpolizisten darauf, den Meuterern der Kongo-Armee die Mißhandlung ihrer Landsleute auf den Flugplätzen Ndjili und Stanleyville heimzuzahlen. Das Zivilpersonal der UN-Stäbe wird neuerdings in bewaffneten Konvois zur Arbeitsstätte gefahren. Die Eingeborenenstadt von Leo ist bei Dunkelheit wie ausgestorben. Bewaffnete Kongo-Polizisten sitzen in den Gärten im Anschlag. Von Zeit zu Zeit fallen Schüsse.

Am Nachmittag kam es mitten im Europäerviertel zur bisher größten Knallerei. Gegen vier Uhr fuhr ein halbes Dutzend Lastwagen an der Post vorbei. Sie waren mit schreienden Schwarzen gefüllt, die Plakate und grüne Zweige schwenkten. Vorn und hinten wurden sie von Motorrollern und Personenautos eskortiert, die ununterbrochen hupten. Die Anhänger Kasavubus hatten die »Cité« zur Triumphfahrt verlassen. Die Wagenkolonne überquerte den Boulevard Albert und steuerte auf die Villa Lumumbas zu. Die Zuschauer spendeten Beifall, als sie die Transparente lasen: »Nieder mit dem kommunistischen Verräter Lumumba«, und »Kasavubu, Vater der Nation, rette die Kongo-Republik!«

Bedrohlich wirkten diese gestikulierenden Menschen auf den Lastwagen nicht. Die Zweige, mit denen sie den Passanten zuwinkten, gaben der Kundgebung ein beinahe österliches Gepräge. Anhänger der Abako-Partei hatten sich zusammengetan, um den Gefolgsleuten Lumumbas die Herrschaft über die Straße zu entreißen. Eine Kraftprobe war im Gange. Wir hatten einige Mühe, die Lastwagen zu überholen. Die Ghana-Posten guckten verwundert zu. Unter den schwarzen Zivilisten herrschte Kirmesstimmung. Wie lange würde es dauern, bis Armee oder Polizei eingriffen?

Unser Volkswagen hatte endlich Vorsprung gewonnen. Zweihundert Meter vor der Lumumba-Residenz parkten wir in einer Seitenstraße, um den weiteren Ablauf zu beobachten. Kaum war der Motor abgestellt, brauste in rasender Fahrt ein Überfallkommando der Polizei heran. Die mausgrau uniformierten Polizisten trugen Stahlhelme. Sie hatten Karabiner und Maschinenpistolen in der Hand. Ein doppelter Kordon riegelte den Boulevard Van Geyle ab. Die Demonstranten waren noch nicht auf fünfzig Meter herangekommen, da eröffnete die Polizei ohne Warnung das Feuer. Zwar hielten die meisten ihre Gewehre in die Luft, aber die Feuerdisziplin war so gering, daß auch uns die Kugeln um die Ohren pfiffen. Die schaulustigen Nachbarn stürzten in ihre Häuser. Die Demonstranten waren schon so nahe an die Absperrung herangekommen, daß sie nicht mehr wenden konnten. Zwei Personenwagen versuchten durchzubrechen, aber die Reifen wurden durchschossen und die Insassen mit Kolbenhieben traktiert.

Die Polizisten, die der Provinzregierung von Leopoldville und deren Lumumba-freundlichem Chef Kamitatu unterstehen, machen sich einen Sport daraus, die Opponenten zu verprügeln. Unter Gebrüll veranstalten sie eine Hetzjagd quer durch Gärten und Anlagen. Später lassen die Ordnungshüter ihre Wut an den verlassenen Fahrzeugen aus, deren Sitze herausgezerrt und deren Armaturenbretter zertrümmert werden. An diesem Nachmittag gibt es zwei Tote und viele Verletzte bei den Abako-Leuten. Endlich erscheint ein weißer Jeep der UNO mit marokkanischen Offizieren. Die wenigen Europäer, die hinter Gartenmauern Deckung suchten, atmen auf. Die Polizeiaktion verlagert sich in die »Cité«. Die Kundgebung ist gescheitert. Dank der Polizei bleibt Lumumba Herr der Straße.

Und das Leben geht weiter. Der Staatspräsident Kasavubu hat den Premierminister abgesetzt. Daraufhin hat der Regierungschef das Staatsoberhaupt abgesetzt. Die Unruhe reißt nicht ab. Doch in den

Hotels brennt das Licht und fließt das warme Wasser. Binnen vierundzwanzig Stunden kann man seinen Anzug reinigen lassen. Die wenigen Restaurants sind voll. Die Kinos wechseln regelmäßig ihr Programm.

Die Anarchie am Kongo wird zum faszinierenden Rätselspiel. Der Verfassungskonflikt zwischen Lumumba und Kasavubu ist nur eine neue Phase dessen, was Serge Michel die »surrealistische Revolution« nennt. Seit kurzem regen sich zusätzliche Kräfte im Hintergrund. Kasavubu, der mit Umsicht und List seine Trümpfe ins Spiel bringt, steht nicht mehr allein gegen den in jeder Hinsicht überlegenen Lumumba. Hinter Kasavubu weht die schützende blaue Fahne der Vereinten Nationen.

Die Korrespondenten des Ostblocks berichten voll Empörung vom »Komplott der UNO zugunsten Kasavubus«. Das ist kaum übertrieben. Die Sympathien sind eindeutig verteilt. Nach außen scheint es, als sei Lumumba Herr der Lage. Die Polizei verhaftet und schießt auf sein Kommando. Die kongolesische Nationalarmee im Camp Leopold gehorcht ihm mißlaunig. Die Opposition wird niedergeknüppelt. Der Staatspräsident sitzt wie ein Gefangener in seiner Villa.

Dennoch zieht sich ein unsichtbares Netz über Lumumba zusammen. Seine heftigen, gut gezielten Aktionen verpuffen. Er hatte begonnen, die Bevölkerung des Kongo über Rundfunk gegen Kasavubu aufzuwiegeln. Doch gestern nachmittag um vier Uhr ist ein kühler britischer Offizier der Ghana-Armee in den Senderaum von Radio Kongo gekommen, und seitdem schweigt die Station. Lumumba hatte Verstärkungen der Nationalarmee aus dem ihm ergebenen Stanleyville angefordert. Da schlossen die Vereinten Nationen sämtliche Flugplätze. Auf der Rollbahn von Ndjili sind Jeeps und Lastwagen als Schikanen aufgefahren und verhindern jede Landung. General Victor Lundula, Oberbefehlshaber der Kongo-Armee und Stammesbruder Lumumbas, ist weit von der Hauptstadt weg in Luluabourg blockiert.

Das wichtigste Resultat dieser dramatischen Tage ist die Lähmung der sowjetischen Intervention. Zehn der fünfzehn russischen Iljuschin-Maschinen am Kongo waren im Pendelverkehr zwischen Stanleyville, Luluabourg und dem heiß umkämpften Bakwanga eingesetzt. Sie flogen Lumumba-Truppen an die Brennpunkte des Bürgerkrieges. Seit die Vereinten Nationen die Schließung der Flugplätze verfügten, ist den Russen automatisch jeder Start verwehrt. Die amerikanischen Diplomaten reiben sich die Hände.

Unterdessen streiten sich die Verfassungsjuristen. Hatte Kasavubu das Recht, Lumumba abzusetzen und den Senatspräsidenten Ileo mit der Neubildung des Kabinetts zu beauftragen? Ganz eindeutig ist das nicht zu klären, obwohl Paragraph 22 des Kongo-Grundgesetzes eine solche Möglichkeit andeutet. Ganz bestimmt ist aber der Gegenzug Lumumbas, die Absetzung des Staatsoberhauptes durch Kabinettsbeschluß, illegal. Die Interpretationen der Rechtsgelehrten sind nicht sonderlich gefragt. Auf das Kräfteverhältnis kommt es an, und in dieser Hinsicht ist alles offen. In Leopoldville dürften nicht mehr als zehn Prozent der Einwohner auf seiten Lumumbas stehen. Auf dem Lande ringsum gärt es beim Bakongo-Volk. Sollte Lumumba sich in der Hauptstadt mit Waffengewalt durchsetzen, würde der Bürgerkrieg sehr bald auf die untere Kongo-Provinz überspringen. Unterliegt Lumumba jedoch in der Hauptstadt, böte sich ihm ein Ausweichen nach Stanleyville an, von wo er den Kampf weiterführen könnte.

Der einzige Sender, den man in Leo noch neben dem französischen Rundfunk Brazzaville hören kann, ist die Station Elisabethville in Katanga. Für Moise Tschombe ist der Konflikt Kasavubu – Lumumba ein Geschenk des Himmels. Die Gegner Lumumbas in Leopoldville lassen den Namen Tschombe hochleben. Von der schnellen Eroberung der Katanga-Provinz reden nur noch Phantasten. Über Radio Elisabethville werden hemmungslose Kommentare ausgestrahlt. »Lumumba ist wie ein reißendes Tier«, sagt der Sprecher. »Kongolesen, tötet Lumumba. Wenn Lumumba nicht stirbt, dann stirbt der Kongo.« Der Kommentar ist von einem gewissen »Jean sans Peur« verfaßt, von »Hans ohne Angst«. Hans ohne Angst hat gut reden. Er sitzt in Elisabethville, tausenddreihundert Kilometer weit vom Schuß.

Mittwoch

Seit heute nachmittag hat der Kongo zwei Regierungen. Während Premierminister Lumumba vor dem kongolesischen Abgeordnetenhaus eine brillante Rechtfertigungsrede hielt, hat Staatspräsident Kasavubu in der Villa neben dem Stanley-Denkmal die Gegenregierung des Senatspräsidenten Ileo zur ersten Kabinettssitzung um sich versammelt.

Ileo ist kein ebenbürtiger Gegenspieler für Lumumba. Der Senatspräsident ist ein vornehmer, in sich gekehrter Mann. »Zu anständig für die Politik«, würde man in Europa sagen. Joseph Ileo gehört zu der Handvoll Kongolesen, die trotz aller Einschränkungen der belgischen Kolonialbehörden ein Universitätsstudium in Europa absolvieren konnten. Er praktiziert eine politische Mäßigung, die ihn unter den übrigen Kongo-Politikern als Außenseiter erscheinen läßt. Daß er ein eigenwilliger Mann ist, haben ihm die Belgier vor der Unabhängigkeit bereits bescheinigt, als ein Administrateur aus Lüttich über ihn eine Aktennotiz verfaßte: »Ileo ist schwer zu führen, aber er ist auch nicht in der Lage, andere zu führen.«

Ileo hat eine vielschichtige Mannschaft um sich versammelt. Manche Minister sind vorher kaum konsultiert worden, andere gehören immer noch dem Kabinett Lumumba an. Wann und wie dieses Gegenkabinett anfangen soll zu regieren, wie es gegen Lumumba eine parlamentarische Mehrheit zusammenbringen will, ist allen Beteiligten unklar. Zunächst wird es bei der Proklamation bleiben. Wenn dann noch eine Pressekonferenz abgehalten ist, werden die schwarzen Exzellenzen sich in der Gewißheit wiegen, sie seien vor aller Welt rechtsgültig im neuen Amt installiert.

Lumumba versteht sich viel besser auf sein Metier. Der Senat weigerte sich zwar, dem Wunsch des Premierministers zu folgen und gemeinsam mit der Deputiertenkammer zu tagen, um einen neuen Staatspräsidenten zu bestimmen. Doch im Abgeordnetenhaus konnte Lumumba den Applaus einer eindeutigen Mehrheit unter den rund hundert anwesenden Parlamentariern für sich buchen. Der Eröffnungstag der großen parlamentarischen Debatte beider Häuser endete in totaler Konfusion. Lumumba hatte zuvor ein Meisterstück demagogischer Redekunst absolviert.

Er schmeichelte den Abgeordneten und versprach ihnen fette Pfründe. »Der Kongo wird in der ganzen Welt Botschaften errichten!«, rief der schwarze Tribun. »Wir brauchen sechzig Botschafter für unsere diplomatischen Vertretungen. Wo werden wir diese qualifizierten Männer finden? Selbstverständlich unter Ihnen, meine Herren Abgeordneten. Wir brauchen auch Generalkommissare zur Kontrolle der großen ausländischen Unternehmen am Kongo. Wer wird die Generalkommissare für diese Schlüsselpositionen stellen? Dabei wird natürlich in erster Linie an die ehrenwerten Mitglieder dieses hohen Hauses gedacht.« Die Deputierten gluckten vor Begeisterung. Die Aussicht auf so lukrative Posten, die Lumumba noch durch das Versprechen zahlloser Auslandsreisen ergänzte, entfesselte einen Sturm der Begeisterung bei den Hinterwäldlern aus Kasai und Kivu.

Dann drohte er der Opposition mit der Vehemenz eines Jakobiners. Die Abako-Vertreter setzten sich als einzige gegen die Beschuldigungen zur Wehr. Mit Staatspräsident Kasavubu ging Lumumba verhältnismäßig schonend um. Dem Kommando der Vereinten Nationen hingegen wurden die finstersten Absichten unterstellt. Überall sieht der Premierminister Sabotageversuche der Imperialisten. Auch die katholische Kirche wurde in diese Verdächtigungen einbezogen.

Mit 60 gegen 19 Stimmen hat das Abgeordnetenhaus eine Resolution gefaßt, in der Kasavubu und Lumumba aufgefordert werden, ihre Differenzen zu überwinden. Sie sollen fortfahren, ihre jeweiligen Ämter auszuüben. Lumumbas Kompromißvorschlag – die Bildung einer gemischten parlamentarischen Kommission aus beiden Häusern zur Behebung der Verfassungskrise – wurde positiv aufgenommen. Auf der Tribüne war viel von der Weisheit der Bantu-Rasse die Rede. Schon wird vermutet, der Konflikt Lumumba – Kasavubu sei doch noch durch Schlichtung beizulegen.

Donnerstag

Patrice Lumumba hat wieder den Wind im Rücken. Einen Moment hatte es heute morgen während der Debatte im Senat so ausgesehen, als würde die Stimmung gegen den Regierungschef umschlagen. Außenminister Justin Bomboko war in der Frühe mit knapper Mühe der Verhaftung entkommen. Er hatte seine Unterschrift unter das Dekret Staatspräsident Kasavubus gesetzt, das die Abberufung Lumumbas verfügte. Nun führte Bomboko vor dem Senat den bisher energischsten Angriff gegen die Regierungspolitik. Er beschuldigte das Kabinett Lumumba, den Kongo in die Anarchie zu stürzen und durch die Anforderung sowjetischer Flugzeuge dem Kommunismus in Afrika Tür und Tor zu öffnen. Bomboko hatte seine Vorwürfe vor allem gegen die Umgebung Lumumbas gerichtet und den Premierminister kaum erwähnt.

Als Lumumba die Rednertribüne betrat, hat er Bomboko diese

Schonung schlecht gedankt. Mit bebender Entrüstung brandmarkte er den Außenminister als Agenten der Belgier und Verräter an der Nation. Der Senat, der bisher wie eine große Schulklasse wirkte, wurde plötzlich zum Tribunal. Kasavubu, der gestern vor dem Abgeordnetenhaus noch glimpflich davongekommen war, wurde dieses Mal von Lumumba schärfstens angegangen. Immer wieder fiel das Wort »Komplott«. Lumumba unterstellte Kasavubu, er werde von den Imperialisten ferngelenkt, er sei zum Werkzeug des internationalen Kapitals verkommen. Von nun an sind die Blauhelme der Vereinten Nationen in den Augen der Kongo-Regierung eine Okkupationsarmee, die die Teilung des Landes begünstigt.

Die Westmächte wurden von Lumumba als die Drahtzieher hinter dem Staatspräsidenten und den belgischen Grubengesellschaften bezeichnet. Neben den Vereinigten Staaten, Frankreich und Großbritannien stand dieses Mal auch die Bundesrepublik Deutschland unter Anklage. Bomboko hatte zu Beginn der Debatte eine Note der deutschen Botschaft verlesen, in der die Nichtbeachtung der diplomatischen Immunitäten durch die Soldaten der Kongo-Armee beanstandet wurde. »Ausgerechnet die Deutschen wollen uns solche Vorwürfe machen«, rief Lumumba, »dabei wissen wir, daß die Bundesrepublik mit den Belgiern einen Geheimvertrag abgeschlossen hat, um unsere Uraniumgruben auszubeuten!«

Wie Lumumba binnen weniger Minuten den Senat umkrempelte, war eine atemberaubende Leistung. Den Höhepunkt erreichte er mit einem Taschenspielertrick. »Heute vormittag hat unsere Polizei einen Arbeitslosen verhaftet, der Flugblätter verteilte«, verkündete der Premierminister mit triumphierendem Lächeln. »Die Flugblätter sind von den katholischen Missionen eingeschmuggelt worden. Bei dem Arbeitslosen haben wir zusätzlich ein Radiogerät und die Summe von sechzigtausend Franken gefunden.« Zur Bekräftigung hob Lumumba einen harmlosen Transistorempfänger hoch sowie ein Bündel von Geldscheinen, bei deren Anblick die Senatoren ein Freudengeheul anstimmten.

Draußen im Park patrouillierten die schwarzen Gendarmen. Im Parlamentsgebäude verteilten die Saaldiener Coca-Cola an die Senatoren. Von Zeit zu Zeit drehte sich ein Volksvertreter zur Presseloge um und ballte die Faust, denn seit gestern werden die westlichen Korrespondenten von Lumumba der systematischen Brunnenvergiftung bezichtigt.

Joseph Kasavubu verkriecht sich unterdessen in seine futuristische Villa. So nimmt man wenigstens an. Seine Residenz ist jetzt von einem starken Aufgebot Ghana-Soldaten geschützt. Sitzt Kasavubu dort wie die Spinne im Netz oder ist er schon Gefangener im eigenen Haus? Hat er die Partie verloren? »Er hat sich mit halben Maßnahmen begnügt. Er hat sich getäuscht, als er glaubte, Lumumba mit einer Präsidialverfügung aus dem Sattel heben zu können. Er hätte sich erst eine ihm ergebene Truppe schaffen müssen. Er hat sich zu sehr auf die Vereinten Nationen verlassen«, so sagen die Europäer von Leopoldville.

Dennoch wird weiterhin von Versöhnungsversuchen zwischen Kasavubu und Lumumba gemunkelt. Den meisten Kongo-Parlamentariern, die sich in der Zwickmühle befinden, würde ein Stein vom Herzen fallen. Aber sollte Kasavubu sein Absetzungsdekret zurücknehmen und Lumumba als Regierungschef neu bestätigen, dann unterschriebe er auf lange Sicht seine eigene Abdankung. »Nur noch der bewaffnete Aufstand des Bakongo-Volkes kann Kasavubu retten«, raunen die Belgier. Denn dann müßten die Truppen der Vereinten Nationen mit allem Nachdruck am unteren Kongo eingreifen.

Die Stellung der UN-Stäbe in Leopoldville ist überaus heikel geworden. Sie haben allzu deutlich mit Kasavubu sympathisiert. Die Schließung des Senders Leopoldville sowie die Besetzung der Flugplätze richteten sich eindeutig gegen Lumumba und seine Anhänger. Die afrikanischen Staaten, die am Kongo engagiert sind, werden unruhig.

Freitag

Im Hotel Regina hat der Kommandeur des guineischen Kontingents am Kongo um elf Uhr dreißig zu einer »wichtigen Pressekonferenz« eingeladen. Doch General Diane Lansane kam und kam nicht. Tibou Tounkare, der Leiter der guineischen Good-Will-Mission in Leopoldville, ein intelligenter kleiner Mann, wurde nervös. Ein anonymer Anruf ließ die Journalisten wissen, die Pressekonferenz sei abgesagt. Tibou konnte keine Verbindung mit seinem General im UN-Hauptquartier herstellen. Nach zweistündigem Warten gab er dann in Abwesenheit des guineischen Oberbefehlshabers die angekündigte Erklärung ab.

»Für die Republik Guinea«, so begann der Sprecher, »hat die afrikanische Solidarität Vorrang vor der internationalen Solidarität. Da es zu einem offenen Konflikt zwischen den Repräsentanten der Weltorganisation am Kongo und der legalen Regierung Lumumba gekommen ist, mußten die guineischen Truppen am Kongo eine schwere Entscheidung fällen. Sie haben sich auf die Seite ihrer afrikanischen Brüder geschlagen. Von heute an ist das guineische Bataillon am Kongo dem UN-Kommando entzogen. Das Guinea-Kontingent wird erst dann wieder der Autorität der UN-Stäbe unterstellt werden, wenn die Resolutionen des Weltsicherheitsrates strikt befolgt werden.«

Ganz unerwartet kam dieser Theatercoup, der mit Lumumba sorgfältig abgekartet war, natürlich nicht. Gestern abend war ich in der Bar des Hotels Memling mit dem Kameruner Aufstandsführer Roland Felix Moumié und einem Mitglied der guineischen Mission zusammen. Moumié hatte bereits eine Andeutung über die guineischen Absichten gemacht. »Hat denn euer General Diane das Recht, in einem so schwerwiegenden Fall selbständig zu handeln?« fragte ich den Guineer. »Der General ist von Sekou Touré mit allen Vollmachten ausgestattet«, kam die Antwort. »Diane ist nicht nur Generalstabschef der Guinea-Armee. Er ist Mitglied unseres Politbüros, und das zählt.«

Bis zum Ende der Pressekonferenz war der Guinea-General noch nicht im Hotel Regina eingetroffen. Offiziell befand er sich in einer Konferenz mit dem indischen Botschafter Rayeshwar Dayal, der in Leopoldville die Nachfolge von Ralph Bunche angetreten hat. Die wildesten Gerüchte gingen um.

Noch ist es zu früh, Prognosen über die Reaktion der übrigen Staaten zu machen, deren Soldaten am Kongo stehen. Die Regierung Lumumba rechnet zuversichtlich damit, daß zumindest die Vereinigte Arabische Republik Gamal Abdel Nassers dem Beispiel der Guineer folgen wird. Ja, man hofft in der Umgebung des Premierministers, daß ein unwiderstehlicher afrikanischer Trend entsteht. Die meisten Botschafter der Dritten Welt bedrängen das UN-Kommando, der Kongo-Regierung die Kontrolle über Rundfunk und Flugplätze zurückzugeben. Aber noch heute mittag versicherte mir ein ägyptischer

Diplomat, daß die V.A.R. niemals wie die Guineer vorgehen würde. »Wenn wir eine so außerordentliche Entscheidung treffen, dann wird sie nicht von einem Militär in einem zweitrangigen Hotel am Kongo verkündet, sondern von Gamal Abdel Nasser persönlich in Kairo«, sagte der Ägypter. »Im übrigen sollte man der nächsten Sitzung des Weltsicherheitsrates nicht vorgreifen.«

Lumumba hat mit dem großen Aufräumen begonnen. Gestern abend wurde der Sieg der Regierung im Senat mit Champagner begossen. Bis tief in die Nacht wurde gefeiert. Heute morgen hat der Ministerrat den Ausschluß der drei Kabinettsmitglieder Bomboko, Delvaux und N'Kay verfügt, die für Staatspräsident Kasavubu Partei ergriffen. Laut Serge Michel müssen Regierung und Parlament jetzt darauf hinwirken, die Stellung Lumumbas vollends zu untermauern. Das Ziel bleibt die Absetzung Kasavubus, die Hinwendung der Kongo-Republik zu einem Präsidialregime und die Ausrufung Lumumbas zum Staatsoberhaupt.

Wer wird sich diesen ehrgeizigen Plänen Lumumbas noch entgegenstellen? Kasavubu hatte in seinem Aufruf gegen Lumumba die Nationalarmee aufgefordert, sich vorübergehend entwaffnen zu lassen. Diese Aushändigung der Waffen an die UN-Truppen – die von der Regierungspresse mit der Kapitulation König Leopolds III. von Belgien im Mai 1940 verglichen wird – liefert Lumumba ein vorzügliches Argument, um bei den Soldaten Stimmung gegen den Staatschef zu machen. Dennoch hört man, die Armee sei Lumumba nicht sonderlich gewogen. Die schwarze Bevölkerung von Leopoldville hat den Abstimmungssieg des Regierungschefs im Senat mit Bedauern vernommen. Im Eingeborenenviertel ist die Stimmung heute gedrückt. Aber was nützt Kasavubu alle Popularität? Heute vormittag hatte er den ehemaligen Gouverneur von New York, Averell Harriman, zu Besuch, der im Auftrag des Präsidentschaftskandidaten John F. Kennedy durch Afrika reist. Ansonsten ist der Staatschef von der Außenwelt abgeschnitten.

Samstag

Die Dienststunden der Blauhelme sind verdoppelt worden. Die Nachtpatrouillen der Ghana-Armee stolpern schlaftrunken über den Boulevard Albert. Das war auch eine erschöpfende Woche für den afrikanischen »Superman« Patrice Lumumba. Er hat einen politischen Marathonlauf hinter sich. Selbst seinen erbittertsten Gegnern imponiert die Dynamik, der persönliche Mut und die Unverfrorenheit, mit der er beide Häuser des Parlaments in die Tasche gesteckt und damit das Blatt zu seinen Gunsten gewendet hat.

Staatspräsident Kasavubu sitzt tatsächlich wie ein Gefangener in seiner Residenz. In den Eingeborenenvierteln verschärfen sich die Kontrollen der Lumumba-Polizei. Die Journalisten in Leopoldville fühlen sich bedroht. Die endlosen Reden Lumumbas sind für sie hartes tägliches Brot. Am schlimmsten für alle Korrespondenten ist die Wartezeit auf der Post.

Leopoldville ist mit der übrigen Welt nur noch durch vier Fernschreiblinien verbunden. Oft sind zwei oder drei dieser Telex-Apparate durch technische Störungen blockiert. Der gesamte Geschäftsverkehr geht über die Ticker. Die Botschaften, die unablässig mit ihren Ministerien korrespondieren, haben Priorität. Im Durchschnitt verbringt ein Pressekorrespondent vier bis sechs Stunden pro Tag in der muffigen, schwülen Luft der öffentlichen Fernschreibstelle. Die Rundfunkreporter trauern der Zeit nach, als ihnen die tägliche Überfahrt über den Kongo zum Sender Brazzaville offenstand. Jetzt hängt auch ihr Schicksal von den Maschinen ab, die ihre Mucken haben und die Nerven mehr strapazieren als die Bajonette der Lumumba-Soldaten.

Es herrscht eine eigenartige Stimmung der Brüderlichkeit unter den Journalisten am Telex, die auch die Ost-West-Gegensätze überbrückt. Tass-Korrespondenten fraternisieren mit Reportern der »New York Times«. Der Vertreter der rotchinesischen Agentur »Hsin-Hua«, von besonders langen Wartezeiten geplagt, nimmt mit lächelnder Miene die Beileidskundgebungen seiner kapitalistischen Kollegen entgegen. Der Chinese Wang Shu genießt den Ruf fernöstlicher Langmut. »Es ist so, wie wenn ein Vater im Nebenzimmer auf den ersten Schrei seines Kindes wartet«, sagt er. Sogar west- und ostdeutsche Journalisten kommen beinahe freundschaftlich ins Gespräch. Das ist die völkerversöhnende Front der Fernschreiber in Leopoldville.

Die Vereinten Nationen geraten in eine Zerreißprobe. Der Ostblock und viele Afrikaner beschuldigen die Weltorganisation, sie versuche, Lumumba zu stürzen, während der Westen ihr vorwirft, sie gebe sich stets mit halben Maßnahmen zufrieden.

Für die UNO sind am Kongo keine Lorbeeren mehr zu holen. Vor zwei Monaten sprach man noch davon, die Blauhelme auch in Kamerun einzusetzen, um den dortigen Bürgerkrieg zu beenden. Heute denkt kein Mensch mehr daran. Frankreich wird es in der nächsten UN-Vollversammlung leichtfallen, unter Hinweis auf die Kongo-Situation jede Interventionsabsicht der Weltorganisation im Algerien-Konflikt zu unterlaufen.

In Kasai kämpfen weiterhin ein paar Kompanien der Lumumba-Armee gegen die Baluba-Horden Kalondjis. Die Soldaten sind von ihren rückwärtigen Verbindungen abgeschnitten. Drei Brücken auf der Strecke nach Luluabourg sind gesprengt, sämtliche Flugplätze durch UN-Anordnung blockiert.

Aus dem Hafen Matadi kommend, sind 160 sowjetische Lastwagen vor dem Camp »Leopold« eingetroffen. Aus sämtlichen Kasernen der Kongo-Republik dringen bedrohliche Gerüchte. Stammesfehden und politischer Zank seien dort aufgeflackert. In Leopoldville hört man neuerdings einen lokalen Geheimsender, »Die Stimme der Wahrheit«, der gegen Lumumba Stimmung macht.

Der Krieg der Mikrophone

Leopoldville, im September 1960

Sonntag
Der beschwörende Appell Patrice Lumumbas an die afrikanischen Brüder, dem UN-Kommando von Leopoldville den Rücken zu kehren und sich auf die Seite der Kongo-Republik zu schlagen, ist ohne Echo geblieben. Selbst die Guineer, die am Freitag gewillt schienen, »der afrikanischen Solidarität den Vorrang vor der internationalen Solidarität zu geben«, sind gespalten. Beim Kongo-Kommando Sekou Tourés ist es zu einem heftigen Kompetenzstreit zwischen General Diane Lansane und dem Delegationsleiter Tibou Tounkaré gekommen. Seitdem ist jede guineische Initiative gelähmt.

Lumumba hatte große Hoffnungen auf Ghana gesetzt. Doch gestern ist der persönliche Beauftragte Präsident Nkrumahs, Landwirtschaftsminister Botsio, in Leopoldville eingetroffen und hat sofort wissen lassen, ein Ausscheren des Ghana-Kontingents sei indiskutabel. Er, Botsio, sei gekommen, um zu vermitteln, um beschwichtigenden Einfluß auf Lumumba auszuüben. Noch kategorischer haben sich die marokkanischen und tunesischen Offiziere zugunsten der Weltorganisation ausgesprochen.

Am Samstag nachmittag gab der Sprecher der Vereinten Nationen bekannt, die Kongo-Nationalarmee sei durch höchste Order zur Feuereinstellung verpflichtet worden. Eine militärische Demarkationslinie werde demnächst die Südprovinz Katanga von den beiden Nachbargebieten Kasai und Kivu trennen. Eine UN-Kommission zur Überwachung der Waffenruhe, bestehend aus vierzehn Offizieren, habe Leopoldville in Richtung Katanga verlassen.

Offiziell war nicht zu erfahren, welcher Offizier auf kongolesischer Seite den Befehl zur Beendigung der Kämpfe erteilt hatte. Zweifellos handelt es sich um Oberst Mobutu. Mehrfach hatten die Sprecher der Vereinten Nationen die Lage am Kongo mit dem libanesischen Bürgerkrieg im Sommer 1958 verglichen. Mit der Entsendung der internationalen Beobachterkommission an die Grenzen Katangas schien die Analogie perfekt. Das UN-Kommando verfügt nunmehr über weite Kontroll- und Interventionsmöglichkeiten.

Spät in der Nacht veranstaltet ein enger Vertrauter Lumumbas, Staatssekretär Bolamba, eine ungewöhnliche Pressekonferenz im Fernschreibraum von Leopoldville. Bolamba dementiert die Meldung vom Waffenstillstand. Er beteuert, daß die Kongo-Armee geschlossen hinter Lumumba stehe und sich anschicke, alle strategischen Punkte der Hauptstadt zu besetzen. Gleichzeitig sickert durch, daß Oberst Mobutu, der den Befehl zur Feuereinstellung effektiv unterzeichnet hat, in Bedrängnis geraten ist. Lumumba habe den ihm ergebenen Jugendminister Mpolo zum neuen Generalstabschef der Nationalarmee ernannt, und Mobutu habe seinen Rücktritt angeboten.

Montag

Was geht wirklich im »Camp Leopold« vor? Das riesige Militärlager beherbergt weiterhin mehr als dreitausend ehemalige Angehörige der Force Publique. Wie es unter den schwarzen Soldaten brodelt, weiß nur ein Mann, der marokkanische General Kettani, von der Kongo-Regierung und den Vereinten Nationen mit der militärischen Beratung der ehemaligen belgischen Schutztruppe beauftragt.

Kettani lebt mit seinen marokkanischen Stabsoffizieren, die alle das blaue Bändchen des Indochina-Feldzuges an ihrer Ordensspange tragen, mitten im Lager. Er bewohnt eine schmucke Villa, die früher einem belgischen Oberst gehörte. Das Auftreten des bebrillten zierlichen Offiziers ist umsichtig und ein wenig salbungsvoll wie das eines muselmanischen Korangelehrten. Der weiße Turban eines Professors der Islamischen Qarawiyin-Universität von Fez würde ihm gut stehen. Kettani ist eine Schlüsselfigur im kongolesischen Spiel. Mit Geduld und diplomatischem Geschick ist es ihm gelungen, die Atmosphäre im Camp Leopold zu entgiften. Er genießt größtes Vertrauen bei den ihm anvertrauten schwarzen Soldaten. Der Marokkaner hat große Hoffnungen auf Mobutu gesetzt, dem er mit Rat und Tat zur Seite steht und in dem er einen der wenigen kühlen Köpfe in diesem hitzigen Land sieht.

Kettani hat einen präzisen Plan, wie man aus dieser Rotte von Meuterern wieder eine anständige Truppe machen kann. Heute sollte die normale Ausbildung wieder beginnen. Am Samstag war der rückständige Sold für zwei Monate ausbezahlt worden – und zwar aus dem Fonds der Vereinten Nationen. Dank der besänftigenden Wirkung dieses Zahltages mochte Kettani hoffen, daß wieder Ruhe und Ordnung bei dem Landsknechtshaufen einkehren würde – und eine stillschweigende Loyalität gegenüber dem UN-Schatzmeister im Hotel Royal.

Der General sprach sich gegen eine Entwaffnung der Kongo-Soldaten aus. Hingegen wurde verfügt, daß die Waffen in Magazinen bewacht werden. Um der Truppe zu schmeicheln, wurden ihr neue Uniformen und die sofortige Aufstellung einer kongolesischen Fallschirmeinheit versprochen. Seit die Force Publique in den dramatischen Julitagen von ein paar belgischen Para-Commandos überrannt wurde, schreibt jeder Kongo-Soldat dem Seidenschirm eine überwältigende Zauberkraft zu, und viele brennen darauf, selber aus einem Flugzeug zu springen. »Wenn die ersten kongolesischen Fallschirm-Sticks über der Ebene von Ndjili niederschweben, wenn diese Soldaten wieder anfangen, Korpsgeist zu haben, dann habe ich mein Spiel vielleicht gewonnen«, sagte Kettani.

In diesem Moment klingelte das Telefon, und die Absetzung Oberst Mobutus wurde bestätigt. Der von ihm unterzeichnete Befehl zur Feuereinstellung an den Grenzen von Katanga und Kasai war von Lumumba rückgängig gemacht worden. Kettanis Miene verfinsterte sich. »Falls die Kongo-Regierung ihre Armee mit allen Mitteln politisieren will«, brummte er, »dann garantiere ich für nichts, dann trete ich auch von meinem Posten als Militärberater zurück.«

Er schilderte mir sein Gespräch mit Diane Lansane. Der Guineer hatte ihn wenige Stunden zuvor aufgesucht. »Das ist ein eigenartiger Offizier«, beschrieb ihn Kettani. »Er ist wohl nie richtig Soldat gewesen, aber auf den Schultern trägt er mehr Sterne als ein Marschall von Frankreich. Auf die Frage, ob er sich als Offizier oder als Politiker betrachte, kann er keine klare Antwort geben. Statt dessen führt er stundenlange Reden über Humanität, Solidarität der Völker, soziale Gerechtigkeit, Gleichheit aller Rassen und so weiter. Am Ende habe ich Diane Lansane gefragt: ›Sind Sie Moslem?‹, was er bejahte. Nun, wenn Sie Moslem sind, dann kennen Sie den Koran. Da steht all das schon drin, was Sie mir eben erzählen.«

Auf der Heimfahrt stellen wir am Boulevard Albert erhöhte militärische Bereitschaft fest. Das Rundfunkstudio von Leopoldville ist von Ghana-Soldaten umstellt. Am Eingang der kleinen Nebenstraße sind sogar Schützenlöcher ausgehoben und Maschinengewehre in Stellung gebracht. Radio Leopoldville ist neben dem Flugplatz Ndjili der umstrittenste Punkt in der Kongo-Hauptstadt. Von hier aus hat vor einer Woche Staatspräsident Kasavubu die Abberufung Lumumbas bekanntgegeben, und der Premierminister erklärte an der gleichen Stelle wenige Stunden später Kasavubu für abgesetzt. Der Sender war von den Vereinten Nationen geschlossen worden.

Seit heute mittag ist er unter neutraler UN-Kontrolle wieder in Betrieb. Am Sonntag nachmittag hat Lumumba noch versucht, in das Studio einzudringen, um einen aufrüttelnden Appell an die Bevölkerung zu richten. Er war von einem baumlangen englischen Leutnant der Ghana-Armee kalt abgewiesen worden. Lumumba hat vergeblich gehofft, daß bei den Ghanaern die Solidarität der schwarzen Haut zu seinen Gunsten spielen würde.

Während die Regierung Lumumba in ihrer Tätigkeit mehr und mehr eingeengt wird, hat sich zum ersten Mal der von Kasavubu berufene Regierungschef Ileo der Öffentlichkeit vorgestellt. Sein Presseempfang fand ohne Zwischenfall im Hause Kasavubus hoch über den Stromschnellen statt. Auch Ileo war von Kongo-Soldaten geschützt, die auf jede verdächtige Bewegung lauerten. Er konnte damit beweisen, daß die Armee durchaus nicht geschlossen hinter Lumumba steht.

Ileos größter Trumpf besteht darin, daß er eine Wiedervereinigung der Kongo-Republik mit Katanga ohne Blutvergießen in Aussicht stellen kann. Er hat Kontakte mit Moise Tschombe aufgenommen, der sich bereiterklärt haben soll, in den kongolesischen Verband zurückzukehren, sobald der Herrschaft Lumumbas ein Ende gesetzt sei. Auch die sowjetische Einmischung zugunsten der Zentralregierung sowie die indirekte belgische Intervention zugunsten Katangas verspricht Ileo zu beenden. Jede technische Hilfe, so sagt er, muß in Zukunft über den Kanal der Vereinten Nationen fließen. Kein fremdes Land ist mehr befugt, individuelle Aktionen außerhalb des UN-Rahmens zu unternehmen.

Nachdem die westlichen Botschafter sich einer Einladung Lumumbas durch unverbindliche Entschuldigungen entzogen hatten, waren sie alle zugegen, als Staatspräsident Kasavubu sie zusammenrief. Hingegen ließen sich die Diplomaten des Ostblocks, die bei Lumumba erschienen waren, im Hause Kasavubus nicht sehen.

Dienstag

Mit Windeseile verbreitet sich die Nachricht, Patrice Lumumba sei von seinen eigenen Soldaten verhaftet worden. Um 15.30 Uhr fuhren drei Lastwagen der Nationalarmee über den Boulevard Albert. Sie stoppten mit kreischenden Bremsen vor der Villa, die der Regierungschef neuerdings aus Sicherheitsgründen seiner exponierten Residenz am Kongo-Ufer vorzog. Mit schußbereiten Waffen sprangen die Soldaten von den Fahrzeugen, drangen in das Haus ein und führten kurz danach den Premierminister unter starker Eskorte ab. Umgeben von vier Offizieren wurde Lumumba in den Camp Leopold gebracht.

Die Lumumba-Minister packten die Koffer. Die Radio-Angestellten witterten den neuen Wind und überboten sich in Treuebekenntnissen zu Kasavubu. Die Menge der Gaffer spendete Jean Bolikango, dem neuernannten Informationsminister der Gegenregierung Ileo, spontanen Beifall. Über die Fernschreiber liefen die Flash-Meldungen der amerikanischen Korrespondenten. »Dank der Verhaftung Lumumbas«, so hieß es dort, »wurde das kommunistische Vordringen in Afrika gestoppt.« Ein anderer kabelte: »Nun sind die Voraussetzungen für eine rasche und gründliche Beilegung der Kongo-Krise geschaffen. Die Lage hat sich geklärt. Lumumba, der Unruhestifter, ist fort.«

Den Vogel hat ein französischer Rundfunkjournalist abgeschossen, der am Schluß seiner Sendung eine Bandaufnahme des »Lumumba-Cha-Cha-Cha« abspielte, der in den Bars von Leo so oft zu hören war. »Diese Weise«, so schloß er dramatisch, »wird von nun ab am Kongo nicht mehr zu hören sein.« – Mit seiner Leistung sehr zufrieden, ging der Radioreporter nach draußen. Er hatte kaum drei Schritte in der Dunkelheit getan, da wurde er durch einen gellenden Schrei aufgeschreckt. Das Bajonett eines Kongo-Soldaten war auf seinen Bauch gerichtet, und im Licht eines Autoscheinwerfers erkannte er den leibhaftigen Patrice Lumumba, der eben aus der Haft entkommen war.

Diese Wiederkehr Lumumbas wird mir unvergeßlich bleiben. Es war wie eine Gespenstererscheinung. Wie ein Rachegeist stand der lange, hagere Mann unbeweglich in der Nacht. Sein Hemdkragen war offen. In seinem Gesicht stand der Ausdruck verzweifelter Entschlossenheit. Die Augen hinter den Brillengläsern rollten in wilder Erregung. Um ihn herum, das Gewehr im Anschlag, drängte sich eine Rotte tobender Nationalarmisten. Mit ihren Tarnnetzen über den Helmen wirkten sie wie Visionen eines Angsttraums.

Mittwoch

In anderen Weltgegenden würde unter ähnlichen Umständen längst Mord und Totschlag wüten. Aber über Leopoldville ist heute ein verhältnismäßig normaler Tag angebrochen. Inmitten der ihm ergebenen Krieger vom Batetela-Stamm, dem er selbst angehört, war Lumumba in der Nacht nach seiner Befreiung durch die Hauptstraßen des Europäerviertels gefahren und hatte durch ein Mikrophon gebrüllt: »Victoire, Victoire! Sieg! Nieder mit den Kolonialisten der UNO.« Aber heute morgen liegt die Stadt wie gelähmt unter dem milchig-grauen Dunsthimmel der Trockenzeit. Wie bald und ob überhaupt die Waffen sprechen werden, weiß niemand. Selbst die Militärs aus den anderen afrikanischen Ländern sind fassungslos. Ein tunesischer Offizier kommentiert zynisch: »Wie soll denn diese Serie von Staatsstreichen am Kongo je ein Ende nehmen, wenn nie ein Mensch umgebracht wird?«

Noch wird auf beiden Seiten mit Kommuniqués Krieg geführt. Die Hauptstadt lebt zwischen den beiden Regierungen in einem Zustand akuter Bewußtseinsspaltung. Im Militärlager Leopold schließen sich die Soldaten je nach Stammeszugehörigkeit entweder für Kasavubu oder für Lumumba zusammen. Die Blutsverwandtschaft, nicht die Partei gibt hier den Ausschlag.

Lumumba ist heute wieder Herr der Rundfunkstation. Um diesen Sender scheint sich alles zu drehen. Hier entzünden sich die meisten Zwischenfälle. Der Rundfunk übt auf die kongolesischen Politiker eine magische Anziehungskraft aus. Man muß um die große Bedeutung des gesprochenen Wortes, des Palavers im schwarzen Kontinent wissen, um halbwegs zu begreifen, warum sich dieser unblutige Bürgerkrieg auf ein paar Mikrophone konzentriert.

Lumumbas Erfolg darf nicht unterschätzt werden. Der Rundfunk ist ein Symbol der Macht, ähnlich wie der Fallschirm als Zeichen militärischer Unbesiegbarkeit gilt. Es hat sich etwas geändert in der Metropole am großen Fluß, seit den Blauhelmen aus Ghana gestern unvermutet befohlen wurde, alle Kongo-Politiker vom Radiogelände fernzuhalten. Das Räderwerk der afrikanischen Diplomatie ist jetzt in Gang geraten. Der Gegenschlag Kasavubus gegen den Alleingang Lumumbas war zu langsam, zu behutsam geführt worden. Nun mehren sich die ausländischen Interventionen zugunsten Lumumbas.

Am Montag hatte der Kongo-Premierminister ein Telegramm an Kwame Nkrumah geschickt. Er drohte mit dem Abbruch der diplomatischen Beziehungen, falls die Ghana-Truppen in Leo ihre unfreundliche Haltung nicht revidierten. Jedermann weiß, daß Nkrumah mit Lumumba sympathisiert. Aber bei seinen Soldaten am Kongo ist das anders.

Der bärbeißige afrikanische Oberst aus Accra, der hohe Auszeichnungen aus dem Burma-Feldzug auf der Brust trägt, und auch seine blonden britischen Subaltern-Offiziere sind der Order Nkrumahs gefolgt und haben den Sender freigegeben. An ihrer Stelle lungern heute die Lumumba-treuen Provinzpolizisten in mausgrauer Uniform. Sie sind wegen der Härte verhaßt, mit der sie gegen die eigene Bevölkerung vorgehen.

Ein paar Stunden zuvor hatten sich vorübergehend bewaffnete Anhänger Kasavubus der Station bemächtigt, Armeegendarmen, die dem neuernannten Informationsminister Bolikango ergeben sind. »Die feindlichen Heerscharen lösen sich hier nach langem Palaver kampflos ab wie Heinzelmännchens Wachtparade«, scherzte ein frisch angereister deutscher Photograph. An jede Patrouille stellen die herbeigeeilten Journalisten die gleiche Frage: »Für wen seid ihr denn nun?« Nur selten wird diese Frage anders als mit einer Drohgebärde beantwortet. Vermutlich wissen die Soldaten selbst nicht, wo sie stehen.

Neben der kriegerischen Farce läuft das parlamentarische Rüpelspiel. Immer häufiger wird im »Palast der Nation« das Damoklesschwert einer Militärdiktatur erwähnt. Auf der Tribüne werden die warnenden Beispiele Franco-Spaniens, des Generals Massu in Algier und Oberst Nassers in Ägypten von den schwarzen Volksvertretern zitiert. In den Wandelgängen haben die Kongo-Soldaten leichte Maschinengewehre aufgestellt, als wollten sie dieser Drohung Glaubwürdigkeit verleihen. Vielleicht haben deshalb die vereinigten Kammern Lumumba gestern mit solcher Hast das Vertrauen ausgesprochen und das von ihm geforderte Ermächtigungsgesetz mit großer Mehrheit votiert. Daß sie laut Verfassung zu einer solchen Abstimmung überhaupt nicht berechtigt waren, störte die Deputierten und Senatoren wenig. Das vorgeschriebene Quorum war nicht erreicht. Der willfährige Kammerpräsident hat sich bei der Abstimmung zugunsten Lumumbas verrechnet und ein paar Abwesende hinzugezählt, um wieder einmal über die mangelnde Beschlußfähigkeit des Gremiums hinwegzutäuschen. Der Premierminister möchte die Illusion parlamentarischer Legalität wahren.

Informationsminister Bolikango – von der Gegenregierung Ileo – erscheint zur Stunde als der einzige Politiker, der Lumumba das Wasser reichen kann. Er ist ein Mann schneller Entscheidungen. Bolikango stammt aus der Äquatorial-Provinz und hat die Puna-Partei gegründet. Bei jeder Lumumba-feindlichen Kundgebung in Leopoldville flattert auf gelbem Tuch das Wappentier der Puna – ein Leopard, der aussieht wie eine trächtige Hauskatze. Vor allem verfügt Bolikango über ein gewichtiges Instrument: Er gehört dem Volk der Bangala an, eine Kriegerrasse, die einen besonders hohen Prozentsatz der Soldaten der Nationalarmee stellt. Deshalb sieht man den Minister nie ohne stattliche Militäreskorte.

Die Armee wirft die Russen raus

Leopoldville, Mitte September 1960

Donnerstag
Gegen acht Uhr abends kommt ein aufgeregter Hauptmann der Nationalarmee in das Hotel Memling gerannt. Er wird von einem marokkanischen Oberleutnant begleitet. »Ihr seid doch Journalisten«, fragt er eine Gruppe Whisky trinkender Korrespondenten, »dann kommt alle heute abend um zehn Uhr ins Hotel Regina. Dort wird Generalstabschef Mobutu eine wichtige Pressekonferenz abhalten. Laden Sie bitte auch Ihre jeweiligen Botschafter ein.« Wie ein Lauffeuer verbreitete sich die Meldung. Im Sturmschritt eilten die Reporter zu den Fernschreibkabinen. Es sah nach Militärputsch aus.

In der Post saßen die schwarzen Telegraphisten schon vor den Radioapparaten. Aus dem Mikrophon kam die Stimme Oberst Mobutus: »Die Armee hat das Schicksal der Nation in die Hand genommen. General Lundula hat sein Kommando niedergelegt. Ich führe ab heute den Oberbefehl. Die Armee wacht über die Einheit des Landes, die durch die Politiker gefährdet ist.« Nach der Ansprache wurde Musik gesendet. Es begann mit dem französischen Schlager »Mon homme est un guignol! – Mein Mann ist ein Hampelmann ...«

Zwei Stunden später fahren Jeeps der Kongo-Armee vor dem Hotel Regina vor, das von den Belgiern »Hotel Negresco« genannt wird, seit es einen hohen Prozentsatz schwarzhäutiger Gäste beherbergt. Die Pronunciamiento-Szene wirkt fast lateinamerikanisch, weckt bei mir Erinnerungen an Guatemala und Bolivien. Oberst Mobutu ist auf einen Tisch des Terrassenrestaurants geklettert und verkündet den Staatsstreich der Nationalarmee. Es ist ein ungewöhnliches Bild: Eine gestikulierende, überreizte Menge aus Schwarz und Weiß drängt sich um den jungen Offizier auf dem Tisch. Dahinter zieht sich der endlos öde Boulevard Albert, dessen Hochhäuser mit den nackten Fronten im kalten Licht der Bogenlampen wie eine Attrappe wirken. Der Tisch schwankt unter dem Ansturm der Presseleute. Die Konferenz wird in den Sitzungssaal verlegt. Der Tumult ist unbeschreiblich.

Außer den Journalisten sind zahlreiche Gaffer zusammengelaufen, darunter Belgier und Portugiesen. Auch die schwarzen Freudenmädchen aus der benachbarten Tanzbar sind da. Oberst Mobutu tritt jetzt inmitten einer Gruppe von Soldaten und Offizieren auf. Vor drei Tagen, als das Gerücht seiner Absetzung durch Lumumba umging, hatte ich ihn noch in Zivil angetroffen. Er hatte einsilbig und mißtrauisch im Zoo-Restaurant in Begleitung eines Majors und einer hübschen afrikanischen Freundin gesessen.

Heute abend trägt Mobutu seine belgische Generalstäbleruniform mit dem roten Mützenband. Er ist in Kniehosen ins Hotel Regina gekommen und klemmt den »Stick« unter den Arm. Der Oberst besteht seinen ersten Auftritt vor der Weltöffentlichkeit mit Schlagfertigkeit. Seit dem Gartenfest im Juli hat er sich gründlich verändert; er wirkt seriöser. Mobutu kündigt die Ausschaltung des Staatspräsidenten, der beiden Regierungen und des Parlaments an. »Bis zum 1. Januar 1961 wird das politische Leben am Kongo lahmgelegt. Es geht jetzt nicht um Parteipolitik, sondern um den Aufbau der Nation!«, schreit er. Man hat vergessen, ein Mikrophon aufzustellen. Hinter Mobutu ist eine Filmleinwand gespannt. Im Zuschauerraum herrscht brodelnde Aufregung. Die Journalisten können kaum ihre Fragen stellen.

Irgendein Afrikaner brüllt zweimal »Vive Lumumba«, aber der Ruf geht im Geschrei der Anwesenden unter. »Die Armee hat den politischen Parteien eine Waffenruhe auferlegt«, fährt Mobutu fort, »sie will aber nicht selbst die Regierungsgewalt ausüben. Sie hat deshalb eine Kommission von kongolesischen Studenten und Technikern zusammengerufen, die unverzüglich mit Hilfe der Vereinten Nationen darangehen werden, das öffentliche Leben zu normalisieren.« An der Katanga-Front wurde der Befehl zur Feuereinstellung definitiv erteilt.

Dann kommt die nächste Überraschung: »Wir haben im Militärlager Leopold sieben sowjetische Offiziere demaskiert, die als Techniker gekommen waren, aber kommunistische Flugblätter verteilten.

Ab heute abend sind die Botschaften der Sowjetunion und der Tschechoslowakei militärisch bewacht. Binnen 48 Stunden muß das Personal beider Botschaften den Kongo verlassen.« Die letzten Worte gehen in tosendem Jubel unter. Vor allem die Belgier schreien vor Freude und bedenken gar nicht, wie sehr ihr anrüchiger Enthusiasmus der Mobutu-Bewegung schaden kann. Die Journalisten aus dem Ostblock trauen ihren Ohren nicht. »Wiederholen Sie noch einmal, was er gesagt hat?« fragt der Tass-Korrespondent einen amerikanischen Kollegen.

»Es ist das erste Mal in der Geschichte der Menschheit«, so beschließt Mobutu seine Pressekonferenz pathetisch, »daß eine Armee einen Staatsstreich durchführt, ohne die Macht zu ergreifen.« Spät nach Mitternacht verharren die Journalisten vor dem Hotel Regina, nicht nur, um die kühle Nachtluft zu genießen, sondern weil sie auf den nächsten Staatsstreich warten. Ein einsamer schwarzer Militärpolizist dreht auf dem Boulevard Albert seine Runden. Jedesmal wenn er am Regina vorbeikommt, hält er den Jeep an, lädt den Karabiner durch und gibt wieder Gas.

Freitag

Der Tag hat für die Kongo-Parlamentarier schlecht begonnen. Als sie um neun Uhr am weißen Mausoleumsbau der Volksvertretung eintrafen, waren die Eingänge von grimmigen Soldaten besetzt. Die Armee hat die Kammer geschlossen. Oberst Mobutu macht ernst. Auf dem Trottoir vor dem Parlament stauten sich die Senatoren, die mit Sonderflugzeugen aus allen Teilen des Kongo zu einer angeblich historischen Sitzung zusammengerufen worden waren. Die Anhänger Lumumbas schäumten vor Entrüstung. »Das ist ein Komplott Kasavubus«, protestierten die Volksvertreter aus Stanleyville. Doch der Staatschef bleibt unsichtbar. Zweimal nur hat man seine Stimme über den Äther gehört. Er verharrt wie ein Gefangener in seiner Villa am Strom. Beim Empfang westlicher Diplomaten blieb sein breites Gesicht ungerührt und lächelnd. Das Verhalten Kasavubus bringt die Journalisten zur Verzweiflung. »Der Mann existiert überhaupt nicht«, hört man in der Bar des Memling, »der Mann ist unfähig, eine Initiative zu ergreifen. Der Mann sitzt da wie ein Götze aus Holz.«

Gerade dieser letzte Vorwurf kommt den Dingen ziemlich nahe.

Was die Europäer in ihrer Hast so unbegreiflich finden, imponiert möglicherweise den Afrikanern. Kasavubu ist der große Häuptling afrikanischer Tradition. Dieser Chef, der gleichzeitig eine Art Totem und Fetisch des Stammes oder in diesem Falle der Nation ist, agiert nicht und mischt sich höchst selten in die Tagesereignisse seiner Gemeinschaft ein. Er sitzt unter seinem Schirm auf dem goldenen Stuhl und verkörpert die Macht, ohne sie immer auszuüben. Zur Bevölkerung spricht er nicht selbst, sondern bedient sich eines Herolds. Die Stärke Kasavubus liegt weniger bei seinen Anhängern der Abako-Partei oder bei der blassen Gegenregierung Ileo als in dem Respekt, der Ehrfurcht, die der »big chief« selbst den aufsässigen Parlamentariern einflößt.

»Warum versammelt sich der Senat denn nicht in irgendeinem anderen Haus?« fragte ich die aufgebrachten Parlamentarier aus Stanleyville. »Damit wir dort verhaftet werden?« fragt ein Senator zurück. »Wir stehen doch schon alle unter Armeebewachung.«

Mobutu behauptet, die Streitkräfte ständen geschlossen hinter ihm. Aber das haben vor ihm schon andere gesagt. Der Oberst hat seinen Vorgesetzten, General Lundula, überrundet. Mobutu genießt das Vertrauen Kettanis, aber die Marokkaner werden sich hüten, allzu erkennbar die Fäden zu ziehen.

Heute mittag ging es im Militärlager hoch her. Lumumba hat versucht, dem Schicksal in die Speichen zu greifen. Er hat die Armee gegen Mobutu aufwiegeln wollen. Das ist ihm übel bekommen. Er wurde von den aufgebrachten Soldaten beinahe gelyncht. Angehörige des Baluba-Stammes, deren Familien von Lumumba-Anhängern in Kasai niedergemetzelt worden sind, rissen dem Premierminister das Hemd vom Leib, schlugen ihn mit dem Koppel ins Gesicht und spieen ihn an. Lumumba mußte sich unter den Schutz der Vereinten Nationen flüchten, nachdem er das UN-Kommando noch kurz zuvor als Instrument des Imperialismus beschimpft hatte. Im Kasino der Ghana-Offiziere hat Lumumba den ganzen Nachmittag verbracht. Die Kongo-Soldaten hatten Maschinengewehre auf den Eingang gerichtet. General Lundula ist mit seiner Familie bei den Marokkanern untergekommen.

Am späten Abend hat Lumumba unter einer Eskorte von Gendarmen das Lager verlassen. Er ist in seine Villa am Strom zurückgekehrt.

Dort steht er unter Polizeiaufsicht. Wie prekär seine Lage geworden ist, beweist ein anderer Vorfall. Serge Michel ist zurückgetreten. Unter den verworrenen Umständen, die am Kongo herrschen, könne er seine Funktion nicht länger ausüben, hat er mitgeteilt. Es heißt, die Tunesier hätten ihm diesen Verzicht nahegelegt. Lumumbas ehemaliger Pressechef hat in ihrer Botschaft Asyl gefunden.

Samstag
Die Russen haben den Schutz der Vereinten Nationen angefordert. Am frühen Morgen verhärtete sich das Gerücht, die Moskauer und Prager Botschaften in Leopoldville würden in wenigen Stunden von der Kongo-Armee ausgehoben. Rund um die schmucklose Villa, über der die Fahne der Sowjetunion weht, hat ein Zug Ghana-Soldaten Stellung bezogen. Es war noch nicht zehn Uhr, da fuhren Jeeps und Lastwagen der Nationalarmee bei den Tschechen vor. Etwa fünfzig Kongo-Soldaten, schwer bewaffnet und mit Tarnnetzen über dem Helm, umzingelten das Gebäude der Prager Diplomatie am Kongo, wo am Vortage Berge von Dokumenten eingeäschert worden waren. Ein schwarzer Major ging in das Haus. Die Verhandlung dauerte nicht lange. Die Tschechen hatten schon gepackt und im Garten große Kisten gestapelt. Sie haben sich schnell mit ihrem Schicksal abgefunden und ersuchten nicht einmal das UN-Kommando, ihre Exterritorialität zu schützen.

Als ein zweiter Zug Kongolesen feldmarschmäßig bei den Russen eintraf, ging es heftiger zu. Wohlweislich befehligten nur afrikanische und nicht englische Offiziere die Ghana-Wache. Dem Kongo-Major wurde das Eindringen in das Botschaftsgebäude verweigert. Sowjetische Diplomaten und Angestellte eilten mit steinernen Gesichtern über den Vorhof. Ein grauhaariger Guineer kam mit einem Jeep sowjetischer Bauart. Er hielt im Auftrag der Russen den Kontakt mit der Außenwelt aufrecht. Zwischen Ghanaern und Kongolesen kam es zu erregten Auseinandersetzungen, die ein Journalist übersetzen mußte. Der »Walkie-Talkie« zum Hotel Royal wurde pausenlos benutzt.

Plötzlich öffnete sich das Seitenportal der sowjetischen Vertretung. Botschafter Jakowlew versuchte, mit seiner schwarzen Limousine die Postenkette zu durchbrechen. Der Kongo-Major brüllte einen Befehl. Zwei seiner Soldaten stürzten mit entsichertem Gewehr auf den CD-Wagen, wurden aber von den Ghanaern resolut zur Seite gedrängt. Jakowlew, weder des Französischen noch des Englischen mächtig, rief dem Kongo-Major mit wütender Miene mehrfach das Wort »Kasavubu« zu. Dann fuhr er in Richtung Stanley-Denkmal davon.

Auch die Russen waren schon beim Packen. Ihr Entschluß zur Räumung ist längst gefallen. Die Journalisten orakelten lange, warum die Sowjets die Anweisungen Oberst Mobutus nicht einfach ignorierten. Sie hätten sich auf den Standpunkt stellen können, die Autorität des Generalstabschefs sei illegal. Die Protektion der Blauhelme wäre ihnen bestimmt nicht verweigert worden. Vor zehn Tagen hatte sich die französische Botschaft, als sie vorübergehend unter dem Druck der Lumumbisten in ähnliche Bedrängnis geraten war, viel resoluter verhalten.

Im Hotel Stanley herrschte zur gleichen Stunde allgemeine Aufbruchstimmung. Nicht nur die Diplomaten, auch alle Techniker und Journalisten des Ostblocks schnürten ihr Bündel und leerten die Zimmer. Während Russen und Tschechen ihre Fahnen über der Botschaft einholten, rollten ganze Karawanen von Ostblockbürgern über die Autobahn nach Ndjili. »In zehn Tagen werden wir wieder am Kongo sein«, protzte ein Sowjetdiplomat, ehe er die Iljuschin-Maschine bestieg. Aber sein Gesichtsausdruck war wenig überzeugend. Der Korrespondent der Ostberliner Nachrichtenagentur ADN war schon in aller Frühe nach Brazzaville übergesetzt, um von dort nach Guinea, wo er als ständiger Berichterstatter wohnte, zurückzufliegen. Seine polnischen und ungarischen Kollegen benutzten die gleiche Fähre. Bei den westlichen Journalisten kam kein Gefühl des Triumphes auf. Die beruflichen Beziehungen zu den Ostkorrespondenten waren recht kameradschaftlich gewesen. Der ständige Druck von außen hatte die ideologischen Gegensätze unter Europäern aufgeweicht.

Die Sowjetunion hat an diesem nebligen Morgen eine Schlappe erlitten. Die Russen hatten sich als Protektoren des kongolesischen Nationalismus aufgespielt. Sie standen hinter Lumumba, als dieser sich mit Entrüstung weigerte, die Kongo-Armee vorsichtshalber entwaffnen zu lassen. Nun sind die Meuterer der Force Publique sowohl Lumumba als auch den Russen zum Verhängnis geworden. Chruschtschow hat vor den afrikanisch-asiatischen Staaten das Gesicht verloren. Schon fragt man sich, wo Moskau den Hebel ansetzen wird, um diese Scharte auszuwetzen.

Das wirkliche Problem lautet: Wie stark ist Mobutu bei seiner Truppe und im Land? Wird Lumumba ein »Comeback« feiern? Wird es ihm am Ende gelingen, in seiner Hochburg Stanleyville eine Zitadelle des Widerstandes zu halten? Mehr und mehr scheint es, als seien zwischen Mobutu und Kasavubu gewisse Verabredungen getroffen. Die Militärregierung, die die gesamte Parteipolitik am Kongo lahmlegen sollte, trifft die Lumumba-Anhänger weit härter als die Gefolgsleute des Staatspräsidenten.

Seit Samstag nachmittag ist das zentrale Postgebäude von Leopoldville durch die Nationalarmee besetzt. Der Telegrammverkehr wurde stillgelegt. Mit großen Augen kamen die schwarzen Soldaten in den mit Journalisten gefüllten Fernschreibraum und bestaunten die Ticker wie seltsames Zauberwerk. Die schwerbewaffneten Männer, die sich in der Post einrichteten, waren frisch aus dem Militärlager Thysville herangebracht worden. Bekanntlich waren dort im Juli zahlreiche belgische Offiziersfrauen von Meuterern vergewaltigt worden. Die Korrespondenten stellten deshalb mit gemischten Gefühlen fest, daß einer der Soldaten im Fernschreibraum eine zierliche Damenuhr am Handgelenk trug.

»Sucht einen Platz in der Arche«

Leopoldville, im September 1960

Sonntag

»Sucht schnell einen Platz in der Arche Noah«, sangen die Jünger des schwarzen Messias Simon Kimbangu. Der Sohn des Propheten, Joseph Diangienda, sein rechtmäßiger Statthalter auf Erden, wie er offiziell heißt, hatte mich zum Sonntagsgottesdienst eingeladen. Er war ein würdiger alter Schwarzer, in dessen Gegenwart die frommen Kimbangisten die Schuhe ausziehen.

Seit sie ihre Katakomben verlassen durften, hat die Kimbangu-Bewegung die antieuropäischen Ressentiments abgelegt. Vor etwa fünfhundert Gläubigen wurde ich feierlich von dem Prediger, einem kräftigen Mann in weißem Hemd und weißer Hose, der aussah wie ein Ringkämpfer, vorgestellt und mußte meinerseits eine kleine Ansprache halten. Dann wurde wieder gesungen. In den Chorälen der Kimbangu-Jünger macht sich der Einfluß der Baptistenprediger und der Heilsarmee bemerkbar, die am unteren Kongo den katholischen Missionen das Feld streitig machen. Es sind keine echten »Negro Spirituals«, aber auch aus diesen Liedern klingt schwermütige Verzückung. Dem Kimbangisten, so wird erzählt, werden Text und Melodie des Kirchenliedes im Traum eingegeben.

Seit der Unabhängigkeit hat der Gottesdienst der Kimbangisten stets etwas von einer Siegesfeier, denn bis zum Jahre 1959 war die Sekte von den Belgiern verboten. Deshalb hat diese Gemeinschaft auch noch keine Kirchen bauen können, und die Predigten finden im Freien statt. Es klingt Triumph aus den frommen Stimmen der Sänger. Die Politik am Kongo ist Tochter der Religion. Unter der geringschätzigen belgischen Verwaltung mußte der Afrikaner von dem Gedanken besessen sein, er gehöre einer minderwertigen, einer unbegnadeten Menschheitskategorie an. Der Wunsch der Schwarzen nach Erlösung wurde übermächtig. In Simon Kimbangu haben sie einen schwarzen Heiland, den Erfüller der Schrift, gefunden. Die Bilder, die sie mir von diesem gutmütig wirkenden Mann zeigten, stammten aus seiner Haftzeit in Katanga, wo er zuletzt als Gefängniskoch arbeitete.

Die meisten Prediger und Vorbeter, die diesen Gottesdienst leiteten, waren von der Kolonialmacht verfolgt worden. Die Belgier hatten sehr schnell den nationalistischen Kern der neuen synkretistischen Lehre erkannt. Doch der Einfluß Simon Kimbangus war aus dem Volk der Bakongo, auf das die Bekehrungen im wesentlichen beschränkt blieben, nicht auszumerzen gewesen, auch nicht durch Zuchthaus und Verbannung. Die sanften Fanatiker waren stärker. In der Inbrunst des Glaubens hat die schwarze Menschheit Erlösung gesucht und in der Politik gefunden. Aus dem Prediger wurde der Volkstribun. Aus der Kimbangu-Sekte erwuchs die Abako-Partei Kasavubus.

Der weißgekleidete Geistliche ging auf eine Gruppe von Kindern zu und begann seine Katechismusstunde:

»Wer ist Tata Simon Kimbangu?« fragte der Prediger.

»Tata Simon Kimbangu ist der Gesandte unseres Herrn Jesus Christus«, antwortete der krähende Chor.

»Wie wissen wir, daß Tata Simon Kimbangu der Gesandte unseres Herrn Jesus Christus ist?« – »Jesus Christus selbst hat uns aufgefordert, seinen Vater um die Ankunft eines neuen Trösters zu bitten, der mehr erfüllen wird als er selbst. Siehe Johannes 14, 12 bis 18.«

»Was hat Tata Simon erfüllt?« – »Tata Simon Kimbangu hat Tote zum Leben erweckt, er hat Blinde sehend gemacht, er hat die Lahmen geheilt, er hat die Stummen sprechen lassen, er hat alle Versprechen des Herrn erfüllt.«

»Aus welchem Dorf stammt Tata Simon Kimbangu?« – »Das Dorf Tata Simon Kimbangus ist Nkamba, genannt das Neue Jerusalem.«

»Um welche Zeit hat Tata Simon Kimbangu sein Werk aufgenommen?« – »Er hat sein Werk am 8. April 1921 öffentlich begonnen.«

»Wohin ist Tata Simon Kimbangu gegangen?« – »Tata Simon Kimbangu wurde verhaftet und von der belgischen Verwaltung nach dem oberen Kongo verschleppt.«

»Warum ist Tata Simon Kimbangu verhaftet worden?« – »Um das Zeugnis unseres Herrn Jesus Christus zu erfüllen. Deswegen wurde er verhaftet.«

»Wird Tata Simon Kimbangu wiederkehren?« – »Gewiß, er wird wiederkehren, denn alles was begonnen hat, muß seine Erfüllung finden.«

»War Tata Simon Kimbangu verheiratet?« – »Er war verheiratet. Der Name seiner Frau ist Mwilu Marie. Sie wurden kirchlich und nach dem alten Brauch getraut.«

»Wo ist jetzt Tata Simon Kimbangu?« – »Tata Simon Kimbangu ist nach seiner Verbannung an den oberen Kongo gestorben. Dann ist er auferstanden und wohnt im Geiste bei uns.«

»In welchem Jahr starb Tata Simon Kimbangu?« – »Tata Simon Kimbangu starb am 10. Oktober 1951 in Elisabethville.«

»Wann hat Tata Simon Kimbangu begonnen?« – »Er war bei Gott von Anbeginn der Zeit an (Johannes 1, 1).«

»Ist Tata Simon Kimbangu Gott?« – »Nein, Tata Simon Kimbangu ist nicht Gott, aber zu jeder Zeit wählt Gott einen Menschen aus jeder Rasse, um sein Volk zu erleuchten ...«

Nach dem Gottesdienst haben wir uns mit dem Prediger auf den

Weg gemacht, um Nkamba aufzusuchen, das Neue Jerusalem, wo ein bescheidenes Flüßchen »Jordan« heißt. Aber die heilige Stadt Nkamba, wo der schwarze Heiland den Blinden Nlemvo sehend machte und ein totes Kind zum Leben erweckte, haben wir nicht erreicht.

Von Thysville aus waren wir auf eine verwahrloste Savannenpiste eingebogen. Der rote Sand wirbelte in hohen Spiralen hinter uns auf. Der Lateritboden hatte auf der Fahrbahn »Wellblech« gebildet, wie man in Afrika sagt. Es war eine öde, graugrüne Landschaft. Die Dörfer wirkten in der Mittagsglut verlassen. Die wenigen Palmen standen wie verstaubte Besen in der flimmernden Glut. Der untere Kongo ist kein reiches Land. Neben den rechteckigen Lehmhütten der Eingeborenen, die mit Schilf und Gras gedeckt sind, waren nur ein paar schwarze Ziegen zu sehen. Viehzucht gibt es kaum, und Fleisch ist selten auf dem Speisezettel der Bakongo. Hingegen lösten sich rechts und links der Straße Maniokfelder ab. Der lange Stengel wächst senkrecht aus der Knollenfrucht hoch. Der Maniok ersetzt die Kartoffel und erfordert von den schwarzen Bauern wenig Arbeit. Der Savannenboden muß nur gerodet werden. Das besorgt meist das Feuer. Auf weite Strecken war die Erde wie verkohlt, und am Horizont stiegen neue Rauchsäulen auf.

Die Fahrt wurde immer beschwerlicher. Die Karosserie ächzte beängstigend bei jeder Querrinne. Der Motor lief heiß, denn wir rollten nur noch im ersten Gang. In einem Dorf liefen die Schwarzen zusammen. Sie hatten seit zwei Jahren keine Europäer mehr gesehen. Ihre Haltung war bedrohlich, doch der Prediger besänftigte sie mit ein paar Worten. Die Eingeborenen brachten Wasser für den kochenden Tank, wollten aber kein Geld dafür nehmen. Es war das erste Mal am Kongo, daß mir ein »Matabisch«, ein Trinkgeld, abgelehnt wurde. Die Kimbangisten sind tugendsame Leute. Auch das Rauchen und Trinken ist bei ihnen verpönt.

Ich mußte unserem frommen Begleiter erklären, daß der schlechte Zustand der Straße uns zur Umkehr zwang. Wir würden das »Neue Jerusalem« nicht erreichen. Der Mann hatte sich auf die Wallfahrt sehr gefreut. Aber nun gab er kein Zeichen des Mißmuts zu erkennen. Er fügte sich sanft und höflich. Erst als wir die Asphaltstraße bei Thysville erreichten, meinte er mit etwas verlegenem Lächeln, daß in Nkamba, dem Neuen Jerusalem, nur die eingingen, die ganz reinen Herzens seien. Für alle anderen sei die Straße nach Nkamba versperrt.

Es wurde Abend, als wir in Leopoldville ankamen. Wir setzten den Prediger bei seiner Familie ab, einer üppigen Schwarzen mit steilen Zöpfchen und einer Schar zutraulicher Kinder.

Von allen Seiten dröhnte Tanzmusik. In den benachbarten Bars hatte die Stunde des Cha-Cha-Cha und des Highlife geschlagen. Der Prediger schien diese Anfechtungen des Bösen gar nicht zu bemerken. Im Eingeborenenviertel leben religiöse Mystik und animalische Triebhaftigkeit eng nebeneinander, ohne sich den Raum streitig zu machen. An diesem Sonntagabend trugen die Mädchen ihre grellen Ausgangskleider, und die jungen Burschen hatten ein sauberes Hemd angezogen. Daß es in der Hauptstadt ein Heer von Arbeitslosen gab, daß am Kongo eine chaotische Revolution stattfand, das erschien hier völlig unglaubhaft. Ob sie die Choräle des Propheten Kimbangu anstimmten oder sich im Rhythmus der Jazzorchester drehten, der ekstatische Ausdruck auf den schwarzen Bakongo-Gesichtern, so schien mir, war der gleiche.

Regierung der Studenten

Leopoldville, im September 1960

Montag
Der letzte Prankenhieb eines schwer verwundeten Leoparden, so kommentierte man in Leopoldville das Kommuniqué, das Patrice Lumumba durch einen seiner engsten Vertrauten in den beiden großen Hotels von Leopoldville verteilen ließ. Zur Überraschung aller gab der bereits Totgesagte darin bekannt, zwischen ihm und Staatspräsident Kasavubu sei ein Gentlemen's Agreement unterzeichnet worden, das der Kongo-Krise ein Ende setze. Er, Lumumba, sei bereit, seine Regierung auf Wunsch Kasavubus umzubilden und die Autorität des Staatschefs anzuerkennen. Dafür lasse Kasavubu die Gegenregierung Ileo fallen. Gemeinsam würden sie sich gegen den Militärputsch von Oberst Mobutu wenden. In dem Dokument hieß es, der Putsch sei

bereits fehlgeschlagen. Gleichzeitig wurde jedoch zugegeben, daß am Sonntag morgen eine Aktion der Kongo-Armee die von Lumumba beantragte Parlamentssitzung verhindert habe.

Das Kommuniqué war kaum an die Presse verteilt, da kam auch schon das Dementi des Staatspräsidenten. Die Meldung von der Versöhnung sei von A bis Z erfunden, erklärte Kasavubu. Ganz überzeugend klang das allerdings nicht. Es waren zu viele Besucher aus Accra und Kairo bei dem Staatschef aus und ein gegangen.

Die Lumumba-Anhänger haben ein wenig Mut geschöpft. Sie sind nicht mehr ganz so deprimiert wie am Wochenende. Allmählich wird Lumumba – auch in den Augen der westlichen Beobachter – zu einem Symbol der Unverwüstlichkeit. »Undestructible Lumumba«, sagen die amerikanischen Rundfunkreporter. Wie ein Irrlicht bewegt er sich im Dschungel der kongolesischen Politik.

Als Oberst Mobutu, der am Sonntag mit knapper Not dem Revolverattentat eines Offiziers entkam, nach dem Aufenthaltsort Lumumbas gefragt wurde, meinte er mit der ihm eigenen gelangweilten Miene, das interessiere ihn nicht. Die Wirklichkeit sieht anders aus. Die Armee bedauert es sehr, daß die Vereinten Nationen sich schützend vor den Premierminister stellten. Die ersten kritischen Nächte hat Lumumba in der bescheidenen Villa der guineischen Delegation verbracht. Am Wochenende war es für einen Passanten nicht ratsam, vor der Mission Sekou Tourés stehenzubleiben. Er wurde von Guinea-Soldaten durch einen unmißverständlichen Wink mit der tschechischen Maschinenpistole zum Weitergehen veranlaßt, während die Geheimpolizisten im Garten am Revolver unter der Achsel spielten. Am Sonntag abend ist Lumumba in seine Residenz am Kongo-Ufer zurückgekehrt. Dieses Mal haben die Blauhelme aus Ghana seine Sicherung übernommen.

Die Vereinten Nationen befinden sich in einer schwierigen Lage. Sie haben sich im Prinzip bereiterklärt, Lumumba an die kongolesische Justiz auszuliefern – unter der Voraussetzung, daß sein Haftbefehl absolut legal sei. Aber was heißt Legalität in einem Land mit drei Regierungen? Kwame Nkrumah hofft noch immer auf eine Kompromißlösung, auf eine Versöhnung zwischen Kasavubu und Lumumba, und manche vermuten einen ghanaischen Ratgeber hinter dem eigenartigen Kommuniqué vom Sonntag abend. Sicher ist, daß die meisten Kongo-Parlamentarier sich eifrig um eine Vermittlung bemühen, denn sie haben Angst vor der Armee.

Der wichtigste Trumpf im Spiel Lumumbas bleibt die Ostprovinz. In Stanleyville ist er der unumstrittene Abgott der schwarzen Bevölkerung. Auch die Mehrheit der in Stanleyville stationierten dreitausend Mann der Nationalarmee sind auf ihn eingeschworen. Der Premierminister hat versucht, diese Truppe nach Leopoldville einfliegen zu lassen. Das UN-Kommando, das auch den Flugplatz Stanleyville kontrolliert, verweigerte die Starterlaubnis. Die Gefahr eines Bürgerkrieges mit der Ostprovinz ist dennoch nicht ausgeräumt.

Obwohl niemand dem ungewohnten Frieden dieses vergangenen Sonntags so recht getraut hat, waren viele Journalisten schwimmen gegangen. Es kam ein bißchen Ferienstimmung auf. Doch auf dem Heimweg stieß man vor dem Haus Lumumbas wieder auf verstärkte Ghana-Wachen, die Schützenlöcher aushoben. Im Restaurant des Hotels Stanley erinnerte die gähnende Leere daran, daß die Abgesandten des Ostblocks erst vor zwei Tagen die Koffer gepackt haben.

Die Vollversammlung der Vereinten Nationen hat die schweren Vorwürfe der Sowjetunion gegen Dag Hammarskjöld zurückgewiesen. Die UN-Beamten im Hotel Royal geben sich zuversichtlich. Dem Ostblock ist es in Zukunft untersagt, der Kongo-Regierung direkte Militärhilfe zu gewähren. Damit ist der sowjetischen Einmischung in Zentralafrika zunächst der Boden entzogen. Am liebsten wäre es dem Stab des ONUC – »Opération des Nations Unies au Congo« – allerdings gewesen, wenn die tunesisch-ceylonesische Resolution, die in der Vollversammlung so massive Zustimmung fand, auch die zivile Unterstützung dritter Länder für den Kongo obligatorisch über die Kanäle der Vereinten Nationen gelenkt hätte. Immerhin brüstet man sich bei den Blauhelmen damit, daß der starke Mann am Kongo heute weder Lumumba, Kasavubu noch Mobutu heißt, sondern Hammarskjöld.

Die Kongolesen selbst haben das Abstimmungsergebnis von New York kaum zur Kenntnis genommen. In diesem zähflüssigen politischen Morast sind die Reaktionen langsam. Für die Afrikaner bleiben die Vorgänge im Glashaus der Weltorganisation in Manhattan Ereignisse auf einem anderen Stern.

Dienstag
In der verschwiegenen Villa über den Kongo-Stromschnellen ist der Staatspräsident mit dem Führer der kongolesischen Militärjunta zusammengetroffen. Auch Kasavubus neuer Premierminister Ileo nahm an dem Gespräch teil, dessen Regierung unverzüglich die Arbeit aufnehmen und die Verwaltung Lumumbas ablösen soll. Aber was kann das Schattenkabinett Ileo ohne die Unterstützung der Armee ausrichten? Kasavubu möchte auch das Parlament einberufen, damit es die Ernennung Ileos bestätigt. Um eine parlamentarische Mehrheit für ihn zusammenzutrommeln, ist er auf die Abgeordneten aus Katanga, Süd-Kasai und Kivu angewiesen, die sich unter den gegenwärtigen Umständen nicht nach Leopoldville trauen. Auch hier muß Oberst Mobutu erst freies Geleit und sicheren Aufenthalt gewährleisten.

Die Militärdiktatur des Colonel läßt viel zu wünschen übrig. Die Unruhe der Armee im Camp Leopold ist nach dem Scheitern des Attentats gegen den Generalstabschef am Sonntag noch nicht geglättet. Ehe ein Offizier in das Büro Mobutus eingelassen wird, muß er bei der Leibwache seinen Revolver hinterlegen. Das macht stutzig. Es wird für Mobutu immer schwieriger, die souveräne Schiedsrichterstellung zu behaupten, die er am Abend seines Putsches beanspruchte.

Und Lumumba? Nun, er ist kaum noch zu sehen, aber es ist um ihn nicht still geworden. Aus seinem jeweiligen Versteck schickt er Botschaft über Botschaft an die Diplomaten und Journalisten von Leo. Er lädt zwar zu Pressekonferenzen und Parlamentssitzungen ein, die nicht stattfinden. Aber so bald wird diesem dynamischsten aller afrikanischen Politiker der Atem nicht ausgehen.

Dank der Vermittlung Ghanas, Marokkos und der Vereinigten Arabischen Republik war es tatsächlich am Wochenende zwischen Kasavubu und einem Abgesandten des alten Premierministers zu einer prinzipiellen Verständigung gekommen. Lumumba fühlte sich bereits als Regierungschef neu bestätigt, auch wenn er dafür erhebliche Konzessionen machen mußte. So verzichtete er schriftlich auf jede Direkthilfe von außen, auf jede sowjetische Intervention zu seinen Gunsten. Seine Anhänger witterten Morgenluft – doch sie hatten die Rechnung ohne die behäbige List des alten Kasavubu gemacht. Vor den Augen des Staatssekretärs, den Lumumba zur Verhandlung bevollmächtigt hatte, setzte Kasavubu scheinbar seine Unterschrift unter das Gentlemen's Agreement. In Wirklichkeit – so wurde der Vorgang wenigstens in der afrikanischen Cité kolportiert – hatte der Präsident seinen Namenszug auf ein Löschblatt geschrieben. Die Abako-Führer aus der Umgebung Kasavubus schütteln sich vor Lachen, wenn sie diese Episode zum besten geben.

Nachdem dieser Streich gelungen war, hatte Kasavubu sich großzügig gezeigt. Durch Informationsminister Bolikango ließ er verkünden, es sei im Kabinett Ileo auch ein Ministersessel für Lumumba frei. Man kann sich aber schlecht vorstellen, daß der machtbesessene Mann sich in ein solches Team einfügen würde. Dennoch, ein großer Kuhhandel um Postenverteilung, Provinzkompetenzen, um neue Koalitionen ist in Gang gekommen, und oberflächlich wird Versöhnung gespielt.

Mittwoch

Das hatte noch gefehlt: Ein Staatsstreich von Studenten. Etwa fünfzig junge schwarze Akademiker, von Mobutu angestiftet, haben sich gegen die Inkompetenz und die Bestechlichkeit ihrer Minister und Parlamentarier aufgelehnt. Sie haben die administrative Gewalt an sich gerissen. Leopoldville ist zum »Quartier Latin«, die Politik zum »canular« geworden. Was jedoch in Europa als Studentenulk angesehen würde, ist am Kongo eine staatserhaltende Tat.

Vor dem »Building administratif« am Boulevard Leopold, wo die meisten Ministerien untergebracht sind, stehen Jeeps und Panzerspähwagen der Kongo-Armee. Von fünfzig bewaffneten Soldaten eskortiert, haben die Studenten des gestern gebildeten Regierungskollegiums von ihren Amtsräumen Besitz ergriffen. Wenige Minuten vorher waren die Minister Lumumbas mitsamt ihren hübschen Sekretärinnen eilig in Luxuslimousinen verschwunden. In ihrem revolutionären Aufbäumen haben die zornigen jungen Männer, die »Jungtürken« von Leopoldville, wie seinerzeit ihre Altersgenossen von Istanbul die Unterstützung der Armee gefunden.

Auf der obersten Stufe vor dem Portal – geschützt von einer Abteilung Soldaten – ruft Albert Ndele die dritte Regierung des Kongo, die Regierung der Studenten aus. In einem Land, wo die meisten Senatoren infolge der systematischen Entmündigungspolitik der Kolonialbehörden mit Mühe ihren Namen schreiben können, klingt es nicht nach Überheblichkeit, wenn diese jungen Männer sich als die geistige Elite der Nation bezeichnen.

Eine eigentliche Regierung soll das auch nicht sein. Die Studenten in den modischen europäischen Anzügen, die sämtlich aus der nahen Universität »Lovanium« hervorgegangen sind, beabsichtigen, ein »Kollegium von Regierungskommissaren« zu bilden. Jeder von ihnen wird die Leitung eines Ministeriums übernehmen, denn alle Verwaltungstätigkeit am Kongo ist seit dem Verfassungsstreit zwischen Kasavubu und Lumumba zusammengebrochen. »Sobald die Politiker untereinander einig geworden sind, treten wir ihnen gern wieder unsere Ämter ab«, erklärt Ndele, ein intelligenter junger Kongolese, der ein Diplom der Wirtschaftswissenschaften besitzt, »aber wir dürfen nicht zusehen, wie das Chaos sich überall ausbreitet. Die achtzigtausend Arbeitslosen von Leopoldville, um nur ein Beispiel zu nennen, können nicht länger warten.«

Die Studenten wollen nicht auf halbem Wege stehenbleiben. Lumumba soll seine Residenz am Strom räumen. Schon droht die neue Kongo-Regierung im Einklang mit Oberst Mobutu, daß sie im Falle eines Widerstandes der Lumumba schützenden Ghanaer und Guineer die Beziehungen zu Accra und Conakry abbrechen und mit Gewalt vorgehen will.

Albert Ndele ist der dreißigjährige Vizepräsident der Studentenregierung. Der Vorsitzende heißt Justin Bomboko. Er kann seinerseits auf das Diplom einer belgischen Universität verweisen und bringt das Kunststück fertig, allen drei Kongo-Regierungen gleichzeitig anzugehören. Seit der Unabhängigkeit war er Außenminister im Kabinett Lumumba. Nach Bildung der Gegenregierung Ileo übernahm er dort auf Betreiben Kasavubus das Außenamt. Nun steht er dem Kollegium der Kommissare und Studenten vor.

Doch die aktive Kraft hinter dem »Kollegium der Kommissare«, der Mann, dem die Studenten vertrauen, ist der Generalstabschef, der kurze Zeit einmal auf den Seminarbänken von Brüssel mit ihnen zusammensaß und etwa dem gleichen Jahrgang angehört. Mobutu hält Wort. Er hatte angekündigt, daß er die Ostblockbotschaften ausweisen würde, und alle Zuhörer waren skeptisch gewesen. Achtundvierzig Stunden später hat die Nationalarmee ihre Drohung wahrgemacht.

Mobutu hatte die Schließung des Parlaments angeordnet, und heute ist jedes Leben im »Palast der Nation« erloschen. Jetzt verwirklicht er sein drittes Vorhaben und bildet eine Regierung aus Studenten und »Technokraten«.

Die Kommissare verlesen ihr Manifest unter den schweren Wolken der anbrechenden Regenzeit. Sie lassen Staatspräsident Kasavubu hochleben. Sie drücken sich in einem sehr korrekten Französisch aus. Ihre Gruppe wirkt offen und sympathisch.

Doch die große Frage bleibt: Wissen diese jungen Männer, daß sie der politischen Begabung Lumumbas in keiner Weise gewachsen sind? Der Regierungschef hat zur gleichen Stunde zu einer Pressekonferenz geladen. Zuerst glaubte man an ein Manöver, um die Journalisten fortzulocken. Aber es war keine Finte. Lumumba ist in seiner Villa am Strom nur noch durch das waffenklirrende Aufgebot der Ghanaer geschützt. Der eigenen Armee traut Lumumba nicht mehr. Der Premierminister machte einen überreizten Eindruck. Er sprach in seinem autoritären Ton, der keine Widerrede aufkommen läßt, aber was er sagte, war verworren, voller Widersprüche. Den Soldaten Mobutus warf Lumumba eine Serie von Plünderungen und Vergewaltigungen vor. Die belgischen Korrespondenten trauten ihren Ohren nicht, als sie die Anklage der Vergewaltigung aus dem Mund Lumumbas hörten. Zwei Minuten später versicherte jedoch der Premierminister, der Kongo sei ein ruhiges, in sich geordnetes Land, das keiner Einmischung bedürfe.

Er zog triumphierend das angebliche Original seiner Versöhnungsurkunde mit Kasavubu aus einem Ordner, doch niemand konnte nachprüfen, ob die Unterschrift des Staatspräsidenten auf diesem Dokument echt war. Plötzlich will auch Lumumba die Kongo-Armee durch die UNO entwaffnen lassen, weil sie ihm nicht mehr ergeben ist. Er wiederholt seine Anklagen gegen Hammarskjöld, um kurz danach zu versichern, er habe zum Generalsekretär stets die besten Beziehungen unterhalten. »Wir bewahren unsere Ruhe, bis Oberst Mobutu uns erschießen läßt«, schloß Lumumba in pathetischem Ton seine Pressekonferenz.

Donnerstag
Die Kongo-Republik ist auf einstimmigen Beschluß der Vollversammlung der Vereinten Nationen als gleichberechtigtes Mitglied in die Völkergemeinschaft aufgenommen worden. Bei der eingeborenen Bevölkerung scheint die große Nachricht verpufft zu sein. Immerhin ist jetzt die Gefahr einer internationalen Treuhänderschaft endgültig von Leopoldville abgewendet.

Niemand hat hier dagegen protestiert, daß die am Nordufer gelegene ehemals französische Kongo-Kolonie mit der Hauptstadt Brazzaville ebenfalls unter der Bezeichnung »République du Congo« bei den Vereinten Nationen akkreditiert wurde. Leopoldville ist zu sehr mit dem Machtkampf seiner drei Regierungen beschäftigt, und Lumumba – der mit Nachdruck gegen diese doppelte Namensverleihung vorstellig geworden war – hat andere Sorgen. So gibt es heute zwei Kongo-Republiken, eine mit vierzehn Millionen und eine mit achthunderttausend Einwohnern. Um sie zu unterscheiden, sagt man bereits Kongo-Leopoldville und Kongo-Brazzaville. Den Afrikanern dämmert erst allmählich, daß diese Präzisierung eine letzte Huldigung an das Kolonialregime in sich trägt. Leopoldville ist weiterhin nach König Leopold II. benannt, jenem »Riesen in einem Zwischengeschoß«, der gegen die Trägheit seiner Landsleute die Herrschaft Belgiens im Herzen Afrikas errichtete. Brazzaville trägt den Namen des französischen Marineoffiziers Savorgnan de Brazza, der fast ohne Unterstützung aus Paris den gewaltigen Länderfetzen Äquatorial-Afrika dem französischen »Empire Colonial« einverleibte.

Würde nicht die Lumumba-feindliche Zeitung »Courrier d'Afrique« neuerdings wieder in Leopoldville erscheinen, dann erführe kaum jemand, was auf dem großen Forum von New York vor sich geht. Die Beamten des UN-Kommandos in Leopoldville halten sich sehr zurück. Für sie ist, solange die Vollversammlung tagt, eine heikle Zwischenphase angebrochen. Über die Komplikationen am Kongo soll möglichst wenig in Manhattan debattiert werden. Zu viele hitzige Vertreter der farbigen Länder beherrschen dort die Tribüne.

Der internationale Beamtenstab im Hotel Royal wartet behutsam das Ende des großen Völkerpalavers ab, bereitet sich aber in aller Stille darauf vor, unmittelbar nach Verabschiedung der Vollversammlung durchgreifende Maßnahmen zu treffen und notfalls Macht auszuüben.

Hammarskjöld, so scheint es, genießt neuerdings seine Rolle als universaler Prokonsul in Zentralafrika.

Zum 1. Oktober, dem Unabhängigkeitstag der nigerianischen Föderation, wird das erste Bataillon aus Lagos im Hafen Matadi erwartet. Die Nigerianer sind sehr selbstbewußte Leute. Mit vierzig Millionen Einwohnern ist Nigeria ein Koloß unter den afrikanischen Staaten. Sir Abubakar Tafewa Balewa, der Regierungschef der Föderation, hat Patrice Lumumba nicht verziehen, daß Nigeria im August nicht zum Afrikanischen Kongreß von Leopoldville eingeladen wurde. Im übrigen legt er eine betont antikommunistische Haltung an den Tag. Deshalb wird das Bataillon der Föderation, das sich fast ausschließlich aus hochgewachsenen muslimischen Haussa der Nordregion zusammensetzt, das Kräfteverhältnis unter den UN-Truppen im prowestlichen Sinne beeinflussen.

Heute wird in Leopoldville bekannt, daß die beiden Ghana-Bataillone, die in der Hauptstadt seit zwei Monaten einen langweiligen, aber vorbildlichen Garnisonsdienst versehen haben, nach der Kasai-Provinz verlegt werden, wo immer noch der grausame Stammeskrieg tobt. Die Tunesier hingegen werden in Kasai abgelöst und in die Hauptstadt zurückgerufen. Das UN-Kommando möchte den Studenten Mobutus entgegenkommen, die sich über die Komplizenschaft der Ghanaer mit Lumumba heftig beschwert haben.

Freitag

Um Joseph Ileo ausfindig zu machen, bedarf es fast der Listen eines Geheimagenten. Ein verschwiegener schwarzer Chauffeur fuhr mich zu einer unbeleuchteten Villa auf dem Weg zum Flugplatz. Während ich im Wagen wartete, wurde am Eingang lange geflüstert. Dreimal wurde mir wiederholt, »Monsieur Ileo« sei nicht da, bis ich nach vielen mißtrauischen Blicken dann doch dem stillen, etwas schüchternen Mann mit dem Querbinder gegenübersaß.

»Wir halten uns vorläufig zurück«, sagte Ileo. »Wir können unsere Investitur vor dem Parlament erst beantragen, wenn alle Volksvertreter, die in Opposition zu Lumumba stehen, auch wirklich an den Sitzungen teilnehmen.« Sein Verhältnis zum Regierungskollegium der Studenten, so bestätigte er, sei ausgezeichnet: »Die Studenten sollen später als hohe Beamte die Führung der einzelnen Ministerialverwaltungen übernehmen. Zur Zeit sind sie dabei, die Verfassung des Kongo auszuarbeiten, denn wir leben immer noch unter einem provisorischen Grundgesetz.«

Die Frage nach der unmittelbar bevorstehenden Verhaftung Lumumbas, über die in Leopoldville so viele Gerüchte umgehen, beantwortet Ileo ausweichend. Hingegen erklärt er sich sofort bereit, Lumumba einen Ministersessel in seinem Kabinett anzubieten und bestätigt somit die den Afrikanern eigene Gabe des Kompromisses. Über seine Beziehungen zu Mobutu drückte Ileo sich mit einiger Zurückhaltung aus. Der Oberst sei zur Stunde nicht gewillt, eindeutig für Kasavubu Partei zu ergreifen. Die innere Einheit der Kongo-Armee sei noch brüchig. Man dürfe sie nicht auf die Probe stellen.

Am Vormittag habe ich den Generalstabschef unter recht eigenartigen Umständen angetroffen. Im Hotel Stanley war mit Windeseile das Gerücht aufgekommen, in Camp Leopold seien Schießereien ausgebrochen, und Mobutu sei von Lumumba-treuen Soldaten festgesetzt. Vor allem die jugoslawischen Korrespondenten, die nach dem Abzug der linientreuen Ostblock-Journalisten die Stellung für Lumumba halten, verbreiteten mit hitzigen Mienen diese für sie freudige Nachricht.

Am Eingang des Lagers war tatsächlich eine 7,5-cm-Kanone aufgefahren, aber die Posten lagen wie üblich im Gras. Andere feilschten mit den Marktweibern um Maniokwurzeln oder eine Zuckerrohrstange. Ich gab mich als Marokkaner aus. Nach kurzem Palaver wurde ich eingelassen. Ich fuhr zur Villa General Kettanis, aber bevor ich noch den ersten Marokkaner ansprechen konnte, kam mir Mobutu entgegen. Seit eine erdrückende Verantwortung auf ihm lastet, ist aus dem einstigen Playboy ein recht schwermütiger Mann geworden. Er hat sich den Bart wachsen lassen, vermutlich um älter zu erscheinen. Das ernste Gesicht mit der Sonnenbrille paßte nicht zu der Kniehose, aus der magere Beine hervorschauten.

Der Colonel bewegte sich ungezwungen auf der Hauptallee des Camp Leopold. Die jugoslawischen Journalisten, die inzwischen auch herbeigeeilt waren, machten enttäuschte Gesichter. Mobutu fegte mit einer Handbewegung alle Fragen nach einem Feuerwechsel im Lager beiseite. »Schauen Sie doch um sich«, meinte er, »Sie sehen ja, daß alles ruhig ist.« Trotzdem war es vor ein paar Stunden zu Streitigkeiten gekommen, als die Soldaten feststellten, wie gering ihre Löhnung im Vergleich zum Gehalt der frischgebackenen Offiziere war. Nach ein paar Worten Mobutus hatten sich die Wogen geglättet.

Wenn der Generalstabschef an diesem Morgen so finster blickte, so aus anderen Gründen. Er wirft der Regierung von Ghana vor, daß sie eine politische Wiederkehr Lumumbas mit allen Mitteln betreibe. Er ist auch dem UN-Kommando böse, weil es fortfährt, Lumumba abzuschirmen, ohne dessen politische Aktivität drastisch einzuschränken. Mobutu spürt, daß er auf Sand baut, solange Lumumba lebt und in Freiheit ist.

Samstag

Selbst wenn die Vereinten Nationen es wollten, sie könnten Lumumba nicht an seine Gegner ausliefern. Kasavubu hat seine Sicherheit zu lange dem militärischen Schutz der Blauhelme verdankt, als daß seine Empörung über die Absperrung rund um die Villa Lumumbas überzeugend klänge. Die Vorwürfe, die von den Lumumba-Gegnern gegen die Intrigen der Ghanaer erhoben werden, haben im Hotel Royal Verstimmung ausgelöst. Um zu beweisen, daß der militärische Schutz des Premierministers nicht auf die Einzelinitiative Accras zurückgeht, wurden den ghanaischen Posten Marokkaner, Sudanesen, Tunesier und Ägypter beigesellt.

Während Lumumba im toten Winkel sitzt, hat das Kollegium der Studenten mit dem Regieren begonnen. Die netten jungen Leute sind ihrer Sache längst nicht sicher. Am Freitag morgen hat ein Rollkommando von Lumumba-treuen Offizieren versucht, sie aus ihren Amtsstuben zu vertreiben. Die Kommissare sind nichts ohne die Armee.

An diesem Wochenende ist ein neues Attentat gegen den Inspirator des Militärputsches verübt worden. Eine Granate wurde gegen die vermeintliche Villa Mobutus im Camp Leopold geschleudert. Sie ist im Vorgarten eines Hauses explodiert, das von Ghana-Offizieren bewohnt wird. Laut marokkanischen Aussagen sind die ehemaligen Meuterer der Force Publique weiterhin in zwei Lager gespalten. Mobutu kann sich noch nicht als der starke Mann am Kongo betrachten.

Die Vereinten Nationen drängen auf eine schnelle Beilegung des Bürgerkriegs in Katanga und Kasai. An der Grenze zwischen Kivu und Katanga ist der Waffenstillstand in Kraft getreten. Die Sorge der Blauhelme richtet sich nun auf die brutalen Polizeiaktionen

Tschombes gegen seine politischen Gegner. In Kasai ist noch keine Ruhe eingekehrt. Im sogenannten Diamantenstaat von Bakwanga hat sich die Situation rasant zugunsten der Baluba-Krieger Kalondjis verschoben.

Als wollte dieser unheimliche Kontinent beweisen, welch urweltliche Kräfte in ihm schlummern, sind die Zeichen akuter Seuchengefahr gemeldet worden. Nicht nur die Malaria greift infolge der Vernachlässigung der Insektenbekämpfung um sich. Die Schlafkrankheit macht sich in weiten Landstrichen wieder breit, und aus dem Städtchen Bunia in der Ostprovinz werden die ersten Fälle von Beulenpest bekannt.

Mobutu übt Nächstenliebe

Leopoldville, im September 1960

Sonntag
Mit dem Beginn der Regenzeit ist das Wetter schwül und stickig geworden. Die Akteure des kongolesischen Spiels – Kasavubu, Lumumba, Mobutu, Ileo – sitzen sich in ihren Villen wie Vögel in ihren Käfigen gegenüber. Gemeinsam haben sie nur eines: Sie werden von Soldaten der Vereinten Nationen bewacht. Mobutu steht unter dem direkten Schutz der Marokkaner, und das ist gut für ihn; die Unruhe im Camp Leopold ist noch längst nicht abgeklungen.

Unter den Journalisten von Leopoldville greift ein an Ekel grenzender Überdruß um sich. Die Krise dauert zu lange. Die Wochen schleppen sich wie Monate. Die versprochenen sensationellen Ereignisse bleiben aus. Statt dessen wird mit Kommuniqués und Proklamationen Krieg geführt. Täglich werden in den Hotels Stanley und Memling Flugblätter oder Telegramme an die Vereinten Nationen verteilt. Die Hälfte davon ist ohnehin gefälscht. Lumumba behauptet, Kasavubu würde die belgischen Fallschirmjäger wieder ins Land holen. Mobutu beschuldigt Lumumba, den Kongo an die Sowjets zu verkaufen, und so fort.

Die Kongo-Krise lebt von ihrer großen Aufmachung in der Weltpresse. Hier wird mit Pressekonferenzen regiert. Nicht umsonst ist in Leopoldville der Rundfunk das eigentliche Symbol, man möchte sagen der Fetisch der Macht. Es war gar kein so abwegiger Scherz, als eine Gruppe von Korrespondenten beim abendlichen Glas Whisky beschloß, eine Regierung von Journalisten zu bilden. Es hätte genügt, den Schutz der Vereinten Nationen zu beantragen und Kommuniqués in die Welt zu setzen.

Wenn es nicht binnen kurzer Zeit zu umwälzenden Ereignissen kommt, wird die Kongo-Krise diese Kollektivverärgerung kaum überleben. Schon rüsten sich viele Reporter für die Reise zu den Unabhängigkeitsfeiern von Nigeria. Sehr viel attraktiver als der wirre Jahrmarkt am Kongo erscheinen auch die zehn Länder der französisch-afrikanischen Gemeinschaft, die vor drei Tagen in die Organisation der Vereinten Nationen aufgenommen wurden.

Montag
Lumumba triumphiert. Am Sonntag vormittag ist er spektakulär auf dem Boulevard Albert spazierengefahren. Die wenigen Europäer, die ihm begegneten, trauten ihren Augen nicht. Eine Siegesparade war das trotzdem nicht. Die Limousine Lumumbas war zwischen zwei Lastwagen voll Ghana-Soldaten eingekeilt, die seine persönliche Sicherheit garantierten. Der Premierminister drehte in zügigem Tempo ein paar Runden; dann verschwand er in seiner wohlbehüteten Residenz.

Wir trieben uns wieder einmal vor der Villa am Strom herum und warteten auf irgendeine Überraschung. Wie üblich hatten die Soldaten Mobutus ihre Maschinengewehre auf den Hauseingang des Premierministers gerichtet. Plötzlich tauchten drei Militärjeeps der Kongo-Armee auf, dahinter ein schwerer amerikanischer Wagen. Ihm entstieg der Generalstabschef. Ehe der sudanesische Wachposten reagierte, war Mobutu im Haus verschwunden und seine Soldaten verteilten sich im Innenhof.

Unter den Zuschauern entstand Aufregung. Jetzt hatte der Oberst endlich seine Drohung wahrgemacht, so schien es. Die Verhaftung Lumumbas wurde vollzogen. Nur eine Frage blieb offen: Wie würden sich die Vereinten Nationen verhalten? Während im Innern verhandelt wurde, kam eine Gruppe Afrikaner aus der Villa. Darunter befand sich der Lumumba-Minister Mpolo. Mobutu hatte Mpolo vor drei Tagen wegen Verschwörung verhaften lassen. Jetzt bewegte er sich in Freiheit und strahlte über das ganze Gesicht. Noch eine andere Gestalt spazierte dort mit großer Gelassenheit. In freundlichem Plauderton begrüßte mich Major Pakasa von der kongolesischen Nationalarmee. Pakasa trug keine Uniform, sondern ein schlichtes weißes Hemd. Pakasa ist der Offizier, der vor einer Woche mit dem Revolver in der Hand in das Büro Mobutus eindrang, um den Chef der Militär-Junta zu erschießen. Jetzt war er aus dem Gefängnis entlassen, hatte bei Lumumba Asyl gefunden und gab bereitwillig Interviews.

Bei den Journalisten, die der Weltöffentlichkeit in grellen Farben über die schrecklichen Spannungen am Kongo berichtet hatten, kam das peinliche Gefühl auf, man habe sie gefoppt, an der Nase herumgeführt und blamiert. Was die Kongolesen hier vorführten, war Schattenboxen.

Nach einer halben Stunde ging Oberst Mobutu allein wieder zu seinem Wagen. »Warum sind Sie zu Lumumba gegangen«, fragte ich ihn, »wollten Sie ihn nicht verhaften?« Mobutu lehnte sich im Wagen zurück. Die Augen waren durch die Sonnenbrille verdeckt. Um den bärtigen Mund spielte ein verlegenes Lächeln. Mit langsamer Stimme sagte er: »Ich bin zu Monsieur Lumumba gekommen, um die Versöhnung zwischen ihm und Staatspräsident Kasavubu zu erzwingen. Ich bin kein Diktator, wie das behauptet wird, ich will nur Ordnung am Kongo und die Eintracht der Politiker.« Den anwesenden Reportern blieb die Sprache weg. »Wissen Sie denn, Colonel, daß Ihr gedungener Mörder Pakasa sich auf diesem Grundstück in Freiheit befindet und auch Ihr Todfeind Mpolo?« fragte ein Amerikaner. Der Oberst lächelte noch immer. »Ja, das weiß ich. Ich habe sie selber freigelassen. Ich habe ihnen verziehen. Ich bin eben Christ.«

Die Limousine Mobutus fuhr davon. Die Zaungäste kommentierten mit erregten Stimmen diesen jüngsten Erfolg Lumumbas. Der Premierminister hatte eine neue Runde für sich gebucht. Von seiner Verhaftung durch die Nationalarmee konnte fürs erste nicht mehr die Rede sein. Der herbeigeeilte britische Konsul machte ob der Nachricht ein ehrlich betrübtes Gesicht. Auch wenn die Versöhnung am Ende nicht zustande kommt, das kongolesische Drama schrumpft zum Possenspiel.

Am späten Abend wurde in der Bar des Hotels Memling immer noch auf Oberst Mobutu und seinen Rückzieher geschimpft. Ein schwarzer Anwalt von der Elfenbeinküste amüsierte sich köstlich über die verdutzten Gesichter der Europäer. Schließlich mischte er sich ein: »Ihr Weißen glaubt, daß ihr etwas von Afrika versteht«, begann er, »aber was hier am Kongo vorgeht, das sind Negergeschichten – Ce sont des histoires de nègres. Ihr glaubt, eure politischen Vorstellungen auf den Kongo übertragen zu können. Aber ihr begreift unsere Mentalität überhaupt nicht. Wir Neger werden euch noch manches Rätsel aufgeben. Und wenn ihr einmal meint, ihr hättet uns fein gespalten und gegeneinander aufgebracht, dann versöhnen wir Neger uns wieder. Wir versöhnen uns auf Kosten und auf dem Rücken der Weißen.«

Dienstag
Zwei Ghana-Soldaten stritten sich auf dem Boulevard Albert mit einem athletischen Einheimischen. Etwas abseits lehnte eine afrikanische Frau an der Mauer. Die Ghanaer schimpften auf englisch, der Kongolese tobte auf französisch. Wir gingen hin, um zu übersetzen. »Der Mann hat seine Frau auf der Straße verprügelt«, sagte der kleinere Ghana-Soldat mit dem blauen Helm. »Ich bin auf dieser Seite der Straße für Ruhe und Ordnung verantwortlich. Bei uns ist es nicht üblich, daß man eine Frau auf der Straße schlägt. Wenn er sie prügeln will, soll er das zu Hause tun.« Um die Kongolesin zu bezeichnen, die sich weiterhin völlig apathisch verhielt, sagte der Ghana-Posten nicht »Woman«, sondern »Lady«.

Der Kongolese brüllte immer aufgeregter. »Diese UN-Soldaten, in unsere Politik mischen sie sich ein und jetzt schon in unsere Privatangelegenheiten. Ich kann mit meiner Frau machen, was ich will. Wir sind ein unabhängiges Land. Raus mit den Ghanaern, raus mit den neuen Kolonialisten.« Der kleine Ghanaer mit den tiefen Stammesnarben, der dem Kongolesen kaum bis zur Schulter reichte, nahm das Gewehr von der Schulter, reichte es seinem stilleren Kameraden, ballte die Fäuste und sagte: »You want a fight?« Aber dann ging das Palaver wieder los, und noch spät in der Nacht hallten die rauhen Stimmen über den verödeten Boulevard.

Aus irgendeinem Nachbarlokal kam eine Gruppe Belgier. Sie amüsierten sich über diesen Streit unter Schwarzen. Der irische Arzt, der neben mir stand, wurde rot vor Zorn. »Da sind sie wieder, die Belgier«, zischte er, »als es darauf ankam, hier die Stellung zu halten und ein wenig Würde zu zeigen, da sind sie über den Fluß geflohen. Aber jetzt, nachdem die Ghana-Soldaten ihre Sicherheit garantieren, da können sie sich über diese braven schwarzen Kerle lustig machen.«

Die Stimmung ist antibelgisch in Leopoldville, auch bei den Weißen. Nach und nach kommen kleine Trupps aus Brüssel zurück. Der vornehme »Club Royal«, der wochenlang völlig ausgestorben war, füllt sich wieder, und die Clubmitglieder schauen mit vorwurfsvollen Blicken, wenn mittags mal ein Journalist mit offenem Kragen an die Bar kommt. Auch weiße Frauen treffen ein. Die Europäer fühlen sich so sicher unter dem Schutz der schwarzen UN-Soldaten, daß neulich – als es am Sender Leopoldville kriselte – belgische Limousinen gefüllt mit Neugierigen neben den Ghana-Posten stoppten und die weißen Frauen in knappen Shorts das Schauspiel aus der Nähe genossen. Als wäre am Kongo niemals vergewaltigt worden.

Der erstaunlichste Belgier ist jedoch jener einsame Feldwebel der Force Publique, der nach Meuterei und Unruhen seelenruhig im »Camp Hardy« bei den schwarzen Soldaten ausgeharrt hatte. Als die Truppen aus Thysville zum Staatsstreich Mobutus in Leopoldville einrückten, war auch dieser stille, blasse Mann dabei. Die Kongo-Soldaten behandelten ihn freundschaftlich und luden ihn auf der Terrasse des Hotels Regina zum Bier ein.

Wer vor den Belgiern am Kongo spricht, muß auch Lovanium erwähnen. Die Universität Lovanium, nach der flämischen Stadt Loewen benannt, liegt wie eine unvollendete Gralsburg über dem sanften Amba-Hügel bei Leopoldville. Am Eingang einer eindrucksvollen Allee aus halbfertigen Betonpalästen – Fakultäten, Studentenheime, Institute und Büros – könnte geschrieben stehen: »Zu spät«. In Lovanium hat die Elite des belgischen Klerus versucht, die vergeudete Zeit einzuholen.

Die Patres von Lovanium sparen nicht mit Kritik am verflossenen Kolonialregime. Sie gestehen auch die Fehler der katholischen Missionen am Kongo ein. 1954 war mit den ersten Ausschachtungsarbeiten auf dem Amba-Hügel begonnen worden. 1956 wurde die Universität durch königliches Dekret offiziell ins Leben gerufen. Aber woher sollten die Professoren nun afrikanische Studenten nehmen? Der allgemeine Unterricht war bisher auf Volksschulniveau gehalten worden. 1956 vernahmen hellhörige Beobachter, darunter die Jesuiten, das erste Grollen der schwarzen Revolution. Als sie unabhängig wurde, zählte die riesige Republik mit ihren vierzehn Millionen Menschen ganze dreizehn Eingeborene mit bescheidenem akademischem Abschluß.

Der junge flämische Pater, der meine Führung durch das Universitätsgelände übernommen hat, macht sich wenig Illusionen. Er weiß, daß die Kirche von vielen Kongolesen – und nicht nur von den extremen Nationalisten – für die Fehler des Kolonialismus mitverantwortlich gemacht wird. Unter der belgischen Herrschaft waren die Missionen übermächtig. Die Ordensniederlassungen sind nicht allein wegen ihrer eindrucksvollen Pionierarbeit, sondern auch wegen kommerzieller Tüchtigkeit bekannt gewesen. Die Kirche diente der belgischen Kolonialherrschaft als moralische Rechtfertigung. »Es wird lange dauern, ehe wir die Vergangenheit bewältigt haben«, sagte der blonde Pater, »vorläufig müssen wir uns festkrallen, den Sturm über uns ergehen lassen, und dann helfen, selbstlos und bescheiden. Es wird nicht leicht sein.«

Eine Hoffnung bleibt den Professoren von Lovanium: Die Studentenkommissare, die durch Oberst Mobutu an die Macht getragen wurden. Diese jungen Intellektuellen, die den Hörsaal viel zu früh mit dem Ministersessel vertauschten, sind wohl die einzigen Kongolesen, die dank ihrer Ausbildung auf dem Amba-Berg ohne Ressentiments an die Belgier zurückdenken. Leider sind sie zu wenige.

Zwei Schwerpunkte gibt es in Lovanium: Da ist zunächst ein unscheinbarer Betonbau am Rande, der heute von tunesischen Soldaten bewacht wird. Dort ist vom Rektor der Universität, Mgr. Gillon, einem anerkannten Kernphysiker, der erste Atomreaktor Afrikas installiert worden. Die Masse der Kongolesen nimmt dieses kleine technische Wunder am Rande ihrer Hauptstadt mit der gleichen dumpfen Selbstverständlichkeit hin wie Düsenflugzeuge und Mondraketen. Der andere Schwerpunkt, besser gesagt, der eigentliche Mittelpunkt von Lovanium, ist die Kirche. Der Beton des kühn geschwungenen Kirchenschiffs ist ebenso hart und fest wie der katholische Glaube der flämischen Patres, die auf dem Amba-Hügel die letzte Stellung des Abendlandes zu halten wähnen.

Aber wie steht es mit dem christlichen Glauben der Eingeborenen, von denen immerhin fünf Millionen im Namen der Dreifaltigkeit getauft wurden? »Den Kongo bekehren, heißt den Ozean pflügen«, hatte mir der alte, müde Missionar von Thysville gesagt. Das Christentum wird in den Vorstellungen der Schwarzen zu eigenartigen Synkretismen verzerrt. Die neuen Sekten wuchern seit der Unabhängigkeit noch wirrer und ungezügelter. Die Professoren der Soziologie von Lovanium fühlen als erste, wie schnell das importierte Christentum von der afrikanischen Mythologie aufgesogen und assimiliert wird. Die Kirchen von Leopoldville stehen meist leer. Doch aus dem Alltag des Schwarzen sind die christlichen Symbole nicht mehr fortzudenken.

Im soziologischen Institut von Lovanium gab man mir einen Liebesbrief zu lesen, den ein fünfzehnjähriges Mädchen aus Leopoldville an ihren siebzehnjährigen Freund schrieb, nachdem er sie verlassen hatte. »Chéri«, beginnt diese beinahe mystische Klage, »Du bist mein einziger Geliebter für alle Ewigkeit. Selbst wenn Du mich verabscheust, könnte ich nicht von Dir lassen. Auch wenn Du zehn Zauberer gegen meine Liebe aufbieten würdest, bleibe ich Dir treu bis in den Tod. Wenn Du ein Mädchen wärst, hätte ich Dich geheiratet. Wenn ich Dich sehe, mein Geliebter, glaube ich meinen Vater zu sehen. Ich liebe Dich, wie ich den Heiland liebe. Mein Geliebter, ich habe mit gebrochenem Herzen viel geweint, als Du mir sagtest, daß Du eine andere hast. Ich werde weiter weinen. Mein Geliebter, wenn ich Dein Gesicht sehe, glaube ich unseren Herrn Jesus Christus zu schauen.«

Todesahnungen

Leopoldville, Ende September 1960

Mittwoch

In Accra hat Präsident Nkrumah entschieden, Patrice Lumumba mit allen Mitteln zu halten. Die ägyptischen Fallschirmjäger haben eine ähnliche Weisung aus Kairo erhalten. Die Soldaten Sekou Tourés aus Guinea machen ohnehin, was sie wollen und scheren sich den Teufel um den schwedischen General von Horn, der ihr oberster Kriegsherr am Kongo sein soll.

De facto unterstehen die drei Ghana-Regimenter nicht mehr dem Kommando der UNO, sondern den direkten Weisungen des Ghana-Botschafters Nathaniel Welbeck, der als Sonderbeauftragter Nkrumahs in den Kulissen agiert. Auf Welbeck ist noch zurückzuführen, daß Lumumba am Sonntag seine Triumphfahrt durch Leopoldville unter dem Schutz ghanaischer Bajonette antreten konnte. Den Vereinten Nationen ist diese Initiative auf den Magen geschlagen. Der indische General Rikhye, der im Hotel Royal als höchster militärischer Experte fungiert, soll über diese Eigenmächtigkeit der Ghanaer empört und am Ende seiner Geduld angelangt sein – und das will etwas heißen. Der neue Stellvertreter Dag Hammarskjölds am Kongo ist ebenfalls ein Inder, Botschafter Rayeshwar Dayal. Welche Ziele dieser schweigsame Mann verfolgt, ist den westlichen Beobachtern noch nicht klar.

In der Umgebung Mobutus schnaubt man vor Wut, wenn die Rede auf die Ghanaer kommt. Es scheint, als habe der Oberst den rechten Zeitpunkt für energisches Handeln verpaßt. Die Gegenkräfte regen sich. Die wohlerzogenen schwarzen Studenten, die nach dem Militärputsch zu Generalkommissaren befördert wurden, sind von lumumbistischen Schlägertrupps überfallen worden. Vor allem der Kommissar des Inneren und sein Stellvertreter wurden in Mitleidenschaft gezogen. Sie wurden in ihren Büros überwältigt, entführt und schwer mißhandelt, ehe sie wieder befreit werden konnten. Die Verschleppung fand in Gegenwart von Wachposten der Vereinten Nationen statt. Die Ghana-Soldaten rührten keinen Finger, um den bedrohten Kommissaren zu helfen.

Es herrschte eine gespannte Stimmung im Hotel Royal, als der Regierungskommissar des Innern, José Nußbaumer, Enkel eines Schweizer Kolonisten, in Begleitung Mobutus eintraf. Man sah Nußbaumer die Spuren der Mißhandlungen an. Dem jungen Mulatten waren Schlips und Schuhe ausgezogen worden. Das Hemd war zerrissen. Dokumente und Wertsachen wurden ihm entwendet. Mobutu hat energisch protestiert, aber er will es nicht dabei bewenden lassen. Er hat ultimativ angekündigt, daß die Ghana-Truppen den Camp Leopold unverzüglich verlassen müssen. Von Versöhnung ist keine Rede mehr.

General Rikhye hat bei seinem ersten Pressekontakt über den Bürgerkrieg in Kasai berichtet. Demnach hätten fünftausend bewaffnete Baluba die schwachen Einheiten der Nationalarmee im Raum von Bakwanga zahlenmäßig erdrückt. Die Diamantenstadt Bakwanga sei wieder fest in den Händen Kalondjis. Die Baluba seien teilweise modern ausgerüstet und von europäischen Offizieren beraten. Ihr Stabschef soll ein Franzose sein, ein Oberstleutnant Gillet, der von Katanga aus die Operationen leitet. Der Nachschub der kleinen Südarmee würde teilweise durch Hubschrauber französischer Bauart herangebracht. Patrice Lumumba hatte in der Vergangenheit keine Gelegenheit versäumt, die französische Afrika-Politik und die »Communauté« anzugreifen. Es scheint, als habe Frankreich in Kasai eine Rechnung zu begleichen.

Während General Rikhye diese Enthüllungen macht, verhandelt Joseph Ileo in Brazzaville mit dem ominösen Kalondji. Nur der breite Strom trennt Lumumba von seinem Todfeind aus Bakwanga.

Donnerstag

»Bruder, ich traue einem Kolonialisten nur, wenn er tot ist«, so heißt es wörtlich in dem vertraulichen Brief, den Kwame Nkrumah an seinen Freund Patrice Lumumba gerichtet hat. Das geheime Schriftstück ist Mobutu in die Hände gespielt worden, und der Oberst sucht daraus Kapital zu schlagen. Wie ein erfahrener Mentor erteilt der starke Mann von Accra dem Zauberlehrling am Kongo seine Empfehlungen und Anweisungen.

»Schlafende Hunde soll man nicht wecken«, so lautet der erste Rat Nkrumahs an den Weggefährten Lumumba. Mit dem schlafenden Hund ist wohl Staatspräsident Kasavubu gemeint, der durch das hektische Gebaren Lumumbas aus seiner Lethargie erst aufgeschreckt wurde. Nkrumah hält den Regierungschef zur taktischen Zurückhaltung an. Mögen Kasavubu und Tschombe auch verräterische Absichten hegen, Lumumba muß erst seine Stellung im Innern festigen, ehe er zum großen Schlag ausholt. Er soll sich auch keine zusätzlichen Feinde schaffen, indem er überstürzt eine neue Verfassung ausarbeiten läßt.

Aufschlußreich ist die Einstellung Nkrumahs zu den Vereinten Nationen, als deren überzeugter Verteidiger er bisher galt. Gewiß, so schreibt Nkrumah, sei der Wunsch Lumumbas durchaus berechtigt, die Blauhelme so schnell wie möglich des Landes zu verweisen. Aber zuvor müßten die dringlichsten Verwaltungszweige noch aufgebaut werden, vor allem die Einwanderungsbehörden und der Zoll. Zu diesem Zweck seien technische Hilfe und Finanzzuwendungen der UNO doch außerordentlich dienlich.

Der Inhalt dieses Briefes erklärt manche Maßnahme Lumumbas. Der Ghana-Präsident legte seinem kongolesischen Freund nahe, statt des viel zu umfangreichen Kabinetts einen kleinen Arbeitskreis gleichgesinnter Minister zu schaffen, und dieser Aufforderung ist Lumumba prompt gefolgt. Vor allem warnte Nkrumah vor der Kongo-Armee, bei der er das Überhandnehmen der Stammesfeindschaften vorausgesagt hat. Er forderte den Premierminister auf, sich häufig über den Rundfunk an das Volk zu wenden und gab damit vielleicht den Anstoß zu jenem Radiokrieg, der Leopoldville eine Woche lang in Atem hielt.

»Bruder, ziehe behutsam gegen Deine Feinde zu Feld«, schreibt Nkrumah, »wende das an, was die Deutschen ›Realpolitik‹ nennen und überwinde Deine Gegner ganz allmählich durch taktische Schachzüge.« Die Versöhnungskomödie der letzten Tage, die Vorschläge einer Konferenz am Runden Tisch, zu der Lumumba sich wider Erwarten bekannt hatte, sind in diesen Mahnungen bereits enthalten.

In den Augen eines europäischen Beobachters ist der Nkrumah-Brief ein kluges politisches Brevier. Aber die Kongolesen sehen das anders. Sie werten die Botschaft als eine Bevormundung ihres Landes durch ein fremdes Staatsoberhaupt. Die Ghanaer, die ihre Überlegenheit den Kongolesen deutlich zu spüren geben, sind äußerst unbeliebt in Leopoldville. »Wir wollen keinen afrikanischen Neokolonialismus!«, rufen die Demonstranten der Abako-Partei. »Wir sind zuerst Kongolesen und dann erst Afrikaner.«

Gleichzeitig mit dem Nkrumah-Brief wurden zwei andere offizielle Schreiben durch Oberst Mobutu veröffentlicht. In dem ersten Brief, der an die sowjetische Regierung adressiert ist, bittet Lumumba um die Entsendung von Flugzeugen mit Mannschaften, von Transportmaterial und modernen Waffen. Die Iljuschin-Maschinen und die Lastwagen waren schon angekommen, die Waffen wohl unterwegs, als der Putsch Mobutus der russischen Infiltration den Boden entzog. In dem zweiten Brief erbittet Antoine Gizenga, der Vizepremierminister der Regierung Lumumba, bei der chinesischen Volksrepublik die Entsendung von Freiwilligen. Seit diesen Enthüllungen ist Lumumba von den Amerikanern endgültig auf die Abschußliste gesetzt worden.

Freitag
Es muß schlecht stehen um Patrice Lumumba. Der Premierminister hat mich zu einem exklusiven Fernsehinterview eingeladen. Solche Vorzugsbehandlung wäre früher undenkbar gewesen. Es ist mein erstes Fernsehexperiment. Der Saarländische Rundfunk hat ein Team nach Leopoldville geschickt, und nun stehen wir vor der Residenz am großen Fluß.

Im Innern frappiert mich die Einsamkeit Lumumbas. Nur wenige Getreue sind bei ihm geblieben. Er öffnet uns selbst die Tür zu seinem Büro mit den Mahagonimöbeln und den gelb bezogenen Sesseln. Sein Lächeln wirkt erstarrt, aber seine Liebenswürdigkeit ist bestechend. Aus dem Fenster blickt er auf die Blauhelme aus fünf Ländern Afrikas. Mit Geduld läßt der Premierminister die schleppende Installierung von Kameras und Scheinwerfern über sich ergehen. Dann fällt der Strom aus, und die Handlampen mit den schwachen Batterien spenden nur unzureichend Licht. Draußen wird der Kongo von gewaltigen Blitzen erhellt.

Natürlich kennt Lumumba mich von den zahllosen Pressekonferenzen, mit denen er sein Land zu regieren suchte. Ohne Spannungen waren diese Veranstaltungen nicht abgelaufen. »Aus Ihrer Frage spricht eine typisch kolonialistische Haltung«, hatte er mich eines Tages getadelt, als ich mich nach den Unruhen in Kasai erkundigte. Trotzdem war eine gewisse Vertrautheit zwischen uns entstanden, und an diesem gewittrigen Nachmittag begegneten wir uns in einer fast brüderlichen Stimmung. Der Mann war gehetzt, verfemt, sein Leben bedroht, und das genügte, um ihn sympathisch erscheinen zu lassen.

Patrice Lumumba unternimmt den Versuch, die Weltöffentlichkeit zu seinen Gunsten umzustimmen. Der Premierminister – das zeigt er schon in den ersten Aussagen seines Interviews – will auch im Westen Sympathien sammeln. Seit er nicht mehr auf die Ratgeber aus Guinea hört, die ihn zu radikalen und kämpferischen Stellungnahmen verleiteten, sondern auf Empfehlungen aus Ghana, gibt er sich als kongolesischer Patriot, der mit allen politischen Richtungen einträglich zusammenarbeiten möchte, als ein »middle of the Road-Man«, der darüber wacht, daß der Kongo nicht einseitig in das Fahrwasser des Ostens gerät.

Lumumba sieht die Möglichkeit einer Lösung der augenblicklichen Kongo-Krise in der vertrauensvollen Verständigung aller Politiker und Parteien. Auch der Separatist von Katanga, Moise Tschombe, ist von dieser Versöhnung nicht ausgeschlossen. »Ich habe selber mit Tschombe zusammengearbeitet, ehe es zu den Unruhen kam. Ich sehe nicht ein, warum sich nicht wieder ein gutes Verhältnis zwischen uns anbahnen sollte.«

Ob er eine Wahl getroffen habe zugunsten des einen oder des anderen Wirtschaftssystems, fragte ich ihn. Ob er mit dem »afrikanischen Sozialismus« guineischer Prägung sympathisiere oder ob er auch eine liberale Wirtschaftsordnung ins Auge fasse. Lumumba antwortete ausweichend. Er gestand seine häufig verkündete Vorliebe für das Experiment Sekou Tourés nicht ein. Er beteuerte hingegen seinen Willen zur Kooperation mit allen Ländern der Welt, auch mit dem Westen. An einem guten Einvernehmen mit Deutschland sei ihm besonders gelegen. Er habe vor der Unabhängigkeit seines Landes die Bundesrepublik kurz besucht und sei sehr beeindruckt gewesen.

Lumumba stimmt mit dem Ghana-Präsidenten Nkrumah darin überein, daß die Vereinten Nationen am Kongo ausschließlich durch afrikanische Truppenkontingente vertreten sein sollten. »Wir Afrikaner kennen unsere eigenen Probleme am besten, und unter uns Afrikanern wird es auch nicht zu Mißverständnissen kommen, wie sie leider gelegentlich hier mit den Vertretern anderer Nationen aufgetreten sind«, sagte er.

Auf meine Frage nach den weiteren Etappen des gesamtafrikanischen Kampfes gegen die Kolonialherrschaft ging Lumumba nur sehr zurückhaltend ein. Er hütete sich, Angola, Rhodesien oder Südafrika zu nennen. »Sicher müssen alle afrikanischen Völker frei und unabhängig werden«, antwortete er, »aber die genaue Marschroute liegt noch nicht fest. Das hängt auch von der weiteren Entwicklung am Kongo ab.«

Das Fernsehteam war schon dabei, die Geräte abzubauen, da lud mich der Premierminister zu einem letzten Zwiegespräch in die Sesselecke ein. Sein Gesicht war ernst geworden. »Wie sehen Sie Ihre persönliche Zukunft?« forschte ich. Er schwieg eine Weile. Die sonst so unruhigen Augen blickten sehr gelassen, fast mit einer religiösen Verinnerlichung an mir vorbei. »Es sieht schlecht aus für mich«, gab Lumumba zu. »Vielleicht werde ich für die Einheit und Unabhängigkeit meines Landes sterben müssen«, sagte er wörtlich. »Vielleicht muß ich dem Kongo durch meinen Opfertod den letzten und größten Dienst erweisen. Afrika braucht einen Märtyrer.«

ES RIECHT NACH BLUT IN KASAI

Luluabourg, im Oktober 1960

In Kasai rücken die Fremden enger zusammen. Mehdi Ben Slimane nahm mich auf wie einen Bruder. Dabei hatte ich ihm nur das kurze Begleitwort eines anderen Tunesiers aus Leopoldville überreicht, mit dem ich dreimal am Boulevard Albert eine Flasche Coca-Cola getrunken hatte. Mehdi ist knapp fünfundzwanzig Jahre alt. Präsident Burgiba hat ihn als technischen Berater an den Kongo geschickt. Dreieinhalb Millionen Einwohner zählt die tunesische Republik. In Kasai tritt sie als Großmacht auf. Dem jungen Mehdi untersteht die Flugaufsicht in Luluabourg. Als ich zu ihm auf den Kontrollturm kletterte, versperrten schlafende tunesische Soldaten und feuerbereite Maschinengewehre den Weg. Mehdi gab einem weißen UN-Flugzeug Landeanweisungen. Sein maghrebinisch gefärbtes Englisch klang so kehlig, daß der norwegische Pilot ihn kaum verstand.

Der Regenhimmel hing tief über der Hauptstadt von Kasai. Aus der UN-Maschine war ein englischer Major der Ghana-Armee in eine Pfütze der Rollbahn gesprungen. Er bereitete die Ablösung der tunesischen Brigade in Kasai durch zwei Ghana-Regimenter vor. Die Soldaten Burgibas harrten nun schon drei Monate in dieser finsteren Kongo-Provinz aus, deren Wälder und Savannen beinahe zweimal die Fläche der Bundesrepublik bedecken. Vom Flugzeug aus hatten wir zwischen den Nebelschwaden der Regenzeit auf endlosen, dampfenden Dschungel, auf eine Art überdimensionale Spinatschüssel, geblickt. Dazwischen zogen sich die schlammbraunen Flüsse wie fette, häßliche Würmer. Eine gastliche Gegend war das nicht, und man verstand die Tunesier, die möglichst bald ihr Exil in Kasai mit einem Garnisonsaufenthalt in Leopoldville vertauschen wollten. Sie hatten in Kasai als erstes UN-Kontingent am Kongo Menschenverluste zu beklagen. Drei Mann waren von eingeborenen Stammeskriegern getötet worden, zwei bei einem schwierigen Übergang in einen Nebenarm des Lulua-Flusses gestürzt und dort das Opfer der Krokodile geworden. Die arabischen Erben Karthagos stießen hier auf eine barbarische Umgebung. Da hatte doch ein tunesischer Posten vor ein paar Wochen gemeldet, sein Gewehr sei ihm von einem Gorilla entwendet worden. Selten hatte man in den UN-Stäben so gelacht.

Als die mißtrauischen Soldaten der Kongo-Armee meine Papiere und mein Gepäck kontrollieren wollten, trat Mehdi dazwischen. Er klopfte dem schwarzen Feldwebel jovial auf die Schulter und gab mir den Rat, allen Umstehenden die Hand zu schütteln. Dann gab es nur noch Freude und Heiterkeit. Die weißen Maghrebiner haben eine zwanglose väterliche Art, die Äquatorial-Afrikaner zu behandeln, die fast immer Erfolg hat und die – bösen Zungen zufolge – auf langen Umgang mit schwarzen Sklaven schließen läßt.

»Zunächst fahren wir in die ›Oase‹«, sagte Mehdi und strapazierte seinen Wagen fast ebenso rücksichtslos wie ein Kongolese. Die »Oase« war eine Bar am Rande von Luluabourg, wo sich alles ein Stelldichein gab, was in der Hauptstadt Kasais Rang und Namen hatte, an erster Stelle die Experten der Vereinten Nationen. Es war noch früh am Nachmittag, doch die Stimmen dröhnten schon vom Alkohol. Tonangebend war ein hünenhafter Schwede namens Lindberg, der den kleinen Mehdi begrüßte, als sei er sein Nachbar aus Stockholm.

Bei Lindberg saßen zwei norwegische und zwei jugoslawische Piloten. Die Jugoslawen, die den roten Stern Marschall Titos auf der Schulter trugen, waren mindestens ebenso aufgeräumt wie die Nordländer. Eigenartig, wie schnell sich hier alle nahekamen. Auch mich begrüßten die Flieger wie einen alten Freund. Den griechischen Barbesitzer behandelten sie, als habe er ihnen schon auf dem Weg zur Schule die Milch verkauft. Der angetrunkene Lindberg, dem nach der Flucht der meisten Belgier der Auftrag erteilt worden war, im Namen der Vereinten Nationen das Wirtschaftsgefüge von Kasai in Gang zu halten, der aber vergeblich auf die versprochenen Kredite wartete, zog mich auf die Seite. »Sie kommen viel zu spät«, sagte er, »Sie hätten da sein müssen, als die Russen mit zehn Iljuschin hier waren und Truppen nach Bakwanga fliegen wollten. Die haben wir schön festgenagelt. Keinen Tropfen Benzin haben sie von uns bekommen, und so ist ihre ganze Aktion gescheitert.« Wie denn die Jugoslawen auf diese Boykottierung der Sowjets reagiert hätten, fragte ich. »Sie haben wacker mitgemacht«, antwortete der Schwede, »die waren voll auf unserer Seite.«

Von der »Oase« ist es nicht weit bis zum Zentrum von Luluabourg. Die ansehnliche Stadt zählt rund fünfzigtausend Einwohner und ist, wie alle von den Belgiern angelegten Siedlungen, um einen europäischen Kern gruppiert, in dem früher dreitausendfünfhundert Weiße lebten. Hierher sollte die politische Hauptstadt des Kongo verlagert werden, ehe der Orkan losbrach. Auch in Luluabourg ist nicht geplündert worden, doch die leeren Straßen erscheinen noch gespenstischer als in Leo. Die wenigen Kongolesen, die wir in der Europäerstadt antreffen, bewegen sich scheu wie Diebe. Die Eingeborenen sind hier nicht ganz so schwarz wie in Leopoldville. Die meisten sind unansehnlich und wirken verschreckt. Man hört kein Lachen bei ihnen. Katastrophenstimmung lastet auf der Stadt.

Nur im Hotel »Atlanta« ist viel Betrieb. Es wird immer dieselbe Platte aufgelegt, ein »Highlife«, der beim ersten Anhören trotz äußerster Lautstärke ob seines exotischen Rhythmus gefällt, der aber nach zehn- und zwanzigfachem Abspielen Zwangsvorstellungen auslöst. Vor der Jukebox halten sich Schwarze auf und tanzen. Meist sind es nur Männer, die da vor dem automatischen, vernickelten Kasten stehen und sich in den Hüften wiegen mit abgewandten Gesichtern und geschlossenen Augen. Wenn die Takte sich beschleunigen, dann springt der eine oder andere aus der Reihe, macht ein paar komplizierte und geschmeidige Schritte und Verrenkungen, die jeden Bebop-Fan begeistern könnten und die ihm im Hotel Atlanta die Beifallsrufe der Frauen einbringen. Die Afrikanerinnen sitzen im europäischen Kattunkleid mit gespreizten Beinen auf den niedrigen Sesseln und trinken Bier. Alle trinken hier Bier. Denn andere Getränke gibt es nicht mehr. Der Nachschub ist spärlich. Zigaretten sind selten, und verschiedene Nahrungsmittel muß man sich in den Eingeborenendörfern der Umgebung selbst besorgen.

Mehdi flüstert mir ins Ohr: »Hier unter den Tanzenden finden Sie Minister der Provinzregierung und höchste Beamte. Sie führen sich jetzt so auf, wie sie sich das Leben ihrer weißen Herren vorstellen. Vor dem Hotel lassen sie die Motoren ihrer Autos aufheulen. Am frühen Nachmittag sitzen sie in der Bar bei Bier und Frauen, in endlose Gespräche über Politik verwickelt.« Immer wieder leiert diese Highlife-Platte.

Der Direktor des Hotels ist ein kleiner, apathischer Portugiese. Zu allem zuckt er nur noch die Schulter. Die schwarzen Hotelboys sind zwar recht beflissen, aber völlig überfordert, täuschen sich in der Zimmernummer, vergessen Bestellungen, geben zu viel Geld heraus – kurzum, sie bewegen sich in einem erbarmungswürdigen Zustand der Entgeisterung. »Das sind ja auch nur Aushilfskräfte«, tuschelt der Portugiese, »meine alten Diener sind alle fort, geflohen. Sie gehörten dem Baluba-Stamm an. Wenn sie geblieben wären, hätten die Lulua sie umgebracht. Alle Schwarzen, die Sie heute in Luluabourg sehen, sind Lulua.«

Mehdi will mir die Stadt zeigen. Zuerst besuchen wir einen flämischen Hydrauliker, der aus irgendeinem Grund nicht geflohen ist und umfangreiche Pläne für Stauanlagen und Elektrizitätserzeugung ausgearbeitet hat. Er trägt uns seine Projekte mit einem unerhörten Aufwand an technischen Einzelheiten vor, spricht eine halbe Stunde, dann eine ganze Stunde und will auch nicht aufhören, als wir bereits an der Tür stehen. Bis zum Wagen läuft er uns in seinem manischen Eifer mit den Plänen nach und redet immer noch. »Er macht Pläne und hat keinen Franken Geld«, lacht Mehdi, während er mit einem fürchterlichen Ruck anfährt.

Die nächste Station ist die Telefonzentrale, wo der schwarze Angestellte, ohnehin der neuen Verantwortung hilflos ausgeliefert, seinen Dienst vorzeitig abgebrochen hat. Die hypermoderne Einrichtung mit den unzähligen Drähten und Spulen zuckte und summte von Zeit zu Zeit wie ein krankes Tier. Wie absurd die Technik ohne den Menschen wirkt.

Von dort geht es in das Militärlager der Force Publique, dessen Ausdehnung dem Camp Leopold noch bei weitem übertrifft. In Luluabourg hatten die Belgier die technischen Ausbildungsstellen der Armee und die Unteroffiziersschule für Eingeborene untergebracht.

Auch hier palavern Soldaten ohne Waffen, denen Mehdi auf der Vorbeifahrt »Tunisie« zuschreit. In einer monumentalen Halle war zur Zeit der Belgier ein zehn Meter hohes Wandgemälde des Kongo über dem Ehreneingang angebracht worden. Beherrscht wird diese Landkarte von der gigantischen Abbildung eines schwarzen Soldaten der Force Publique. Der belgische Maler war wohl mit prophetischen Gaben ausgestattet gewesen. Auf einem Seitenweg begegnen uns drei sandgelbe Lastwagen. »Das sind die Molotowa-Lastwagen, die die Russen an Lumumba geliefert haben«, kommentiert Mehdi. »Die ersten waren schon in Kasai angekommen. Aber die sowjetischen Techniker wurden rechtzeitig abgefangen.«

Schließlich bleibt noch der »Immokasai« im Zentrum der Stadt zu besichtigen, ein Bürohaus im Stil einer Festung. Hier hatten sich die Belgier im Juli verschanzt, als die Nachricht von der Meuterei in Thysville nach Luluabourg drang. Der belgische Kommandant hatte bei den ersten Vorboten des großen Sturms die Nerven verloren. Die belgischen Zivilisten mußten die Verteidigung ihrer Familien selbst in die Hand nehmen. Im »Immokasai« wurden Maschinengewehre aufgebaut und Lebensmittel gestapelt. Als dann auch in Luluabourg die schwarzen Soldatenräte zusammentraten, waren keine ausreichenden militärischen Vorkehrungen getroffen, und die verstörten Weißen in der improvisierten Bastion fühlten sich von aller Welt verlassen. Die Kongo-Soldaten brachten Granatwerfer in Stellung. Wahrscheinlich hätte ein energischer Ausfall von fünfzig beherzten Europäern genügt, um die Lage zu wenden. Aber auch hier wehte der Wind der Panik. Die Belgier warteten auf das Platzen der ersten Granaten. Statt dessen hörten sie dumpfes Motorengeräusch. Drei Flugzeuge mit schwarz-gelb-roten Kokarden tauchten am Horizont auf. Wenige Minuten danach entfalteten sich die Fallschirme der belgischen Para-Commandos am Stadtrand. Da rannten die Meuterer davon, so schnell sie ihre Beine trugen.

Heute haben die Tunesier ihr Hauptquartier im »Immokasai« aufgeschlagen. Die blaue Fahne der Vereinten Nationen weht vom flachen Dach. In Kasai sind auch zweihundertfünfzig Soldaten aus Liberia stationiert, dieser Anfang des 19. Jahrhunderts von amerikanischen Negersklaven gegründeten Zwergrepublik. Die Sklaven waren von philanthropischen Gesellschaften nach Afrika zurücktransportiert worden. Lange galt Liberia als Protektorat der USA, und die Soldaten Präsident Tubmans tragen immer noch eine Art US-Flagge – allerdings mit einem einzigen Stern – als Nationalwappen auf dem Arm. Ihre Uniform ist der der GIs zum Verwechseln ähnlich. Sogar die betonte Lässigkeit, das schlaksige Auftreten scheinen die Liberianer der US-Army abgeguckt zu haben.

Am nächsten Morgen bin ich beim Ministerpräsidenten der Provinzregierung von Kasai. Barthelemy Mukenge begrüßt mich hinter einem monumentalen Schreibtisch. Er ist ein stiller Mann, der zu keiner politischen Erklärung zu bewegen ist. Ein abgrundtiefes Mißtrauen steht in seinem schwarzen Gesicht. Ich bin mit einem deutschen Kameramann eingetreten, der einen rotblonden Bart trägt. Dieser Bart fasziniert Mukenge. »Kann ich erst einmal Ihre Ausweise sehen?« fragt der Ministerpräsident wie ein gewöhnlicher Polizist. Jeder Europäer am Kongo hat sich daran gewöhnt, eine ganze Bibliothek von Dokumenten in der Tasche zu tragen. Bei den Kontrollen der Force Publique nutzte es oft nichts, wenn man Pressekarte, Paß mit Visum, Passierschein des Polizeichefs und Aufenthaltsgenehmigung vorwies, hingegen gab sich dann der Schwarze unverhofft mit einer Tennisclubkarte zufrieden. Ministerpräsident Mukenge blättert lange in unseren Pässen. »Warum verstecken Sie sich?« fragt er den Kameramann plötzlich. Der weiß nicht, was gemeint ist. »Warum tragen Sie einen Bart?«, fährt Mukenge fort, »wo Sie doch auf Ihrem Paßbild glattrasiert sind? Sie haben wohl etwas zu verbergen? Sie wollen nicht erkannt werden?« Der Kameramann beteuert seine Unschuld und verweist auf die Identität des Gesichts mit und ohne Bart. »Das kann ich nicht beurteilen«, sagt Mukenge mit einem schiefen Seitenblick. Nun ist überhaupt kein Wort mehr aus ihm herauszuholen. Wir sind froh, daß uns die Polizisten am Ausgang anstandslos passieren lassen.

Draußen wartet Mehdi. »Ich will Ihnen die Umgebung zeigen«, sagt er. Die Umgebung war noch trostloser als die vereinsamte Innenstadt. Bis an die Tore der biederen Stadt Luluabourg reichen die Spuren einer erbarmungslosen Fehde. Gleich jenseits der grünen Talmulde beginnt das Ruinenfeld der eingeäscherten Baluba-Siedlungen. Vor und nach der Unabhängigkeit hatten die Rauchsäulen brennender Dörfer über der zerrissenen Provinz gestanden.

Ein verwüstetes Eingeborenenviertel ist natürlich in keiner Weise mit einer zerbombten europäischen Stadt zu vergleichen. Ein Baluba-Dorf mit Hütten aus Lehm und Stroh hinterläßt keine pathetischen Ruinen. Die üppige Natur wuchert am Äquator schnell nach, und der feindliche Stamm der Lulua ist schon dabei, von den verödeten Wohnplätzen der Feinde Besitz zu ergreifen. Zu Tausenden haben die Schwarzen sich hier umgebracht, ehe im August die große Flucht der Baluba nach Süden einsetzte und die Stammesgebiete sich wie zwei feindliche Staaten schieden. Es riecht nach Blut in Kasai.

Die Tunesier haben die fürchterlichen Tage miterlebt, als die Rauchwolken immer näher an die Hauptstadt rückten und die Urwaldtrommeln Tag und Nacht keine Ruhe fanden. Mitten in der Stadt tobte das Gemetzel. Kurz vor dem Ende ihrer Kolonialherrschaft hatten die Belgier ein hochmodernes Marktzentrum gebaut. An dieser Stelle, auf dem Asphalt der Straße, rissen die Lulua-Weiber am hellen Mittag ihre Kleider vom Leib und stampften splitternackt im Kriegstanz. Der Tanz der Frauen, der gellende Rhythmus der heiseren Stimmen, das Grollen der Tam-Tam steigerten sich zum Blutrausch. Die Männer griffen zum Buschmesser, stürzten sich in die nächste Baluba-Siedlung, zündeten die Hütten an und warteten mit der gezückten blanken Waffe am Ausgang. Viele Baluba zogen es vor, in den Flammen zu sterben.

Die Fehde zwischen Baluba und Lulua ist ein tragisches Kapitel der späten Kolonialzeit. Bis vor ein paar Jahren hatten beide Stämme, von denen jeder in Kasai etwa siebenhunderttausend Seelen zählen dürfte, in gutem Einvernehmen gelebt. Man sprach sogar eine gemeinsame Sprache, »Tschiluba«. Die Lulua hatten sich stets als eine Art Krieger- und Herrenrasse betrachtet. Als die Belgier kamen, lehnten sie den Kontakt mit den Weißen ab, verkapselten sich in ihrer Stammesgemeinschaft und lebten am Rande der Kolonisation. Ganz anders die lebhaften, wendigen Baluba, die aus ihrer armen Savannenzone im Süden zur Hauptstadt nachrückten und mit viel Geschmeidigkeit gewisse europäische Lebensformen annahmen. Die Diener, Kontoristen, kleinen Beamten und auch Zwischenhändler in Luluabourg waren fast ausschließlich zugewanderte Baluba. Nach und nach wurden sie zu unentbehrlichen Mittlern zwischen den Weißen und den übrigen Schwarzen von Kasai.

Das ging so lange gut, bis ab 1956 die ersten Funken der afrikanischen Revolution auf Kasai übersprangen. Die Saat der politischen Losungen fiel bei den aufgeschlossenen Baluba auf fruchtbaren Boden. In den Büros der Weißen hatten sie sich europäische Denkformen angeeignet und waren deshalb empfänglich für die Idee des Nationalismus. Die Lulua hingegen verharrten in ihrer urväterlichen Stammesdumpfheit. Den Baluba erstand in der Person Albert Kalondjis ein hitziger, gewalttätiger Führer. Gemeinsam mit einem gewissen Patrice Lumumba, einem Postangestellten aus Stanleyville, der als Angehöriger des Batetela-Stammes in Nord-Kasai zu Hause war, gründete er die MNC-Partei, das »Mouvement National Congolais«.

Die belgischen Kolonialbeamten merkten allmählich, wie gefährlich ihnen die umstürzlerische Bewegung unter den Baluba werden konnte. Sie griffen zu dem uralten Rezept aller Eroberer. Sie teilten um zu herrschen. Sie wiegelten die harmlosen Lulua gegen die aufsässigen Baluba auf. »Die Baluba nehmen euch das Land eurer Väter weg, und wenn ihr nicht aufpaßt, dann sind bald diese hergelaufenen Bettler die Herren über den alten Kriegerstamm der Lulua«, so sagten die Belgier. Erst als die Feuersäulen der brennenden Baluba-Dörfer den Nachthimmel von Kasai röteten, merkten sie, was sie angerichtet, welche blutigen Dämonen sie geweckt hatten. Aber da war es zu spät, denn zu diesem Zeitpunkt war es mit ihrer Autorität schon vorbei.

Albert Kalondji hatte sich Ende 1959 mit Patrice Lumumba überworfen. Von nun an gab es zwei MNC-Parteien am Kongo, die »MNC-Lumumba« und die »MNC-Kalondji«. Lumumba war der Todfeind Kalondjis geworden. Daraus folgerten die Lulua von Kasai, daß Lumumba ihr natürlicher Verbündeter sein müsse. So kam es, daß die Provinzregierung von Nord-Kasai in Luluabourg nach der Unabhängigkeit mit der Zentralregierung Lumumba konform ging. Albert Kalondji hingegen, der in Süd-Kasai und Bakwanga seinen eigenen Staat gegründet hatte, setzte seinen erbitterten Kampf gegen Lumumba fort. Er nahm dafür die Unterstützung des Katanga-Separatisten Moise Tschombe und – unter Verkehrung sämtlicher Fronten – die Hilfe der Belgier in Anspruch.

Das Schicksal der Baluba gestaltete sich noch komplizierter. Auch in Katanga lebt eine erhebliche Fraktion dieses Stammes zwischen Kamina und Albertville im Norden der Provinz. Auch hier waren sie in der Minderheit und wurden durch Tschombe von der Regierungsbildung ausgeschlossen. Unter ihrem Sprecher Jason Sendwe begannen die Baluba von Katanga, die in der Balubakat-Partei zusammengefaßt sind, einen Kleinkrieg mit Lanze und Giftpfeil gegen die Behörden von Elisabethville. Da Tschombe ein Gegner Lumumbas war, wurden die Baluba von Katanga automatisch zu Freunden und Verbündeten Lumumbas. Sendwe mußte nach Leopoldville flüchten und wurde dort wie ein Held und Bruder gefeiert.

Im Amtsbüro eines halbzerstörten Dorfes am Stadtrand haben wir einen Kommunalbeamten aufgestöbert, der sich nach viel gutem Zureden bereiterklärt, uns zum Lulua-Dorf seiner Sippe zu führen. Der alte runzlige Mann mit dem schütteren Ziegenbärtchen lacht töricht zu unseren Fragen. Im Dorf, das am Ende einer staubigen Piste liegt, empfängt uns der Häuptling, »Chef coutumier«, wie man im französischsprachigen Afrika sagt. Der Häuptling ist betrunken. Er rülpst zur Begrüßung und läßt die Bierflasche nicht aus der Hand. Seine Augen sind rot geädert. Er trägt Kniehose und Halbschuhe ohne Strümpfe. Doch seine Autorität bei den Dorfbewohnern ist beachtlich. Er mußte ein unberechenbarer Tyrann sein, ungebildet und gierig auf Geld. Die Dorfbewohner scheinen ihn zu fürchten. Nachdem ich ihm ein paar Geldscheine in die Hand gedrückt habe, die er, ohne zu danken, in die Tasche steckt, läßt er seinen Vorsänger rufen, der mit seinem Musikinstrument kommt, einem bauchigen Holzgegenstand, dessen Saiten mit einer Art Kamm gezupft werden. Angezogen ist dieser Barde wie ein Harlekin, mit buntgeschecktem Hemd. Sobald er jedoch seine Stimme ertönen läßt, eine heisere, weit tragende Negerstimme, die einem durch und durch geht, entfaltet sich der seltsame Zauber Afrikas.

Aus den Hütten strömen immer mehr Menschen. Neben den Vorsänger setzt sich eine Frau mit dicken, pustelförmigen Stammesnarben auf den Wangen. Sie bricht in ein schrill moduliertes Geheul aus. Die Zuschauer klatschen im Takt und wippen mit den Hüften. Der Häuptling brüllt einen heiseren Befehl, da bringt man drei kaum bekleidete kleine Mädchen, die älteste höchstens zwölf Jahre alt. Die Kinder ahmen die Tanzbewegungen der Erwachsenen nach. Mit geschlossenen Augen und greller Stimme fallen sie in den Chor ein. Die Schule nebenan ist zu Ende gegangen. Die Knaben mit den Schreibheften sehen dem Treiben der Großen zu. Mit ihren sauberen weißen Hemden und den Kniehosen passen sie gar nicht in die düstere Tanzzeremonie des trunkenen Häuptlings. Am Rande bemerke ich, wie die älteren Schüler und zwei Soldaten, die sich wohl auf Urlaub befinden, den Häuptling verachtungsvoll und feindselig mustern. Der Streit der Generationen ist bis in dieses Lulua-Dorf vorgedrungen. Aber am Ende singen sie alle, die Weiber um den Häuptling, der närrische Vorsänger, die traurigen Maniokbauern und die Schulkinder mit den unschuldigen Mohrenaugen.

Ich lasse mir von dem Alten mit dem Ziegenbart den Text übersetzen, und der ist grausig genug. Aus der Fehde gegen die feindlichen Baluba ist bei den siegreichen Lulua schon eine afrikanische Sage geworden. »Wir haben die Baluba aus unserem Land vertrieben«, so sangen unermüdlich die Dorfbewohner, »wir haben ihre Hütten verbrannt. Ihre Männer haben wir mit dem Buschmesser erschlagen, ihre Frauen haben wir vergewaltigt und ihre Kinder ins Feuer geworfen. Die Baluba sind besiegt. Jetzt kann der Kongo groß und glücklich werden.«

Die Sonne sinkt über dem Lulua-Fluß. Das Wasser ist tintenschwarz. Die Savanne ringsrum dehnt sich feindselig. Jenseits des Flusses, in dem es von Krokodilen und Flußpferden wimmeln soll, wird die Straße noch schlechter. Die Dörfer wirken armselig. Frauen mit schwarzen Farbstrichen auf der Stirn arbeiten mit der Hacke auf dem Maniokfeld. Sie sind bis zum Gürtel nackt, und ihre Brüste hängen wie unförmige Geschwulste über dem Schurz. Vor einer Siedlung begegnet uns ein Jäger. Er führt Pfeil und Bogen bei sich und hat einen Raben erlegt. Als er uns sieht, versucht er, seine Waffen zu verstecken. Die Kinder sind untereernährt und haben geschwollene Bäuche. Ihre Glieder sind mit Schorf bedeckt. Ein zahnloser Mann bringt drei Eier an den Wagen und bietet sie uns zum Kauf an.

Die Eingeborenen weisen uns den Weg zu Kalamba, dem König der Lulua. Der König entspricht nicht unseren Erwartungen, ein verschlossener, abweisender Mann in einem schwarzen europäischen Anzug. Er haust in einer äußerst anspruchslosen Hütte, doch der Chrombeschlag seiner amerikanischen Limousine vor dem Verschlag glänzt im Abendschein. Kalamba hat uns nichts zu sagen. Er übt vormittags in Luluabourg einen anspruchslosen Verwaltungsposten aus, aber bei seinem Volk genießt er weiterhin hohe Autorität. Die Höflinge Kalambas umstehen uns während des Gesprächs. Nur einer hat eine exotische Kappe mit Muschelbesatz auf. Alle anderen tragen europäisches Räuberzivil und sehen unsagbar traurig aus. Nirgends in Afrika kommen mir die Schwarzen so kummervoll vor wie diese Lulua von Kasai.

Am Wegrand heben die Kinder den Zeigefinger zum Gruß. Die Lulua grüßen mit erhobenem Zeigefinger, während die feindlichen Baluba im Süden mit Churchills V-Zeichen des Zeige- und Mittelfingers den Fremden empfangen. Wehe dem Reisenden, der diese Zeichen verwechselt, einen Baluba als Lulua begrüßt oder umgekehrt.

Es ist Nacht und die Stadt leer, als wir die »Oase« erreichen. An der Bar wird laut diskutiert, auf arabisch, schwedisch, englisch, französisch. Zwei schwarze Offiziere der Nationalarmee stehen neben den UN-Beamten. Sie stammen aus Stanleyville. Ob sie für Lumumba seien, frage ich sie gewissenhaft. Die Offiziere antworten nicht gleich. Schließlich meint der eine zwischen zwei Schluck Bier: »Ruhe werden wir hier am Kongo erst haben, wenn wir alle Politiker einsperren.«

Zwei australische Ärzte sind soeben aus Bakwanga eingeflogen. Sie erzählen fürchterliche Dinge aus den Flüchtlingslagern der Baluba in Süd-Kasai. Die Not sei dort so groß, daß die Fälle von Kannibalismus sich häuften. Ritualmorde kommen noch in den meisten Gebieten Afrikas vor, und daran schließen sich oft aus sakralen Gründen Zeremonien der Anthropophagie an. Aber hier in Kasai wird aus nacktem Hunger menschliches Fleisch verzehrt. Einer der Australier schwört, daß er bei Bakwanga über einer Feuerstelle den halb verkohlten Leichnam eines Kindes entdeckt habe.

Spezielle Sorge machte den Ärzten das Verhalten der kongolesischen Krankenwärter, die seinerzeit bei den Belgiern eine oberflächliche Sanitätsausbildung erhalten hatten. Neuerdings wollen diese Sanitäter wie richtige Chirurgen operieren. Vor allem Kropfoperationen haben es ihnen angetan, und die Opfer sollen zahlreich sein. Die Skalpellwut der eingeborenen Krankenwärter schreckt die australischen Ärzte fast ebenso wie die Mordlust der Stammeskrieger.

Das Gespräch wird durch die Ankunft einer schwerbewaffneten Gendarmeriepatrouille unterbrochen, die ein schwarzer Polizeikommissar anführt. Die Gendarmen fuchteln mit den Bajonetten und schneiden grimmige Mienen. »Habt ihr den Bürgermeister gesehen?« fragt der Polizeikommissar. Der Bürgermeister von Luluabourg, ein wohlbeleibter Lulua, hat vor ein paar Minuten noch mit dem Innen- und dem Justizminister von Kasai am Nebentisch gegessen. Eben ist er gegangen. »Wir wollen den Bürgermeister verhaften«, schreit der Kommissar in den Gästeraum, »der Kerl hat gestern aus Leopoldville die Löhnung für sämtliche Polizeibeamten von Luluabourg erhalten und das Geld in die eigene Tasche gesteckt. Wo ist der Dieb?« Der Kommissar ist nicht zu beruhigen. »Wir werden weitersuchen, die ganze Nacht«, schäumt er. Seine Stimme überschlägt sich. Auch er hat zuviel getrunken. Der Kommissar sagt noch, daß morgen alle Polizeibeamten von Kasai streiken würden, wenn der Bürgermeister nicht eingesperrt sei. Die Gendarmen spielen am Drücker ihrer Maschinenpistolen, doch keiner schert sich darum.

Die drei Schweden, an ihrer Spitze der lange Lindberg, stimmen ein skandinavisches Trinklied an, die italienischen Piloten, die Jugoslawen grölen Gesänge ihrer Heimat. Die Tunesier trommeln auf den Tischen. Mehdi gibt die Standardanekdote der Maghrebiner zum besten: »Ein alter Kongolese hat einen hellhäutigen Tunesier gefragt: ›Ihr seid doch Afrikaner?‹ Was der Tunesier bejahte. ›Euer Land ist unabhängig?‹ Was ebenfalls bestätigt wurde. ›Seit wann seid ihr denn unabhängig?‹ – ›Seit etwa fünf Jahren‹, erwiderte der Tunesier. Der greise Kongolese verfiel in ungläubiges Staunen. ›Ihr seid erst fünf Jahre unabhängig, und ihr seid schon so weiß!‹ sagte er ratlos.«

Das Vorkommando der Ghana-Brigade, ein englischer Major und zwei afrikanische Leutnants, bauen sich vor dem Polizeikommissar auf und brüllen: »He is a jolly good fellow ...« Ein australischer Arzt beginnt, den »River-Kwai«-Marsch zu pfeifen. Den kennen sie alle. Die Filmmelodie der britischen Kriegsgefangenen von Burma wird bis spät in die Tropennacht wiederholt, während die letzten Alkoholreserven des griechischen Gastwirts der »Oase« zusammenschmelzen. Es ist keine einzige Frau in der »Oase«. Niemand kommt auf den Gedanken zu tanzen. Der französische Erziehungsexperte der UNO, ein bebrillter schmächtiger Mann aus der Gegend von Lyon, stöbert lange unter den Schallplatten. Endlich findet er, was er sucht.

Die alte Grammophonnadel gibt einen wimmernden Ton von sich, dann ertönt krächzend und dennoch feierlich das Lied: »Si tous les gars du monde voulaient se donner la main ... – Wenn alle braven Kerle auf der Welt sich die Hand geben wollten, dann würden sie um den Erdball eine Kette der Freundschaft schließen; wenn alle auf der Welt sich die Hand reichten, dann zöge morgen schon der Frieden bei uns ein ...« – Die Zechkumpane verstummen plötzlich. Der Franzose summt mit alkoholisch verklärtem Blick den Refrain mit. In dieser Nacht in der »Oase« bei Luluabourg, in der geschundenen Provinz Kasai, träumen die Landsknechte unter dem blauen Helm, die sonst so gelangweilten Beamten der Weltorganisation, die skeptischen Zeitungsleute ein paar Minuten lang den uralten, edlen Wahn von der Brüderlichkeit aller Menschen.

DIE ERMORDUNG

Der Gefangene ist stärker

Leopoldville, Mitte Januar 1961

Die Villa am Strom ist verlassen. Die Fenster sind verhangen wie in einem Totenhaus. Die Soldaten der Nationalarmee, so heißt es, machen nach Einbruch der Dunkelheit einen weiten Bogen um die ehemalige Residenz Patrice Lumumbas. Seit Anfang Dezember ist der gestürzte Premierminister der Kongo-Republik im Militärlager von Thysville eingekerkert. Aber seine Gegner sind nicht zur Ruhe gekommen. Das gelbe Haus am Kongo-Ufer hat keinen neuen Bewohner gefunden. Die vorbereitenden Arbeiten zur Konferenz am Runden Tisch, die Präsident Kasavubu schon so lange ankündigt, sollen demnächst in der Residenz Lumumbas beginnen. Aber als Senatspräsident Ileo zu einer Pressekonferenz über dieses Thema einlädt – Ileo, den man »Monsieur le Premier Ministre« nennt, obwohl er niemals dazu kam, irgendeine Regierungsgewalt auszuüben –, da vermeidet es der besonnene kleine Afrikaner wohlweislich, den großen Saal zu benutzen, von dem aus Lumumba die Weltöffentlichkeit in Atem hielt. Ileo begnügt sich mit einem bescheidenen Nebengebäude.

Lumumba ist gefangen, doch sein Schatten, man möchte sagen, sein Gespenst, geht weiter im Regierungsviertel Kalina um. Aus der gelben Villa am Strom ist eine Art afrikanischer Kyffhäuser geworden. Statt der Raben der Barbarossa-Sage kreisen bei Sonnenuntergang winzige Fledermäuse mit piepsigem Gekreisch um die Residenz. Die Bakongo von Leopoldville sind natürlich keine »Lumumbisten« geworden – »Lumumbisten« sagt man am Kongo schon so geläufig wie man in Frankreich »Gaullisten« sagt –, aber in der von Menschen wimmelnden Cité sind bei den anderen hier vertretenen Stämmen die Anhänger des Premierministers zahlreicher denn je. Bisher galt Lumumba als nationaler Heros, als Symbol der Unabhängigkeit und der Einheit der Kongo-Republik. In den Augen seiner Parteigänger war er ein Prophet. Seit ihn die Soldaten Mobutus auf der mißglückten Flucht nach Stanleyville einfingen und mißhandelten, ist Lumumba zum Märtyrer geworden, und das bedeutet unendlich viel in den Augen der mystischen afrikanischen Massen. Mag in Zukunft mit Lumumba geschehen, was will, tot oder lebendig ist er in die afrikanische Legende eingegangen.

Vor knapp zwei Monaten hat Lumumba mit Hilfe ägyptischer Diplomaten versucht, nach Stanleyville zu entkommen. Die Flucht, über die mehrere Beschreibungen umgehen, war gut organisiert. Die Soldaten Mobutus, die seit Wochen die Residenz am Strom umstellten, hatten sich vor der Dusche eines Gewitterregens unter die Veranden der umliegenden Verwaltungspavillons zurückgezogen. Zu diesem Zeitpunkt suchte die Limousine mit dem Premierminister überraschend das Weite. Oder war er auf einem Flußboot entronnen? Seine Freunde in Afrika und in aller Welt triumphierten. Radio Moskau verkündete schon frohlockend, Lumumba sei jetzt in Sicherheit, er habe die Grenze von Kasai erreicht. Das Ausland hatte die Rechnung ohne den neuen Sicherheitschef Mobutus, Major Pongo, gemacht, der sich in Begleitung von nur sechs Soldaten dem Flüchtigen an die Fersen heftete und ihn einholte.

Lumumba wurde nach Leopoldville zurücktransportiert. Gefesselt, im zerrissenen Hemd, ohne Brille wurde er auf einem Armeelastwagen der johlenden Menge zur Schau gestellt. Das Lenin-Bärtchen hatte man ihm abrasiert. Die uniformierten Häscher traten dem Kauernden in die Hüften, zerrten ihn an den Haaren. Die kurzsichtigen Augen Lumumbas schienen eher Erstaunen als Entsetzen auszudrükken. Ein Photograph hielt die Szene fest. Das Bild des geschundenen Nationalhelden ging rund um die Welt. Es bleibt bis zum heutigen Tag die symbolträchtige Ikone der afrikanischen Befreiung.

An jenem frühen Dezembertag schien das Schicksal Lumumbas besiegelt. Mobutu brüstete sich als starker Mann. Die Zellentür des Militärcamp Hardy von Thysville fiel – so mußte man annehmen – hinter einem gebrochenen Mann ohne Zukunft ins Schloß.

Seitdem ist kaum ein Monat verflossen, und schon heben in der ganzen Republik die Lumumba-Anhänger wieder das Haupt. Im Hotel Royal, wo der Inder Dayal, der neue Bevollmächtigte Hammarskjölds, ganz offen mit dem gestürzten Regierungschef sympathisiert, aber auch in jenen westlichen Botschaften, wo man für Mobutu und Kasavubu aktiv die Karten gemischt hat, setzt sich die Überzeugung durch, daß für Lumumba kein Ersatz und auch kein ebenbürtiger Gegner da ist. »In vier Wochen spätestens«, so munkeln die Diplomaten aus den NATO-Ländern resigniert, »ist Lumumba wieder im Sattel.« Eigenartig ist es schon, daß dieser angeblich entmachtete Mann aus seiner Kerkerzelle in Thysville die halbe Kongo-Republik beherrscht. Lumumba ist gefangen, doch seine Gefolgsleute haben sich in Stanleyville behauptet, sie haben die Kivu-Provinz unter ihre Kontrolle gebracht und sind in Nord-Katanga eingefallen.

In Leopoldville erfährt man bruchstückweise, was sich in jenen fernen Gegenden abspielt. Man ahnt Böses. Dabei ist das äußere Bild der Hauptstadt Anfang Januar friedlicher und heiterer denn je. Es gibt wieder weiße Frauen. Die Belgier sind zurückgekommen, nicht in so kompakten Scharen, wie die antikolonialistischen Ankläger behaupten, aber es sind seit Oktober immerhin fünftausend Flamen und Wallonen in Leopoldville eingetroffen. Sie sind in den großen Wirtschaftsunternehmen und auch in vielen Schlüsselstellungen der kongolesischen Ministerien tätig. Belgische Offiziere kommen sogar in verschiedene Armeelager als militärische Berater.

In den Hotels ist kein Zimmer frei. In den guten Restaurants sind alle Tische reserviert. In den Clubs, zeitweise gähnende Stätten der Langeweile, und in den exklusiven Schwimmbädern hört man flämische Stimmen. »Gute alte Kolonialsitten reißen wieder ein«, sagen die Jugoslawen, die gemeinsam mit den Indern der Lumumba-Ära nachtrauern. Aber so recht froh werden die Belgier von Leo – das Landesinnere haben die Rückwanderer ohnehin gemieden – ihres wiedergewonnenen Einflusses nicht. Die Zufuhr an Lebensmitteln läßt zu wünschen übrig. Es fehlt an Eiern, dann bleibt die Butter weg. Im Hotel Memling tickt der Fernschreiber der Kongolesischen Presseagentur und füllt endlose Fahnen mit Hiobsbotschaften aus Kivu und Katanga. Die belgischen Rückkehrer sammeln sich in dichten Trauben vor dem Telex. Sie tauschen empörte Bemerkungen über die Lumumba-freundliche Haltung der UNO aus. Dahinter verbirgt sich schon wieder die Furcht. »Sie werden sehen«, sagte ein flämischer Bankdirektor, der die ganze schwere Zeit am Kongo durchgestanden hat, »sobald die Wirren sich der Hauptstadt nähern, laufen meine Landsleute wieder zum Beach und setzen sich nach Brazzaville ab.«

Der Schwede von Horn ist abgelöst worden durch den rotwangigen irischen General Sean McKeown, den man bereits die »Schlafmütze« nennt. Als Ersatz für die Ghanaer sind Soldaten und Polizisten aus Nigeria in Leo eingerückt. Die Nigerianer könnte man leicht mit ihren Vorgängern aus Accra verwechseln, wenn ihre englischen Fahrzeuge nicht das Elefantenwappen der jungen Föderation trügen. Ghana und Nigeria betrachten sich als politische Rivalen in Westafrika, und es hat genügt, daß Nkrumah für Lumumba Partei ergriff, um den nigerianischen Premier Sir Abubakar Tafewa Balewa für Kasavubu einzunehmen. Den Soldaten aus den beiden Commonwealth-Staaten sind diese Gegensätze indes nicht anzumerken. Sie sind durch den Prägstock der britischen Armee gegangen, durch den »Mint«, wie Lawrence sich ausdrückte.

Die nigerianische Brigade ist vorrangig in Nord-Katanga und Kivu eingesetzt, wo sie im Dezember als erste UN-Truppe ein regelrechtes Gefecht lieferte, um eine von der kongolesischen Soldateska bedrängte österreichische Sanitätseinheit aus dem Gefängnis von Bukavu herauszuhauen. Die Österreicher waren von den Kongolesen aufgrund ihrer Sprache für verkleidete Flamen gehalten worden. Die Nigerianer am Kongo stehen unter dem Kommando des britischen Generals Ward. Zwei Engländer, Alexander und Ward, befehligen die beiden starken westafrikanischen Commonwealth-Kontingente. Das ist ein Lichtblick in dieser verworrenen Januar-Situation. Ähnlich vertrauenerweckend wie die Nigerianer wirken die Soldaten aus Malaya, dem südostasiatischen Commonwealth-Staat im Vorfeld von Singapur, die kaum den Dschungelkrieg gegen die chinesischen Kommunisten im eigenen Land beendet hatten, als man sie in die Savannen Zentralafrikas verfrachtete. Die muslimischen Malaien tragen muntere schwarze Federbüsche am himmelblauen Barett.

Den Garnisonsdienst in der Hauptstadt versehen die Tunesier. Man merkt den Soldaten Burgibas an, wie froh sie sind, der Kasai-Provinz entronnen zu sein. Hingegen sind die Marokkaner, die so viel zur

Befriedung der unteren Kongo-Provinz beigetragen haben, aus dem Straßenbild von Leo verschwunden. General Kettani hat sich als stellvertretender Oberbefehlshaber ganz in das Hotel Royal zurückgezogen. Auf höchste Weisung aus Rabat haben die Marokkaner eine neue politische Linie am Kongo bezogen. Mobutu verfügt über keine Scherifische Leibwache mehr und kann nicht mehr auf den väterlichen Rat Kettanis bauen. Die Marokkaner sind in die Front des Lumumba-freundlichen afrikanischen Nationalismus eingeschwenkt. Ganz ohne Murren dürfte das in den Offizierskasinos nicht abgegangen sein.

Viel hat sich ansonsten nicht geändert. Immer noch schweifen die sorgenvollen Blicke der weißen und schwarzen Zivilisten zum großen Militärlager im Herzen der Hauptstadt. Die Nationalarmee hat trotz aller Bemühungen Mobutus ihre innere Geschlossenheit nicht gefunden und kann jeden Augenblick in widerstreitende Banden zerfallen. Alle vierzehn Tage steht die Garnison am Rande einer neuen Meuterei, wenn die Offiziersgattinnen den Frauen der Gemeinen und Sergeanten prahlerisch vorrechnen, wieviel mehr ihre Männer verdienen. Dann werden in den Mannschaftsunterkünften Drohungen gegen die neuen Vorgesetzten und Rufe nach der Rückkehr Lumumbas laut.

Der »Camp Leopold« ist in »Camp Kokolo« umbenannt, nach jenem kongolesischen Oberst, der im Herbst den Sturm auf die Botschaft von Ghana anführte. Mit seinem Soldatentod hatte er erreicht, daß Nkrumahs Sonderbotschafter Nathaniel Welbeck fluchtartig in einen Panzerspähwagen sprang und das Land verließ. Damals glaubte die westliche Welt noch an den Stern Mobutus. Die belgische »Société Générale« schaltete sich diskret ein, wenn am Löhnungstag der Sold für die Truppe ausblieb. Die amerikanische Botschaft pflegte ihre Kontakte zur Nationalarmee. Die französischen Stäbe in Brazzaville setzten ebenfalls auf die Karte des jungen Colonel.

Mobutu hat die Botschaften Ghanas, Guineas und der Vereinigten Arabischen Republik geschlossen. Er hat siebentausend Paradesoldaten an den UN-Offizieren vorbeimarschieren lassen. Er verfügt sogar über ein paar Fallschirmjäger-Sticks, die noch von Marokkanern ausgebildet wurden. Der Jubel war groß, als die ersten schwarzen Para-Commandos über der Ebene von Ndjili am Seidenschirm vom Himmel schwebten.

Bei den Vereinten Nationen erfreut sich der junge Militärdiktator dennoch keiner besonderen Beliebtheit. Beinahe zwangsläufig mußte die Weltorganisation, die – nolens volens – am Kongo als ohnmächtiger Treuhänder amtiert, mit jedem Exekutivorgan der kongolesischen Republik in Konflikt geraten. Es gibt unzählige Reibungspunkte. Die vorsichtige Pedanterie der internationalen Beamten, ihre listenreiche Flucht vor der Verantwortung stoßen sich immer wieder an der anmaßenden Unzulänglichkeit und Überempfindlichkeit der Kongolesen. Schon der Konflikt zwischen Patrice Lumumba und Ralph Bunche war unausweichlich. So ging es weiter unter Mobutu und seinen Studentenkommissaren, die sich beinahe täglich mit Rayeshwar Dayal herumrauften, bis Kasavubu – am Ende seiner sprichwörtlichen Langmut – von Dag Hammarskjöld die Abberufung des Inders forderte.

Über die inneren Gegensätze am Kongo hatten die Vereinten Nationen eine Art Käseglocke gestülpt. Sie wollten verhüten, daß die erbitterten politischen Fehden sich mit Waffengewalt austobten, haben aber lediglich erreicht, daß jede klare Entscheidung erst zugunsten Lumumbas, dann zugunsten Mobutus hinausgezögert oder hintertrieben wurde. Sie haben im Herbst 1960 den Ausbruch des Bürgerkrieges im Herzen Afrikas aufgeschoben. Dafür haben sie den Preis der Anarchie bezahlt. Unter höchstem UN-Patronat koexistierten das Präsidialregime Kasavubus, die Militärdiktatur Mobutus und seine Generalkommissare, die separatistische Regierung Tschombe in der »unabhängigen« Republik Katanga, der Diamentenstaat Albert Kalondjis in Süd-Kasai und – last not least – die fanatische Lumumba-Hochburg Stanleyville in der Province Orientale.

So konnte es nicht ewig weitergehen. Kasavubu hat versucht, in Absprachen mit Mobutu die Entscheidung zu seinen Gunsten herbeizuführen, auf legalem, friedlichem Weg, wie das seinem Temperament entspricht. Im November begab sich Kasavubu, der schüchterne, behäbige Mann zur Vollversammlung der Vereinten Nationen nach New York, wo er wie ein schwarzer Methodistenpfarrer wirkte und einen guten Eindruck machte. Gegen den rabiaten Widerstand der Ghanaer, Guineer, Ägypter, Malier und ihrer Verbündeten aus dem afrikanisch-asiatischen Bandung-Lager wurde Kasavubu als offizieller und alleiniger Vertreter der Kongo-Republik Leopoldville zugelassen. Zur gleichen Zeit saß Lumumba noch ohnmächtig in seiner

Villa am Strom und konnte allenfalls über seine Gewährsleute in Stanleyville Proteste in Manhattan anmelden.

Im Juli 1960 hatten viele Afrikaner gehofft, die Kongo-Krise werde dem gesamtafrikanischen Bewußtsein im ganzen schwarzen Erdteil zum Durchbruch verhelfen. Mit der Kongo-Affäre schien Afrika zum ersten Mal eine aktive weltpolitische Rolle übernommen zu haben. Es ging ein Sturm der Begeisterung durch die jungen Hauptstädte, als sich die schwarzen Kontingente unter dem blauen Helm einschifften, um den Beweis einer eben geborenen afrikanischen Solidarität zu erbringen. Schon wenige Monate später waren diese Hoffnungen verflogen. Statt die Afrikaner zu einigen, hat die Kongo-Krise sie zutiefst entzweit. Im Lager Lumumbas sammelten sich die radikalen Antikolonialisten, die Künder des afrikanischen Sozialismus. Dort standen Ghana, Guinea und Mali, die Vereinigte Arabische Republik und neuerdings Marokko.

Auf der Gegenseite stieg zum ersten Mal das gemäßigte, das »andere Afrika«, wie die Amerikaner sagen, in die Arena der Vereinten Nationen. Die wärmste Unterstützung fand Kasavubu bei den Republiken der ehemaligen »Union Française«. Es bildete sich eine neue Gemeinschaft der französischsprachigen Staaten, l'Africe d'expression française, an deren Spitze sich Senegal, Elfenbeinküste und Kongo-Brazzaville profilierten. Zu den besonnenen Parteigängern Kasavubus gesellten sich auch Liberia, Tunesien – der afrikanische Bruch ging quer durch den Maghreb – sowie die Föderation Nigeria.

Im Dezember 1960 trafen die führenden Politiker der »Afrique francophone« – mit Ausnahme natürlich der marxistischen Außenseiter Guinea und Mali – in Brazzaville zusammen. Neben den Staatschefs der französisch-afrikanischen »Communauté« und Präsident Kasavubu saßen auch Moise Tschombe aus Katanga und Albert Kalondji aus Süd-Kasai als vollberechtigte Partner am Verhandlungstisch. Die kongolesischen Föderalisten machten gemeinsame Front mit den Nachfolgestaaten der »Union Française«. Kasavubu und Mobutu gaben sich zuversichtlich. Die Wahrer der Einheit des Kongo waren von nun an sie, und die letzten Lumumba-Anhänger, die sich in Stanleyville gegen die Autorität Leopoldvilles sträubten und zur Wehr setzten, gerieten ihrerseits in die Rolle von Separatisten. Lange dürfte es nicht mehr dauern, so glaubte man damals, und die Herrschaft dieser Desperados in der Ostprovinz würde zusammenbrechen. Darüber konnte auch der Erpressungsversuch des Distriktkommissars Salumu von Stanleyville nicht hinwegtäuschen, der nach der Verhaftung Lumumbas die Hinrichtung belgischer Geiseln angekündigt hatte, falls der Premierminister nicht sofort auf freien Fuß gesetzt würde.

In Stanleyville hatte Antoine Gizenga, der stellvertretende Premierminister im Kabinett Lumumba, die Führung der Ostprovinz übernommen. Er hatte noch vor einem Jahr in Prag einen Gewerkschaftslehrgang absolviert. Ihm zur Seite stand General Lundula, der von Mobutu überrundete ehemalige Oberbefehlshaber der kongolesischen Nationalarmee, sowie ein Bruder Lumumbas, Louis. Diese Männer waren zu allem entschlossen. Sie fanden Hilfe von außen. Salumu reiste nach Kairo, und sehr bald wurde in Leopoldville von einer Luftbrücke Nil–Kongo gemunkelt, über die die Iljuschin-Maschinen der Vereinigten Arabischen Republik Waffen nach verschwiegenen Rollbahnen der Ostprovinz einflogen. Gamal Abdel Nasser, dessen panarabischer Ehrgeiz im Nahen Osten zu jener Zeit auf hartnäckigen Widerstand stieß, hatte der ägyptischen Außenpolitik eine neue Stoßrichtung mit dem Ziel Schwarzafrika gewiesen. Indessen blickten die Verantwortlichen von Stanleyville mehr nach Moskau als nach Kairo.

Statt sich in ihr Schicksal zu ergeben, holten die Lumumbisten zum Gegenschlag aus. Eine Handvoll Soldaten unter dem Befehl General Lundulas besetzte die Hauptstadt Bukavu in der fruchtbaren Vulkanlandschaft Kivu. Diese Provinz hatte bisher am Rande der Kongo-Krise gelebt. Die Regierung von Bukavu, mit geringer Autorität ausgestattet, hatte sich pro forma zu den Zentralbehörden in Leopoldville bekannt. Sie galt als Kasavubu-freundlich, ohne daß sie jemals klare Stellung bezog. Doch die harten Männer von Stanleyville duldeten keine Lauheit an ihren Grenzen. Der aus Kivu stammende Informationsminister Lumumbas, Anicet Kashamura, riß in Bukavu die Regierungsgewalt an sich und verfuhr mit seinen politischen Gegnern so erbarmungslos, daß man selbst in Stanleyville zusammenzuckte. Das Luxushotel Riviera, Regierungssitz von Bukavu, wurde als Folterkammer berüchtigt.

Mobutu mußte unverzüglich handeln. Es kam zu Geheimverhandlungen mit belgischen Stabsoffizieren in Ruanda-Burundi, jenem

Zipfel von Deutsch-Ostafrika, der nach dem Ersten Weltkrieg der Brüsseler Regierung als Mandat zugesprochen worden war. Ruanda-Burundi sollte erst 1962 unabhängig werden. Auch in diesem Treuhandgebiet, das Belgien seit 1945 im Auftrag der Vereinten Nationen verwaltete, kam es zu grausigen Stammesgemetzeln. In Ruanda war die nilotische Herrscherrasse der riesigen Watutsi von ihren Leibeigenen aus dem Volk der Bahutu überwältigt worden. Die kleinen Bahutu rächten sich für Jahrhunderte der Knechtschaft, indem sie jedem der zwei Meter hohen Tutsi, dessen sie habhaft wurden, die Beine absägten und somit die Gleichheit der Körpermaße auf drastische Weise verwirklichten.

Im Königreich Burundi hatte die belgische Armee noch das Heft in der Hand. Den Fallschirmjägern Mobutus wurde die Landeerlaubnis auf dem Flugplatz Bujumbura sowie der Durchmarsch bis zur Kivu-Grenze gewährt. Überraschend sollten die Para-Commandos über Bukavu herfallen, das gleich jenseits der Grenze liegt.

Doch der Handstreich mißlang. Die Lumumbisten auf der anderen Seite waren gewarnt worden. Die ersten Vortrupps Mobutus wurden umzingelt und nach endlosem Palaver entwaffnet. Die Rückeroberung Kivus war gescheitert. Kashamura blieb Herrscher in Bukavu. Vor der Weltöffentlichkeit war Mobutu des Zusammenspiels mit den ehemaligen belgischen Kolonialherren überführt. Die afrikanischen Nationalisten beeilten sich, diese Verschwörung anzuprangern. Die letzten belgischen Pflanzer, die im Hochland von Kivu wie die weißen »Gentlemen-Farmer« von Kenia lebten und trotz aller Wirren in dieser paradiesischen Landschaft ausgeharrt hatten, flüchteten nach Uganda.

Während die Lumumba-Partei sich im östlichen Kongo militärisch behauptete, erlitt das Prestige Kasavubus im Westen schwere Einbußen. Bei einem offiziellen Besuch des Staatspräsidenten im angeblich befreundeten Luluabourg wurde unter der abweisenden Menge der Lulua immer wieder der Ruf laut: »Lumumba wapi? – Wo ist Lumumba?« Noch peinlicher waren die Zwischenfälle im »Diamantenstaat«, wo Kasavubu ebenfalls seine Autorität als Staatsoberhaupt bekräftigen wollte.

In Bakwanga weigerte sich Kasavubu zunächst, das Flugzeug zu verlassen, weil auf dem Rollfeld die Privatarmee Kalondjis mit europäischen Offizieren angetreten war. Als die Soldaten endlich abrückten und auch der ergrimmte Kalondji, der im Smoking unter der Mittagssonne am Flugplatz schmorte, in seine Villa abgebraust war, verschmähte Kasavubu das ihm zur Verfügung gestellte Luxuskabriolett, weil der Wagen statt der blauen Kongo-Fahne den Stander des Diamantenstaates führte. Mit Erbitterung war in seiner Umgebung vermerkt worden, daß die Soldaten Kalondjis eine Fahne der Zentralregierung aus Protest in den Staub getreten hatten. Vier Kilometer auf staubiger Straße legte die offizielle Delegation aus Leopoldville zu Fuß zurück, ehe sie an die Villa Kalondjis gelangte, der Kasavubu schließlich mit Großmut empfing, nicht ohne mehrfach versichert zu haben, daß hier in Süd-Kasai er der »König« sei und kein anderer.

Die Stimmung wurde nicht besser, als Kasavubu mitgeteilt wurde, daß ein Lulua-Führer aus seinem Gefolge von fanatischen Baluba-Halbstarken in einen Hinterhalt gelockt und bestialisch verprügelt worden war. Dem Mann wurden die Zähne ausgeschlagen und der Mund mit Pili-Pili-Pfeffer, Sand und Kies vollgestopft. Diese grotesken Vorgänge spielten sich vor dem Hintergrund einer unsäglichen Tragödie ab: Im Raum von Bakwanga herrschte bei den dreihunderttausend geflüchteten Baluba aus Nord-Kasai entsetzliche Hungersnot. Kasavubu besuchte die zu Skeletten abgemagerten schwarzen Kinder und die Elendshütten, wo die Baluba-Frauen mit langgezogenem Klagegeschrei die verhungerten Säuglinge wiegten.

Plötzlich schien sich alles gegen Kasavubu und Mobutu zu verschwören. Die schlimmsten Nachrichten kamen aus Katanga. Dort hatte Moise Tschombe noch immer nicht die Zeichen der Zeit erkannt. Statt sich mit den Behörden von Leopoldville zu einer föderalistischen Front gegen Lumumba zu verbünden, benutzte er weiterhin die Schwierigkeiten der Zentralregierung zur Festigung seines Separatstaates. Die Einladung Kasavubus zur Konferenz am Runden Tisch beantwortete er hinhaltend und gab in den ersten Januartagen bekannt, daß Katanga aus der Währungszone des Kongo-Franken ausschied. In Elisabethville wurden in der Schweiz gedruckte Banknoten mit dem Portrait Tschombes ausgegeben. Das konnte keine Zentralregierung, ob sie unitarisch oder föderalistisch ausgerichtet war, hinnehmen. Schließlich kamen 60 Prozent der Einnahmen des Kongo-Staates aus Katanga.

Moise Tschombe sollte sich der neuen Geldscheine mit seinem Bildnis nicht lange freuen. Einen Tag nach Bekanntgabe der Währungssezession rückten sechshundert Lumumba-Soldaten aus der Kivu-Provinz in Nord-Katanga ein. Die Kontrolle Tschombes über die nördliche Hälfte seines Staates war ohnehin fragwürdig. In den größeren Ortschaften und Verkehrsknotenpunkten behauptete sich zwar die Katanga-Gendarmerie mit ihren belgischen Offizieren, aber das Land ringsum wurde von aufsässigen Baluba-Partisanen beherrscht. Die dortigen Baluba – in der Balubakat-Partei zusammengefaßt – sind bekanntlich, im Gegensatz zu ihren Stammesbrüdern von Süd-Kasai und aus Opposition zur Regierung Tschombe, an der sie nicht beteiligt wurden – glühende Anhänger Lumumbas. Die Lage in der Grenzzone zwischen Kivu und Katanga war seit langem so gespannt, daß die Vereinten Nationen im Herbst die Schaffung eines breiten neutralisierten Gürtels dekretierten, um das Einsickern gegnerischer Truppen aus Nord und Süd zu verhindern. Das hatte die Baluba-Krieger nicht abgehalten, ihre Guerilla gegen Tschombes Gendarmen blutig fortzusetzen, Züge zu überfallen und sogar einmal eine irische Patrouille der Vereinten Nationen in einem Hinterhalt aufzureiben. Die Leichen der Iren waren erst nach langer Suchaktion entsetzlich verstümmelt gefunden worden.

Hatten die Blauhelme aus Marokko und Nigeria wirklich nichts gemerkt, als Anfang Januar 1961 sechshundert Lumumba-Soldaten in der Grubenstadt Manono einrückten? Manono liegt immerhin dreihundert Kilometer tief in der neutralen Zone. Hatten gewisse UN-Stellen, die eindeutig auf Lumumba setzten, beide Augen zugedrückt? Jedenfalls richtete sich dieser Vorstoß der Nationalarmee bereits wie eine Speerspitze gegen die Hauptstadt Elisabethville.

Moise Tschombe kündigte das Abkommen mit den Vereinten Nationen über die Respektierung des neutralen Gürtels in Nord-Katanga auf. Hastig umgebaute Sportflugzeuge mit den drei Kupferkreuzen auf dem Leitwerk griffen im Tiefflug Ansammlungen von Baluba-Partisanen mit Bordwaffen und Handgranaten an. In Elisabethville, wo nicht nur die Tschombe-freundlichen Lunda, sondern auch viele Baluba und Batetela siedeln, fanden Massenverhaftungen statt. Die UN-Beamten in Leo und E-ville setzten, wie stets in solchen Fällen, hilflose und gekränkte Mienen auf. Marokkaner und Nigerianer schossen sich mit den Soldaten Lumumbas am Flugplatz Manono und mit den Gendarmen Tschombes auf der Rollbahn von Luena herum. Eine schwedische Eskorte verteidigte ihren Eisenbahnzug gegen die Giftpfeile der Baluba wie in einem Wildwestfilm.

Die Führer der Balubakat mit dem Methodistenprediger Jason Sendwe an der Spitze proklamierten Manono zur Hauptstadt der Baluba-Provinz »Lualaba«, die sich von Katanga löste. Der neue Bundesstaat wurde wegen seiner Mineralvorkommen bereits die »Zinnprovinz« genannt. Das war neben dem Kupferstaat von Katanga und der Diamantenrepublik von Bakwanga ein später und bitterer Triumph der belgischen Grubenpolitik.

Das Einflußgebiet der Föderalisten und Kasavubu-Freunde schrumpfte zusammen wie ein Chagrin-Leder. Jetzt schien die Äquatorprovinz bedroht. Lumumba-Freischärler wurden im Raum von Lisala gesichtet. Schon meldete die Zeitung »Présence Congolaise«, die Lumumbisten der Ostprovinz seien vom ägyptischen Bataillon im Norden des »Equateur« zum Durchmarsch auf die Kongo-Hauptstadt ermutigt worden. Die Stimmung in der Provinz Leopoldville war überall dort wieder zugunsten Lumumbas umgeschlagen, wo nicht das Bakongo-Volk Kasavubus siedelte, während in Nord-Kasai der Stamm der Batetela, dem der gestürzte Premierminister angehört, zum Krieg trommelte. Die jungen Studentenkommissare im »Building Administratif« von Leo, die im September mit Mut und Begeisterung die Sisyphusarbeit der Kongo-Verwaltung auf ihre Schultern nehmen wollten, gestanden inzwischen ihre Ohnmacht ein. Sie verfügten weder über Gefolgschaft, noch über Durchsetzungsvermögen.

Und Oberst Mobutu, den die Journalisten neuerdings den »schwachen starken Mann« am Kongo nennen? Geht ihm die zielstrebige Rücksichtslosigkeit ab, die für politische Machtausübung in einem so turbulenten Land unentbehrlich ist? Auf die Härte der Lumumbisten antwortete er mit wohlmeinenden Sprüchen und weigerte sich, »kostbares kongolesisches Blut« zu vergießen. Gleichzeitig lockerte sich seine Autorität über die ihm unterstellte Truppe. Nur die schwarzen Para-Commandos, seine Leibwache mit den Tarnjacken, hielt er mit hoher Löhnung bei der Stange.

In der Hauptstadt sind viele markante Lumumba-Anhänger wieder in den Hotelbars zu finden. Sie verhalten sich meist schweigend, aber man merkt ihnen die Siegeszuversicht an. In Casablanca haben sich die Staatschefs des Lumumba-freundlichen Afrika getroffen. Die Tagung stand unter dem Vorsitz König Mohammeds V., der aus innenpolitischen Rücksichten, um die konservative Struktur Marokkos und den Thron zu erhalten, radikale Außenpolitik treibt. Seitdem richten sich die UN-Stäbe darauf ein, daß Patrice Lumumba in Bälde sein Haftlokal von Thysville mit dem Regierungssitz in Kalina vertauschen könnte. Es liegt im Wesen des internationalen Beamtenapparats, daß er zutiefst opportunistisch ist.

Agenten aus ganz Afrika treffen sich im Hotel Memling und im Schatten der UN-Schlichtungskommission, die der Nigerianer Jaja Wachuku, kein Freund des Inders Dayal, energisch leitet. Unter diesen diskreten Besuchern aus dem Ausland würde man vergeblich nach dem Aufstandsführer Roland Felix Moumié aus Kamerun suchen, der noch im letzten Sommer den Journalisten so bereitwillig antwortete. Moumié ist im November vergiftet worden. Seine Pressefreundlichkeit wurde ihm zum Verhängnis, denn es war ein als Journalist getarnter französischer Geheimagent, der ihm in Genf die tödliche Dosis Rattengift in den Pernod mischte. »So hätten wir mit Lumumba verfahren müssen«, sagen ein paar Kolonialisten in Leopoldville.

In diesen Tagen blickt der ganze Kongo wieder gebannt auf Thysville. Wie vor sechs Monaten haben die schwarzen Soldaten dort gemeutert. Statt der belgischen Vorgesetzten haben sie dieses Mal ihre zu rasch beförderten afrikanischen Offiziere eingesperrt und deren schwarze Frauen vergewaltigt. Lumumba konnte unterdessen einige Stunden lang als freier Mann im Camp Hardy spazierengehen. Kasavubu, dessen Lethargie die westlichen Botschafter zur Verzweiflung treibt, Mobutu und Justin Bomboko, der Vorsitzende des Kommissarkollegiums, mußten sich selbst nach Thysville begeben und den Soldforderungen der Meuterer stattgeben, ehe Ordnung im Lager einkehrte und Lumumba wieder in seiner Zelle verschwand. Aber das Warnsignal ist von allen gehört worden, von den Belgiern, die für alle Fälle die Koffer bereitstellen, von den UN-Stäben, die auf Weisungen aus New York warten, und von den Militärs des »Camp Kokolo«, wo sich ebenfalls Soldatenräte zusammenrotten. In Thysville waren im Juli 1960 die spätkolonialen Ambitionen der Belgier zerbrochen, und von hier rückten im September die Verstärkungen aus, die Lumumba zu Fall brachten. Schlägt dieses Mal in der Kasernenstadt am unteren Kongo die Schicksalsstunde Mobutus?

Katanga und Thysville – um diese beiden geographischen Begriffe kreist die Kongo-Krise in einem wirren Karussell. Wie im Sommer 1960 steht Patrice Lumumba im Mittelpunkt aller politischen Ereignisse und Berechnungen. Er bleibt »Monsieur Congo«, die beklemmende Verkörperung dieser wild wuchernden Staatswerdung im Herzen Afrikas.

Verschleppung nach Katanga

Elisabethville, Anfang Februar 1961

Das ist nicht mehr das gleiche Afrika. Die Geröllhalden, die Fördertürme, die anonymen Werkhallen rings um die Gruben haben Katanga den Ruf eines »afrikanischen Ruhrgebiets« eingebracht. Das Wahrzeichen der Hauptstadt Elisabethville ist der Schornstein der Kupfergießerei von Lubumbashi. Seine Rauchfahne hängt wie ein Trauerflor im unendlichen, leeren Himmel von Katanga. Dieser Himmel übt eine eigenartige Faszination aus. Jenseits der Halden dehnen sich Busch und Savanne, dunkelgrün in der Regenzeit, eintönig und schwermütig. Termitenhügel erheben sich wie Brecher in diesem Meer aus Laub und Gras. Darüber spannt sich das glasklare Firmament, orange und lila getönt vom Licht des untergehenden Tages. Die Regenwolken ballen sich zu phantastischen Gebilden.

Eine Straße läuft schnurgerade auf den Horizont im Süden zu, nach dem benachbarten Rhodesien. Die Eingeborenen, die zu Fuß oder mit dem Fahrrad auf der roten Laterit-Erde ihren geduckten Randsiedlungen zustreben, erscheinen wie schwarze Ameisen in dieser menschenverachtenden Landschaft. Die Hauptstadt Katangas liegt 1300 Meter hoch, und im Winter, der von Juni bis September dauert, legt sich nächtlicher Reif auf die Spitzen des Elefantengrases. Die Menschen haben hier etwas Gedrücktes, Trauriges. In den vorbildlichen Backsteindörfern, die die große belgische Grubengesellschaft »Union Minière du Haut-Katanga« für ihre farbigen Arbeiter gebaut hat, wird wenig gelacht und wenig getanzt. Dafür wird um so mehr getrunken.

Schon trauert der Einreisende der üppigen, triebhaften Lebensfreude der Schwarzen von Leopoldville nach.

Im europäischen Zentrum von E-ville kann der Besucher aus Leo nur noch staunen. In Süd-Katanga ist die Zeit stehengeblieben. Oder wurde sie zurückgedreht? Sehr belgisch wirkt diese Europäerhochburg am Rande des Kongo eigentlich nicht. In ihrer stillosen Anlage erinnert die Stadt eher an das britische Nairobi als an die großzügige Planung der belgischen Kolonisation. Die Geschäftsstraßen sind etwas schäbig. Im Hotel »Leo II«, wo neben dem Ministerpräsidenten Tschombe auch König Baudouin noch melancholisch aus dem Rahmen blickt, genießen die Gäste in unförmigen Sesseln die vornehme Langeweile eines englischen Clubs. Die Grenze des Empire ist zum Greifen nahe. Es war reiner Zufall, daß Cecil Rhodes Ende des 19. Jahrhunderts nicht auch diesen Zipfel des begehrten »Copper-Belts«, des zentralafrikanischen Kupfergürtels, der viktorianischen Ländermasse einverleibte.

Im Leo II trägt man Schlips und Jacke zum Abendessen. Man reibt sich die Augen, wenn belgische Offiziere in voller Uniform seelenruhig zur Tür hereinkommen und sich den Zimmerschlüssel aushändigen lassen. Die weißen Zivilisten, die beim Whisky halblaute Gespräche führen, tragen meist das Wappen Katangas im Knopfloch, die rot-grün-weiße Diagonale mit den drei Kupferkreuzen. Diese Fahne des von Tschombe proklamierten unabhängigen Staates Katanga ist allgegenwärtig. Am Flugplatz grüßt sie von einem riesigen Transparent, unter dem in Englisch und Suaheli geschrieben steht: »Welcome in free Katanga«. Auf anderen Anschlägen heißt es: »Le Katanga vaincra – Katanga wird siegen.« Die Belgier von E-ville sind fanatische Katanga-Bürger geworden, die es nicht dulden, daß man die »Indépendance« ihres Adoptivstaates in Zweifel zieht. Sie hängen die Katanga-Fahne in ihre Schaufenster neben das sympathische Boxergesicht Moise Tschombes. Sie führen die Kupferkreuze auf dem Kotflügel ihrer Autos. »Am liebsten würden sie sich das Katanga-Wappen auf ihr Hinterteil kleben«, sagte ein bissiger Rhodesier.

Das massive Kupferkreuz, das vor der europäischen Kolonisation bei den Eingeborenen als Zahlungsmittel und als Fetisch hoch im Kurs stand, ist heute das eindringliche Symbol jener schweigsamen Macht, die hinter dem jungen Katanga-Staat steht. Das langgestreckte gelbe

Gebäude der »Union Minière du Haut-Katanga« fällt nicht sonderlich ins Auge. Die Villen der europäischen Angestellten verstecken sich diskret unter dem Laub der Eukalyptusbäume. Der »Brain-Trust« dieses gewaltigen Industriekonzerns arbeitet und lebt im Verborgenen. Die Direktoren treffen sich in den Clubs der UMHK. Sie zerstreuen sich auf den Tennis- und Golfplätzen oder im Schwimmbad der eigenen Firma. Fünfundzwanzigtausend eingeborene Arbeiter zählt die »Union Minière« und fünfzehnhundert weiße Angestellte. Die dünnblütige Ordentlichkeit von Elisabethville, der prüde Lebensrhythmus der Stadt werden durch dieses Unternehmen geprägt. Auch in Zentralafrika wachsen Kapitalismus und Puritanismus auf einem Holz.

Während der Kongo auseinanderfiel und die Räder seiner Wirtschaft einrosteten, haben die Bergwerke und Fabriken von Süd-Katanga nie aufgehört zu arbeiten. Die »Union Minière« ist das goldene Rückgrat des »Separatisten« Tschombe. Einst brachte sie mehr als die Hälfte der Steuereinnahmen des gesamten belgischen Kongo auf. Heute fließt diese gewaltige Summe ausschließlich in die Kassen von Katanga. Der Grubenstaat fördert weiterhin 60 Prozent der Weltproduktion an Kobalt, 9 Prozent der Weltproduktion an Kupfer. Zinn, Zink und Uranium werden hier ebenfalls geschürft. Aus dem Bergwerk Shinkolobwe, dessen Vorkommen heute beinahe erschöpft sind, stammte das Uranium der Hiroshima-Bombe.

In Moise Tschombe haben die Finanziers der Union Minière sehr früh einen afrikanischen Artverwandten erkannt. Sein Vater galt als der reichste Eingeborene im ganzen Kongo. Dieser Häuptling aus dem Lunda-Stamm war Besitzer von Plantagen, Hotels, Kaufhäusern und der einzige Schwarze, der unter der frühen belgischen Kolonialherrschaft in einem Eisenbahnabteil zweiter Klasse reisen durfte. Sein Sohn, der zweiundvierzigjährige Moise, in der gleichen Methodistenschule wie sein heutiger Baluba-Gegner Sendwe erzogen, ist im Wohlstand aufgewachsen. Er gehörte jener Kaste an, deren sich die Kolonialverwaltung bediente. Er hatte keinen Grund, die Belgier zu hassen.

Es ist einer der auffallenden Widersprüche Katangas, daß in diesem menschenleeren Land – die Südprovinz ist so groß wie Frankreich, zählt aber nur 1,7 Millionen Einwohner –, wo aus allen Nachbarregionen des Kongo ein entwurzeltes Industrieproletariat zusammenströmte, dennoch das überlieferte Häuptlingssystem, der Einfluß der »Chefs coutumiers«, überaus stark geblieben ist. Fast alle Minister im Kabinett Tschombe gehören der Bantu-Herrenschicht an, an ihrer Spitze Godefroy Munongo, der Innenminister von Katanga.

Munongo gilt als der starke Mann von Elisabethville, als ein rücksichtsloser Polizeigewaltiger, der das Blut seiner Feinde gern vergießt. Er beruft sich stolz auf seinen Großvater, den König Msiri vom Volk der Bayeke, der vor der Ankunft der Europäer am Südrand der großen afrikanischen Seen ein despotisches Reich von seltener Grausamkeit errichtet hatte.

In Elisabethville ist alles anders und unerwartet. Doch das erstaunlichste Bild geben jene jungen Europäer mit den verwegenen Gesichtern ab, die man mit Südwester und gesprenkelter Tarnuniform in den wenigen trüben Bars des Zentrums trifft. Nicht nur belgische Offiziere und Unteroffiziere zur Ausbildung und Führung seiner »Gendarmerie« hat Tschombe ins Land gerufen. Er ist dabei, eine Art Fremdenlegion oder internationale Brigade unter dem Kupferkreuz zusammenzutrommeln. Auf dreihundert Mann wird die Zahl der Reisläufer geschätzt, die das Abenteuer und der hohe Sold bisher nach Zentralafrika gelockt haben. Für einen Offizier soll die monatliche Löhnung 2500 D-Mark und mehr betragen, für Mannschaftsgrade immerhin an 1000 D-Mark. Meist sind es demobilisierte belgische Fallschirmjäger, die sich den Südwester überstülpten, aber es gibt auch Franzosen, Italiener, Engländer und Deutsche. Die wichtigste militärische Kommandostelle in Katanga ist einem französischen Oberst angetragen worden.

In Elisabethville und im umliegenden Erzgebiet herrschen Ruhe und Ordnung. Die Nächte sind still und ohne Zwischenfälle. Nur die häufigen Polizeipatrouillen verleihen der verödeten Hauptstadt nach Einbruch der Dunkelheit eine gewisse Ähnlichkeit mit Nairobi zur Zeit des Mau-Mau-Aufstandes. Man hüte sich aber in Afrika vor dem äußeren Schein. Ehe man aus der europäischen Stadtmitte in die Eingeborenenviertel Matuba und Kenia gelangt, geht die Fahrt durch ganze Straßenzüge ausgebrannter Geschäfte. Hier wohnten die griechischen Händler, ehe im Juli 1960, eine Woche nach der Unabhängigkeit des Kongo, der schwarze Aufruhr, die »Matata«, heftiger und gewalttätiger losbrach als irgendwo sonst. Die Belgier sind damals die Stärkeren geblieben. Aber es schwelt unter der Asche, so versichern manche Kenner des Landes. Die Hälfte der Eingeborenenbevölkerung von E-ville sind Baluba, und die Mehrheit ihrer Stammesbrüder – in der »Balubakat« militärisch organisiert oder zumindest in kriegerischen Horden zusammengefaßt – behauptet sich in der ganzen Nordhälfte der Provinz gegen die Gendarmen der Tschombe-Regierung.

Ein schwedischer UN-Major, dessen Uniform noch die Spur eines Streifschusses aufwies, berichtete dieser Tage vor den versammelten Journalisten in Elisabethville – fast ausschließlich britische Korrespondenten – über die Wildwestabenteuer, die seine Nordländer gegen die Pfeile der Baluba und deren altertümliche Donnerbüchsen, genannt »Puh-Puh«, zu bestehen hatten. Nicht nur zwischen den Schweden und den Baluba, auch zwischen den Tschombe-Behörden und der UNO insgesamt sind die Beziehungen äußerst gespannt. Die Katanga-Regierung hält nicht viel von den Blauhelmen und boykottiert sie, wo es geht. Marokkaner und Tschombe-Gendarmen stehen sich als erklärte Gegner gegenüber. Die Soldaten des Sultans, die demnächst abgezogen werden sollen, kommen sich vor wie im feindlichen Ausland.

Ist das Katanga-Experiment glaubwürdig? Gibt es ein »katangesisches« Nationalgefühl, wie die Minister, die Häuptlinge und vor allem die Belgier von E-ville vorgeben? Reicht es, der schwarzen Bevölkerung den »sacro egoismo« der Besitzenden einzutrichtern, die ihren Reichtum nicht mit den armen Kongo-Provinzen teilen wollen? Baut der Stammespartikularismus einen widerstandsfähigen Deich gegen die Springflut des panafrikanischen Nationalismus? Selbst die Föderationspläne Kasavubus werden in Elisabethville mit scheelem Mißtrauen verfolgt. Die Einladungen zur Konferenz aller Kongo-Politiker am Runden Tisch in Leo werden immer noch mit Ausflüchten beantwortet.

Wenn es doch noch zu konkreten Militärabsprachen zwischen E-ville, Leopoldville und Bakwanga kam, so nur unter der tödlichen Drohung der Lumumbisten aus der Ostprovinz und dank der Koordinierung belgischer Offiziere, die in allen drei Stäben vertreten sind. Neuerdings hat die Zahl der belgischen und französischen Militärberater in der Umgebung Mobutus, der sich Ende Januar zum Generalmajor befördern ließ, erheblich zugenommen. Gegen die Offensive der Lumumba-Anhänger entsteht eine »antikommunistische Achse« zwischen unterem Kongo, Süd-Kasai und Katanga. Die Reaktion der Freunde Lumumbas ließ nicht auf sich warten. Alle Teilnehmerstaaten der Konferenz von Casablanca wollen jetzt ihre Kontingente aus dem Kongo abziehen.

Für jeden afrikanischen Nationalisten ist der unabhängige Katanga-Staat ein Monstrum. Was ist das für eine Republik, deren reiche Mittel aus den Tresoren der belgischen Union Minière fließen, deren Führer – Angehörige einer andernorts verpönten Häuptlingskaste – das schwarze Industrieproletariat bevormunden? Was kann ein Afrikaner von dieser Gendarmerie halten, deren belgische Offiziere einst in der Force Publique dienten und deren Kader durch europäische Landsknechte aufgefüllt werden? In Accra, in Conakry und Kairo, aber auch in Dakar und Lagos erscheint Katanga wie die grobe Karikatur, das häßliche Zerrbild der Unabhängigkeit. Ein marxistischer Agitator hätte keinen besseren Popanz erfinden können als diese Verschwörung von Kolonialismus, westlichem Kapitalismus und afrikanischer Sozialreaktion. So sieht das übrige Afrika den Katanga-Staat, und jeder beschwichtigende Einwand verhallt ungehört in den Wandelgängen des UN-Glashauses von Manhattan.

Die schwarzen Minister von Elisabethville haben zwar in den letzten Wochen mehr als einmal betont, daß sie von den Belgiern nicht mehr bevormundet werden. Sie lassen sich nicht gern in ihre Ressorts hineinreden, und die Klagen der technischen Experten aus Brüssel sind aufschlußreich. Trotzdem nimmt die öffentliche Meinung in Afrika diesen Politikern ihre neue Eigenwilligkeit nicht ab. Katanga bildet nun einmal das strategische Glacis, das sich schützend vor Rhodesien, Angola und die Südafrikanische Union legt, die letzten Bastionen des weißen Mannes im schwarzen Erdteil.

Seit dem 17. Januar 1961 ist der Kupferstaat vollends in Verruf geraten. Patrice Lumumba, so heißt es, sei in einen Kerker Katangas transferiert worden. Seine Präsenz in der Haftzelle des Militärlagers Thysville war zu bedrohlich geworden. Wer konnte schon garantieren, daß er dort nicht von meuternden Soldaten befreit und als triumphierender Volksheld nach Leopoldville zurückgebracht würde? Die

Verschleppung des gestürzten Premierministers nach Katanga – so hört man aus der brodelnden Gerüchteküche – sei von Kasavubu und Mobutu angeordnet und mit Hilfe belgischer »Spezialisten« durchgeführt worden.

Wo Lumumba in Katanga gefangengehalten wird, weiß niemand. Er befindet sich im Gewahrsam seines Todfeindes Tschombe, und somit ist er wohl endgültig kaltgestellt. Die Belgier erinnern sich daran, daß dieser Unruhestifter schon einmal, im Herbst 1959, in Jadotville, unweit von Elisabethville, von der Kolonialbehörde eingesperrt worden war, nachdem er in Stanleyville Aufruhr gestiftet hatte. Erst die große Kongo-Verhandlung in Brüssel hatte ihm Anfang 1960 die Gefängnistür geöffnet, jene Round-Table-Konferenz, aus der die Unabhängigkeit des Kongo hervorging und auf der sich Lumumba zum ersten Mal als berufener Sprecher des schwarzen Nationalismus auswies.

Die tragische Rückkehr Lumumbas nach Katanga, nur ein Jahr nach seinem kometenhaften Aufstieg, ist dazu angetan, das mystische Gemüt der afrikanischen Massen aufzuwühlen. Die Gefängniszelle hat dem Prestige eines Politikers noch nie geschadet, wohl aber dem Ansehen des Kerkermeisters. Schon vergleicht der Volksmund den Häftling Tschombes mit einem wundertätigen Vorgänger. Simon Kimbangu, der Prophet des Bakongo-Volkes, der Prediger des schwarzen Erwachens, hat – wie berichtet – ein halbes Menschenleben hinter den Gittern von Jadotville verbracht und ist dort gestorben. Seinem religiösen und politischen Einfluß hat das keinen Abbruch getan.

Je hoffnungsloser der Staat in Anarchie und Elend versinkt, desto leuchtender erscheint vielen einfachen Kongolesen die Gestalt Patrice Lumumbas. Im Grunde seines Herzens macht der Schwarze ja nicht die Machtkämpfe seiner Politiker für das Unglück seines Landes verantwortlich. Für ihn ist der böse Fetisch des weißen Mannes an allem schuld, und der rächt sich dafür, daß der Eingeborene nach der verbotenen Frucht, nach der erlösenden magischen Kraft der »Indépendance« gegriffen hat.

Ähnlich wie die Katechumenen der Kimbangu-Sekte würden heute die Lumumba-Anhänger auf die Frage: »Warum ist Patrice Lumumba verhaftet worden?« antworten: »Um Zeugnis abzulegen von der Freiheit und Würde des schwarzen Mannes, deshalb mußte Patrice Lumumba eingekerkert werden; denn zur vorbestimmten Zeit erwählte Gott einen Menschen der schwarzen Rasse, um sein Volk aus der Knechtschaft zu führen ...«

Die letzten Stunden Lumumbas

Leopoldville, Mitte Januar 1961

Ich war in einem Zimmer des Hotels Regina während der Siesta fest eingeschlafen, nachdem ich zwei besonders hartnäckige Kakerlaken vom Kopfkissen verjagt hatte, als das Telefon schrillte. »Un Monsieur vous demande«, sagte die Vermittlung. Es meldete sich eine Stimme mit afrikanischem Akzent. »C'est Marcel«, sagte der Anrufer. Er könne aus Sicherheitsgründen nur seinen Vornamen nennen. Ich wußte sofort, mit wem ich sprach. Marcel Lengema war einer der klügsten jungen Politiker am Kongo, ein persönlicher Vertrauter Patrice Lumumbas aus dessen Kinderjahren. Ich war ihm ein Jahr zuvor auf einem Panafrikanischen Kongreß in Tunis zum ersten Male begegnet, und wir hatten uns gleich angefreundet. Er entstammte einer Häuptlingsfamilie aus der Gegend von Stanleyville. Sein Vater hatte als Korporal der belgischen Kolonialtruppe gegen die Askari Lettow-Vorbecks in Deutsch-Ostafrika gekämpft und deshalb das Wohlwollen der flämischen Administration genossen.

Marcel war ein wohlerzogener junger Mann. Neben seinem ungestümen, überreizten Weggefährten Lumumba wirkte er gelassen, fast weise. Obwohl er nur am Rande der offiziellen Regierung fungierte, waren mir seine Sachkenntnis und sein Rat oft wertvoll gewesen.

An diesem Nachmittag schluchzte er vor Erregung. »Sie haben die Meldung gehört?« fragte er. Ich bejahte. Einem offiziellen Kommuniqué zufolge war Lumumba gemeinsam mit seinen Leidensgenossen Mpolo, dem ehemaligen Jugendminister, und Okito, dem Senatspräsidenten, aus der Haft in Katanga geflohen. Angeblich konnten sie aus dem Gehöft nahe der Angola-Grenze, wo sie zuletzt gefangengehalten wurden, ausbrechen. Sie hatten, so hieß es, ihre Wächter überwältigt und waren in einer schwarzen Limousine unter Mitnahme von zwei Gewehren entkommen. Ich wiederholte am Telefon diese Version, die bereits über die Fernschreiber tickte.

»Das ist doch eine schamlose Lüge«, brauste Lengema auf. »Sie haben Lumumba umgebracht; sie haben ihn ermordet. Ich bitte Sie inständig, teilen Sie der Weltöffentlichkeit die Wahrheit mit. Lumumba ist tot. Er ist für seine Ideale gestorben, als Held.« Ich fragte den Kongolesen, wo ich ihn in den nächsten Tagen erreichen könnte. »Ich muß jetzt untertauchen, mich in der Cité verstecken«, antwortete er. Ich bot ihm meine Hilfe an, aber das lehnte er ab. »Sie müssen die Hiobsbotschaft publik machen, nur das zählt«, beschwor er mich. Dann hängte er ein.

In aller Eile streifte ich Hemd und Hose über und eilte zum »Beach«. Die Fähre setzte mich nach Brazzaville über. Um vier Uhr nachmittags stand stets eine Radiofrequenz über Paris nach Saarbrücken offen, von wo meine Kommentare an die übrigen Hörfunkstationen der ARD übermittelt wurden. Die Verbindung klappte auch diesmal reibungslos. Etwas atemlos teilte ich meiner Heimatredaktion den »Scoop«, die Ermordung Lumumbas mit. Doch am anderen Ende der Leitung – sechstausend Kilometer entfernt – stieß ich auf Skepsis. Keine der großen Nachrichtenagenturen hatte den Tod des kongolesischen Regierungschefs gemeldet. Alle redeten hingegen von seiner gelungenen Flucht. Von den neun Sendern der ARD haben sich an jenem Abend nur drei dazu aufgerafft, meine Exklusivnachricht ihren Hörern weiterzugeben.

Drei Tage später, im »Cercle hippique« von Leopoldville, prosten sich die Belgier zu. Am Nachmittag hat Radio Elisabethville bekanntgegeben, Lumumba sei mitsamt seinen beiden Fluchtgefährten in einem Savannendorf Süd-Katangas von Kriegern des Lunda-Stammes erkannt und umgebracht worden. »Haben Sie schon die frohe Botschaft vernommen?« fragt mich eine blonde Flamin, während der schwarze Boy ein Tablett mit Whiskygläsern reicht. Es geht hoch her auf der Cocktailparty. Schwüle Gewitterstimmung lastet an diesem Abend auf der Hauptstadt. Über dem Amba-Hügel rollt der Donner.

Auch nach der offiziellen Todesnachricht halten die Katanga-Behörden die Grabstätte ihres Erzfeindes geheim. Sie befürchten wohl, daß daraus eine nationale Pilgerstätte werden könnte. Den Namen des Dorfes, in dem er angeblich erschlagen wurde, verschweigen sie, um die dortige Bevölkerung vor Repressalien zu schützen. Das Geheimnis seines Martyriums hat Lumumba vollends zur legendären Gestalt gemacht.

Während die Belgier von Leopoldville ihre Genugtuung offen zur Schau tragen, machen die Beamten der UNO am Boulevard Albert ebenso verzweifelte wie empörte Gesichter. Botschafter Dayal droht der Regierung Tschombe mit bewaffnetem Eingreifen, aber im ganzen gesehen wird die Haltung des UN-Stabes von amerikanischen Korrespondenten als »händeringend« bezeichnet. Die Weltorganisation ist am Kongo in eine Existenzkrise geraten. Der Bürgerkrieg, den sie verhindern sollte, ist unerbittlich in Gang gekommen. Der UN-Sprecher, ein korpulenter Pole, dem der Schweiß ständig auf der Stirn perlt, spricht von Synchronisierung zwischen dem Totschlag Lumumbas und den jüngsten militärischen Aktionen, die Tschombe in Katanga und Mobutu in der Ostprovinz eingeleitet haben.

Seit einem Monat finden die täglichen Pressekonferenzen der Vereinten Nationen in der Konditorei des Hotel Royal statt. Die Journalisten lassen sich Coca-Cola und Törtchen servieren, während der polnische »spokesman« über die Ausschreitungen der Katanga-Gendarmerie und ihren »Völkermord« am Baluba-Stamm berichtet. Die Soldaten Tschombes sind zu zweitausend Mann mit modernem Material in Richtung Kamina zum Angriff angetreten und haben schon in den ersten Tagen die strategisch wichtigste Bahnlinie Katangas von den Baluba-Banden freigekämpft. Zur gleichen Stunde hat General Mobutu am Rande der Ostprovinz seine zuverlässigsten Truppen zum entscheidenden Marsch auf Stanleyville angesetzt. Von Luluabourg rückt eine andere Kolonne gegen diese Hochburg der unentwegten »Lumumbisten« vor. Die Militärs von E-ville und Leo wollen die Ratlosigkeit und Katastrophenstimmung, die Lumumbas Ende bei seinen Gefolgsleuten ausgelöst hat, in aller Eile nutzen.

Die Ermordung Lumumbas hat in der Welt einen Orkan ausgelöst. Die Sowjetunion fordert die Absetzung Dag Hammarskjölds und verspricht der Gegenregierung Gizenga in Stanleyville ihre volle Unterstützung. Die Kongo-Krise blockiert die neuen amerikanisch-sowjetischen Koexistenzversuche.

In den Eingeborenenvierteln am großen Fluß ist zunächst das große Schweigen eingekehrt. Die Gesichter der Schwarzen haben sich verschlossen. Erstarren die Afrikaner in Angst, oder bereitet sich ein schreckliches Erwachen vor? Ist die Ermordung von zwei Belgiern in Luluabourg nur der Auftakt zum großen Blutbad, das die Getreuen Lumumbas allen Weißen in Aussicht stellen? Diese unheimliche Ruhe in der Eingeborenenstadt von Leo, diese Lähmung und Niedergeschlagenheit sind so verblüffend, daß man am Tage der Todesbotschaft meinen konnte, mit der Beseitigung Lumumbas sei der Kongo-Krise der Motor, sei der Kongo-Nation die Seele genommen.

Es klingt wie eine letzte, verheißungsvolle Huldigung an diesen Heros des Panafrikanismus, daß in der gleichen Woche, in der seine Hinrichtung bekannt wurde, schwarze Partisanen im benachbarten Portugiesisch-Angola zu den Waffen griffen und gegen ein Kolonialgefängnis von Luanda anstürmten.

P. S.: Die wahre Geschichte von Lumumbas Tod habe ich erst ein paar Monate später erfahren. Ich wohnte zu dieser Zeit in einem Apartmenthaus hinter dem Hotel Memling. Mein schwarzer Diener Maurice teilte mir eines Tages mit, ein gewisser »Monsieur Barnabé« habe in meiner Abwesenheit vorgesprochen, sich als Freund des Sicherheitschefs Nendaka bezeichnet und mich gebeten, am späten Abend in den Nightclub »Afro-Négro« zu kommen. Sehr empfehlenswert war dieser Treffpunkt nicht, und Nendaka war eine mächtige, aber zwielichtige Figur. Der Afro-Négro war vor kurzem eröffnet worden, verfügte über ein vorzügliches Orchester, galt aber ansonsten als Jagdrevier einer gehobenen Kategorie schwarzer Freudenmädchen. Wer sich als Weißer in diese Nahkampfdiele begab, geriet schnell in den Ruf »de s'encanailler«. Es stank dort nach Schweiß, Bier und Qualm.

Ich hatte mich kaum durch das Gewühl kreischender Mädchen und verzückt tanzender Afrikaner zu einem freien Tisch durchgedrängt und einen wäßrigen Whisky bestellt, da setzte sich ein hünenhafter, bärtiger Kongolese mit knallbuntem Hawaii-Hemd zu mir. »Mein Name ist Barnabé«, sagte er und warf einen mißtrauischen Blick auf die angetrunkene Runde von Belgiern, die sich am Nebentisch zuprostete. Im Gedröhn des Cha-Cha-Cha war die Gefahr gering, daß jemand mithören konnte.

»Ich habe zwar behauptet, ich sei von Nendaka geschickt«, begann Barnabé, »aber ich habe mit diesem mörderischen Polizisten nichts zu tun. Im Gegenteil. Nendaka würde mich sofort verhaften lassen, wenn er wüßte, daß ich hier bin. Meine Freunde sind die Revolutionäre von Stanleyville, und in deren Auftrag soll ich Ihnen die tatsächlichen Umstände der Ermordung Patrice Lumumbas berichten.«

Seine Schilderung war faszinierend: Anfang Januar 1961 seien Kasavubu und Mobutu zu der Überzeugung gelangt, daß nur eine Entfernung Lumumbas aus dem brodelnden Militärlager von Thysville die Gefahr seiner neuerlichen Machtergreifung bannen könne. Am 17. Januar wurde ein belgisches Flugzeug requiriert, Lumumba sowie seine Gefolgsleute Mpolo und Okito unter strikter Bewachung an Bord gebracht. Das Ziel des Fluges war jedoch nicht die Katanga-Hauptstadt Elisabethville gewesen, wie seitdem hartnäckig behauptet wurde. Tschombe habe sich energisch geweigert, diesen prominenten Gefangenen entgegenzunehmen. Er habe sogar den Flugplatz von E-ville sperren lassen, um einen Landeversuch dieser kompromittierenden Fracht zu verhindern. Deshalb nahm der Gefangenentransport Kurs auf Bakwanga, die Hauptstadt des Diamantenstaates Albert Kalondjis, der sich inzwischen in einer Anwandlung akuter Paranoia zum »Kaiser von Süd-Kasai« hatte ausrufen lassen.

Das kongolesische Wachkommando, das sich aus eingeschworenen Stammesfeinden des gestürzten Premierministers zusammensetzte, begann ein gräßliches Spiel, sobald das Flugzeug in Kitona abgehoben hatte. Die Soldaten schlugen mit Gewehrkolben auf die Häftlinge ein und traktierten sie mit Fußtritten. Die Marterszenen waren so unerträglich, daß die beiden belgischen Piloten drohten, an ihren Ausgangspunkt zurückzufliegen, falls die Mißhandlungen nicht sofort aufhörten. Zu diesem Zeitpunkt war Lumumba bereits blutüberströmt zusammengebrochen. Rippen und Schädel waren zertrümmert.

»Was hatte Kalondji mit Lumumba vor?« fragte ich. Barnabé stieß ein grell bemaltes Mädchen beiseite, das versuchte, sich ihm auf den Schoß zu setzen. »Kaiser Kalondji bereitete sich auf die große Stunde vor«, fuhr er fort, »auf die gnadenlose Abrechnung mit seinem Todfeind. Er hatte die Baluba-Häuptlinge von Süd-Kasai um sich versammelt. Sie wollten Lumumba nicht nur feierlich hinrichten, sie waren entschlossen, seinen Leichnam zu verspeisen.« – Ich schüttelte den Kopf. »Jetzt geht wohl doch die Phanstasie mit Ihnen durch«, mahnte ich Barnabé, der aber überlegen abwinkte. »Wann werdet ihr Weißen endlich begreifen, was in Afrika vorgeht? Natürlich wollten die Baluba-Häuptlinge Lumumba nicht aufessen, weil sie Hunger hatten. Sie sind doch lange genug in Afrika, um zu wissen, daß die Anthropophagie – dort wo sie praktiziert wird – einer sakralen Handlung gleichkommt, daß sie wie eine mystische Vereinigung zelebriert wird. Mit der Leber und dem Herzen des Getöteten nimmt der Kommunikant, wenn Sie mir diesen Ausdruck gestatten, die Lebenskraft, die ›force vitale‹, des Geopferten in sich auf. Er macht sich dessen magische Gaben zu eigen. Im Falle Lumumbas wollten Kalondji und seine Kumpanen der gewaltigen Zauberkunst, des Charismas dieses mächtigen Volkstribuns teilhaftig werden.«

»Aber Kalondji ist doch Christ, er ist auf eine Missionsschule gegangen«, protestierte ich. Barnabé sah mich nachdenklich, mit einem seltsamen Lächeln an. »Sie halten mich vielleicht für einen kleinen Gangster oder einen Zuhälter mit politischen Ambitionen«, fuhr er fort. »In Wirklichkeit war ich Seminarist, habe es bis zum Diakonat gebracht. Das Menschenopfer, das sollte doch auch für euch Europäer ein gewohntes Ritual sein. Wie heißt es bei der eucharistischen Wandlung? Ecce enim corpus meum – Dieses ist wahrlich mein Leib. Mysterium fidei. Mit dem christlichen Geheimnis der Transsubstantiation haben wir Afrikaner nie ein Glaubensproblem gehabt.«

»Wie ging es weiter mit Lumumba?« forschte ich. Barnabé lächelte seltsam. »Beruhigen Sie sich. Der Nationalheld des Kongo ist nicht im Magen von ein paar Baluba-Kriegern geendet.« Als das Flugzeug zur Landung in Bakwanga ansetzte, entdeckten die belgischen Piloten, daß die Rollbahn durch UN-Soldaten aus Ghana blockiert war. Sie starteten durch. Jetzt blieb ihnen nichts anderes übrig, als doch nach Elisabethville zu fliegen. Über Funk kam es zu Kontroversen mit dem Kontrollturm von E-ville. Am Ende des Palavers erteilte Innenminister Munongo die Landeerlaubnis. Im Gegensatz zu Tschombe wollte er sich diese Beute nicht entgehen lassen. Die Maschine wurde ans äußerste Ende der Piste dirigiert und militärisch abgeschirmt. Zwischen Bakwanga und Elisabethville waren die Gefangenen erneut gequält worden. Als die Maschine ausgerollt war und die Hinterluke sich öffnete, wurde Patrice Lumumba als blutiges, zuckendes Bündel auf den Beton geworfen. Ein Lastwagen der Katanga-Gendarmerie fuhr mit den drei bestialisch Gefolterten davon. Ein belgischer Capitaine soll Lumumba den Gnadenschuß gegeben haben. Die Leiche des kongolesischen Premierministers wurde dann in eine Grube mit ungelöschtem Kalk versenkt, damit keine Reliquien von ihm übrigblieben. Moise Tschombe sei über diese Vorgänge, deren politische Folgen er ermessen konnte, zutiefst bestürzt gewesen. Er ließ die Falschmeldung verbreiten, die drei Verschleppten seien im Zuchthaus von Jadotville eingesperrt worden. Als diese Darstellung nicht länger aufrechtzuerhalten war, erfand er die Geschichte von der angeblichen Flucht Lumumbas in Richtung Angola und seiner Ermordung durch Lunda-Krieger.

Barnabé stand auf und verabschiedete sich brüsk. »Ich werde von der Sûreté gesucht«, sagte der ehemalige Seminarist. »Hier im Afro-Négro wimmelt es von Spitzeln.« Nie wieder habe ich von diesem seltsamen Emissär gehört. Aber seine Aussagen über den Tod Lumumbas, die mir in jener Nacht so extravagant erschienen, wurden mir später von verschiedenen, wohlinformierten Quellen im wesentlichen bestätigt. Auch ich verließ das lärmende Lokal und ging auf meinen geparkten Volkswagen zu. Die Nacht war klebrig heiß. Aus dem Afro-Négro dröhnte der »Indépendance Cha-Cha-Cha«.

KOL-UN-ISIERUNG DES KONGO

Mit der Ermordung Lumumbas enden meine fast täglichen Notizen über die Kongo-Ereignisse. Anfang 1961 war ich zum Radiokorrespondenten der Deutschen Rundfunkanstalten »ARD« für ganz Afrika ernannt worden. Meine Chronistentätigkeit erstreckte sich – heute kaum noch vorstellbar – von Algier bis Kapstadt. Meinen festen Sitz in Leopoldville behielt ich bis 1963 bei, aber die Dauerkrise im Becken am großen Strom verfolgte ich nur noch in Abständen. In der Erinnerung überlagern sich Begegnungen und Erlebnisse wie ein schillerndes Kaleidoskop.

Zwei Jahre lang führten mich meine Streifzüge kreuz und quer durch den schwarzen Erdteil. In den Bergen der Kabylei begleitete ich die »Treibjagden« französischer Fallschirmjäger und Fremdenlegionäre auf versprengte »Katibas« der Algerischen Befreiungsfront. In Nord-Angola, im Abschnitt von Negage, sah ich die Dörfer brennen, als die Portugiesen zur gnadenlosen Niederwerfung der rebellischen Bakongo-Bevölkerung ausholten. In Kenia wartete ich mit den Kikuyu auf die Rückkehr des großen Führers und Magiers Jomo Kenyatta, den die Engländer – fünf Jahre nach Zusammenbruch des Mau-Mau-Aufstandes – immer noch in die nördliche Steppe verbannt hatten. Ich war in Südafrika, als die Mauer um Westberlin errichtet wurde. Am Tage darauf geleitete mich ein weißer Beamter durch jene gigantische Bantu-Siedlung am Rande von Johannesburg, die man Soweto nannte und damals als große humanitäre Leistung für die Schwarzen hinstellte. Im Hochland von Madagaskar traf ich den Präsidenten Tsiranane bei einem indonesisch anmutenden Volksfest. In

Addis Abeba warfen sich die Passanten zu Boden, als der schwarze Rolls Royce, in dem die winzige Figur des Königs der Könige, Haile Selassie, kaum zu erkennen war, durch den kalten Abend fuhr. Mir blieb vom Negus nur die kurze Vision eines todernsten, tragischen Gesichts. In Nigeria drängten sich die Prognosen über den unvermeidbaren Zusammenprall zwischen den muslimischen Herrscherstrukturen des Nordens und dem christlich-dynamischen Südvolk der Ibo auf. Beim sauren Wein, der damals auf den sandigen Hügeln von Windhuk wuchs, wies mich ein katholischer Pater auf den drohenden Konflikt mit der erdrückenden schwarzen Mehrheit hin, nachdem Pretoria die Rassengesetzgebung auch im ehemaligen Deutsch-Südwest verschärft hatte. Ich habe in diesen zwei Jahren und bei meinen späteren Exkursionen kein Land des schwarzen Erdteils ausgelassen.

Leopoldville, im März 1961

Gerädert, staubverkrustet kamen wir nach endloser Autofahrt im Kongo-Hafen Matadi an. Zwischen der Nationalarmee und einem sudanesischen Kontingent der Vereinten Nationen war es zum offenen Gefecht gekommen. Die Sudanesen waren erst aus dem belgischen Marinestützpunkt Banana am Atlantik vertrieben worden. Nach kurzer Gegenwehr hatten sich die braunen Soldaten aus Khartum, die sich in ihrer Unterkunft von Matadi verschanzten, durch die Kongolesen entwaffnen lassen. Die Verluste auf beiden Seiten waren gering, aber die Prestige-Einbuße für die Weltorganisation war gewaltig. In Leopoldville waren Lumumba-Anhänger wie Lumumba-Gegner bei der Nachricht von der sudanesischen Kapitulation in hellen Jubel ausgebrochen.

Auch unsere Sympathien waren seltsamerweise nicht mehr auf seiten der Blauhelme. Die Hochnäsigkeit und die Inkompetenz der Organisation von Manhattan waren in Zentralafrika nach einem Jahr des Manövrierens, Intrigierens und Versagens offenkundig geworden. Hammarskjölds Repräsentant Rayshwar Dayal wurde zum bestgehaßten Mann. Die Lumumba-Anhänger warfen der UNO vor, die Ermordung ihres Idols geduldet, ja aktiv betrieben zu haben. Die Lumumba-Gegner in der Umgebung Kasavubus und Mobutus empörten sich zu Recht über die Arroganz des Brahmanen Dayal, der die afrikanischen Politiker ähnlich wie die Parias seiner Heimat zu verachten schien oder sie einfach ignorierte. Dayal wurde unterstellt, daß er die Machtergreifung des Lumumbisten Antoine Gizenga begünstigte, der sich in Stanleyville, gestützt auf die Streitmacht des General Lundula, behauptete und dessen Horden vorübergehend die Hauptstadt von Kasai, Luluabourg, im Handstreich besetzten, ehe sie sich wieder in der Savanne auflösten.

Seit Januar war in Washington Präsident Eisenhower durch John F. Kennedy abgelöst worden. In der US-Embassy von Leopoldville bekam Botschafter Timberlake die ersten Signale einer neuen Dritte-Welt-Diplomatie und die hektische Betriebsamkeit des umbesetzten State Department zu spüren. Kongolesen und Belgier rissen ihre Witze über das stümperhafte Auftreten eines der frischernannten Wundermänner der Kennedy-Ära, des Assistant Secretary für Afrikanische Angelegenheiten, Mennen Williams, »soapy Williams« genannt, der sich bei den Schwarzen mit dem nicht gerade einfallsreichen Spruch »Afrika gehört den Afrikanern« einschmeicheln wollte. Zu »the best and the brightest« der Kennedy-Administration, die der damalige Kongo-Korrespondent David Halberstam später beschreiben sollte, zählte »soapy Williams« gewiß nicht.

Auch die Beurteilung Dag Hammarskjölds war neuerdings umstritten. Dieser stille, einsame, frauenlose Mann an der Spitze der Weltorganisation entpuppte sich nach und nach als macht- und sendungsbesessener Sonderling. Seit die Russen seine Ersetzung durch eine »Troika« gefordert hatten, war er offenbar nur noch damit beschäftigt, sich der Stimmenmehrheit der afroasiatischen Staatengruppe zu vergewissern. Im indischen Premierminister Jawaharlal Nehru, dem imperiale Träume durchaus nicht fremd waren, hatte er einen Verbündeten gefunden, der sich im Februar 1961 bereit erklärte, die Armee der Blauhelme am Kongo um die beachtliche Zahl von 4700 eigenen Soldaten zu verstärken. Die Afrikaner, die die Inder als gerissene Händler, erbarmungslose Wucherer und Ausbeuter kennengelernt hatten, sahen dieser militärischen Verstärkung aus dem Subkontinent mit bösen Ahnungen entgegen. Da waren ihnen sogar die europäischen Kolonialisten lieber gewesen.

In Matadi hatte sich die »Armée Nationale Congolaise« dafür gerächt, daß Dayal ihre Entwaffnung verlangt hatte. Unser erster Gesprächspartner und Informant in der Hafenstadt war ein Afrika-erfahrener Schweizer Hotelmanager namens Teufel. Wir waren seine einzigen Gäste, und die Geschichte war schnell erzählt. Die ergrimmten Kongolesen waren gewiß in erdrückender Überzahl gewesen. Aber bisher war man es gewohnt, daß das bloße Auftauchen eines fünfzig Mann starken belgischen Para-Commandos die Meuterer der Force Publique zu Paaren trieb. Die Niederlage einer ganzen Kompanie Sudanesen unter der blauen Flagge der UNO wirkte jetzt wie ein Signal. Am späten Nachmittag fuhren wir zur Kaserne der ANC, wo die Sudanesen hinter Stacheldraht auf eine amerikanische Vermittlung und auf ihre baldige Freilassung warteten. Die kongolesischen Wachposten luden bei unserem Nahen die Gewehre durch. Schon von ferne schrieen wir ihnen zu, daß wir mit den Vereinten Nationen nichts zu tun hätten und Journalisten seien. Als es uns gelang, den zusammengeeilten hochnervösen Soldaten einem nach dem anderen die Hand zu drücken – nach dem Motto: »Die Rechte, die du schüttelst, kann nicht auf dich schießen« –, stellte sich Vertrauen und, wie so häufig in Afrika, schallendes Lachen ein. Die Kongolesen erzählten uns mit lebhafter Gestik ihre Heldentaten. Im Hintergrund entdeckten wir die ängstlichen Gesichter einiger sudanesischer Gefangener, die auch hinter Gittern ihren blauen UN-Helm auf dem Kopf behielten. Offenbar waren sie nicht mißhandelt worden, was angesichts der sonst üblichen Umgangsformen der Kongo-Soldateska, die der Inder Dayal als »bestialisch« bezeichnet hatte, durchaus erwähnenswert war.

Auch in Leopoldville, wohin wir am folgenden Tag zurückkehrten, waren die Puppen am Tanzen. Es gingen die wildesten Gerüchte um. Am Flugplatz Ndjili, so hieß es in der Europäerstadt, sei ein Gefecht zwischen UN-Soldaten und Armée Nationale Congolaise im Gange. Wir fuhren gleich zum Flugplatz über die schnurgerade Asphaltstraße, die die endlose Savanne in zwei streng symmetrische Hälften zu schneiden schien.

In Ndjili war alles ruhig. Die tunesischen Wachposten waren etwas nervös. In der Bar des Flughafenrestaurants saßen zwei Kongo-Soldaten mit aufgeknöpfter Uniformjacke, diskutierten und schäkerten mit zwei schwarzen Mädchen, als hätte nicht vor zwei Tagen ihr oberster Kriegsherr Kasavubu vom UN-Beauftragten Dayal die sofortige Räumung des Flugplatzes und seine Besetzung durch die ANC gefordert. Auf der Heimfahrt nahmen wir einen schwarzen Techniker aus Ndjili mit. Der Mann hielt uns für Belgier und machte seinem Herzen Luft. Er verabscheute die Soldaten und Beamten der Vereinten Nationen, so wie er noch vor einem Jahr die Belgier gehaßt haben mußte. »Diese Tunesier erzählen nur Lügen. Sie behaupten, sie würden von unseren Soldaten überfallen, dabei will die UNO die Kongo-Armee entwaffnen«, sagte er in seinem stockenden Französisch. »Die UNO will aus dem Kongo ihre Kolonie machen, und Monsieur Dayal steckt mit den Kommunisten unter einer Decke.«

Auch für ihn war der indische Bevollmächtigte Dag Hammarskjölds am Kongo zum Inbegriff allen Übels geworden. Die Schwarzen hatten einen neuen Sündenbock gefunden, auf den sie die Verantwortlichkeit für das Chaos und die eigene Hilflosigkeit abwälzen konnten, die Vereinten Nationen.

Die Kongolesen, ob sie nun Minister oder einfache Soldaten sind, lehnen sich dagegen auf, von den Beamten der Vereinten Nationen bevormundet zu werden. Das Tauziehen zwischen Kasavubu und Dayal überdeckt einen profunden politischen Gegensatz. In den Augen des Inders ist Kasavubu nun einmal kein echter Nationalist. Die farbige Staatengruppe von Bandung sympathisierte mit Lumumba und fühlt sich heute mit der Gizenga-Gruppe in Stanleyville solidarisch. Unter diesen Voraussetzungen ist es für Dayal unmöglich, zwischen den Kongo-Parteien als neutraler Schiedsrichter aufzutreten. Die Beteuerungen, das UN-Kommando am Boulevard Albert befleißige sich strikter Unparteilichkeit, werden von den Journalisten nicht mehr für bare Münze genommen.

Die Beziehungen zwischen den Vereinten Nationen am Kongo und dem Regime Kasavubus sind zum Zerreißen gespannt. Daran ist vor allem die jüngste Resolution des Weltsicherheitsrats schuld, die den Blauhelmen zum ersten Mal die Schießerlaubnis erteilt, um die Bürgerkriegsparteien am Kongo zu trennen und die auch die Reorganisierung der Kongolesischen Nationalarmee vorsieht. Mit Reorganisierung ist Entwaffnung gemeint, sagen die Offiziere der ANC. Trotz aller Dementis der UNO herrscht bei den meisten Beobachtern die Überzeugung, daß das Kommando am Boulevard Albert nur auf eine Gelegenheit lauert, um gegen die Kongo-Truppe vorzugehen.

Kriegspsychose herrscht in Leopoldville zwischen den Blauhelmen der UNO und den grünen Helmen der Nationalarmee. Es wäre ungerecht, lediglich die Kongolesen dafür verantwortlich zu machen. In ihrer Angst vor der Entwaffnung, die für die Männer der ANC ja auch Arbeitslosigkeit und Demütigung bedeuten würde, haben die Kongo-Armisten einen präventiven Kleinkrieg gegen die Weltorganisation begonnen. Jedesmal wenn ein Konvoi von Tunesiern oder Sudanesen sich einer Kaserne der ANC nähert, kommt es zu Zwischenfällen. Manchmal glaubt man sich in die Krise des vergangenen Jahres zurückversetzt. Die Journalisten aus Leopoldville lernen einen Satz aus der Lingala-Sprache auswendig, der besagt: »Ich bin kein Angestellter der Vereinten Nationen.« Denn das ist das Irrsinnige an dieser neuen Situation: Die anderen Weißen – Belgier, Journalisten und Diplomaten – werden von den Kongolesen mit ausgesprochener Freundlichkeit behandelt. Die UNO hingegen ist zum designierten Feind geworden.

Den Beamten und Soldaten der Weltorganisation geht diese Situation furchtbar auf die Nerven. Es wäre klüger gewesen, wenn Dag Hammarskjöld seinen Freund Dayal rechtzeitig abberufen hätte. »Aber«, so bestätigen die westlichen Botschaften, »Hammarskjöld ist seit den sowjetischen Anpöbeleien mehr denn je auf die indische Unterstützung angewiesen.« Auf die paar Zwischenfälle mit den Fallschirmjägern General Mobutus hat Dayal mit Säbelrasseln geantwortet. Tag und Nacht fahren tunesische Patrouillen in Kompaniestärke durch die Straßen der Hauptstadt. Die Soldaten Burgibas werden hier nicht mehr ganz ernst genommen, seit die Kongo-Armee, die die eigene Entwaffnung befürchtete, den Spieß herumdrehte und zweiundzwanzig Tunesiern die Gewehre abnahm.

Ganz anders wirken die UN-Soldaten aus Indonesien. Diese kleinen Männer aus der malaiischen Inselwelt schleichen in kleinen, schwerbewaffneten Gruppen wie Leoparden über die Boulevards von Leo. Sie tragen gesprenkelte Tarnjacken und gehen auf dicken Gummisohlen. Sie unterhalten sich halblaut. Sie geben sich überaus korrekt und diszipliniert wie übrigens auch ihre Rassebrüder aus Malaya, die durch den Drill der britischen Armee gegangen sind. Indonesier und Malaien lassen sich mit den Schwarzen auf kein Palaver ein. Die Offiziere aus Djakarta sprechen oft noch niederländisch, und das Staunen ist groß bei den braven Kongolesen, daß ausgerechnet diese mandeläugigen, braunen Militärs von den fernen Sunda-Inseln sich wie die rosahäutigen Flamen auszudrücken verstehen.

Ihre Republik sei militärisch besetzt, klagen die Kongolesen. Das Schlagwort vom Neokolonialismus der UNO, die »Kol-UN-isierung«, wie man hier witzelt, wird durch eine Entfaltung von ausländischen Truppen bekräftigt, die eines französischen Militäreinsatzes in der Kasbah von Algier würdig wäre. Das eigenartige Bild der Malaien am großen afrikanischen Strom beschwört Erinnerungen an den Indochina-Krieg. Ab Einbruch der Dunkelheit verlassen die UN-Beamten ihre Wohnungen nicht mehr. Sie haben dort für vier Tage Lebensmittel stapeln müssen.

Während die waffenstarrende Garde Botschafter Dayals im Stadtzentrum ihre Runden fährt, hat sich eine Gruppe von Belgiern – Männer in weißen Shorts, Frauen und blonde Kinder – am Rande des Boulevard Albert eingefunden und spielt dort in aller Ruhe und Gelassenheit Federball. Voraussichtlich wird diese Euphorie zwischen Belgiern und Schwarzen nicht lange dauern, aber zum ersten Mal wieder empfinden die alten Kolonialherren ein leises Gefühl des Triumphes.

Endlich ist – wie es im Kommuniqué heißt – Rayeshwar Dayal zur Konsultation nach New York gerufen worden, und jeder weiß, daß der Inder nicht an den Kongo zurückkehren wird. Unter amerikanischem Druck ist Hammarskjöld zu diesem Zugeständnis an das Würdebedürfnis der Kongolesen bewegt worden. In der Zwischenzeit – bis zum Eintreffen des neuen UN-Bevollmächtigten, des Schweden Linner – agiert der dunkelhäutige Sudanese Mekki Abbas als Stellvertreter. Der Moslem Mekki Abbas, obwohl oder vielleicht weil er Nubier ist und einem traditionsreichen Land von Sklavenjägern entstammt, versteht sich prächtig mit der eingeborenen Führungsschicht von Leopoldville. Er hat eine joviale, väterliche Art, mit den Kongolesen umzugehen.

Die Stoßrichtung der Afrikadiplomatie Kennedys wird immer deutlicher. UN-Botschafter Adlai Stevenson hat im Februar 1961 das Ende der portugiesischen Kolonialherrschaft in Afrika gefordert. Nun aktiviert er eine Politik, die auf die radikale Ausschaltung des prowestlichen Katanga-Separatisten Tschombe und die vorläufige Schonung der prosowjetischen Dissidenten in Stanleyville hinausläuft. Das Weiße Haus nimmt mehr und mehr Rücksicht auf die Dritte Welt, die »Non-aligned Nations«, auf die sogenannten »Blockfreien«. Die simplen Kriterien eines John Foster Dulles, der in jeder Neigung zum Neutralismus nur Unmoral und Feigheit witterte, gehören auch in Afrika der Vergangenheit an.

IM SPANNUNGSFELD DER SUPERMÄCHTE

Leopoldville, April bis August 1961

Die Kongo-Krise löst sich nicht aus dem Schatten Lumumbas. In Stanleyville halten sich die Anhänger des ermordeten Premierministers. In Katanga behauptet sich Tschombe, den die empörte Dritte Welt zum Hauptschuldigen an der Liquidierung Lumumbas gestempelt hat, gegen den Willen der Amerikaner und Russen. Schon Anfang April hat Nikita Chruschtschow dem Weißen Haus zu verstehen gegeben, daß eine Koalition zwischen den prowestlichen und proöstlichen Bürgerkriegsfraktionen am Kongo auch den Weg zu einem vergleichbaren Kompromiß im ostasiatischen Königreich Laos freimachen könne, wo Neutralisten, proamerikanische Feudalherren und provietnamesische Kommunisten sich verworrene Gefechte liefern.

John F. Kennedy hat die Unteilbarkeit der Kongo-Republik zur Leitlinie seiner Afrika-Diplomatie erhoben. Er sucht mit allen Mitteln, das Entstehen eines marxistischen Separatstaates in der Ostprovinz zu verhindern und betreibt gleichzeitig den Sturz des prowestlichen Separatisten Tschombe, den er als Sündenbock auf dem Altar seiner politischen Freundschaften mit den blockfreien Afro-Asiaten zu opfern bereit ist. (In ähnlicher Absicht, aber noch rücksichtsloser wird er sich in Saigon des katholischen Diktators Ngo Dinh Diem entledigen.)

In Stanleyville habe ich in diesen Aprilwochen 1961 nur eine Zwischenlandung auf dem Flug nach Nairobi gemacht. Wir waren alle heilfroh, als die klapprige Maschine von Air Congo wieder starten durfte. Eine verwilderte Soldateska hatte auch die Transitpassagiere gefilzt. Die Militärs waren schon am frühen Nachmittag betrunken und bedrohten uns. Unsere erzwungene Höflichkeit kam einer Demütigung gleich. Auf dem Weiterflug nach Kenia gab mein Nachbar, ein englischer Pflanzer, einen Witz zum besten, der die Stimmung seiner Kaste wiedergab: »How do you call a nigger with a submachine-gun?« Antwort: »Sir!«

In Stanleyville tobte seit Wochen eine afrikanische Walpurgisnacht. Die Situation dort war furchterregend und burlesk in einem. Da wurden Missionare ermordet, Nonnen vergewaltigt, weiße UN-Beamte verprügelt, eingeborene Zivilisten massakriert. Gleichzeitig veranstaltete das Regime Gizenga – von den eigenen Soldaten eingeschüchtert, ja terrorisiert – ausschweifende Festlichkeiten. Die neuernannten Minister dieser marxistischen Gegenregierung stellten ihre Eitelkeit auf beflaggten Tribünen in Begleitung örtlicher Animier- und Freudenmädchen aus den einschlägigen Bars zur Schau. Die schwarzen Honoratioren nahmen die Parade einer Truppe ab, die sie möglicherweise wenige Stunden später in die Folterzellen ihrer Kasernen verschleppen würde.

Die Ostblock-Journalisten und -Diplomaten, die sich in diese Kulisse des Irrwitzes verirrt hatten und dort als Staffage dienten, mußten ständig fürchten, für Flamen oder belgische Saboteure gehalten zu werden. Mein Freund Jean-Louis, der von einer Blitzreportage aus »Stan« zurückgekehrt war, schilderte lachend, wie er den Beauftragten der DDR, der eine unendlich strapaziöse Reise durch den Süd-Sudan hinter sich gebracht hatte, um auf diesem Vorposten der Weltrevolution proletarischen Internationalismus zu bekunden, mit knapper Not einer Meute mordlustiger Kongo-Gendarmen entrissen hatte. Sie glaubten, in dem blonden Ostdeutschen einen belgischen »Para« entlarvt zu haben.

Noch unheimlicher ging es in der Kivu-Provinz zu, im Grenzland der großen afrikanischen Seen. In diesem landschaftlichen Paradies waren die Mächte der Steinzeit entfesselt. In Bukavu führte sich der frühere Informationsminister Lumumbas, Anicet Kashamura, wie ein schwarzer »König Ubu« auf. Aus dem »Hotel Riviera« von Bukavu, wo dieser Provinzchef residierte, wurden solche Ausschreitungen und Orgien nach Stanleyville gemeldet, daß selbst dem dortigen Innenminister Gbenye die Geduld riß. Ehe Kashamura unter Hausarrest gestellt wurde, war es zu einem abenteuerlichen Räuber-und-Gendarm-Spiel zwischen widerstreitenden Armeefraktionen gekommen. (In den späten sechziger Jahren begegnete ich diesem exzentrischen Mann bei Dreharbeiten im Pariser Bordellviertel an der Rue Saint-Denis zufällig wieder. Mit dem Personengedächtnis, das Afrikaner auszeichnet, erkannte mich Kashamura sofort. Er war nur noch der Schatten seiner selbst, trank gierig den Cognac, den ich ihm offerierte und war fast zum »Clochard« heruntergekommen.)

Die beste Story gab Frank Carlucci in vertraulicher Journalistenrunde von Leopoldville zum besten. (Diese Anekdote ist, wie ich durch die »Congo Cables« von Madeleine Kalb erfuhr, in einem offiziellen Bericht an das State Department aktenkundig geworden.) Carlucci, der Zweite Sekretär der US-Botschaft, war ein mutiger Mann und reiste mehrfach in die Höhle des Löwen von Stanleyville. Antoine Gizenga pflegte mit Bedacht diese letzte Verbindung zur westlichen Führungsmacht, aber für Carlucci bot das Wohlwollen des Regierungschefs von Stan einen sehr prekären Schutz. Der amerikanische Diplomat führte in jenen Tagen vertrauliche Gespräche mit dem Justizminister der Ostprovinz in dessen Hotelzimmer. Während der Diskussion über die Gewährung einer amerikanischen Finanzsubvention an diesen marxistischen Separatstaat betrat die Freundin des Ministers, eine hübsche Kongolesin, den Raum. Das Amtsgespräch schien diese charmante Person über alle Maßen zu langweilen. Sie verschwand hinter einem Paravent, kehrte splitternackt zu den Verhandlungspartnern zurück und räkelte sich ungezwungen auf dem Bett des Ministers. Plötzlich wurde die Zimmertür durch mächtige Schläge erschüttert. Auf der Schwelle stand der rasende Ehemann dieser unkomplizierten jungen Frau und forderte Genugtuung. Es kam zu einem Handgemenge. Der Justizminister schrie um Hilfe. Drei Polizisten eilten herbei, fesselten den betrogenen Ehemann wie einen Verbrecher und führten ihn ab.

Die Amerikaner wollten alle Kongolesen an einen Tisch bringen. John F. Kennedy hatte es nach dem katastrophalen Scheitern der Schweinebucht-Operation gegen Kuba bitter nötig, positive Ergebnisse seiner Dritte-Welt-Diplomatie vorzuweisen. Ihm kam zugute, daß die Russen in Stanleyville durch gezielte Einmischungen der Volksrepublik China in zunehmendem Maße beunruhigt wurden. Peking war damals auf eine totale Konfrontation in Afrika aus und überschlug sich in antiimperialistischen Tiraden. Der neue US-Botschafter, der die Pläne Kennedys hemdsärmlig, mit den Allüren eines Prokonsuls in die Wege leiten sollte, hieß McMurtrie Godley. Er stützte sich dabei auf Dayals Nachfolger Sture Linner, der – den Belgiern zufolge – heimlich amerikanische und skandinavische Finanz- und Grubeninteressen förderte. Er war damit der rechte Mann, um aufs engste mit Ambassador Godley zusammenzuarbeiten und gleichzeitig die Beseitigung Tschombes zu betreiben, dessen Macht sich auf die sehr eigenwillige Geschäftspolitik des belgischen Grubenkonzerns »Union Minière du Haut-Katanga« stützte.

Den Belgiern in Elisabethville war es zur selben Zeit gelungen, eine Befehlsübernahme der Katanga-Gendarmerie durch den französischen Oberst Trinquier zu vereiteln. Roger Trinquier war für mich ein alter Bekannter. Er war als Capitaine im Commando-Ponchardier mein unmittelbarer Vorgesetzter während meiner Dienstzeit in Indochina gewesen. Später war er an der Spitze seines Fallschirmregiments an der Ausmerzung der revolutionären Bombenleger-Organisation in der Kasbah von Algier maßgeblich beteiligt gewesen, hatte sich gegen die liberale Nordafrika-Politik de Gaulles aufgelehnt und war aus der Armee entlassen worden. Nach Katanga war er dennoch im Auftrag Jacques Foccards, der für die französischen Geheimdienstaktivitäten in Afrika zuständig war, geeilt. Die belgische Konkurrenz hatte Tschombe so nachhaltig unter Druck gesetzt, daß Trinquier unverrichteterdinge nach Paris zurückkehren mußte. Er ließ lediglich ein paar seiner engsten Mitarbeiter, darunter den Colonel Faulques und den Major de La Bourdonnais zurück, die für mich keine Unbekannten waren und die im Umkreis von Elisabethville eine kleine, aber sehr schlagkräftige Commando-Einheit zusammenstellten. Diese französischen Indochina- und Algerien-Veteranen, durchweg Berufssoldaten, unterschieden sich vorteilhaft von jenem internationalen weißen Streugut – Reisläufer aus Rhodesien, Südafrika, Belgien, ein paar kamen sogar aus Deutschland –, das in der Kupferprovinz hohen Sold kassieren und ein abenteuerliches Leben führen wollte. Im belgischen Volksmund hießen sie »Les affreux – die Abscheulichen«.

Es war Ende April 1961 – die Welt stand noch unter dem Eindruck des Debakels des mißlungenen CIA-Unternehmens gegen Fidel Castro an der Schweinebucht –, da wurde in der Hauptstadt der kongolesischen Äquatorialprovinz Coquilhatville, dem heutigen Mbandaka, eine neue Harlekinade inszeniert. Ein paar Wochen zuvor hatte Moise Tschombe in einer Sonderkonferenz mit Präsident Kasavubu und Premierminister Ileo in der madegassischen Hauptstadt Tananarive das große Wort geführt und sein Konzept von einem lockeren kongolesischen Staatenbund durchgesetzt, das ihm in Katanga praktisch freie Hand gelassen hätte. In Coquilhatville fand jetzt eine Anschlußtagung statt, doch inzwischen hatten Amerikaner und UN-Funktionäre das Steuer herumgerissen. Sie gaben den Kongo-Politikern klar zu verstehen, daß sie eine Auflösung der Zentralrepublik in eine Vielfalt autonomer Bundesstaaten nicht dulden würden. Tschombe hatte seine Karten überreizt.

Coquilhatville liegt inmitten jener dampfenden Dschungelpfanne am großen Fluß, die von Graham Greene zum Schauplatz seines »Ausgebrannten Falles« gewählt wurde. Die Tagung stand unter einem schlechten Stern. Die hundertachtzig Delegierten – Gizenga war wohlweislich ferngeblieben – hatten alle Mühe, eine Unterkunft zu finden. Seine »Majestät« Albert Kalondji, der finstere Staatschef des Diamantenstaates Süd-Kasai, »Mulopwe« genannt, kurvte drei Stunden durch die Stadt, ehe er eine Schlafstätte requirieren konnte. Der Zentralregierung Ileo war der Rücken gesteift worden. Sie blockierte jetzt jeden Fortschritt der Debatte. Das Palaver dreht sich im Kreise. Am dritten Tage veranstaltete Tschombe eine Pressekonferenz und erklärte selbstherrlich: »Wir sind nicht zusammengekommen, um unsere Zeit wie unmündige Kinder zu vertratschen. Kasavubu hat sich als unfähig erwiesen, eine vernünftige Debatte zu leiten.« Er sei es leid, mit Leuten zu verhandeln, die nichts anderes im Sinne hätten, als dicke Autos zu fahren und fünfzehn Mätressen zu halten, während das Land zugrunde ging. »Ich bin der einzige, der seit der Unabhängigkeit konstruktive Arbeit geleistet hat. In einer Stunde reise ich ab!«

Darauf fuhr er zum Flugplatz, gefolgt von einem Lastwagen, auf dem – zwischen unzähligen Koffern, belgischen Paradesäbeln und einem Kürassierhelm mit Roßschweif – eine kleine Ziege meckerte, ein Gastgeschenk örtlicher Bewunderer, bei denen sich Tschombe durch großzügige Verteilung von Zigaretten der Marke »Belga« beliebt gemacht hatte. Am Flugplatz stand dem Katanga-Chef eine böse Überraschung bevor. Eine Rotte Soldaten der Nationalarmee nahm ihn dort mit wütenden Mienen in Empfang. Tschombe wurde unter Waffenandrohung gehindert, sein viermotoriges Flugzeug mit den Kupferkreuzen zu besteigen. Außenminister Bomboko forderte ihn gebieterisch auf, in den Konferenzsaal zurückzukehren. Aber der Separatist von Katanga stellte sich stur. Er weigerte sich, das Flugplatzgelände zu verlassen. »Man hat mich gedemütigt und brutalisiert«, sagte er, »das werde ich nie verzeihen.« Sogar das ewige Lächeln war ihm vergangen. Sechzig Stunden harrte er auf einem Stuhl aus, ohne zu essen und zu trinken. Äthiopische UN-Truppen sahen den Vorgängen verständnis- und tatenlos zu.

Am vierten Morgen trafen zwei Maschinen mit Para-Commandos aus Leopoldville ein, die Elitetruppe Mobutus, die sich durch relative Verläßlichkeit auszeichnete. Kurz darauf kletterte auch Mobutu selbst, unbekümmert lachend, aus einem Sportflugzeug. Seine kurze Begegnung mit Tschombe war schneidend. »Wenn Sie mit mir sprechen wollen, kommen Sie nach Coquilhatville«, sagte der General von oben herab. »Ich verhandele nicht auf dem Marktplatz.« Er stieg in seinen Wagen und rollte davon. Erst am Nachmittag gab Tschombe auf. Unter bewaffneter Eskorte wurde er zunächst in die Stadt gebracht, dann nach Leopoldville transportiert, wo er noch einen Monat unter Hausarrest verbringen sollte.

Das große Tauziehen hatte eingesetzt. Tschombe war kein Verhandlungspartner mehr, sondern ein Angeklagter. Er habe in Nordost-Katanga bei der Bekämpfung des dortigen Baluba-Aufstandes Massaker angerichtet. Er habe sich der Falschmünzerei schuldig gemacht, indem er eine eigene Währung schuf, und er habe sich Eigenstaatlichkeit angemaßt. Hinter der Kulisse einer fadenscheinigen Nichteinmischung zog das UN-Kommando die Fäden. Die belgischen Ratgeber aus Katanga waren bereits verhaftet und umgehend nach Brüssel abgeschoben worden. Washington sah in der Bereinigung der Katanga-Sezession die unentbehrliche Voraussetzung für eine Gleichschaltung oder Integration des Gizenga-Regimes von Stanleyville. Daß die reiche Kupferprovinz, der es bislang mit belgischer Hilfe gelungen war, halbwegs normale Lebensbedingungen zu wahren, nun ihrerseits, wie die übrige Republik, in den Strudel der Anarchie hineingerissen wurde, kümmerte die Emissäre Dag Hammarskjölds offenbar wenig, obwohl es gerade in diesen Tagen zu schlimmen Ausschreitungen in Port Franqui gekommen war. Die offizielle Kongo-Armee veranstaltete dort eine mörderische Treibjagd auf ghanaische und schwedische Blauhelme.

Erst am 24. Juni habe ich Moise Tschombe in Leopoldville wiedergesehen. Er sollte am gleichen Tag freigelassen werden. Als wir uns morgens beim Whisky trafen, war er sich dessen noch nicht sicher. Man hatte dem Katanga-Präsidenten wohl gesagt, daß sein Flugzeug in Ndjili bereitstände, daß seine Abreise nach Elisabethville gegen Mittag stattfinden werde. Aber hinter der verschlossenen Tür tagte der Ministerrat der zentralen Kongo-Regierung weiter. Mit Überraschungen mußte immer noch gerechnet werden. Jedesmal, wenn die Türklinke sich bewegte, zuckte Tschombe zusammen, und in seine Augen trat ein ängstlicher Ausdruck.

Mir war ein glücklicher Zufall zugute gekommen. Vor der gelben Villa am Kongo-Strom, wo einst Lumumba regiert hatte, war ich Informationsminister Bolikango begegnet. Spontan fragte Bolikango, der vor einem Jahr Kandidat für den Posten des Staatspräsidenten gewesen und seinem Rivalen Kasavubu unterlegen war: »Wollen Sie Tschombe sehen?« Wenige Minuten später saß ich dem Gefangenen aus Katanga gegenüber, dessen Freilassung zwei Tage zuvor von der Presse angekündigt worden war, der jedoch noch wie ein Panther im Käfig wirkte.

Moise Tschombe trug an diesem Vormittag wieder das gewohnte strahlende Lächeln auf seinem sympathischen Boxergesicht zur Schau. Aber aus der Nähe merkte man doch, wieviel Unruhe dahinter steckte, wie gehetzt der Mann war. Vor der Presse hatte er sich bei General Mobutu, dessen Fallschirmjäger ihn in einem Vorort gefangengehalten hatten, für die gastliche Aufnahme in dem »schönen Haus« des Militärlagers Binza bedankt. Aber nun ließ er, da keine Zeugen anwesend waren, die Katze aus dem Sack. »Es waren schreckliche Tage«, sagte der Katanga-Präsident, »zwei Wochen lang haben die Parachutisten unentwegt die Gewehre auf mich und meinen Außenminister Kimba gerichtet. Wir durften uns nicht auf unseren Sitzen bewegen, sonst luden sie die Waffen durch und drückten uns die Bajonette auf die Brust. Selbst auf die Toilette begleiteten sie uns mit vorgehaltener Maschinenpistole. Wir haben damals mit dem Schlimmsten gerechnet. Ich hatte zwei Nervenzusammenbrüche.« Kimba, ein langer, eleganter Afrikaner mischte sich ein: »Ich hatte auch einen Nervenzusammenbruch«, beteuerte er.

Die Tür öffnete sich. General Mobutu kam herein. Er trug Kniehosen und eine braune Jacke ohne Rangabzeichen. Nur die Mütze mit dem roten Band kennzeichnete ihn als Oberbefehlshaber der Kongo-Armee. Mobutu und Tschombe seien Busenfreunde geworden, so hieß es offiziell seit einer gemeinsamen Pressekonferenz vor zwei Tagen. Tschombe hatte den dreißigjährigen General überschwenglich, beinahe würdelos gefeiert. Ohne mit einem Wort zu erwähnen, daß Mobutu an seiner Verhaftung in Coquilhatville maßgeblich beteiligt war, schilderte Tschombe ihn nun als den »großen und starken Mann am Kongo«, als den Mann, der sein ungeteiltes Vertrauen besaß. Das Manöver war deutlich. Mit Schmeichelei hatte Tschombe sich die Freilassung erschlichen. Mobutu wiederum, der die Annäherung zwischen der Zentralregierung von Leopoldville und dem Gizenga-Regime in Stanleyville mit bösen Ahnungen verfolgte, suchte in Tschombe einen neuen Verbündeten gegen die Lumumbisten.

Mobutu erblickte mich und lachte sein kurzes afrikanisches Lachen. »Da ist ja schon wieder ein Journalist«, sagte er. – »Sie waren doch selber Journalist«, gab ich zurück und fragte: »Wird Präsident Tschombe heute mittag nach Katanga zurückfliegen können?« Mobutu zuckte die Achseln: »Fragen Sie das Monsieur Tschombe selbst. Er ist ein freier Mann und kann reisen, wann er will.« Tschombe grinste verlegen und ungläubig. Er schaute verstohlen auf die Tür, hinter der der Ministerrat über sein Schicksal debattierte.

Ein hochgewachsener Offizier der Kongo-Armee trat ein. Er hatte den »Stick« unter den Arm geklemmt. »Oberst Ndjoko«, stellte Mobutu vor. »Colonel Ndjoko wird mich mit zehn seiner Offiziere nach Elisabethville begleiten«, sagte Moise Tschombe. »In Elisabethville wird der Oberst das Kommando über die Katanga-Armee übernehmen, die seit vorgestern dem Oberbefehl General Mobutus unterstellt ist.« Das war also der entscheidende Punkt in der Geheimverhandlung Mobutu–Tschombe gewesen. Die ominöse Gendarmerie von Katanga sollte aufhören, eine unabhängige Truppe zu sein. Sie wurde – auf dem Papier zumindest – Bestandteil der »Armée Nationale Congolaise«. Tschombe fügte hinzu, daß nach diesem militärischen Zusammenschluß das Schicksal der Armee von Stanleyville und auch des Lumumba-treuen General Lundula in der Ostprovinz besiegelt sei. Aber das hatte man in den vergangenen Monaten schon allzuoft gehört. Nun bestätigte Tschombe, daß der neue Militärpakt mit Mobutu im Grunde nichts anderes war als die Neuauflage einer Allianz, die kurz nach dem Tode Lumumbas von Premierminister Ileo und der Katanga-Regierung unterzeichnet wurde, bisher jedoch ein Fetzen Papier gewesen ist.

»Wir brauchen die ausländischen Ausbilder nicht, die uns die Vereinten Nationen aufdrängen wollen«, deklamierte Tschombe, »solange wir über so hervorragende Heerführer wie Oberst Ndjoko verfügen.« Dieses Mal sah ich ihn an, um mich zu überzeugen, daß er mir nicht zuzwinkerte. Das war dick aufgetragen. Ndjoko war Unterfeldwebel gewesen im Juli 1960, bevor ihn die Meuterei der »Force Publique« über Nacht zum Oberst beförderte. Er hatte im Frühjahr 1961 die Garnison von Luluabourg in Stärke von zweitausendfünfhundert Mann befehligt, als eine marodierende Gruppe von nur hundertfünfzig Gizenga-Soldaten unerwartet aus dem Urwald kam und in die Stadt einrückte. Trotz seiner Übermacht hatte Ndjoko in wilder Panik bei den UN-Soldaten aus Ghana Schutz gesucht. Während der Konferenz von Coquilhatville vor zwei Monaten war er für die öffentliche Sicherheit verantwortlich, und seine Soldaten hatten den ahnungslosen Katanga-Präsidenten festgenommen.

Draußen bereiteten sich neue Überraschungen vor. Auf der Avenue Lippens vor der Residenz waren Sprechchöre zu hören. Etwa fünfzig junge Leute schrieen dort: »Freiheit für Lovanium! Adoula an den Galgen!« Die Studenten der Universität Lovanium protestierten dagegen, daß ihre Alma mater ausgerechnet in den Examenstagen von Innenminister Cyrille Adoula und den Vereinten Nationen requiriert wurde, um die Kongo-Parlamentarier und ihre nationale Versöhnungssitzung zu beherbergen. Der geschmähte Adoula kam mit finsterer Miene aus dem Kabinettssaal. Als er uns sah, ging ein Grinsen über sein bärbeißiges Gesicht. »Wir werden diese kleinen Radaumacher schon zur Räson bringen«, knurrte er. Adoula hatte große

Chancen, Premierminister in einer Regierung der nationalen Union zu werden, falls der Ausgleich mit Stanleyville glücken sollte. Mobutu genoß hingegen die Studentendemonstration mit sichtlichem Behagen.

Ein unbekannter schwarzer Zivilist hatte sich zu uns gesetzt und schenkte sich unaufgefordert Whisky ein. Er war wohl Polizist. Mit rauher Stimme schilderte er, wie er von den Gizenga-Leuten in Stanleyville gefoltert worden sei. »Sie richteten ihre Gewehrmündungen auf mein Ohr, drückten ab, und ich wußte nie, ob das Gewehr geladen war. Dann haben sie mir Pfeffer in die Augen gestreut und mir den Mund voll Kies gestopft.« Die grausige Erzählung wollte kein Ende nehmen. Man sah Tschombe an, wie er beinahe physisch litt. »Am Ende«, so berichtete der Polizist, »sind sie mir auf den Bauch gesprungen und haben mich mit Gewehrkolben bearbeitet. Dazu sagten sie: ›Du Hund sollst jetzt dafür büßen, daß deine Freunde Patrice Lumumba in Katanga gefoltert und ermordet haben.‹«

Moise Tschombe war unter seiner schwarzen Gesichtsfarbe aschgrau geworden. Schließlich saßen wir hier in dem Haus am Strom, wo einst Lumumba die Welt in die Schranken fordern wollte. Gizenga hatte erst vor wenigen Tagen aus Stanleyville wissen lassen, daß er gleich bei der Parlamentseröffnung in Lovanium – falls es soweit käme – Patrice Lumumba zum Nationalhelden des Kongo proklamieren wolle.

Zwei Stunden später wurde Moise Tschombe in einer schwarzen Limousine zum Flugplatz Ndjili gefahren. Ohne protokollarischen Aufwand verschwand er eilig in der DC-4-Maschine.

Die Ungeduld der US-Botschaft mit der Lethargie der offiziellen Kongo-Regierung steigerte sich zur Verzweiflung. Kennedys Vertrauensmann Gullion drängte darauf, den amorphen Premierminister Ileo durch Innenminister Adoula abzulösen, einen früheren Gewerkschaftsführer, von dem er große Stücke hielt. Präsident Kasavubu war in den Kabeln der US-Vertretung als »vegetable«, als »Gemüse«, geschildert worden. Die Deputierten und Senatoren des Kongo waren Kummer gewohnt. Bevor sie einer neuen Parlamentssitzung zustimmten, wollten sie wissen, wie es um ihre Sicherheit bestellt wäre. Sie kamen mit den UN-Behörden nach endlosen Streitigkeiten überein, daß sie in der katholischen Universität Lovanium, etwa fünfundzwanzig Kilometer von Leopoldville entfernt, zusammentreten würden. Das Gelände wäre dem Zugriff der Kongo-Streitkräfte entzogen und durch UN-Kontingente geschützt. Den Abgeordneten wurde der Genuß von Alkohol – aus sehr einleuchtenden Gründen –, der Besitz von Geld – um die Bestechungsmöglichkeiten zu mindern – und der Besuch von Frauen während ihrer Lovanium-Isolation versagt. Letztere Bestimmung wirkte sich am Ende segensreich aus. So wie das Konklave der römischen Kardinäle im Mittelalter gelegentlich durch Entzug von Nahrung zur beschleunigten Wahl eines neuen Papstes angespornt wurde, so wirkte sich der erzwungene Verzicht auf jedes Sexualleben förderlich auf den nationalen Versöhnungswillen der kongolesischen Parlamentarier aus. »Ohne Frauen halten wir es hier nicht mehr aus«, entrüsteten sich die schwarzen Volksvertreter. Mit Erlösung wurde nach vielem Hin und Her die Bereitschaft Gizengas begrüßt, endlich persönlich an den letzten Beratungen teilzunehmen und seine Hochburg von Stanleyville zu verlassen. Wenn Tschombe – durch seine Erfahrung von Coquilhatville gewitzigt – sich weigerte, an der großen Versöhnungs-Show teilzunehmen, so war das eben seine Angelegenheit. Er lieferte damit seinen Gegnern – den Vereinten Nationen, Hammarskjöld und Linner gehörten dazu – ein plausibles Argument, nunmehr militärisch gegen den Katanga-Staat vorzugehen. Tschombe ließ aus Elisabethville wissen, daß er für die Komödie von Lovanium nur Verachtung empfinde und daß er General Mobutu als den einzigen fähigen Staatsmann von Leopoldville schätze.

Am 2. August 1961 war es endlich soweit. Kasavubu raffte sich auf, Joseph Ileo zu entlassen, den Vertrauensmann der Amerikaner Cyrille Adoula zum Regierungschef und Antoine Gizenga, im Zeichen der neugewonnenen Eintracht, zu dessen Stellvertreter zu berufen. Die erlösten Politiker von Lovanium ließen die Champagnerpfropfen knallen und beeilten sich – wie Internatszöglinge beim Ferienbeginn –, ihre asketische Zwangsresidenz zu verlassen.

DIE BLOCKFREIEN MISCHEN SICH EIN

Belgrad, Anfang September 1961

Ob Belgrad der rechte Tagungsort für die erste Gipfelkonferenz des überwiegend afro-asiatischen Verbunds der Blockfreien Nationen war? Beim abendlichen Gang zur Zitadelle gedachte ich mit meinem ARD-Kollegen Ulrich Schiller der osmanischen Herrschaft über den Balkan. Die Festung am Zusammenfluß von Donau und Save war jahrhundertelang – bis zur Eroberung durch den Prinzen Eugen – das stärkste Bollwerk türkischer Macht in Südosteuropa gewesen. Jetzt trafen hier in diesen warmen Sommertagen 1961 die Staatsführer der Dritten Welt zusammen. Die Vorposten fremder Kontinente hatten sich bedrohlich nahe an die Grenzen des Abendlandes herangeschoben. Sie entfalteten an den Toren Mitteleuropas ihre Ambitionen und ihre Eitelkeiten. Noch fehlte ihnen die Macht eines Soliman des Prächtigen.

Der Persönlichkeit Marschall Titos und seinem unabhängigen Kurs an der Spitze der jugoslawischen Föderation war es zu danken, daß Belgrad für diese ungewöhnliche Konferenz gewählt wurde. Der alte Partisanenführer stand auf dem Gipfel seines internationalen Ansehens, seit Nikita Chruschtschow den Versöhnungsgang zu diesem Abtrünnigen des Moskowiter-Reiches angetreten hatte und die Administration Kennedy sich um sein Wohlwollen bemühte. Die Repräsentanten von vierundzwanzig blockfreien Nationen boten ein denkwürdiges Schauspiel, wenn sie, oft in bizarrer Landestracht, die Stufen zum Rundbau der Konferenz hinaufschritten oder sich auf den vorderen Bänken des Amphitheaters im Bewußtsein ihrer Bedeutung für das universale Geschehen niederließen. Da kam Jawaharlal Nehru, leicht gebeugt, in studierter Abwesenheit, mit der roten Rose im Knopfloch. Gamal Abdel Nasser, athletisch und hochgewachsen, trug einen dunklen europäischen Anzug. Er war in jenen Tagen der unbestrittene »Rais« der Vereinigten Arabischen Republik, der Sieger von Suez, das Idol der arabischen Massen zwischen Persischem Golf und Atlantischem Ozean. Ahmed Sukarno winkte den applaudierenden Gaffern huldvoll zu. Er hatte seine tausend Inseln – so schien es – fest im Griff, stützte sich – nach Ausschaltung der Rebellen des »Darul-Islam« – auf ein wohldosiertes Gleichgewicht zwischen der Armee und der Kommunistischen Partei Indonesiens, die – nach der chinesischen – die stärkste Asiens war. Frau Bandaranaike von Ceylon, in einen bunten Sari gehüllt, der eine breite Speckfalte um die Hüfte freiließ, wurde als Symbol weiblicher Emanzipation der Farbigen gefeiert. Kwame Nkrumah von Ghana hob triumphierend seinen Häuptlingsstab. Er ließ sein wohlgeformtes afrikanisches Profil bewundern. In seinem Gesicht stand ein Lächeln »wie ein geöffnetes Klavier« – der Ausdruck stammt von Graham Greene. Der Negus von Äthiopien zählte zu den angesehensten Männern in dieser Runde. Er trippelte zwergenhaft in der Prozession der übrigen Schwarzafrikaner. Wer kannte schon alle Namen dieses Aufgebots? Der König von Nepal huschte im »Dhoti« die Stufen hinauf, dicht gefolgt von Kronprinz Mulay Hassan aus Marokko in einem etwas zu modisch taillierten Pariser Anzug. Den stärksten Applaus ernteten zu Recht die Delegierten der Algerischen Befreiungsfront mit Ferhat Abbas an der Spitze. Sie waren so ziemlich die einzigen, die ihre bevorstehende Unabhängigkeit der eigenen Kraft verdankten.

Nicht alle Staaten der Dritten Welt waren in Belgrad zugelassen. Die sogenannte Gruppe von Brazzaville, jene frankophonen Länder Afrikas, die sich mit der früheren französischen Kolonialmacht nicht überworfen hatten und einen Kurs der Mäßigung steuerten, waren durch ihre Gegner der Casablanca-Gruppe – Ghana, Guinea, Mali, Marokko, Vereinigte Arabische Republik – ausgeschlossen worden. Tunesiens Staatschef Burgiba hatte es nur der blutigen Schlacht um den Kriegshafen Bizerta zu verdanken, daß er nach Belgrad geladen wurde. Bezeichnend für die Anmaßung dieser neutralistischen Runde war die herablassende Behandlung des eben zur Unabhängigkeit gelangten Nigeria, des afrikanischen Kolosses, dessen demographisches und wirtschaftliches Gewicht alle übrigen Partner des schwarzen Kontinents weit überragte. Die Kongo-Krise stand natürlich nicht im

Vordergrund der Belgrader Konferenz. Die Welt hatte dringlichere Sorgen. Am 13. August hatte der Mauerbau Walter Ulbrichts rings um Westberlin begonnen. Die alte Reichshauptstadt stand wieder im Zentrum des großen Pokerspiels. Im Weltraum hatten die Russen die Vereinigten Staaten aus der Illusion geweckt, sie befänden sich an der Spitze der kosmonautischen Entwicklung. Präsident Kennedy – von den amerikanischen Liberalen als »Camelot« gefeiert, von den Westeuropäern fast kniefällig verehrt – hatte seine kubanische Schlappe an der Schweinebucht längst nicht verwunden und verrannte sich, ohne es recht zu merken, im vietnamesischen Labyrinth.

Die Kreml-Führung schätzte die Psychologie der Blockfreien offenbar realistischer ein als so mancher westliche Diplomat oder Kommentator. Sie wußte um die Ressentiments der Farbigen gegen den Westen. Chruschtschow spürte instinktiv, daß diese heterogene Versammlung von Belgrad durch Kraftmeierei mehr beeindruckt würde als durch Beschwichtigung, Anbiederei und gutes Zureden. Er ordnete eine Serie von nuklearen Megatonnentests in Nowaja Zemlia an, um seiner Drohung gegen Westberlin Nachdruck zu verschaffen. Er durchbrach damit ein atomares Versuchsmoratorium, das seit Oktober 1958 zwischen den Supermächten respektiert worden war.

Die Kennedy-Administration hatte gehofft, diese brüske russische Herausforderung werde unter den Blockfreien einen gemeinsamen Schrei der Entrüstung auslösen, aber das war eine verfehlte Spekulation. Die vierundzwanzig Teilnehmer von Belgrad formulierten nach langer Debatte eine wohlausgewogene, für Washington unerträgliche Resolution, die die Sowjetunion nicht einmal namentlich erwähnte, hingegen beide Supermächte zur Rüstungsbeschränkung und zu einer versöhnlichen Haltung in Berlin aufrief. Das amerikanische Werben um die Dritte Welt hatte sich nicht bezahlt gemacht. Kennedy quittierte die Belgrader Konferenz mit den Worten: »Die Neutralen waren fürchterlich.« Der US-Botschafter bei den Vereinten Nationen, Adlai Stevenson, maßgeblicher Sprecher der amerikanischen »Tauben«, sah der Generalversammlung der Weltorganisation am kommenden 19. September mit trüben Erwartungen entgegen. Dag Hammarskjöld mußte unter dem gemeinsamen Druck des Ostblocks und der Blockfreien um seine Position als Generalsekretär bangen. Was lag näher, als die Forcierung einer Kongo-Lösung? In Belgrad schlug die

Totenglocke für Katanga. Die Preisgabe Tschombes, notfalls seine gewaltsame Beseitigung, war beschlossene Sache.

Gegen Ende der Konferenz wurde der Kongo ein paar Stunden lang zum beherrschenden Thema. Für den neuberufenen Premierminister Cyrille Adoula war es ein beachtlicher Erfolg, in Belgrad zugelassen zu sein. Präsident Nkrumah hatte vergeblich gegen diesen Günstling des State Department opponiert. Aber selbst innerhalb der Casablanca-Gruppe, der Marokko nur aus taktischen Gründen und zur Stützung seiner Ansprüche auf die spanische Sahara sowie Mauretanien angehörte, hatten sich die Geister etwas beruhigt. Sekou Touré von Guinea hatte Adoula höchstpersönlich beglückwünscht, als es zum Kompromiß mit dem ostblockfreundlichen Gegenregime Gizengas gekommen war. Endlich, mit abgrundtiefem Argwohn, der jedem Kongo-Kenner durchaus berechtigt erschien, hatte Gizenga seine Fluchtburg von Stanleyville verlassen und war in aller Eile über Leopoldville nach Belgrad weitergereist. Seine Präsenz als Vizepremier an der Seite Adoulas gab letzterem die unentbehrliche Kaution in den Augen der Neutralisten.

Das Belgrader Treffen befand sich schon in der Schlußphase, als die kongolesische Delegation dort eintraf. Für die Dritte Welt blieb Patrice Lumumba der große Nationalheld des Kongo, der mythische afrikanische Märtyrer. Gizenga bezeichnete sich öffentlich als geistigen Erben Lumumbas und als Hüter seiner revolutionären Ideale. Daneben machte der biedere Adoula eine schwache Figur. Auch er leistete dem toten Lumumba seinen Tribut, huldigte dem antikolonialistischen Ritual, indem er die Befreiung Angolas vom portugiesischen Joch und die weltweite Anerkennung der algerischen Exilregierung forderte. Den Vereinten Nationen und deren Generalsekretär sprach er den Dank der Kongolesen aus. Die Vollmachten Dag Hammarskjölds dürften nicht durch irgendwelche Gewaltenteilung beeinträchtigt werden. Adoula erhielt höflichen Applaus.

Am Ende der Kongo-Sitzung bat Präsident Sukarno von Indonesien die Repräsentanten der neutralen Welt, sich zu erheben und zu Ehren Patrice Lumumbas eine Minute schweigend zu verharren. Unter den Männern, die von ihren Sitzen aufstanden, befand sich der kongolesische Außenminister Justin Bomboko, einer der Hauptverantwortlichen für den tragischen Tod des »wahren Sohnes Afrikas«.

DIE »ABSCHEULICHEN«

Dag Hammarskjöld stürzt ab

Dar-es-Salam, Anfang Dezember 1961

Die nahe Unabhängigkeitserklärung Tanganyikas am 9. Dezember löste in der Haupt- und Hafenstadt Dar-es-Salam weder hektische Betriebsamkeit noch Begeisterung aus. Die Hitze war erdrückend. Wie riesige Trauerflore jagten die Regenböen über die grün schillernde See. Die meisten Gäste und Beobachter waren im »Kaiserhof«, der alten, klotzigen Herberge aus der Zeit deutscher Kolonialherrlichkeit untergebracht, für die es noch keinen modernen Ersatz gab. Seit der britischen Mandatsübernahme hieß der Kaiserhof »New Africa-Hotel«. Die Journalisten schliefen zu dritt und zu viert unter ächzenden Ventilatoren.

An Sehenswürdigkeiten bot die Stadt nicht viel mehr als ein paar massive wilhelminische Verwaltungsbauten in der damals üblichen pseudomaurischen Architektur. Längs der palmenbestandenen Kaistraße waren schwerfällige Villen mit Ecken und Türmchen erhalten. Eine katholische Kirche im neoromanischen Stil des Rheintals wurde von »Weißen Vätern« betreut. Im Zentrum hingegen waren die Läden und Werkstätten der Inder und Pakistani allgegenwärtig. Um einen schreiend bunten Hindu-Tempel drängten sich braune Menschen in Sari und Dhoti. Diese Einwanderer aus dem asiatischen Subkontinent sahen der bevorstehenden afrikanischen Staatsgründung mit bangen Gefühlen entgegen. Sie wußten, daß sie bei den Afrikanern verhaßt waren, daß die vielpropagierte Solidarität aller Farbigen der Dritten Welt nur eine leere Floskel für internationale Konferenzteilnehmer hergab. Im Falle von Unruhen und Plünderungen würde die Wut der schwarzen Nationalisten sich vorrangig gegen die Asiaten richten und die Weißen weitgehend verschonen. Auf der benachbarten Insel Sansibar brodelte es unter der Decke. Die schwarzen Extremisten der Afro-Shirazi-Partei träumten bereits davon, die arabisch-omanische Herrschaftskaste zu massakrieren, die sich jahrhundertelang am Sklavenhandel längs der ganzen afrikanischen Ostküste bereichert hatte. Auf dem Sklavenmarkt von Sansibar war, so erinnerte man sich, vor hundert Jahren ein Schwarzer billiger gewesen als eine Ziege. (1964 sollte es dann zum unvermeidlichen schaurigen Gemetzel kommen.)

Der Westen setzte große Erwartungen in die Entwicklung des ehemals britischen Mandats- und Treuhandgebiets Tanganyika. An der Spitze dieses Commonwealth-Staates würde ein vernünftiger, tugendsamer Politiker aus dem Norden, der katholische Schulmeister Julius Nyerere stehen. Das weite Land zwischen Indischem Ozean und Tanganyika-See war zwar unter der britischen Verwaltung recht stiefmütterlich behandelt worden, als hätte die Londoner Regierung diese Besitzergreifung nach dem Versailler Vertrag stets nur als ein Provisorium betrachtet. Aber von den explosiven Spannungen, wie sie den benachbarten Kongo oder die beiden ehemals deutschen Protektorate Ruanda und Burundi heimsuchten, war in diesem Mosaik divergierender Stämme und Religionen wenig zu spüren.

Wir nahmen an der Hotelbar zur Kenntnis, daß in der Nacht der »Independence« die neue schwarz-grüne Flagge auf dem Kilimandscharo gehißt würde. Ein deutscher Reporter fragte einen frischgebackenen schwarzen Minister, welche Erinnerungen man in Dar-es-Salam an die wilhelminische Kolonialzeit bewahrt habe. Es entstand peinliches Schweigen, als der Afrikaner antwortete, sein Vater sei von den Deutschen gehängt worden. Das Gespräch wandte sich dem Maji-Maji-Aufstand des Jahres 1903 zu, dessen düsteres Kultritual bereits die Bräuche der Mau-Mau-Bewegung in den fünfziger Jahren vorwegnahm. Natürlich kam auch Lettow-Vorbeck zu Ehren, die Reiter von Deutsch-Ostafrika, die treuen, meist muslimischen Askari der Schutztruppe und ihr erfolgreicher Widerstand bis zum Ende des Ersten Weltkrieges.

Auf der Straße vor dem Hotel versammelten sich gelegentlich kleine Gruppen Eingeborener und brüllten »Uhuru«, das Suaheli-Wort für Unabhängigkeit. Suaheli war von Nyerere zur neuen authentischen

Nationalsprache deklariert worden; dabei handelte es sich in Wirklichkeit um eine Art arabisches Pidgin, spätes Zeugnis jahrhundertelanger Abhängigkeit und Ausbeutung.

Die Unabhängigkeitsfeier Tanganyikas stand unter einem ungünstigen Stern. Vor ein paar Tagen waren in Katanga neue Kämpfe zwischen der Gendarmerie Moise Tschombes und der Armee der Vereinten Nationen ausgebrochen. Vor dem einzigen Rundfunkgerät des »Kaiserhofs« und dem Telexapparat der Agentur Reuters, der in einem muffigen Presseraum aufgestellt war, drängten sich die Journalisten. Es hatte in Elisabethville mit den üblichen Zwischenfällen begonnen, wobei man nie genau wußte, wer wen provoziert hatte. Der indische General Raja, der auf Anweisung des neuen burmesischen Generalsekretärs der Weltorganisation, U Thant, das UN-Kommando in Katanga übernommen hatte, suchte längst nach einem Vorwand, um den Separatisten das Rückgrat zu brechen. Am 5. Dezember schickte er seine Gurkhas, Elitesoldaten aus dem Himalaya-Königreich Nepal, gegen die Straßensperren der Tschombe-Gendarmen vor. Der Vorwand der »Selbstverteidigung« wurde von der Kennedy-Administration begierig aufgegriffen. Es war ein abgekartetes Spiel. Die dreitausend Blauhelme wurden durch ein zusätzlich eingeflogenes Kontingent von tausendachthundert Mann – Iren, Schweden, Nigerianer – dank amerikanischer Transporthilfe verstärkt. Leichte Panzer und Luftabwehrgeschütze waren schon geliefert worden, und fünfzehn Düsenjäger – von Schweden, Äthiopiern und Indern geflogen – griffen Bodenziele in Elisabethville, Jadotville und Kolwezi an. Die Weltfriedensorganisation hatte sich resolut auf den Kriegspfad begeben.

Den ersten Katanga-Feldzug der Vereinten Nationen im September hatte ich aufgrund meiner Kriegsberichtserstattung in Algerien verpaßt. Dieses Mal wollte ich dabeisein. Die erste Maschine nach Ndola, der nordrhodesischen Grubenstadt nahe der Katanga-Grenze, würde am nächsten Morgen starten. Ich buchte den Flug mit einer Gruppe meist britischer Kollegen.

An Bord kam ausgelassene Stimmung auf. Das Flugzeug wurde von Böen geschüttelt, und meine angelsächsischen Begleiter ließen die Whiskyflaschen kreisen, obwohl es noch nicht Mittag war. Unter diesen Presseleuten von Fleet-Street, die durch ein Kontingent lang etablierter Afrika-Spezialisten mit Sitz in Nairobi oder Salisbury verstärkt waren, kam Jagdfieber auf. Das Katanga-Abenteuer, in das sie sich begierig stürzten, mochte für sie wie ein Schulausflug wirken. Diese selbstbewußten, oft skurrilen Männer hatten in der Mehrzahl den Zweiten Weltkrieg intensiv erlebt. Sie waren dabei gewesen, als die Schwarzhemden Mussolinis in Äthiopien kapitulierten, als die japanische Offensive sich in Burma totlief. Sie hatten in Nordafrika und Italien gekämpft. Rückblickend erschienen ihnen diese Leutnantserinnerungen wohl als die »besten Jahre ihres Lebens«. In Katanga glaubten sie vielleicht, ein Stück ihrer Jugend wieder einzuholen.

Während des Flugs hatten sie mir ausführlich den Ablauf des ersten Katanga-Feldzugs der Vereinten Nationen im letzten September geschildert und sich – ob so viel militärischer Stümperei – vor Lachen auf die Schenkel geschlagen. Ein Ruhmesblatt war die Aktion der Weltorganisation, die de Gaulle verächtlich »le machin – das Dingsda« nannte, gewiß nicht. Schon im August war der neuernannte UN-Beauftragte für Katanga, der Ire Conor O'Brien mit Waffengewalt gegen Moise Tschombe angegangen und hatte ihm die Entlassung aller weißen »Söldner« befohlen. Radio- und Postgebäude von Elisabethville wurden vorübergehend durch die Blauhelme besetzt. Tatsächlich wurden zahlreiche europäische Offiziere der Katanga-Gendarmerie, meist Belgier, verhaftet und abgeschoben. Doch der harte Kern der »Affreux« – der »Abscheulichen« – entzog sich dem Zugriff O'Briens. Ein Teil von ihnen schlug sich ohnehin im Nordosten Katangas mit bewaffneten Banden des Tschombe-feindlichen Baluba-Stammes herum und brannte deren Dörfer nieder. Die hochprofessionellen Para-Commandos aus Frankreich und Belgien – eine Hundertschaft insgesamt – waren rechtzeitig untergetaucht.

Die Zeit drängte für Dag Hammarskjöld. Auf der Generalversammlung der Weltorganisation am 19. September in New York wollte er den Amerikanern, aber vor allem auch den Russen, die seine Ablösung als Generalsekretär forderten, einen klaren Sieg in Elisabethville melden. O'Brien, ein irischer Intellektueller, der als hitziger Wirrkopf bekannt war, paradierte gern in den Panzerfahrzeugen seiner »Friedenstruppe«. Parallel zum Katanga-Feldzug verfolgte er offensichtlich das Ziel, die noch intakten Positionen Albions im benachbarten Rhodesien zu erschüttern. O'Brien zweifelte keine Sekunde am

Erfolg seiner weit überlegenen Truppe. Um der Sezession Tschombes endgültig den Garaus zu machen, holte der indische General Raja am 13. September zur Operation »Morthor« aus. Der Separatist Moise Tschombe, dessen unheimlicher Innenminister Munongo sowie drei weitere Kabinettsmitglieder von Elisabethville sollten festgenommen, die Katanga-Gendarmerie im blitzschnellen Zugriff entwaffnet werden. Nach New York hatte General Raja gemeldet, die ganze Angelegenheit sei in zwei Stunden ausgestanden. Nach Ausbruch der Kämpfe um die klassischen Ziele – Post und Rundfunkstation – kabelte O'Brien voreilig an Hammarskjöld: »Die Katanga-Sezession ist beendet. Dieses ist eine Kongo-Provinz und wird nunmehr von der Zentralregierung in Leopoldville verwaltet.«

Aber es kam ganz anders. Munongo flüchtete nach Rhodesien. Tschombe war unauffindbar. Die Dilettanten des UN-Kommandos hatten nicht einmal die Residenz des Katanga-Chefs umzingeln lassen. Das einzige Militärflugzeug, über das die Separatisten verfügten, ein französischer Fouga-Magister, das mehr zur Ausbildung als zum Kampfeinsatz taugte, stiftete unter den Blauhelmen Verwirrung. In der Grubenstadt Jadotville, achtzig Kilometer östlich von Elisabethville, wurde eine ganze irische Kompanie von den Katanga-Gendarmen unter Führung von drei französischen Offizieren gefangengenommen. Die schwarzen Truppen Tschombes und vor allem ihre weißen Chargen erwiesen sich als hartnäckige und listenreiche Gegner.

Die Kämpfe dauerten bereits fünf Tage, als Dag Hammarskjöld, der von New York nach Leopoldville geeilt war, sich entschloß, nach Ndola zu fliegen, um dort mit Moise Tschombe zusammenzutreffen und einen Waffenstillstand auszuhandeln, eine Entscheidung, die Conor O'Brien, der um eine Übertreibung nie verlegen war, in seiner Wut mit dem Gang Neville Chamberlains nach München auf dem Höhepunkt der Sudeten-Krise verglich. Neun Meilen vom Flugplatz Ndola entfernt zerschellte die Maschine Dag Hammarskjölds in der Nacht zum 18. September im afrikanischen Busch. Es gab keine Überlebenden, und das Rätselraten über die Ursachen dieses Absturzes ist bis auf den heutigen Tag nicht verstummt.

Meine britischen Kollegen hatten dezidierte Meinungen. Die damals in UN-Kreisen und von der New Yorker Presse verfochtene

These, das Flugzeug Hammarskjölds sei durch die ominöse Fouga-Magister abgeschossen worden, verwiesen sie in den Bereich der Lächerlichkeit. Für Nachtflüge war die Maschine überhaupt nicht geeignet. Hingegen deutete alles darauf hin, daß die total übermüdeten schwedischen Piloten, die aus Sicherheitsgründen von der normalen Flugroute nach Osten abgewichen waren und jeden Funkkontakt abgebrochen hatten, den Anflug auf Ndola falsch einschätzten und die Rollbahn verfehlten. Die Gerüchte, daß es im Flugzeug des Generalsekretärs, der sich offenbar in einem Zustand tiefer Depression befand, zu gewalttätigen Auseinandersetzungen gekommen sei – angeblich waren Kugeleinschläge im Innern der Maschine entdeckt worden –, wurden nie offiziell bestätigt.

Dag Hammarskjöld habe am Kongo eine unglückliche Hand gehabt, stellten die englischen Beobachter fest. Dieser nach außen so kühle Mann, dem ein Reporter aus Salisbury paranoische Züge, ja – wie sich an seinen späten Dichtungen ablesen lasse – welterlöserische Ambitionen unterstellte, habe sich durch tief eingefleischte Antipathien leiten lassen. Lumumba sei ihm ein Greuel gewesen. Ähnlich allergisch habe sein Vertrauensmann Dayal auf Mobutu reagiert, und beim Iren O'Brien steigerte sich die Abneigung gegen Tschombe schließlich zur Hysterie.

Nach dem Tode Hammarskjölds war zwischen dem tunesischen UN-Beauftragten Khiary und Moise Tschombe am 20. September ein Waffenstillstand ausgehandelt worden. Die Katanga-Regierung machte Versprechungen, betonte ihren guten konföderalen Willen gegenüber Leopoldville. In Wirklichkeit hatte Tschombe seine Position vorübergehend gerettet und richtete sich auf die nächste Runde ein. US-Botschafter Gullion wollte mit dem separatistischen Spuk Schluß machen. Er sorgte für eine Verstärkung der UN-Streitkräfte und brannte auf die nächstbeste Gelegenheit, um Ralph Bunche, der im Auftrag des neuen Generalsekretärs U Thant die Kongo-Politik der Weltorganisation von New York aus dirigierte, grünes Licht für den kommenden Waffengang zu geben. Es war ein Wunder, daß die Feuerpause überhaupt sechs Wochen gedauert hatte.

Fahrt nach Elisabethville

Ndola, Anfang Dezember 1961

In Ndola haben wir dickbäuchige, halb verrottete amerikanische Limousinen gemietet, um nach Elisabethville weiterzufahren. Neue Wagen wollten die Verleihfirmen für dieses waghalsige Unternehmen nicht zur Verfügung stellen. Die Sicherheitsprämien auch für unsere morschen Vehikel waren horrend hoch. Nach der Treibhaushitze des Indischen Ozeans fröstelten wir unter dem kühlen, bleigrauen Himmel der rhodesischen Savanne. Die Landschaft, die an uns vorüberglitt, war von betrüblicher Einförmigkeit: struppiger Busch, schmutzig-grün, von braunen Termitenhügeln überragt. Die Dörfer der Eingeborenen wirkten nicht einmal exotisch. Die schwarze Bevölkerung war europäisch gekleidet und winkte unserem Konvoi mit ausdruckslosen Gesichtern – ohne die übliche afrikanische Lebhaftigkeit – nach. Auf rhodesischer Seite wurde diese triste Hochebene gelegentlich durch die gewaltigen Gruben- und Schmelzanlagen des »Copper-Belt« unterbrochen. Das Städtchen Kitwe fiel uns durch den gepflegten Wohlstand seiner englischen Villenviertel und ein sehr stattliches Einkaufszentrum auf. Die Grenzkontrolle – von einem überkorrekten britischen Polizeioffizier und seinen schwarzen Hilfskräften durchgeführt – war kulant. Jenseits des Schlagbaums war die kongolesische Zoll- und Wachstation verlassen. Der Name Kipushi – so hieß die Übergangsstelle – prägte sich mir ein.

Mehr als ein paar Stunden waren wir nicht gefahren, und schon erreichten wir die Vororte von Elisabethville. In der Ferne hörte man sporadische Schießereien. Die Eingeborenensiedlungen auf beiden Seiten der Asphaltstrecke waren in den ersten Unruhetagen nach der Unabhängigkeit niedergebrannt worden. Sehr bald nahmen uns baumbestandene Alleen auf und ein großzügig angelegtes Straßenschachbrett, wo die schwarzen Passanten als Fremdlinge erschienen. Wir waren auf der Hut, hielten wie Sioux-Indianer Ausschau nach Straßensperren und Schützengräben. Drei Tage zuvor hatten die Gurkhas der UN-Armee die »Road-Blocks« der Katanga-Gendarmerie gestürmt, die den Zugang zum Flugplatz versperrten. Aber Blauhelmen begegneten wir nicht auf unserer Strecke, die von einem Ortskundigen sorgfältig studiert und so angelegt war, daß wir den Kontrollen der Weltorganisation ein Schnippchen schlugen. Schwarze Gendarmen in dunkelgrüner Kampfuniform, gut bewaffnet und relativ diszipliniert, ließen uns passieren. Sie hielten uns wohl für Söldner. Auf einem Rasen – ganz in der Nähe des »Hotel Leo II« – hatte ein schwarzer Sergeant einen Granatwerfer in Stellung bringen lassen. Er half mit kräftigen Fußtritten nach, um das Rohr in die gewünschte Richtung zu bringen. Zielen war ohnehin Glücksache. Ein eingeborener Gendarm ließ mit dem Ausdruck tiefer Befriedigung in kurzen Abständen seine Granate in die aufgerichtete Mörsermündung fallen. Die Geschosse schwirrten in Richtung Bahnhof und Bahnlinie ab, wo sie dumpf explodierten. »Dort befinden sich die vordersten schwedischen Stellungen«, kommentierte der Unteroffizier und freute sich.

Die UN-Armee ihrerseits zierte sich nicht. Die verschreckten belgischen Familien im Hotel Leo II erzählten von Artilleriebeschuß und Tieffliegerangriffen der Friedenstruppe. Sogar ein Krankenhaus war getroffen worden. Es hatte Verwundete und Tote unter der Zivilbevölkerung gegeben. An der Spitze einer kleinen Prozession hatte ein dicker Belgier ein totes schwarzes Kind in den Armen getragen und Flüche gegen die »Mörderorganisation von Manhattan« gebrüllt. Den französischen Fallschirmoffizieren, die aus der Armee ausgestoßen worden waren, nachdem sie sich in Algerien gegen de Gaulle aufgelehnt hatten, wurde in Katanga eine Art Bewährungsprobe geboten. Der geheimnisumwitterte Afrika-Beauftragte des Elysée-Palastes, Jacques Foccard, hatte vom General die Weisung erhalten, die durch die Verdrängung der Belgier in Katanga entstandene Lücke zu füllen und Frankreichs Interessen im frankophonen Teil des »Kupfergürtels« geltend zu machen.

Gleich nach unserer Ankunft in Elisabethville – ich war noch auf der Suche nach einer Unterkunft, denn das Hotel Leo II war mit Flüchtlingen überfüllt – stieß ich auf Major de La Bourdonnais. Ein Jahr zuvor hatte ich ihn im Gouvernement Général von Algier getroffen, wo er die Überwachung der arabischen Kasbah koordinierte. Ähnlich wie die britischen Presseveteranen waren die kriegserfahrenen französischen Paras über die Kriegführung des UN-Konglomerats verblüfft. Insbesondere das militärische Verhalten der Schweden und Iren löste kopfschüttelnde Heiterkeit aus. Wo hatte man es in

Afrika schon einmal erlebt, daß eine spärlich bewaffnete schwarze Truppe – in diesem Fall die Katanga-Gendarmerie – eine gewaltig überlegene weiße Streitmacht in Schach hielt? Überall sonst hatte die Faustregel gegolten, daß man mit einer Kompanie europäischer Elitesoldaten einen mittleren afrikanischen Staat destabilisieren konnte, sofern die Supermächte sich nicht einmischten.

Notizen aus einem Katanga-Feldzug

Elisabethville, im Dezember 1961

Drei Wochen lang habe ich den zweiten Katanga-Feldzug der Vereinten Nationen »gecovered«, wie man im Pressejargon sagt. Es war eine Zeit grotesker Verwirrung. Aus dem Gedächtnis gebe ich folgende Episoden wieder:

Max, ein Kollege des Pariser »Figaro«, mit dem ich aus den frühen Jahren des französischen Indochina-Krieges befreundet war, hatte wider Erwarten zwei Hotelzimmer im »Hotel Albert« für uns gefunden. Ein schüchterner Schwarzer händigte uns die Schlüssel aus und ward nicht mehr gesehen. Die Straße vor unserer Herberge, die zum Bahnhof Elisabethville führte, war verdächtig leer. Unmittelbar hinter den Gleisen hatten sich die Vorposten der Vereinten Nationen eingegraben, und die schwedischen Blauhelme fuhren dort Patrouille in ihren lächerlichen »Badewannen«, so nannte man ihre nach oben weit geöffneten Transportpanzer. Gleich am zweiten Morgen wurden wir jäh aus dem Schlaf gerissen. Eine Granate war durch das Wellblechdach geschlagen und auf unserer Etage in einem Nebenzimmer explodiert. Max kam mir gipsverkrustet auf dem Gang entgegen. Auch in meinem Zimmer waren der Mörtel von der Wand gefallen und die Scheiben geplatzt. Der geringe Widerstand, den das leichte Regendach dem Sprengstoff bot, hatte Schlimmeres verhütet. Ein Verbleiben im Hotel Albert war wenig ratsam. So verlagerten wir unser Quartier in die verlassene Wohnung eines geflüchteten belgischen Beamten zweihundert Meter stadteinwärts. Zwar war dieses Appartement auch im obersten Stockwerk gelegen, aber die Betondecke flößte uns Vertrauen ein.

Gegen Moise Tschombe war manches einzuwenden, Mut konnte man dem Katanga-Chef nicht absprechen. In seiner großzügigen, gelb getönten Residenz mit dem englisch gepflegten Garten empfing er seine Besucher mit großer Gelassenheit. Er ging stets hochelegant in dunkle Nadelstreifenanzüge gekleidet. Als Sohn des reichsten Schwarzen von Belgisch-Kongo hatte er den Luxus nicht erst am Tag der Unabhängigkeit kennengelernt. Wenn er diplomatische Vertreter, Industrielle oder Journalisten empfing und Cocktails serviert wurden, strahlte sein breites Gesicht Zuversicht aus. Daß die Schießerei zwischen seinen Gendarmen und den UN-Truppen nur ein paar hundert Meter entfernt stattfand, schien ihn nicht zu beeindrucken. Mit seiner sonoren Stimme hätte Tschombe einen prächtigen Interpreten für »Old Man River« abgegeben.

Unter den Gästen trafen wir häufig Frank Carlucci wieder, der zum amerikanischen Konsul in Elisabethville ernannt worden war und dort eine Schlüsselrolle spielte. Er war der rechte Mann für diese absurde Situation: Eine Sezessionsregierung, die ihre volle Souveränität proklamiert hatte, fungierte in einer von gegnerischen Kräften eingekreisten und zur Hälfte besetzten Hauptstadt.

Auch der französische Generalkonsul Lambroschini war unser regelmäßiger Gesprächspartner. Als wir wieder einmal zu ihm unterwegs waren, wurden wir durch das raschelnde Einfluggeräusch schwedischer oder äthiopischer Mörsergranaten überrascht. Hinter einer kleinen Mauer suchten wir Deckung und warteten das Ende der Detonationen ab. Lambroschini hatte seinen Kellerraum mit Matratzen verrammelt. »Diese Friedensengel schießen mit Vorliebe auf mein Generalkonsulat«, schimpfte er zur Begrüßung. »Sie meinen wohl, die französischen ›Mercenaires‹ geben sich bei mir Stelldichein.« Der Generalkonsul hatte allen Grund, auf der Hut zu sein. Während der ersten bewaffneten Katanga-Runde im September war er im Einkaufszentrum von Elisabethville aus dem Hinterhalt beschossen worden. Die Kugelgarbe der Maschinenpistole hatte zwar Kopf und Herz verfehlt, aber seine Schulter war mehrfach getroffen worden. Lambroschini hatte vier Wochen im Spital verbracht. Den Attentäter hatte niemand gefaßt.

Um die französischen Offiziere zu finden, deren Aktionen laut

Überzeugung der UN-Verantwortlichen von ihrem Konsul koordiniert wurden, mußten wir uns in die Vororte der Provinzhauptstadt begeben. Dort behaupteten die Katanga-Gendarmen ihre lächerlich schwachen Positionen gegen die Hauptstreitmacht der Weltorganisation. Der eine oder andere Franzose war mir aus Algier oder Indochina bekannt. Die eindrucksvollste Gestalt war Colonel Faulques, Berufsoffizier der alten Kolonialarmee. Er war zutiefst davon überzeugt, daß er in Katanga ein Bollwerk gegen den Weltkommunismus behauptete, daß er die Afrikaner vor der marxistischen Verseuchung schützte. Unter den Söldnern, den »Affreux«, waren die Reisläufer und Tunichtgute in der Überzahl. Aber Faulques repräsentierte einen mönchischen, fast fanatischen Soldatentypus und hielt seine Landsleute in strenger Disziplin. Zwischen französischen und angelsächsischen Freiwilligen gab es wenig Kontakt oder Sympathie. Die Südafrikaner genossen einen besonders zweifelhaften Ruf. Militärisch waren sie schlecht trainiert, und ihre rassistische Grundeinstellung irritierte die Franzosen, die es gewohnt waren, mit ihren schwarzen Kolonialmuskoten und jetzt mit den Katanga-Gendarmen rauh, aber stets brüderlich umzugehen. Das Verhältnis der französischen Paras zu den offiziellen belgischen Kolonialoffizieren war gespannt und mißtrauisch. Hingegen entwickelte sich zwischen den flämischen »Affreux«, die früher als Parachutisten gedient hatten, und den »soldats perdus«, die eine Revanche für Algerien suchten, eine fröhliche Kumpanei. Es machte ihnen Spaß, dem schwerfälligen Militäraufgebot der Weltorganisation immer wieder eins auszuwischen.

Wie grotesk das Kräftemißverhältnis war, ließ sich am Luftwaffenaufgebot der UNO ermessen. Die einzige Maschine Katangas, die legendäre Fouga Magister, die für alle Rückschläge der Blauhelme und für den Tod Hammarskjölds verantwortlich gemacht worden war, verrottete auf irgendeiner vergessenen Rollbahn. Unterdessen demonstrierten schwedische, indische, äthiopische Piloten mit ihren modernen Jets eine gefahrlose Luftüberlegenheit.

Ein schwarzer Emissär der »Affreux« hatte mich mit dem Photographen Horst Faas, der später in Vietnam zweifacher Pulitzer-Preisträger werden sollte, auf ein abgelegenes Fabrikgelände geführt, wo uns in einem Schuppen ein Dutzend gefangener Schweden vorgeführt wurde. Man hatte die skandinavischen UN-Soldaten nicht mißhandelt, sie wurden korrekt verpflegt. Dennoch beobachteten sie ihre schwarzen Wächter der Katanga-Gendarmerie mit verständlichem Entsetzen. Sie waren froh, als Horst Faas sie photographieren durfte und wir ihnen versprachen, ihre Familien zu beruhigen.

Post- und Radiostation von Elisabethville waren in beiden Feldzügen Hauptziele der UN-Offensive gewesen. Die Gebäude waren von Granat- und Raketeneinschlägen gezeichnet. Von hier zu telexen oder gar eine Hörfunkleitung nach Europa herzustellen, war ein langwieriges und meist vergebliches Bemühen. Ich zog es deshalb vor, mich zweimal in der Woche an das Steuer meiner klapprigen amerikanischen Limousine zu setzen und an den Stellungen der UNO vorbei, auf immer neuen Schleichwegen, nach Nordrhodesien zu kutschieren. Die Strecke nach Kitwe über den Grenzposten Kipushi nahm nicht mehr als drei Stunden in Anspruch. Der eine oder andere Korrespondent ist auf dieser Tour unter Beschuß geraten. Die schwedischen Straßenposten waren aus Angst und Nervosität ebenso »trigger-happy« wie die Katangesen. Es gab ein paar Verwundete, aber ich hatte stets Glück.

Der Kontrast zwischen den umkämpften, verwahrlosten Außenvierteln von Elisabethville und den blitzsauberen Straßen von Kitwe, wo die »Pax Britannica« voll erhalten und durch angelsächsisches Phlegma noch überbetont wurde, beeindruckte mich immer wieder. Das »Hotel Edinburgh«, wo lediglich die Zimmerboys Afrikaner waren, hielt unerschütterlich den alten Kolonialstil hoch. Wir kamen verdreckt und übermüdet aus Katanga, aber niemals hätte uns der Butler ohne Krawatte in die Bar oder in das Restaurant eingelassen. Die in Kitwe ansässigen Briten betrachteten unseren Wegelagerer-Look mit Geringschätzung. Sie meinten wohl, daß wir alles dramatisch übertrieben. Vielleicht erschienen wir ihnen auch als Vorboten des Unheils, als unfreiwillige Künder jenes »wind of change«, den ihr eigener konservativer Premierminister Harold Macmillan für den südlichen Teil Afrikas angekündigt hatte.

In Kitwe gab es nie Pannen oder Verzögerungen bei der Überspielung meiner Hörfunkreportagen aus dem Studio der »Rhodesian Broadcasting«. Danach flanierte ich meist durch das europäische Geschäftszentrum mit seinen spießigen Auslagen, ging auf ein Bier in die Bar neben dem »Edinburgh«, wo weder Schwarze noch Frauen zugelassen waren und wo jeder Zublick von außen durch blinde Glasziegel versperrt war, als handele es sich um ein Bordell. Am nächsten Morgen ging die Fahrt durch Savannen, Dörfer und Termitenhügel zurück. Kurz vor dem Grenzübertritt ragten die Fördertürme einer britisch geführten Kupfermine. Am Grubentor – dort wo die schwarzen Arbeiter die Asphaltstraße zu überqueren pflegten – wurden die Automobilisten durch ein Verkehrsschild gewarnt: Ein schwarzes Strichmännchen war darauf abgebildet und darunter stand »Natives crossing«, so wie am Rand der großen Farmen Rhodesiens die Straßenzeichen eine Kuh darstellten mit der Aufschrift »Cattle crossing«.

General Moke, schwarzer Oberbefehlshaber der Katanga-Gendarmerie, hat die Presse zu einem Briefing eingeladen, ein sehr ungewöhnliches Ereignis in Elisabethville. Moke, ehemaliger Unteroffizier der belgischen »Force Publique«, sprach außer seinem Stammesidiom nur Suaheli. In seiner Umgebung hieß es, er könne kaum lesen und schreiben. General Moke empfing uns steif hinter dem Schreibtisch sitzend unter goldbetreßter Mütze. Ein schwarzer Dolmetscher übersetzte ein paar Reporterfragen, doch der General hüllte sich in feierliches Schweigen. Wenigstens die Photographen wollten auf ihre Kosten kommen und Moke in verschiedenen Arbeits- oder Besprechungsposen aufnehmen. Aber der rührte sich nicht. »Please, General, relax!« rief ein rhodesischer Kameramann. Der Dolmetscher beugte sich zu Moke und erhielt eine kurze, barsche Antwort. »Le Général ne relaxe jamais«, lautete die Übersetzung, »c'est un homme fort!« – »Der General entspannt sich nie. Er ist ein starker Mann!« Damit war die Pressekonferenz beendet.

Über Elisabethville geht ein kalter Sprühregen nieder. Die Schützenlöcher der letzten Para-Commandos, die die Linie des Bahndamms halten, stehen voll Schlamm und Wasser. Die Sandsäcke brechen auseinander. Die französischen und belgischen »Söldner« sind übernächtigt. Sie tragen Stoppelbärte. In Gruppen zu zweit trifft man sie gelegentlich mit ihren verdreckten Tarnuniformen in einer Bar. Eine Art Euphorie der Verzweiflung hat sich ihrer bemächtigt, wie sie sich in Situationen der Niederlage gelegentlich bei den Kämpfenden einstellt. Es klingt unglaublich: Ein Dutzend kriegserfahrener »Affreux« – gestützt auf eine kleine Truppe treu ergebener schwarzer Gendarmen – verteidigt den Stadtkern von Elisabethville gegen das Weltaufgebot unter der blauen Friedensflagge. Das Ende ist abzusehen.

Der Befehl ist wohl über Leopoldville aus Washington gekommen. Die Umgebung Kennedys, jene Männer, die David Halberstam als »the best and the brightest« bezeichnete und die der konservative britische Premierminister Macmillan als »unconscious liberals« abtut, setzen auf die afrikanischen Neutralisten. Sie versuchen Kwame Nkrumah, dem sie die Finanzierung des Volta-Staudamms genehmigten, und Sekou Touré auf ihre Seite zu ziehen. Tschombe gilt bei ihnen als »Right Wing Puppet«, eine rechtslastige Marionette, während die opportunistischen Seiltänzer zwischen West und Ost als »genuine nationalists« eingestuft werden.

»Res ad triarios venit«, kommentierte Jean-Louis die Situation, der inzwischen über Ndola in E-ville eingetroffen ist. So hieß es bei den Römern, wenn das Schlachtenglück in der Schwebe war und die harten, bewährten Veteranen des dritten Gliedes nach vorn geworfen wurden. Die »Triarier« der UN-Armee in Katanga sind in diesen Tagen die kleinen, schlitzäugigen Männer aus dem Himalaya, das Elitekorps der Gurkhas. Im grünen Battle-Dress habe ich sie in Katanga aus den ausrollenden Transportmaschinen springen sehen, das Gewehr im Anschlag, zu blitzschneller Reaktion bereit. Mehr als hundert Jahre britischen Drills wirken auch unter indischem Kommando fort. An der Hüfte haben diese stämmigen Nepalesen das breite, geschwungene Kampfmesser hängen, den Kukri. Der Ehrenkodex verlangt angeblich, daß der Kukri feindliches Blut vergießen muß, wenn sein Träger ihn einmal gezückt hat.

Die Gurkhas rücken auf das Stadtzentrum zu, ruhig, systematisch. Das sind keine Schweden oder Iren. Die kleine Truppe des Colonel Faulques weiß, was die Stunde geschlagen hat. Die schwarzen Gendarmen laufen auseinander. Die Militärlager der Peripherie fallen unter die Kontrolle der Weltorganisation. Die blaue Kongo-Fahne mit dem gelben Stern, die Flagge Leopolds II. von Belgien, wird gehißt. Moise Tschombe verlegt sich wieder aufs Taktieren. Er verhandelt, willigt am 17. Dezember in einen Waffenstillstand ein, der seine

Truppe vor der totalen Kapitulation bewahrt. Dann fliegt er unter dem gebieterischen Druck des amerikanischen Botschafters Gullion zum Treffen mit dem Kongo-Regierungschef Adoula nach Kitona, dem Militärstützpunkt am unteren Kongolauf. Ein Teil der britischen Öffentlichkeit entrüstet sich über die einseitige amerikanische Aktion gegen einen »Freund des Westens«, und auch in USA hat Tschombe endlich eine scharf antikommunistische Lobby gefunden, die sich um den Senator Dodd sammelt. In Kitona kommt es zu dem üblichen Palaver, das die amerikanischen Inspiratoren dieser erzwungenen Versöhnung zur Weißglut bringt. Am Ende hat Tschombe nach endloser Nachtsitzung fast alles zugestanden: Rückgliederung der Katanga-Provinz in die Kongo-Republik, Anerkennung Kasavubus als Staatschef und oberster Befehlshaber, Entsendung der Abgeordneten und Senatoren aus Katanga ins Parlament von Leopoldville, Anwendung der Resolutionen der Vereinten Nationen. Und dennoch ist der gewiefte Taktiker durch eine Seitentür wieder entwischt: In einem Zusatzprotokoll wird ihm zugestanden, daß das unterzeichnete Dokument der Zustimmung der übrigen Katanga-Minister bedarf.

An der entscheidenden Besetzungsoperation haben sich auch starke äthiopische Verbände beteiligt. Mit diesen rauhen Männern des »Königs von Juda«, wie der Negus sich nennen läßt, ist nicht zu spaßen. Sie haben das Werksgelände der »Union Minière du Haut-Katanga«, die dortigen Schmelzanlagen und Verwaltungsgebäude ohne große Gegenwehr in Gewahrsam genommen. Für diese einfachen Krieger des abessinischen Hochlandes steht jeder weiße Zivilist im Verdacht, ein Söldner zu sein. Auf die Bantu-Bevölkerung von Elisabethville blicken diese rassebewußten Amharen mit Verachtung herab. Als ein paar belgische Grubeningenieure sich beim äthiopischen General beschwerten, ihre Häuser seien von streunenden Afrikanern geplündert worden, errichteten die Soldaten Haile Selassies Straßensperren und filzten systematisch die schwarzen Passanten. Dabei entdeckten sie kleine Benzinkocher, Plastikschüsseln, Kattunbündel, wie sie die Einheimischen – meist auf dem Kopf balancierend – häufig bei sich tragen. Ein Belgier hätte für diesen Ramsch keine Verwendung gehabt, aber für die Äthiopier, deren Landsleute in Tigre und Wollo von solchen bescheidenen Gebrauchsgütern nicht einmal zu träumen wagten, stellten diese spärlichen Utensilien einen beachtlichen Wert dar. »Das ist doch Plünderungsgut«, schnaubte ein äthiopischer Hauptmann und bedrohte die verhafteten Katangesen mit seinem »Stick«, »This is european and not african stuff«. Wir taten uns schwer, ihn vom Gegenteil und vom relativen Wohlstand der schwarzen Grubenarbeiter von Elisabethville zu überzeugen.

Neben den Gurkhas und den Äthiopiern bilden die indischen Doghras und die Malaien den Kern der Eingreiftruppe. Letztere patrouillieren auf Panzerspähwagen vom Typ Ferret. Die malaiischen Offiziere sind besonders schmuck uniformiert. Inzwischen ist das Durcheinander von Freund und Feind total. Die Linien haben sich aufgelöst, so daß wir zwischen den verschiedenen Kommandoposten hin und her pendeln können. Die Malaien haben – ungeachtet ihrer muslimischen Religionszugehörigkeit – die Journalisten von Elisabethville in eine von ihnen okkupierte Villa zu einer Art Vorweihnachtsfeier eingeladen. Sie servieren asiatisch zubereiteten Curry und englischen Plumpudding. »Diese Malaien haben ein schlechtes Gewissen«, bemerkt ein italienischer Kollege am Rande der Party. Die Story war mir bekannt und von offizieller UN-Stelle verbürgt: Die gleiche Panzereinheit der Malaien, die uns in Elisabethville bewirtete, hatte sich vor einem Monat in Kindu in der Provinz Kivu aufgehalten, als dort eine Gruppe von dreizehn italienischen Militärpiloten landete. Diese Italiener gehörten zum Personal der Vereinten Nationen. Doch die in Kindu stationierte kongolesische Soldateska, deren Loyalität täglich zwischen Leopoldville und Stanleyville, zwischen Adoula und Gizenga, deren Stimmung zwischen Wut- oder Angstreflexen schwankte, witterte Verrat und hielt die Neuankömmlinge für weiße Söldner oder verkleidete belgische Paras. Es kam zu einer gräßlichen Szene. Die Italiener wurden zusammengeschlagen, in einen Kerker verschleppt, ohne daß die Malaien ihnen zu Hilfe kamen. Sie hatten keinen Befehl, gegen die Kongolesen einzugreifen und verhielten sich in beschämender Weise passiv.

Die dreizehn Italiener wurden in ihrem Haftlokal von einer in Trance geratenen Wachmannschaft buchstäblich geschlachtet. Ihre Körper und Glieder wurden in Stücke zerhackt. Zum Teil wurden diese blutigen Stummel den Krokodilen im nahen Ruzizi-Fluß zum Fraß vorgeworfen. Aber es kam noch entsetzlicher: Auf dem Markt von Kindu wurde das Fleisch der Italiener einer johlenden Menge zum Kauf feilgeboten.

Trotz des Abkommens von Kitona behauptet Moise Tschombe weiterhin seine Eigenstaatlichkeit unter der Flagge mit dem Kupferkreuz. Seine Gendarmen mußten in der Provinzhauptstadt weiteres Terrain preisgeben, aber in Jadotville und Kolwezi gibt es keine UN-Präsenz. Die Eingliederung Katangas in den Zentralstaat ist längst nicht vollzogen, aber schon breiten sich in Elisabethville kongolesische Zustände aus. Es mangelt an allem, an Strom und Wasser, an Brot und Maniok. Nach Einbruch der Dunkelheit ist es lebensgefährlich, auf die Straße zu gehen.

Das Weihnachtsessen haben wir in einem kleinen Kreis von Journalisten aller Nationalitäten bei einem schmierigen griechischen Restaurateur bestellt, der uns für harte Dollars Kaninchenbraten und sauren Wein versprach. Statt Kaninchen haben wir möglicherweise Katze gegessen. Aber die Stimmung schlug hoch beim flackernden Kerzenlicht, und der Alkohol lockerte die klammen Glieder.

Ich war leichtsinnig genug gewesen, mich allein auf den Gang zum Griechen zu machen. Die Nacht war tintenschwarz. Plötzlich stand ein riesiger Katanga-Gendarm neben mir und drohte mit dem Gewehr. Der Mann stank nach Alkohol, faselte in kaum verständlichem Französisch von »UN-Spion« und »Sabotage«. Ich ging unbeirrt weiter. Der Gendarm begleitete mich. Mehrfach versuchte er mich festzuhalten. Als er das Gewehr durchlud, überlegte ich ernsthaft, ob ich ihn mit einem Kantenschlag an die Gurgel überrumpeln sollte. Da stolperte er über einen Bordstein und stürzte zu Boden. Ehe er sich aufrichtete, war ich in der Finsternis verschwunden.

Beim Kaninchenessen wurde neben den üblichen Blödeleien auch ein brennendes wirtschaftliches Thema erörtert. In New York war ernsthaft erwogen worden, das Katanga-Regime und dessen belgische Hintermänner durch eine Blockade der Kupferexporte endgültig in die Knie zu zwingen. Die Grenzen nach Rhodesien und Portugiesisch-Angola sollten durch die Blauhelme abgeriegelt und Moise Tschombe eine Transitlizenz lediglich unter der Bedingung gewährt werden, daß die hohen Steuereinnahmen aus der Grubenförderung Katangas der Zentralregierung in Leopoldville zuflössen. Ein rechtes

Weihnachtsgespräch war das nicht, aber wem war schon nach »white Christmas« zumute, während die Platte Bing Crosbys aus der stinkenden Küche des Griechen schepperte? Die Blockade des Kupferexportes aus Katanga, so kombinierten die beiden anwesenden Rhodesier, käme den weltweiten US-Konzernen zugute. Der Verdacht wurde geäußert, der Schwede Sture Linner sei ein verkappter Lobbyist der marktbeherrschenden amerikanischen Copper-Investments. Selbst der tote Dag Hammarskjöld wurde in solche Mutmaßungen einbezogen. War es nicht verwunderlich, daß die Idee des Kupfer-Boykotts von den UN-Behörden erst fallengelassen wurde, dann allerdings sehr plötzlich, als die belgischen Verhandlungspartner vorschlugen, auch die Kobaltproduktion auf die Embargoliste zu setzen. Die Belgier wußten, daß die Rüstungsindustrie der USA zu 75 Prozent auf die Kobaltlieferungen aus Katanga angewiesen war. Von dem Punkt an war von Boykott keine Rede mehr.

Einige letzte Anekdoten über den Iren O'Brien und seine Extravaganzen machten die Runde. Der Schwede Linner war in Leo durch den Ghanaer Gardiner, O'Brien in E-ville durch die indische Generalität abgelöst worden. Es hieß, der streitbare Ire trage sich mit der Absicht, seine Katanga-Memoiren zu verfassen.

P.S.: Wir konnten an diesem Weihnachtsabend nicht ahnen, daß O'Brien sich am Ende zu einem Bühnenstück über den Kongo versteigen würde, mit Patrice Lumumba in einer tragenden Rolle. Befremdung unter den Zuschauern in Europa, so sollte ich später lesen, löste vor allem jene Szene aus, wo Lumumba die Ministerrunde jäh verließ, um sich im Nebenzimmer durch sexuelle Betätigung Entspannung und neue Energie zu verschaffen. Ganz aus der Luft gegriffen war dieser Theatergag gewiß nicht. Schon bei jenem Kaninchenessen in E-ville hatte ein amerikanischer Kollege kolportiert, daß Lumumba anläßlich seines Staatsbesuchs in Washington nach Besichtigung der Gästesuite in Blair-House tief enttäuscht gefragt habe: »Mais où sont les femmes? – Wo bleiben denn die Frauen?«

Sylvesterfeier im Kupfergürtel

Kitwe, 1. Januar 1962

Die Damen im »Hotel Edinburgh« trugen lange Abendkleider, die Herren Smoking. Von den Leuchtern baumelten Luftschlangen. Ein paar verwegene Gäste hatten sich bunte Papphüte aufgesetzt. Der britische Mittelstand der nordrhodesischen Kupferstadt Kitwe – Bergingenieure, Verwaltungsbeamte, Kaufleute – mimten upper-class und high society. Zwei Tische hoben sich von dieser kühlen Stimmung angelsächsischer Provinzialität ab. An dem einen saßen belgische Angestellte der »Union Minière«, die das Kämpfen um ihre Privilegien in Katanga den weißen Söldnern und den schwarzen Gendarmen überließen. Aus der überwiegend flämischen Runde dröhnten mit steigendem Alkoholkonsum markige Gesänge. An unserem Tisch tat sich inmitten der unvermeidlichen Journalisten ein authentischer »mercenary« hervor, ein rothaariger Schotte, Pilot aus Salisbury, der sich mit seiner kleinen Cessna-Maschine einen Sport daraus gemacht hatte, ein paar Handgranaten auf die vorrückenden Blauhelme abzuwerfen. Er ließ sich »Captain Brown« nennen. Je mehr Whisky er hinunterkippte, desto aggressiver gebärdete er sich gegenüber dem einzigen diplomatischen Mitglied unserer Tafelrunde, dem amerikanischen Konsul von Elisabethville, Frank Carlucci. Der Konsul – gedrungen, athletisch und mediterran wirkend – war ein Mann »for all seasons«. Er war sämtlichen Kongo-Situationen gewachsen gewesen. (Später sollte er Karriere machen als US-Botschafter in Lissabon während der Nelken-Revolution, wo er Henry Kissinger davon abbrachte, die NATO-Bindungen nach Machtergreifung der rötlich gefärbten jungen Offiziers-Junta in Frage zu stellen. Als stellvertretender Chef der Central Intelligence Agency und schließlich als Unterstaatssekretär war Carlucci zuständig für afrikanische Angelegenheiten im State Department, ehe er sich auf einen hochdotierten Privatjob zurückzog.)

Carlucci wehrte die Anpöbelei des Captain Brown überlegen ab. Der Söldner tobte gegen den amerikanischen Verrat an der weißen Vorherrschaft im südlichen Teil Afrikas. Kennedy sei ein heimlicher Verbündeter der Russen. Brown hob eine gefüllte Fleischschüssel, als wolle er sie über den Tisch gießen. Aber plötzlich übermannte ihn der

Alkohol, und er sackte in sich zusammen. Die englischen Ehepaare ringsrum zeigten sich schockiert über das unziemliche Auftreten dieser Eindringlinge, über die Schreierei an unserem, das Gegröle am belgischen Tisch. Nach dem endgültigen Fall Katangas an die Zentralregierung des Kongo würde das siegreiche Übergreifen des schwarzen Nationalismus auf Britisch-Nordrhodesien nicht lange auf sich warten lassen. Die Unabhängigkeitspartei des afrikanischen Politikers Kenneth Kaunda hatte schon den Namen parat für das neue Staatsgebilde mit Hauptstadt Lusaka. Nordrhodesien würde demnächst Sambia heißen. In Salisbury hingegen, in Südrhodesien, stemmte sich eine Viertelmillion Weißer noch resolut gegen die schwarze Flut. In den vergangenen Monaten hatte ich mich dort mehrfach aufgehalten. Ich hatte über die Radikalisierung der Kolonistenmentalität, ihre Abkehr von der liberalen Ära des früheren Eisenbahngewerkschafters Sir Roy Welensky und ihre Hinwendung zu den kernigen Durchhalteparolen der »Rhodesian Front« unter dem früheren Royal Air-Force-Piloten Ian Smith berichtet.

Bei den Klängen von Mitternacht – das Glockenspiel war natürlich dem Big Ben von Westminster nachgeahmt – standen alle Anwesenden auf und sangen das rituelle Abschiedslied »Should old acquaintance be forgot...«; die Belgier sangen auf französisch: »Ce n'est qu'un au revoir, mes frères...« Des ganzen Saales bemächtigte sich eine rührselige Untergangsstimmung. Den englischen Damen in den glitzernden häßlichen Roben standen die Tränen in den Augen. Die gealterten britischen Reserveoffiziere mit den Ordensspangen des Zweiten Weltkriegs auf dem Smokingrevers setzten martialische Mienen auf.

Spät in der Nacht kam es noch zu einer Keilerei zwischen den überwiegend angelsächsischen Journalisten und den Belgiern der »Union Minière«. Als ich am nächsten Tag nach Ndola rollte, um dort die Linienmaschine in Richtung Nairobi zum Weiterflug nach Madagaskar zu besteigen, konnte ich mich trotz aller Anstrengung meines brummenden, verschrammten Schädels nicht mehr erinnern, wie und warum es zu dieser Schlägerei gekommen war.

NIGERIA – EIN TAUMELNDER RIESE

Gipfelkonferenz in Lagos

Lagos, Ende Januar 1962

Auf der Gipfelkonferenz der gemäßigten afrikanischen Staaten ist die Afrika-Politik John F. Kennedys ein gutes Stück vorangekommen. Mochten auch die radikalen Nationalisten der Casablanca-Gruppe diesem Treffen in der übervölkerten, chaotischen Hauptstadt Nigerias – unter Hinweis auf die Nichtzulassung einer Delegation der Algerischen Befreiungsfront – ferngeblieben sein, Cyrille Adoula, der von US-Botschafter Gullion protegierte Regierungschef des Kongo, sammelte dort seine Trümpfe für die bevorstehende Vollversammlung der Vereinten Nationen.

Vor der Abreise aus Leopoldville war ihm noch ein besonderer Coup gelungen. Antoine Gizenga, der trotz seiner Ernennung zum Vizepremier der Zentralregierung in Stanleyville ausgeharrt hatte und dort die de facto-Separation seines prosowjetischen Regimes verewigen wollte, war unter dem Druck der eigenen Gefolgsleute, darunter General Lundula und der ominöse Anicet Kashamura, am 20. Januar schließlich doch in die Kongo-Hauptstadt gereist. Bei seiner Ankunft hatte die Menge ihm zugejubelt. Vier Tage später wurde er von Sicherheitschef Nendaka bereits in ein Militärlager eingesperrt, und die Ostblock-Diplomaten, die seit kurzem in Leo wieder akkreditiert waren, fürchteten zu Recht um sein Leben. Daß Gizenga nicht das Schicksal Lumumbas erlitt, sondern auf die malariaverseuchte Insel Bula Bemba an der Atlantikküste verschleppt wurde und so überlebte, war unter anderem der tatkräftigen Initiative meines TASS-Freundes Fedyaschin zu verdanken, der nicht ruhte und rastete, ehe er den gestürzten Vize-Regierungschef in seinem Verbannungsort aufgesucht hatte.

Die zwanzig Staats- und Regierungschefs, die sich in Lagos ein Stelldichein gegeben hatten, wurden mit der Zusicherung Adoulas abgespeist, Gizenga werde nicht als Häftling behandelt, sondern befinde sich in sicherem Aufenthalt. Im übrigen ließ die Kongo-Delegation keinen Zweifel daran, daß sie nach der Ausschaltung des Separatregimes von Stanleyville nun auch dem Katanga-Staat Tschombes den Garaus machen wolle. So sollte die Argumentation Adoulas lauten, die er eine Woche später vor der UN-Vollversammlung in New York vortrug. Er erhielt dort ein überzeugendes Vertrauensvotum, aber Applaus wurde ihm im Glashaus von Manhattan erst zuteil, als er dem Gedenken »unseres Nationalhelden Lumumba« huldigte.

Mit zwei Kollegen war ich in einem schäbigen Zimmer des griechisch geführten Hotel Olympic in Lagos untergebracht. Die wenigen komfortablen Hotels waren mit Delegationsmitgliedern vollgestopft. Einer meiner »room-mates« im Olympic war der spätere Afrika-Korrespondent der »Frankfurter Allgemeinen Zeitung«, Günter Krabbe, den ich schon 1959 in Accra kennengelernt hatte, wo er damals ein bescheidenes Häuschen mitten im Afrikanerviertel bewohnte. Das Kongo-Palaver der panafrikanischen Konferenz interessierte uns in jenen Tagen herzlich wenig. Hingegen beobachteten wir fasziniert die ersten zögernden Schritte des eben zur Unabhängigkeit erwachten Bundesstaates Nigeria.

In der Woche zuvor war ich von einer instruktiven Rundreise zurückgekommen. In der menschenwimmelnden Yoruba-Stadt Ibadan hatte ich mit einheimischen Universitätsprofessoren von erstaunlichem intellektuellen Niveau diskutiert, in Oyo an den alten Kultschreinen verweilt, im sagenumwobenen Benin vergeblich nach den Ruinen oder auch nur nach Spuren der dortigen Hochkultur gesucht, die – für Schwarzafrika einmalig – auf das 15. Jahrhundert zurückging und mit dem Eintreffen der Engländer erlosch. Im sogenannten Ibo-Land, in der nigerianischen Ostregion, beeindruckte mich die systematische Erziehungs- und Entwicklungsarbeit katholischer Missionare, aus der ein sehr selbstbewußtes Gemeinwesen hervorgegangen war. Schon 1962 war in der Regionalhauptstadt Enugu und im Universitätscampus von Nsukaa zu spüren, daß die rührige Rasse der Ibo sich zu einer Führungsrolle gegenüber dem islamisch-mittelalterlichen Norden und auch gegenüber den rivalisierenden Yoruba im Westen der Föderation berufen fühlte. Sogar separatistische Neigungen waren in Enugu unschwer auszumachen.

In unserem Zimmer im Olympic diskutierten wir häufig vor dem Einschlafen über die Sprengkräfte, die diesem neugeborenen Bundesstaat innewohnten. Krabbe und ich wußten um die Verachtung der muslimischen Emire des Nordens für die christlichen oder animistischen Stämme des Südens, die der Unterwerfung, Bekehrung oder Versklavung durch die Reiterheere des Fulani-Sultans Osman dan Fodio Mitte des 19. Jahrhunderts nur mit knapper Not entronnen waren. Die Tsetse-Fliege des Regenwaldes war den Pferden zum Verhängnis geworden. Die von ihr übertragene Schlafkrankheit hatte den Vorstoß der »Mudschahidin« Osman Dan Fodios zum Stehen gebracht. In den Lehmstädten des Nordens hatte sich seitdem ein großartiges Feudalritual erhalten. Es entfaltete sich farbenprächtig und barbarisch an jedem Freitag, wenn der Emir oder Sultan mit großer Eskorte zur Moschee ritt.

So intensiv diskutierten wir über die ethnischen, religiösen, zivilisatorischen Gegensätze dieses westafrikanischen Giganten, daß unser dritter Zimmerinsasse, ein frisch nach Afrika eingereister Agenturkorrespondent, am nächsten Tag einen umfangreichen Lagebericht unter dem Titel: »Die Föderation ist nicht von Dauer« nach Hamburg kabelte. Der Biafra-Krieg sollte ihm später vorübergehend recht geben.

Zur Zeit der Lagos-Konferenz im Januar 1962 hatten die Ibo, das spätere Staatsvolk von Biafra, die meisten Schaltstellen der Zentraladministration besetzt. Als Pressesprecher der nigerianischen Föderationsregierung agierte ein brillanter und sympathischer Ibo, Cyprian Ekwenzi, der als Schriftsteller einen guten Namen besaß. In seinem erfolgreichsten Buch schildert Ekwenzi das Schicksal des schönen und unternehmungslustigen Ibo-Mädchens Nana, einer afrikanischen Zola-Heldin. Nana kommt nach Lagos und dient sich vom Freudenmädchen zur einflußreichen Hetäre in jener Mafia aus schwarzen Politikern und Ganoven hoch, die die turbulente Hauptstadt beherrschen und erpressen. Aus Nana wird »Jagua-Nana«, ein schwarzes Superweib, deren schmeichelhafter Name sich nicht auf das Raubtier, den Jaguar, bezieht, sondern auf das luxuriöse britische Automodell. Am Ende geht Nana in einem Sumpf aus Korruption, politischer Intrige und Verbrechen unter.

So sprunghaft und willkürlich die afrikanische Entwicklung sich seit dem Ende der Kolonisation in den Augen des flüchtigen Beobachters präsentiert – es wohnt ihr manchmal eine langfristige Gesetzmäßigkeit, fast ein schicksalhafter Zug inne. Das wurde mir bewußt, als ich eine Artikelserie nachlas, die ich zu Beginn des Jahres 1956 in der »Saarbrücker Zeitung« veröffentlicht hatte. Ich war damals auf beschwerlichen Sahara- und Sahel-Pisten über Tamanrasset, Agades und Zinder in die nigerianische Nordregion gelangt. Hier einige Auszüge:

Erinnerungen an die späte Kolonialzeit

Kano, im Februar 1956

In den Emiraten von Katsina und Kano, in den Sultanaten von Sokoto und Bornu hat sich unter britischer Verwaltung die Feudalstruktur der großen islamischen Sudan-Reiche der Haussa und Fulani beinahe unverändert erhalten. Dem »indirect rule« ist es zu verdanken, wenn die heute abtretende britische Kolonialadministration auf einen scheinbar reibungslosen Übergang zur Autonomie hinweisen kann. Von Gewerkschaftsbewegung und politischem Radikalismus ist im Norden Britisch-Nigerias nicht die Spur. Aber dafür stagniert der Bildungsstand der hiesigen Haussa-Bevölkerung auf niedrigem Niveau. Das tägliche Leben der Eingeborenen ist in der strikten Anwendung des koranischen Gesetzes erstarrt. Hier besteht die Schwierigkeit für die europäische Verwaltung nicht darin, die Ansprüche auf politische Emanzipation zu bremsen, sondern sie im Gegenteil anzuspornen; denn im Süden Nigerias – unter den christlichen Ibo und Yoruba – ist der Nationalismus mit explosiver Heftigkeit ausgebrochen, und es geht für die englischen District-Officers jetzt darum, im Norden ein konservatives Gegengewicht zu schaffen. Die Afrikanerstadt von Kano, die von den großzügig gegliederten Europäervierteln durch einige Meilen getrennt ist, wird in den Reiseführern als »Marrakesch des Südens« beschrieben. Das ist eine grobe Übertreibung. In den offenen Marktbuden werden mit Blech beschlagene, grell bemalte Brautbetten und ähnlich verzierte Sättel angeboten. Bei den Geldwechslern liegen die Maria-Theresien-Taler in hohen Rollen. Daneben werden noch die alten Muschelmünzen, die Cowries, gezeigt, von denen 350000 für eine Frau gezahlt wurden. Dicke Zinnreifen galten vor fünfzig Jahren ebenfalls als geläufige Währung, um am benachbarten Sklavenmarkt Arbeitskräfte und Konkubinen zu kaufen. Hinter einem Haufen von toten Krähen und Igeln, von Rattenfellen, Affengliedern und seltsamen Wurzeln sitzen buntkostümierte Wunderdoktoren. Antimon zum Schwärzen der Augenlider, Henna zum Röten der Hände und Füße, Seife aus Pottasche, Kolanüsse als Stimulans, Salzkugeln aus den Salinen von Bilma werden hier feilgeboten. Die Stoffe kommen meist aus Manchester oder Osaka, und die örtliche Kunst beschränkt sich auf die Anfertigung rauchgeschwärzter Kalebassen oder unansehnlicher Silberarbeiten.

Durch die enggewundenen Gassen zwischen Lehmhäusern, deren Zinnen wie Zebu-Hörner geschwungen sind, zerren halbnackte Schwarze ihre Lastkarren und spornen sich selbst mit rhythmischen Schnalzlauten an. Die Aasgeier, deren Tötung mit zehn Pfund Strafe geahndet wird, haben die Zutraulichkeit von Haustieren. Die Fliegen verdichten sich auf dem Fleischmarkt zu Klumpen. Der Gesundheitsbericht erwähnt zweihunderttausend Blinde in Nord-Nigeria und eine Fülle endemischer Krankheiten. Die Zahl der Aussätzigen wurde nie statistisch erfaßt. Die Schlafkrankheit verseucht weite Landstriche. Unweit des Sultanspalastes, der hinter mächtigen Laterit-Mauern verborgen ist, spiegeln sich hoch über den flachen Gassen von Kano die weißen Minaretts der neuen großen Moschee in der Glasur einer blaugrünen Kuppel. Das Gebetshaus kündet von der Neubelebung des Islam in diesem afrikanischen Raum.

Jenseits der Lagerhallen mit den hohen Erdnußpyramiden, gleich neben den Basarschuppen der Libanesen, erstrecken sich die Wellblechdächer von Sabongari. In diesem Stadtviertel haben sich die christlichen Zuwanderer aus dem Süden niedergelassen, meist Ibo und Yoruba. Sie zeichnen sich gegenüber den muslimischen Haussa des Nordens, die sich lediglich als wandernde Händler bewähren, durch größere Anpassungsfähigkeit an die westlichen Gesellschaftsformen aus und haben fast sämtliche Angestellten- und Schreiberstellen inne.

Mit den »Leuten aus dem Süden«, wie man sie in der Nordregion nennt, ist der große Gegensatz der nigerianischen Politik bis in das Herz des Emirats Kano getragen worden. Die Unabhängigkeitsbewegung, die vor allem in der Küstengegend von Lagos und Enugu ihren Ursprung nahm, führt zur Zeit einen Zweifrontenkrieg: Gegen die Überbleibsel der britischen Kolonialverwaltung gewiß, aber beinahe mehr noch gegen die konservative Feudalopposition der Moslemsultanate des Nordens. Gegen die islamische Regierungspartei, den Nördlichen Volkskongreß (NPC), agitiert ein Ableger der südlichen Nationalistenpartei des großen Vorkämpfers der nigerianischen Unabhängigkeit, Dr. Azikiwe. Das Skandal- und Erpressungsblatt »Comet«, das in einer Lehmhütte von Sabongari mit der Hand gesetzt wird, trägt zur Erhitzung und auch zur Erheiterung des politischen Kampfes bei.

Diese Ibo aus dem Süden sind von einer unglaublichen Vitalität. Während abends die Moslemstadt schweigsam und ein wenig bedrückt in ihren Lehmwällen schlummert, erwacht Sabongari zu lärmendem Leben. Aus allen Häusern dringt Radiomusik. Die Frauen treffen sich zu kreischenden Runden, während die Männer – in einer Phantasietracht, halb Pyjama, halb Pierrotkostüm gekleidet – zu Fuß oder zu Fahrrad einem Kabarett unter freiem Himmel zustreben, das den anspruchsvollen Namen »Rendez-vous des Aristocrates« trägt.

Kein Wunder, daß die Muslime sich gegen so viel Geschäftigkeit, gegen diesen unverhohlenen Unterwanderungs- und Überflügelungsversuch des Südens zur Wehr gesetzt haben. Seit bei den letzten Stadtwahlen in Zaria, dem Sitz eines stockkonservativen Emirs, die Anhänger Azikiwes die Mehrheit errangen, haben die Feudalherren und Höflinge der Sultane erkannt, daß es nicht länger ausreicht, mit der bodenlosen Verachtung des Korangläubigen auf diese eben dem Götzenkult entronnenen Proletarier herabzublicken. Die Abwehr des Nordens gegen die Agitation aus dem Süden hat zu einer islamisch ausgerichteten Kampagne geführt, die in mehr als einer Hinsicht an pakistanische Verhältnisse erinnert.

Der Grundstein dieses muslimischen Teilstaates der sich abzeichnenden nigerianischen Föderation wird in Kaduna gelegt, einst das künstlich geschaffene Verwaltungszentrum der Briten, das sich am Schnittpunkt der Eisenbahnen nach Kano, Lagos, Enugu und Jos einer günstigen Lage erfreut. Die Behördenbauten, die breiten Alleen, der Golfplatz, die Pferderennbahn, die schmucken Beamtenbungalows zwischen rotblühenden Bougainvilleen – all das sind die Merkmale eines Weltreiches, das schon halb der Geschichte angehört, dessen organisatorische Kraft aber weiterhin imponiert. In Kaduna hat sich die Regierung des Nordens unter dem Vorsitz des designierten Nachfolgers des Sultans von Sokoto, des Sardauna Ahmadu Bello, niedergelassen. Die Moslems Nigerias erinnern sich gern daran, daß die Herrschaft des Schehu von Bornu sich vor drei Jahrhunderten von der Niger-Schleife bis zum Tschad-See erstreckte.

Die Schwerfälligkeit des Islam, sich an moderne Gesellschaftsformen anzupassen, ist oft bemängelt worden. Albert Schweitzer, dessen Befangenheit in Fragen der afrikanischen Politik in merkwürdigem Widerspruch zu seinem geistigen Universalitätsanspruch stand, ging so weit, der Botschaft des Propheten jede sittliche Kraft abzusprechen. Das religiöse Leben im Umkreis von Kano wird zwar noch überwiegend von weitverzweigten »Tarikat«, den islamischen Bruderschaften, und dem Aberglauben der Marabus beeinflußt. Aber wenn man die psychische Zerrissenheit der westlich übertünchten »Leute aus dem Süden« an dem ruhigen Selbstbewußtsein der Männer des Nordens mißt, fällt der Vergleich zugunsten der Moslems aus. Der Islam hat den Haussa und Fulani eine Würde des Auftretens vermittelt, die den Erben des Fetischismus trotz ihrer Bekehrung zum Christentum oft abgeht.

Die Dreiteilung Nigerias in eine Nord-, eine West- und eine Ostregion – mehr als die Hälfte der Gesamtbevölkerung lebt im Norden – entspricht einer tiefen Gesetzmäßigkeit, die schon meine Professoren im Institut d'Etudes Politiques von Paris mit Genugtuung erfüllte. Drei typische Lebensformen der traditionellen afrikanischen Gesellschaft heben sich hier klar gegeneinander ab. Im Norden ist der Abglanz der großen Sultanate von Timbuktu, Songhai und Bornu erhalten geblieben, die ihren Ursprung meist dem Gewaltzug eines Abenteurers semitischer oder hamitischer Herkunft verdankten und sich auf den Prinzipien des islamischen Gottesstaates aufbauten. Das politische Gesicht der Westregion an der fieberschwülen Küste von Lagos und Benin wird heute noch durch die ausgedehnten Stammesföderationen der Yoruba bestimmt. Ihre Häuptlinge oder Oba genießen weiterhin die unterwürfige Verehrung ihrer Untertanen, wenn sie auch viel von ihren magischen Herrschaftsattributen verloren haben. – Schließlich leben in der Ostregion, dem Landesteil, der nach Kamerun überleitet, die Ibo, eine Völkerschaft, die vor der Kolonisation in primitiver Sippenanarchie verharrte und sich allenfalls in verzettelten Clans zusammenfand. Seltsamerweise sind diese Ibo, die sich keiner Gemeinschaftsgründung fähig zeigten, heute die dynamischen Bannerträger des nigerianischen Nationalismus.

Lagos, im Februar 1956

Die Europäer von Lagos strecken sich am späten Nachmittag zum »Sun-Downer« in den Sesseln der Hotelbars oder auf der Veranda ihrer Bungalows von Ikoyi. Sie haben bleiche, abgespannte Gesichter, die ständig von feinen Schweißperlen bedeckt sind. (Klimaanlagen waren zu jener Zeit so gut wie unbekannt.) Die Bucht von Benin mit ihren insektenwimmelnden Mangrovensümpfen hieß einst »der Friedhof des weißen Mannes«. Ganz unerträglich ist in den Nachmittagsstunden die Schwüle der Eingeborenenviertel, wo auf der engen Landzunge die Masse der 270000 Einwohner eingepfercht ist. Dieser Stadtkern von Lagos ist einzigartig in seiner Häßlichkeit. Wie fern sind wir hier von der faszinierenden Geschäftigkeit Singapurs oder Hongkongs. Selbst das Elend Indiens kann in seiner Maßlosigkeit tragisch und hintergründig wirken. Die Wellblechbaracken von Lagos mit den unratbedeckten Hinterhöfen, diese Anhäufung von viktorianischem Plunder in den winzigen Wohnnischen sind die kläglichen Zeugnisse einer anpassungsbesessenen, aber kaum der Urexistenz entsprungenen Menschheit. Die große Kaistraße längs der Lagune, die der Stadt ihren Namen gab, heißt heute noch »Marina«. Die Portugiesen waren hier wie an allen afrikanischen Küsten die ersten europäischen Eindringlinge. Sie traten ihre Niederlassungen an der Benin-Bucht erst Mitte des 19. Jahrhunderts an die Engländer ab. Ihre Spuren sind noch zahlreich. Es gibt kaum eine Gasse im Herzen der Hafenstadt, wo nicht aus dem aussätzigen Gewimmel der Wellblechhütten ein einstöckiges Steinhaus portugiesischer Bauart herausschaut, das ebensogut in Brasilien oder Macao stehen könnte.

Lagos ist die wohl unrühmlichste Schöpfung der britischen Kolonisation. Es scheint beinahe, als sollten diese Mißstände wie ein dauerndes Mal der Schande an jene grausamen Zeiten des europäischen Sklavenhandels erinnern, der Nigeria mehr als jedes andere Land Afrikas heimgesucht hat. Weitaus die meisten Schwarzen der Neuen Welt stammen von dieser Küste. Engländer, Portugiesen, Franzosen, Spanier, Holländer, Dänen und Brandenburger rivalisierten im 17. und 18. Jahrhundert in diesem einträglichsten aller Geschäfte, das bis zu 5000 Prozent Gewinn auswarf. Zeitweise wurden durchschnittlich hunderttausend Sklaven pro Jahr über den Atlantik verschifft. In der Regel kamen von zehn Schwarzen nur drei lebend in Amerika an. Die Europäer konnten es sich bequem machen. Sie eröffneten ihre Kontore an der Küste und warteten darauf, daß die Häuptlinge des Inneren die wehrlose Herde ihrer unterworfenen Feinde oder gar ihrer eigenen Stammesangehörigen für irgendeinen wertlosen Plunder verkauften.

Vor knapp hundert Jahren haben die europäischen Archäologen an diesem Teil der Guinea-Küste aufsehenerregende Funde gemacht. In den mit allen Geschmacklosigkeiten des westlichen Imports vollgepfropften Palästen der Oba entdeckten sie herrliche Bronzearbeiten, deren Meisterstücke auf das 15. Jahrhundert zurückgingen. Stilisierte Panther, Krieger, Häuptlinge und Elefanten zeugten von hochentwikkeltem, beinahe surrealistischem Kunstempfinden. Manche Bronzemasken waren von klassischem Adel.

Bezeichnenderweise endet diese unerklärliche Epoche mit den Abbildungen der eindringenden Portugiesen. Die westliche Überfremdung, vor allem aber die mörderische Sklavenjagd, haben die nigerianische Kultur ausgelöscht. Es war keine geringe Überraschung für die englischen Forscher, daß sie ausgerechnet in der Stadt Benin, deren Straßen mit Menschenschädeln gepflastert waren, wo zur Zeit der großen Ritualopfer das Blut knöchelhoch stand, die erlesensten Bronzearbeiten aufspürten. Als der Oba von Benin im vergangenen Jahr die Königin von England, Elisabeth II., begrüßte, hatte er sich einen furchterregenden Kettenpanzer übergestülpt, die Kopie eines Bronzereliefs aus dem 16. Jahrhundert. Heute klammert sich der nigerianische Nationalismus an die Vermutung, schon zur Zeit des alten Ägypten habe reger Austausch zwischen Nil und Niger bestanden.

Am späten Abend suchte ich einen einflußreichen Politiker der Ostregion, H. O. Davies, in seinem Parteibüro auf. Seine Anhänger nennen ihn kurzerhand »Chief H. O.«. Der Mann trug europäische Kleidung und trat wie ein Gentleman auf. Davies gilt als die rechte Hand Dr. Azikiwes, des dynamischen Vorkämpfers der nigerianischen Unabhängigkeit, der in Amerika ausgebildet und von den Engländern zeitweise verbannt worden war. In den turbulenten Tagen seiner Kampfzeit pflegte »Zik« – wie er beim Volk heißt – seine Ibo-Gefolgsleute mit der Voraussage zu begeistern, daß im Jahre 2944 Europa und Amerika am Boden liegen und durch schwarze Missionare erlöst würden. Seit er unumstrittener Führer der größten nigerianischen Partei, des National-Congresses (N.C.N.C.) ist und als Premier der Ostregion fungiert, hat Azikiwe politischen Weitblick und Mäßigung bewiesen.

H. O. Davies sprach mit bemerkenswerter Offenheit. »Nigeria würde im Bürgerkrieg versinken, wenn die Engländer uns von einem Tag zum andern allein ließen«, gab er unumwunden zu. »Sie kennen bereits den Gegensatz zwischen dem islamischen Feudalsystem des Nordens und unserem christlichen Parlamentarismus. Im Süden tritt noch der Kampf zwischen den östlichen Ibo und den westlichen Yoruba hinzu. In der Westregion regiert die ›Action-Group‹ des Yoruba-Häuptlings Awolowo, im Osten ist der National-Congress an der Macht. Politik ist in diesem Lande noch kein Widerstreit der Programme oder gar Ideologien, sondern ein explosives Gemisch aus Demagogie, alten Stammesfehden und labilem Personenkult. Es genügt, daß der National-Congress eine These verteidigt, und schon bekennt sich die Action-Group zum Gegenteil.«

Am folgenden Tage habe ich in einer Zeitungsredaktion, die dem britischen »Daily Mirror« nahesteht, einen gutaussehenden jungen Journalisten der »Action-Group« kennengelernt, der die Weltereignisse gewissenhaft und kompetent verfolgt. Er sprach ohne Scheu von den politischen Wirren seines Landes. Seltsamerweise fühlen sich neuerdings die Yoruba der Action-Group zu den politischen Vorstellungen des islamischen Nordens hingezogen. Das wird von Chief Awolowo damit erklärt, daß die Tradition der großen Stammesreiche der Westregion dem Feudalsystem im Norden nicht ganz unähnlich sei, hingegen in krassem Widerspruch zur Sippenanarchie der Ibo im

Osten stehe. Der eigentliche Grund der Annäherung ist ein ganz anderer. Bei den ersten Wahlen zum Bundesparlament errang Ziks National-Congress selbst in der Westregion einen überraschenden Sieg, und seitdem sieht sich Awolowo in seiner eigenen Hochburg bedrängt.

Als seine Hoheit Adele II., Oba von Lagos, den Vorhof des Palastes betrat, um uns zu begrüßen, warfen sich die weißgekleideten Höflinge der Länge nach in den Staub. Der Oba war ein korpulenter Mann mittleren Alters. Er trug eine violette Samtkappe und ein reichbesticktes blaues Gewand. Er hatte ein gutmütiges und etwas skeptisches Lächeln auf den breiten Lippen. Der Palast war alles andere als ein Märchenschloß. Im großen Vorhof war eine Schule untergebracht. Vor den fensterlosen Baracken der inneren Umfriedung hockten zwei Konkubinen, die sich gegenseitig lausten. Das Hauptgebäude war von portugiesischer Bauart und trotz seines Alters gut erhalten.

Der Oba führte uns zu seinem Thronsaal, vorbei an einem verhüllten Schrein, der mit magischen Zeichen geschmückt war. Daneben lagerte der Diener unbekümmert Brot und Lebensmittel. Der Thronsessel mochte wohl um die Jahrhundertwende dem Vorsitzenden eines englischen Aufsichtsrats gehört haben. Die wenigen Möbel ringsum stammten aus der victorianischen Epoche. Ein vergilbtes Bild zeigte den Oba von Lagos unter einer goldenen Krone.

Als eingesessener Stammeshäuptling von Lagos und Vorsitzender des Stadtrates verfügt Adele II. über großen politischen Einfluß, zumal er in den Augen des Volkes immer noch mit Zauberkräften ausgestattet ist. Die Erbfolge fällt hier wie in den meisten Häuptlingsfamilien nicht dem Sohn des herrschenden Oba zu, sondern dem Sohn seiner Schwester. Angeblich soll auf diese Weise den Ungewißheiten der Vaterschaft vorgebeugt werden. Oba Adele war ein umgänglicher Mann. Ungeachtet der unterwürfigen Dienerschaft bemühte er sich selbst um eine Flasche Bier. Er war früher Buchhalter in einer englischen Firma im Osten gewesen und hatte in jener Zeit nützliche Erfahrungen für seine augenblicklichen Verwaltungsaufgaben gesammelt. Obwohl er der westnigerianischen »Action-Group« nahestand, wich er allen politischen Fragen höflich aus und verwies auf seine Stellung als Schlichter zwischen den Parteien der Hauptstadt.

Die friedliche Atmosphäre des Palastes ist in keiner Weise das wirkliche Lebenselement der nigerianischen Politik. Während meines Aufenthaltes in Lagos waren ungeheure Korruptionsskandale in aller Mund, die von dem aus Amerika heimgekehrten Volksführer Zik aufgedeckt worden waren. Man munkelt, daß Azikiwe sämtliche Minister und Parteisekretäre des Südens jederzeit wegen erwiesener Delikte unter Druck setzen kann. Die Bestechlichkeit ist so weit verbreitet, daß die ausländischen Firmen bei jedem Vertrag mit den Behörden von vornherein mindestens fünf Prozent für Schmiergelder veranschlagen. Der nigerianische Mann auf der Straße findet diese Bräuche nicht sonderlich schockierend. Er bewundert insgeheim die Politiker, die sich so gut aufs Geschäft verstehen.

Aus dieser Mentalität erklärt sich, daß der ehemalige Bundesminister für Sozialdienste, Adelabu, ein Mann, der durch seine Korruptheit zu Fall gekommen war, als Volksheld gefeiert werden konnte. In Ibadan, der Hauptstadt der Westregion, hat er seinen Sturz nicht widerspruchslos hingenommen, sondern stürmte und besetzte die Bürgermeisterei mit einer Handvoll seiner Getreuen. Den Einwohnern von Ibadan soll dieser Husarenstreich sehr imponiert haben. Das Parteiblatt des National-Congresses kommentierte das Ereignis mit den kaum veränderten Worten des Alten Testaments: »Die Töchter des National-Congresses mögen weinen über Adelabu, der sie in Scharlach kleidete und sie mit goldenen Diademen bedachte. Adelabu ist das Opfer seiner Feinde geworden.« Auf der gleichen Seite widmete die Zeitung der britischen Politik in Kenia einen höchst unfreundlichen Leitartikel unter dem Titel »Die Last des schwarzen Mannes«. Anschließend wurden die Leser zu einem Preisausschreiben aufgefordert, wer zu Ehren der englischen Königin sein Haus am prächtigsten geschmückt habe.

Kaduna, im Februar 1956

Man muß die Engländer unter sich erlebt haben, um das Bild dieses werdenden Bundesstaates abzurunden. Das Clubhaus von Kaduna war an jenem Samstagabend mit britischen Beamten und Offizieren gefüllt. Der Barmann war der einzige Schwarze. Unter der zahlreichen Weiblichkeit waren sogar zwei hübsche junge Frauen aus Kent vertreten; aber mit vorschreitender Stunde und zunehmendem Alkoholgenuß überließen die Männer das schöne Geschlecht dem internen Gesellschaftsklatsch und trafen sich zu ernstem Gespräch an der Bar.

Ein von den Tropen gezeichneter District-Officer aus dem südlichen Busch verteidigte die Vorzüge der Ibo gegen einen Beamten des Nordens mit Oxford-Akzent. »Im Burma-Feldzug waren die Ibo meine besten Leute, tapferer als Ihre mohammedanischen Haussa. Erinnern Sie sich nur an die Straßenschlacht von Kano im Jahr 1953, als die christlichen Ibo und die Moslems aneinandergerieten wie Sikhs und Moslems in Amritsar. Die Ibo haben sich damals glänzend behauptet.« Der Beamte aus dem Norden war von seiner Sympathie für die Moslems, die von den meisten Engländern geteilt wird, nicht abzubringen. »Warten Sie nur ab, bis die junge islamische Generation sich organisiert«, sagte er, »dann wird hier ein zweites Pakistan entstehen, und wir werden uns dazu beglückwünschen können.« Der englische Kabinettschef eines angesehenen Emirs wandte dagegen ein, der Verbleib des Nordens in der Föderation biete die beste Gewähr für eine ausgeglichene Entwicklung Nigerias im Rahmen des Commonwealth.

Ein Leutnant aus Katsina berichtete von seinem Boy, der der islamischen Sekte der Mahdia beitrat. Eines Tages habe er von einem neuen Mahdi, einem Gottgesandten, berichtet, der die Vertreibung aller Ungläubigen predige. Die Unberechenbarkeit der islamischen Bewegung sei an diesem Beispiel demonstriert. Die Behauptung löste unter den Moslem-Freunden heftigen Protest aus.

»Man muß die Neger gernhaben«, sagte der Mann aus dem Busch. »Manche Leute sagen: Wir wollen schnell zusehen, daß wir hier herauskommen, dann sollen sie ruhig in ihre alten Stammesfehden zurückfallen. Aber Schadenfreude ist keine Politik.« – Die Anwesenden stimmten überein, daß in Nigeria ein Schulbeispiel geschaffen werden solle für alle übrigen britischen Besitzungen in Afrika. Nach dem Abtreten der europäischen Verwaltung müßten die englischen Wirtschaftspositionen erst recht gehalten werden.

Der Streit um die Ibo und Haussa dauerte bis spät in die Nacht. Wie ein Motto schien über dem Clubabend das vielzitierte Wort des Oba Adele II. zu stehen: »Nicht Gott hat Nigeria geschaffen, sondern die Engländer.«

Die Schatten Biafras

Der Bürgerkrieg war vorprogrammiert. Das Blutvergießen ließ nicht auf sich warten. Schon ein halbes Jahr nach Adoulas Bestätigung durch den afrikanischen Lagos-Gipfel im Februar 1962 kam es zu parteipolitischen Zusammenstößen in der nigerianischen Westprovinz. Bald danach versuchten die rivalisierenden Fraktionen des Offizierskorps – noch ganz im Geiste von Sandhurst und der britischen Kolonialarmee erzogen – die wachsende Anarchie durch einen Putsch zu bändigen. Das Jahr 1966 stand im Zeichen von Mord und Umsturz. Der Sardauna von Sokoto, Sir Ahmadu Bello, der alle überragende Feudalherr des Nordens, wurde umgebracht. Der Ibo-General Aguiyi Ironsi, der – auf eine Militär-Junta gestützt – das Amt des Staatschefs usurpiert hatte, fiel seinerseits einer Verschwörung muslimischer Haussa-Offiziere zum Opfer. In der ganzen Nordregion rotteten sich die Jünger des Propheten gegen die katholischen Ibo zusammen, diese verhaßten Eindringlinge aus dem Süden, und veranstalteten schreckliche Pogrome. Hunderttausende von Ibo flüchteten in ihre Heimatregion – von nun an »Biafra« genannt – zurück, wo ein einheimischer General namens Ojukwu den Widerstand und sehr bald einen eigenen Separatstaat organisieren sollte.

Im Sommer 1967 begann der Biafra-Krieg, der Kampf der Ibo um Unabhängigkeit und Selbstbestimmungsrecht ihres Volkes. Hier entstand, laut Präsident Houphouet-Boigny von der Elfenbeinküste, die »erste echte Nation Afrikas«. Nach einer Serie konzentrischer Offensivstöße, die im wesentlichen von den Armeen des Nordens – auch die Yoruba hatten gegen Ojukwu Stellung bezogen – vorgetragen wurden, war das Verteidigungsréduit von Biafra auf eine Flugzeugrollbahn im Dschungel zusammengeschrumpft. Fast alle afrikanischen Staaten, die gesamte islamische Welt, der Ostblock und die alte Kolonialmacht Großbritannien machten mit der Zentralregierung von Lagos gemeinsame Sache. Zur Niederwerfung der Ibo lieferten Russen und Engländer den Nordisten Infanteriewaffen, Artillerie und Kampfflugzeuge. Lediglich Frankreich ergriff resolut für Biafra Partei. Die gigantische Föderation Nigeria mit einer Menschenmasse, die die Bevölkerung des gesamten ehemals französischen Afrika zwischen

Dakar und Brazzaville erheblich überstieg, war General de Gaulle von Anfang an nicht geheuer. In Paris befürchtete der Quai d'Orsay, daß dieser Koloß die umliegenden frankophonen Nachfolgestaaten – darunter solche Zwerggebilde wie Dahomey und Togo oder bettelarme Sahel-Republiken wie Niger und Obervolta – nach und nach zu einem Satellitendasein verurteilen würde.

Zweieinhalb Jahre – viel länger als alle Experten errechnet hatten – dauerte der verzweifelte Existenzkampf der wackeren Ibo. Zahllose Kleinkinder verhungerten, andere wurden – zu Skeletten abgemagert – durch die nächtlichen Transportflüge internationaler Hilfsorganisationen unter hohem eigenen Risiko in umliegende Staaten, vor allem nach Gabun evakuiert. Die Organisation für Afrikanische Einheit hatte wieder einmal – mit der bemerkenswerten Ausnahme Tansanias, Sambias, Gabuns und der Elfenbeinküste – auf die Unverletzlichkeit der vom Kolonialismus gezogenen Grenzen gepocht und die Ibo ihrem Schicksal überlassen. Am 15. Januar 1970 flüchtete General Ojukwu nach Abidjan. Von Biafra blieb nur die Erinnerung an einen für Afrika einmaligen Akt bravouröser Selbstbehauptung. Die Ibo hatten Disziplin, Löwenmut und Effizienz demonstriert.

Meine Korrespondententätigkeit in Vietnam, die dramatischen Ereignisse der Pariser Mai-Revolution von 1968 und deren Folgen hatten mich gehindert, den Biafra-Krieg an Ort und Stelle zu verfolgen. Als ich im Herbst 1969 in Libreville, der Hauptstadt von Gabun eintraf, lag der Widerstand der Ibo in den letzten Zügen. Auf der Rollbahn des Flugplatzes Libreville waren schwarz angestrichene, morsche Transportmaschinen aufgereiht, die in den vergangenen Monaten im Schutz der Dunkelheit Nahrungsmittel und Waffen nach Biafra eingeflogen und halb verhungerte Kinder ausgeflogen hatten. Die Stimmung unter den französischen Piloten und Geheimdienstoffizieren war düster. Die katholischen Missionare, die die Ibo-Kinder in wohlversorgten Waisenhäusern sammelten, klagten die Passivität des Westens an. Hinter der weltweiten Verschwörung gegen Biafra sahen sie das Zusammenspiel anonymer, mächtiger Interessengruppen. Es war bei diesem Vernichtungsfeldzug nicht nur um die territoriale Einheit der nigerianischen Föderation gegangen, sondern auch um die Royalties der reichen Erdölvorkommen an der Niger-Mündung, die Ojukwu für sich beansprucht hatte. Später sollte der französische

Philosoph André Glucksmann den »Verrat des Abendlandes« am katholischen Biafra als »ein törichtes Zugeständnis an eine unverdaute Dritte-Welt-Ideologie und an den militanten Panislamismus« brandmarken.

In ihrer Empörung hatten die engagierten europäischen Freunde Biafras die Versöhnungsfähigkeit der Afrikaner unterschätzt. Nach der Eroberung und territorialen Zerstückelung Biafras haben die Ibo mit Fleiß und Unverdrossenheit wieder Zugang zu den führenden Positionen in Wirtschaft und Verwaltung gefunden. Diese »Juden Westafrikas«, wie die Engländer sie einst nannten, sind in alle Regionen, auch in den Norden ausgeschwärmt, haben sich unentbehrlich gemacht. Sogar dem General Ojukwu wurde die Rückkehr in die Heimat freigestellt.

Nach dem Sieg über den Biafra-Separatismus setzte ein Erdöl-Boom ein, der das von der Natur ohnehin begünstigte Nigeria zu einem Taumel der Überheblichkeit verleitete. Diese unendlich reiche Föderation, die bei halbwegs vernünftiger Bewirtschaftung mühelos in der Lage wäre, die ganze Sahel-Zone zu ernähren, ergab sich dem Wahn eines Schlaraffendaseins. Nach der Sättigung des weltweiten Petroleummarktes und zunehmenden Absatzschwierigkeiten schlitterte Nigeria in eine astronomische Auslandsverschuldung und in die Rezession. Die sträfliche Vernachlässigung der Landwirtschaft zwang zu massiven Importen von Nahrungsgütern. Die allgegenwärtige Kriminalität machte die Metropole Lagos zur gefürchtetsten Stadt Afrikas. Die Korruption verseuchte nicht nur das Geschäfts- und Verwaltungsgebaren, sondern alle Aspekte des täglichen Lebens. Unterdessen ließen sich die Massen des Nordens durch Schwärmer und Fanatiker des islamischen Fundamentalismus aufwiegeln. Die Moscheen von Maiduguri und Kanem hallten wider von dem mystisch verworrenen Verlangen nach einem »Mahdi«, der das Reich Allahs auf Erden errichten möge. Im Tumult der Wirtschaftskrise, in der Auflösung der gesellschaftlichen Ordnung agierten und putschten die Militärs mit wütender Ohnmacht. Nigeria bleibt ein taumelnder Riese.

DIE INDER IN KATANGA

Kolwezi, im Januar 1963

Das Katz und Maus-Spiel zwischen den Vereinten Nationen und Tschombe hat noch ein knappes Jahr gedauert. Präsident Kennedy mußte sich inzwischen anderen und schwerwiegenderen Herausforderungen stellen. Im Herbst 1962 hatte er unter dem Applaus seiner Verbündeten die Raketenkrise um Kuba durchgestanden. In Wirklichkeit – das sollte sich erst sehr viel später herausstellen – war die Sowjetunion aus dieser Konfrontation, die bis an den Rand des Nuklearkrieges rückte, als langfristiger Gewinner hervorgegangen. Sie hatte ihren Verzicht auf die Stationierung von ein paar Mittelstreckenraketen in der unmittelbaren Nachbarschaft Floridas gegen eine fest verbürgte Existenzgarantie des kubanischen Regimes Fidel Castros eingetauscht. Der dauerhafte Einbruch in die westliche Hemisphäre war gelungen. Auf der anderen Seite des Erdballs verhedderte sich die Kennedy-Administration im indonesischen Dschungel. Was die brillantesten Berater dieses strahlenden »Camelot« den USA in Südostasien einbrockten, würden die Nachfolger Johnson und Nixon auszulöffeln haben.

Die Liquidierung Katangas war eine Affäre von Tagen. Dieses Mal wurde nichts dem Zufall überlassen. Bei herrlichem Sonnenschein war ich in Ndola gelandet. Über Kipushi, der Grenzstation, wehten bereits die dunkelblauen Kongo-Fahnen mit dem goldenen Stern einträchtig neben dem hellblauen Tuch der Weltorganisation. Die Beschießung eines UN-Helikopters und die wenig glaubwürdige Meldung, Tschombe sei dabei, seine mysteriöse Luftwaffe massiv zu verstärken, hatte die Operation »Grand Slam« ausgelöst. Tschombe mußte aus Jadotville flüchten. Es kam dort nicht einmal zu einem Gefecht, nachdem indische Pioniere die gesprengte Eisenbahnbrücke über den Lufira-Fluß notdürftig repariert hatten. Im Hotel Albert von Elisabethville fand ich dieses Mal Quartier, ohne Beschuß von irgendeiner Seite befürchten zu müssen.

Vier Tage später folgten wir einem Konvoi von Blauhelmen in Richtung Kolwezi, dem letzten Widerstandsnest der Tschombe-Partisanen. Der Vormarsch verlief behutsam, aber planmäßig. Auf halber Strecke übernachteten wir in den leeren Zementhütten einer Grubenverwaltung. Am nächsten Morgen kam es beim Flußübergang zu einem kurzen Feuerwechsel mit einer versprengten Söldnereinheit. Aber als die indischen Doghras die dortige Eisenbahnbrücke erreichten, hingen die Sprengladungen ungezündet von den Stahlträgern. Die Brücke war intakt. Die Doghras rissen die mit hochexplosivem TNT gefüllten länglichen Schläuche mitsamt ihren Drahtverbindungen in selbstmörderischer Eile herunter. Der Geleitzug – mit den Panzerfahrzeugen an der Spitze – fuhr weiter. Die Blauhelme besetzten ohne jede Gegenwehr die Grubenstadt Kolwezi. Über der flachen Siedlung mit roten Wellblechdächern, über dem staubgrünen, öden Busch ringsum drückte wieder grauer Himmel.

Moise Tschombe hatte schon eine knappe Woche zuvor resigniert. Er erwartete die Streitmacht der Weltorganisation in dem Gebäude der Union Minière. Bevor er das Ende der Katanga-Sezession formell bestätigte, trat er – möglicherweise von Napoleons Abschied in Fontainebleau inspiriert – vor seine Gendarmen. Der Katanga-Chef hielt sich kerzengerade, sagte ein paar Worte auf suaheli und französisch. Er bewahrte Contenance. Wie eine Marionette wirkte er jedenfalls nicht. Dann fuhr er, geleitet von indischen Offizieren, in eine Villa am Stadtrand.

Mit meinem Fernsehteam drang ich in das unbewachte Haus ein, klopfte an mehrere Türen und stand plötzlich vor dem gestürzten Katanga-Potentaten, der inmitten seiner Getreuen und Familienangehörigen tafelte und ein reichhaltiges Mittagsmahl genoß. Als er uns sah, war jede Jovialität aus dem sonst so heiteren Gesicht verschwunden. »Ist es bei Ihnen zu Hause üblich, daß man die Leute beim Essen überfällt?« fragte er unwirsch. Eine halbe Stunde später kam er dann doch in den Salon, ließ sich in einen Sessel fallen und gab ein kurzes

Interview. Er war ein guter Verlierer. Es sei keine Schmach, von der weit überlegenen UN-Armee bezwungen zu werden. Er lobte den Mut seiner schwarzen Gendarmen und erklärte sich bereit, an der Zukunft der nunmehr wiedervereinigten Kongo-Republik konstruktiv mitzuarbeiten.

Das Gros seiner Truppe, schwarze Gendarmen und weiße Söldner, hatte inzwischen die Grenze nach Angola überschritten, wo sie von den portugiesischen Offizieren entwaffnet, aber mit Sympathie und offenen Armen empfangen wurden. Die »Affreux« hatten die Hoffnung nicht aufgegeben, auch bei den künftigen Wirren, die sich in der chaotischen Ostregion und in der rumorenden Kwilu-Provinz bereits ankündigten, wieder neue, gut honorierte Betätigung zu finden. Die afrikanischen Tschombe-Soldaten kamen den Portugiesen gelegen. Die Stäbe von Luanda brauchten kampferfahrene eingeborene Freiwillige – vorzugsweise aus dem verläßlichen Volk der Lunda, das zu beiden Seiten der Grenze siedelt –, um den Aufstand der Bakongo im angolanischen Norden einzudämmen.

Der britische Premierminister Harold Macmillan, der die Folgen des Katanga-Debakels für die letzten britischen Besitzungen realistisch einschätzte und mit der Kongo-Regierung Cyrille Adoulas hart aneinandergeraten war, soll damals in seinem Tagebuch notiert haben: »Die Kongo-Krise geht weiter, halb Rüpelspiel, halb Tragödie.«

Zwei Tage nach Tschombes Kapitulation reiste ich nach Salisbury ab, um einen Fernsehreport über die Lage in Südrhodesien zu verfassen. Ein Gespräch mit Ian Smith, der sich mit seiner »Rhodesian Front« an die Spitze der »diehards« gestellt hatte, war vereinbart. Der schwarze Nationalistenführer Joshua Nkomo war zwar von den Kolonialbehörden unter Hausarrest gesetzt worden, würde aber ebenfalls zu sprechen sein.

Während die UTA-Maschine den Sambesi überflog, blätterte ich in einer vergilbten Broschüre, die ich in der Bibliothek der Union Minière von Kolwezi aufgestöbert hatte. Die Studie befaßte sich mit der Berliner Konferenz, die im Februar 1885 zu Ende gegangen war und die sich – entgegen einer weitverbreiteten Meinung – nur sehr oberflächlich mit der Aufteilung Gesamtafrikas unter den europäischen Mächten, dafür aber um so intensiver mit den Besitzverhältnissen im riesigen Kongo-Becken befaßt hatte. Von den fünfunddreißig Paragraphen des von Bismarck patronierten und geschickt manipulierten Konferenz-Protokolls waren fünfundzwanzig dem Kongo und seinem neuen Schirmherrn, König Leopold II. von Belgien, gewidmet, der dieses neutralisierte Territorium im Namen der von ihm gegründeten Gesellschaft zur Erforschung Zentralafrikas in Besitz nahm.

Die Grenzen der weißen Kolonisation waren damals von den Europäern unter Mißachtung aller geographischen und ethnischen Realitäten oft mit dem Lineal gezogen worden. Kein Afrikaner wurde befragt. Weite Teile des schwarzen Kontinents befanden sich ohnehin im Zustand der Völkerwanderung und gegenseitiger Eroberungszüge. Keine der rassischen Gruppen besaß ein der Neuzeit angepaßtes Konzept staatlicher, geschweige denn nationaler Einheit. Von dem Entdecker Stanley, der im Auftrag Leopolds II. agiert hatte, war lediglich erwartet worden, daß er die fragwürdige Zustimmung von vierhundertfünfzig Stammeshäuptlingen, die weder lesen noch schreiben konnten, in irgendeiner Form beibrachte.

Am heftigsten war um den Zugang des späteren Belgischen Kongo zum Atlantischen Ozean gerungen worden. Weder die altetablierten Portugiesen noch die Franzosen, die kurz zuvor – dank der Expedition des Marineoffiziers Savorgnan de Brazza – am Unterlauf des Kongo Fuß gefaßt hatten und sich auf einen Schutzvertrag mit dem Stamm der Bateke beriefen, gönnten Leopold den Zugriff auf das Mündungsgebiet. Bismarck gab den Ausschlag zugunsten des belgischen Monarchen, und Stanley hatte überzeugende Vorarbeit geleistet. Er hatte den Bau einer Eisenbahnstrecke, eines »dampfgetriebenen Tramway«, wie er es nannte, zwischen dem Kolonialposten Leopoldville und dem Hafen Matadi und somit die Überwindung der dreihundertfünfzig Kilometer langen Folge von Stromschnellen am großen Zadi in Aussicht gestellt. Auf eine zusätzliche französische Besitznahme im Gebiet des Kwilu-Niari hatte Leopold II. wütend reagiert, indem er seinem zentralafrikanischen Imperium völlig eigenmächtig mit einem kräftigen Strich seines Rotstiftes einen Fetzen Savanne im äußersten Süden hinzufügte, das heutige Katanga oder Shaba. Niemand ahnte damals, daß dort die weitaus reichsten Erzvorkommen des Kongo schlummerten.

War es nicht eine konfuse Welt, in der sich die afrikanischen Erben der europäischen Conquistadoren an deren willkürliche Grenzziehungen klammerten und diese dubiose Hinterlassenschaft als eigenen territorialen Besitzstand mit Zähnen und Klauen verteidigten? Die neuen schwarzen Herrscher wußten um die Brüchigkeit ihrer aus dem Nichts entstandenen Republiken. Sie waren sich der explosiven Sprengkraft der Stammesgegensätze bewußt. Die Unverletzlichkeit der ehemaligen Kolonialgrenzen – oft nur als vage Verwaltungsunterteilung ein und derselben Schutzmacht konzipiert – wurde zum höchsten Prinzip der neuerworbenen Unabhängigkeit. Da Katanga seit Leopolds Zeiten der Zentralverwaltung von Leopoldville unterstand, wäre eine Loslösung der Grubenprovinz im gesamten Kontinent als überaus bedrohlicher Präzedenzfall empfunden worden. Die Weltorganisation der Vereinten Nationen hat nicht gezögert, ihre ganze Autorität und ihr bewaffnetes Aufgebot in den Dienst dieses seltsamen Immobilismus zu stellen.

DIE RÄCHER LUMUMBAS

Albertville (Kalemie), im Sommer 1964

Es war früher Morgen. Über dem platten Wasser des Tanganyika-Sees hingen Nebelschwaden. Der Himmel im Westen war noch dunkelgrau. Im Osten, wo sich einmal Deutsch-Ostafrika befand, ging die Sonne in Gold und Purpur auf. In spätestens einer Stunde würden wir unter drückender, feuchter Hitze leiden.

An Bord des Dampfers, der am Abend zuvor in Bujumbura, der Hauptstadt des kleinen Königreichs Burundi, abgelegt hatte, gab es alle mögliche Fracht, aber nur vier Passagiere. Mich begleiteten der Kameramann Rolf Friedrich und der Toningenieur Georg Meurer. Dazu kam eine katholische Ordensschwester. Der Kapitän war ein müder Kolonial-Belgier, der sich nicht entschließen konnte, ins fröstelnde, enge Mutterland zurückzukehren. Wir standen hinter ihm in der Steuerkabine. Niemand sprach ein Wort. Der Dunst wurde plötzlich von der Sonne durchbrochen. Wir erkannten die Docks und Anlegepiers des ostkongolesischen Hafens Albertville. Was wir dort erblickten, bestätigte unsere schlimmsten Ahnungen. Die Nonne war leichenblaß geworden und bekreuzigte sich. Auch die schwarze Schiffsbesatzung sah mit vor Schreck geweiteten Augen auf das Ufer.

Das Empfangskomitee hätte der Komparsengruppe aus einem Dokumentarfilm über die Anfänge der Menschheit alle Ehre gemacht. Die schwarzen Krieger, die uns erwarteten, trugen Speere und Buschmesser, Pfeil und Bogen. Ihre abenteuerliche Uniformierung wurde durch Tierfelle, Grasbüschel und Lianen ergänzt. Zum Teil hatten sie sich mit weißer und roter Farbe das Gesicht beschmiert. Sobald unser Fallreep den Kai berührte, kamen diese Gestalten der Urzeit an Bord.

Ich hatte einen hochgewachsenen Afrikaner ausgemacht, der offenbar die Rotte anführte. Er trug immerhin Hemd und Hose sowie eine Kappe aus Leopardenfell. Der Mann ging gleich auf mich zu: »Ich bin Minister für Information und Sicherheit der Kongolesischen Volksrepublik«, stellte er sich vor. »Mein Name ist Martin Kasongo. Sie sind wohl das deutsche Fernsehteam, das uns von unserem Vertrauensmann in Bujumbura angekündigt wurde. Nehmen Sie Ihr Gerät und folgen Sie uns!«

Ob die katholische Schwester, die mit dem Mut einer Märtyrerin mitten ins Rebellengebiet zurückgekehrt war, um die Missionsarbeit weiterzuführen, ihre Station erreicht hat, sollte ich nie erfahren. Wir wurden mit unserem Kameragerät in zwei halbzertrümmerte amerikanische Limousinen verfrachtet und fuhren über die schnurgerade Asphaltstraße, die den Stadtkern von Albertville bildet, zum »Hotel du Lac«. Wir sahen uns beklommen an und bewegten uns von nun an wie in einem Alptraum.

Insgeheim verfluchte ich mich schon, daß ich mich auf dieses Abenteuer eingelassen hatte. Wir befanden uns bei den »Simbas«, den »Löwen«, wie sie sich selbst nannten, in der Hochburg jener chaotischen Rebellenbewegung, die unter ihrem Führer Gaston Soumialot weite Teile des Ost-Kongo der Regierungskontrolle entrissen hatte, während der Partisanenchef Pierre Mulele, ein früherer Minister Lumumbas, den Westen der Republik heimsuchte. Wir waren bei den »Rächern Lumumbas«. So sollte auch der Fernsehfilm lauten, den ich über diese Expedition am Tanganyika-See programmiert hatte.

Die wunderbare Rückkehr des Moise Tschombe

Seit einem Jahr hatte ich dem schwarzen Erdteil den Rücken gekehrt und mich als Korrespondent in Paris etabliert. In diesen Monaten hatten sich in Zentralafrika erstaunliche Veränderungen vollzogen. Das Regime von Leopoldville war auch nach der Vertreibung Moise Tschombes aus Katanga nicht stabiler geworden. Im Gegenteil. Mit Cyrille Adoula hatten die Amerikaner aufs falsche Pferd gesetzt. Der redliche Premierminister kam trotz aller UN-Unterstützung mit der

Weite seines Territoriums, mit den Intrigen der Politiker und den permanenten Stammesunruhen nicht zurecht. Im Oktober hatte er nach einem Staatsbesuch in Washington das Parlament aufgelöst. Die meisten Links-Oppositionellen witterten Gefahr und setzten sich rechtzeitig nach Brazzaville auf das andere Ufer des Zadi ab, wo ein Moskau-freundlicher Militärputsch gerade den Abbé Fulbert Youlou zu Fall gebracht hatte. Auf dem Umweg über Brazzaville waren auch Mulele und Soumialot in ihre »Maquis« aufgebrochen.

Es folgten lange Wochen der Ungewißheit und des hitzigen Palavers. Kennedy war im November 1963 ermordet worden. General Mobutu, der weiterhin die Rolle des starken Mannes beanspruchte, jagte zum zweiten Mal die russische Botschaft unter schimpflichen Umständen aus dem Land. Im Frühjahr 1964 brach der weitverzettelte Aufstand aus. Frühere Lumumbisten, angebliche Marxisten und Maoisten, wirre Propagandisten einer radikalen Rückkehr zu altem afrikanischem Brauchtum bildeten eine bedrohliche Allianz, der Adoula nicht gewachsen war. Die Stäbe der Vereinten Nationen brachen die Zelte ab, verlegten ihre Militärkontingente und wuschen sich angesichts der Anarchie, die sie hinterließen, die Hände in Unschuld. Das endgültige Einholen der blauen UN-Fahne auf dem Boulevard Albert am 1. Juli 1964 wurde von den Kongolesen wie eine zweite Befreiung empfunden. Die Weltorganisation hinterließ in Leopoldville die Erinnerung an Inkompetenz und Anmaßung. Der gigantische Autofriedhof, eine surrealistische Anhäufung von Schrott und Blech, wo zahllose weiße Fahrzeuge mit den UN-Buchstaben verrosteten, blieb als symbolträchtiges Denkmal dieser unrühmlichen Präsenz zurück.

Eine Woche später stand die Öffentlichkeit kopf. Adoula hatte demissioniert. Staatspräsident Kasavubu rief – mirabile dictu – ausgerechnet den alten Katanga-Separatisten, den Erzfeind der nationalen Kongo-Einheit, Moise Tschombe aus dem Exil zurück und übertrug ihm das Amt des Premierministers der Zentralregierung. Die schwarzen Massen von Leopoldville jubelten dem einstigen Katanga-Chef wie einem Retter in höchster Not zu. Im offenen Wagen fuhr er durch das begeisterte Spalier, trug sein breites, triumphierendes Lachen im Gesicht und nahm immer wieder ein »Bad in der Menge«. Sogar in der alten Zitadelle der Ostblock-Sympathisanten, in Stanleyville, wurde ihm ein festlicher Empfang bereitet. Sein Mut war beachtlich.

Vor meinem Abflug aus Paris hatte ich eine verblüffende Szene auf dem Bildschirm gesehen: Moise Tschombe legte einen Kranz an dem Denkmal Lumumbas in Stanleyville nieder und verbeugte sich vor dem toten Gegner, seinem Opfer. Vielleicht hatte er dieses Mal den Bogen überspannt, hatte er das Erinnerungsvermögen seiner Landsleute unterschätzt. Die Rebellion der Lumumbisten schwoll plötzlich zu einer reißenden Flut an. Die mit modernen Waffen ausgerüstete Nationalarmee flüchtete in unbeschreiblicher Panik beim bloßen Anrücken der lanzenbewehrten Simba. Zehn Tage nach der frevlerischen Kranzniederlegung besetzten diese Steinzeitkrieger Stanleyville.

Leopoldville, im Sommer 1964

Meine erste Zwischenstation bei dieser überstürzten Kongo-Reportage hieß natürlich Leopoldville. Es war ein seltsames Gefühl, Tschombe in jener gelben Regierungsvilla am Strom zu begegnen, wo ich das Testament Lumumbas entgegengenommen hatte. Beim Blättern in meinen Aufzeichnungen aus dem Spätherbst 1960 fand ich noch die Interviewpassage, die dem damaligen Katanga-Separatisten gewidmet war. »Ich bin sicher, Tschombe wird begreifen, daß ich sein Bruder bin und daß er mein Bruder ist«, hatte der verzweifelte Lumumba wörtlich gesagt. »Wir müssen gemeinsam einen starken Kongo bauen, auf den unsere Söhne stolz sein können.« Jetzt saß ich mit Tschombe in der gleichen gelben Sesselecke. Nach einigen Präliminarien stellte ich ihm die Frage nach den letzten Stunden Lumumbas. Er hatte schon im Exil versucht, sich von dem Blutgeruch reinzuwaschen und wiederholte seine Darstellung der Ereignisse. »Wir waren vor eine vollendete Tatsache gestellt worden«, sagte Tschombe, »als der gefangene Lumumba uns von der Zentralregierung in Leopoldville überstellt wurde. ›Je vous envoie le colis – Ich schicke Ihnen das Paket‹ hatte mir Kasavubu gekabelt. Es war schon dämmerig, als das Flugzeug mit Lumumba in Elisabethville landete. Wegen der späten Stunde war an einen Weiterflug nicht zu denken. Wir wollten Lumumba in einem kleinen Haus am Flugplatz unterbringen. Aber bei seiner Ankunft stellten wir fest, daß er während des Fluges von der Begleitmannschaft halbtot geschlagen worden war. Übrigens waren Truppen der Vereinten Nationen bei der Landung zugegen und haben nicht eingegriffen. Sobald ich erfuhr, in welchem Zustand Lumumba sich befand, habe ich einen belgischen Arzt beauftragt, Lumumba zu untersuchen. Der Arzt bestätigte, daß Lumumba an einem Schädelbasisbruch und schweren inneren Blutungen litt, daß kaum Hoffnung bestand, den Verletzten zu retten. Wenige Stunden nach seiner Ankunft war Lumumba tot.«

Auch Tschombe regiert schon wieder mit Pressekonferenzen. Nach den ersten Tagen der Euphorie ist er sich seiner Ohnmacht bewußt geworden. Er hält ein altbewährtes Rezept bereit, die Rekrutierung von weißen Söldnern. Etwa vierhundert Mann, so wird in den Botschaften geschätzt, hat er zusammengetrommelt. Die bedeutendsten Reisläuferhaufen werden von dem Luxemburger Schramme und dem Briten Mike Hoare geführt. Das Aufgebot ist international. Rhodesier und Südafrikaner sind in der Überzahl. Ein sehr rühmlicher Haufen ist das nicht. In einer Bar von Leopoldville traf ich eine besonders pittoreske Type an, einen schwarzen US-Piloten, »Colonel Julian«, der angeblich als »Black Eagle of Harlem« eine gewisse Berühmtheit genossen hatte. Der ergraute Haudegen amüsiert sich über die Sympathien, die Washington dem »schwarzen Schaf« Tschombe heute entgegenbringt und plädiert zur Lösung aller Kongo-Probleme für den Einsatz einer feststrukturierten Fremdenlegion.

General Mobutu habe ich dieses Mal nur flüchtig gesehen, als ich unweit von Ndjili die kongolesische Fallschirmjägereinheit filmte, die von israelischen Offizieren ausgebildet wird. Er war kurz zuvor in Israel gewesen und hatte sich das dortige Fallschirmspringer-Abzeichen verdient. Ob die frisch ausgebildeten schwarzen Elitesoldaten allerdings dem tief eingefleischten Aberglauben widerstehen, ob sie nicht auch ihre Schnellfeuergewehre wegwerfen und davonlaufen werden, wenn sie sich den schrecklichen Simba gegenübersehen, das vermögen die israelischen Ausbilder nicht zu beurteilen. Ein Hauptmann aus Haifa erzählt uns feixend, daß der Lieblings-Cha-Cha-Cha seiner schwarzen Soldaten, eine Art Regimentshymne, die im Chor gesungen wird, mit den Worten beginnt: »Je déteste la barbarie – Ich verabscheue die Barbarei ...« Um eine Pointe ist der Berichterstatter am Kongo nie verlegen; die Wirklichkeit übertrifft die Phantasie. Inzwischen gibt es natürlich auch einen Tschombe-Cha-Cha-Cha.

In der Höhle der »Löwen«

Bukavu, im Sommer 1964

Die grünen Hügel von Kivu waren in den nebligen Flor der Trockenzeit gehüllt. In dieser äußersten Ostprovinz des Kongo am großen afrikanischen Graben leben die Bantu-Stämme Seite an Seite mit Pygmäen und hünenhaften Niloten. Überall weiden langhörnige Büffelherden. Die belgischen Plantagenbesitzer, die hier einst ebenso sorglos und luxuriös lebten wie die englischen Kolonisten in den »white highlands« von Kenia, rühmten das gesunde, frische Klima, sprachen von einer afrikanischen Schweiz. Auf den Hängen des Kivu-Sees blüht eine herrliche Flora. Dennoch ist dieses eine grimmige, eine finstere Gegend. Bei den Riesen des Watutsi-Stammes im nahen Ruanda und Burundi sammelten die Könige die Hoden ihrer erschlagenen Feinde in ihren dickbäuchigen Zeremonientrommeln.

Nach Landung auf dem Flugplatz Bukavu führen wir die ersten Informationsgespräche in dem verödeten, einst so eleganten Städtchen. Die letzten Belgier leben in Erwartung des Weltuntergangs. Der Boden hat sich unter ihnen aufgetan. Dieser Teil Afrikas – zu Füßen der rauchenden Vulkane – entzieht sich allen westlichen Zivilisationsmaßstäben. Noch wird geschwätzt und gefeilscht auf den Märkten von Kabare und Gwenschi. Aber auch ohne Tamtam verbreitet sich die Nachricht vom Vormarsch der Rebellen. Dann wird nur noch getuschelt oder geschwiegen. Hier sitzt der Haß gegen die Weißen viel tiefer als im lebensfrohen Westen. Der große mythische Held des Ost-Kongo ist Lumumba geblieben. Seit der Unabhängigkeit gibt es in Kivu weder Gesetz noch Verwaltung. Die Soldaten der Nationalarmee haben hier besonders brutal gehaust. Auch in Bukavu hat Tschombe, der offenbar vor keiner Gefahr zurückschreckt, vor drei Wochen eine kurze Staatsvisite vollzogen. Er versammelte die Häuptlinge um sich, versuchte sein Regime auf das überlieferte Stammesgefüge und die archaischen Formen afrikanischer Hierarchie zu stützen. Doch die Jungen lehnen sich wütend gegen die Bervormundung durch die korrupten Greise, die verbrauchten »chefs coutumiers« auf. Noch heftiger wenden sie sich gegen die fadenscheinig demokratischen Regierungsformen Europas, die in Leopoldville nachgeäfft werden. Die

Jungen lallen unverdaute marxistische Parolen. Ihr Nationalismus steigert sich zu mörderischer Fremdenfeindlichkeit. Wenn das Nahen der wilden Männer mit den Speeren und den Affenfellen aus dem Süden gemeldet wird, dann flüchten Bauern und Hirten in die Wälder. Auf dem Kopf tragen sie ein Bündel mit Habseligkeiten und müssen froh sein, wenn sie nicht von einer marodierenden Polizeistreife beraubt werden.

Im Hotel am Kivu-See herrscht Grabesstille. Das graue Wetter drückt aufs Gemüt. Ein paar amerikanische Offiziere mit den grünen Baretts der »Special Forces« sitzen an der Bar, trinken Whisky und haben ihre Waffen in Reichweite. Sie gehören dem »Military Advisory Command« für den Kongo an, werden von ihrer Botschaft als »tough cookies« bezeichnet. Das sind sie wohl, denn sie begeben sich zu zweit oder zu dritt mit dem Jeep oder zu Fuß auf Pirsch und Erkundung. Der US-Militärattaché in Leopoldville koordiniert auch die Aktionen exilkubanischer Piloten, die für klingenden Lohn Bordwaffenangriffe gegen die aufständischen Lumumbisten fliegen. Auf der anderen Seite gibt es ebenfalls Kubaner, die für Fidel Castro und die rote Weltrevolution im Einsatz stehen, so behaupten die »green berets«. (Diese »Compañeros« sollten Anfang 1965 von Che Guevara höchstpersönlich inspiziert werden, wobei sein Urteil über die sogenannte »Operation Carlota« im Ost-Kongo recht nuanciert ausfiel.) Die breitschultrigen, gelassenen Amerikaner zeigen uns auf der Karte, wie nahe die Simba, von Süden vorrückend, an Bukavu herangekommen sind. Der letzte Posten der Nationalarmee ist knappe zwölf Kilometer entfernt.

Am nächsten Morgen sind wir über eine rote Laterit-Straße zu dieser vorgeschobenen Stellung gefahren. Die Soldaten Mobutus hatten ein paar Sandsäcke aufgeschichtet und die Piste mit einer hölzernen Schranke versperrt. Sie mochten dreißig Mann sein und waren heilfroh über unseren unerwarteten Besuch. Die Präsenz von Weißen gab ihnen wohl ein minimales Gefühl von Sicherheit. Sie rollten jetzt wild mit den Augen, ließen sich in kriegerischer Pose filmen und zeigten lachend auf den Kochtopf, wo irgendein Getier bruzzelte. »Wir haben den Rebellenführter Mulele geschlachtet«, prahlten sie, »hier in diesem Kessel schmort er, und gleich essen wir ihn auf.« In Wirklichkeit schlotterten sie vor Angst. Sie standen einer Gespensterarmee gegenüber, einer Truppe von Kriegern, die sich auf die alten Dämonen Afrikas beriefen. Diese Urkräfte, so hörten wir, seien den technischen Mitteln der Europäer weit überlegen. Beim Nahen der Simba und Leopardenmänner, die sich mit »Maji«, mit magischem Wasser und Zaubersprüchen unverwundbar machten, verbögen sich die Schnellfeuergewehre, und die Kugeln träfen nicht mehr ins Ziel.

Kein Wunder, daß die Soldaten Mobutus, die in Kivu ohne Kommando und festen Auftrag diesen Urgewalten hilflos ausgeliefert sind, sich die Uniform vom Leib reißen und das Weite suchen, wenn auch nur ein Gerücht den Anmarsch ihrer Gegner meldet. Sie fürchten diese unheimliche Provinz, wo die wilden Barega angeblich ihre Feinde auffressen und wo die Opfer des Krieges zu Tausenden die Krokodile des Ruzizi-Flusses mästen.

Wir fuhren nicht länger als eine halbe Stunde nach Bukavu zurück. Bei Kabare hatte die Königin des Baschi-Stammes, die Mwami Kasi Astrid, ihre Gefolgsleute zum Kriegstanz bestellt. Wir erlebten eine Szene wie aus dem Film »König Salomons Diamanten«. Die Mwami schien als einzige entschlossen, sich dem nahenden Unheil zu widersetzen. Sie sei der einzige Mann in Kivu, hatten die US-Advisors gesagt. Auch die Baschi hatten ihre Speere und Keulen herausgeholt. Sie waren die letzte Stütze der Kongo-Republik.

Bujumbura, im Sommer 1964

Die direkte Reiseroute nach Burundi war durch Banden von Simba unterbrochen. Wir mußten den Umweg über Ruanda machen. Das Hotel »Paguidas« in Bujumbura befand sich in einem traurigen Zustand. Von den im Park zerstreuten Pavillons bröckelten der Stuck und die gelbe Farbe ab. Der ölige Grieche, der das Etablissement führte, wollte aus verständlichen Gründen nichts mehr investieren. Ab Stanleyville treten Griechen und Inder, als kleine Händler und Unternehmer, an die Stelle der Portugiesen, die im West-Kongo vorherrschend sind.

Ein paar Tage vor unserer Ankunft hatte der König von Burundi das Denkmal zu Ehren seines ermordeten Bruders eingeweiht. Dieser Tutsi-Fürst war von einem griechischen Händler mit einer Elefantenbüchse während einer offiziellen Zeremonie auf der Festtribüne erlegt worden. Öffentlich sprach man von einem Eifersuchtsdrama. Insgeheim wurde getuschelt, der jetztige Monarch habe beim Attentat gegen den älteren Bruder die Fäden gezogen.

Dies war eine blutrünstige Gegend am nördlichen Zipfel des Tanganyika-Sees. Im benachbarten Ruanda hatten die Leibeigenen und Sklaven vom Volk der Bahutu nach Aufhebung des belgischen Protektorats gegen die Herrschaftskaste der riesigen Watutsi revoltiert, ein gräßliches Massaker veranstaltet und die Republik proklamiert. In Burundi, wo die rassischen Spannungsverhältnisse ähnlich lagen und wo zahlreiche Tutsi-Flüchtlinge aus Ruanda Asyl suchten, bereiteten sich ebenfalls Mord und Totschlag vor. Das große Gemetzel sollte hier bis 1972 auf sich warten lassen. Dann tobte sich allerdings die Mordlust der Tutsi-Minderheit hemmungslos aus. Mehr als hunderttausend Bahutu blieben auf der Strecke.

Von meinem Hotelzimmer hörte ich am späten Abend den Lärm von Schüssen und Sprengungen. Aber es war weder ein Putsch noch eine Straßenschlacht im Gange. Die Geräusche kamen aus einem Pavillon, den die Volksrepublik China als Kanzlei gemietet hatte. Die Jünger Mao Tsetungs führten hier den Rebellenführern aus dem benachbarten Kongo Lehrfilme über Partisanenkrieg und Sabotagetechnik vor. Am nächsten Tag habe ich den Chinesen einen Besuch abgestattet. Ich wurde mit eisiger Höflichkeit empfangen. Peking predigte damals noch den kompromißlosen Aufstand aller farbigen Völker gegen die weißen Imperialisten. Den Russen warfen die Chinesen vor, sie hätten das revolutionäre Erbe Lenins verraten und verbrüderten sich bereits mit der internationalen Bourgeoisie. »Wünschen Sie Tee oder Coca-Cola?« fragte der Botschaftssekretär im Mao-Look mit einem Unterton, als käme die Wahl des Getränks einer ideologischen Entscheidung gleich.

Immerhin teilte er uns mit, daß eine Delegation kongolesischer Lumumbisten in einem anderen Pavillon des »Paguidas« untergebracht sei und daß ein paar Rebellenführer am folgenden Tage zu einem Besuch nach Peking aufbrächen. Die Simba trugen hier Hemd und Hose. Sie waren sichtlich angetan von unserem Vorschlag, einen Filmbericht über sie zu machen. Ihr Führer, ein stämmiger Mann mit Vollbart namens Laurent Kabila, bezeichnete sich als Vizepräsident und Außenminister des kongolesischen Befreiungskomitees. Kabila sprach fließend Französisch und drückte sich mit der vielen Afrikanern eigenen Begabung für eine etwas preziöse Rhetorik aus.

»Jawohl, unsere Partisanen betrachten sich als die Rächer Patrice Lumumbas«, beteuerte Laurent Kabila. »Mehr noch, wir wollen sein Werk fortsetzen. Wir sind seine Jünger. Wir fordern eine sozialistische Revolution und werden die Clique Kasavubu – Mobutu – Tschombe wie alle übrigen Verräter und ungesunden Elemente auslöschen.« Wie die Lumumbisten auf den Einsatz weißer Söldner durch Tschombe reagieren würden, wollte ich wissen. »Sie sollten fragen, wie wir heute bereits auf diesen Skandal reagieren«, antwortete Kabila, »denn heute schon dienen zahlreiche ›mercenaires‹ in der Kongo-Armee. Wir wissen, daß Tschombe nur ein Werkzeug ist. Solange uns lediglich geldgierige Abenteurer, gekaufte Individuen gegenüberstehen, werden wir die Europäer in den von uns befreiten Gebieten nicht anrühren. Wenn sich jedoch ausländische Regierungen einmischen und die Entsendung von Söldnern organisieren, um unsere Bevölkerung zu massakrieren, dann werden wir an den bei uns ansässigen Weißen Vergeltung üben. Das ist doch wohl normal.«

Mit Hilfe Laurent Kabilas und des belgischen Hafenkapitäns von Bujumbura haben wir Kontakt zur Aufstandsarmee des Simba-Führers Gaston Soumialot, eines Weggefährten Pierre Muleles, aufnehmen können. Es bestand immerhin noch Funkverkehr zwischen Burundi und den Rebellen. Die Antwort aus Albertville lautete, wir seien willkommen. Man erwarte uns mit dem nächsten Schiff. Am folgenden Abend löste sich der Dampfer vom Kai. Mit dem schweigsamen Kaptitän und der verängstigten Nonne, waren wir die einzigen Weißen an Bord. Ich deklamierte den letzten Vers aus der Inschrift über der Höllenpforte aus Dante Alighieris »Göttlicher Komödie«: »Lasciate ogni speranza, voi ch'entrate – Laßt alle Hoffnung fahren, die ihr hier eintretet.« Die Kollegen Friedrich und Meurer fanden das Zitat überhaupt nicht komisch.

Albertville, im Sommer 1964

Da waren wir also bei den Simba von Albertville, bei den Kriegern der »Kongolesischen Volksbefreiungsarmee«. Martin Kasongo, der Sicherheits- und Informationsminister, hatte uns auf der Fahrt zum

»Hotel du Lac« versichert, daß Gaston Soumialot uns am Vormittag aufsuchen werde und zu einem Interview vor der Kamera bereit sei. Das Hotel starrte vor Schmutz. In der Empfangshalle ließ Kasongo trotz der frühen Stunde volle Whiskygläser servieren. Ich ließ unsere bewaffneten Begleiter, besser gesagt Bewacher, nicht aus dem Auge. Durch Gewöhnung verloren sie nichts von ihrer unberechenbaren Fürchterlichkeit. Diese schwarzen Männer – mit Affenfellen und buntscheckigen Uniformen bekleidet, mit Speeren und Jagdbüchsen bewaffnet – betrachteten uns aus blutunterlaufenen Augen. Sie standen unter der Wirkung irgendeiner afrikanischen Droge, die aus »indischem Hanf« und Gräsern gewonnen wird. Schon torkelten sie. Als sie sich mit aufkommender Hitze anschickten, eine Bierflasche nach der anderen zu leeren, wurde unsere Situation vollends prekär. Kasongo hatte zwar zu unserer persönlichen Betreuung einen normal gekleideten jungen Mann herbeibefohlen, der ein Blatt Papier mit der Aufschrift »Protokoll« an seinem Hemd befestigt hatte. Aber dieser afrikanische Jünger der Frau von Pappritz war selber zutiefst verängstigt. Er blickte verstört auf die Horrorfiguren mit den farbverschmierten Gesichtern, die uns am Verlassen der Hotelhalle hinderten und uns zunehmend mißtrauisch, ja feindselig musterten, als seien wir bereits ihre Gefangenen oder Geiseln.

Eine Belgierin von etwa vierzig Jahren war ins »Hotel du Lac« gekommen. Das blonde Haar klebte ihr an der Stirn. Die Augen waren schreckgeweitet. Sie setzte ein erfrorenes Lächeln auf, als sie sich an Martin Kasongo wandte, um von ihm eine Ausreiseerlaubnis zu erbetteln. Die paar Weißen, die noch in Albertville lebten, als die Lumumbisten kamen, hätten schreckliche Zeiten durchgemacht, flüsterte sie mir zu. Soumialot habe nach seinem Einmarsch den Bischof gezwungen, ein Tedeum zu Ehren seines Sieges anzustimmen, und die gesamte Stadt habe an diesem Lobgesang teilnehmen müssen. Dann hätten wüste Ausschreitungen begonnen.

Ihre heimliche Mitteilung wurde durch das Hinzutreten des Ministers unterbrochen. Erst führte er mit der Frau ein überbetont höfliches Gespräch, dann schickte er sie rüde weg. Auf der Straße vor dem Hotel zogen gelegentlich Afrikanerinnen im Gänsemarsch vorbei. Sie trugen Proviant und Brennholz auf dem Kopf. Dann kamen Autos mit Partisanen. Die Windschutzscheiben, aus denen Gewehrläufe ragten, waren zertrümmert, die Kotflügel zerbeult. Auf dem Kühler der Fahrzeuge waren Palmwedel befestigt. Auf Anraten ihrer Zauberer, ihrer »féticheurs«, betrachteten die Simba den grünen Pflanzenschmuck als wirksamen Schutz gegen feindliche Kugeln.

Wie er es denn fertiggebracht habe, die Soldaten Mobutus so sehr zu verängstigen und in alle Winde zu verjagen, fragte ich Kasongo, um für gute Stimmung zu sorgen. »Ich lasse den Gefangenen die Ohren und die Lippen abschneiden«, antwortete der Sicherheitsminister, »das hilft.« Dann stand er auf und ließ uns allein mit den Wilden, die sich immer aufdringlicher an uns heranschoben. Sie waren jetzt in einem überreizten Zustand, lachten einmal wie Kinder und zankten sich dann wie Raubtiere. Der »Protokollchef« gab seine Beschwichtigungsversuche nach einem Tritt ins Gesäß auf. Die Bewaffnung der Soumialot-Truppe war dürftig. Die Simba hielten nicht viel von Gewehren und Granatwerfern. Sie vertrauten ihren Speeren, ihren Buschmessern, ihren Keulen. Vor allem aber waren sie von der Zauberkraft ihres »Dawa«, ihrer Amulette und Fetische überzeugt. Das Wasser spielte bei der Abwehr von Kugeln, bei der Vermeidung von Verwundungen offenbar eine große Rolle, denn jedesmal, wenn sie von ihrer magischen Überlegenheit prahlten, stießen die Krieger den Ruf aus: »Dawa Mulele Maji.« Auch diese Suaheli-Worte waren aus dem Arabischen abgeleitet. »Dawa« bedeutet Medizin oder Wundermittel. Mulele war der ehemalige Lumumba-Minister, der den Aufstand im West-Kongo ausgelöst hatte. »Maji«, auf arabisch »ma'« hieß Wasser. Der Kampfschrei knüpfte, ohne daß die Simba es ahnten, mit jenem großen Maji-Maji-Aufstand des Angoni-Stammes im Süden von Deutsch-Ostafrika an, den die wilhelminische Schutztruppe zwischen 1903 und 1905 in einem langwierigen, überaus blutigen Kolonialfeldzug niedergeworfen hatte. 120000 Afrikaner sollen dabei ums Leben gekommen sein.

Die Zeit verging schleppend. Der verschüchterte Prokokollchef suchte jetzt bei uns Schutz. Am gefährlichsten seien die jungen Lumumbisten, die sogenannte »Jeunesse«, sagte er mit leiser Stimme. Im übrigen seien alle diese Freischärler von ihrer Unbesiegbarkeit, ihrer Unverwundbarkeit zutiefst überzeugt. Deshalb würden sie mit Todesverachtung gegen die verunsicherten, selbst im Aberglauben verwurzelten Soldaten der Nationalarmee vorstürmen. Immerhin hatte ich auf einem vorbeifahrenden Lastwagen zwei Verletzte mit frisch durchbluteten Notverbänden entdeckt. Ob sich ein solcher Anblick nicht demoralisierend auswirkte, fragte ich. Aber die Simba waren um keine Erklärung verlegen. Wenn bei einem Gefecht Tote und Verwundete in den eigenen Reihen zu beklagen waren, führten sie das auf eine falsche Anwendung des »Dawa« zurück, dann war der Zauberer ein Stümper oder ein Schwindler. In den meisten Fällen überlebte der »féticheur« einen solchen Kunstfehler nicht.

Zehn Stunden warteten wir mit wachsender Ungeduld und Beklemmung, als zwei Jeeps mit neuen Simba eintrafen. Dahinter hielt eine schwarze Limousine, die besonders kunstvoll mit Laubwerk verziert war. Ein kleiner Afrikaner mit einem nach Vorbild Lumumbas stilisierten spärlichen Spitzbart und einer Leopardenkappe auf dem Kopf kam uns entgegen und schüttelte uns die Hand. Der arrogante Kasongo benahm sich im Gefolge dieses Chefs fast devot. »Ich bin Gaston Soumialot«, sagte der Mann mit dem Bärtchen. »Ich hoffe, Sie fühlen sich wohl bei uns.« Es war höchste Zeit, daß eine Autoritätsperson eintraf. Zwei betrunkene Simba machten sich am Tongerät zu schaffen, zwei andere richteten spielerisch ihre Speere auf den Kameramann. Mit rollenden Augen wiegten sie sich in einem tranceähnlichen Rhythmus.

Neben Soumialot, der sich trotz seines bedenklich vorstehenden Gebisses vorteilhaft durch Ruhe und Mäßigung von dieser Horde unterschied, hatte sich ein schwarzer Hüne mit Vollbart aufgestellt. Er hielt ein belgisches Schnellfeuergewehr schußbereit. Dieser Leibwächter war offenbar stumm, jedenfalls gab er ein unartikuliertes Röcheln von sich. Mit seinem grimmigen Gesichtsausdruck hätte er in jeden Gruselfilm gepaßt. Dennoch gewannen wir ihn schnell lieb; denn er verscheuchte die zudringlichen Simba, wenn sie uns zu nahe kamen, mit einem wütenden Knurren und einem eindeutigen Griff an seine Waffe.

Im Interview, das später von mehreren europäischen Fernsehanstalten übernommen wurde, dementierte der ehemalige Kontorangestellte Gaston Soumialot die amerikanische Behauptung, seine »Volksbefreiungsarmee« werde von den Chinesen ausgebildet und beraten. Seine Bewegung trete für Blockfreiheit ein und positiven Neutralismus zwischen Ost und West. Die wenigen Waffen, über die er verfüge, hätten seine wackeren Krieger den Soldaten Mobutus abgenommen. Das klang durchaus glaubwürdig. Im übrigen sei es höchste Zeit, das Werk Lumumbas fortzuführen. Kasongo hatte inzwischen unsere Pässe eingesammelt und sie mit einem gekritzelten Visum der »Kongolesischen Volksrepublik« versehen.

Der Abend senkte sich über den Ufern des Tanganyika-Sees. Wir hatten den sehnlichen Wunsch, wieder aufs Schiff zu kommen, das noch im Hafen lag und bald die Rückfahrt nach Bujumbura antreten würde. Ich bat Soumialot, uns persönlich bis zum Kai zu begleiten, denn außerhalb des Hotels wären wir unseres Lebens nicht sicher. Auf dem Dampfer ging es chaotisch zu. Die Simba durchsuchten jeden Winkel nach versteckten Weißen. Das Wort »mercenaires«, Söldner, klang immer wieder auf. Damit konnten nur wir gemeint sein. Nach endlosem Palaver, das gelegentlich in Schlägerei unter den überreizten Lumumbisten ausartete, und einer letzten persönlichen Intervention Soumialots durfte der Kapitän endlich die Maschinen anspringen lassen. Das Schiff löste sich vom Ufer und lief aus. Auf dem Tanganyika-See umfing uns eine wohltuende Brise. Wir atmeten tief auf. Der Tag in Albertville lag wie eine beklemmende Wahnvorstellung hinter uns.

Ein Klavier aus Königsberg

Kigoma, im Sommer 1964

Als wir am frühen Morgen erwachten, lag unser Schiff im Hafen von Kigoma. Wir hatten den Tanganyika-See von West nach Ost überquert. Die Sonne schob sich orangerot über giftgrüne Hügel. Die Wolken ballten sich zu phantastischen Straußenfedern. Ein kupferfarbener Gebirgsriese ragte in der Ferne aus violetten Wassern. Der Dampfer, der uns erst von Bujumbura nach Albertville transportiert hatte und jetzt in Kigoma Zwischenstation machte, um Fracht zu löschen, war mir schon auf der Hinreise irgendwie vertraut vorgekommen. Neben der Kapitänskajüte entdeckte ich jetzt ein Messingschild mit der Aufschrift »Antwerpen 1914«. Mit demselben Schiff hatte ich im Frühjahr 1956 in Kigoma angelegt und von dort aus meine Bahnreise nach Dar-es-Salam angetreten. Ich sprach den belgischen Kaptitän, der seine Zollformalitäten erledigt hatte, auf diese Erinnerungen an. »Wenn Sie an Land gingen, würden Sie Kigoma kaum wiedererkennen«, sagte er. »Auch hier ist der schwarze Nationalismus im Kommen. Die Inder, die hier alles manipulierten, machen sich neuerdings klein.«

Aus meinem Reisegepäck kramte ich die Reisebucheintragungen vom Mai 1956 heraus, die erst acht Jahre alt waren, aber schon verstaubt klangen:

In Kigoma beginnt Asien, so lautete der erste Satz in meinem Notizbuch. Hier liegt die Endstation der Bahnlinie, die quer durch das ehemalige Deutsch-Ostafrika vom Indischen Ozean bis zum Tanganyika-See reicht. Der massive Bahnhof mit den dicken Mauern und den maurisch geschwungenen Fensterbogen ist ein typisches Zeugnis wilhelminischer Kolonialarchitektur, ebenso der »Boma«, wo heute der britische District-Officer amtiert und den man weiterhin »Kaiserhof« nennt.

Das Geschäftsleben in Kigoma wird von den Indern bestimmt. Die Hauptstraße wimmelt von Hindus im weißen Dhoti, von ismaelischen Moslems mit der Lammfellkappe, von bärtigen Sikhs unter pastellfarbenen Turbanen. Die Frauen tragen den Sari oder die Hosentracht der Pakistani. Die wenigen Europäer stehen dieser asiatischen Invasion scheinbar hilflos gegenüber. Sie treffen sich mißmutig auf der Terrasse des einzigen Hotels, das in der deutschen Zeit gebaut wurde und in dem – abgesehen von den japanischen Moskitonetzen – seit 1914 nichts erneuert wurde. Auch die wenigen Araber, Nachkommen der Sklavenjäger, die einst das Land der Großen Seen heimsuchten, werden von den Indern beiseite geschoben. Unter ihren schmuddeligen Kopftüchern wirken sie wie gerupfte Raubvögel. Die Afrikaner leiden offensichtlich unter dem indischen Kastenbewußtsein. In armselige Sacktücher gehüllt, keuchen sie oft unter erdrückenden Lasten. Ihre Frauen tragen dunkle Schleier, unter denen orangerote Röcke hervorschauen. Gelegentlich kommen Negerinnen aus dem Busch mit schwerem, barbarischem Kupferschmuck an Armen und Beinen, einem dicken Ring in der Nase.

Kigoma wäre heute eine tote Stadt, gäbe es nicht den Durchgangsverkehr nach Belgisch-Kongo. Im Vertrag von Versailles, der das Teilmandat Ruanda-Burundi dem belgischen Kolonialbesitz zusprach, ließ sich die Brüsseler Regierung den freien Transit über die Bahnlinie zum Indischen Ozean bestätigen und richtete je einen Freihafen in Kigoma und Dar-es-Salam ein. Die belgischen Kolonialtruppen waren die ersten Alliierten, die 1914 in Deutsch-Ostafrika eindrangen und bis Tabora vorstießen.

Wenige Kilometer von Kigoma entfernt habe ich das Dorf Ujiji aufgesucht. Hier leben über fünfzehntausend islamisierte Schwarze. Ihre aggressive Gläubigkeit bereitet der englischen Verwaltung Sorgen. Die katholische Mission der Weißen Väter, die in Ujiji eine Schule führt, hat den Kampf gegen den Islam längst aufgegeben. Jedesmal wenn ein Freundschaftsspiel zwischen christlichen und muslimischen Schülern stattfindet, artet diese Fußballveranstaltung für die Moslems zu einem kleinen »Dschihad« aus. In Ujiji sind die ägyptischen Radiosendungen in Suaheli-Sprache zu hören, die die Schwarzen zum Widerstand gegen die britische Verwaltung aufwiegeln.

Ujiji ist aus einem anderen Grunde denkwürdig. An diesem Ort fand 1871 der Forscher und Journalist Stanley den verschollenen Arzt und Missionar Livingstone wieder. Die gesamte Weltöffentlichkeit hatte dieses Ereignis mit seltener Einmütigkeit gefeiert. Heute steht ein schlichtes Steindenkmal anstelle des Mangobaums, unter dem Livingstone saß, als die Safari Stanleys sich Ujiji näherte. Hier sprach Stanley die in ihrer Banalität historischen Worte: »Doctor Livingstone, I presume.«

Spät am Abend saß ich mit einem Missionar aus der Schweiz auf der Hotelterrasse. Vor jedem Sessel stand ein Küchenstuhl, damit man die Füße darauf strecken konnte. Aus den meisten Häusern drang eintönige indische Musik. Vom Turm der mit bunten Glühbirnen geschmückten Moschee tönte der Gesang des Muezzin. Gewichtige Gruppen wohlhabender Inder steuerten ihrem Club entgegen.

»Die Engländer haben hier wenig getan, seit die Deutschen fort sind«, erzählte der Missionar. »Bis zum Zweiten Weltkrieg waren sie nicht sicher, ob sie in Tanganyika bleiben würden. London spielte mehrfach mit dem Gedanken, den Deutschen ihre einstige Besitzung zurückzugeben. Die britische Verwaltung von Dar-es-Salam galt stets als eine wenig rühmliche Auswahl des Colonial-Service. Die hier amtierenden Engländer haben es verstanden, Inder, Moslems, Araber und Afrikaner gegeneinander auszuspielen, und so haben sie jede ernste Unruhe vermieden. Im ›Legislative Council‹ von Dar-es-Salam, der dem Gouverneur nur beratend zur Seite steht, sind Europäer, Asiaten und Afrikaner mit je zehn Delegierten vertreten, die überdies alle von der englischen Verwaltung auf die eine oder andere Weise bestimmt werden. London hat für Tanganyika das Programm des sogenannten ›multiracial government‹ – Beteiligung aller Rassen an der Regierung – aufgestellt und stört sich nicht daran, daß sechzehntausend Weiße und achtzigtausend Asiaten zusammen doppelt soviel Vertreter aufstellen wie rund acht Millionen Schwarze.«

Erschwerend komme hinzu, seufzte der Pater, daß in Tanganyika mehrere Dutzend grundverschiedene Stämme lebten und sich seit Menschheitsbeginn befehdeten. Dieses sei eine der rückständigsten Gegenden Afrikas. Der Missionar strich sich mit der Hand durch den Bart und blickte zum Kreuz des Südens auf. »Es ist schwer«, fuhr er fort, »in diesen tropischen Ländern den heiligen Eifer der Jugendjahre zu bewahren. Sie stellen sich kaum vor, wie enttäuschend die Afrikaner sein können. Viele wechseln mehrfach die Konfession, weil sie sich materielle Vorteile davon versprechen. Dankbarkeit darf man bei ihnen nur in Ausnahmefällen erwarten. Nächstenliebe und Geduld gehören für einen Missionar zu den heroischen Tugenden. Neuerdings greift die Drachensaat des Nationalismus auf unsere Katechumenen über. Neben den vielen schwarzen Moslems, die uns schikanieren, wo sie nur können, fördert an der rhodesischen Grenze die Watch-Tower-Sekte jede fremdenfeindliche Agitation. Die weißen Kaffeepflanzer von Mbeya sind schon dabei, ihr Bündel zu schnüren. Unsere Missionen kann allenfalls noch der eingeborene Klerus retten.«

Bevor ich zu Bett ging, entdeckte ich im Speisesaal des Hotels ein brüchiges, klangloses Klavier. Ich schlug den Deckel auf und las über der Tastatur in verschnörkelter gotischer Schrift: »Gebauer, Königsberg«. Ein merkwürdiges Erlebnis: In diesem entlegenen Flecken des ehemaligen Deutsch-Ostafrika fand ich ein altes Piano, gebaut in einer Stadt, die heute Kaliningrad heißt.

Als ich das schrieb, war ich zweiunddreißig Jahre alt und beendete meine Niederschrift über Kigoma mit einem pathetischen Nachsatz, wo »vom rasenden Flügelschlag der Geschichte« die Rede war.

Der Horror

Nach unserer Expedition zu den Simba von Albertville im Sommer 1964 und unserer anschließenden Ausreise über Leopoldville brodelte und gärte es weiter im Kongo-Becken. Das Schreckensregime, das im östlichen Kongo unter dem Etikett einer »Sozialistischen Volksrepublik« errichtet worden war, watete im Blut. Mindestens zwanzigtausend Afrikaner wurden im Umkreis von Stanleyville massakriert. Wer eine Schule besucht, europäischen Lebensstil angenommen oder eine bescheidene Anstellung bei Weißen bekleidet hatte, wer auch nur dem falschen Stamm angehörte, fiel der Mordwut dieser urweltlichen Revolutionäre zum Opfer. Die von den Belgiern gegründeten Ortschaften und die Missionsstationen galten allesamt als vernichtungswürdige Zitadellen kolonialistischer Teufelei. Die Simba mißbrauchten den Namen Lumumbas und verweigerten sich jeder mäßigenden Autorität. Das Wort »Steinzeit-Kommunismus« war noch nicht erfunden; man bemühte Vergleiche mit dem gescheiterten Mau-Mau-Aufstand in Kenia. Heute könnte man eine Parallele ziehen zwischen dem grausigen Wüten der Simba und der Ausrottungspolitik der »Roten Khmer« im Kambodscha der siebziger Jahre. Auch der Kongo hatte damals seine »killing fields«.

Im August 1964 hatten die Rebellen Stanleyville besetzt. Sie hielten in der Ostprovinz eintausendsechshundert weiße Geiseln gefangen, deren Situation immer kritischer wurde. Moise Tschombe hatte nach bewährtem Rezept seine vierhundert weißen Söldner ausgeschickt. Deren Kolonnen quälten sich auf den verschlammten Pisten der Ostprovinz. Die sadistischen Ausschreitungen dieser neuen »Affreux«, die im Verbund mit Stoßtrupps der verwilderten Nationalarmee operierten, brachten zusätzliches Unheil über die schwarze Zivilbevölkerung.

In Stanleyville hatten die Simba mit der Hinrichtung und Folterung europäischer Geiseln begonnen. Da sprangen am 24. November

1964 sechshundert belgische Fallschirmjäger aus amerikanischen Transportmaschinen über dem dortigen Flugplatz ab und besetzten die Stadt im Handstreich. Achtzig Europäer waren bis dahin umgebracht worden. Am schlimmsten hatten die Simba unter den eigenen Landsleuten gewütet. Die belgischen Para-Commandos wurden unmittelbar nach der gelungenen Operation in ihre europäischen Heimatbasen zurückgeflogen. In Stan rückten nunmehr Soldaten Mobutus und weiße »mercenaires« ein. Sie veranstalteten ihrerseits ein Gemetzel unter den Lumumbisten, dem mindestens zweitausend Schwarze – darunter zahlreiche Unbeteiligte – erlagen. Die Provinzhauptstadt war theoretisch wieder der willkürlichen, schwankenden Kontrolle der Zentralregierung von Leopoldville unterstellt. Aber in den Wäldern und Sümpfen von Kivu und Maniema hatten die Freischärler noch längst nicht die Waffen gestreckt. Der »Horror« nistete im »Herz der Finsternis«.

Ein Jahr später befand sich die Kongo-Republik immer noch am Rande des Abgrunds. Der Bürgerkrieg dauerte an. Das parlamentarische Leben war aufgrund dauernder Querelen und Stammesfehden zur Karikatur verkommen. Das riesige Land war unregierbar. Im Oktober 1965 entließ Staatspräsident Kasavubu den Premierminister Tschombe. Der frühere Katanga-Separatist trat wieder den Weg ins spanische Exil an. Kasavubu wurde seiner Tat nicht froh. Im November 1965 putschte die Armee, riß ohne Blutvergießen die Regierungsgewalt an sich und hob General Mobutu auf den Schild. Der alte, vorsichtige »König Kasa« wurde abgesetzt. Mobutu ließ sich für eine erste Dauer von fünf Jahren zum Staatschef der Kongo-Republik ausrufen. Moise Tschombe endete tragisch. Im Juli 1967, bei einem Flug nach Tunis, wurde seine Maschine von bezahlten Agenten nach Algier entführt. Dort ließ ihn Oberst Boumedienne, der in dem früheren Katanga-Chef einen Erzfeind des afrikanischen Nationalismus sah, in einen feuchten Kerker sperren. Der Häftling erblindete und starb zwei Jahre später unter erbärmlichen Umständen.

ZAIRE – APOTHEOSE DES GRÜNDER-PRÄSIDENTEN

Die Zairer Krankheit

Kinshasa, im Dezember 1984

Wie ein Tedeum dröhnte das Loblied auf Präsident Mobutu Sese Seko Kuku Ngbendu wa za Banga. Der Chor auf der Empore des Volkspalastes feierte »den Sieg des Mobutismus über die Kräfte des Bösen« und das »prophetische Genie des Erlösers«. Der Gründer-Präsident nahm die Huldigung seiner Einheitspartei MPR, der kraft höchster Verfügung jeder Zairer und jede Zairerin schon bei Geburt angehört, in einer goldstrotzenden Gala-Uniform entgegen, die jedem Sowjetmarschall Ehre gemacht hätte. Seit zwanzig Jahren behauptete er sich an der Macht. Nun verkündete der Oberste Gerichtshof, daß der Vater der Zweiten Republik für weitere sieben Jahre als Staatsoberhaupt bestätigt sei. Die tiefschwarzen Gesichter der Richter hoben sich vom knallroten Talar und goldgerandeten Beffchen ab. Der übliche Hermelin war durch Leopardenfell ersetzt.

Tanzende Frauengruppen hatten die Ankunft Mobutus im »Palais du Peuple« mit erotisch anmutenden Hüftbewegungen begrüßt. Die Partei-Kinder schwenkten Fähnchen, darunter viele amerikanische »Stars and Stripes«, eine in der Dritten Welt seltene Darbietung. Besonderes Dekorum verlieh die Präsenz zahlreicher Staatsmänner des Auslandes. Kenneth Kaunda, Präsident von Sambia, der als einer der ersten auf der Ehrentribüne Platz nahm, hatte seinen Standardruf »One Zambia, one Nation« – eine gebieterische Aufforderung zur Überwindung der übermächtigen Stammesbindungen – den lokalen Verhältnissen angepaßt: »One Zaire, one Nation!« Der Präsident der sowjetfreundlichen Nachbarrepublik Angola, José Dos Santos – jugendlich ausschreitend, im dunkelblauen Anzug mit demonstrativ roter Krawatte – unterstrich durch seine Präsenz die Wandelbarkeit afrikanischer Feindschaften und Freundschaften. Mobutu schien vergessen zu haben, daß seine vielgerühmte, von Nordkoreanern ausgebildete Kamanyola-Division im Januar 1976, als sie in Angola einrückte und der prowestlichen Befreiungsfront des Bakongo-Führers Holden Roberto zu Hilfe eilte, von den kubanischen Alliierten der angolanischen Marxisten vernichtend geschlagen worden war. Er trug den Angolanern nicht nach, daß sie ihrerseits den Einfall der »Katanga-Gendarmen« in die Grubenprovinz Shaba in den Jahren 1977 und 1978 begünstigt hatten.

Kronprinz Sidi Mohammed von Marokko, mit dem Titel »Monseigneur« angesprochen, bewegte sich wie ein gehemmter, pubertärer Jüngling. Der Wüstenkrieger Hissène Habré hingegen, umstrittener Staatschef der von blutigen Wirren und libyscher Intervention zerrissenen Republik Tschad, genoß seinen Auftritt. Das gesamte frankophone Afrika war durch Staatsoberhäupter oder Minister vertreten. Ronald Reagan hatte einen seiner erfahrensten Männer geschickt, General Vernon Walters, einen Veteranen der geheimen Missionen und Sonderaufträge. Sogar die linksrevolutionären Staaten Äthiopien, Mosambik, Benin hatten sich repräsentieren lassen. Demonstrativ abwesend war der östliche Nachbar Zaires, die Republik Tansania, was wohl auf die jüngsten Kampfhandlungen in Moba am Ufer des Tanganyika-Sees zurückzuführen war. Der tansanische Staatschef Nyerere – der »Mwalimu«, der »große Lehrer«, wie ihn seine Landeskinder mit einem arabisch-suahelischen Lehnwort nennen – verfolgte das Mobutu-Regime nach wie vor mit seiner Mißachtung. Die Zairer zahlten ihm das heim, weideten sich am totalen Fiasko des tansanischen Experiments der »Ujamaa«, jener Landwirtschaftskommunen, die sich ursprünglich am maoistischen Modell ausrichten wollten. »Was bildet sich dieser Nyerere ein«, kommentierte ein hoher Beamter des Präsidialamtes; »sein Staat lebt von Besserwisserei und von Bettelei. Im Jahre 1980 – seitdem liegen keine präzisen Zahlen vor – hat Tansania mehr Entwicklungshilfe aus dem Ausland kassiert als das interne Steuereinkommen plus eigene Exporterlöse erbrachte!« Seit der Unabhängigkeit sei die Sisal-Ernte im Land Nyereres von 220000 t auf 47000 t gefallen.

Die alte Kolonialmacht Belgien hatte Außenminister Leo Tindemans an Mobutus Hof entsandt. Als Tindemans sich bei der offiziellen Vorstellung erhob, donnerte ihm nicht endenwollender Applaus entgegen. Kein anderer ausländischer Staatsmann wurde durch die anwesenden Zairer so stürmisch gefeiert. Die westlichen Diplomaten blickten verwundert auf. Vor allem die Offiziere der französischen Militärmission, die bereits geglaubt hatten, den Belgiern in Zaire den Rang abzulaufen, waren verblüfft über diese spontane Sympathiekundgebung für die ehemaligen »Ausbeuter und Unterdrücker«. – »Was meinen Sie, wie die Zairer sich gebärden würden, wenn König Baudouin in Person nach Kinshasa käme wie zum letzten Mal im Jahre 1972«, strahlte ein flämischer Entwicklungshelfer. »Sie nennen unseren König nach wie vor den ›schönen Weißen – Mundele kitoko‹.«

Mobutu holte zu einer ausführlichen Schilderung seiner Regierungszeit aus. Er war ein guter Redner. Der »Président-Fondateur«, der in seinem Palast die berühmtesten Zauberer, »féticheurs«, aus mehreren Ländern Afrikas versammelt haben soll, huldigte zunächst den Ahnen. Dann zollte er der zairischen Frau, »la Mama zaïroise«, seinen Tribut. Der Rechenschaftsbericht – so selbstherrlich er klang – war nicht frei von Kritik. Die letzte Amtszeit von sieben Jahren sei die schwierigste Periode seines Lebens gewesen, bekannte der Marschall. Seit 1974 waren die Börsenkurse für Kupfer verheerend gefallen, während der Preis von Erdöl und Getreide nach oben geschossen war. Die internen Unruhen – Verschwörungen der Politiker, Studentenkrawalle, Militärkomplotte –, die Mobutu seit seiner Machtergreifung in regelmäßigen Abständen zerschlagen und teilweise blutig geahndet hatte, waren nach dem Amtsantritt Präsident Carters auch auf amerikanische Komplizenschaft gestoßen. Der schwarze US-Unterstaatssekretär Andrew Young war in die Fußstapfen des Kennedy-Emissärs »Soapy« Williams getreten.

Die Kämpfe um Shaba, vor allem die zweite, gut organisierte Invasion von ein paar tausend angeblichen Gendarmen, die von der lokalen Lunda-Bevölkerung spontan unterstützt wurde, hatten die Republik an den Rand der Auflösung gebracht. Die Massaker unter dem weißen Grubenpersonal von Kolwezi hatten in extremis die Blitzaktion französischer Fremdenlegionäre ausgelöst. Diesem Eingreifen verdankte das Mobutu-Regime sein Überleben.

Diese unrühmlichen Realitäten verschwieg der Redner wohlweislich. Ab 1979 hatte er sich auf amerikanisches Drängen bereitgefunden, seine politischen Gegner ins Exil zu schicken, statt sie hinrichten zu lassen. Das State Department war unter Jimmy Carter zu dem Schluß gekommen, das Mobutu-System sei eine faule Frucht, Washington müsse auf Distanz zu diesem »Tyrannen« gehen, dessen prowestliches Engagement die amerikanische Aktion in der Dritten Welt mit Unglaubwürdigkeit belaste. Damals hatte Mobutu wütend entgegnet: »Ich habe beobachtet, wie die von Washington hofierten Regierungen von Tansania, von Nigeria und Sambia in den Vereinten Nationen abstimmen und mit wem sie paktieren. In Zukunft sollte auch ich mich weniger prowestlich verhalten; dann fände ich wohl mehr Beachtung.«

Die Republik Zaire stand bei den sogenannten schwarzen Frontstaaten im Verdacht, enge Beziehungen zu Pretoria zu unterhalten. Eine Kampfansage des »Président-Fondateur« gegen die Apartheid war fällig. »Ein Neger«, Mobutu benutzte nachdrücklich dieses Wort, »auch wenn er arm ist, hat seine Seele, seine Kultur, seine Würde, und um die muß er kämpfen.«

Der Hauptteil der Ansprache war der Wirtschafts- und Finanzsituation gewidmet. Der »Gründer-Präsident« konnte darauf verweisen, daß er 1968 die allmächtige Grubengesellschaft »Union Minière du Haut-Katanga« verstaatlicht hatte. 1973 hatte er die Enteignung aller ausländischen Klein- und Mittelbetriebe verfügt, ein schwerwiegender Irrtum, wie er jetzt eingestand. Aus der Zwangswirtschaft, aus der Kollektivierung und einer verfehlten Autarkiebemühung müsse Zaire nun zurückfinden zu den Gesetzen des freien Marktes und der persönlichen Leistungsentfaltung. Inzwischen habe die Republik in den letzten beiden Jahren von seiner gewaltigen Auslandsverschuldung 613 Millionen US-Dollar zurückbezahlt. Die Währungssanierung sei schmerzlich, aber heilsam gewesen. Sein Land verfüge über unermeßlichen Reichtum – Kupfer, Kobalt (60 bis 70 Prozent der Weltförderung), Zink, Zinn, Mangan, Uran, Gold, Silber, Erdöl, Industriediamanten. Zaire besäße 60 Prozent des afrikanischen Waldes. Die Präsidentschaft Reagans hatte dem Marschall offenbar den Rücken gestärkt. Den kommenden sieben Jahren sah er mit Zuversicht entgegen.

Die ausländischen Gäste blieben skeptisch. Mobutu selbst pflegte die landesübliche Korruption, für die er ja in schwindelerregender Weise richtungweisend war, als die »Zairer Krankheit – le mal zaïrois« – zu bezeichnen. 40 Prozent aller Staatseinnahmen, so wurde geschätzt, verschwanden automatisch in privaten Taschen der Bestechlichkeit. Die Auslandsverschuldung belief sich immer noch auf fünf Milliarden US-Dollar, und die Kritiker wurden nicht müde darauf hinzuweisen, daß Mobutu allein mit Hilfe seines Privatvermögens in der Lage wäre, diesen Fehlbetrag zu decken. Die Tatsache, daß andere, sehr viel höher entwickelte Schuldnerländer wie Argentinien, Brasilien, Venezuela, Mexiko, ebenfalls saniert werden könnten, falls die dort herrschende Oligarchie ihre illegalen Auslandsanlagen repatriierte, verdiente immerhin als mildernder Umstand erwähnt zu werden.

Der Sumpf der Korruption in Zaire stank zum Himmel. Die Summe der Veruntreuungen entsprach den geographischen Ausmaßen dieses riesigen Landes. Wer jedoch die Praxis des »dash« in Liberia und in Nigeria erlebte, wer das Wort »matabisch – töte das Tier«, das heißt den Hunger im Bauch, als permanente Sprachfloskel im portugiesisch-sprachigen Afrika gehört hat, wer den Bakschisch im Land der Großen Seen entrichten mußte, hütet sich vor einer einseitigen Verdammung der kongolesischen Mißstände.

Nur am Rande erwähnte Mobutu die Fehlinvestition des Wasserkraftwerkes von Inga am unteren Kongo. Mir war vom Informationsministerium ein Hubschrauberausflug zu dieser größenwahnsinnigen Anlage vorgeschlagen worden, die – wie die Prospekte rühmten – eine Leistung von 1400 Megawatt erbrachte. Auch bei dieser sinnlosen Planung kann Mobutu auf mildernde Umstände plädieren. Es war nicht nur die Raffsucht westlicher Industriekonzerne – Italiener, Franzosen, Deutsche –, die die Regierung von Zaire in dieses Projekt getrieben hatte. Gerade die progressistischen Wortführer des Nord-Süd-Dialogs hatten dem Inga-Unternehmen und ähnlichen Industrialisierungsvorhaben lauthals zugestimmt.

Es ging ja von Anfang an gar nicht um die hypothetische Energieversorgung der fernen Katanga-Provinz, die mit Strom ohnehin gut versehen war. Die Dritte Welt-Begeisterten träumten von einem Industrierevier am Äquator, einer »zentralafrikanischen Ruhr«, die im

Raum von Inga entstehen sollte. Sie sehnten das Entstehen eines klassenbewußten schwarzen Proletariats herbei. In diesen Kreisen gehörte es damals zum guten Ton, den Bau unrentabler und untauglicher Stahlwerke in den Entwicklungsländern zu propagieren. Die sozialistisch orientierten Staaten wie das Nordvietnam Ho-Tschi-Minhs oder das Indonesien Sukarnos waren auf diesem Weg in die Pleite mit gutem Beispiel vorangegangen. Die Agrarwirtschaft der Dritten Welt hingegen wurde geringgeschätzt, systematisch vernachlässigt, die prioritäre Erzeugung von Lebensmitteln als demütigende Huldigung an den verpönten »Kolonialpakt« verworfen.

Nach der pompösen Vereidigung nahm Mobutu die Parade seiner Streitkräfte ab. Präsidialgarde, Fallschirmjäger, Marine und Luftwaffe. Die Photographen bedauerten, daß keine Pygmäen, mit Pfeil und Bogen bewaffnet, am Défilé teilnahmen, obwohl der Marschall während des Shaba-Feldzuges ein Aufgebot dieses Zwergvolkes zum kriegerischen Einsatz in die Grubenprovinz beordert hatte. Drei Mirage-Kampfflugzeuge donnerten über unsere Köpfe hinweg. Über etwa fünfzigtausend Soldaten verfügt die Republik Zaire, um 9700 Kilometer Grenzen zu schützen und die innere Ordnung dieses äquatorialen Subkontinents zu wahren. Nur fünfzehntausend Mann, so urteilen die Experten, seien halbswegs einsatzfähig und tauglich. Der Marschall war sich dieser Schwäche offenbar bewußt, denn seit Jahren bemühte er sich in Bonn um aktive deutsche Unterstützung beim Aufbau einer sogenannten »Garde Civile«, einer offiziell als Grenzschutz ausgegebenen Sondertruppe, die die total verrottete Gendarmerie ersetzen sollte. Die sich abzeichnende innenpolitische Funktion dieser neuen Waffengattung hatte insbesondere bei Bundeskanzler Helmut Schmidt starke Vorbehalte geweckt und die geplante Betreuung der »Garde Civile« durch den Bundesgrenzschutz zu Fall gebracht. Bei der Aufstellung der ersten afrikanischen Kader dieser dem Staatschef direkt zugeordneten Einheiten war zwischenzeitlich die Bayerische Bereitschaftspolizei eingesprungen. Die Franzosen, deren Militärpolitik in Afrika durch keine Prüderie gehemmt ist, hätten brennend gern den Platz eingenommen, den die Deutschen verschmähten. Doch Mobutu hütete sich vor allzu einseitigen Einflußpositionen fremder Mächte.

Dem Volk wurde der Marschall anläßlich der Thronfeier als Held auf dem Schlachtfeld und als strategisches Genie dargestellt. Im Schicksalsjahr 1964, so lautete die Legende, sei Mobutu ganz allein – mit der Maschinenpistole in der Faust – den wilden Simba der »Revolutionären Volksarmee« auf der Brücke von Kamanyola am Ruzizi-Fluß entgegengetreten und habe ihren großen Zauberer mit einer Feuergarbe niedergestreckt. Sein Beispiel habe die demoralisierten Soldaten der Nationalarmee mitgerissen und den Ansturm der Partisanen Soumialots in der Kivu-Provinz gebrochen. In Form von Comic-Strips blieb dieses denkwürdige Ereignis, die »Schlacht von Kamanyola«, der Schuljugend von Zaire und der Nachwelt erhalten. Der Bezug zu Napoleon Bonaparte auf der Brücke von Arcoli war offenkundig. Afrika schuf sich bereits seine eigenen »Images d'Epinal«.

Am Abend vor der Eidesleistung hatte die Verherrlichung Mobutus, des »Unificateur«, des »Einigers«, einen eher komischen Gipfel erreicht. Im »Théâtre de la Verdure«, einer riesigen Freilichtbühne am Ngaliema-Hügel hatte das Ballett der Einheitspartei – mit Baströckchen angetan oder in die Landesfarben gehüllt – den »inspirierten Führer« ihrer Loyalität und »Komplizenschaft« versichert. Der Triumph des Mannes, »den die Vorsehung auserkoren hat und dessen Schicksal unlösbar mit dem des ganzen Volkes identisch ist«, wurde zum dumpfen Rhythmus der Tam-Tam vom Vorsänger, dem »griot« Kasanga Mule Dibuba, verkündet, der sich aus diesem Anlaß mit Affenfellen und Amuletten behängt hatte.

Die Apotheose kam am Ende: Die schauspielerische Darstellung des Shaba-Krieges. Die Bühnenkomposition begann mit einer idyllischen Beschreibung afrikanischer Verhältnisse. Die Dorfgemeinschaft war eng und solidarisch um den alten Häuptling geeint, der ihr Anweisungen gab, fleißig zu arbeiten und durch reichen Ernteertrag den Idealen des Mobutismus zu dienen. Zuerst hatte ich geglaubt, es handele sich um eine Satire. Aus vergangenen Jahren war ich es gewohnt, daß junge afrikanische Intellektuelle die ererbten Häuptlingsstrukturen vehement verwarfen und den alten »Chefs coutumiers« Korruptheit und Unterwürfigkeit vor den Kolonialherren vorwarfen.

Der Häuptling im »Théâtre de la Verdure« führte sich in der Tat wie eine Karikatur seines Standes auf: Er fläzte sich auf einer Art Thronbett, ließ sich von einem halben Dutzend junger Frauen massieren und verwöhnen. Halbnackte Krieger mit Lanzen standen unbeweglich wie Statuen hinter ihm. Die Dorfgemeinschaft nahte sich ihm ehrfurchtsvoll gebückt und klatschte devot mit den Händen, wenn er ihr eine Weisung erteilte. Ein als Hofnarr dressierter Griot vollführte akrobatische Sprünge und suchte den Alten zu erheitern. Dennoch – das ergab sich aus dem weiteren Verlauf des Theaterspiels – zeichneten diese Dorfszenen offenbar ein Idealbild afrikanischer »Authenticité«. Die gefügigen Hofschreiber und Choreographen der Partei entfalteten hier mit höchster Billigung ihre Vorstellung vom wahren Mobutismus.

Der Frieden des afrikanischen Dorfes wurde jäh zerrissen. Verängstigte Bauern brachten Kunde vom Einfall barbarischer Feinde. Da kamen sie auch schon, diese Scheusale, mit Gewehren fuchtelnd, in Phantasie-Uniformen gekleidet, wilde Schreie – oft auf englisch und portugiesisch – ausstoßend. Sie richteten ihre Waffen auf die flüchtenden Zivilisten, raubten, mordeten und prahlten mit ihrem Sieg über Wehrlose. Während sich diese Banditen in Sicherheit wiegten, schob sich eine kompakte Masse von Tanzenden aus dem Hintergrund nach vorn. Sie imitierten mit ihren Kostümen und ihren Bewegungen eine wogende Flagge der Republik Zaire. Plötzlich zerteilte sich diese Menge, und aus dem Schoß der durch die Fahne symbolisierten Nation von Zaire sprangen in gesprenkelten Fallschirmuniformen die zackigen Elitesoldaten Mobutus, liefen an den Rand der Bühne und begannen das Gefecht gegen die Eindringlinge.

Entschieden wurde das Gefecht erst, als der Oberbefehlshaber in Person – in Tarnuniform, den Stick unter dem Arm, einen Helm mit drei goldenen Sternen auf dem Kopf – als »deus ex machina« das Schlachtfeld betrat und mit gelassener Todesverachtung seine Befehle erteilte. Der Schauspieler sah Mobutu zum Verwechseln ähnlich, sogar die Stimme war erstaunlich gut imitiert. Das Publikum auf den Stufen brach in Jubel aus, als Mobutus Ebenbild den Sieg über die bösen Feinde davontrug. Die Europäer ergötzten sich besonders an einem Photographen in Uniform, der ständig zwischen den Kämpfenden umherhüpfte. Selbst auf dem Höhepunkt der Kampfhandlung, die durch Knallfrösche und Bühnendonner untermalt wurde, gönnte sich dieser Armeereporter keine Pause, ließ sein Blitzlicht zucken und verewigte den Theatersieg des »Président-Fondateur«.

Zwei Tage nach Beginn der neuen Präsidialperiode war François Mitterrand im Volkspalast zu Gast. Eine sehr gelungene Veranstaltung war dieses Diner nicht. Der französische Staatschef hatte mit dem einseitigen Rückzug seiner Streitkräfte aus dem Tschad bei den Zairern Verstimmung und Mißtrauen geweckt. Mitterrand bewegte sich in Kinshasa wie ein steifer Provinznotar. Er war der afrikanischen Lebensfreude in keiner Weise gewachsen. Sein schlecht geschnittener dunkler Anzug wirkte spießig neben dem eleganten »Abacost« des Gastgebers. Seine konventionelle Tischrede verblaßte neben den eloquenten Äußerungen Mobutus, wie die französische Presse, die ihren Präsidenten neuerdings mit Sarkasmus und Kritik verfolgte, hämisch anmerkte.

Zum Essen wurde lautstark musiziert. Hier hatten offenbar belgische Musen Pate gestanden. Ein seltsames Potpourri war das: Zwischen »Besa me mucho«, den »Chevaliers de la Table Ronde« – »Eine Frau auf meinen Knien« lautete der Refrain –, dem etwas staubigen Volkslied »Auprès de ma blonde – Bei meiner Blonden schläft es sich gut« – ertönte plötzlich eine schlagerähnliche Version der Marseillaise. Mitterrand stand schon auf, um der Nationalhymne die Ehre zu erweisen, wurde vom kongolesischen Gastgeber gerade noch rechtzeitig auf den Stuhl zurückgezerrt. Danach gab es – abgesehen von einem Choral zu Ehren Mobutus – fast nur noch Valse Musette.

Der Präsident von Zaire hatte zu Beginn seiner Rede ein paar Tropfen aus seinem Weinglas in den Aschenbecher geleert. »Bei uns ist es üblich«, so erklärte er diese Geste, »den Ahnen bei jedem Festessen Tribut zu zollen, indem wir den Boden mit einem alkoholischen Getränk benetzen. Der Aschenbecher soll in diesem Saal die afrikanische Erde ersetzten.« Jean-Louis, der neben mir saß, machte mich auf Madame Mobutu aufmerksam, eine dickliche Mulattin, die einmal recht hübsch gewesen sein mußte. Die Erste Dame von Zaire trug einen Diamantenschmuck um den Hals, der mehrere Vermögen wert war. Mitterrand hatte hervorgehoben, daß Zaire nach Frankreich das größte französischsprachige Land der Welt sei. Aber die allgemeine Verkrampfung wollte an diesem Abend nicht weichen.

Jean-Louis erzählte mir von seinem Gespräch mit einem Zairer Ministerialbeamten während der Willkommenszeremonie für Mitterrand am Vormittag. Bekanntlich hatten die Franzosen zur Kolonialzeit ihre afrikanischen Untertanen mit der totalen Assimilation beglücken wollen. Drei Generationen schwarzer Schulkinder hatten in den französischen Geschichtsbüchern die absurde Einleitungsformel auswendig gelernt: »Nos ancêtres les Gaulois – Unsere Vorfahren, die Gallier«. Darauf bezog sich jetzt der Beamte aus Kinshasa. »Wenn wir zu wählen hätten zwischen Franzosen und Belgiern«, sagte er maliziös, »würden wir vermutlich immer noch unsere gallischen Vorfahren aus Belgien vorziehen.« – »Gallia est omnis divisa in partes tres quorum unam colunt Belgae«, hatte er auf lateinisch hinzugefügt.

»Welche verschlungenen Wege die Historie doch einschlägt«, meditierte Jean-Louis. Julius Cäsar hatte zwar ganz bewußt das keltische Gallien in den lateinischen Kulturkreis integriert. Daß jedoch – auf dem Umweg über die belgische Wallonie – ein romanisches Idiom im Herzen Afrikas Fuß fassen und sich als Nationalsprache behaupten würde, hätte sich selbst dieser Imperator nicht träumen lassen.

Mbankana – ein deutsches Musterprojekt

Über der endlosen hügeligen Savanne türmten sich grellweiße Wolken vor schmerzhaft blauem Hintergrund. Die Galeriewälder längs der Bäche und Flüsse zogen dunkle Kerben durch diese monotone, grandiose Landschaft. Am »Black River«, dessen Name noch auf Stanley zurückgeht, hatten wir vergeblich nach Krokodilen ausgeschaut. Wir fuhren auf der Straße nach Kenge in östlicher Richtung. Dann zweigten wir auf eine rote Laterit-Piste ab, an deren Ende sich das Landwirtschaftsprojekt Mbankana der Hanns-Seidel-Stiftung befand. Dieses bayerische Unternehmen am Äquator, dazu noch im Staate Mobutus, war von der deutschen Presse kritisiert worden und in den Grabenkrieg Bonner Innenpolitik geraten. Sehr zu Unrecht. Selten habe ich in der Dritten Welt ein sinnvolleres und erfolgreicheres Entwicklungsvorhaben besichtigt.

Zwei Europäer, der Holländer Niko und ein Deutscher, betreuten ein Agrarunternehmen, dessen Gesamtfläche etwa der des Saarlandes entsprach. Der Niederländer hatte in vielen tropischen Arbeitseinsätzen reiche Erfahrungen gesammelt. Der Deutsche hatte viele Jahre lang als Missionar am Kongo gewirkt, beherrschte zwei Eingeborenensprachen und hatte sich – nach Trennung von seinem Orden – mit einer Afrikanerin verheiratet. Der Niederländer und der Deutsche hatten sich zum Ziel gesetzt, unter den vielen jungen Arbeitslosen Kinshasas Bewerber zu rekrutieren. Diese sollten in kooperativer Zusammenarbeit, aber jeder auf seiner eigenen Parzelle, den Bauernberuf erlernen, um es zu Besitz und bescheidenem Wohlstand zu bringen.

Ein leichtes Vorhaben war das gewiß nicht. Häufig mußte bei den jungen Städtern die Spreu vom Weizen getrennt werden. Dennoch waren die Resultate schon drei Jahre nach Beginn beeindruckend. Die Neubauern errichteten zunächst mit Behelfsmitteln ihre Wohneinheiten, die im Falle von Familiengründungen vergrößert wurden. Durch die Savanne zogen sich breite, endlose Streifen bebauten Landes, die mit dem Lineal ausgerichtet schienen. Meist wurden Maniok, Bohnen oder Mais gepflanzt. Die Keimlinge gediehen mühelos in der dünnen Ackerkrume der Äquatorzone. Entscheidend für den landwirtschaftlichen Ertrag war der schonende Umgang mit dem Boden. Nach der Ernte mußten die Felder vier oder fünf Jahre brachliegen, ehe sie wieder genutzt wurden, sonst war die Erde ausgelaugt und von endgültiger Erosion bedroht. Aber Land gab es ja unendlich viel, das nur darauf zu warten schien, sinnvoll bearbeitet zu werden. Hinter Zäunen grasten schwarz-weiße Kühe. Seit die Maniokpreise durch die Regierung freigegeben waren, brachte der Verkauf auf den Märkten der nahen Kongo-Metropole ansehnlichen Gewinn.

Die Eingeborenen der umliegenden Dörfer, deren Hütten durch käfigähnliche Fetische vor bösen Geistern und der Wiederkehr der Toten geschützt waren, hatten anfangs über die jungen Zuwanderer aus der Stadt gespottet. Inzwischen hatten die Neusiedler – mit zunehmender Kaufkraft – Ansehen gewonnen. Die Alteingesessenen begnügten sich seit Menschengedenken mit bescheidenster Subsistenzwirtschaft. Aber jetzt erhoben ihre Häuptlinge Anspruch auf den angestammten Grundbesitz. Wenn nicht der Provinzgouverneur von Kinshasa seine schützende Hand über Mbankana gehalten, wenn die bayerische Stiftung nicht über höchste Protektion beim Präsidenten verfügt hätte, wäre dieses Agrarprojekt an der Mißgunst der Nachbarn und an der Begehrlichkeit der lokalen Verwaltung gescheitert, die vor Erpressung und Nötigung nicht zurückschreckte. Der Holländer lebte allein mit seiner Frau auf dieser riesigen Domäne. Sein Haus war bescheiden. Ein Funktionär irgendeiner Unterorganisation der Vereinten Nationen hätte sich damit kaum zufriedengegeben. Der Ex-Missionar betreute den Nachschub, die Verbindung zur staatlichen Verwaltung und das rückwärtige Büro in der Hauptstadt.

Beim Mittagessen diskutierten wir lange über die landwirtschaftliche Misere Afrikas. Dieser Kontinent machte nur noch mit Katastrophenmeldungen Schlagzeilen, seit Hunger, Dürre und Bürgerkrieg zwischen Tschad und Mosambik, zwischen Äthiopien und Angola wie apokalyptische Reiter wüteten. Die Fehlentwicklung des schwarzen Erdteils war bestürzend. Zur gleichen Zeit befreite sich eine Milliarde Chinesen aus chronischer Unterernährung und erzielte zum ersten Mal in der neueren Geschichte Lebensmittelexporte. Sogar Indien erwirtschaftete Überschüsse an Getreide. Das Fortbestehen von Elendszonen auf dem indischen Subkontinent war eher die Folge gesellschaftlich-religiöser Fehlstrukturen als eines unzureichenden Angebots. Afrika hingegen blieb unterbevölkert und landwirtschaftlich unerschlossen.

Die nationale Unabhängigkeit hatte die meisten schwarzen Staaten in einen fatalen Kreislauf gestürzt: Die jungen afrikanischen Regierungen – fast überall handelte es sich um autoritäre Regime – waren aus Gründen der Selbsterhaltung auf die Gunst, zumindest auf die Passivität der maßlos angeschwollenen, parasitären Bevölkerung der jeweiligen Hauptstädte angewiesen. Zu diesem Zweck wurden die Preise für Grundnahrungsmittel systematisch niedrig gehalten. Für ausgleichende Subventionen fehlte das Geld, so daß die schwarze Bauernschaft für ihre Ernte mit lächerlich niedrigem Entgelt abgefunden wurde. Soweit sie nicht ohnehin in den sozialistisch orientierten Staaten dem lähmenden Zwang der Kollektivierung ausgeliefert waren, wurden die eingeborenen Pflanzer entmutigt, ja abgeschreckt, mehr zu produzieren als den bescheidenen Bedürfnissen der eigenen Familie, bestenfalls der Dorfgemeinschaft entsprach.

Der Rückfall in die Subsistenzwirtschaft der vorkolonialen Zeit führte zur chronischen Unterversorgung der Städte, zwang die Regierungen, ihre ohnehin kümmerlichen Finanzressourcen für den Import von Lebensmitteln aus Amerika und Europa zu verschleudern. Fast alle Staaten des schwarzen Erdteils waren seit der »Indépendance« von Agrarexport-Ländern zu Agrarimport-Ländern verkommen. Was lag näher, als die Weißen für alles Unheil und alle Nöte verantwortlich zu machen, zumal ein Appell an deren schlechtes Gewissen sich stets auszahlte.

Der breite Sahel-Gürtel südlich der Sahara war durch ein beschleunigtes Vordringen der Wüste betroffen. Aber war das ein neues Phänomen? Dauerte diese progressive Austrocknung nicht seit der letzten Eiszeit an? Mir waren die Länder zwischen Senegal und Ogaden wohl vertraut. Der explosive Bevölkerungszuwachs in diesem Raum nach Jahrhunderten demographischer Stagnation war der Aktion der Kolonialbehörden auf dem Gebiet der Medizin und der modernen Hygiene zu verdanken. Eine Hungersnot, die den Sahel im 18. oder 19. Jahrhundert heimsuchte, wäre der Weltöffentlichkeit, soweit sie damals überhaupt existierte, gar nicht zu Ohren gekommen. Der rasant zunehmenden Einwohnerzahl stand ein dramatischer Niedergang der natürlichen Ressourcen gegenüber. Der Raubbau des Menschen hatte sein gerüttelt Maß Schuld daran. Ich erinnerte mich an die ungezählten Herden der nomadisierenden Peul- oder Fulbe-Völker zwischen Guinea und Sudan, an Hunderttausende von Zebu-Büffeln, die die Ufer des Niger oder den Umkreis der Wasserlöcher in der Steppe nach kargem Grün absuchten. Diese Tiere brachten keinerlei Nutzen. Umfangreicher Viehbesitz galt als Beweis von Reichtum und Prestige, war Statussymbol für den Besitzer. Die Kühe gaben kaum Milch und wurden nur in extremen Notfällen geschlachtet.

Im Lateinischen leitet sich das Wort »pecunia«, Geld, von »pecus«, Vieh, ab. In einem ähnlichen ökonomischen Frühstadium lebten die Hirtenvölker des Sahel. Hoffnung auf dauerhafte, strukturelle Besserung bestand kaum, zumal das Transportsystem aus der Kolonialzeit, das ohnehin unzureichend war, nunmehr völlig zusammenbrach. Hinzu kamen Stammesfehden und Bürgerkrieg. Der Norden des Tschad konnte früher ohne große Probleme durch die gut entwickelte Landwirtschaft des Südens versorgt werden. Jetzt standen sich hier feindliche Armeen gegenüber. Mordende Banden aus dem Dar-ul-Islam terrorisierten jene christlich-animistischen Bauern des »Dar-ul-Abid«, die bislang das Überleben dieses sinnlosen Staatsgebietes zwischen Libyen und Kamerun ermöglicht hatten.

»Wie lange müßten Sie noch hierbleiben, bis das Entwicklungsprojekt von Mbankana auf eigenen Füßen steht und sich ohne europäische Hilfe oder Anleitung behaupten kann?« fragte ich den Holländer. – »Zehn Jahre mindestens, aber vielleicht auch zwanzig«, war die resignierte Antwort. Das sei immer noch ein sehr riskanter Wechsel auf die Zukunft. Der Niederländer war sich der Fragwürdigkeit seines Unterfangens wohl bewußt. Man könne ihm und seinem deutschen Kollegen von der Hanns-Seidel-Stiftung vorwerfen, er verfolge ein neokolonialistisches Rezept. Aber ohne Betreuung aus Europa gehe hier doch nichts. Mobutu trage diesen Realitäten neuerdings Rechnung, indem er das Rad der afrikanischen »Authentizität« zurückgedreht habe. Wenn die jungen, teilweise tüchtigen und fleißigen Zairer, die in Mbankana ihre Felder anbauten, sich selbst überlassen blieben, sei der Zusammenbruch unvermeidlich. Ähnlich verhalte es sich in weiten Teilen dieses Kontinents. Aus einem potentiellen Nahrungsspeicher der Menschheit sei ein hungerndes Armenhaus geworden. Das riesige Kongo-Becken sei immerhin so reich, daß schon selbstzerstörerische Energie dazugehören würde, der Republik Zaire die Lebensgrundlage zu entziehen. Nur drei Prozent der nutzbaren Fläche werde in Zaire effektiv bewirtschaftet.

Der frühere Geistliche verglich die landwirtschaftliche Entwicklung in Afrika und in Asien. Das indische Dekkan-Plateau sei gewissen Landstrichen Zentralafrikas – Katanga, Simbabwe, Sambia – durchaus ähnlich. Aber die Bevölkerungsdichte betrage im ersten Falle rund zweihundert Menschen pro Quadratkilometer, im zweiten allenfalls zwei Dutzend. Die Brandrodung der Afrikaner habe Sinn gemacht, solange die wenigen schwarzen Bauern nur ein oder zwei Jahre lang den Boden mit der Hacke bearbeiteten und dann weiterzogen. Seit sie seßhaft wurden, erschöpfe sich die Erde im Nu. Im Gegensatz zum Asiaten verfüge der afrikanische Ackerbauer über keinerlei hydraulische Erfahrung, nutze nicht einmal Brunnen zur Bewässerung, ignoriere die Düngung. Den gewaltigen Zivilisationssprung von der Hacke zum Pflug habe er aus eigener Eingebung nie vollzogen. Ebensowenig habe er das Rad erfunden. Die Kochtechnik der schwarzen Frauen – das Feuer wird zwischen drei Steinen genährt – verbrauche weit mehr Holz als die in Asien seit Jahrtausenden üblichen Tonöfen. Die Vernichtung der Vegetation werde auf diese Weise beschleunigt. Hingegen sei positiv zu bewerten, daß die Afrikaner eine Vielzahl neuer Pflanzensorten ohne sichtliche Schwierigkeit von ihren Kolonisatoren übernommen hätten, den Maniok zum Beispiel, den Mais, die Erdnüsse, Kakao und Kaffee. Jeder schwarze Bauer sei sich seiner Interessen übrigens wohl bewußt. Auch ein Analphabet könne hier rechnen, wenn es um die Vermarktung seiner Produkte geht.

Bei unserer späten Rückfahrt nach Kinshasa versagte der Volkswagen-Bus der Seidel-Stiftung. Wir blieben am Straßenrand liegen. Nach langem Warten gelang es uns, einen Lastwagen zu stoppen. Der afrikanische Fahrer war gegen kräftiges Entgelt bereit, uns zu transportieren. In Begleitung des Staatssekretärs im Bundesministerium für Wirtschaftliche Zusammenarbeit, Siegfried Lengl, installierten wir uns mit dem Kamerateam auf der Ladefläche des Lkw. Wir lagerten bequem auf einer duftenden Fracht von Maniokblättern. Der Fahrtwind war kühl, der Sternenhimmel klar. Wir überredeten den Chauffeur, uns am Hotel Intercontinental abzusetzen. Kurz vor unserem Ziel war die Straße durch eine Patrouille der Zaire-Gendarmerie blockiert, die uns mit Lichtsignalen zum Halten aufforderte. Der schwarze Fahrer nahm das nicht zur Kenntnis. Im Gegenteil, er drückte aufs Gaspedal und brauste mit schallendem Gelächter durch die Sperre. »Mußten Sie denn nicht befürchten, daß die Gendarmen auf uns schießen?« fragte ich. Der Mann lachte immer noch. »So leicht schießt man in Kinshasa nicht auf Weiße«, antwortete er. Wofür uns denn wohl die Gendarmen gehalten hätten, wollte ich wissen. Der Chauffeur zögerte nicht: »Es ist ganz ungewöhnlich, daß Europäer auf einem Lastwagen reisen, der zudem noch mit Maniok vollgepackt ist. Für die Soldaten waren Sie Verrückte oder Söldner oder beides zugleich.«

Der Kirchenkampf wird abgeblasen

Die Priester näherten sich dem Altar mit wiegenden, tänzerischen Schritten. Die Kultstätte war auf einem hölzernen Podest im Freien errichtet. Die Gemeinde sang Choräle in der Kikongo-Sprache, inbrünstig und tiefkehlig wie Spirituals. Auch der schwarze Bischof Matondo bewegte sich im exotischen Rhythmus der geistlichen Prozession. So mochte David vor der Bundeslade getanzt haben. Zwei belgische Missionare paßten sich der Zeremonie an. Ihre Meßgewänder waren mit afrikanischen Symbolen geschmückt.

Der Offiziant rief zu Beginn des Gottesdienstes die Ahnen an. »Alle jene, die Gott schauen«, so lautete der Kompromiß zwischen katholischem Heiligenkult und altkongolesischem Brauchtum. Die Kirche Zaires hatte sich seit der Unabhängigkeit kräftig afrikanisiert. Sie betete zu »Zambi«, zu Gott, in den Sprachen der Eingeborenen, sehr zum Ärger Mobutus übrigens, der in der Beibehaltung des Latein ein einigendes Element im Kampf gegen die Stammesverkrustungen sah. Natürlich gab es nicht genug Priester. Deshalb spielten fromme Laien, »Bakambi« genannt, eine bedeutende seelsorgerische und liturgische Rolle. Die Pfarrei-Jugend war im Bund der »Kinder des Lichts – Bilenge ya Mwinda« zusammengefaßt und teilweise uniformiert. Tragende Kraft der Religiosität blieben die Frauen, die ohnehin eine beherrschende gesellschaftliche Rolle spielten. Paradoxerweise wurde das Matriarchat durch den Umstand bestätigt, daß ein Drittel aller Familien ohne den Vater auskommen mußten, und der Onkel sich häufig um die Erziehung der Kinder seiner Schwester kümmerte.

Bischof Matondo war aus Mbandaka, dem früheren Coquilhatville, nach Kinshasa gekommen. Er wußte um die Prüfungen eines Klerus, der zwischen afrikanischem Synkretismus und Treue zur päpstlichen Autorität hin und her gerissen wird. Manche liturgischen Feiern näherten sich in bedenklicher Weise den Riten des Waudoo. Die Offizianten gerieten fast in Trance und hantierten mit Speeren und Äxten. Kardinal Joseph Albert Malula, der Oberhirte von Zaire, war nicht mehr unumstritten in seiner Bischofskonferenz. Die einen warfen ihm vor, dem herrschenden Regime allzu willfährig nachzugeben, die anderen tadelten ihn wegen kleinlicher Oppositionsgesten. So hatte sich der schwarze Kardinal vor dem Zaire-Besuch Papst Johannes Pauls II. im Jahre 1980 hartnäckig geweigert, General Mobutu mit seiner jetzigen zweiten Frau kirchlich zu trauen, weil aus dieser bislang illegitimen Union bereits mehrere Kinder hervorgegangen waren.

Der Bischof nahm das Evangelium in die Hand und tanzte damit um den Altar. Er schlug das Buch auf und verlas das Evangelium vom Christkönigssonntag. Jesus stand vor Pilatus. »Bist du ein König?« fragte der Prokonsul. »Mein Reich ist nicht von dieser Welt«, lautete die Antwort. – Der Kulturkampf Mobutus gegen die katholische Kirche von Zaire, der Anfang der siebziger Jahre eingesetzt hatte und fast zehn Jahre dauerte, hätte keinen angemesseneren Kommentar finden können. Die Macht des Klerus, die aus den Tagen der belgischen Überfremdung herrührte, wurde vom »Président-Fondateur« als unerträgliche Beeinträchtigung der staatlichen Autorität und der afrikanischen Ursprünglichkeit empfunden.

In den Jahren 1973/74 verfügte er die Nationalisierung aller Schulen und ruinierte damit das gesamte Erziehungswesen von Zaire. Die Missionen hatten bisher auch die medizinische und soziale Betreuung der schwarzen Bevölkerung auf sich genommen. Der Kirchenkampf machte vor dieser humanitären Rolle nicht halt, und die Folgen waren katastrophal. Nach dem Regierungserlaß, der jeden Zairer zum Tragen eines afrikanischen Vornamens verpflichtete, waren die Zuwiderhandelnden, die ihren christlichen Taufnamen beibehielten, mit einer Gefängnisstrafe von fünf Jahren bedacht worden. Das Weihnachtsfest wurde aus purem Trotz auf den 24. Juni verlegt.

Am Ende hatte Mobutu Einsehen gezeigt. Seiner ersten Frau, die im Mausoleum von Gbadolite ruht, hatte er auf dem Sterbebett versprochen, seinen Frieden mit der Kirche zu machen. Der Unterricht, das Sozialwesen in diesem unendlichen Land, die Sanitätsversorgung wurden schrittweise wieder der afrikanisch-christlichen Hierarchie unterstellt. Es war höchste Zeit für diese Umkehr. Der Analphabetismus breitete sich aus. Von etwa neunhundert Zairer Ärzten praktizierte nur ein Dutzend in der Provinz; alle anderen genossen das gute Leben von Kinshasa. Als Papst Paul VI. im Jahr 1969 nach Zaire kam, wurde ihm ein Triumph bereitet. Nicht nur die Katholiken, auch die Kimbangisten und die Protestanten aller Denominationen jubelten dem Pontifex zu, der – sehr zur Verwunderung der europäischen Missionare – die Zuversicht äußerte, Wiedergeburt und Erstarkung der Römischen Kirche werde sich in Afrika vollziehen.

Im Gegensatz zu ihren lateinamerikanischen Confratres verspüren die schwarzen Geistlichen am Kongo wenig Neigung, sich den Thesen der »Befreiungstheologie« anzuschließen. Heute behauptet sich die katholische Kirche in Zaire als dritte Gewalt neben der Autokratie Mobutus und der finsteren Unberechenbarkeit der Streitkräfte. Die 52 Bischöfe verfügen in ihren 47 Diözesen über ein einzigartiges Instrument. Zwischen den rund tausend Missionsstationen und Pfarreien besteht ein technisch hochwertiges Fernmelde- und Radiosystem, das perfekt funktioniert. Ein Minister oder ein General hingegen benötigt in der Regel 24 bis 48 Stunden, ehe er den Kontakt zum Provinzgouverneur oder Ortskommandanten herzustellen vermag.

Am Rande des Gottesdienstes war ich mit einem flämischen Pater ins Gespräch gekommen. Er lebte seit zwanzig Jahren am Kongo und wußte um die magischen Kräfte des Kontinents. Als eines seiner Pfarrkinder, ein geistig behindertes Mädchen, von einem afrikanischen Zauberer, einem »féticheur«, entführt, mißbraucht und sequestriert wurde, hatte sich der kleine blonde Pater in die Cité begeben und ihre Freigabe gefordert. Er baute sich vor dem riesigen Afrikaner auf und wies ihn auf lingala zurecht: »Ich bin Weißer, und du weißt, daß ich stärker bin. Gib also das Mädchen frei, oder du fällst tot um.« Der Zauberer gab klein bei.

Wir sprachen über die Zukunft der Kirche im Kongo-Becken. Man könne die Zustände in Zaire mit dem frühen europäischen Mittelalter vergleichen, meinte der Flame. Als die »Pax Romana« im Chaos der Völkerwanderung untergegangen war, erhielt sich selbst bei den barbarischen Eroberern die vage politische Leitvorstellung vom verschwundenen Imperium. Wie im merowingischen Abendland überleben im postkolonialen Zaire Kultur und Gesittung im Schatten des Kreuzes, im Umkreis der Klöster und ihrer Mönche. Das kleine Volk findet letzte Zuflucht vor der Willkür der Mächtigen auf den Stufen der Altäre. Die Staatsgewalt Mobutus, wie übrigens aller anderen afrikanischen Potentaten, orientiere sich weiterhin, so meinte der Pater, an den ererbten Verwaltungsstrukturen der vertriebenen Kolonialmacht. Die Polizeigewalt im Innern werde mehr schlecht als recht von verstreuten Armeegarnisonen ausgeübt, deren Kasernen sich wie die Burgen der ersten Feudalzeit ausnähmen. Seelenheil, karitative Wohlfahrt und Erziehung des Volkes hingegen bleibe weiterhin der Kirche anvertraut, wohlweislich einer afrikanisch-katholischen Kirche. »Wir Europäer hier in Zaire sollten auf Gott vertrauen, bescheiden sein, stets die Anfänge unseres eigenen Zivilisations- und Staatsbewußtseins vor Augen haben.«

Beim Segen, der auf Kikongo im Namen der Dreifaltigkeit erteilt wurde, kniete der Missionar nieder. Nach der Benedictio bewegten sich die Priester auf einen Holzschuppen zu, der als Sakristei diente. Sie trugen Palmwedel in den Händen und hielten die Arme zum geistlichen Ballett wie Schwingen ausgebreitet.

BRAZZAVILLE – DAS MÄRCHEN VOM »GUTEN WILDEN«

Brazzaville, im Dezember 1984

Auf der Fähre von Kinshasa nach Brazzaville war ich der einzige Weiße. Ich kletterte die Eisentreppe hoch, die zur Brüstung vor der Kabine des Steuermanns führte. Die schwarzen Passagiere räumten mir einen Platz auf der Sitzbank ein: »Wir sind ein gastliches Land«, sagten sie lachend, »als Ausländer haben Sie Anspruch auf freundliche Behandlung.« In mancher Beziehung haben die Europäer von den Afrikanern zu lernen.

Der große Fluß war nach den starken Regenfällen der letzten Woche mit Wasserhyazinthen übersät. Das losgespülte Erdreich färbte die Fluten rötlich, als sei Blut eingeströmt und eine der Plagen Ägyptens über den Kongo hereingebrochen. Das Gegenufer von Brazzaville kam zügig näher. Von ferne schon sah ich die knallrote Fahne der dortigen Volksrepublik Kongo. In der äußersten Ecke dieses Emblems waren zwei goldene Hacken, das Arbeitsgerät des afrikanischen Bauern, aufgedruckt. Der Staatspräsident von Kongo-Brazzaville, Oberst Denis Sassou-Nguesso, hatte in einer programmatischen Rede stolz ausgerufen: »Die rote Flagge weht auf dem nördlichen Ufer des Kongo.« In den Broschüren der marxistisch-leninistischen »Partei der Arbeit – Parti Congolais du Travail« hieß es: »Die Volksrepublik Kongo bildet einen roten Flecken im schwarzen Afrika.«

Meine afrikanischen Mitreisenden führten gewaltige Ballen und Pakete mit sich. Zwischen der Franc-Zone von Brazzaville – der Bruch mit dem Pariser Währungssystem war trotz der kommunistischen Ausrichtung wohlweislich vermieden worden – und der Republik Zaire blühte offensichtlich ein intensiver Grenzhandel am Rande der Legalität. Kurz vor Anlegen unserer Fähre beobachteten wir, wie eine bis oben vollgepackte Piroge durch ein Motorboot der Zöllner von Brazzaville verfolgt wurde und bei einer unvorsichtigen Wendung kenterte. Die Zollbeamten kümmerten sich ausschließlich um die Bergung des Schmuggelguts, während die beiden Pirogenschiffer vom reißenden Fluß fortgetrieben wurden. Mit Heiterkeit verfolgten die afrikanischen Zuschauer, wie die beiden sich mit knapper Not an einem überhängenden Ast festklammerten und der Zermalmung durch die Stromschnellen entgingen.

Diese Volksrepublik von Brazzaville flößt keinen Schrecken ein. Zwar fielen mir gleich nach der Landung spanische Laute auf. Die Kubaner sind hier stark vertreten. Auch die Bekenntnisse zur Aktionseinheit mit der großen Sowjetunion fehlen in keiner offiziellen Erklärung. Am Flugplatz stehen schlecht gewartete Kampfflugzeuge vom russischen Typ Mig. Ansonsten ist die Atmosphäre sehr locker in dieser einstigen Verwaltungshauptstadt Französisch-Äquatorial-Afrikas. Seit das marxistische Militärregime darauf verzichtet hat, an den Ufern des Kongo den »neuen sozialistischen Menschen« zu züchten, haben sich Schlendrian und »laissez-aller« eingestellt. Das schmucke Geschäftszentrum wird wieder weitgehend von französischen Kaufleuten und Kleinbürgern beherrscht. Achttausend Franzosen sind in dieser Republik ansässig. Im »Super-Market« staunen die sowjetischen Diplomaten und Experten über das kapitalistisch anmutende Warenangebot. Zwanzig importierte Käsesorten rivalisieren mit den erlesensten Marken französischen Champagners.

Diese »Républiquette«, wie Lumumba geringschätzig sagte, zählt heute höchstens zwei Millionen Einwohner auf einem Territorium, das der Fläche von Bundesrepublik plus DDR entspricht. Seit der Unabhängigkeit ist der landwirtschaftliche Anbau um 90 Prozent zurückgegangen. Die Landflucht hat zu einer Konzentration von fünfhunderttausend Menschen in Brazzaville, von zweihunderttausend im Atlantikhafen Pointe-Noire geführt. Die Volksrepublik Kongo befriedigt ihre Nahrungsbedürfnisse nur zu 10 Prozent aus eigener Produktion und importiert sogar Maniok. Dennoch hat Brazzaville Glück gehabt. Die Erdölfunde an der Küste haben die wirtschaftliche Fehlentwicklung wettgemacht. Auch bei sinkenden Weltmarktpreisen kommen die kleinen Leute des Eingeborenenviertels Poto-Poto noch über die Runden.

Vor dem Bahnhof, wo ich 1956 zum ersten Mal, aus Pointe-Noire kommend, eingetroffen war, hat die marxistische Revolution ein mächtiges Denkmal aufgestellt. Ein grotesk verzerrter, kurzbeiniger Afrikaner mit niedriger Stirn und vorstehendem Gebiß – etwa zehn Meter hoch – zerreißt seine Ketten, Symbol der Befreiung vom Kolonialismus. Dieses Monstrum, das dem athletischen, schönen Wuchs der meisten kongolesischen Männer in keiner Weise gerecht wird, ist von einem afrikanischen Bildhauer im westfälischen Münster entworfen und in der Bundesrepublik in Bronze gegossen worden. Beim Transport stellte man fest, daß diese Monumentaldarstellung in kein Flugzeug paßte. Die Statue mußte zersägt und in Brazzaville wieder zusammengeschweißt werden, eine Operation, die deutliche Narben an dem grau und fleckig getönten Riesen hinterließ. Der Mutterwitz der Kongolesen hat sich dieser revolutionären Darstellung bereits bemächtigt. »Der Mann mit den zerrissenen Ketten aus Eisen«, so spotten sie, »beweist, daß wir Kongolesen alles kaputtkriegen.«

Anfang der sechziger Jahre war ich häufig nach Brazzaville übergesetzt, um dort die Exilpolitiker der angolanischen Befreiungsbewegung MPLA »Movimento Popular de Libertaçao de Angola« zu treffen. Diese Angolaner, in der Mehrzahl Mulatten und sogenannte »Assimilados«, bekannten sich damals schon zum Marxismus. Sie waren interessantere Gesprächspartner als ihre Rivalen von der FLNA »Frente Nacional de Libertaçao de Angola«, die ihr Hauptquartier in Leopoldville aufgeschlagen hatten. Die FLNA wurde von Kasavubu und Mobutu protegiert. Ihr Führer, Holden Roberto, stützte sich auf die unbedarften Stammeskrieger des Bakongo-Volkes in den Nordprovinzen der portugiesischen Afrika-Provinz Angola, während die Wortführer der MPLA, Mario de Andrade und Agostinho Neto, sich bereits als gewandte Dialektiker profilierten und einen recht urbanen Eindruck machten.

Die Angola-Frage spielt auch heute eine bedeutende Rolle in der Volksrepublik von Brazzaville. Staats- und Parteichef Oberst Sassou-Nguesso, wie auch sein Vorgänger Hauptmann Ngouabi, der unter zwielichtigen Umständen ermordet wurde, haben sich resolut dem »proletarischen Internationalismus« verschrieben. Im Gegensatz zu Mobutu, der die prowestliche FLNA sogar mit Waffengewalt unterstützte, haben sich die Ideologen des »wissenschaftlichen Sozialismus«, die in Brazzaville das Sagen haben, auf die Seite der MPLA geschlagen und den Soldaten Fidel Castros, ohne deren massive Intervention das prosowjetische Regime von Luanda sich niemals hätte durchsetzen, geschweige denn behaupten können, weitgehende Kollaboration gewährt.

Im Raum von Pointe-Noire sind etwa tausend bewaffnete Kubaner präsent. Sie verfügen dort über einen Flugplatz und eine Marinebasis. Die Castristen bewegen sich frei längs der angolanischen und kongolesischen Küste. Sie halten ein wachsames Augenmerk auf die Enklave von Cabinda, wo die amerikanische Gulf-Oil – auf angolanisch-kommunistischem Territorium – reiche Off-Shore-Vorkommen ausbeutet.

Warum sich ausgerechnet der Kongo-Brazzaville zum Leuchtturm des militanten Sozialismus in Afrika stilisierte? Unter den ansässigen Diplomaten wird gern der frühere amerikanische Außenminister Henry Kissinger zitiert, der sich weigert, das Entstehen marxistisch-totalitärer Staats- und Gesellschaftssysteme in der Dritten Welt in die Schablone des Ost-West-Konflikts zu pressen: »... Leider gibt es in den Entwicklungsländern nur wenige Beispiele für eine Entwicklung zu demokratischen Regierungsformen. Die Entwicklungsländer sind für Marxismus so anfällig, da sich in diesem Rahmen die absolute Macht des Staates sowie starre Strukturen der Disziplin und Autorität begründen lassen, während die überlieferten Lebensformen sich auflösten ... Es wurde deutlich, daß sich der Aufbau neuer Nationen vor allem auf die Fähigkeit stützte, eine politische Autorität zu errichten. Es war eine Ironie der Geschichte, daß sich der Marxismus in den Entwicklungsländern nicht wegen seiner Wirtschaftstheorie als attraktiv erwies, sondern weil er eine Antwort auf das Problem der politischen Legitimität und Autorität gab – eine Formel für die gesellschaftliche Mobilisierung, eine Rechtfertigung für die politische Macht und ein Werkzeug, die Ablehnung der kulturellen und politischen Vorherrschaft durch den Westen als eine Methode zur Herstellung der Einheit zu propagieren.«

Seltsames Schauspiel: In diesem Herzland Afrikas, zwischen den Lehm- und Wellblechhütten von Poto-Poto stoße ich immer wieder auf Bilder von Marx und Engels mit ihren Rauschebärten. Hier gibt es auch eine Schule, die nach Patrice Lumumba benannt ist. Im Gegensatz zu Kinshasa, wo der Märtyrer der kongolesischen Unabhängigkeit aus dem Gedächtnis des Volkes verbannt wird, ist sein Portrait in Brazzaville – meist in Begleitung Che Guevaras – weit verbreitet. Für eine Wiedergeburt des Lumumbismus besteht auf dem Nordufer des Kongo eine bescheidene Ausgangsbasis, auch wenn sich Präsident Sassou-Nguesso neuerdings in Freundschaftsbekundungen für Marschall Mobutu ergeht.

Der deutsche Botschafter Armin Hiller fuhr mit mir zum Ufer des Kongo. Die ersten Stromschnellen setzten den rötlichen Fluten schmutzigweiße Schaumkronen auf. Der Botschafter zeigte auf eine wohlgepflegte Erinnerungsstätte, eine hohe Mauer aus Naturstein, die dem ersten französischen Kolonisator am Kongo, dem Marineoffizier Savorgnan de Brazza und seinen Gefährten, gewidmet war. »A Savorgnan de Brazza et à ses compagnons« stand hier in großen Lettern. Auf der ehemals belgischen Seite waren die Denkmäler Stanleys, des bärtigen Leopold II. und auch König Alberts, des »Roi-soldat«, rigoros entfernt und in irgendwelche Schuppen verbannt worden. Niemand kann die Zairer deswegen tadeln. Unser Kamerateam hatte in der Werkstatt eines eingeborenen Künstlers die Arbeit an einer neuen, goldglänzenden Bildsäule gefilmt, die den »Président-Fondateur« Mobutu darstellt und demnächst den ehemaligen Boulevard Albert im Herzen von Kinshasa zieren dürfte.

In Brazzaville tut man sich offenbar leichter mit der Bewältigung der kolonialen Vergangenheit. Im Gegensatz zum skrupellosen und raffgierigen Abenteurer Henry Morton Stanley und seinem finanzbesessenen Auftraggeber König Leopold war der gebürtige Italiener Savorgnan de Brazza wie ein Friedensstifter – die Afrikaner nannten ihn »Vater der Sklaven« – nach Äquatorial-Afrika vorgedrungen. Er wurde lediglich von einer Handvoll senegalesischer Tirailleurs begleitet, die nie einen Schuß abfeuerten. Der Oberhäuptling Makoko des Bateke-Volkes, dem die grausigen Ausbeutungsmethoden auf den belgischen Kautschukplantagen zu Ohren gekommen waren, begrüßte Brazza beinahe herzlich.

Dieser Teil Afrikas war damals kaum bevölkert, von schrecklichen Natur- und Dämonenängsten heimgesucht. Die Auslöschung der spärlichen Einwohnerschaft durch die Tsetse-Fliege war eine reale

Gefahr. Der hochmütige, kühne Stanley blickte voller Verachtung auf den gallischen Beauftragten, der – fieberkrank, mit ärmlichen Mitteln, fast gewaltlos – der Dritten Republik ein Territorium unterstellte, das die Ausmaße des französischen Mutterlandes besaß. Savorgnan de Brazza sei ein Asket, eine Art Missionar in Uniform gewesen, bestätigen die angelsächsischen Kolonialhistoriker. In den Augen Stanleys war dieser Italo-Franzose ein »Tramp«.

Nicht weit von dieser Gedenkstätte blickt die Büste Charles de Gaulles auf die Kongo-Schnellen. Jedes Jahr, am 18. Juni, dem Jahrestag seines Londoner Appells zur Befreiung Frankreichs, werden hier – unter Beteiligung der kongolesischen Behörden – Blumen niedergelegt. Die Büste de Gaulles wurde noch zu Zeiten des pittoresken Abbé Fulbert Youlou eingeweiht. Die marxistischen Militärs haben sie nicht gestürzt und lassen auch weiterhin die sogenannte »Case de Gaulle« pflegen, wo der gegen Pétain revoltierende General im Sommer 1940 den Amtssitz des »Freien Frankreich« etablierte.

In der französischen Legendenbildung des Zweiten Weltkrieges wird de Gaulle häufig als »l'homme de Brazzaville«, der »Mann von Brazzaville« bezeichnet. Am Kongo-Ufer bestätigte er während des Krieges den Anspruch der afrikanischen Untertanen Frankreichs auf politische Gleichberechtigung, installierte den schwarzen Gouverneur Félix Eboué an der Spitze der Tschad-Kolonie, schaffte die Zwangsarbeit für Eingeborene ab. Nachdem er 1958 im Gefolge der Algerien-Krise wieder zur Macht gekommen war, hielt de Gaulle in Brazzaville jene große programmatische Rede, die den afrikanischen Territorien der Union Française den Weg zur staatlichen Unabhängigkeit öffnete.

Der General bleibt in den Augen seiner Kongolesen weiterhin der große Fetisch »N'gol«. Armin Hiller erzählte eine aufschlußreiche Anekdote: Als Frankreich bei den Weltmeisterschaftsspielen von Madrid ein entscheidendes Fußballmatch gewonnen hatte, füllten sich die Straßen von Brazzaville mit einer begeisterten schwarzen Menge. In den Bars von Poto-Poto feierte man den Sieg: »Nous avons gagné – Wir haben gewonnen«, prosteten sich die Kongolesen zu.

In einem luxuriösen Reservat mit grandiosem Ausblick auf das südliche Ufer leben die Beamten der Vereinten Nationen und der diversen UN-Unterorganisationen. Ihre Nützlichkeit ist gering, ihr Lebensstil beeindruckend. Der Golfplatz ist von Palmen und Bougainvillea gesäumt. Das Gehalt eines Funktionärs der Weltgesundheitsorganisation bewegt sich um 20000 D-Mark, und davon wird kein Pfennig Steuer an das Gastland entrichtet. Die Bank für Äquatorial-Afrikanische Zusammenarbeit, ein anderer Wurmfortsatz verfehlter überstaatlicher Zusammenarbeit, hat in Brazzaville ein hypermodernes Prachtgebäude aus Beton, Chrom, Stahl und Glas errichtet und damit den größten Teil der ihr zur Verfügung stehenden Gelder verschwendet. Ein anderes Beispiel abwegigen Investitionsgebarens: Im Herzen von Brazzaville wird gerade ein Superluxus-Hotel fertiggestellt, wo der Zimmerpreis sich auf 700 D-Mark pro Tag beläuft.

Ob die marxistische Militär-Junta sich dieser Widersprüche bewußt ist? Das Augenmerk der Offiziere ist vorrangig auf die tribalistische Herausforderung, auf das unvermeidliche Problem der Stammesgegensätze gerichtet. Die Machtergreifung der Armee war mit einer Umschichtung der Herrschaftsverhältnisse zugunsten des kriegerischen Mboshi-Volkes verbunden, das in der nördlichen Savanne siedelt. Die Mboshi verdrängten die Bakongo aus den Regierungssesseln und wachen seitdem eifersüchtig über ihre ethnischen Privilegien. Als heimliche Hauptstadt des Landes gilt die bescheidene Ortschaft Oyo, dreihundert Kilometer nördlich von Brazzaville gelegen, wo die Häuptlingsstrukturen des Mboshi-Stammes erhalten blieben. Dort vollziehen sich – fern von allen ausländischen Beobachtern – jene geheimen Palaver, Ränke, Giftmorde, die weit mehr als die öffentlichen Debatten das Schicksal dieser afrikanischen Volksrepublik bestimmen. Die kommunistische »Partei der Arbeit« ist mit achttausend Mitgliedern eine Kaderorganisation. Den führenden Offizieren der roten Junta wurde bislang – gemessen an den Verhältnissen von Kinshasa – ein relativ bescheidener Lebensstil bescheinigt. Neuerdings, so erzählt man, habe sich Präsident Sassou allerdings auch ein »Château«, ein Schloß in Frankreich, zugelegt.

Am Abend vor meiner Rückkehr nach Kinshasa habe ich Auguste, einen alten französischen Studienrat, einen pensionierten »Professeur de Lycée« aufgesucht, den ich seit drei Jahrzehnten kannte. Er lebte noch in jenem bescheidenen, aber weiträumigen Kolonialhaus, wo der Luftzug der hohen Fensteröffnungen vorteilhaft die Klimaanlage ersetzt. Bevor wir uns zum Pernod niederließen und uns in ein endloses

Gespräch über die Zukunft Afrikas verstrickten, hatte er mich zu einem Eingeborenenfriedhof chauffiert, etwa dreißig Kilometer nördlich von Brazzaville an der Straße nach Oyo gelegen.

Der Totenacker glich einer weitverstreuten Abfallhalde. Die Gräber reihten sich zwar in geometrisch exakter Ausrichtung, doch überall waren die seltsamsten Gegenstände zu kleinen Müllhalden über den Ruhestätten gehäuft. Am Kopfende stand meist ein schiefes Kreuz aus Holz oder Eisen. Photos stellten die Verstorbenen dar. Die Lebensdaten waren vermerkt; die Kindersterblichkeit war hoch. Eindrucksvoll und befremdend waren die Gaben, welche den Toten in wirrer Unordnung mit auf den Weg gegeben wurden, oft deren gesamter Besitz: Schuhe, Schulhefte, Kochgeräte, Bücher, Kleidung, sehr viel Medizin, denn die Afrikaner sind große Konsumenten von Arzneien. Flaschen mit undefinierbarem Inhalt waren in den Boden gepreßt. Immer wieder stießen wir auf Wasserbehälter. Auch hier wurde diesem Element magische Wirkung zugeschrieben. Dazwischen »gris-gris« (»ju-ju« sagt man im englischen Sprachbereich), jene Wunderessenzen aus Pflanzen- und Tierresten, die den Europäer durch ihre scheußliche Unansehnlichkeit überraschen.

»Am Kongo sind die Toten mächtiger als die Lebenden«, sagte Auguste. »Hier gibt es keine natürlichen Todesursachen, es sei denn bei hochbetagten Greisen. Jeder andere Tod wird auf bösartige Einflüsse, auf Behexung, Verwünschung, Zauber und Gift zurückgeführt. In jedem Dorf, in jedem Stadtviertel sucht der ›féticheur‹, der ›Nganga‹, pausenlos nach einem Schuldigen, nach den unheimlichen Tätern. Die Bevölkerung lebt in Verehrung und Angst vor den Toten. Die Furcht geht um, sie könnten zurückkommen, ihre Verwandten heimsuchen, Spuk und Unheil stiften. Deshalb werden ihnen so viele Abschiedsgeschenke auf das Grab gelegt, vor allem die Schuhe, damit sie nicht in die alte Hütte kommen, um sie für ihre Wanderungen im düsteren Land der Toten zurückzuholen. Jeder Tod, so bestätigen die Völkerkundler, weitet sich für den Afrikaner zum Psychodrama aus. Auch die Eheschließung, die mit komplizierten, aufwendigen Schenkungen und Ritualen verbunden ist, birgt oft eine schwere seelische Belastung für die nächsten Angehörigen in sich.«

Auguste weitete seinen Exkurs über den afrikanischen Totenkult ins Aktuell-Politische aus. Genauso wie jeder Todesfall, jedes Mißgeschick des Individuums auf bösartige Magie zurückgeführt werde, so dozierte er, begründeten die Afrikaner ihre wirtschaftliche Rückständigkeit, ihre innerstaatlichen Wirren, ja sogar die periodisch wiederkehrenden Naturkatastrophen mit internationaler Verschwörung, perversen Einflüssen fremder Kräfte, mit der überlegenen Dämonie der Weißen. Kaum einem schwarzen Politiker komme der Gedanke, Schuld und Verantwortung im eigenen Fehlverhalten zu suchen.

Der Friedhof war von grünen Hügelwellen umrahmt. Der Abendhimmel verfärbte sich zu jenen Tönungen aus Violett, Purpur und Gold, die niemand zu malen wagt, weil sie kitschig wirken. »Wenn wir weiter nach Norden führen, wir fänden in einem Radius von fünfhundert, ja tausend Kilometern nichts anderes als menschenleere Savanne und Wald. Der Boden könnte überall landwirtschaftlichen Ertrag bringen. Aber wer kümmert sich schon darum?« sagte der Professeur achselzuckend. »Das hungernde Afrika ist ein unterbesiedelter Kontinent, der das Vielfache seiner heutigen Bevölkerung ernähren könnte.«

Beim Pernod auf der Veranda des alten Kolonialhauses blickten wir über den kupferfarbenen Strom. Dabei wehrten wir die Moskitos ab. »Wissen Sie noch«, nahm Auguste das Gespräch wieder auf, »in den sechziger Jahren gingen wir zu dem Uferrestaurant, einer Art ›Guinguette‹, gleich in der Nachbarschaft. Die Kundschaft war ausschließlich europäisch. Und Sie erinnern sich doch noch, jeden Nachmittag, fast genau um fünf Uhr, kam ein Nilpferd aus dem Fluß, ging zwischen den Tischen auf die offene Küche zu, riß dort das gewaltige rosa Maul mit den mächtigen Zähnen auf, ließ sich Speiseabfälle hineinschütten, um dann wieder schwerfällig in sein feuchtes Element zurückzukehren.« Wir sprachen von den urweltlichen Tiergattungen, die mit der Einführung des Marxismus-Leninismus koexistierten. 1959 hatte ich vor Pointe-Noire noch Wale gesichtet. Im Mayombe-Urwald gab es Riesenschlangen, die zwischen sieben und zehn Meter lang wurden.

Seit unserem letzten Zusammentreffen war Auguste ein alter Mann geworden. Die Tropen hatten ihn gezeichnet. Die gelben Augen deuteten auf Leberschaden. »Du weißt, ich bin nie ein Kolonialist gewesen«; plötzlich duzte er mich. »Ich gehörte zu jenen fortschrittsgläubigen Idealisten aus dem Mutterland, die die Formel ›Freiheit, Gleichheit, Brüderlichkeit‹ ernst nahmen. Ich bin alter Freimaurer. Mir waren die Kolonial-Administratoren ein Greuel. Die Offiziere der ›Infanterie Coloniale‹ habe ich als Idioten beschimpft, und in den Missionaren sah ich Prediger des Obskurantismus. Heute trauere ich meinen früheren Überzeugungen, meiner verlorenen Naivität nach, ja ich überrasche mich dabei, die malariakranken Nonnen und Patres aus dem Hospital und aus der Schule nebenan als Brüder und Schwestern zu lieben. Ich bin nach der Pensionierung in Afrika geblieben. In Europa würde ich mich schwer zurechtfinden. Ich brauche diesen weihevollen, barbarischen Sonnenuntergang. Aber die Hoffnungen, die ich in diesen Kontinent und seine Menschen setzte, die sind geschrumpft. An die Stelle meines rationalen Positivismus ist abgrundtiefer Kulturpessimismus getreten. Nicht aufklärerische Utopie, sondern biologischer Determinismus regiert die Stunde. Ich habe versucht, in diesem düsteren Kontinent den ›Abbé Savoyard‹ zu spielen. Ich bin Jean-Jacques Rousseau auf den Leim gegangen. Jetzt beneide ich den einfältigen Père Etienne von der Salesianischen Mission nebenan um seine papistische Glaubensgewißheit.«

Der alte Lehrer machte eine Pause. »Der Wilde ist nicht gut«, fuhr er fort. »Niemand redet darüber, daß im Umkreis der modernen Hochhäuser von Brazzaville, unter den Spruchbändern des ›wissenschaftlichen Sozialismus‹, vor ein paar Wochen wieder ein paar schwarze Kinder entführt und als Ritualopfer ermordet wurden. Ihre Eingeweide mußten herhalten, um ›force vitale‹, um ›Lebenskraft‹ zu beschaffen. Der Heide bedarf der Gesittung. Erst als ihr Deutschen in die Finsternis des neuheidnischen ›Mythos des 20. Jahrhunderts‹ zurückgetaumelt seid, wurden in Europa die Öfen der Massenvernichtung gezündet, die Menschenopfer zu Millionen dargebracht.«

Auguste fröstelte fiebrig, schluckte mehrere Nivaquine, trank puren Pernod und setzte wieder zu seinem Monolog an. Das Unheil habe mit Kopernikus und Galilei begonnen. Die Kirche habe recht gehabt, mit inquisitorischer Härte an der unhaltbaren These des Geozentrismus festzuhalten. Solange die Erde als Mittelpunkt des Universums galt, habe sich der Mensch, der sich seinen Planeten untertan machte, als letzter Zweck, als Krone der Schöpfung empfunden. Aber seit unser Gestirn zu einer winzigen Partikel innerhalb der Unendlichkeit der Galaxien verkümmert sei, gebe es keine langfristige Hoffnung für den »homo sapiens«. Welchen Unterschied mache es schon im Rhythmus der Äonen, ob die menschliche Gattung, nachdem sie 99 Prozent aller Arten ausgerottet habe, nun gewissermaßen Hand an sich selber legt und die nukleare Selbstvernichtung auslösen könne? Das wäre lediglich die Beschleunigung einer ohnehin vorgezeichneten Bestimmung.

Ich unterbrach Augustes düstere Vision, machte ihn auf die mangelnde Originalität seiner These aufmerksam. In Europa seien solche Gedankengänge recht modisch. – »Was geht mich Europa an?« entgegnete er mit schwerer Zunge. »Ich leide unter meiner afrikanischen Enttäuschung. Dieser Kontinent wird weiterhin Spielball, er wird Objekt der Weltpolitik bleiben. Ihm ist keine gestalterische, originäre Rolle beschieden.« Die schwarze Menschheit habe keine Chance, die Herausforderung der kommenden Dekaden zu überstehen, phantasierte Auguste weiter. Sie könne den Sprung nicht vollziehen vom Überlebenskampf mit Faustkeil und Keule zum existentiellen Wettbewerb der Computer und Raumfähren. Der nächsten genetischen Mutation unserer Gattung, falls eine solche noch stattfände, seien die Afrikaner nicht gewachsen.

Ich wollte Auguste nicht kränken, war bemüht, ihn abzulenken von seinen Depressionen. »Nenne mir doch ein Konzept für Afrika«, forderte ich ihn auf; »stelle dir einen Neuanfang vor!« Für die übrige Welt, zumal für Europa, sei es unerträglich, so wandte ich ein, daß hier ein Kontinent dem despotischen Zufall, dem blinden Chaos ausgeliefert sei. Es klänge doch bestürzend, daß die vielbeschworene Entwicklung, der imaginäre Fortschritt sich in beschleunigte Unterentwicklung, in realen Rückschritt verkehrten. Aber Auguste ließ sich nicht beruhigen. »Schau doch nach Äthiopien«, ächzte er; »dort ist die große Mystifikation im Gange. Äthiopien ist ›in‹, wie es im modernen Pressejargon heißt. Unsere schrecklichen Vereinfacher, ›les terribles simplificateurs‹, sind am Werk. Nach Äthiopien solltest du reisen, wo die Werbetrommler die Humanität vermarkten. Mit ihren Nahrungsüberschüssen sind die Europäer auch ohne diesen aufdringlichen Rummel in der Lage, die hungernden Sahel-Völker zu sättigen. Das ist nicht einmal eine ruinöse Aufgabe für die Industrienationen und ihre selbstverständliche karitative Pflicht. Aber die längst fällige Umkrempelung der soziokulturellen Zustände in Afrika – das ist nicht

Sache der Weißen, das können nur die Schwarzen selbst bewirken, falls sie die Energie dazu aufbringen. Vor allem sollen die Europäer aufhören, mit ihrem heillosen Nord-Süd-Gefasel, mit ihren Selbstbezichtigungen, die ihnen niemand abfordert. Damit bestätigen sie nur ihre Lust am eigenen Niedergang, ihre Alibi-Suche, ihren selbstquälerischen Egozentrismus. An den Afrikanern reden sie vorbei.«

Der »Professeur« zog ein abgegriffenes Buch aus dem Regal, »Die Reise zum Kongo« von André Gide, und schlug es an einer Merkstelle auf. »Ich weiß, der schlaue Affe Gide hat es ganz anders gemeint, als er diese Passage schrieb«, flüsterte er, »aber sie paßt in meine Stimmung: ›Désormais, une immense plainte m'habite ... eine grenzenlose Klage wohnt in mir. Ich weiß Dinge, mit denen ich mich nicht abfinden kann. Welcher Dämon hat mich nach Afrika getrieben? Was habe ich denn in dieser Gegend gesucht? ... Qu'allais-je donc chercher dans ce pays?‹«

Auguste beendete das Gespräch abrupt und streckte sich auf das nahe Feldbett. Das Moskitonetz umschloß seinen ausgemergelten Körper wie ein Kokon die Larve.

Abschied vom großen Fluß

Kinshasa, im Dezember 1984

In Brazzaville hatte ich einen Virus aufgefangen. Ins Hotelzimmer von Kinshasa zurückgekehrt, fühlte ich mich fiebrig. Sämtliche Glieder schmerzten. Trotzdem zwang ich mich, das verabredete Treffen mit Marcel Lengema einzuhalten. Die Uhr schlug Mittag, als ich im Hochhaus des Außenministeriums dem verantwortlichen Staatssekretär für Wirtschaftliche Zusammenarbeit gegenübersaß. Es war derselbe Mann, der mich im Januar 1961 im Hotel Regina angerufen hatte, um mir die Ermordung Lumumbas mitzuteilen. Lengema hatte sich kaum verändert. Schon in seinen jungen Jahren war er mir durch seine kühle Reserviertheit aufgefallen, die gar nicht afrikanisch war. Dazu kam jetzt die Würde des Amtes. Aus dem Fenster des Vorzimmers versuchte ich, einen Blick auf das Lumumba-Denkmal zu werfen. Aber eine Betonmauer versperrte die Aussicht. Ich zögerte, alte

Erinnerungen aufzuwärmen. Schließlich hatte er keinen kleinen Sprung vollzogen vom Gefolgsmann Lumumbas zum Minister Mobutus. Aber Unversöhnlichkeit ist kein afrikanischer Wesenszug. Zunächst berichtete mir Lengema über sein schwierigstes Aufgabengebiet außerhalb des Ressorts für »coopération«. Er war mit den Beziehungen zu Angola und Tansania betraut.

Lengema selbst kam auf die Zeit der frühen Unabhängigkeit zu sprechen. Er sei damals der Benjamin in der Mannschaft Lumumbas gewesen. Heute fühle er sich als Senior, als Überlebender einer fernen Generation. Die Jugend von Zaire, das heißt Dreiviertel der Bevölkerung, habe kaum noch eine Erinnerung an die Politiker der ersten Stunde. Das hatte schon Mobutu behauptet. Ich fragte ihn nach der Frau des ermordeten Premierministers, nach Pauline Lumumba. Als ich Lengema 1969 in Kairo getroffen hatte, war er im Auftrag Mobutus nach Ägypten gereist, um die dort lebende Witwe mit allen Ehren und Zusicherungen nach Hause zu begleiten. Das war die Zeit, als das Lumumba-Monument in Auftrag gegeben wurde. Pauline Lumumba sei heute eine alte kranke Frau, antwortete der Staatssekretär. Sie lebe in der Sowjetunion und würde dort behandelt. Natürlich versuchten gewisse Kreise, ihre Präsenz im Ostblock politisch auszuwerten.

Wir machten eine Tour d'horizon, plauderten über die Entwicklungen in diversen Staaten Afrikas und über unsere persönlichen Lebenserfahrungen. Eine schwermütige Befangenheit stand zwischen uns. Ob die Republik Zaire sich seit der ökonomischen Liberalisierung an dem prowestlichen Modell der Elfenbeinküste orientieren wolle, fragte ich, um eine Pause zu überbrücken. Lengema zögerte, verwies auf die völlig unterschiedlichen Strukturen. »Immerhin«, gab er zu, »wer hätte geglaubt, daß das Regierungssystem Houphouet-Boignys – an allen anderen Experimenten gemessen – das erfolgreichste sein würde? Wie heftig wurde er damals als Knecht des Kolonialismus beschimpft!« Aber auch die Elfenbeinküste trieb einer ungewissen Zukunft entgegen. Der greise, kränkelnde Baoulé-Häuptling würde nicht lange mehr regieren können. »Er hat ein agrarwirtschaftliches Wunder an der Côte d'Ivoire vollbracht«, sagte Lengema, »doch mit seinen Rodungen, seiner intensiven Bodennutzung, mit den forcierten Holzexporten hat er den Urwald seines Landes vernichtet, und dafür wird die Elfenbeinküste eines Tages zahlen müssen.«

Ich änderte das Thema. Was aus Antoine Gizenga, dem einstigen Chef der Ostblock-freundlichen Gegenregierung von Stanleyville geworden sei, wollte ich wissen. »Gizenga lebt in der angolanischen Hauptstadt Luanda und nicht in Moskau, wie oft behauptet wird«, lautete die Auskunft. Unser Gespräch wandte sich Angola zu und den verheerenden Verhältnissen in diesem benachbarten Staat, wo Kubaner und Südafrikaner sich auf dem Rücken der eingeborenen Bevölkerung einen Stellvertreterkrieg lieferten. Seit den frühen Tagen der portugiesischen Entdeckung im Jahre 1482 war das Schicksal Zaires und Angolas aufs engste verwoben. Das alte Manikongo-Reich behauptete sich damals auf beiden Seiten der Mündung des »Zadi« in einem Territorium, das sehr viel später unter Belgiern und Portugiesen zerstückelt wurde. Schon im 16. Jahrhundert genoß der Bakongo-König Garcia Affonso II. hohes Ansehen in Lissabon. Sein Sohn Enrique wurde von Papst Leo X. zum ersten schwarzen Bischof ernannt. Emissäre dieses mythischen Königreichs, dessen Pracht und Entwicklungsstand durch die portugiesischen Seefahrer stark übertrieben wurde, reisten zum Heiligen Vater nach Rom.

»Die afrikanische Revolution überspringt die Grenzen, die die Kolonisation gezogen hat«, fuhr der Staatssekretär fort. »Was in Angola vor sich geht, berührt uns unmittelbar. Man mag im Ausland gegen das jetzige Regime von Zaire manches einwenden, aber stellen Sie sich vor, welch grauenhafte Zustände bei uns herrschen würden, wenn die Internationalisierung unserer Konflikte der sechziger Jahre sich verewigt hätte. Ich gebe Ihnen einen dringenden Rat: Versuchen Sie, nach Angola zu kommen, um zu ermessen, was dem Kongo-Zaire alles erspart blieb.«

Lengemas Einladung zum Abendessen mußte ich ausschlagen. Ich litt unter Schüttelfrost. Am nächsten Morgen würde die Swissair-Maschine nach Zürich starten. Bis dahin wollte ich ruhen und Kräfte sammeln. Im Zimmer des »Intercontinental« verfiel ich schnell in unruhigen Schlummer. Im Traum watete ich im rötlichen Wasser des großen Flusses und suchte Halt an einem Betonpfeiler, einer Miniatur des Lumumba-Denkmals. Fiebrige Wahnvorstellungen – das war wohl ein angemessener Abschied vom Kongo.

ÄTHIOPIEN – DIE SCHWARZEN ERBEN DES KÖNIGS SALOMON

»Lucy« in der Danakil-Wüste

Gewane, im März 1985

Auch nach Sonnenuntergang sinkt die Hitze in Gewane nicht unter vierzig Grad. Die Lastwagenfahrer, die auf ihren mächtigen Schleppern Lebensmittel und Ersatzteile vom Hafen Assab am Roten Meer nach Addis Abeba fahren, haben im heruntergekommenen Agip-Hotel Rast gemacht. Sie vermeiden die nördliche Direktstraße, die zum Knotenpunkt Dese ins Hochland führt. Seit zehn Tagen ist diese Strecke unsicher geworden. Es sind gleich zwei Widerstandsbewegungen, die dort den Verkehr behindern und den Transporteuren auflauern, sofern sie sich nicht im gesicherten Militärkonvoi bewegen: Die »Afar-Liberation-Front« und die »Tigre-People's-Liberation-Front«. Gewane ist ein armseliger Flecken in der Danakil-Wüste. Die Grenze der Republik Dschibuti verläuft hinter dem mächtigen Vulkan, dessen nackte Hänge im Abendlicht violette Schatten werfen.

Von den äthiopischen Revolutionsbehörden ist bei Gewane ein neues Lager für die Hungerflüchtlinge des Afar-Volkes errichtet worden, das ich am späten Nachmittag besichtigte. Der Beauftragte des Äthiopischen Roten Kreuzes ist hier ein ehemaliger Major und Großwildjäger, der bei seiner humanitären Arbeit eine in diesem Erdteil recht ungewöhnliche Effizienz an den Tag legt. Er ist Amhare, gehört also jener äthiopischen Rasse an, die dieses Reich seit seinen legendären Ursprüngen beherrscht und auch nach der sozialistischen Revolution die marxistische Republik regiert, obwohl sie höchstens 15 Prozent der Gesamtbevölkerung ausmacht. Die Amharen sind stolz auf ihren semitischen Blutanteil. Der Major, der mich durch die

Verwaltungsbaracken, das Nothospital, die Zelte und die runden, wie Körbe geflochtenen Hütten seines Rettungslagers führt, wirkt tatsächlich nach Gesichtsschnitt und Auftreten wie ein schwarzhäutiger Jude.

Das Lager von Gewane ist gut verwaltet. Die dreizehntausend Afar-Nomaden, die sich nach Versiegen der Brunnen und nach dem Verdursten ihrer Herden hierhin geflüchtet haben, waren als wandelnde Skelette eingetroffen. Viele Kinder sind verhungert. Aber den Überlebenden dieser harten Rasse haben zehn Tage regelmäßiger Ernährung – Hirse mit Milch vermischt, Reis und bestenfalls ein wenig Kamelfleisch – genügt, um zu Kräften zu kommen. Die meisten sind schon wieder munter und lebensstrotzend. Dreitausend haben das Lager verlassen, um zu ihrer alten Existenz zwischen Sand und Akazienbüschen zurückzufinden. Die Afar sind ein wildes, überaus selbstbewußtes Volk. Im Lager wurde ich kein einziges Mal von einem bettelnden Kind angehalten und hörte keinen Laut der Klage.

Dieser schöne, hamitische Menschenschlag hat eine tiefschwarze Haut. Die Gesichter sind edel geschnitten. Die Männer, nur mit einem Lendenschurz und einem Stoffetzen bekleidet, den sie malerisch über die Schultern schlagen, bewegen sich mit natürlicher Würde. Die Frauen verzieren das kunstvoll geflochtene Haar mit buntem Perlenschmuck, die wohlgeformte Brust ist unbedeckt. Im Gegensatz zu den Flüchtlingslagern von Wollo und Tigre herrschen in Gewane durchaus hygienische Zustände, werden die improvisierten Latrinen benutzt. Aus dem Norden, aus Bati und Melle, werden erste Cholerafälle gemeldet. Die Rotkreuz-Helfer halten diese Hiobsbotschaften geheim. Die Regierung in Addis Abeba hat verfügt, daß keine Seuchenpsychose aufkommen darf. Aber im nahen Somalia ist das Auftreten Hunderter Cholerafälle offiziell bekanntgegeben worden. Die Grenzen sind hier für die Nomaden durchlässig wie Striche im Sand.

Die Afar sind von kriegerischer Art. Seit Menschengedenken sind die Männer darauf aus, ihre Feinde zu überfallen, und die Hoden ihrer erschlagenen Gegner als Trophäe zu sammeln. Viele ziehen mit altertümlichen Gewehren durch die Wüste. Jeder trägt mit biblischer Geste einen spitzen Hirtenstab hinter dem Nacken. Ein Afar trennt sich nie von seinem kurzen Schwert, dem Attribut seiner wehrhaften Mannbarkeit. Der Brunnen, der in der Nähe des Lagers sechzig Meter tief gebohrt wurde und aus dem klares Wasser sprudelt, ist von vier Afar bewacht, die das Vertrauen der äthiopischen Behörden genießen. Sie sind mit russischen Sturmgewehren vom Typ AK 47, den vielgenannten Kalaschnikow ausgerüstet. In Afrika gebe es wohl inzwischen mehr Kalaschnikows als Schraubenschlüssel, sage ich scherzend zum Major und erwarte obligaten Widerspruch. Aber der Lagerführer stimmt mir lebhaft zu.

Der Hunger und die Not haben die Afar offenbar nicht gezähmt. Hinter dem Vulkangebirge, wo Salzseen in der grellen Sonne spiegeln und heiße Schwefelquellen gelben Nebel verbreiten, ist es in den letzten Tagen wieder zu blutigen Kämpfen mit ihren Erbfeinden, den nomadisierenden Issa gekommen, die dem großen Volk der Somali angehören. Hier werden Fehden um Vieh, magere Weidegründe und archaische Ehrbegriffe ausgetragen. Verwunderlich hingegen stimmt die Mitteilung, daß ein Teil der Afar-Krieger einen ethnisch und politisch motivierten Partisanenkampf gegen das marxistisch-leninistische Regime des Oberstleutnants Mengistu Haile Mariam, des Generalsekretärs der neugegründeten Äthiopischen Arbeiterpartei, führe. Sie sollen einzeln fahrende Lastwagen überfallen und vor allem Waffenkarawanen durch die gnadenlose Danakil-Wüste geleiten, die sich zwischen dem Roten Meer und dem äthiopischen Hochland erstreckt. Diese Waffen, so heißt es, würden aus Saudi-Arabien mit altertümlichen Dhaus und schnellen Motorbooten an die Küste gebracht. Empfänger seien jene vielfältigen Aufstandsgruppen, die die gebirgigen Nordprovinzen Äthiopiens in zunehmendem Maße heimsuchen und sich neuerdings wie Ölflecke nach Ost und Süd ausweiten. Unter ihren Stammesbrüdern von Dschibuti verfügen die Afar-Guerilleros über verschworene Komplizen.

Natürlich wird auch in Gewane und in anderen Auffanglagern der Danakil-Wüste der Verdacht geäußert, die Zentralregierung nutze die Hungersnot, um ihr ideologisches Programm durchzusetzen, um jede bewaffnete Auflehnung niederzuhalten. Der Revolutionsrat von Addis Abeba strebt die systematische Seßhaftmachung der Nomaden an. Ähnliche Zwangsmaßnahmen der Russen im Kasakstan der zwanziger Jahre mögen dabei Modell stehen. Marxismus und Nomadentum seien unvereinbar, hatten sogar die Jünger Mao Tsetungs befunden. Es erscheint durchaus sinnvoll, die schilfbewachsenen Ufer des

Awasch-Flusses endlich landwirtschaftlich zu nutzen. Sein fauliges Wasser versickert ein paar Kilometer nördlich in der Danakil-Wüste. Für die Afar war der Awasch lediglich die Tränke ihrer Kamele und Viehherden. Seit die Regierung begonnen hat – ebenfalls nach dem Vorbild Sowjetisch-Zentralasiens –, den bewässerungsfähigen Boden für ihre Staatsfarmen zu requirieren und dort Baumwolle zu pflanzen, treiben die Nomaden häufig ihre Rinder in diese Kulturen und lassen sie dort weiden. Es kommt dann zum bewaffneten Konflikt mit den Regierungssoldaten, die in dieser strategisch wichtigen Region postiert sind.

Das Restaurant des Agip-Hotels von Gewane starrt vor Schmutz. Doch die Atmosphäre ist freundlich, fast brüderlich. Die hier einkehrenden Fernfahrer sind dunkelhäutige, muskulöse Gesellen. Sie trinken Bier und bestellen gewaltige Portionen Spaghetti oder Lasagne. Nur fünf Jahre, zwischen 1936 und 1941, hat sich hier das Imperio Mussolinis behaupten können. Aber die Eßgewohnheiten der italienischen Kolonisatoren haben sich in ganz Äthiopien durchgesetzt und erhalten.

Am Nebentisch sitzen drei freiwillige Mitarbeiter der Internationalen Liga des Roten Kreuzes. Es gehört viel Idealismus dazu, in diesem mörderisch heißen Klima den Menschen der Wüste zu helfen, unter deprimierenden hygienischen Umständen zu leben. Eine etwa vierzigjährige Australierin hat gerade einen schweren Fieberanfall hinter sich. Der jungen englischen Krankenschwester klebt das blonde Haar an der Stirn. Sie lächelt tapfer, doch die Augen blicken erschöpft. Der dritte im Bunde ist ein Isländer namens Magnus. Als Ingenieur ist er für Barackenbau, Lebensmittellager und Trinkwasserversorgung zuständig. Das Klima sei für ihn zwar ungewohnt, lacht er, aber dafür finde er in diesem Feuerofen die Lava und die Vulkane seiner eisigen Heimat wieder.

Mit dem Major, einem jungen äthiopischen Arzt und meinem offiziellen Begleiter aus Addis Abeba plaudern wir bis spät in die Nacht. An der abblätternden Wand hängt über uns das Bild des Oberstleutnant Mengistu. Seit den Feiern zum zehnten Jahrestag der marxistischen Revolution, die von nordkoreanischen Spezialisten im Kim-Il-Sung-Stil organisiert wurden, greift der Personenkult um sich. Hier in Gewane trägt Mengistu seine Felduniform. In der Hauptstadt hingegen blickt sein Riesenbild im eleganten dunklen Nadelstreifenanzug auf die Passanten. Demnächst wird er sich wohl in einer Art Mao-Look dem Volk präsentieren. Seit seinem Staatsbesuch in Pjöngjang ist Mengistu vom dortigen Modell des Sozialismus stark beeindruckt.

Unser Gespräch meidet die große Politik. Wir reden weder über die Unsicherheit noch die Sabotageakte, die allmählich auf diese Provinz übergreifen. Ich vermeide es auch, die skandalösen Pannen im Hafen von Assab zu erwähnen. Auf dem Höhepunkt der Hungerkatastrophe waren Lebensmitteltransporte von den Kontrollbehörden abgewiesen worden, weil die Belieferung der Revolutionsfestlichkeiten – darunter eine Ladung von 650000 Flaschen Whisky – Vorrang hatte; ganz zu schweigen von den sowjetischen Kanonen- und Panzerausschiffungen, die weiterhin absolute Priorität genießen. Diese Rotmeerküste, an der die Backofenglut und ein permanenter Sandsturm die Nerven aller Ausländer aufs äußerste strapazieren, liegt im Zentrum intensiver strategischer Beobachtungen. Die amerikanischen Satelliten haben festgestellt, daß die Russen auf den öden Dahlak-Inseln zwischen Massawa und Assab Radar- und Abhörstationen, einen kleinen Flugplatz und sogar einen U-Boot-Stützpunkt ausbauen. Vor zwölf Jahren hatten dort noch die Israeli, die eng mit dem Negus kooperierten, eine Basis errichtet, um einer kombinierten Sowjet- und PLO-Präsenz auf der Insel Perim im Bab-el-Mandeb zu begegnen.

Der Major hatte einst ein paar Jahre in Tansania verbracht, wo er Safaris für westliche Touristen organisierte. Er ist ein weltoffener Mann geblieben. Eine seiner Töchter lebt in USA. In Tansania hatten ihn die Chinesen mit ihrem Fleiß und ihrer Bescheidenheit fasziniert. Das Jägerlatein geht wohl mit ihm durch, wenn er erzählt, daß die chinesischen Arbeiter der Tanzam-Bahn vorzugsweise Schlangen aßen und sogar vor Elefantenfleisch nicht zurückschreckten. Die Frauen meiner äthiopischen Gastgeber haben sich zu uns gesellt, selbstbewußte Amharinnen. Sie setzen sich abseits, nicht aus weiblicher Unterordnung, sondern weil sie als gute koptische Christinnen die Fastenzeit einhalten und auf Fleisch, Eier und Tierfett verzichten. Mir war aufgefallen, daß die schäbigen Hütten von Gewane von einer stattlichen äthiopisch-orthodoxen Kirche in Form eines Tukul überragt werden. Auf dem Dach dieses Rundbaus thront das strahlenförmige koptische Kreuz, dessen vier Ausläufer mit Straußeneiern verziert sind.

Nicht weit von Gewane, am Salzsee von Hadar, ist das früheste menschliche Skelett, eine 3,5 Millionen Jahre alte Frau entdeckt worden, der »Australopithecus afarensis«. Die Anthropologen haben diesen weiblichen Urfund »Lucy« genannt. In den neuen Lehrbüchern des sozialistischen Äthiopien, die sich zum dialektischen Materialismus, zur darwinistischen Entwicklungslehre bekennen und die von amharischen Kopten verfaßt werden, ist Lucy zu einer Art Eva der marxistischen Offenbarung geworden. Die stolzen Afar, die zwar über geringe koranische Wissenschaft verfügen, aber fanatische Moslems sind, würden eine solche Gott verleugnende Deutung der Menschwerdung entrüstet von sich weisen.

Die Dreifaltigkeit der Gottlosen

Assabe Teferi, im März 1985

Am Eingang des Städtchens Assabe Teferi ist eine rote Banderole gespannt: »Lang lebe der proletarische Internationalismus!« Die Revolution ist hier allgegenwärtig. Von den Mauern aus Lehm blickt die neue »Dreifaltigkeit der Gottlosen«, wie die Äthiopier spötteln: Marx, Engels, Lenin. Je weiter man sich von Addis Abeba entfernt, desto äthiopischer, dunkelhäutiger färben sich die Gesichter dieser drei Verkünder des Paradieses der Werktätigen. Ihre übergroßen Augen blicken mit der ekstatischen Starre koptischer Ikonenheiliger. Andere Plakate zeigen ein Kind, das den Helm aufsetzt und zum Gewehr greift, um den Sozialismus zu verteidigen. Die Flügel einer Friedenstaube, die mit Adlerkrallen bewehrt ist, sind in den Farben Äthiopiens, grün-gelb-rot, gemalt.

In dem düsteren Straßencafé, wo wir uns von der staubigen Fahrt erholen, riecht es nach Polizeispitzeln. Neben dem obligaten Portrait des Oberstleutnant Mengistu stellt eine primitive Zeichnung einen feisten, finster blickenden Mann dar, offenbar einen Konterrevolutionär, aus dessen Mund bösartige Insekten schwirren, um sich im Ohr eines äthiopischen Bauern festzusetzen. Die destruktive Lügenpropaganda der Reaktionäre wird angeprangert.

Hinter Assabe Teferi öffnet sich weites fruchtbares Ackerland. Hirse und Mais werden geerntet. Die gelben Stoppelfelder sind von Eukalyptushainen, auf den Höhen von kleinen Nadelwäldern unterbrochen. Mein Begleiter Gugsa macht mich auf den hiesigen Menschenschlag aufmerksam. »Hier wohnen Oromo«, sagt er, »das merken Sie an der sorgfältigen Bestellung der Äcker.« Er gehört selber dieser hamitischen Rasse an, die im Süden oft negroid vermischt ist. Die frühere amharische Bezeichnung »Galla« ist heute verpönt, weil sie die Oromo als »Sklaven« einstufte. Keiner weiß exakt, wie zahlreich die Oromo sind. Die Schätzungen schwanken zwischen 30 und 50 Prozent der Gesamtbevölkerung Äthiopiens, die neuerdings mit 42 Millionen beziffert wird. Die Oromo sind aus dem Süden des Landes stetig nach Norden eingesickert und heute in fast allen Provinzen vertreten.

»Oromos are everywhere«, sagt Gugsa stolz. Der Name dieses liebenswürdigen Gefährten, der in Amerika und Europa studiert hat, der Englisch und Deutsch spricht, erinnert mich an den Eroberungskrieg Mussolinis gegen das Kaiserreich Haile Selassies im Jahr 1935. Damals hieß einer der ersten äthiopischen Fürsten, die sich den Schwarzhemden anschlossen, Ras Gugsa. Wie oft hatten wir als Kinder »Abessinien-Krieg« gespielt, und keiner von uns wollte damals Italiener, jeder hingegen Äthiopier sein, obwohl die nationalsozialistische Propaganda bereits für das faschistische »Imperio« die Werbetrommel rührte.

Längs der Schotterstraße nach Diredawa und Harrar sind die Menschen in ständiger Bewegung. Sie schleppen Balken und Baumaterial. Überall entstehen neue, eng gruppierte Dörfer. Die runden Tukul, strohgedeckte Hütten mit lehmverkleideten Wänden, sind schnell gebaut. Über diesen Neusiedlungen flattert stets die traditionelle Fahne Äthiopiens und das rote Banner der sozialistischen Revolution. Die Kollektivierung der Landwirtschaft ist in vollem Gange. Die Bauern und Pächter werden zu Genossenschaften, besser gesagt zu »Kolchosen« zusammengeschlossen. Gugsa beteuert pflichtgemäß, daß diese Umstrukturierung freiwillig erfolge. Die Landbevölkerung genieße doch große Vorteile, wenn ihnen Agrargeräte, Getreidespeicher, Versammlungsräume, Schulen und Sanitätsstationen kollektiv zur Verfügung stünden. Aber die bisherigen Resultate dieser von oben dekretierten Nachahmung des sowjetischen Vorbildes sind negativ.

In den südlich gelegenen Kaffeeplantagen, um nur dieses Beispiel zu erwähnen, muß jeder Genossenschaftsbauer für je 1,2 Hektar, die er bewirtschaftet, acht Kilo Ernte an die staatlichen Vermarktungsbehörden abliefern, die ihm dafür 1,8 Birr – etwa 1,50 D-Mark – pro Kilo auszahlen. Kann der Bauer dieses Soll nicht erfüllen, muß er sich, um einer Bestrafung zu entgehen, den fehlenden Kaffee zum Überpreis von 3 Birr pro Kilo in der Nachbarschaft besorgen und sich verschulden. Die Zwangsbewirtschaftung des Kaffeemarktes hat in der Hauptstadt zur Folge, daß das traditionelle Getränk der Äthiopier – das Wort Kaffee soll vom Namen der Südwestprovinz Kafa stammen – Mangelware ist und auf dem Schwarzmarkt zu 28 Birr pro Kilo gehandelt wird.

Die Agrarexperten der Vereinten Nationen befürchten, daß die Kollektivierungsmaßnahmen Produktionsrückgang und Verknappung selbst dort auslösen werden, wo die Getreidefelder bei ausreichendem Regenfall ihre Fruchtbarkeit bewahrt haben. »Auch ohne Bürgerkrieg und Dürre würde das Regime in seiner ideologischen Besessenheit eine hausgebastelte Versorgungskatastrophe mit eigenen Händen herbeiführen«, stellen Kritiker aus dem kapitalistischen Westen fest.

Wilde Gerüchte werden über die Lage in den Provinzen Schoa und Hararge kolportiert. Gewährsleute dürfen natürlich nicht zitiert werden. Ich erfahre aus zuverlässiger Quelle, daß in den südlichen Tälern, die nach Ogaden überleiten, bewaffnete Banden einer sogenannten »Oromo-Befreiungsfront« aufgetaucht sind. Sie hätten Partisanenaktionen gegen Funktionäre der Regierung und vereinzelte Militärposten durchgeführt. Die Revolutionsbehörden und die Volksarmee, die grüne Uniformen und Kubanermützen mit rotem Stern trägt, haben mit Härte reagiert. Die Landbevölkerung wurde angewiesen, ihre Gehöfte und Tukul zu verlassen und sich in Wehrdörfern unter dem Schutz von Armee oder Miliz zu sammeln – »strategic hamlets« sagte man in Vietnam. Im so geräumten Gebiet wird der Luftwaffe freie Hand gelassen, um die Rebellen durch Bombardierung oder »strafing« auszumerzen. »Free fire-zone« hieß diese Praxis in Indochina.

Die »Oromo Liberation Front« soll sich hier vor allem aus Moslems zusammensetzen. Das Bekenntnis zu Halbmond oder Kreuz spaltet dieses Volk in zwei fast zahlengleiche Gemeinden.

Auf der Fahrt durch die Zentralprovinz Schoa hatten christliche Rundkirchen die Ortschaften überragt. Die Städte und Dörfer trugen biblische Namen wie Nazareth oder Debre Zeit, das heißt Ölberg. Im nahen Umkreis der Provinz Hararge mehren sich die Moscheen. Die Minaretts sind meist aus Wellblech zurechtgezimmert und grün angestrichen.

In Kulubi, rund zwanzig Kilometer vor der Gabelung nach Diredawa und Harrar, macht mich Gugsa auf ein mächtiges koptisches Heiligtum neueren Baudatums aufmerksam. Zu dieser Basilika des Erzengel Gabriel, die der Errettung der drei Jünglinge aus dem Feuerofen des assyrischen Königs Nebukadnezar geweiht ist, pilgern einmal im Jahr Gläubige aus ganz Äthiopien. Dreihunderttausend waren es in guten Zeiten, im Vorjahr nur hunderttausend, weil der Regierung eine solche Demonstration der Frömmigkeit peinlich schien oder weil die Autobusse für die Umsiedlung von Lagerinsassen aus den Hungergebieten benötigt wurden.

Der Bruch zwischen marxistischem Staat und äthiopisch-orthodoxer Kirche ist längst nicht mit letzter Konsequenz vollzogen. Der Klerus, dem zur Zeit des Kaisers ein Drittel des gesamten Agrarlandes gehörte, ist enteignet worden, aber das Volk hängt weiterhin an seinen Priestern und Mönchen. Auch in Äthiopien gilt mit Einschränkungen der Spruch aus dem abendländischen Mittelalter, wonach sich unter dem Krummstab gut leben ließ. Ein hoher Beamter in Addis Abeba hatte mir ohne Zögern bestätigt, daß das koptische Christentum weiterhin Träger und Wurzel des äthiopischen Staatsbewußtseins sei. Zu den jährlichen Pilgern des Gabriel-Sanktuariums von Kulubi zählt auch die Frau des Generalsekretärs Mengistu Haile Mariam. Angeblich hat sie ihrem Mann das Versprechen abgenommen, daß er es nie zu einer Christenverfolgung bolschewistischen Ausmaßes kommen lassen werde. Gugsa erläutert mir, daß der Vorname Haile Mariam, den der starke Mann Äthiopiens führt, mit »Macht der Maria« zu übersetzen sei. Kaiser Haile Selassie verkörperte die »Macht der Dreifaltigkeit«.

Die Gottesdienste seien nie so stark besucht gewesen wie seit der durch die Revolution verfügten und längst fälligen Trennung von Kirche und Staat, hört man im ganzen Land. Es geht eine seltsame, archaische Mystik von der koptischen Liturgie aus. Ich erinnerte mich an jenes Osterfest, das ich noch zu Zeiten Haile Selassies in der alten Kaiserstadt Gondar unweit des Tana-Sees erlebte. Das Meßopfer wurde vom goldgekleideten Bischof hinter einer Trennwand – ähnlich der byzantinischen Ikonostase – zelebriert. Das Innere des großen sakralen Tukul war mit grell bemalten Leinentüchern, naiven Darstellungen aus dem Leben Christi, geschmückt. Die Heiligen blickten aus riesigen, verzückten Augen. Der Gottesdienst hatte zu tiefer Nacht begonnen. Zahlreiche Priester vollzogen eine Kulthandlung, die sich an alttestamentarischen Bräuchen ausrichtete. Fromme Laien, »Debtera« genannt, in weißem Gewand und Turban, stimmten mit hoher Stimme endlose Hymnen an. Sie tanzten und musizierten auf Trommeln und gabelähnlichen Instrumenten. Mir wurde ein langer Stab mit Silberknauf gereicht, auf den ich mich stützen sollte. In regelmäßigen Abständen näherte sich ein Geistlicher und hielt mir eine vergilbte Bibel zum Kuß entgegen.

Die Sakralsprache war ein uraltes semitisches Idiom, »Geez« genannt, aus dem sich die heutigen Regionalsprachen Amharisch, Tigreisch und Eritreisch ableiten. Auf dem Höhepunkt der Osterfeier, als der erste Sonnenstrahl durch die oberste Luke fiel, hoben die Priester, in leuchtendes Brokat gehüllt, eine symbolische Bundeslade über ihr Haupt. Diese Geste bezog sich auf die mythische Entstehung Äthiopiens. Der Legende und offiziellen Staatsdoktrin zufolge war Kaiser Menelik, der Gründer der Dynastie, aus einer flüchtigen Union zwischen dem biblischen König Salomon und der ihn besuchenden Königin von Saba hervorgegangen. Konsequent bezeichnete sich noch Haile Selassie, der seinen Stammbaum auf David, den jüdischen Priesterkönig, zurückführte, als »Löwe von Juda«.

»Was hat dieses äthiopische Imperium seit zweitausend Jahren zusammengehalten?« habe ich alteingesessene europäische Missionare gefragt. »Der Kaiser, die koptische Kirche und die Bedrohung von außen«, lautete die Antwort. Der Kaiser ist tot und die Dynastie abgeschafft; die Kirche ist entmachtet und in die Abhängigkeit eines marxistischen Regimes geraten; die äußere Bedrohung hingegen bleibt den Äthiopern erhalten.

Diredawa, im März 1985

Vor dem Drahtverhau, der den Flugplatz von Diredawa gegen Partisanenüberfälle abschirmen soll, liegt die Bahnlinie Dschibuti–Addis Abeba. Eine Lokomotive zerrt ein halbes Dutzend klappriger Waggons nach Westen, in den staubverhangenen Sonnenuntergang. Hinter dem Drahtverhau trinken deutsche Luftwaffensoldaten am Rande der Rollbahn Dortmunder Bier zum Barbecue. Wegen der Hitze sind sie nur mit Turnhosen bekleidet. Die beiden Transall-Maschinen mit dem Balkenkreuz haben ihr Transportkarussell zwischen Diredawa, dem Hafen Assab und dem Hochland von Gondar hinter sich. Gleich nebenan parkt eine Iljuschin mit der Aufschrift »Interflug« und dem Hammer-und-Zirkel-Emblem der DDR. Das Verhältnis zu den Piloten der Nationalen Volksarmee sei entkrampft und problemlos, versichern die Mannschaften der Bundeswehr. Die Russen hingegen, die ebenfalls mit einer Antonow zugegen sind, kapseln sich ab, ähnlich wie die kubanische Garnison von Diredawa, die in einem befestigten Camp haust.

Die deutschen Bundeswehrsoldaten füllen die schläfrige Stadt Diredawa mit ungewohnter Zwanglosigkeit. Sie haben die meisten Zimmer in den beiden akzeptablen Hotels reserviert, sitzen nach dem Dienst in den Bars, wo sie Gefallen an den braunhäutigen Mädchen finden. Zwischen Mitternacht und fünf Uhr ist in ganz Äthiopien Ausgangssperre. Anfangs wurden die hellhäutigen Fremdlinge aus der Bundesrepublik von den einheimischen Kindern noch mit dem Ruf »Kuba« begrüßt. Inzwischen schreien sie »German«.

Dem Shuttle-Service zwischen Küste und Hochland, der den Maschinen und ihren Triebwerken zusetzt, ziehen die deutschen Piloten die Versorgung isolierter Gebirgsdörfer durch Direktabwurf von Lebensmittelladungen vor. Ein paar Tage zuvor habe ich ein solches Unternehmen begleitet. Die Transall wurde auf dem Flugplatz von Addis Abeba mit verstärkten Plastiksäcken beladen. Gleich daneben hatte die Royal Air Force, die mit zwei Hercules an der Nothilfeaktion beteiligt ist, ihr Dispatching-Center installiert. Deutsche und Briten arbeiten aufs engste zusammen und rätseln gemeinsam über die seltsame Inaktivität jener acht russischen Transportmaschinen – vier zusätzliche Antonow stehen in Assab –, die seit sechs Wochen keinen

Einsatz geflogen haben. Die sowjetischen Flugzeuge sind mit Kennzeichen der zivilen Aeroflot überpinselt, aber die Heckkanzel für den Bordschützen ist klar erkennbar. Ursprünglich hatten die Russen die undankbare Aufgabe übernommen, ihre Maschinen mit entkräfteten und verstörten Umsiedlern aus den Hungerlagern des nördlichen Tigre vollzupacken und diese menschliche Fracht nach Süden zu karren. Aufgrund von Luftkrankheit und akuter Diarrhöe war es an Bord zu erbärmlichen, menschenunwürdigen Szenen gekommen. Das ohnehin geringe Ansehen der sowjetischen Protektoren erlitt bei dieser Aktion zusätzlichen Schaden.

Der Abwurf von Lebensmitteln erfolgt immer nach dem gleichen Muster: Die Ziele werden von der staatlichen äthiopischen Hilfsorganisation »Relief and Rehabilitation Commission« (RRC) präzis vorgeschrieben. Ein kleiner Vortrupp – meist sind es polnische Militärs, falls ihnen das Benzin nicht ausgeht, sonst britische Profis des »Special Air Service« – wird mit Hubschraubern an Ort und Stelle abgesetzt, um die »Dropping Zone« zu markieren und die Zivilbevölkerung mit Hilfe der örtlichen Miliz fernzuhalten. Unser Abwurfpunkt, etwa hundert Kilometer westlich von Debre Marcos gelegen, war ein durch tiefe Schluchten isoliertes Plateau. Die Felder waren unter der unerbittlichen Sonne verkarstet. Die Landschaft schien ausgestorben, aber der Motorenlärm riß die Hungernden aus ihrer Lethargie. Sie eilten aus ihren Tukul auf die vermutete Abwurfstelle zu. Die Engländer hatten Rauchsignale gesetzt. Die Transall ging bis auf fünf Meter hinunter, um die Fracht möglichst unbeschädigt ins Ziel zu bringen. Das Fahrgestell war ausgefahren, um einen eventuellen Aufprall abzufedern. Aus der hinteren Ladeluke wurden die Plastiksäcke mit Getreide herausgeschleudert. Nach dem zweiten Dropping signalisierte ein Funkspruch vom Boden, daß 85 Prozent der Ladung heil angekommen seien. Um die geplatzten Säcke brauchte sich niemand zu sorgen. Bis zum letzten Korn würde das Getreide zusammengekratzt.

Für mich war es nach so vielen militärischen Lufteinsätzen in der Dritten Welt, die ich an Bord französischer, amerikanischer, britischer, portugiesischer, iranischer, südafrikanischer Flugzeuge oder Hubschrauber absolviert hatte, ein durchaus positives Erlebnis, dieses Mal an einem Unternehmen der Bundeswehr teilzunehmen. Es handelte sich gewiß um eine ausschließlich humanitäre Aktion, aber die Technik des Dropping im Hochland von Äthiopien erinnerte mich an ähnliche Aktionen über den Dschungeln von Tonking und Laos. Die deutschen Offiziere bestätigten, daß zwei Wochen rotierender Versorgungsflüge in Äthiopien für Ausbildung und Erfahrung der Mannschaften wertvoller seien als ein ganzes Übungsjahr in den Fliegerhorsten der Bundesrepublik.

Bis zur Hungerkatastrophe hatte das »Sozialistische Äthiopien« seine inneren Wandlungen und Wirren mit erfolgreicher Strenge vor der westlichen Beobachtung abgeschirmt. Seit diese internationale Hilfsaktion von nie erlebtem Umfang angelaufen ist, gibt es praktisch keine Geheimnisse mehr. Sogar die Amerikaner sind in Addis Abeba mit zwei Relief-Maschinen unter der Kennung einer privaten Fluggesellschaft vertreten. Die ausländischen Piloten haben nicht die geringste Ahnung, wohin die in Gondar, Asmara oder Aksum ausgeladenen Getreidesäcke weitertransportiert werden. In Eritrea dürfen nur die Provinzhauptstadt Asmara, allenfalls noch der Hafen Massawa angeflogen werden. Dennoch ist die dortige Bürgerkriegssituation jetzt bis ins Detail bekannt.

Im Sommer 1962 hatte ich in Asmara ein Taxi gemietet, um die unruhige Situation zwischen eritreischem Hochland und Rotem Meer zu erkunden. Die äthiopischen Kontrollposten waren überall zu Festungen ausgebaut. Die willkürliche Gleichschaltung des Bundesstaates Eritrea, die Haile Selassie im Zeichen des kaiserlichen Zentralismus gegen den Willen der Volksvertretung von Asmara verfügt hatte, war von Anfang an auf resoluten Widerstand gestoßen. In den verflossenen dreizehn Jahren ist diese nördlichste Provinz, die aufgrund fünfzigjähriger Kolonisation durch Italien weit höher entwickelt war als das übrige Äthiopien, nicht zur Ruhe gekommen. Heute kontrollieren die Rebellen, an die benachbarte Sudan-Grenze angelehnt, das nordwestliche Dreieck mit Ausnahme der Städte. Sie verfügen über Artillerie und leichte Panzer.

Treibende Kraft im bewaffneten Kampf um die Unabhängigkeit Eritreas ist paradoxerweise eine marxistisch-leninistische Organisation, EPLF. Eine muslimisch-konservative Parallelbewegung, die von Saudi-Arabien gefördert wird, kann sich gegenüber der überwiegend christlichen und linkssozialistischen »Volksbefreiungsfront für Eritrea« nicht durchsetzen. Die Kampfverbände der EPLF werden von westlichen Experten auf 25 000 Mann geschätzt.

Weiter südlich, in den Provinzen Tigre und Wollo, streiten die Freischärler, die erst nach dem kommunistischen Umsturz in Addis Abeba zu den Waffen griffen, im Gegensatz zu den Eritreern nicht für ihre staatliche Unabhängigkeit, sondern für Autonomie und Gleichberechtigung mit den vorherrschenden Amharen im Rahmen eines äthiopischen Bundesstaates. Kurz vor dem Sturz des Kaisers hatte ich Aksum, die uralte Hauptstadt des früh-äthiopischen Reiches, besucht. Ich hatte dort zu jenen geheimnisvollen Obelisken aufgeblickt, deren gigantischer Zuschnitt den Turmbauten von Babel und den sabäischen Hochhäusern des Jemen verwandt ist. Heute ist Aksum nur noch im Panzerkonvoi zu erreichen. Auch die Ortschaft Makele, deren Auffanglager für Hungernde weltbekannt wurde, liegt mitten im Bandengebiet. Die Zufahrtsstraßen müssen von Regierungstruppen immer wieder freigekämpft werden. Die »Tigre People's Liberation Front«, ebenfalls eine Guerilla-Bewegung, die sich zum Marxismus bekennt und fast ausschließlich von christlichen Partisanen getragen wird, verfügt – wohlwollenden Schätzungen zufolge – über knapp 15 000 Guerilleros. Diese Aufstandsbewegung hat auch auf Wollo übergegriffen. Ihre Partisanen umzingeln den Wallfahrtsort Lalibela. Sie hatten dort die Mannschaft einer französischen Versorgungsmaschine entführt. Nach ihrer Freilassung schilderten die Franzosen die dort operierende TPLF als disziplinierte, mit Infanteriewaffen russischer Fabrikation wohlversorgte Truppe. In der Provinz Wollo kombinieren sich die Überfälle diverser aufsässiger Völkerschaften – Tigriner, Afar, Oromo. Insgesamt dürfte es – über ganz Äthiopien verstreut – eine Vielfalt von etwa zwanzig Rebellengruppen oder -grüppchen geben, einige davon dem traditionellen Räuberwesen näherstehend als einem ideologischen Engagement.

Zu Zeiten Haile Selassies verfügte die Streitmacht des »Löwen von Juda« über 50000 Soldaten. Eine Brigade der Kaisergarde hatte sich im Korea-Krieg mit großer Bravour gegen die Chinesen geschlagen. Während der Kongo-Wirren machten die Äthiopier unter dem Blauhelm der Vereinten Nationen einen recht kämpferischen Eindruck. Das Revolutionsregime hat die regulären Streitkräfte auf eine Stärke von 300000 Mann aufgebläht. Dazu kommen rund 300000 bewaffnete Regierungsmilizionäre, die bei den Partisanen besonders verhaßt sind und von ihnen kein Pardon zu erwarten haben.

Die sowjetischen Militärberater, die in allen Stäben und fast in jedem Bataillon präsent sind – man schätzt ihre Zahl auf drei- bis viertausend –, haben keine hohe Meinung von ihren dunkelhäutigen Verbündeten. Das Revolutionsheer Mengistus versage auf der ganzen Linie. Die äthiopische Luftwaffe hingegen wird von den Aufständischen gefürchtet. Sehr oft kommt es in strittigen Zonen zu heimlichen Stillhalteabkommen zwischen den Heereskommandeuren und den Partisanen, eine gegenseitige Duldung, wie sie schon in Vietnam häufig war und in Afghanistan heute praktiziert wird. Die Rebellen erbeuten gelegentlich Waffenlager der Regierungsarmee. Daneben blüht der Schwarzhandel. In Diredawa ist eine Kalaschnikow für zwei Flaschen Whisky zu haben.

Im Ras-Hotel von Diredawa kam ich mit einem alten Italiener ins Gespräch, der noch die kurze Kolonial-Ära Mussolinis erlebt hatte. »Äthiopien, das ist kein Staat in unserem Sinne, das ist beileibe keine Nation«, so dozierte er. »Äthiopien bleibt – auch nach der Abschaffung der Dynastie – ein Vielvölkergebilde, ein Reich, ein ›Imperio‹. Wir Norditaliener kennen uns da aus. Wir haben lange genug unter der Herrschaft der Habsburger, unter der k. und k.-Monarchie gelebt. Die traditionelle amharische Herrschaftsschicht, die heute noch im Politbüro, im Zentralkomitee der Äthiopischen Arbeiterpartei, in der obersten Armeeführung die entscheidenden Positionen besetzt, läßt sich vielleicht mit der staatstragenden deutschen Minderheit im alten kaiserlichen Österreich vergleichen. So wie einst die Donau-Monarchie ihre kroatischen Soldaten in bosnischen Garnisonen, ihre tschechischen Rekruten in Galizien dienen ließ, so werden heute die diversen Völker Äthiopiens fern ihrer Heimatprovinzen in den Bürgerkrieg geschickt. Welche Motivation sollten sie schon haben, um wacker zu kämpfen oder gar um zu sterben?«

Heiliger Krieg in Harrar?

Harrar, im März 1985

Vor dem Aufbruch von Diredawa nach Harrar habe ich – auf Hinweis der deutschen Soldaten – einen Abstecher zum Bahnhof gemacht. Auf einem Nebengleis stationieren zwei schwerbewachte Güterwaggons. Hinter den Gittern erkenne ich Häftlinge, die wie Sardinen zusammengepfercht stehen. Zweimal am Tag dürfen Verwandte ihnen durch einen schmalen Spalt Essen und Trinken zuschieben. Die Hitze in den Waggons muß unerträglich sein. Niemand will uns sagen, ob es sich um politische Häftlinge oder um Kriminelle handelt.

Im August 1961 bin ich im komfortablen Schlafwagen von Dschibuti nach Addis Abeba gereist. Die Bahnstrecke war um die Jahrhundertwende im Auftrag Kaiser Meneliks II. von französischen Ingenieuren trassiert worden. Die Altstadt von Diredawa – ganz im französischen Kolonialstil gebaut – hat sich seit einem Vierteljahrhundert kaum verändert. Die griechischen Händler, die hier einmal gute Geschäfte machten, sind allerdings seit der Revolution verschwunden. Sie haben eine klotzige orthodoxe Kirche hinterlassen, die der »Hagia Trias«, der Heiligen Dreifaltigkeit geweiht ist.

Im Raum von Diredawa hat sich 1977 das Schicksal des modernen Äthiopien entschieden. Während die Streitkräfte des Revolutionsregimes in Eritrea eingesetzt waren, um den dortigen Aufstand niederzuwerfen, waren somalische Divisionen in die Provinz Hararge eingefallen. Der starke Mann von Mogadischu, General Syad Barre, hatte gerade einen halsbrecherischen Kurswechsel vollzogen, löste sich aus seiner engen Allianz mit Moskau und strebte die Verbrüderung mit Washington an. Erklärtes Ziel der somalischen Offensive war die Eroberung und Annexion der Ogaden-Region, deren Hirtenbevölkerung rein somalisch ist. Den noch von den Sowjets gelieferten Panzern Syad Barres gelang es, bis zu dieser strategischen Bahnlinie vorzustoßen. Sie hatten vorübergehend den Flugplatz Diredawa besetzt und wurden in einem somalisch bevölkerten Außenbezirk der Stadt als Befreier begrüßt. Im Namen der Menschenrechte und der demokratischen Freiheiten, die das militärische Revolutionskomitee von Addis Abeba mit Füßen getreten habe, ließ US-Präsident Carter damals ein totales Waffenembargo über Äthiopien verhängen und stoppte sogar jene Rüstungslieferungen, die von Addis Abeba bereits bezahlt waren. Die Russen nahmen ihre Chance wahr. Sie sprangen in die Bresche. Um die somalische Invasionsarmee auf ihre internationalen Grenzen zurückzudrängen, wurden kubanische Interventionseinheiten in die Ogaden-Wüste geworfen. Die Somalier hatten keine Chance gegen die Soldaten Fidel Castros und traten den Rückzug an. Die rote Militär-Junta von Addis wußte von nun an, daß es sich lohnte, an den bewaffneten Beistand des »proletarischen Internationalismus« zu appellieren.

Auf unserer Fahrt nach Harrar begegneten wir kubanischen Militärfahrzeugen. Beliebt sind die Castristen trotz ihrer erwiesenen Waffenbrüderschaft nicht. Sie leben in anmaßender Isolation, suchen im täglichen Umgang die eingeborene Bevölkerung zu übervorteilen und sind offenbar unfähig, auf die Psyche der Äthiopier einzugehen. Zwei kubanische Brigaden stehen weiterhin an der somalischen Grenze in Bereitschaft. Man erkennt die kubanischen Unterkünfte in der Provinz Hararge an den spanischen Revolutionsparolen und an Abbildungen der Troika »Lenin-Castro-Mengistu«. Zweitausend Mann reichen aus, um die wenigen Wasserstellen von Ogaden abzuschirmen. Eine zusätzliche Prätorianergarde von höchstens tausend Mann soll in der Umgebung der Hauptstadt stationiert sein, um im Falle von Unruhen dem Vorsitzenden Mengistu zur Seite zu stehen. Im Laufe des vergangenen Jahres hat Fidel Castro seine Truppenpräsenz am Osthorn Afrikas stark reduziert. Achttausend Kubaner sollen abgezogen worden sein. Die westlichen Geheimdienste vermuten, daß ein Teil nach Angola verlagert wurde. Bezeichnenderweise haben sich die kubanischen Militärs geweigert, an der Niederwerfung der eritreischen Rebellion teilzunehmen. Vor dem Sturz Haile Selassies war die marxistische EPLF von Havanna aktiv unterstützt worden, und der »lider maximo« empfindet wohl ideologische Skrupel, diesen ehemaligen Weggefährten, die sich heute im gegnerischen Lager befinden, in den Rücken zu fallen.

In steilen Windungen klettert die Straße nach Harrar. Die Strecke ist von den Italienern gebaut worden, bestätigt Gugsa. Das gesamte Verkehrsnetz des heutigen Äthiopien – mit Ausnahme einer von den Chinesen unlängst fertiggestellten Transversale – geht auf die fünf

Jahre Mussolini-Imperio zurück, eine gewaltige Leistung in so knapper Frist. Zu meiner Überraschung stelle ich fest, daß die Erinnerung an die kurze italienische Kolonisation recht positiv geblieben ist. In Addis Abeba hatte mir ein hoher Beauftragter der äthiopischen »Relief and Rehabilitation Commission« unter vier Augen gesagt: »Wären die Italiener nur zehn Jahre länger im Land geblieben, dann sähen die Verhältnisse bei uns ganz anders aus, dann würden wir über eine ausreichende Infrastruktur verfügen und könnten der Dürrekatastrophe wirkungsvoll begegnen.«

Auf den Terrassen unterhalb Harrars haben die Bauern Qat gepflanzt. Die Blätter des Qat, den man hier »Tschat« ausspricht, liefern für das Osthorn Afrikas und das gegenüberliegende Jemen eine vielbegehrte milde Droge, die kurzfristig belebend und auf die Dauer erschlaffend wirkt. Der Export des Qat über Dschibuti bildet einen der wenigen Aktivposten in der äthiopischen Außenhandelsbilanz.

In Harrar fühle ich mich nach Südarabien versetzt. Die Hauptstadt der Provinz Hararge gilt als Hochburg des Islam. Schon der Prophet Mohammed hatte Jünger in diese Gegend entsandt, bevor er nach Medina floh. Später waren hier die Türken mit einer starken Garnison vertreten. In den engen, malerischen Gassen leuchten die Kleider der Frauen in grellen Farben. Am Rande der Stadtmauer, deren seltsame Höcker sabäisch anmuten, erhebt sich ein protziges islamisches Institut. Diese fromme Stiftung erhält Subsidien aus Saudi-Arabien und den Golfstaaten. Es finanziert sich zusätzlich aus Erträgen einer eigenen Textil- und Lederfabrik. Überall ragen Minaretts in den Himmel.

Die Realität der amharisch-christlichen Oberherrschaft wird durch mächtige koptische Rundkirchen demonstriert. Das Reiterdenkmal des Ras Makonnen – der Vater des letzten Kaisers hatte sich um die Eingliederung dieser muslimischen Festung in das äthiopische Reich verdient gemacht – wurde von den Revolutionsbehörden nicht gestürzt. Sein historischer Palast hingegen fiel der Spitzhacke zum Opfer. Dabei ist auch das Selbstportrait des französischen Dichters Arthur Rimbaud, des Autors des »Trunkenen Schiffes« zerstört worden, der sich in Harrar dem Kaiser Menelik II. als Waffenhändler verdingt hatte.

In Harrar werden die Offiziere des äthiopischen Heeres ausgebildet. Viel Zeit zur Vertiefung ihrer militärischen Kenntnisse wird diesen Kadetten und Fähnrichen nicht gewährt. Die Crash-Kurse dauern nur sechs Monate. Ein wesentlicher Teil dieser knappen Instruktion ist der ideologischen Indoktrinierung durch russische Agitprop-Spezialisten gewidmet, die sich über Dolmetscher recht und schlecht verständlich machen.

Ein religiöses Problem gebe es in Harrar nicht, betonen die Sprecher der äthiopischen Revolution. Sie geben nicht gern zu, daß sich heute 55 Prozent aller Äthiopier zum Islam bekennen. Die Trennung von Kirche und Staat sei vollzogen, der muslimische Glaube genieße volle Gleichberechtigung neben der früheren koptischen Staatskirche. Der dialektische Materialismus wirke erfolgreich jeder obskurantistischen Verwirrung entgegen. Die offiziellen Broschüren beschreiben sogar die idyllische Koexistenz zwischen Moslems und Christen. Die christliche Wallfahrt zum Heiligtum des Erzengels Gabriel in Kulubi wird mit den Pilgerströmen der Muselmanen zum Grabe des Scheikh Hussein verglichen, eines Gefährten des Propheten, der auf den Balie-Bergen bestattet ist und die Stadt Harrar angeblich gegründet hat. Eine Utopie konfessioneller Eintracht wird unter der Schirmherrschaft der gottverleugnenden marxistischen Staatslehre vorgespiegelt.

Noch hallen die Moscheen von Harrar nicht wider von den flammenden Predigten eifernder Fundamentalisten. Aber beunruhigende erste Symptome werden gemeldet. So berufen sich die im Grenzraum operierenden somalischen Freischärler wie auch die in Hararge islamisch ausgerichtete Oromo-Bewegung auf die Ermahnungen des Koran. In den vergangenen Wochen sind wiederholt Autobusse überfallen worden. Nur den christlichen Passagieren wurde die Gurgel durchschnitten. Dahinter steckt angeblich ein islamischer Bandenführer, ein früherer Wegelagerer, ein »Schifta«, der sein räuberisches Gewerbe in den Dienst des Heiligen Krieges stellt.

Schon wird gemutmaßt, dieser zwielichtige »Mudschahid« eifere einem großen historischen Vorbild aus dem 16. Jahrhundert nach, dem islamischen Eroberer Ahmed Grajn, der mit seinen Reiterhorden aus der Umgebung von Harrar aufgebrochen war. Ahmed Grajn hatte das Hochland von Schoa erobert, sämtliche Kirchen zerstört und die Kopten – Männer, Frauen und Kinder – massakriert. Das entvölkerte Schoa ist in jenen blutigen Jahren von nachrückenden Halbnomaden der Oromo-Rasse besiedelt worden, die zunächst in die harte Leibeigenschaft der Amharen gerieten, dann teilweise assimiliert wurden.

Die äthiopische Christenheit hatte damals ihre Errettung aus höchster Not einer lächerlich kleinen Streitmacht von Portugiesen zu verdanken, die auf der Suche nach dem geheimnisumwitterten Priesterkönig Johannes bis in die Gegend des Tana-Sees vorstieß und mit Hilfe ihrer Feuerbüchsen die überlegene Streitmacht des Islam vernichtend schlug. Die Portugiesen sollten ihres Sieges freilich nicht froh werden. Zwar unterwarf sich Kaiser Suseyros auf Drängen der lusitanischen Jesuiten, der Autorität des römischen Papstes. Aber sein Sohn Fasilides, dessen festungsähnliches Schloß in Gondar im portugiesischen Stil erbaut ist, kehrte zur koptischen Überlieferung, zum monophysitischen Bekenntnis zurück. War es der gleiche selbstzerstörerische Instinkt wie im untergehenden Byzanz, der die äthiopischen Orthodoxen zu dem Urteil verleitete, der Turban des Kalifen sei erträglicher als die Tiara des Papstes?

Immer wieder habe ich in Addis Abeba und Harrar versucht, das Gespräch auf die große islamische Revolution zu lenken, die heute auch an die Pforten Äthiopiens pocht. Offiziell habe ich dazu nur beschwichtigende und verharmlosende Thesen vernommen. Sind sich die Bewohner dieses christlichen Außenpostens am Osthorn Afrikas überhaupt bewußt, daß die beharrliche Herrschaftsausübung der amharischen Kopten für die Eiferer des Islam unerträglich ist, daß die koranische Rückbesinnung, die in der islamischen Einheit von Religion und Staat ihr höchstes politisches Prinzip sieht, ihre Rechte fordert?

Es schien mir, als verschlössen die meisten Äthiopier krampfhaft die Augen vor dem ominösen Präzedenzfall des Libanon. Dabei gemahnt der unerbittliche Bürgerkrieg zwischen christlichen Amharen, Tigrinern und Eritreern in beklemmender Weise an die Spaltungen und Konfessionsfehden, die ihren Glaubensbrüdern in der Levante jede Hoffnung auf Selbstbehauptung rauben. Die Flucht in den Marxismus-Leninismus, die sowohl die Offiziere des DERG, des provisorischen militärischen Verwaltungsrates, als auch die Partisanen der diversen Aufstandsbewegungen angetreten haben, entspricht vielleicht der utopischen Hoffnung der koptischen Christenheit, sie könne der Konfrontation mit dem Islam durch ein dezidiertes Bekenntnis zur atheistischen Lehre, zum dialektischen Materialismus entrinnen. Viele Griechisch-Orthodoxe des arabischen Orients sind einer ähnlichen Versuchung erlegen. Bekanntlich bilden byzantinische Christen den marxistisch-extremistischen Flügel der Palästinensischen Befreiungsorganisation.

Vielleicht haben die Russen einen besseren Instinkt für diese Antinomie. Acht Jahre ist es wohl her, da traf ich im »Palmier de Zinc« von Dschibuti einen sowjetischen Pressekollegen, der offensichtlich auch nachrichtendienstlichen Aufträgen nachging. Wir tranken reichlich Alkohol. Warum sich Moskau nach den Rückschlägen in Ägypten, im Sudan, in Somalia nun mit diesem mürben äthiopischen Imperium belaste, fragte ich am Ende. Die Antwort des Russen war verblüffend: »Wir können diese Christen doch nicht im Stich lassen« – als handele es sich um die Balkan-Politik des Zaren und die Befreiung der Bulgaren vom Osmanischen Joch.

Ungewöhnlich freimütig hat sich mir in der Senke von Metehara ein äthiopischer Oberst der Panzerwaffe während einer Rast offenbart. Wie sich seine christliche Gläubigkeit mit den ihm vorgegebenen leninistischen Richtlinien vereinbaren lasse, hatte ich geforscht. »Sie werden darauf wohl keine klaren Aussagen erwarten«, war er zunächst ausgewichen. Doch dann zitierte er einen seiner sowjetischen Freunde im Divisionsstab. »Ein Mohammedaner«, so hatte der Russe kategorisch erklärt, »kann niemals ein guter Kommunist sein.« Ich solle mich nicht durch die Propagandabehauptungen der Ministerien irre machen lassen, fuhr der Oberst fort. In Gondar und Tigre erinnere man sich sehr wohl an den Ansturm der Derwische, an die Belagerung der äthiopischen Gebirgsfestung durch die »Ansar« des Mahdi im ausgehenden 19. Jahrhundert. Heute wisse das äthiopische Oberkommando, daß der islamische Fanatismus sich im ganzen Niltal wieder rege, daß in den Universitäten Ägyptens, in den Kasernen des Sudan die Mentalität des Heiligen Krieges um sich greife. »Dieser Ostteil Afrikas, vielleicht auch die arabische Halbinsel, wie der letzte Sturm auf Mekka andeutet, wartet auf einen neuen Mahdi«, schloß der Colonel.

Bei meinem Streifzug durch Harrar hatte ich nach den farbprächtigen Korbflechtereien dieser Gegend Ausschau gehalten. Der Händler wohnte am Ende einer Gasse in einem unerwartet stattlichen Haus. Der Innenhof war mit kunstvollen Kacheln ausgelegt. An der Wand entdeckte ich unter anderen Koran-Sprüchen jenen Vers, den ich fünfundzwanzig Jahre zuvor auf dem Uniformkittel eines im Kampf gefallenen »Mudschahid« der algerischen Befreiungsfront in der Kabylei entziffert hatte: »Allah ist mit den Geduldigen, den Standhaften.«

Debre Berhan, im März 1985

Der schwarze Ackerboden der Provinz Schoa glänzt fruchtbar unter strömendem Regen. Der afrikanische Himmel dehnt sich hoch und grau. Es ist empfindlich kühl in unserem Landrover. Die weitgestreckten Außenbezirke von Addis Abeba – trostlose Wellblechdächer, von spärlichen Blattkronen der Eukalyptusbäume überragt – liegen hinter uns. Die Menschen dort bewegten sich lebhaft und fröhlich in den schlammigen Gassen. Die langersehnte kleine Regenzeit hat verheißungsvoll begonnen.

Am Vortag war ich mit einer Luftwaffenmaschine in die Hauptstadt zurückgekehrt. Die Behörden hatten mich zur Besichtigung einer Umsiedlungskolonie in die südwestliche Provinz Kafa eingeladen. Aber die Wolken hingen tief, die Straßen waren aufgeweicht, so daß der Ausflug abgesagt werden mußte. Die in Addis akkreditierten Diplomaten, die bereits ein ähnliches Besuchsprogramm absolviert haben, hegen ohnehin den Verdacht, daß ihnen Potemkinsche Dörfer vorgeführt wurden.

Kurz vor der Ortschaft Sandafar entdecken wir ein Zeltlager für etwa zehntausend Menschen. Autobusse sind vorgefahren. Daneben reihen sich abgemagerte Gestalten auf, ein dürftiges Bündel auf dem Kopf, diszipliniert oder resigniert, um die lange Fahrt nach Süden in eine ungewisse neue Heimat anzutreten. Obwohl unser Landrover als Rot-Kreuz-Fahrzeug gekennzeichnet ist, wird uns der Zugang zur Zeltstadt durch ein paar bärbeißige Zivilisten versperrt. Knapp zweihundert Kilometer fahren wir an diesem Morgen nach Norden. Die Provinz Schoa war früher in der Lage, ganz Äthiopien zu ernähren. Auf diesem fetten Ackerboden gedeiht das »Tef«-Getreide, dessen säuerlicher Teig für die Zubereitung des äthiopischen Nationalgerichts Injera unentbehrlich ist.

Auf der ganzen Strecke begegneten uns nur zwei Militärlastwagen. Kurz vor Debre Berhan, einer Ortschaft, die als Hort amharisch-konservativer Renitenz gegen das Mengistu-Regime bekannt ist, leuchten rote Fahnen am Eingang des Militärcamps. Rekruten, die noch Zivilkleidung tragen, werden im Regen gedrillt. Auch in Debre Berhan entdecken wir ein Auffanglager für Hungerflüchtlinge. Hundertzwanzig Zelte sind exakt aufgereiht. Für viertausend Insassen ist hier Platz, aber wir suchen vergeblich nach Umsiedlern. Lediglich ein halbes Dutzend gutgenährter Kinder, Waisen, die aus irgendeinem Grunde zurückgeblieben sind, sowie ein alter Mann, der die Verwaltungsbaracke betreut, geben uns bereitwillig Auskunft. In Debre Berhan werden jene Opfer aus den Dürregebieten eingesammelt, die sich zu Fuß aus eigenem Antrieb auf die Flucht aus der Hungerzone begeben und wohl insgeheim hoffen, in der bereits übervölkerten Hauptstadt Addis Abeba eine neue Existenz zu finden. Woher denn diese Entwurzelten angewandert kämen, fragen wir. Die Elendszone sei gar nicht so weit entfernt, allenfalls zweihundert Kilometer nach Nordosten, meinen die Kinder. Es erscheint völlig unerklärlich, daß diese knappe Distanz zwischen den gut bewässerten, fruchtbaren Äkkern des Bezirks Debre Berhan und den ausgedörrten, versteppten Feldern von Nordost-Schoa nicht durch Lebensmitteltransporte über Land, notfalls durch Maultier- oder Trägerkolonnen, überwunden werden kann.

Die staatliche »Relief and Rehabilitation Commission« stellt die geplante Verpflanzung von 1,5 Millionen Menschen aus den ausgedörrten Katastrophengebieten von Tigre und Wollo in die regenreichen, wenig bevölkerten Provinzen des äthiopischen Südwestens als eine zwingende humanitäre Tat dar. 350000 Personen sind in jenen Tagen bereits abtransportiert worden, meist unter haarsträubenden Bedingungen. Jahrtausende intensiver Agrarbearbeitung, die Vernichtung des Baumbestandes und die daraus resultierende Erosion, die Bevölkerungsexplosion der letzten Jahrzehnte, die katastrophale Trockenheit werden als Beweggründe angeführt. Unter den Ausländern will der Streit nicht verstummen, ob es der Revolutions-Junta nicht in Wahrheit darum gehe, die Aufstandszonen der Nordprovinzen zu entvölkern, den Partisanen der Befreiungsfront von Tigre ihr Lebenselement zu entziehen. Der Verdacht drängt sich auf, die Hilfsgüter aus aller Welt würden systematisch jenen Regionen vorenthalten, die sich der bewaffneten Opposition angeschlossen haben und kämen vorrangig den Regierungsstreitkräften und den Loyalisten zugute. Da die Armee ohnehin im Lande requirieren würde, was sie zum Überleben benötigt, stimmen die karitativen Organisationen des Westens überein, daß selbst eine Fehlleitung ihrer Spenden am Ende der Masse der Darbenden zumindest indirekt nach dem System kommunizierender Röhren zugute komme.

Der Elan internationaler Solidarität ist ohnehin so gewaltig, daß alle Einwände verblassen. Die Amerikaner schließen sich nicht aus. »Feed them«, werden die westeuropäischen Verbündeten von den US-Diplomaten ermutigt. Sie rechnen sich aus, daß die äthiopische Bevölkerung zwischen den eindrucksvollen Leistungen des Westens und den spärlichen Almosen Moskaus den angemessenen Vergleich zieht. Es spricht nicht gerade zugunsten des proletarischen Internationalismus, daß die sowjetischen Waffenlieferungen das sozialistische Äthiopien mit einer zusätzlichen Staatsverschuldung von mindestens drei Milliarden Dollar belasten.

Den einheimischen humanitären Organisationen von Addis Abeba kann unterstellt werden, daß sie für eine menschenwürdige Unterbringung der Umsiedler ihr Maximum leisten. Ihre Argumente leuchten zunächst ein. Wer könnte verantworten, die unzähligen Lagerinsassen zu ewigen Almosenempfängern verkommen zu lassen? Aber wie werden sich die entwurzelten Bauern aus dem Norden im malariaverseuchten Tiefland einer gänzlich unterschiedlichen Agrarwirtschaft anpassen? Werden sie zur Gewinnung von Brennholz, zum Bau neuer Tukul nicht gezwungen sein, breite Vegetationsgürtel zu vernichten? Die Tsetse-Fliege, die in diesen Regenwäldern heimisch ist, wird den Viehbestand lichten. Die dünne Ackerkrume der tropischen Ebenen wird durch intensive Bewirtschaftung ebenso schnell ausgelaugt sein wie die rote Erde des Amazonas-Beckens in Brasilien. Schon verdächtigen die andersrassigen Ureinwohner – Oromo und Niloten – die Regierung von Addis Abeba, daß sie sich dieses gigantischen Bevölkerungstransfers bedient, um die Amharisierung und Gleichschaltung der Südwest-Provinzen zu forcieren.

Im Hilton-Hotel von Addis Abeba ist die Bibel auf dem Nachttisch noch nicht durch das »Kapital« von Karl Marx verdrängt worden. Die ausländischen Gäste lauschen mit Spannung den stündlichen BBC-Meldungen über den jüngsten Putsch im benachbarten Sudan. Der gestürzte Marschall Numeiri hatte den Asylanten und Widerstandskämpfern aus Äthiopien Zuflucht geboten. Über Port Sudan sickerten die meisten Waffen für die eritreische Befreiungsfront ein. In den westlichen Botschaften schüttelt man die Köpfe über eine Erklärung, die der amerikanische Vizepräsident George Bush unmittelbar vor dem Putsch in Khartum abgab. Die äthiopische Regierung, so hatte Bush gefordert, solle auch der Bevölkerung in den Aufstandsgebieten, insbesondere in Tigre, einen angemessenen Teil der humanitären Hilfe zukommen lassen und zu diesem Zweck Transportkorridore aus dem Sudan offenhalten. Als ob man von einem kommunistischen Diktator, den seine Feinde als einen »afrikanischen Stalin« bezeichnen, der gegen die aufsässigen Bauern von Tigre und Wollo ebenso unerbittlich vorgeht wie einst der georgische Tyrann gegen die Kulaken der Ukraine, erwarten könne, daß er den Rebellen im eigenen Lande den völkerrechtlichen Status von Kombattanten zubilligt. Im übrigen wissen alle Militärattachés, daß die Grenze zum Sudan weit geöffnet ist. Zur Zeit wird nicht einmal der strategische Übergang bei Kassala von den Äthiopiern kontrolliert, und die Präsenz der Regierungstruppen endet an einem Schlagbaum zehn Kilometer jenseits von Gondar.

Ob der Sturz Numeiris grundlegenden Wandel und einen Abbau der Spannungen zwischen Blauem und Weißem Nil bewirken wird? Die blindwütige Islamisierungspolitik des gestürzten Marschalls hatte dem Aufstand der christlichen und animistischen Niloten-Stämme des sudanesischen Südens Auftrieb gegeben. Die Äthiopier zahlten Numeiri dessen Begünstigung der eritreischen Separatisten heim, indem sie ihrerseits die südsudanesische Befreiungsbewegung des Oberst Garang bewaffneten. Daß ihnen bei dieser Aktion zugunsten einer christlichen Sezessionsbewegung ausgerechnet der extrem-islamische Wirrkopf Kadhafi mit seinen Transportflugzeugen zur Seite stand, gehört zu den Unwägbarkeiten dieser konfusen Weltgegend.

Mengistu, der rote Negus

Addis Abeba, im März 1985

Wenn Oberstleutnant Mengistu Haile Mariam, der »rote Kaiser«, in seiner gepanzerten Limousine durch die Hauptstadt fährt, werden die Straßen von Sicherheitskräften gesperrt und die Passanten ferngehalten. Das Volk erinnert sich dann – in typischer Verklärung vergangener Zeiten – an den Rolls-Royce Haile Selassies, der in den Tagen seiner Herrschaft häufig anhalten ließ, um die Bittschriften seiner Untertanen entgegenzunehmen. Am Rande der Petition stand stets der Vermerk: »Abschrift dieses Schreibens ist an Gott gerichtet.« Der Negus Negesti, König der Könige, Löwe von Juda, Nachkomme Salomons, war vom Finger des Allmächtigen berührt.

Seit den entsetzlichen Morden der Jahre 1977 und 1978, als in den Straßen von Addis Abeba linksradikale Studenten und Gewerkschafter sich gegen die marxistische Militär-Junta mit Waffengewalt aufbäumten und allein in der Hauptstadt 30000 Menschen umgebracht wurden, neigen die Äthiopier nicht zu Meinungsäußerungen in der Öffentlichkeit, schon gar nicht zu politischen Bekenntnissen. Jeder Lauscher kann ein Spitzel sein. Rückblickend redet man vom »weißen« und vom »roten« Terror. In Wirklichkeit war es ein Amoklauf unter Kommunisten verschiedener Tendenzen.

War ursprünglich angenommen worden, eine verschworene Kernzelle revolutionärer Heeresoffiziere übe nach der blutigen Beseitigung der gemäßigten Zwischenregenten – General Andom und General Tefere Bente – kollektiv die Macht aus, so zweifelt heute niemand mehr an der einsamen Herrschaftsposition Oberstleutnant Mengistus, »unseres Führers«, wie die Getreuen ihn nennen. Auf Drängen der Russen hat er sich endlich bereitgefunden, eine marxistisch-leninistische Einheitspartei, die »Äthiopische Arbeiterpartei«, zu gründen. Die Militärs geben auch in diesen Gremien den Ton an und wachen darüber, daß die rabiaten Linksintellektuellen, die sich 1977 als ideologische Zuchtmeister gebärdeten, ausgeschaltet bleiben. In jedem Stadtviertel sind die Überwachungsbüros der »Kebele« nach dem kubanischen Modell der »Komitees zur Verteidigung der Revolution« installiert und zertreten jede oppositionelle Regung im Ansatz.

In Ausländerkreisen mag man darüber mutmaßen, ob der Generalsekretär, der seinen wenigen Besuchern als ein verschlossener, eher scheuer Mann erscheint, ein in der Wolle gefärbter Kommunist sei. Für Mengistu, der seine Gegner mit eiserner Faust liquidierte, stellt der Marxismus-Leninismus ohne Zweifel ein optimales Regierungsrezept dar. Selbst seine Minister werden vor jeder Audienz nach Waffen untersucht. Die Einschüchterung der Massen bleibt ein unentbehrliches Instrument seiner Selbstbehauptung. Die Russen haben sich als verläßliche Partner und Komplizen erwiesen. Sie sprechen keinen Tadel aus, wenn Menschenrechte verletzt, demokratische Freiheiten verweigert oder Massendeportationen angeordnet werden. Die straffen Zentralisierungsmethoden des Kommunismus, so haben die sowjetischen Polit-Berater dem Oberstleutnant Mengistu suggeriert, böten dem äthiopischen Vielvölkerstaat eine sichere Chance, die Nationalitätenfrage nach dem bewährten Konzept Joseph Stalins zu lösen. Was ein mögliches Aufbegehren des Islam betrifft, so habe die KPdSU in Zentralasien und im Kaukasus gezeigt, wie man mit diesem Problem fertig werde.

Ein alter, negroid wirkender Mann war mir in einer Missionsstation am Rande von Addis Abeba vorgestellt worden. Mit seinem schwarzen Anzug und seiner liebenswürdigen Bescheidenheit erschien er mir wie ein Bruder jener schwarzen Geistlichen Südafrikas, die sich zwischen Kapstadt und Pretoria bemühen, den mörderischen Zusammenprall der verfeindeten Rassen hinauszuzögern. Dieser alte Mann hatte als Knabe noch die Herden seiner Oromo-Sippe in der Provinz Wolega gehütet. Jetzt war er Bischof der »Mekane Jesus«-Kirche. Diese christliche Gemeinde, die etwa vierhunderttausend Gläubige zählt und von der Hermannsburger Mission betreut wird, steht im Mittelpunkt einer konfessionellen Auseinandersetzung, die vor allem die in Äthiopien lebenden Deutschen bedrückt. Die »Mekane Jesus« – Mekane heißt Platz auf amharisch – wurde von lutherischen Pastoren, deutscher oder schwedischer Herkunft, ins Leben gerufen. Der alte Kaiser, der seinen schwedischen Beratern aus der Zeit des Kampfes gegen Mussolini gewogen war, hatte dieser Missionskirche, die sich vor allem der Bekehrung animistischer Oromo in den Südwest-Provinzen widmete, sein Wohlwollen geschenkt. Jenseits der reinen Seelsorge hatten sich die evangelischen Hirten vorgenommen, ihren Pfarrkindern einen festgefügten sozialen und ökonomischen Rahmen zu bieten. Die Mekane Jesus-Kirche wurde zu einer zentralen Institution der christlichen Oromo-Stämme mit Fürsorgeeinrichtungen und wirtschaftlichen Entwicklungsprojekten.

Die morsche Monarchie hatte ein solches Unternehmen geduldet, aber den marxistischen Ideologen war jeder Ansatz zum konfessionellen oder ethnischen Partikularismus ein Dorn im Auge. Erschwerend kam wohl hinzu, daß der erste, gemäßigt sozialistische Revolutionsführer des neuen Äthiopien, General Andom, der Mekane Jesus nahestand. Als Andom, in realistischer Einschätzung der Verhältnisse, der Provinz Eritrea die ihr geraubten Autonomierechte zurückgeben wollte, bangte die radikal-revolutionäre amharische Führungsschicht um den Zusammenhalt des Imperiums und den freien Zugang zum Roten Meer. Andom wurde erschossen, und die Loyalität der Mekane Jesus-Gemeinde war in den Augen der allmächtigen Offiziere des DERG noch dubioser geworden. Es folgte eine systematische Repression, ein mit großer Härte geführter »Kulturkampf«.

In der Wolega-Provinz, die zwischen Schoa und dem Süd-Sudan gelegen ist, wurden sämtliche Kirchen der Mekane Jesus geschlossen. Viele eingeborene Seelenhirten wurden verhaftet, verschleppt, einige umgebracht. Seit die Hungersnot das Regime zu begrenztem Einlenken zwang, wurden zumindest im Raum von Addis Abeba wieder ein paar Kultstätten geduldet. Aber neues Unheil kündigt sich an, denn in Wolega, wo die Mekane Jesus besonders aktiv ist, regt sich eine christlich orientierte »Oromo-Befreiungsfront« und stiftet mit knapp fünfhundert Partisanen Unruhe. Die Umsiedlung von Hungerflüchtlingen aus Tigre und Wollo in eben diese Region sorgt für zusätzliche Reibungen.

Die Beziehung zwischen der lutherischen Mission aus Deutschland und dem Volk der Oromo reicht fast ein Jahrhundert zurück. Niemand kennt diese hamitische, halbnomadische Rasse besser als ihre evangelischen Betreuer. Es war ursprünglich viel Schwärmerei dabei, als einer der frühesten deutschen Entdecker Ostafrikas die Oromo als die »Germanen Afrikas« definieren wollte. Alles, was wir über die Oromo, diese bei weitem zahlreichste Ethnie Äthiopiens wissen, stammt aus den Schriften dieser frommen Völkerkundler. Dazu gehören Studien über die gestaffelte Pyramide der acht Altersklassen, das »Gadda«-System, sowie jene calvinistisch anmutende Grundvorstellung, wonach jede Sippe das Wohlwollen, das ihr die Gottheit entgegenbringt, an der Zahl ihrer Rinder, am Reichtum der Herden, ermessen könne.

Der Streit um die Mekane Jesus-Kirche hat zu ernsten Spannungen zwischen dem »Sozialistischen Äthiopien« und dem Weltkirchenrat geführt. Adventisten und Baptisten stehen unter ähnlichem Druck. Der lebhafte Disput über die Einstellung zum Mengistu-Regime geht quer durch die Evangelische Kirche Deutschlands. Die sozialbewegten lutherischen Pastoren, die in Afrika nie zögerten, sich militant auf die Seite der eingeborenen Befreiungsbewegungen zu stellen, auch und gerade wenn sie marxistisch gefärbt waren, begegnen dem äthiopischen Bürgerkrieg mit zwiespältigen Gefühlen. Soll man weiterhin im ökumenischen Geist mit dem von Mengistu gegängelten koptischen Patriarchat von Addis Abeba kooperieren oder sich jenen Rebellen zuwenden, die in Tigre, Wollo, Eritrea – neuerdings im Oromo-Land – gegen den Führungsanspruch der marxistischen Amharen-Kaste auflöcken?

Im Gassengewirr des »Mercato«, des chaotischen Zentralmarktes von Addis Abeba, habe ich vergeblich nach koptischen Antiquitäten gestöbert. Es wurde nur touristischer Plunder angeboten. Unweit der Churchill-Road hingegen entdeckte ich einen unscheinbaren Laden, dessen Besitzer, ein würdiger alter Herr, mich in eine verschwiegene Hinterstube führte, um mir seine Schätze zu zeigen. Die Churchill-Road ist von niederen Buden gesäumt, frühere »Tej-Bet«, winzige Bars, wo vor der Revolution mit Honig gebrauter Wein angeboten wurde und zahllose Freudenmädchen auf Kunden warteten. Der alte Antiquar gab sich nach einigem Zögern als Professor für Politologie zu erkennen, der sich nach dem Umsturz einem weniger exponierten Beruf zugewandt hatte.

Er holte vergilbte Bibeln und Hagiographien aus einem Schließfach hervor. Sie waren mit seltsamen, fast phönizisch anmutenden Schriftzeichen der Geez-Sprache und mit naiven Illustrationen geschmückt. Das liturgische Geez-Idiom erlaubt heute noch den christlich gebildeten Amharen, Tigrinern und Eritreern sich trotz der Unterschiedlichkeit ihrer Umgangssprache zu verständigen. Vorrangig befassen sich diese frommen Darstellungen mit der Lebens- und Leidensgeschichte Christi. Aber fast ebenso häufig stieß ich auf die einförmige, naive Bildfolge – fast in Form von Comicstrips –, die der Abstammung Meneliks I., des Gründers des Aksum-Reichs, vom jüdischen König Salomon und der Königin von Saba gewidmet ist. »Diese Sage entspricht der lateinischen Aeneis«, erklärte der Professor. »So wie, laut Vergil, der Held Aeneas nach der Zerstörung Trojas die Götter seiner Heimat im Latium heimisch machte und die spätere Größe Roms legitimierte, so transportierte der junge Menelik – der äthiopischen Überlieferung zufolge – die Bundeslade in sein neues äthiopisches Reich. Nach dem Zerfall des salomonischen Königtums wurde er der authentische Löwe von Juda. Die Bekehrung seiner Nachfolger zum Christentum bestätigte nur diese Vorzugsstellung gegenüber den ursprünglichen Kindern Israel.«

Der alttestamentarische Mythos war so mächtig, daß im 12. Jahrhundert, als die Kaiserfolge durch einen rivalisierenden Sproß der Zagwe-Dynastie unterbrochen wurde, der neue Herrscher seinen Stammbaum zur eigenen Sakralisierung zumindest von jener Magd ableiten ließ, die die Königin von Saba auf ihrer Reise nach Jerusalem begleitet hatte und die dort – der Sage zufolge – ebenfalls von Salomon befruchtet worden war. Den Zagwe-Kaisern waren die unterirdischen Felskirchen von Lalibela zu verdanken, und der Antiquar zeigte mir eine wertvolle Miniatur-Ikone aus jener Zeit, die mit großer Kunstfertigkeit in Stein geritzt war.

»Unsere Monarchen waren selbstbewußt, geradezu megaloman; sie fühlten sich nicht als Afrikaner«, fuhr der Professor fort. »So geschah es um die Mitte des 19. Jahrhunderts, daß Kaiser Theodoros eine Botschaft an die Königin Victoria von England richtete und sie aufforderte, ihn zu ehelichen. Nach dem Tode Salomons, so heißt es bei uns, sei das Reich Gottes auf Erden in zwei Hälften, eine nördliche und eine südliche, zerfallen. Diese Spaltung habe sich bis in die Neuzeit verewigt. Theodoros regierte den Süden, die britische Königin das Nord-Imperium der Christenheit. Es sei Zeit, so schrieb der Negus nach London, die gottgewollte Einheit wieder herzustellen und die Feinde Christi, insbesondere die Muselmanen, zu unterwerfen. Im Buckingham-Palast löste die Botschaft mitleidiges Lächeln aus und wurde ignoriert. Zutiefst beleidigt ließ Negus Theodoros alle Briten, derer er habhaft wurde, in seine Kerker werfen. Im Auftrag der Queen rückte Lord Napier an der Spitze eines britischen Heeres ins äthiopische Hochland ein. Kaiser Theodoros, in der Festung Magdala belagert, entzog sich durch Selbstmord der schmählichen Kapitulation.«

»Unsere Eigenstaatlichkeit blickt im Gegensatz zu den übrigen afrikanischen Ländern auf zweitausendfünfhundert und nicht auf fünfundzwanzig Jahre zurück«, rühmte sich der Antiquar. Er entfaltete eine Pergamentrolle jüngeren Datums, die in grellen Farben die Vernichtung einer italienischen Invasionsarmee durch die Krieger Meneliks II. verherrlichte. »Die Schlacht von Adua wurde im Jahre 1896 von uns gewonnen«, kommentierte er. »Nicht die Japaner mit der Eroberung von Port Arthur, sondern wir Äthiopier haben bei Adua den ersten Sieg über eine europäische Kolonialmacht davongetragen. Ähnlich wie der japanische Tenno hat Kaiser Menelik II. danach gestrebt, sein Imperium mit Waffengewalt auszuweiten. Der Besitz unserer Süd- und Ostprovinzen geht erst auf diesen unseren ›Meiji-Kaiser‹ zurück. Nur die Präsenz der Briten in Nairobi hat ihn damals gehindert, weite Teile des heutigen Kenia zu annektieren. Wir haben uns in Afrika stets als Herren empfunden.«

Wir waren wieder auf die Churchill-Road getreten. Der Hügel stieg zur Kaiserresidenz an, dem »Gibbi«, den Menelik II. nach Gründung der Hauptstadt Addis Abeba erst Ende des 19. Jahrhunderts bauen ließ. Die Gitter des Parks waren immer noch mit der salomonischen Krone geschmückt. Jetzt lebte dort in einer bunkerähnlichen Villa Oberstleutnant Mengistu Haile Mariam. Seine gigantischen Portraits verstellten jeden Straßenzug. Es werde schwer sein für diesen Mann, der als junger Offizier eine zweitklassige Heeresschule absolviert habe, der von einer Oromo-Magd geboren und möglicherweise illegitimer Sohn eines amharischen Adligen sei, in die Fußstapfen des Negus Negesti zu treten, meinte der Antiquar. – Vorher hatte er sich vergewissert, daß sich niemand in der Nähe aufhielt. – Das Volk sei es gewohnt, von einem Gesalbten Gottes, einem Erben Salomons regiert zu werden. Ein Usurpator könne sich nur durch List und Brutalität behaupten. Ich mußte an jenen alten Italiener denken, der mir versicherte, Oberstleutnant Mengistu habe seine beiden Töchter zum

Studium nach Genf geschickt und in der Schweiz für alle Fälle ein stattliches Anwesen erworben. »Dieser Mann ist von Meuchelmördern umringt«, hatte der Italiener getuschelt; »zu beneiden ist er ebenso wenig wie Al Capone.«

Die Hungersnot und die Medien

Gleich in der Nachbarschaft des Hotels befindet sich das imposante Hochhaus der »Wirtschaftskommission für Afrika« (ECA). Dort tagt in regelmäßigen Abständen die »Organisation für afrikanische Einheit« (OAU). In dieser Woche wehen hier sämtliche Fahnen des schwarzen Erdteils. Vor dem Rundbau der »Africa Hall« ist ein gigantischer Lenin in Granit gemeißelt und schreitet aus wie eine Reklame für Johnnie Walker. »Still Walking strong.« Die OAU berät zur Stunde über die Schaffung einer panafrikanischen Nachrichtenagentur.

Auf der letzten Gipfeltagung, die Julius Nyerere aus Tansania präsidierte, hatte man in »Africa Hall« über alle nur denkbaren internationalen Streitfälle debattiert. Beinahe zerplatzt war die Veranstaltung am Disput über die ehemals spanische West-Sahara. Die Mehrheit hatte die diplomatische Anerkennung der Polisario-Front beschlossen und damit den Auszug der Freunde Marokkos provoziert. Man war verärgert auseinandergegangen. Der Hunger in Afrika hingegen, die unsägliche Katastrophe, die inzwischen die ganze Welt mobilisierte und sogar den Iran des Ayatollah Khomeini bewegt hatte, eine größere Summe zu spenden, wurde von den afrikanischen Politikern und Diplomaten allenfalls am Rande erwähnt. Selbst engagierte Drittwelt-Freunde aus dem Westen nehmen endlich Anstoß am großspurigen Konferenzgehabe, an den ewigen Cocktailparties, den Luxuslimousinen der Delegierten. Ein zusätzlicher Konferenzneubau im Wert von 220 Millionen D-Mark für Addis Abeba war gerade bewilligt worden.

In den Wandelgängen der Konferenz über die »African News Agency« wurde ich von einem hohen Ministerialbeamten aus Mali, einem baumlangen Bambara in schneeweißer Dschellaba in die Arme geschlossen. Ismael Keita hatte unser Kamerateam vor fünfzehn Jahren zwischen Bamako und Mopti betreut. Er hatte seitdem Karriere gemacht. »Vor einem Vierteljahrhundert, in der Geburtsstunde der Unabhängigkeit, hatte der erwachende schwarze Erdteil noch die Hoffnung auf eine Erneuerung der Menschheit in Gerechtigkeit und Brüderlichkeit verkörpert«, zürnte der Malier in einem seltenen Anflug von Selbstkritik. »Wenn heute die Rede auf Afrika kommt, denkt man hingegen an Unterernährung, Rückständigkeit oder Korruption. Unser Kontinent droht zu einem anthropologischen Reservat für humanitäre Dilettanten und weltbeglückende Selbstdarsteller zu werden. Albert Schweitzer hat damit den Anfang gemacht.« – Auf meine Einwände räumte Ismael ein, daß er all jenen hingebungsvollen Männern und Frauen seine Reverenz erweise, die unter härtesten Bedingungen bei den Hilfsaktionen ihr Bestes täten. »Aber Afrika verliert dabei die Achtung vor sich selbst und gibt seine Würde preis«, beklagte er. Bisher hätten sich die Afrikaner darauf berufen, allein die koloniale Ausbeutung sei an ihrer Rückständigkeit, an ihrem Elend schuld. Doch in Äthiopien gehe diese Rechnung nicht auf. Dieses Kaiserreich sei doch nie kolonisiert worden, wenn man von den fünf Jahren faschistischer Besatzung unter Mussoloni absehe.

Etwa zwanzig afrikanische Staaten, deren Flaggen vor dem OAU-Palast flattern, haben die Farben Äthiopiens – grün-gelb-rot – in verschiedenen geometrischen Variationen übernommen. Das Reich des Haile Selassie war der schwarzen Menschheit in den frühen Stunden des afrikanischen Nationalismus und des Strebens nach staatlicher Selbständigkeit als Erde der Verheißung erschienen, als schwarzes Zion, wie der farbige Antillen-Prediger Marcus Garvey schwärmte. Die schwarzen Kirchen von Harlem nannten sich damals »Äthiopische Kirchen«. Auf der Insel Jamaika entstand die kuriose Sektengemeinschaft der »Rastas«, die in Westindien eine unausgegorene afrikanische Ursprünglichkeit propagierte. Ihren Namen hatten die Rastas von »Ras Tafari« abgeleitet, so hieß Haile Selassie, bevor er zum Kaiser gekrönt wurde. Der Negus Negesti genoß quasigöttliche Ehren bei den Rastas. In den sechziger Jahren war das Prestige dieses Monarchen noch gewaltig. Er war nicht nur der Patriarch, der Nestor der schwarzen Staatschefs, er wurde als eine Art Oberhäuptling verehrt. Selbst der bullige Diktator von Uganda, Idi Amin, näherte sich ihm mit Unterwürfigkeit.

Die Ausländer in Addis Abeba reden selten von Historie oder Völkerkunde, dafür um so mehr von Politik und Strategie. In einem Punkt ist der Konsens schnell erreicht: Ein Sieg der Rebellen über das Mengistu-Regime erscheint ausgeschlossen; aber auch die Regierungsstreitkräfte werden kaum in der Lage sein, das Land unter Kontrolle zu bringen, geschweige denn es zu befrieden.

Die These Washingtons wird von der kleinen Gruppe akkreditierter US-Diplomaten überzeugend vorgetragen: Am Anfang seien die Vereinigten Staaten zutiefst bestürzt gewesen, als den Russen der militärische Einbruch am strategischen Osthorn Afrikas gelang. Inzwischen beobachte das Pentagon mit Schadenfreude, wie Moskau sich in eine Sackgasse verrenne. Mit der konsequenten Unterstützung der christlich-marxistischen Amharen gehe die Sowjetunion das Risiko ein, das gesamte arabisch-islamische Umfeld zu verprellen. Nach dem Fiasko der Russen in Mosambik und Angola zeige ihr aussichtsloses äthiopisches Engagement, wie eng die Entfaltungsmöglichkeit Moskaus in den Überseeländern bemessen sei. »Eines haben wir in Vietnam gelernt«, sagen die US-Experten unverblümt; »man könnte uns heute Äthiopien auf einem Silbertablett servieren, wir würden uns in diesen ›quagmire‹, diesen ›can of worms‹ nicht mehr verstricken lassen. Wir sind zur Nothilfe bereit, aber niemals werden wir die Torheit begehen, der Zentralregierung, wo immer die ideologisch stehen mag, in diesem heillosen Bürgerkrieg zur Seite zu springen. Politische Kooperation mit Addis Abeba und militärische Beratung werden für uns erst wieder diskutabel sein, wenn dieser Staat mit seinen unzähligen inneren Sprengkräften selber ins reine kommt.«

Es scheint, als habe sich alle Welt gegen Äthiopien verschworen. Die Saudis finanzieren zwar den eritreischen Widerstand, aber an einem Sieg dieser Rebellen sind sie nicht interessiert; die Anarchie an der Westküste des Roten Meeres ist ihnen willkommen, nicht aber die Gründung eines eritreischen Separatstaates, der überwiegend christlich oder marxistisch ausgerichtet wäre. Die Franzosen halten an ihrer ehemaligen Somali-Küste mehr als viertausend Soldaten und ein ganzes Flottengeschwader in Bereitschaft; ihnen dient das abschreckende Beispiel der äthiopischen Wirren, um die verfeindeten Afar und Issa in der von Frankreich protegierten Republik Dschibuti zu Ruhe und Duldsamkeit anzuhalten. Aus welchem machiavellischen Kalkül heraus mag wohl die arabische Republik Syrien, die so eng mit dem Kreml kooperiert, weiterhin Waffen an die Volksbefreiungsfront von Eritrea verschiffen? Sollte sich der Verdacht bestätigen, daß selbst den Sowjets ein klarer Waffenerfolg Mengistus, eine endgültige Stabilisierung seines Regimes höchst ungelegen käme? Das revolutionäre Äthiopien wäre dann nicht länger auf die Unterstützung Moskaus angewiesen und könnte den aufdringlichen Russen die Tür weisen.

Beim Antiquar an der Churchill-Road habe ich am Tage meines Weiterfluges nach Nairobi ein paar schwarze Tonstatuetten gekauft, wie sie heute noch von den letzten Juden Äthiopiens, den »Fallascha«, geformt werden. Sie stellen den Löwen von Juda dar mit dem Davidstern auf dem Haupt, einen den Pentateuch lesenden Priester und das quadratische Bett, auf dem sich die Verbindung Salomons mit der Königin von Saba vollzieht. »Wir Äthiopier sind isoliert wie zu Zeiten des Priesters Johannes«, sinnierte der Antiquar. »Darüber können alle Lieferungen von Ostblockwaffen und westlichem Getreide nicht hinweghelfen.« Der alte gebildete Mann sah mit Angst in die Zukunft. Die Auswanderung der Fallascha nach Israel deutete er als böses Omen. Es sei ziemlich belanglos, ob die Existenz dieser mosaischen Restgruppe im Hochland bei Gondar tatsächlich auf die salomonischen Zeiten Meneliks I. und auf den Ersten Tempel von Jerusalem zurückgehe oder ob es sich wie bei den jemenitischen Israeliten um amharische Proselyten handele. Doch ähnlich wie im abendländischen Mittelalter und in der islamischen Überlieferung, im »Hadith«, gehe bei den Äthiopiern die Sage um, die Rückführung der Fallascha ins Heilige Land und die Bildung eines Staates der Juden kündige das baldige Weltende und die Posaunen des Jüngsten Gerichts an. Das sei gewiß Aberglaube, aber er frage sich, ob die »Operation Moses« nicht ein Zeichen des Untergangs setze für das uralte Reich des Löwen von Juda an den Quellen des Blauen Nil.

P.S.: Noch am Tage meiner Abreise von Addis Abeba setzte der große Regen ein. Er verwandelte die Provinz Schoa binnen weniger Stunden in eine morastige Schlammlandschaft. Es regnete auch in Strömen in den angeblich von unheilbarer Dürre befallenen Provinzen Tigre, Wollo und Gondar. Sogar Eritrea geriet unter tropische Duschen. Der

Awash-Fluß, ein mageres, faul-grünes Rinnsal zur Zeit meines Aufenthalts in Gewane, schwoll zum reißenden Strom an, riß Dörfer und Zeltlager mit sich, ertränkte die mageren Viehherden der Afar. Überall rief man nach Rettungsmannschaften, sogar in der somalischen Wüste, wo die Nomaden von den wilden Wassern der jäh geschwollenen Wadis bedrängt wurden. Die verzettelten Hilfsaktionen gegen die Nässe gestalteten sich ebenso dilettantisch wie ein paar Wochen zuvor die laut orchestrierte Kampagne gegen die Trockenheit. Bei den humanitären Organisationen, NGO genannt (Non-governmental Organizations), machte sich längst Ernüchterung und Ärger breit. Man war der Mär einer Dürrekatastrophe einmaligen historischen Ausmaßes aufgesessen. Dabei war der schwarze Erdteil lediglich wie in den Jahrhunderten zuvor vom launischen Zyklus seiner klimatischen Schwankungen heimgesucht worden.

Auch die wohlwollendsten Spender konnten sich der Erkenntnis nicht länger verschließen, von den äthiopischen Behörden mißbraucht worden zu sein. Die Verwendung der massenhaft angelieferten Hilfsgüter entzog sich weiterhin der Kontrolle. Dreißigtausend Tonnen Getreide pro Monat wurden veruntreut, oder sie verfaulten auf irgendwelchen Lagerhalden. Auf den Hafenkais von Assab verrotteten ganze Berge von Proviant. Internationale Beobachter waren zugegen, als die äthiopische Armee im Auffanglager Ibnit die ausgemergelten Insassen mit Brutalität und vorgehaltenen Gewehren zur Umsiedlung in die äthiopischen Südwest-Provinzen nötigte. Das gesamte »Resettlement«-Programm, die Verpflanzung von 1,5 Millionen Menschen aus Tigre, Wollo und Eritrea nach Kafa, Wolega, Ilulabor und Gojjam geriet in Verruf. Die Häfen und Flugplätze Äthiopiens waren durch Lebensmittellieferungen verstopft. Aber das Volk hungerte weiter, und das Sterben nahm kein Ende.

Auf den TV-Krieg in Vietnam war die TV-Hungersnot in Äthiopien gefolgt. Die Bildreportagen aus Korem und Makele mit den zu Skeletten abgemagerten Kindern, den verzweifelten Müttern, die ihre toten Säuglinge an die schlaffen Brüste preßten, waren über das Fernsehen in jede europäische und amerikanische Wohnstube geflimmert. Den in Überfluß und Sicherheit lebenden Industrienationen erschien das elektronisch vermittelte Massensterben in Äthiopien ebenso unerträglich wie knapp zwanzig Jahre zuvor die tragische Darstellung brennender Dörfer und verstümmelter Leichen in Indochina. Im Juli 1985 sollte die versammelte Jugend der Welt eine Monstershow zugunsten des hungernden Afrika, vornehmlich Äthiopiens veranstalten. Das »Live Aid Concert«, vom Rock-Sänger Bob Geldof inszeniert, wurde simultan von Wembley und von Philadelphia aus über acht Satelliten um den ganzen Erdball gesendet, von 152 Ländern – darunter die Sowjetunion – übernommen. Dieses gigantische TV-Ereignis erreichte 1,5 Milliarden Menschen. Der Song »We are the World« wurde zur Hymne, zum beeindruckenden Bekenntnis der Menschheitsverbrüderung. Doch diese globale Mobilisation des guten Willens stand unweigerlich im Schatten von Vergeudung und Mißbrauch. Wem würden die im Begeisterungsrausch gespendeten Millionen Dollar zugute kommen? Das Spektakel von Wembley dürfte deshalb kaum in die Geschichte eingehen als die umfassende, spontane Rettungsaktion der Privilegierten dieser Erde für die darbenden Massen Afrikas, sondern allenfalls als ein tastender Schritt in das bislang ungeahnte Medienzeitalter der Fernsehsatelliten, als Auftakt der großen Kommunikationsgesellschaft von morgen.

In Äthiopien hatte Oberst Mengistu wieder den Wind im Rücken. Nach der Vertreibung Marschall Numeiris aus dem benachbarten Sudan suchten die neuen Machthaber von Khartum den Ausgleich mit Oberst Kadhafi von Libyen. Ihre Unterstützung für die Rebellen von Eritrea und Tigre wurde auf Sparflamme gestellt. Ganz Ostafrika stolperte in eine Phase des Tumults und der Ungewißheit: Die christlich-animistischen Partisanen der »Befreiungsarmee« des Süd-Sudan unter Oberst Garang hofften vergeblich auf die Gesprächsbereitschaft der neuen Zentralregierung von Khartum; in Uganda nahm Präsident Milton Obote nach jahrelangen Gemetzeln, die 300000 Menschen das Leben gekostet hatten, vor der entfesselten eigenen Soldateska nach Kenia Reißaus; der alte »Muwalimu« Julius Nyerere schickte sich an, die Regierungsgewalt über Tansania in andere, vermutlich ungeübte Hände zu legen.

Unterdessen hatte das äthiopische Revolutionsregime die aus allen Himmelsrichtungen einströmenden Zuwendungen zur Konsolidierung seiner erschütterten Position genutzt und leitete mit einigem Erfolg Großoffensiven gegen die Befreiungsfronten von Eritrea und Tigre ein. Eine neue Verfassung wurde in Addis Abeba entworfen, die nach dem Muster der Union der Sozialistischen Sowjetrepubliken die Pseudo-Autonomie und tatsächliche Knebelung der verschiedenartigen Völker in einer »Union der äthiopischen Volksrepubliken« auf föderativer Basis kodifizieren soll. Den Mitgliedern der kommunistischen »Partei der Arbeit« wurde die Anschaffung einer königsblauen Einheitskleidung im gefälligen Safari-Look verordnet. So lauteten die Prioritäten der Revolution. Den westlichen Imperialisten überließ Oberst Mengistu die Fütterung seiner Untertanen. Rund eine Million Tonnen Lebensmittel waren bisher aus dem Ausland geliefert worden: 34,5 Prozent aus USA, 28,4 Prozent aus der Europäischen Gemeinschaft, 12,4 Prozent aus Kanada, hingegen nur 2 Prozent aus dem Ostblock und 0 Prozent aus der Sowjetunion.

KENIA – SO ENDETEN DIE MAU MAU

Es lebt sich gut in Nairobi

Nairobi, im April 1985

In Nairobi ist die Zeit stehengeblieben; so schien mir, als ich gleich am Abend nach meiner Ankunft aus Addis Abeba den neugotischen Bau der All-Saints-Church betrat. Die hohen Wände hallten wider von den Klängen der Matthäus-Passion. Chor und Orchester waren fast ausschließlich weiß. In der Mehrzahl handelte es sich um ortsansässige Musikfreunde, die bemerkenswert spielten und sangen. Auch die Zuhörer, die die Kirchenbänke bis zum Ausgang füllten, gehörten zu mehr als 90 Prozent der »kaukasischen« Rasse an, britische Farmer und »Expatriates«, Beamte der Vereinten Nationen, viel Botschaftspersonal.

Mein Begleiter, ein »old Africa-hand« schottischen Ursprungs, wies mich auf die paar Afrikaner hin, die sich auf der Empore und im Auditorium von diesem anglikanischen Rahmen abhoben. »Sie sehen, daß in Kenia die Rassenintegration voll gediehen ist«, flüsterte er, und es kam ihm gar nicht in den Sinn, daß ein Liberaler, ein »Verligter« aus Transvaal, sich anläßlich einer kulturellen Veranstaltung in Johannesburg ähnlich hätte äußern können. Beim anschließenden Abendessen in einem exklusiven Fischrestaurant waren die schwarzen Gäste ebenfalls in verschwindender Minderheit.

Immerhin, die schnurgerade Zentralavenue Nairobis ist nach Jomo Kenyatta, dem Vater der kenianischen Unabhängigkeit, benannt. In den dreißig Jahren, die seit meinem ersten Besuch verflossen sind, hat sich die Stadt nicht grundlegend geändert. Kompakte Gruppen europäischer Touristen vermitteln weiterhin den Eindruck von »white supremacy«, auch wenn die Qualität dieses Aufgebots aus der nördlichen Hemisphäre seit der Kolonialzeit erheblich nachgelassen hat. Die Terrasse des »New Stanley« ist immer noch privilegierter Treffpunkt. Die vielgeschossigen Luxushotels, die seit der Unabhängigkeit die Skyline Nairobis beherrschen, bleiben – mitsamt ihren kosmopolitisch schwirrenden Lobbies – klotzige Fremdkörper in einer altmodischen Empire-Atmosphäre. Die Geschäftswelt lebt im Rhythmus der orientalischen Betriebsamkeit zahlloser Inder und Pakistani. Kein »Duka«, wo nicht ein öliger Einwanderer aus dem Subkontinent seine unterbezahlten afrikanischen Hilfskräfte mit argwöhnischen Blicken verfolgte. Die ismaelischen Anhänger des Aga Khan haben ihre überdimensionale Moschee an der Jamia-Road grün und weiß getüncht, mit bunten Glühbirnen bekränzt. Schöner ist dieses Zuckerbäckerprodukt eines verkitschten Mogul-Stils dadurch gewiß nicht geworden, und auf viele Afrikaner muß diese Bastion des pakistanisch geprägten Islam wie eine Provokation wirken.

Im Herzen Nairobis bin ich mit einem Anflug von Rührung vor dem alten Kriegerdenkmal stehengeblieben. Auf einem Steinsockel waren die Bronzegestalten von drei Afrikanern erhalten: Ein Askari in Kolonialuniform mit Fes und Wickelgamaschen; zwei Träger barfüßig im Lendenschurz. Auf der Tafel waren auf englisch und suaheli – letzteres in lateinisch und arabisch geschrieben – folgende Zeilen graviert: »Dieses Monument wurde zur Erinnerung an die eingeborenen afrikanischen Soldaten errichtet, an die Träger, die die Füße und die Hände der Armee waren; an all jene Männer, die in Ostafrika während des großen Krieges 1914 bis 1918 ihrem König und Vaterland dienten und dafür starben. – Wenn Ihr für Euer Vaterland kämpft – auch wenn Ihr sterbt –, werden Eure Söhne Eure Namen ehren.«

Mit Motorradeskorte und Blaulicht fuhr eine Kolonne schwarzer Limousinen über die Kenyatta-Road zum Parlament. Neuseelands Premierminister David Lange, der sich zum offiziellen Freundschaftsbesuch in Nairobi befand, begab sich zur Kranzniederlegung an das Grab des Gründers der Nation. Jomo Kenyatta, Vorkämpfer des schwarzen Nationalismus in Ostafrika, Inspirator – wie viele Kolonialbeamte seiner Zeit behaupteten – des Mau-Mau-Aufstandes, Vater der »Uhuru«, der Unabhängigkeit Kenias, und erster Staatschef dieser Commonwealth-Republik, lag neben dem Parlament in einer relativ bescheidenen Gruft, einem Kral aus Felsblöcken und Stahl, bestattet.

Darüber wehten die Fahnen Kenias, schwarz-rot-grün mit einem Schild und zwei gekreuzten Speeren.

Seltsames Schicksal dieses schwarzen Propheten! Während seines Studiums in England war sich der Sohn des Kikuju-Volkes der Unterdrückung seiner Rasse voll bewußt geworden. »Facing Mount Kenya« hieß seine Kampfschrift, in der er die Afrikaner beschwor, sich ihrer eigenen Überlieferungen zu entsinnen, ihrer wahren Natur treu zu bleiben. Sie bescherte ihm viele Anhänger. Kenyatta habe einen schwarzen »Blut- und Boden-Mythos« gepredigt, behaupteten seine Gegner. Als in den fünfziger Jahren die Mau-Mau-Bewegung Schlagzeilen lieferte, grausige Ritualmorde den Kikuju-Stamm zum willfährigen Instrument finsterer Partisanenführer machten und die englischen Siedler der »White Highlands« um ihr Leben bangten, wurde Jomo Kenyatta von der britischen Kolonialjustiz zum Verantwortlichen dieser Revolte gestempelt und in den wüstenähnlichen Norden des Landes verbannt. Bei meinem ersten Kenia-Aufenthalt im Frühjahr 1956 stand er bereits drei Jahre lang in der Hungersteppe von Lodwar unter strenger Isolation, war aber auch zum Nationalhelden geworden. »Die Zeit wird ihn aufbrauchen«, sagten die Engländer damals, »der Alkohol wird ihn in seiner Einsamkeit ruinieren; in zwei Jahren spätestens ist Kenyatta nur noch ein Wrack, und er wird keine politische Rolle mehr spielen.«

Doch es kam ganz anders. Der alte Zauberer vom Mount Kenya büßte weder seine Vitalität noch den mythischen Einfluß auf sein Volk ein. Als das Empire sich stückweise auflöste und auch in Nairobi die Stunde des »Self Government« schlug, ging kein Weg mehr an Kenyatta vorbei. Im Sommer 1961 erlebte ich den Umbruch. Die Lebensbedingungen des verbannten Nationalistenführers in seiner neuen Zwangsresidenz Maralal waren sehr viel komfortabler. Er wurde zum Schiedsrichter im partei- und stammespolitischen Machtkampf der schwarzen Parlamentarier Nairobis. Alle Stämme beugten sich seiner Autorität. Dem Luo-Politiker Tom Mboya, der sich an die Spitze der »Kenya African National Union«, KANU, gedrängt hatte, blieb nichts anderes übrig, als Kenyatta auf den Schild zu heben und ihn zum Ehrenpräsidenten dieser führenden Partei zu machen. Auf den Massenkundgebungen begeisterte Tom Mboya seine Zuhörer, indem er das Portrait des bärtigen großen Mannes auf seine Brust heftete.

Selbst die Abgeordneten der oppositionellen KADU-Partei, die von den scheidenden Briten als Bremse gegen den Einfluß der rührigen Kikuju gedacht war, traten die Reise zu dem verbannten Nationalhelden an. Ab Ende des Jahres, so versicherten die scheidenden Kolonialbehörden, sei das Self Government als Vorstufe des »Uhuru kamili«, der totalen Unabhängigkeit, vorgesehen. Die ausländischen Konsuln wurden von Kenyatta in Maralal zur Audienz empfangen. Sie zeigten sich beeindruckt von der liebenswürdigen Autorität und der politischen Mäßigung dieses als blutrünstigen Terroristen verschrieenen Patriarchen, dessen Steppenexil nach acht Jahren zu Ende ging.

Jomo Kenyatta hat sein Land von 1962 bis zu seinem Tod im August 1978 als unumschränkter Herrscher regiert. Im Gegensatz zu so manchen anderen afrikanischen Potentaten, denen die Unabhängigkeit kampflos in den Schoß fiel und die sich gerade deshalb bemüßigt fühlten, fremdenfeindliche Überkompensation zu betreiben, hat dieser authentische afrikanische Widerstandsführer eine überaus versöhnliche Linie gegenüber der früheren Kolonialmacht und sogar gegenüber den arroganten weißen Siedlern bezogen. Kenia blieb auf prowestlichem Kurs und lief auch nicht den Schimären des afrikanischen Sozialismus nach. Dieses System extremer Toleranz konnte auf die Dauer nur durch eine charismatische Persönlichkeit vom Format eines Jomo Kenyatta getragen werden. Seit der alte Magier vor sieben Jahren starb, warten jedoch explosive Kräfte hinter der oberflächlichen Idylle schwarz-weißer Koexistenz auf ihre revolutionäre Stunde und heizen sich an den postkolonialen Anachronismen auf.

Unter allen Hauptstädten Afrikas ist Nairobi der bequemste Aufenthaltsort für Europäer. Das Klima dieser Höhenstation ist angenehm, das Regime fremdenfreundlich und der Marktwirtschaft aufgeschlossen. Die Beamten der Vereinten Nationen, die ein feines Gespür für Lebensqualität haben, sind hier überaus stark vertreten. Die UN-Organisationen für Umweltschutz und Wohnungsbau – UNEP und Habitat – haben sich in Nairobi etabliert und wollen diese afrikanische Stadt nach New York, Wien und Genf zu ihrem vierten Hauptquartier machen. Konferenzzentren und Bürohochhäuser künden davon. Die Zeitungs- und Rundfunkkorrespondenten aus aller Welt lassen sich vorzugsweise in dieser Komfort-Oase Schwarzafrikas nieder.

Selbst die engagiertesten Dritte-Welt-Ideologen der schreibenden Zunft Europas, die nicht müde werden, antikolonialistische Zerknirschung zu predigen und diese neue, paradoxe »Bürde des weißen Mannes« auf die Schultern ihrer Leser oder Hörer zu laden, fühlen sich in Nairobi überaus wohl. Sie genießen dort den schmucken Bungalow, den Swimmingpool, das billige Personal, sogar ein perfektioniertes Alarmsystem gegen Überfall und Einbruch. Natürlich mäkeln sie an den handgreiflichen Unzulänglichkeiten der kenianischen Situation. Die Selbstherrlichkeit schwarzer Despoten findet bei diesen Flagellanten nur Gnade, wenn diese sich in das fadenscheinige Gewand des Afro-Marxismus oder eines utopischen Sozialismus hüllt. Für Oberst Mengistu, Samora Machel, Julius Nyerere gibt es stets mildernde Umstände. Aber keiner dieser unentwegten Apologeten der Dritten Welt käme auf den Gedanken, sein Korrespondentenbüro in Dar-es-Salam aufzuschlagen, um nur diesen noch relativ erträglichen Standort zu nennen.

Das Stadtzentrum von Nairobi hallt wider von den Vorbereitungsarbeiten für den bevorstehenden Weltfrauenkongreß, der unter Obhut der Vereinten Nationen tagen wird. Die Resultate dieser Zusammenkunft – darin stimmen die Diplomaten aller Himmelsrichtungen überein – werden mager sein. Mit schönen Proklamationen und weltweiten Anklagen gegen den weißen Imperialismus werden die Frauen sich an den Kernproblemen der afrikanischen Weiblichkeit vorbeimogeln. Schon wird gewettet, daß die Folgeerscheinungen des um sich greifenden islamischen Fundamentalismus – Verschleierung und gesetzliche Entmündigung der Frau, Bestätigung der Polygamie – ebensowenig angepackt werden, wie jene entwürdigende Praxis der Exzision, der operativen Entfernung von Klitoris und Schamlippen, die an Millionen von schwarzen Frauen weiterhin verübt wird. Die Klischees einer poetischen »Négritude« werden auf dem Forum dieser Weltfrauenkonferenz vorgetragen werden, man wird von Schönheit und Unschuld schwärmen, aber wer nennt die Realität beim Namen? Daß das Durchschnittsalter der Frau in Afrika fünfunddreißig Jahre beträgt, beim Mann hingegen zweiundfünfzig; daß die schwarze Frau die Felder bearbeitet, die Kinder aufzieht, mehrere Stunden pro Tag mit der Suche nach Brennholz und Wasser verbringt, daß sie die Mahlzeiten zubereitet, während der Mann dem Müßiggang und dem endlosen Palaver frönt, seit seine angestammten Aufgaben als Jäger und Krieger als Folge des Zivilisationseinbruchs verkümmerten.

Spät am Abend war ich mit einem ismaelischen Anwalt verabredet. Sein Großvater ist als Streckenarbeiter der Bahnlinie Mombassa–Nairobi aus Bombay nach Afrika gekommen. Eine Empfehlung aus Karatschi hatte mir die Tür dieses klugen und umsichtigen Mannes, der knapp vierzig Jahre alt sein mochte, geöffnet. Abdullah, wie wir ihn nennen wollen, besaß neben seiner kenianischen Staatsangehörigkeit noch einen pakistanischen Paß. Nach längeren Höflichkeitsfloskeln und einem Gespräch über die gespannten Verhältnisse auf dem Subkontinent kam ich zur Sache. Ob auch in Kenia der Wurm bereits in der Frucht sei, fragte ich; welches wohl das Kernübel dieses Landes sei, wenn es ein solches gäbe. Abdullah zögerte keine Sekunde. »Die Korruption«, antwortete er, »die Bestechlichkeit durchdringt und zerfrißt alles. Kein Geschäft, kein administrativer Akt kann hier getätigt werden, ohne ein exorbitantes Aufgeld.«

An Zaire gemessen seien diese Auswüchse doch recht bescheiden, wandte ich ein. Aber der Anwalt widersprach. Der jetzige Staatspräsident Arap Moi könne es mit der Großspurigkeit eines Mobutu natürlich nicht aufnehmen. Die Dimensionen seien ganz andere. Die Mißstände in Kenia würden im Gegensatz zu den Ausschweifungen im französisch-sprachigen Afrika durch eine vom britischen Kolonisator ererbte Heuchelei überdeckt oder – wenn man es freundlicher ausdrücken wolle – durch eine anerzogene Schamhaftigkeit. Diese gehe den Despoten im frankophonen Raum ab. Auch die parlamentarische Farce werde ja oberflächlich im Westminster-Stil weitergespielt. Einige Restbestände von »fairplay« seien sogar noch vorhanden. Das politische Leben von Nairobi sei eingebunden in die Riten des britischen Legalismus. Man tue zumindest »als ob«. Wie dünn diese Fassade sei, ersehe man am grausigen Parallelfall Ugandas, wo die Rückkehr des früheren Briten-Freundes Milton Obote von schrecklichen Massakern begleitet sei.

»Hören Sie nicht zu sehr auf Ihre weißen Gesprächspartner in den ›residential areas‹. Es besteht in Kenia keinerlei gesellschaftlicher Kontakt zwischen Schwarz und Weiß mit der bemerkenswerten Ausnahme des sogenannten ›Kenyatta-Clans‹«, warnte Abdullah. »Eine Wand trennt hier die Afrikaner von den Europäern. Da gibt es keine lateinische Konvivialität. Wir Asiaten wissen mehr über die Kenianer, weil sie uns immer wieder für ihre Geschäftstransaktionen einspannen, aber unser Mißtrauen wird dadurch nur größer.«

Abdullah schenkte Whisky ein. Er war ein sehr lockerer Moslem. Nachdem er sich vergewissert hatte, daß kein Boy lauschen konnte, skizzierte er ein Portrait des jetzigen Staatschefs Daniel Arap Moi. Dieser schwerfällige Schulmeister sei ein Kompromiß- und Übergangskandidat gewesen, ohne Ausstrahlung und Format. Ursprünglich habe die regierende KANU-Partei diesen Angehörigen des kleinen Kalendje-Stammes nach vorn geschoben, um den Antagonismus der großen »tribes« Luo und Kikuju zu neutralisieren. Ähnlich sei ja auch Kenneth Kaunda in Sambia an die Macht gekommen. Aber jetzt klammere sich Arap Moi mit unbeirrbarer Energie an seine hohe Funktion und trenne sich nicht von seinem Elfenbeinstab. Ganz ohne List und Machtinstinkt sei er wohl nicht, und die Presse Nairobis, die mit den übrigen Politikern gar nicht zimperlich umspringe, auch wenn es um die Aufdeckung von Skandalen gehe, würde es nicht riskieren, über irgendwelche Machenschaften des Staatschefs andeutungsweise zu berichten.

»Dieses Land ist nicht harmlos«, fuhr der Ismaeli fort. »Hier gibt es eine Spezialtruppe der Polizei, die ›General Service Unit‹, bei deren Erscheinen die Leute vor Schreck aus dem Fenster springen. Die staatstragenden Kikuju und Luo blicken mit tiefer Verachtung auf die Nomaden des Nordens, die sie kaum als Menschen anerkennen. Blutvergießen im Auftrag des Staates wird totgeschwiegen. Wer hat schon im Ausland erfahren, daß die Streitkräfte Kenias Anfang 1984 eine unerbittliche Strafaktion gegen aufsässige Somali in der Gegend von Wajir durchgeführt haben, bei der mindestens tausend Nomaden erschossen und erschlagen wurden? Aber wo geht es schon humaner zu in diesem Erdteil?« seufzte der Anwalt und reichte mir die englischsprachige Zeitung vom gleichen Tag. Es wurde darin über die Niederschlagung von Verschwörungen in Liberia und in Ghana berichtet. In Monrovia hat die Junta ehemaliger Unteroffiziere, die das Land regiert, seit die bisherige negro-amerikanische Führungsschicht – jene heimgekehrten US-Sklaven, die sich wie schwarze Mayflower-Pilger gebärdeten – entmachtet wurden, die Komplotteure ohne jede Gerichtsverhandlung erschießen lassen. In Accra hat der starke Mann von Ghana, Oberst Jerry Rawlings, mit den Aufrührern der eigenen Präsidialgarde ebenfalls kurzen Prozeß gemacht.

Auch Kenia war am 1. August 1982 ein paar Stunden lang an den Rand des Bürgerkriegs geschlittert. Einige Luftwaffenoffiziere hatten versucht, Arap Moi zu stürzen. Im Verbund mit einer ideologisch motivierten Studentengruppe beabsichtigten sie wohl, die engen Bindungen Kenias an den Westen zu lösen und die allzu liberale Wirtschaftspraxis durch ein sozialistisches System zu ersetzen. Es war ein dilettantisches Unterfangen. Die Offiziere, die sich des Rundfunkgebäudes bemächtigt hatten, erwiesen sich als unfähig, eine zündende Proklamation an das Volk zu verlesen. Der Putsch wurde noch am selben Abend erstickt, aber in diesen wenigen Stunden hatte sich der schwarze Mob in den Vierteln der Inder und Pakistani ausgetobt, die Läden der Asiaten geplündert und verwüstet. »Wir haben Tote und Verletzte gehabt«, sagte Abdullah. »Die Weißen hingegen sind vom Pöbel verschont geblieben. Die ismaelische Gemeinde, die – wie Sie wissen – dank der Fürsorge des Aga Khan auf alle Eventualitäten vorbereitet ist, hatte schon eine Auswanderungsaktion für unsere Glaubensbrüder, vor allem nach Kanada und Portugal, eingeleitet. Aber der Sturm ist noch einmal an uns vorbeigegangen.«

Am Sonntag bin ich in weiter Schleife rund um den Mount Kenya gefahren, in das Herzland des Kikuju-Volkes und des Mau-Mau-Aufstandes der fünfziger Jahre. Das Land und seine Menschen machten einen für afrikanische Verhältnisse recht wohlhabenden Eindruck. Die Kinder trugen adrette Schuluniformen. Die prächtigen Cottages, auf denen einst die weiße Gentry ihr Leben genossen und sich ein äquatoriales Kent oder Sussex geschaffen hatte, wirkten meist verlassen. In den früher so gastlichen »Lodges« oder »Inns« tummelten sich dunkelhäutige Sonntagsausflügler, Hindus und Ismaeli. Schwarze Boys servierten unter indischer Anleitung kaum genießbare Mahlzeiten. Wie lange würde sich diese Mittelkaste zwischen Schwarz und Weiß noch behaupten können? Die verwahrlosten Raststätten stimmten melancholisch.

Von der hochgelegenen Asphaltstraße schweift der Blick auf das düstere Grün der Aberdares und die gelbe, feierliche Weite des Grand Rift-Valley. Die Einladung zum Besuch einer Massai-Siedlung hatte ich abgeschlagen. Diese stolze Kriegerrasse, vor deren Speeren noch zu Beginn der Kolonisation alle Stämme Ostafrikas zitterten, standen im Begriff, unter dem Touristenansturm zu schwarzen Indianern zu verkommen. Der Kolonialchronik zufolge war die Zahl der Massai seit der Jahrhundertwende aufgrund von Rinderpest und Epidemien von einer Million auf rund hundertfünfzigtausend geschrumpft. Niemand hatte diese Katastrophe gebührend zur Kenntnis genommen.

Im »Outspan-Hotel« von Nyeri genoß ich den Ausblick auf das Schneegebirge, das endlich aus den Wolken heraustrat. I was facing Mount Kenya. Das Städtchen Nyeri mit seinen schmucken Villen aus der Kolonialzeit wirkte verödet. Am oberen Ende einer Art »Main Street« erhob sich immer noch die Statue des britischen Königs Georg V. Weiter unten, an einer Kreuzung, fiel mir eine schmucklose Pyramide aus Stein auf. Ich hielt an und las die Inschrift: »In Erinnerung an die Angehörigen des Kikuju-Stammes, die für die Freiheit gestorben sind – who died for freedom; 1951 bis 1957«. Dieses war die einzige bescheidene, fast verschämte Huldigung an die Mau-Mau-Krieger, die ich bei dieser Rückkehr nach Kenia entdeckt habe. – So sei diesen verzweifelten »Wilden«, die seinerzeit gegen die britische Kolonialherrschaft Sturm liefen, mit meinen flüchtigen Notizen von damals ein schlichter Nachruf gewidmet:

Großwildjagd in den Aberdares

Nairobi, im Mai 1956

Auf dem vergilbten, halb abgerissenen Zettel, der neben dem Empfangsbüro des Stanley-Hotels klebte, war ein Revolver abgebildet. Darunter stand die Warnung: »Gib auf Deine Waffe acht!« Aber die meisten Gäste kamen auf dem Wege zu irgendeiner Soiree in Smoking und Abendkleid die Treppe herunter. Nur ein paar sonnenverbrannte Farmer aus dem Landesinnern mit Khakihemden und Südwester fielen aus diesem Rahmen. Einer von ihnen trug sogar die Pistole am Gürtel, als sei die Mau-Mau-Krise noch auf ihrem Höhepunkt. Mißmutig musterte er die eleganten Paare, und ich hatte ihn im Verdacht, daß er den abenteuerlichen Zeiten des Aufstandes schon nachtrauerte.

Die Straßen von Nairobi sind um diese Zeit verwaist. Bei Einbruch der Dunkelheit müssen die Schwarzen in ihre stacheldrahtumzäunten »Locations« am Rande der Stadt zurück, und es bleiben nur flüsternde Gruppen von Indern und das Karussell der Autos. Neben dem Hotel hing ein Kinoplakat. Jede gewaltsame Szene war sorgfältig mit schwarzer Tinte übermalt, damit die Eingeborenen nicht auf schlechte Gedanken kämen. Sogar der freimütige Busenausschnitt der Lana Turner war mit roter Farbe überschmiert.

Das Auto meines Gastgebers hielt vor dem Portal. Wir fuhren in das Villenviertel weit vor den Toren der Stadt. Im Kegel der Scheinwerfer tauchten Gärten, Rasenflächen, stilvolle Cottages auf. Die Landschaft selbst wirkte mit ihren Hecken, sanften Hügeln und verträumten Baumgruppen in der Talsenke durchaus europäisch.

»Gut, daß Sie keinen weißen Smoking tragen«, sagte der Hausherr zur Begrüßung, »das ist verpönt bei uns und wirkt so kolonial.« Gleich neben der Tür polterte gerade ein Tablett zu Boden. »Geben Sie bitte nicht acht darauf«, entschuldigte sich der Gastgeber. »Unsere früheren Boys, die Kikuju, sind alle irgendwo in einem Internierungslager, und mit diesen Schamba und Luo ist nichts anzufangen.« Der Abend hatte kaum begonnen, aber schon war die Stimmung fortgeschritten. Es waren etwa dreißig Menschen beisammen. Die anwesenden Frauen waren meist nicht mehr jung, aber jede war auf ihre Weise »good looking«. Die Eleganz dieser Gesellschaft war unerwartet. Die schwarzen Diener in den langen weißen Gewändern gingen barfuß.

Eine ältere schlohweiße Dame nahm sich meiner an. »Erzählen Sie mir von den spannenden alten Zeiten«, forderte ich sie auf und hoffte, sie würde auf das Mau-Mau-Thema eingehen. Aber sie hatte mich mißverstanden. »Die Tränen kommen mir, wenn ich daran zurückdenke«, antwortete sie. »Sie können sich nicht vorstellen, wie das war. Die Außenseiter und schwarzen Schafe der englischen Aristokratie kamen in den zwanziger und dreißiger Jahren nach Kenia. Sie kauften sich eine Farm und lebten hier so, wie es ihnen zu Hause die Rücksicht auf ihre Familie oder den guten Ton nicht erlaubte. Wenn Sie die Feste von damals erlebt hätten! Um Mitternacht kletterten die Damen auf die Schultern der Herren. Dann wurde mit Champagnerflaschen Polo gespielt. Und immer neue Skandale. Im exklusivsten Club von Nairobi waren zwei Speiseräume angelegt worden, damit die frisch geschiedenen Eheleute sich nicht zu begegnen brauchten. Eine wahre Hemingway-Gesellschaft aus den ›roaring twenties‹ war hier versammelt, eine wundervolle Mischung aus dem herben Parfum von Mayfair und den Raubtiergerüchen Afrikas. Wir lebten alle wie wirkliche Herren, wie man das in Europa schon seit hundert Jahren nicht mehr kann.«

Ihr Redestrom war kaum aufzuhalten. »Entschuldigen Sie«, sagte ich schließlich, »aber ich wollte Sie nach den Mau Mau fragen.« – »Ach, die Mau Mau«, seufzte die alte Dame, »so etwas Langweiliges«, und schob mich einem müden Herrn mit blasiertem Blick zu, dem erfolgreichsten Farmer im wildesten Winkel Kenias, wie sie behauptete. »Es war wirklich einmal sehr spannend hier«, begann er, »keine wahren Höhepunkte, wissen Sie, aber ein dauerndes Kitzeln im Rücken. Keine fünfhundert Meter von diesem Haus sind immerhin zwei Kinder am hellichten Tage von den Mau Mau geschlachtet worden. Bei mir draußen auf der Farm ging man mit dem Revolver ins Bett und hatte ihn auch beim Essen neben dem Teller liegen. Jedesmal wenn der schwarze Boy ein Gericht brachte, war der Lauf auf ihn gerichtet. Ich war der einzige Weiße in einem Umkreis von zehn Kilometern, und man konnte den bewährtesten alten Dienern nicht mehr trauen. Es war schon eine grauenhafte Psychose, und wir wußten nicht, was gespielt wurde. Es hatte damit angefangen, daß der Kikuju-Stamm unter seinen Angehörigen eine bestialische Justiz ausübte und die unzuverlässigen Elemente aus dem Weg räumte. Bis die Dienststellen des Governors entdeckten, daß diese Ritualmorde Teil einer gegen die Europäer gerichteten Verschwörung waren, vergingen lange Monate. Stellen Sie sich vor, über eine Million Kikuju wurde durch einen solchen Terror zusammengehalten, daß zwei Jahre lang kein Sterbenswörtchen nach außen drang! Für die meisten Farmer, die seit Jahrzehnten ihre Felder bebauten und mit den Kikuju täglich in Berührung kamen, tat sich auf einmal der Boden unter den Füßen auf. – Nun, wir haben es noch einmal geschafft.«

Die Gesellschaft wurde immer ausgelassener. Vom Mambo war man zur Raspa übergegangen, und schließlich hüpfte alles unter gellendem Geheul im Kreise. Die schwarzen Diener sahen mit fassungslosen Gesichtern zu. »Das ist der Tanz der wilden Massai-Krieger«, erklärte der Hausherr atemlos; »wenn es so weitergeht, werden meine

Gäste noch die furchtbaren Eideszeremonien der Mau Mau nachahmen wollen.« Die weißhaarige Dame blieb melancholisch und dachte an die vergangene Epoche: »Fünfunddreißig Jahre habe ich in Kenia verbracht, und jetzt bin ich dabei, mit meinem Mann das Land zu verlassen. Wir wollen diesen ständigen Niedergang, die Proletarisierung, die Arroganz der Neger nicht länger mitmachen. Wir gehen nach Südafrika.« Der Farmer aus den Aberdares unterbrach sie: »Als ob Sie es dort aushalten würden, bei den Buren! In einem Jahr sind Sie wieder zurück.«

Auf der Rückfahrt zum Hotel teilte ich das Taxi mit einem polnischen Grafen, dessen Vater – einer der Gründer des Pilsudski-Staates – nach 1918 als Warschaus Außenminister amtiert hatte. Heute lebte der Sohn in einem bescheidenen Angestelltenverhältnis in Nairobi und betrachtete sein eigenes Unglück unter einer Maske lächelnder Resignation. »Diese Engländer in Kenia sind mir besonders lieb«, sagte er, »irgendwie fühle ich mich ihnen verwandt. Wenn ich sie auf ihren Festen erlebe, muß ich an die letzten Jahre auf den polnischen Gütern denken, als wir das Ende unserer Ära kommen sahen. Die Mau Mau sind am Boden, aber das war nur die erste Runde im Kampf um Kenia.«

Die Straßen lagen jetzt völlig verlassen unter kaltem Sprühregen. Ein Polizeiwagen kam um die Ecke. Zwei schwarze Gesichter schauten unter den Tommyhelmen hervor, während der englische Sergeant Befehle in seinen »Walkie-Talkie« sprach.

Naiwasha, im Mai 1956

Wie eine grüne Brandung schlug der Dschungel über uns zusammen. Der Jeep suchte seinen Weg über einen versumpften Laterit-Pfad zwischen riesigen Bambusstangen und urweltlichen Farnen. Das Gelände war ideal für einen Hinterhalt. In Indochina oder in Nordafrika wäre ich nie auf den Gedanken gekommen, eine solche Strecke zu benutzen. Aber weder der Fahrer noch der junge Major mit breitem Schnurrbart und gepflegtem Oxfordakzent waren bewaffnet.

Gelegentlich waren gewaltige Spuren quer durch das Dickicht gewalzt. »Hier müssen Elefanten oder Nashörner durchgebrochen sein«, meinte der Major. »Das sind unsere gefährlichsten Feinde. In den letzten zwei Wochen haben wir einen Toten und zwei Schwerverletzte durch Büffel und Nashörner verloren.« – »Und die Mau Mau?« fragte ich. – »Das ist ein sehr seltenes Wild geworden«, lachte er.

Schließlich erreichten wir die äußerste Patrouille an den Hängen der Aberdares. Etwa zwölf Mann hatten mitten im Dschungel ein Feldlager aufgeschlagen. Die Zeltbahnen ruhten auf Bambusstangen. Zwei Löwenhunde mit schwarzem Gegenstrich auf dem Rücken kamen uns entgegen. Bei den englischen Soldaten befanden sich zwei afrikanische »Tracker«, Fährtensucher, die jede Spur im Wald ausmachen. Das kleine Quartier war mit einem Verhau gespitzter Bambusspieße abgeschirmt. »Nicht etwa gegen die Mau Mau«, sagte der Major grinsend, »sondern gegen die Elefanten.«

»Dies ist eine sehr erfolgreiche Patrouille«, berichtete er. »Vor acht Tagen haben sie einen Terroristen getötet, vor fünf Tagen zwei Gefangene gemacht. So schmal sind hier unsere Siegesmeldungen. In den Schlupfwinkeln des Mount Kenya und der Aberdares mögen sich noch ein paar hundert Mau Mau versteckt halten. Ihre offensive Kraft ist heute gleich Null. Sie hätten sich wahrscheinlich längst ergeben, wenn sie nicht scheußliche Verbrechen auf dem Kerbholz hätten. Sie leben wie die wilden Tiere in den Bergen. Wir machen ihnen mit unseren ewigen Patrouillen das Dasein unerträglich. Die Banden zählen heute nie mehr als zehn bis zwölf Mann. Jede zentrale Organisation hat aufgehört. Ihr letzter Führer Dedan Kimathi ist immer wieder durch unsere Maschen entwischt. Unsere Taktik ist, sie auszuhungern.«

In den Gefechtsstand der Kompanie zurückgekehrt, führte uns der Major vor eine Karte. Sie war mit farbigen Nadeln besteckt. Der Command-Post befand sich in einer Hütte mit Strohdach, die gegen Hitze und Feuchtigkeit guten Schutz bot. Die Soldaten kampierten unter grünen Zelten, die pedantisch ausgerichtet waren. Das Lager befand sich auf einer überhöhten Lichtung. Der Blick ging zu der wolkenverhangenen Wildnis der Aberdares. – »Die grünen Nadeln«, begann der Major, »geben die Verstecke der Terroristen an, die unsere Tracker aufgestöbert haben. Meistens waren sie leer. Die gelben bezeichnen Wildfallen und Bienenkörbe. Gegen diese dürftigen Versorgungsquellen richtet sich unsere Hauptanstrengung. Blau sind die früheren Versammlungsplätze markiert, die aber längst aufgegeben wurden. Schließlich zeigen die roten Nadeln unsere letzten Zusammenstöße mit den Mau Mau. Wie Sie sehen, sind es nur zwei.«

Draußen sammelte sich eine Patrouille zum Waldgang. Die Männer trugen den runden Dschungelhut und grüne Tarnuniformen. »Kommen Sie«, winkte mich der Major zum Jeep, »jetzt will ich Ihnen etwas ganz anderes zeigen.« Wir fuhren eine gute Viertelstunde über abschüssige Schlammwege durch Lianen und Gestrüpp. Plötzlich öffnete sich das Dickicht, und vor uns breitete sich herrlicher englischer Rasen mit farbenprächtigen Blumenbeeten aus. Inmitten dieses Paradieses, zwischen Weiden und Eukalyptusbäumen, lag ein Gasthaus, das wie ein südenglisches Schlößchen gebaut war. Die Terrasse erhob sich über welligem grünem Weideland, das gelegentlich durch saubere Quadrate tiefbrauner Ackererde unterbrochen war. In großen Abständen lagen die herrschaftlichen Farmhäuser zwischen Hecken und Blumen. Über der frühlingsähnlichen Landschaft, in der das Laub der Eukalyptusbäume wie Silber zitterte, spannte sich zartblauer Äquatorhimmel.

»Das sind die White Highlands«, sagte der Major. »Hier, innerhalb eines Gebiets von sechzehntausend Quadratmeilen, in denen nur Weiße siedeln dürfen, haben sich seit zwei Generationen die englischen Kolonisten niedergelassen und anstelle der Wildnis ein Ebenbild ihrer Heimat geschaffen, aber ein schöneres England mit endlosen Horizonten und strahlender afrikanischer Sonne. Sie werden verstehen, daß sie dieses Hochland nicht dem afrikanischen Proletariat überlassen wollen.«

Auf der Fahrt hinunter zum Naiwasha-See, der wie ein milchiges Zyklopenauge im endlosen Löwenfell des Rift Valley schimmerte, durchquerten wir eine Kikuju-Reserve, in der es vor Menschen nur so wimmelte. Die kreisrunden Strohhütten der Eingeborenen waren mit Stacheldraht und hölzernen Wachtürmen umzäunt. Die Menschen, die ihre winzigen Mais- und Maniokfelder mit primitivem Werkzeug bebauten und zusammengepfercht in ihren stinkigen Kralen lebten, mußten die fruchtbare Menschenleere der White Highlands als unerträgliche Herausforderung empfinden. Der Ursprung der Mau-Mau-Revolte lag hier offen zutage.

»Unser Einsatz ist hier bald zu Ende«, nahm der Major die Unterhaltung wieder auf. »Meine Truppe wird demnächst nach Malaya oder

Zypern verlegt. Wir sind uns hier zwar wie die Pfadfinder vorgekommen, aber es war eine schöne Zeit.« Er gab mir die Statistiken dieses Feldzuges. Nach offiziellen Angaben waren 10399 Mau Mau im Kampf getötet worden. Weitere achtzigtausend wurden als Terroristen und Verschwörer in die Lager eingewiesen, die sich von der Küste des Indischen Ozeans bis zum Viktoria-See erstrecken. Die Mau Mau hatten rund zweitausend ihrer schwarzen Landsleute, die sie der Zusammenarbeit mit den Engländern verdächtigten, umgebracht. Dagegen wurden nur etwa dreißig europäische Soldaten und Polizisten von den Buschkriegern getötet; die Zahl der ermordeten weißen Zivilisten betrug sechsundzwanzig. Nach einer allmählichen Verringerung der britischen Streitkräfte um zwei Drittel bleiben noch viertausenddreihundert englische und afrikanische Soldaten in Kenia. Der ganze Mau-Mau-Aufstand hat in dreieinhalb Jahren die englische Staatskasse nicht mehr als neununddreißig Millionen Pfund gekostet.

»Wir haben uns immer gewundert, warum ein solcher Pressewirbel um diesen Kikuju-Aufstand gemacht worden ist«, fuhr der Major fort. »Natürlich mußten wir unsere scharfen Repressionsmaßnahmen gegenüber dem Unterhaus und ›Fleet Street‹ rechtfertigen. Deshalb waren wir gezwungen, etwas zu übertreiben und die Trommel zu rühren. Im übrigen konnten wir nicht wissen, wie weit diese Bewegung um sich greifen würde. Seit Stanley und Livingstone haben wir über das Seelenleben der Afrikaner nicht viel hinzugelernt. Und dann war dieser ulkige Name ›Mau Mau‹. Hätten diese Leute sich etwa ›Kitawala‹ genannt, wie die Verschwörer im Belgischen Kongo, sie hätten nur einen Bruchteil ihres Widerhalls in der Weltöffentlichkeit gehabt.«

Umawa, im Mai 1956

Die Häftlinge des Mau-Mau-Lagers von Umawa waren zur Gymnastik auf dem großen freien Platz vor ihren Baracken angetreten. Sie verrichteten mit einer Präzision, die besten militärischen Drill verriet, eine Reihe völlig sinnloser Übungen, klatschten sich auf die Schenkel, schlugen die Hände gegeneinander, daß die Hochebene widerhallte. Der ausgediente englische Captain, der dieses Jugendlager kommandierte – offenbar ein Jünger des legendären »Colonel Blimp« –, war von den Leistungen seiner Zöglinge sichtlich entzückt. Zwei Stunden hatte er uns durch die hygienischen Baracken geführt und uns die jungen »Terroristen«, von denen manche noch Kinder waren, bei ihrer beruflichen Schulung an Werkbank und Schiefertafel präsentiert. »Wir können sie ja schließlich nicht alle umbringen«, sagte er beinahe entschuldigend. »Also müssen wir versuchen, sie wieder in die menschliche Gesellschaft zu integrieren. Dazu gehören vor allem Disziplin und Gemeinschaftsgeist, der Verzicht auf niedrige Mißgunst, wie sie in diesen Kikuju so tief verwurzelt ist.«

In den Wellblechhütten waren die Bastmatten säuberlich geschichtet. Jede dieser Unterkünfte war sinnigerweise nach einem Pionier des britischen Weltreiches benannt: Lord Kitchener, Lord Lugard, Lord Napier, Cecil Rhodes und andere. Über den Betten waren erbauliche Sprüche zu lesen: »Einigkeit macht stark« oder »Gemeinnutz geht vor Eigennutz«. – »Sie bringen diesen jungen Leuten all jene Organisationstugenden bei, die ihnen bei der letzten Revolte gefehlt haben«, sagte ich zum Spaß, »das nächste Mal werden die Mau Mau mit einer disziplinierteren Mannschaft antreten können.« Der alte Captain schätzte meinen Scherz nicht sonderlich. In der Zeichenklasse arbeitete ein Schüler an einer Skizze, die die Kapitulation zweier »Waldgangster«, wie die Mau Mau hier genannt werden, vor einem weißen Polizeioffizier darstellte. Was sich dieser ehemalige Buschkrieger dabei wohl dachte?

Als der Captain uns erklärte, »wir versuchen die Jungens hier nach den Grundsätzen der englischen Public School zu erziehen«, stimmte Adalbert Weinstein ein so schallendes Gelächter an, daß der Offizier ihn verblüfft musterte. Ich hatte den Militärexperten der »Frankfurter Allgemeinen Zeitung« ein Jahr zuvor in Hanoi kennengelernt. In Nairobi waren wir uns zufällig begegnet und hatten die Expedition in die Aberdares gemeinsam unternommen. »Was man mit Menschen doch alles anfangen kann«, meinte Weinstein, während wir der hüpfenden und händeklatschenden Gruppe zusahen. Im Hintergrund zeichneten sich der Stacheldraht des Lagers und die hohen hölzernen Wachtürme mit den schußbereiten Posten ab. Irgendwo bellten die Spürhunde. Die Engländer konnten wohl nicht begreifen, welche Erinnerungen für jeden Kontinental-Europäer mit solchen Bildern verknüpft sind.

Nachdem die Turner eine kunstvolle Pyramide gebaut hatten, auf deren Gipfel – oh Wunder! – sich der Union Jack entfaltete, bildete die Gruppe einen weiten Kreis. Monotoner, dumpfer Gesang stieg zum Himmel. Die jungen Männer bewegten sich in einem ekstatischen Rhythmus, der mit der präzisen englischen Gymnastik nichts mehr zu tun hatte. Die gefangenen Mau Mau stimmten die Hymnen der heidnischen Mannbarkeitsfeiern an. Mit einem Schlag war alles verändert; da waren wir keine skeptischen Zuschauer einer problematischen Umerziehung mehr, sondern die verstörten Zeugen eines uralten Rituals. Jenseits der weiten Highlands von Kenia zerriß die Wolkendecke. Der schneebedeckte Gipfel des Mount Kenya ragte hoch über diesen jungen Kikuju, die einst den heiligen Eid geleistet hatten, die weißen Eindringlinge aus dem Land ihrer Ahnen zu vertreiben.

Vom Lager Umawa fuhren wir weiter ins Innere. Dabei kreuzten wir eine Gruppe Massai-Hirten. Diese Krieger hamitischen Ursprungs, die Haar und Körper mit roter Farbe beschmieren und ihre Nacktheit nur mit einer lockeren braunen Decke verhüllen, blickten mit der hoheitsvollen Herablassung der Nomaden auf die närrischen Zivilisationsformen der Neuzeit. Wie ihre fernen Vorfahren an den Ufern des Nils lebten sie ausschließlich von den Erzeugnissen ihrer Rinderherden. Niemals wird ein Tier geschlachtet. Die Massai ritzen eine Kerbe in den Hals der Kuh und saugen das Blut. Die Milch trinken sie aus Holzgefäßen, die sie mit dem Urin der Tiere reinigen. Ihre niedrigen Laubhütten werden mit dem Dung der Rinder verputzt. Die hohen Lanzen, mit denen diese sehnigen Männer auf Löwenjagd gehen, waren in ganz Ostafrika gefürchtet. Die heute so rührigen Kikuju, die Anspruch auf die politische Führerschaft aller Stämme Kenias erheben, waren von den Massai in die unwirtlichsten Wälder des Mount Kenya abgedrängt worden, als die ersten Europäer das Land erschlossen.

Hinter den Maniokfeldern taucht das Dorf Karia auf. Es ist mit Stacheldraht, Bambusverhauen und den üblichen Holztürmen eingekreist. Eine mittelalterliche Ziehbrücke schützt den Eingang des Dorfes. Die runden Lehm- und Strohhütten sind voll Rauch und Modergeruch. Die Kikuju von Karia machen einen erbärmlichen Eindruck. Die kahlgeschorenen Frauen mit rachitischen Gliedern und hängenden Brüsten gehen in grauen Lumpen wie Tiere unter der Last des Stirnjochs. Die Männer haben so extrem geweitete Ohrlappen, daß sie ihnen oft bis zur Schulter reichen. Die Gesichter unter den verbeulten Hüten sind pechschwarz.

Ein englischer District-Officer, der wie James Mason aussieht, führt uns einen aufgeweckten Mann im Monteuranzug vor, der erst vor einer Woche aus einem der Internierungslager entlassen wurde. Der Kikuju zeigt nicht die geringste Hemmung, über seine Mau-Mau-Vergangenheit zu sprechen. Ja, er habe den Verschwörereid leisten müssen, sagt er in holprigem Englisch, und er habe falsch gehandelt, das der englischen Polizei zu verschweigen. Er sei damals mit dreißigtausend Kikuju im Zuge der großen »Amboß-Operation« aus Nairobi in ein Lager deportiert worden. Er sei dort nur festgehalten worden, weil ein »Mißverständnis« vorgelegen habe. Dabei schaut er uns etwas spöttisch an und kichert in sich hinein. Was er denn heute von den Mau Mau denke, fragen wir ihn. »Ich habe natürlich eingesehen, daß die Regierung recht hat«, sagt der Mechaniker und lacht dieses Mal aus vollem Halse.

Ein uralter halbnackter Kikuju mit buntem Ohrenschmuck rund um das runzelige, traurige Gesicht stößt in sein Horn. Die Herden werden heimgetrieben, denn bei Nacht darf kein Vieh auf der Weide bleiben. Die letzten Rebellen könnten es forttreiben und schlachten. Karia liegt etwa dreitausend Meter hoch, und der Abend ist kühl.

Zwei Stunden später sitze ich mit Adalbert Weinstein in der Bar eines zweitrangigen Hotels von Nairobi. Nach diesem Ausflug in die Highlands erscheint die Hauptstadt mit ihren pompösen Verwaltungsbauten und den schäbigen Asiatenvierteln im Wildweststil besonders häßlich. An den Tischen sind die Inder in der Überzahl. Als sie uns deutsch sprechen hören, beobachten sie uns feindselig. Sie halten uns offenbar für Buren.

Nairobi, im Mai 1956

Die Kikuju-Frau war ängstlich stehengeblieben, als unser Wagen auf ihr Haus zusteuerte. Dann erkannte sie meinen Begleiter, und ihr zahnloser Mund weitete sich zu einem freundlichen Lächeln. »Vor drei Wochen ist sie erst aus dem Mau-Mau-Lager entlassen worden. Ich hatte ihre Verteidigung übernommen«, erklärte Argwing Khodek, der soeben die erste Afrikaner-Partei wieder in Nairobi gründen durfte und der meine Führung durch die Eingeborenen-Slums der Hauptstadt übernommen hatte. Die Frau brachte uns zu einer langgestreckten Steinhütte, in der sich die Zimmer wie Gefängniszellen auf beiden Seiten reihten. Sie wohnte in einem finsteren Loch, wo die Kakerlaken an den Wänden entlang liefen und der Rauch des Herdes keinen Abzug fand. Nachdem wir das Bier, das sie uns in einem schmutzigen Becher servieren wollte, höflich abgelehnt hatten, kramte sie umständlich in einer Kiste und brachte schließlich ihr Hochzeitsbild heraus. Da stand sie im weißen Kleid neben einem unbeholfenen Schwarzen, der einen viel zu engen Sonntagsanzug trug. Das Photo war rührend.

Argwing Khodek war ein lebhafter junger Mann, nach moderner europäischer Mode gekleidet, wenn der Hemdkragen auch schmuddelig und die Hose verbeult war. Er hatte während seines Jurastudiums in London eine gepflegte englische Ausdrucksweise erlernt. Doch sein allzu forsches Auftreten verriet Verkrampfung und Unsicherheit. Auch hier waren die »Locations« mit Stacheldraht umzäunt. An den Eingangstüren der Eingeborenensiedlung saßen bewaffnete Askari mit hohem schwarzem Tarbusch. Khodek führte mich zu einer großen Versammlungshalle.

»In diesem Raum«, sagte er, »wollte ich meine erste Parteiversammlung halten, aber die Engländer haben uns daran gehindert. Vielleicht besaßen sie sogar einen triftigen Grund, weil hier stets die Meetings Jomo Kenyattas stattgefunden hatten. Heute ist er zu sieben Jahren Gefängnis und ewiger Deportation verurteilt, weil er die Mau-Mau-Bewegung inspiriert haben soll. Dabei war Kenyatta der geistige Vater des Kikuju-Volkes und ein durchaus gemäßigter Politiker. Dieser ehemalige Schulmeister hatte es fertiggebracht, ein von der Kolonialmacht und den Missionen unabhängiges Erziehungssystem aufzuziehen. Die Kikuju hatten sogar ihre eigene Kirche. Der Forderung der europäischen Geistlichen auf Abschaffung der weiblichen Exzision hat sie sich kategorisch widersetzt. Heute sind alle Kikuju-Schulen geschlossen. Siebzigtausend Angehörige dieses Volkes warten in den Lagern auf ihre ›Clearance‹ und werden noch einige Zeit dort bleiben. Die Entlassungsrate liegt bei zweitausend im Monat. Ich selber bin kein Kikuju, deshalb ist es mir nach dreizehn Monaten auch gestattet worden, das erste afrikanische Parteibüro in Nairobi aufzumachen. Trotz des Verbots habe ich drei namhafte Kikuju in mein Führungskomitee aufgenommen. Wer Kenia ohne die eineinviertel Million Kikuju regieren will, macht die Rechnung ohne den Wirt.«

In der Bar neben der Kundgebungshalle kauerten ein paar Afrikaner teilnahmslos vor leeren Bierflaschen. »Wenn Jomo Kenyatta ein so gemäßigter Mann war«, fragte ich Khodek, »warum ließ er dann die Mau-Mau-Bewegung mit all ihren Grausamkeiten aufkommen?« Der Anwalt zeigte auf die Schwarzen an der Theke: »Er hat seine Anhänger nicht mehr zügeln können. Die Europäer haben immer eine große methodische Absicht dahinter vermutet, wenn Frauen und Kinder in Stücke geschnitten wurden, aber in Wirklichkeit war das das Werk von kleinen unverantwortlichen Gruppen, die eines Abends zuviel Bier getrunken hatten. Die wahre Organisation der Widerstandsbewegung war ja erst im Entstehen, als die Gewalt ausbrach. Die Mau Mau haben drei Monate zu früh losgeschlagen.«

In Nairobi existiert keine offizielle »Colour-Bar« mehr. Auch die Anschriften an den streng nach Rassen getrennten Bedürfnisanstalten – »Männlich, weiblich« für Schwarze; »Männer, Frauen« für Inder; »Herren, Damen« für Weiße – verschwinden allmählich. Trotzdem verstehen es die Hoteliers und Restaurateure, sich unliebsame Kundschaft vom Leib zu halten. Mit Khodek gemeinsam suchte ich eine kleine Snackbar am Stadtrand auf. Die Weißen neben uns schauten mißbilligend auf den Afrikaner und mehr noch auf mich. Khodek wurde nervös und stieß das Glas um, das man ihm servierte. Gleichzeitig verwandelte er sich vom wohlerzogenen Intellektuellen zu einem komplexbeladenen Polterer. Als ich ihn nach den Aussichten für die kommende Wahl im September fragte, antwortete er gereizt: »Ich hoffe, daß die gemäßigten weißen Befürworter des ›multiracial Government‹ von den sturen Anhängern der ›Apartheid‹ überrannt werden. Je schärfer die Europäer den Bogen überspannen, desto schneller wird der afrikanische Nationalismus sich Bahn brechen.«

Ähnliche Argumente hatte der einzige Kikuju-Abgeordnete im Parlament von Nairobi, Mathu, vor zwei Tagen vorgetragen. Mathu, von dem jeder behauptet, er habe den Mau-Mau-Eid geleistet, ist wohl die interessanteste Erscheinung in der bunten politischen Galerie Kenias. Sobald sein Katzenkopf im Legislative Council auftaucht, erstarren die Gesichter der Europäer zu Eis. Sogar die liebenswürdige Empfangsdame schneidet ihn, ganz im Gegensatz zu einem braven Luo-Abgeordneten, den sie wie einen alten Freund behandelt. Nur der Intervention des britischen Governors verdankt Mathu, daß er nicht wie sein afrikanischer Kollege Odede ohne Gerichtsverhandlung seit Jahren in einem Insellager des Victoria-Sees schmachtet.

»Die Mau Mau«, beteuerte Mathu, »haben den falschen Weg eingeschlagen. Aber die Beweggründe ihres Aufstandes bestehen unverändert fort. Die Weißen haben fast das gesamte fruchtbare und regenreiche Hochland an sich gerissen und uns in übervölkerten Reservaten eingepfercht. Ich sehe keine Möglichkeit für einen Kompromiß. Bestimmt nicht auf der Ebene des ›multiracial Government‹, dessen Karikatur Sie hier im Parlament erleben.« Er lächelte vor sich hin. »Die Mau-Mau-Bewegung hat wenigstens ein Gutes bewirkt, die Europäer fangen an, uns ernst zu nehmen, uns zu fürchten. Sie wissen, daß sie nicht mehr über unsere Köpfe hinweg verfügen können. Schauen Sie sich doch unsere braven schwarzen Abgeordneten an: Sie sind längst nicht mehr die gefügigen Puppen des Governors, wie das von ihnen erwartet wurde. Auch sie spüren nämlich, daß das afrikanische Volk von Kenia erwacht ist und Rechenschaft fordern wird.«

Im Abteil des Zuges, der von Nairobi nach Kampala, der Hauptstadt von Uganda, ratterte, fragte mich ein weißer Farmer nach meinem nachhaltigsten Eindruck von Kenia. Ich zögerte eine Weile. War es die weihevolle Erscheinung des Kilimandscharo, der am frühen Morgen über der roten Steppe voll weidender Antilopen und Giraffen aufleuchtete? War es die Geschäftigkeit der Safari-Snobs von Nairobi, die mit fahrbarer Dusche, Eisschränken und seidener Bettwäsche in die grünen Hügel Afrikas aufbrachen, um ein paar Tage lang Hemingway zu spielen? Waren es die allzu sportlichen britischen Militärs in den Aberdares oder die nostalgischen Feste der weißen »Gentry«?

Statt dem Fragesteller zu antworten, deutete ich mit der Hand zum Fenster des fahrenden Zuges hinaus. Über den bewaldeten Höhen, deren milde Konturen fast europäisch wirkten, zeichneten sich die Wachtürme und elektrisierten Umzäunungen der »Detention Camps« gegen den violetten Abendhimmel ab. Diese Gefangenenlager hinter Stacheldraht waren für mich die beklemmende Bestätigung, daß Afrika seinen Einzug ins 20. Jahrhundert vollzogen hatte.

»SCHWARZE MAJESTÄT« BEIDERSEITS DES ATLANTIK

Hamburg, Ende Juni 1985

»Glanz und Elend der Unabhängigkeit«, so lautet der Titel des Films zum 25. Jahrestag der »Indépendance« von Kongo-Zaire, den das Zweite Deutsche Fernsehen am 30. Juni senden will. Die Dokumentation, die auch auf unsere Schwarz-Weiß-Aufnahmen aus den frühen sechziger Jahren zurückgreift, kommt zur nächtlichen Stunde ins Programm, unter Ausschluß der Öffentlichkeit, wie man in der Branche sagt. Im anderen Kanal läuft zur gleichen Zeit »Der weiße Hai«.

Im Archiv des Hamburger Studios hat die Cutterin Kaja Filmaufnahmen einer Bühnenaufführung in der Hansestadt vom Februar 1968 entdeckt. »Kongo« hieß das Theaterstück des schwarzen Antillen-Dichters Aimé Césaire aus Martinique, auf französisch »Une saison au Congo«. Die deutschen Schauspieler, die Afrikaner darstellen, sind durch einen schwarzen Kreis rund um das Gesicht gekennzeichnet. In der Anfangsszene tritt Patrice Lumumba dem belgischen König entgegen. »Ich gedenke der Vergessenen«, brüllt er Baudouin I. an; »wir sind die, die man enteignet, geschlagen, verstümmelt und geduzt, denen man ins Gesicht gespuckt hat. Boys, wie sie sagen, wir waren ein Volk von Boys, Küchenboys, Stubenboys, Wäscheboys, jawohl, Bwana-Boys...« Vor ihm hatte ein grotesker Bühnen-Kasavubu mit Federbusch auf dem Kopf von »gemeinsamer Zivilisation und guten alten Sitten« geschwafelt.

Ich suchte noch eine andere Passage für meinen Film aus: Lumumba ist in Katanga gefangen; er wird von einem afrikanischen Kerkermeister namens Msiri gequält und gefoltert; damit ist eindeutig der Innenminister von Katanga, Godefroy Munongo, gemeint, der von dem mächtigen Balundu-König Msiri abstammt. Kurz vor dem tödlichen Dolchstoß in den Rücken rezitiert der gefesselte Lumumba seine hoffnungsvolle Vision von der eigenen Unvergänglichkeit: »Ich werde Acker sein und werde Weide sein, ich werde sein mit den Wagenia-Fischern, ich werde sein mit den Ochsentreibern von Kivu, ich werde auf dem Berg sein, ich werde in der Schlucht sein...« Mit einem Schrei haucht Lumumba sein Leben aus. Ein belgischer Offizier gibt ihm auf der Bühne den Gnadenschuß.

Aimé Césaire hat bessere Theaterstücke und Gedichte geschrieben als diese Kongo-Moritat. Ich hatte den alten Negerpoeten im Frühjahr 1964 in seiner Villa auf den Hügeln von Fort-de-France interviewt, während General de Gaulle die französischen Antillen besuchte – eine Staatsvisite, der Aimé Césaire als radikaler schwarzer Antikolonialist ferngeblieben war. Der Dichter amtierte als Bürgermeister von Fort-de-France und war vorübergehend Abgeordneter in der Pariser Nationalversammlung. Das Wort »Neger« empfand er in keiner Weise als Schimpfwort, hatte er doch zur Betonung der afrikanischen Kulturwerte jenen Begriff »Négritude« geprägt, der von dem Senegalesen Senghor erfolgreich aufgegriffen und verklärt werden sollte.

Das poetische Talent Césaires war am eindringlichsten in seinen Darstellungen der Sklavenaufstände auf der einst französischen Antillen-Insel Haiti deutlich geworden. Toussaint Louverture, der schwarze Rebell gegen Napoleon, der die Armee des General Leclerc mit seinen kaum bewaffneten Plantagenarbeitern in Schach hielt, war sein liebster Held. Auch die »Tragödie des König Christophe«, der seinen Größenwahn in den gigantischen Felsquadern des Palastes von Port Haitien verewigte, hatte ihn fasziniert. Beide Heroen waren vom Bonapartismus geblendet und verführt worden, hatten sich zu einer exotischen Nachahmung des großen Korsen verleiten lassen. Ihr Befreiungskampf war in blutige Tyrannis umgeschlagen. Sie waren ihrerseits Vorläufer jenes paranoischen Staatschefs von Ubangi-Schari, Jean Bedel Bokassa, der sich 1973 unter grotesker Nachahmung aller aufwendigen Details des napoleonischen Krönungszeremoniells die diamantenschwere Kaiserkrone von Zentralafrika aufs Haupt setzte.

Seltsame Spiegelung, verwirrender Widerhall schwarzen Schicksals auf beiden Seiten des Atlantik! Mit dem authentischen, dem republikanischen Erben des Königs Christophe von Haiti habe ich im Januar 1968 einen ganzen Nachmittag verbracht. François Duvalier, »Papa Doc« genannt, Präsident auf Lebenszeit der Republik Haiti, hatte mich in seinem gelben Palast von Port-au-Prince zur Audienz empfangen. In den Kellerräumen, so hieß es bei den haitianischen Voodoo-Priestern, führten die gefangenen Gegner des »Papa Doc« eine grausige Schattenexistenz. Sie waren von dieser Verkörperung des Todesdämons, von diesem menschgewordenen »Baron Samedi« zu willfährigen, seelenlosen Zombies verhext worden.

In seinem klimatisierten Arbeitszimmer, ganz in Schwarz gekleidet, erzählte mir Papa Doc, der mich auf unerklärliche Weise ins Herz geschlossen hatte, von seinem Werdegang. Er hatte als Veterinär und Arzt der Armen begonnen, war sehr populär gewesen, ehe er sich an die Spitze des Staates hievte. Als Präsident hatte er die herrschende Mulatten-Oligarchie entmachtet und auf seine Weise – mit Hilfe der tollwütigen Mördertruppe seiner »Tontons Macoutes« – eine radikale »Black Power«-Politik betrieben. Den Einfluß des bretonischen Klerus, der die katholischen Pfarreien von Haiti seit Jahrhunderten betreute, hatte er gebrochen und statt dessen den afrikanischen Voodoo-Kult zu einer Art Nationalreligion erhoben. Die Nordamerikaner, mit denen er manches Zweckbündnis schließen mußte, verabscheute er zutiefst. Dafür hing er mit sentimentaler Inbrunst am französischen Kulturerbe und verehrte Charles de Gaulle als den größten Staatsmann des Jahrhunderts – eine Liebe, die der General aus guten Gründen nicht erwiderte.

Ein glücklicher Zufall fügte es, daß am Tage meiner Audienz eine Pressekonferenz François Duvaliers mit einer Runde nord- und lateinamerikanischer Journalisten anberaumt war. Papa Doc forderte mich auf, neben ihm auf der Präsidialtribüne Platz zu nehmen. Während die Presseleute aus Washington und Houston, aus Buenos Aires und Caracas ihre recht einfallslosen Fragen stellten, beugte mir der »Baron Samedi« seinen bebrillten Katzenkopf mit dem grauhaarigen Borstenschnitt zu. »Wie blöd doch diese Yankees sind«, tuschelte er mir ins Ohr, wenn ein Nordamerikaner sich zu Wort meldete. Die Äußerungen der Latinos tat er mit der kategorischen Feststellung ab:

»Diese Südamerikaner sind die Lakaien der USA.« Gegen Abend haben mich zwei schwerbewaffnete »Tontons Macoutes« – mit Sonnenbrille und steifem schwarzem Hut – aus dem Palast geleitet.

Warum mußte ich so intensiv an Papa Doc denken, während auf dem Schneidetisch von Studio Hamburg der Filmstreifen mit der Bühnenfolterung Lumumbas hin und her gespult wurde und der Todesschrei des »wahren Sohnes Afrikas« auf dem leeren Korridor hallte?

Der belgischen Presse entnahm ich ein paar Tage später, daß der 25. Jahrestag der Unabhängigkeit der Republik Kongo-Zaire mit Pomp begangen worden war. Marschall Mobutu nahm eine große Militärparade ab. Neue Zwischenfälle im Umkreis von Moba am Tanganyika-See hatten ihn bewogen, die Streitkräfte von Zaire auf den Stand von neunzigtausend Mann zu bringen, also fast zu verdoppeln.

Ich horchte auf, als ich erfuhr, daß der Befehlshaber der revolutionären Rebellenbewegung, die dem »Président-Fondateur« in Kivu und im Umkreis von Moba so unermüdlich zusetzte, kein anderer war als Laurent Kabila, jener Partisanenführer, den ich 1964 in Bujumbura interviewt und der mir die Reise zu den »Simba« ermöglicht hatte.

Aus Anlaß des Jubiläums waren eine Reihe innerer Gegner freigelassen und mehrere Exilpolitiker zur Rückkehr in die Heimat eingeladen worden. Zu den letzteren gehörte auch der Intimfeind und Intimfreund Karl-I-Bond, der seine Rolle als unbeugsamer Oppositionsführer in Brüssel an den Nagel hing und nach Kinshasa flog, wohl wissend, daß das von Mobutu neuerdings praktizierte System des »Tourniquet«, der sogenannten »Drehtür«, ihm bald wieder Amt, Würden und einträgliche Pfründen verschaffen könnte. Seit der »Président-Fondateur« unter amerikanischem Druck auf die spektakuläre Hinrichtung von Dissidenten und Verschwörern verzichtete und statt dessen bei den Abtrünnigen die Hoffnung auf eine mögliche Rehabilitierung nährte, ließ er alle Register der Bestechung und der Begehrlichkeit spielen. Eine Reihe von rauschenden Festen in Kinshasa und in den Provinzhauptstädten sollten das Volk über die trübe Wirtschaftsentwicklung, den rapiden Währungsverfall der letzten Monate hinwegtäuschen. Alle Versuche, der Finanzmisere mit rigorosen Sanierungsmaßnahmen beizukommen, scheiterten offenbar an der Tatsache, daß die Zins- und Schuldenrückzahlung Zaires an den Internationalen Währungsfonds 45 Prozent des Staatsbudgets verschlang.

König Baudouin von Belgien, der »schöne Weiße« genannt, war zur Feier eines Vierteljahrhunderts zentralafrikanischer Unabhängigkeit an den Zadi, den »großen Fluß«, gekommen. Die schwarzen Massen empfingen ihn mit gewaltigen Ovationen. Der Jubel wollte nicht enden. Gemeinsam mit Königin Fabiola begleitete der Monarch seinen Freund Mobutu nach Gbadolite, in das Heimatdorf des »Président-Fondateur«. Ich blätterte lange in den Pressebildern, die die innige und offenbar ehrliche Verbrüderung zwischen diesen beiden so ungleichen Männern illustrierten. Nach der Flucht der flämischen Kolonisten im Sommer 1960 hätte ich geschworen, daß die Bande zwischen Brüssel und Leopoldville auf alle Zeit zerrissen seien. Statt dessen bekräftigte sich nach fünfundzwanzig Jahren eine von beiden Seiten spontan empfundene Verbundenheit, ja Komplizenschaft, die alle Ideologen des Anti-Imperialismus zur Verzweiflung treiben sollte. Mag sein, daß Mobutu in dieser hochgestimmten Stunde vom eigenen Pathos mitgerissen wurde. Aber man merke sich seine Worte: »Es gibt keine engere Völkerfreundschaft«, so verkündete der ehemalige Sergeant der Force Publique, »als zwischen Zairern und Belgiern. Wir haben gemeinsam ein leuchtendes Beispiel für die Beziehungen zwischen Nord und Süd gesetzt.«

ANGOLA – DIE PORTUGIESEN BLIEBEN 500 JAHRE

Durchhalteparolen am Tajo

Bonn, im Juli 1985

Vergeblich habe ich mich seit Monaten um ein Visum nach Angola bemüht. Ich wollte dem Rat Marcel Lengemas folgen und mich an Ort und Stelle über einen afrikanischen Konflikt von weltweiter Dimension informieren, der nicht nur aus geographischen und ethnischen Gründen als Fortsetzung der Kongo- und Katanga-Krise erscheint. Aber die Sicherheits- und Einwanderungsbehörden der Volksrepublik Angola – von Spezialisten des DDR-Staatssicherheitsdienstes ausgebildet und beraten – reagierten negativ. Einen letzten Versuch hatte ich Ende Juni in meiner Eigenschaft als Präsidiumsmitglied des Deutschen Roten Kreuzes unternommen. Auch in diesem Falle wurde mir von den in Angola tätigen Beauftragten des IKRK übermittelt, die Regierungsstellen von Luanda wollten oder könnten für meine Sicherheit nicht bürgen, was einer klaren Absage gleichkam.

Diese vergeblichen Einreiseanträge in das vom Bürgerkrieg zerrissene, ehemals portugiesische Territorium an der afrikanischen Westküste, riefen alte Erinnerungen wach. Seltsame Kontinuität: Die kommunistischen MPLA-Funktionäre, die seit 1975 eine fragwürdige Regierungsautorität über Angola ausüben, blockieren jeden Versuch unvoreingenommener Presseberichterstattung heute mit der gleichen Unduldsamkeit wie vor einem Vierteljahrhundert die portugiesischen Faschisten des »Estado Novo«. Im März 1961 war im Norden dieser als »Provinz« bezeichneten Kolonie der Aufstand der Bakongo ausgebrochen. Die Überseeverwaltung des portugiesischen Diktators Oliveira de Salazar, der die Menschenverachtung zur Staatsdoktrin erhoben hatte, wollte sich nicht in die Karten schauen lassen. Auch eine Demarche beim zuständigen Ministerium in Lissabon, wohin ich deswegen gereist war, blieb ohne Ergebnis. Am Ende war es mir doch noch gelungen, mir das Visum bei der lusitanischen Vertretung in Brazzaville zu erschleichen, nachdem ich mich als Lehrer und Tourist getarnt hatte.

Wieder einmal greife ich auf den Text einer Reportage aus dem Frühsommer 1961 zurück.

Lissabon, im Juni 1961

Allmählich entdecken die Portugiesen, daß sie sich im Kriegszustand befinden. Auf den Hafenkais des Tajo stehen Militärlastwagen, Jeeps und ein paar Panzerspähwagen – natürlich aus NATO-Beständen – zur Verschiffung nach Afrika aufgereiht. Die Badegäste, die am Wochenende an den Strand von Cascais fahren, sehen sich bei diesem Anblick vielsagend an. Das Gespräch in der Schnellbahn von Estoril, in deren Endstation »Cais de Sodre« kürzlich eine Bombe explodierte, kommt unvermeidlich auf Angola. Die grün-schwarzen Taxis in Lissabon tragen neuerdings auf der Hinterscheibe einen Klebstreifen mit der Aufschrift: »Angola e Portugues – Angola ist portugiesisch«. Das Schlagwort der Algier-Franzosen hieß »Algérie française«.

Die Zeitungen in Portugal unterliegen einer Zensur ohne Komplexe. In jeder Ausgabe ist auf der ersten Seite gut sichtbar vermerkt, daß die Behörde den Inhalt des Blattes geprüft und für harmlos befunden habe. Die so kontrollierten Blätter Lissabons sorgen dafür, daß der Kampf in Angola nicht vergessen wird. Jeden Tag ist dort vom Einsatz der »heldenmütigen portugiesischen Soldaten und Siedler« zu lesen. Auch wenn die Presse sich auf die Wiedergabe amtlicher Kommuniqués beschränkt und den Krieg in Zentralafrika mit einem Pathos beschreibt, das vergeblich an die »Lusiaden« des portugiesischen Nationaldichters Camões anzuknüpfen sucht, läßt die Zeitungslektüre doch keinen Zweifel darüber, wie ernst und blutig die Vorgänge in Angola sind. Bunte Landkarten der umstrittenen Überseeprovinz werden an allen Ecken der Avenida da Liberdade angeboten. Die Khaki-Uniform der Kolonialtruppen gehört zum Straßenbild der Hauptstadt.

Seit den napoleonischen Feldzügen hat Portugal nicht mehr Krieg geführt, wenn man von der symbolischen Teilnahme am Ersten Weltkrieg absieht. Seit mehr als dreißig Jahren untersteht das Land dem strengen und knauserigen Schulmeisterregime des schweigsamen Diktators Oliveira de Salazar, dessen oberstes Streben darauf gerichtet war, die Finanzen in Ordnung und die Opposition in Schach zu halten. Portugal hat von der großen aktiven Geschichte, in die es unter Heinrich dem Seefahrer so glorreich eingetreten war, längst Abschied genommen. Ein müdes Volk, so scheint es, lebt an der Mündung des Tajo.

Mit den schlechten Nachrichten aus Angola ist etwas in Bewegung geraten. Zunächst haben die Portugiesen ganz anders auf den Aufstand der Schwarzen reagiert als die übrigen Kolonialmächte. Engländer, Franzosen und Belgier waren seit dem Zweiten Weltkrieg Kolonisatoren mit schlechtem Gewissen; sie waren beeindruckt, angekränkelt – wie die Portugiesen sagen würden – von den großen Schlagworten der Zeit: Gleichheit aller Menschen, Selbstbestimmungsrecht der Völker, Legitimität des farbigen Nationalismus. Für die Portugiesen hingegen blieb die Kolonialherrschaft ein Gottesgnadentum, auch wenn man die überseeischen Besitzungen in »Provinzen« umgetauft hatte. Nach fünfhundert Jahren Kolonialgeschichte erscheint Portugal in keiner Weise kolonialmüde. Selbst die Opposition gegen den einundsiebzigjährigen Salazar hat sich beinahe geschlossen hinter dessen Afrika-Politik gestellt.

In Lissabon macht man sich große Illusionen. Fünfzehntausend Mann Militär stehen bereits in Angola. Fünfundzwanzigtausend Soldaten sollen insgesamt dort eingesetzt werden. Aber was bedeutet das in einer afrikanischen Wildnis, die vierzehnmal größer ist als das Mutterland! Frankreich hat in Algerien fünfhunderttausend Mann unter Waffen und wird nicht Herr über die »Fellaghas«, obwohl nur das Mittelmeer zwischen Algier und Marseille liegt. Die Portugiesen lassen sich durch militärische oder wirtschaftliche Argumente nicht beeindrucken. Es steckt viel Härte in diesem unscheinbaren, immer traurigen Menschenschlag. Die Partisanenbanden der Bakongo haben nach offiziellen Schätzungen etwa tausend weiße Portugiesen umgebracht. Wenn man dagegenhält, daß den Kongo-Wirren nicht mehr als ein Dutzend Europäer zum Opfer fielen, daß der Mau-Mau-

Schrecken in Kenia allenfalls sechzig Weißen das Leben kostete, mag man ermessen, welche Kräfte in Angola entfesselt sind. Trotzdem betrachten die Portugiesen es als Landesverrat, wenn ein männlicher weißer Siedler die bedrohte Überseeprovinz verläßt. Die Flüchtlinge, die auf den heimkehrenden Truppentransportern in Lissabon an Land gehen, sind fast ausschließlich Frauen und Kinder.

Gegen den Buschkrieg der Schwarzen sind die Portugiesen in Angola mit beispielloser Härte vorgegangen. Man schätzt, daß bisher mindestens zwanzigtausend Schwarze umgebracht wurden. Im Gespräch wird kein Portugiese diese Zahl mit Entrüstung von sich weisen. »Die Neger sollen jetzt einmal spüren, was ein richtiger Kolonialfeldzug ist«, sagen die Kaffeehaus-Strategen an der Avenida da Liberdade. »Bisher haben Franzosen, Engländer und Belgier immer Schritt für Schritt nachgegeben. Aber wir machen ernst.« Große Hoffnungen werden auf die Trockenzeit gesetzt, wenn das mannshohe Elefantengras, in dem bisher die schwarzen Stammeskrieger Versteck fanden, in riesigen Savannenfeuern aufgehen wird.

Daß dieser Feldzug trotz vorübergehender Erfolge auf die Dauer aussichtslos ist, darf öffentlich nicht gesagt werden. Es ist ja nicht nur Angola bedroht. Im Südosten Afrikas liegt das riesige Mosambik, wo die Portugiesen demnächst Nachbarn des unabhängigen afrikanischen Staates Tanganyika werden. In Westafrika, gleich neben der Republik Sekou Tourés, liegt Portugiesisch-Guinea, wo jeden Tag blutige Überraschungen fällig sind. Schließlich befindet sich nördlich der Kongo-Mündung die Enklave Cabinda, durch den ehemals belgischen Kongo-Flaschenhals vom restlichen Angola getrennt. Hier werden ebenfalls erste Partisanenaktionen gemeldet.

In den portugiesischen Ministerien hängen Plakate, die die Überseeprovinzen auf eine Karte Europas projizieren, vom Atlantik bis tief nach Rußland. Darüber steht der Satz: »Portugal ist kein kleines Land.« Darum geht es tatsächlich. Nur der Besitz von Angola und Mosambik hindert Portugal daran, in die bescheidene Rolle eines armen und schmächtigen europäischen Randstaates zurückzufallen. Ohne seine Kolonien erscheint Portugal wirtschaftlich kaum lebensfähig. Gehen diese Gebiete verloren, so bleibt nur ein Küstenland mit Folklore für Touristen, wo Vinho Verde getrunken und Fado gesungen wird.

Leopoldville, im Juli 1961

Der Angola-Aufstand ist noch keine vier Monate alt, aber schon ist unter den Exilgruppen der Kampf um Einfluß und Macht entbrannt. Zwei Organisationen sind es vor allem, denen es gelang, die Aufmerksamkeit der Weltöffentlichkeit auf sich zu lenken. In Leopoldville hat die »Uniao das Populaçoes de Angola«, die Volksunion von Angola (UPA), ihr Zentralbüro etabliert, während ihre Rivalin, die MPLA, »Movimento Popular de Libertaçao de Angola« – zu deutsch »Volksbewegung zur Befreiung Angolas« – in der Guinea-Hauptstadt Conakry ihren Sitz aufschlug.

Diese Lokalisierung ist charakteristisch für die ideologische Ausrichtung und die Wirksamkeit der beiden Bewegungen. Leopoldville befindet sich in unmittelbarer Nachbarschaft des heißumkämpften Distriktes Uige in Nord-Angola. Vom Kongo aus läßt sich am günstigsten der Nachschub organisieren. Der Kontakt mit Flüchtlingen und Freischärlern ist unkompliziert. Die UPA gilt als die treibende Kraft hinter dem Buschkrieg in Angola. Ihr Führer Holden Roberto hat sich zum Oberbefehlshaber einer »Angolanischen Befreiungsarmee« proklamiert. Dieser Holden Roberto, der in dem bescheidenen Parteilokal der UPA ganz unzeremoniell anzutreffen ist, gibt allen Besuchern Rätsel auf. Der Mann wirkt in keiner Weise wie ein Partisanenkommandeur. Hingegen merkt man dem aus Carmona gebürtigen siebenunddreißigjährigen Afrikaner die Erziehung amerikanischer Baptistenmissionare und seine untergeordnete Anstellung als Buchhalter bei den belgischen Kongo-Behörden an. Holden Roberto ist eine schwache Figur. Um das zu kompensieren, pflegt er wohl seine auffällige Ähnlichkeit mit Patrice Lumumba.

Roberto, der neben Portugiesisch auch Englisch und Französisch geläufig spricht, hat Reisen nach Europa und nach den Vereinigten Staaten unternommen. In den liberalen Kreisen der USA findet er beachtliche Unterstützung. Die Portugiesen stellen ihn als verkappten Kommunisten hin. Bei den Afrikanern gilt er als Exponent eines proamerikanischen Kurses. Präsident Tubman von Liberia hat sich hinter die »Uniao das Populaçoes de Angola« gestellt. Roberto weigert sich beharrlich, an den Tagungen der radikalen afrikanischen Nationalisten und Neutralisten der Casablanca-Gruppe teilzunehmen.

Das schließt nicht aus, daß die UPA auch von Ghana gefördert wird. Präsident Nkrumah ist Realist genug, um anzuerkennen, daß zur Stunde die UPA die dynamischste Kampforganisation in der portugiesischen Überseeprovinz ist. Die schwarzen Bandenkrieger greifen unter dem Schlachtruf »UPA! UPA!« die portugiesischen Siedlungen und Konvois an. Ein gewisser Mythos umgibt bereits die weiß-rot-gelbe Fahne der Volksunion mit der Devise »Lutamos para Liberdade – Wir kämpfen für die Freiheit«.

Die Guerilla-Führer der UPA, die gelegentlich nach Leopoldville zu Koordinierungsgesprächen kommen, wirken wie plumpe Hinterwäldler, gemessen an den wortgewandten Intellektuellen der rivalisierenden »Volksbewegung für die Befreiung Angolas«. Der MPLA-Vorsitzende Mario de Andrade hat in Portugal und Frankreich studiert. Es fließt nicht nur afrikanisches Blut in seinen Adern. Der zweite Mann im Komitee von Conakry ist Luiz de Azevedo, ein massiver, tiefschwarzer Afrikaner, der in Portugal als Doktor der Medizin promovierte. Von den sogenannten »Assimilados«, jenen wenigen Schwarzen, die aufgrund ihres europäischen Bildungsstandes von den Portugiesen als vollwertige Staatsbürger anerkannt wurden, stehen zweifellos die meisten auf seiten der MPLA.

Mario de Andrade hat erkannt, wie sehr es ihm im Ausland schadet, als radikaler Marxist, als Verbündeter des Ostens eingestuft zu sein. Seine Reisen nach Moskau und in andere kommunistische Hauptstädte, seine engen Bindungen an den sozialistischen Staat Sekou Tourés brachten ihm auch bei den gemäßigten Afrikanern den Ruf eines Linksextremisten ein. Andrade versucht, dem entgegenzuwirken, so gut er kann. Die MPLA findet ihre Anhängerschaft in Angola überwiegend beim schwarzen Stadtproletariat. Im Busch überwiegt die UPA. Für Holden Roberto ist die MPLA nur auf internationalem Terrain ein ernstzunehmender Gegner, bei dem erbitterten Ringen der Emigrantenorganisationen um Geld, Waffen und Anerkennung.

In der Kampfzone Angolas sind sich die Partisanen der Gefahr innerer Querelen bewußt. So beobachtet die UPA mit Mißtrauen gewisse Bemühungen der Behörden von Leopoldville, die Bakongo Angolas, deren Stammesbrüder auch im ehemals Belgischen Kongo und im Raum von Brazzaville siedeln, für die Abako-Partei Präsident

Kasavubus abzuwerben. Die Angolaner verdächtigen »König Kasa«, daß er den Stammes-Separatismus begünstigt, um das alte Manikongo-Reich unter seiner Ägide wiederherzustellen.

In Uige brennen die Dörfer

Luanda, im Juli 1961

Bei meiner Ankunft in Luanda bemühte ich mich, nicht aufzufallen. Im Frühjahr 1959, als Unruhen und Revolten der Schwarzen noch unvorstellbar schienen, hatte ich Angola offiziell als Journalist bereist. Mein Name und Beruf mußten der PIDE, der »Policia Internacional de Defesa do Estado«, der einzigen perfekt organisierten Behörde des Salazar-Staates, bekannt sein. Die Hauptstadt Angolas erschien mir bei diesem Wiedersehen immer noch als die schönste Stadt in Schwarzafrika mit ihren pastellfarbenen Häusern, den schattigen Alleen und der herrlichen Marina. Die Eingeborenenviertel hingegen, die »Muceques«, waren wohl die armseligsten des ganzen Kontinents.

Diesmal verzichtete ich auf den Besuch der Freizeitidylle jenseits der Lagune. Statt im Sand zu liegen, Camaroes und Vinho Verde zu bestellen und das gute Leben zu genießen, das auch durch die Vielzahl der Armeeuniformen nicht beeinträchtigt war, suchte ich nach Möglichkeiten, in den Norden, in die Aufstandszone zu gelangen.

Der Zufall kam mir zu Hilfe. In der Bar des Hotel Continental kam ich mit einem einsamen portugiesischen Luftwaffenmajor ins Gespräch, der mich offenbar mit einem Offizier aus dem Stab der französischen Militärberater in Brazzaville verwechselte. Ich beließ ihn in diesem Glauben, erwähnte mein Interesse an einer vergleichenden Studie über die Partisanenbekämpfung in Angola und in Algerien, wo ich mich tatsächlich ein paar Wochen zuvor aufgehalten hatte, und äußerte meinen Wunsch, das Krisengebiet im Norden zu inspizieren. Ich solle über den Stützpunkt Negage nach Carmona aufbrechen, riet mir der Major. Jeden Vormittag, etwa um neun Uhr, starte eine Transportmaschine nach Negage. Ich solle mich auf ihn, Major Lopez, berufen, mir vorher jedoch eine Unbedenklichkeitsbescheinigung beim Militärkommando im Fort San Miguel holen.

Am späten Nachmittag sitze ich zum Apéritif an der Avenida Marginal. Wieder sind auf den Hafenkais portugiesische Soldaten aus dem Mutterland ausgeladen worden. Das Bataillon in Khaki-Uniform wird von einem schwarzen Musikzug begrüßt. Die Zuschauer sind ausschließlich Portugiesen. Luanda erfährt nur aus den Zeitungen vom Buschkrieg im Innern. Wer Angola nach dem Straßenbild seiner Hauptstadt beurteilt, muß fehlgehen. Wären nicht die gesprenkelten Uniformen der Fallschirmjäger und am Wochenende jene Zivilisten, die sich in Hinterhöfen und vor Affenbrotbäumen im Pistolenschießen üben, könnte man weiterhin die »Marginal« für ein friedliches afrikanisches Copacabana halten.

In den Lobbies der Hotels spürt man schon eher, was im Innern vor sich geht. Dort trifft man Pflanzer, die ihre Familie in Sicherheit brachten und bereitwillig über die Zustände in der Provinz erzählen. Sie berichten von Wegsperren der Aufständischen, die teilweise schon achtzig Kilometer nördlich von Luanda beginnen. Im Flüsterton – denn die Ohren der PIDE sind überall – wird über die letzte Verhaftungswelle bei den Eingeborenen im Süden berichtet, wo bisher alles ruhig war. Unter den wohlhabenden Hotelgästen in Luanda kommt Unruhe auf. Die Geschäfte liegen lahm. Vor den Bankschaltern stehen vom frühen Morgen an lange Schlangen. Die Angola-Portugiesen dürfen pro Monat und Kopf lediglich tausendfünfhundert Escudos ins Mutterland überweisen. Der Angola-Escudo ist gegenüber der Mutterlandswährung bereits um ein Drittel entwertet. Die Militärausgaben für den afrikanischen Feldzug übersteigen die finanziellen Mittel Portugals.

Der größte Reichtum Angolas, die Kaffee-Ernte im Norden, kann bereits abgeschrieben werden. Zwar geben die Behörden vor, sie könnten rund 30 Prozent trotz des »Terrors« der schwarzen Rebellen bergen. In Wirklichkeit wird man sich mit 10 oder 15 Prozent der normalen Ernte begnügen müssen. Die Aufständischen sind dabei, die »Kaffeeschlacht« zu gewinnen.

Noch klammert sich Luanda an Illusionen. Aber im Hauptquartier auf der Höhe von San Miguel wissen die Offiziere um die Unzulänglichkeit des eigenen Aufgebots. Lediglich neuntausend portugiesische Soldaten standen bisher in Angola. Davon waren rund sechstausend seit Beginn des Aufstandes nach Afrika verschifft worden. Von der ursprünglichen Eingeborenentruppe in Höhe von fünfzehntausend Mann waren nach dem Ausscheiden von Überläufern und unzuverlässigen Elementen sechstausend schwarze Soldaten übriggeblieben. Im Augenblick werden viertausend Mann weiterer Verstärkungen aus dem Mutterland erwartet. Damit ist die portugiesische Armee noch längst nicht in die Lage versetzt, die angekündigte Offensive im Norden einzuleiten. Die Luftwaffe führt unterdessen Vergeltungsangriffe gegen verlassene Dörfer. Den Transportmaschinen vom Typ DC-3 fehlt es an Fallschirmen, so daß Waffen und Proviant für vorgeschobene eigene Stellungen in Decken gewickelt und auf gut Glück abgeworfen werden.

Im Fort San Miguel habe ich mich wohlweislich nicht vorgestellt, aber am nächsten Morgen stand ich – von Kopf bis Fuß in Khaki gekleidet – in einer Reihe portugiesischer Offiziere und Unteroffiziere am Flugplatz, um die DC-4 nach Norden zu besteigen. Meine Zielstrebigkeit täuschte die Militärpolizei, zumal ich mich auf Major Lopez berief und mit einem Pariser Dokument fuchtelte, das den blau-weiß-roten Querstreifen trug. Im Flugzeug war ich der einzige Zivilist und bangte bis zum verzögerten Start, ob die PIDE mich nicht doch in letzter Minute identifizieren würde.

Endlich flogen wir ab und landeten nach knapp zwei Stunden auf der Rollbahn von Negage, einem trostlosen Militärstützpunkt, der auf drei Seiten vom Busch bedrängt wurde. Die mit mir reisenden Militärs wurden von ihren Fahrern oder Ordonnanzen abgeholt. Ich stand allein mit meinem Sturmgepäck in der Hand auf dem Stahlmaschennetz der Startpiste. Da entdeckte ich einen Lastwagen, der von einem portugiesischen Zivilchauffeur und zwei Schwarzen mit blökenden Schafen beladen wurde. Nach kurzer Absprache und der Entrichtung einer mäßigen Gebühr kletterte ich in die Fahrerkabine. Er müsse mit seiner Fracht, die für das Proviantamt der Armee bestimmt sei, ohnehin nach Carmona und wolle mich dort gern absetzen, sagte der Fahrer Mario, ein schlichter Mann mit Stoppelbart. Seine schußbereite Jagdflinte und seinen Revolver schob er zur Seite, um mir Platz zu machen. Ich müsse allerdings das Risiko auf mich nehmen und allein mit ihm durch das Guerillagebiet rollen, denn er habe weder Lust noch Zeit, auf den geschützten Konvoi zu warten.

Wir ließen die geparkten Jäger vom Typ Harvard, die veralteten

Bomber vom Modell PV-2 hinter uns und kurvten über eine staubige Schotterpiste nach Carmona. Auf der ganzen Strecke begegneten wir keinem Fahrzeug und keinem einzigen Menschen, ob weiß oder schwarz. Beim Anblick der ersten Eingeborenendörfer nahm Mario die Flinte in die linke Hand. Die Hütten brannten lichterloh. Wir passierten eine ganze Kette von armseligen verwüsteten Ortschaften. Auch die paar Steinhäuser und »Lojas«, die Faktoreiläden der ansässigen Portugiesen, waren zerstört und trugen die Spuren von Kugeleinschlägen. Auf geschwärzten Mauerstümpfen standen die Buchstaben UPA. Portugiesische Soldaten und Milizionäre mußten hier in den letzten zwei Tagen ein grausames Strafgericht abgehalten haben.

Die Reise war beklemmend. Der Himmel hatte sich verdüstert. Nebel kam auf, als wir die ersten Straßensperren von Carmona erreichten. Die Offiziersmesse war im »Grande Hotel do Uige« untergebracht. Beim Empfang legte ich meinen Paß mit gültigem Visum vor. Ein weiteres Versteckspiel wäre sinnlos gewesen. Die portugiesischen Offiziere quittierten die Präsenz eines ausländischen Journalisten mit erstauntem Achselzucken und nahmen mich dann brüderlich in ihrer Runde auf. Sie trugen zum Teil die gleiche Tarnuniform wie ihre französischen Kollegen in Algerien. Mehrere von ihnen hatten dort Ausbildungskurse für Partisanenbekämpfung absolviert. Sie hatten sich sogar die gescheckte »Bigeard-Mütze« mit Nackenschutz zugelegt, die für die französischen Paras in Nordafrika typisch war.

Carmona, im Juli 1961

Das ist also die vielgerühmte Trockenzeit in Nord-Angola. Schwerhängende, grauschwarze Wolken lasten über den nahen Urwaldhöhen. Mit Einbruch der Dämmerung sind dichte Nebelschwaden bis an die Stadtgrenze von Carmona herangezogen. Auf dem Asphalt der Hauptstraße, der »Avenida Fereira«, geht ein feiner Sprühregen nieder. Die Trockenzeit in Nord-Angola bringt den »Cacimbo«, diesen feucht-kühlen Dunst mit sich. Der Flugverkehr auf den Rollbahnen des Nordens, die oft höher als tausend Meter liegen, ist tagelang gelähmt. Die Landschaft versinkt in unsagbarer Traurigkeit.

Die feuchte Nacht in Carmona ist auch den ortsansässigen Portugiesen unheimlich. Im rechteckig gezogenen Stadtzentrum mit der modernen Zweckarchitektur sind die Kolonisten unter sich. Etwa zweitausend Europäer und portugiesische Mulatten lebten in normalen Zeiten in Carmona. Die meisten Männer sind geblieben. Sie haben die grüne Armbinde der Miliz angelegt, eine Baskenmütze übergestülpt und die Maschinenpistole unter den Arm geklemmt, die der »Jefe do Posto« an sie verteilte. Es sind rauhe Gestalten, diese Portugiesen des Distrikts Uige, die heute auf die Rebellen in der Umgebung der Stadt ebenso unermüdlich Jagd machen wie früher auf Antilopen und Gazellen. Wenn sie in Gruppen unter dem Neonlicht einer Bar sitzen, glaubt man sich in den spanischen Bürgerkrieg zurückversetzt.

Die Portugiesen sind unter sich. Früher lebten fünfundzwanzigtausend Afrikaner in und um Carmona. Heute sind allenfalls auf den nahen »Fazendas« noch schwarze Kontraktarbeiter aus dem Süden zu finden, meist Männer des Lunda-Stammes, deren Feindschaft gegen die schwarzen Völker des Nordens zur Stunde noch stärker ist als ihre Abneigung gegen die portugiesischen Kolonisatoren. Aber wohin sind die Einheimischen von Nord-Angola verschwunden?

In den verstreuten Buschdörfern und Pflanzungen von Uige hat Mitte März der Aufstand gräßlich gewütet. Über Nacht, ohne jede Vorwarnung fielen schwarze Rebellen über die verstreut lebenden Europäer her, massakrierten sie wahllos – Männer, Frauen und Kinder – mit dem langen Buschmesser, der »Catana«. Viele Weiße wurden mit Kreissägen bei lebendigem Leibe in Scheiben geschnitten. Die Vergeltung der Portugiesen war gnadlos. Die Eingeborenendörfer liegen jetzt leer und verlassen, weil die Afrikaner von den Portugiesen kein Pardon erwarten. Es werden keine Gefangenen gemacht. Ganze Siedlungsgebiete wurden als kollektiv schuldig befunden. Wer irgendwie verdächtig erschien, wer auch nur lesen und schreiben konnte, stand mit einem Fuß im Grab. Die Zahl von zwanzigtausend Toten bei den schwarzen Angolanern dürfte eher untertrieben sein.

»Wie war das nur möglich?« fragen heute noch die Portugiesen, wenn sie abends fern von ihren Familien, die meist nach Portugal heimgeschickt wurden, mißmutig und gelangweilt beim Vinho Verde sitzen. »Selbst in Belgisch-Kongo ist so etwas nicht passiert. Dort haben die Neger die Weißen geschreckt, haben sie gelegentlich mißhandelt, aber kaum jemals einen Belgier umgebracht. Was ist bei uns fehlgelaufen?« Die Antwort geben sie teilweise selbst. Die Schwarzen in Angola wußten, daß man ihre Kolonialherren nicht aus dem Land ekeln könnte. Diese waren nicht nach Afrika gekommen, um in wenigen Jahren möglichst viel Geld zu sparen, das sie dann – in die Heimat zurückgekehrt – friedlich verzehren würden. Viele Lusitanier leben unter recht armseligen Bedingungen seit Generationen im schwarzen Kontinent. Sie haben dort ohne Hoffnung auf Wiederkehr Wurzeln geschlagen. Sie verteidigen in Angola mehr als einen hohen Lebensstandard, sie verteidigen ihre Existenz. Die Schwarzen wußten, daß nur nackter Terror die Portugiesen zwingen könnte, ihre Pflanzungen, ihre Handwerksbetriebe, ihre »Lojas« zu räumen.

Es gibt andere Motivationen für diesen Aufstand, die die Kolonisten sich nicht gerne eingestehen. Sie machen es sich leicht, wenn sie die ganze Tragödie auf Agitatoren abwälzen, die von außen, aus dem Kongo nach Angola eingesickert seien. Gewiß, ohne die zündende Wirkung des afrikanischen Nationalismus jenseits der Grenzen wäre die Rebellion in Angola niemals über eine lokale Stammeserhebung, einen afrikanischen »Bundschuh« hinausgewachsen. Die Ursachen lagen im wirtschaftlichen Ausbeutungssystem der portugiesischen Kolonisation.

Da waren die brutalen Rekrutierungsmaßnahmen der Zwangsarbeit oder »Kontraktarbeit«, wie man euphemistisch sagte. Körperliche Züchtigung war an der Tagesordnung. Wenn ein Schwarzer den Status des »Assimilado«, des vollberechtigten portugiesischen Bürgers anstrebte, standen ihm fast unüberwindliche Hindernisse entgegen. Besonders unerträglich war das Schicksal der kleinen eingeborenen Kaffeepflanzer im Norden. Sie waren der Willkür des örtlichen Verwaltungsvorstehers, des »Jefe do Posto« oder, was noch schlimmer war, des ansässigen portugiesischen Loja-Besitzers ausgeliefert, bei dem die meisten Eingeborenen verschuldet waren und der oft als Agent der Staatspolizei agierte.

Den letzten Anstoß zur Revolte gab eine von der Verwaltung verfügte Baumwollaktion. Jeder schwarze Kleinbauer wurde gezwungen, eine bisher der Maiskultur vorbehaltene Rodungsfläche mit Baumwolle zu bepflanzen. Theoretisch sollte für die geerntete Baumwolle ein geringes, gerade noch tragbares Entgelt gezahlt werden. In Wirklichkeit wurden die Eingeborenen um den Ertrag fast hundertprozentig betrogen. Die Folge war, daß die erbitterten Schwarzen die Baumwollpflanzen ausrissen und von neuem Mais pflanzten. Der Mais wiederum wurde von der Verwaltung gewaltsam vernichtet. In jenen Monaten häufte sich der Zündstoff.

Dem portugiesischen Kommando wird es kaum gelingen, in den verbleibenden zwei Monaten bis zum Beginn der Regenzeit eine gründliche Änderung der Lage zu erzwingen. Die Aufständischen greifen zwar nicht mehr geschlossene portugiesische Siedlungen an. Sie überfallen isolierte Kaffeeplantagen, stürmen mit geschwungener »Catana« auf die letzten Fahrzeuge von Militärkonvois, sabotieren das ohnehin erbärmliche Straßennetz. Noch sind die Partisanen schlecht gerüstet. Neben Buschmessern und Speeren treten altertümliche Vorderlader in Aktion. Die wenigen modernen Feuerwaffen wurden oft den Weißen abgenommen oder von schwarzen Überläufern in den Wald gebracht. Zusätzliche Gewehre wurden den Rebellen von Soldaten der benachbarten Kongo-Armee verhökert. Hingegen wurden noch keine Waffen aus dem Ostblock aufgespürt. Die portugiesische Behauptung, unter den gefangenen Rebellen befänden sich Agitatoren und Ausbilder aus Ghana, sind in Lissabon frei erfunden. Der Aufstand bleibt übrigens nicht auf das Volk der Bakongo beschränkt. Auch die Stämme der Ambuila und Dembos gehen allmählich zu den Guerilleros über. In Zentral-Angola greift die Unsicherheit längs der Benguela-Bahn um sich.

Die Nacht ist über Carmona hereingebrochen. Am Rande der Stadt kauern die Posten hinter Sandsäcken und Bretterverschalungen. Scheinwerfer strahlen den undurchlässigen »Cacimbo« an. Vier Kilometer nach Osten fällt zur gleichen Stunde eine kleine Gruppe von Guerilleros über eine isolierte Kaffee-Fazenda her. Die Besitzer übernachten vorsorglich in der Stadt Carmona, aber die Kontraktarbeiter vom Lunda-Stamm werden mit der Catana in Stücke gehauen, soweit sie nicht in die Nacht entkommen. Zwei schwarze Wächter mit Gewehren sind zu den Rebellen übergelaufen.

Im »Grande Hotel do Uige«, wo es zu jeder Mahlzeit Stockfisch gibt, wird nur halblaut geredet. Neben den Cangaceiro-Gestalten der bewaffneten Zivilisten erscheinen die Offiziere als ausgesprochen feine Leute. Die meisten kommen aus dem Mutterland. Sie sehen diesen Krieg mit anderen Augen, und schon spürt man eine unterschwellige Spannung zwischen Armee und Miliz. Die Truppe möchte die willkürlichen Vergeltungsgreuel gegen die schwarze Bevölkerung einschränken. Aber auch die Soldaten sind schon Gefangene in dem unerbittlichen Wechselspiel von Terror und Gegenterror. Die Masse der Eingeborenen lebt hungernd und frierend in den Wäldern. Sie folgen ihren nationalistischen Predigern. Ein Hauptmann, der gerade aus Mittel-Angola nach Carmona versetzt worden ist, erzählt folgendes Erlebnis: Seine Kompanie hatte im Umkreis von Nova Lisboa ein paar schwarze »Terroristen« auf frischer Tat ertappt. Ihnen wurde kein langer Prozeß gemacht. Bevor sie erschossen wurden, riefen diese Partisanen nicht nur »Angola e nossa – Angola gehört uns«; sie schrieen auch »Viva Lumumba!«

Ab zehn Uhr abends liegen die Straßen von Carmona ausgestorben unter den Bogenlampen. Am Tage hatten die in Pastellfarben gestrichenen Häuser ganz freundlich aus dem Grau des »Cacimbo« geleuchtet. Bei künstlichem Licht wirkt dieser Farbaufwand in Pistaziengrün, Himmelblau und Ocker wie eine schlechte Kulisse, vor allem der Wasserturm, der Bonbonrosa angemalt ist. Auf der Chaussee herrschen um diese Stunde die Hunde. Früher wurden sie von den Portugiesen mit Steinwürfen gejagt. Heute werden sie als zuverlässige Aufpasser geschätzt. Der »Cacimbo« hängt so dicht vor dem Stadtausgang, daß man sich lieber auf den Instinkt der Tiere verläßt als auf die Wachsamkeit der Posten. Wer weiß, wie viele schwarze Partisanen um diese Zeit an der nahen Waldlichtung lauern und fasziniert auf die Lichter von Carmona starren.

Zum Verhör bei der PIDE

Luanda, im Juli 1961

Natürlich konnte mein Eintreffen in Carmona der örtlichen PIDE-Antenne nicht entgehen. Ein Eilbericht nach Luanda war unterwegs. Hätte der Cacimbo den Flugverkehr nicht gelähmt, wäre ich vermutlich umgehend zurückgeschickt worden. So verzögerte sich meine Rückkehr um zwei Tage. Bei der Ankunft in Luanda war ich auf die Präsenz von Sicherheitsbeamten am Flugplatz gefaßt. Aber die waren nicht zur Stelle. Im Hotelzimmer stellte ich fest, daß mein Koffer durchwühlt worden war, ohne daß man sich die Mühe gemacht hätte, das zu verheimlichen. Als ich das »Continental« verlassen wollte, um zum deutschen Konsul Bornemann zu fahren, hielten mich zwei stämmige, bäuerlich wirkende Zivilisten an. »Begleiten Sie uns zu unserer Dienststelle!« sagte der Ältere. »Sie haben sich ohne Erlaubnis in die Sperrzone des Nordens begeben. Wir müssen Sie dazu verhören.«

Zwischen den beiden Sicherheitsbeamten eingekeilt, wurde ich in einen höhergelegenen Stadtteil gefahren. Wir hielten unterhalb des Forts San Miguel in einer abschüssigen Gasse. Das Haus, in dem die PIDE untergebracht war, fiel in keiner Weise auf, eine einstöckige Villa im Kolonialstil. Die Bewachung war diskret. Beim Eintritt stellte ich fest, daß die Leuchttafel des Fahrstuhls mehrere unterirdische Etagen anzeigte. Die Keller mußten tief in den Felsen hineingehen. Dort befanden sich wohl die Verhörzellen und die Foltereinrichtungen, für die die PIDE berüchtigt war.

Doch ich spürte gleich, daß ich keine Mißhandlungen zu befürchten hatte. Meine Wächter führten mich in einen komfortablen Büroraum, boten mir einen Sitz an und überließen mich drei jungen Leuten in gutgeschnittenen Anzügen. Einer von denen sprach Französisch. Er lehnte meine Forderung nach sofortiger telefonischer Verständigung des deutschen Konsuls strikt ab, behandelte mich aber ansonsten mit großer Höflichkeit. Ich gehörte zum »non torturable kind«, wie Graham Greene gesagt hätte, zu jener Kategorie von Häftlingen, die nicht gefoltert werden. Das Kreuzverhör dauerte dennoch bis in die späte Nacht. Immer wieder wollten die PIDE-Beamten wissen, wie ich nach Negage gelangt sei. Ich gab wahrheitsgemäß an, daß ich diesen Ausflug der eigenen Dreistigkeit verdankte, hütete mich jedoch, den Major Lopez zu erwähnen. Die Polizisten wunderten sich hartnäckig über meine reibungslose Fahrt von Negage nach Carmona mitten durch das brennende Bandengebiet. Welche Komplizenschaft ich da genossen hätte? Ich verwies immer wieder auf den Lastwagenfahrer mit seinem Schafstransport. Am Ende schienen sie mir zu glauben. Der französisch-sprechende Polizist plädierte wohl zu meinen Gunsten. Als ein finster blickender Vorgesetzter hereinkam und zum zwanzigsten Mal nach geheimnisvollen Gefährten meiner Reise forschte, antwortete dieser Dolmetscher mit schallendem Gelächter: »Schafe waren es – eram borregos!«

Im Gang hörte ich, wie andere Gefangene – im Gegensatz zu mir offenbar mit Handschellen gefesselt – in den Fahrstuhl gestoßen wurden. Mein Verhör hatte sich nach und nach entspannt, ging in Konversation über. Von den drei ursprünglich anwesenden Beamten war nur einer geblieben. Dafür traten zusätzliche PIDE-Agenten in das Büro, musterten mich neugierig und verschwanden wieder. Sie sahen nicht aus wie Henkersknechte. Sie hatten ganz alltägliche Gesichter. Sogar ein Kapuzinerpater mit brauner Kutte und Rauschebart war dabei, ob echt oder verkleidet, blieb ungewiß.

»Wir werden Sie vorerst nicht in Ihr Hotel zurückkehren lassen«, verkündete der Dolmetscher gegen zwei Uhr nachts, nachdem er im Nebenzimmer endlos telefoniert hatte. »Sie haben gegen das Gesetz verstoßen und werden in eine Gefängniszelle eingewiesen. Morgen mittag setzen wir Sie in das erste Flugzeug nach Brazzaville.«

Man führte mich auf die Straße. Dort wartete die Limousine mit denselben beiden Männern, die mich nachmittags eingeliefert hatten. Der joviale junge Dolmetscher setzte sich neben mich. Es war dennoch eine bedrückende Fahrt durch die leeren, neonerleuchteten Avenidas von Luanda. Wir rollten auf der breiten Marginal am Meer entlang, gerieten dann in ein ärmliches Hafenviertel. Außer patrouillierenden Soldaten war keine Seele zu sehen. Schließlich hielten wir vor dem eisenbeschlagenen Portal einer altertümlichen Festung mit Zinnen und Türmen. Das historische Fort war als Gefängnis berüchtigt, trug den Namen irgendeines Heiligen, Sao Paulo, glaube ich mich zu erinnern. Es handelte sich um eben jenes Kerkergemäuer, gegen das ein Trupp schwarzer Desperados Ende Januar 1961 erfolglos angestürmt war. Sie hatten damit das Signal zum nationalen Befreiungskampf Angolas gegeben.

Ein alter, übermüdeter Wächter führte mich durch hallende Gewölbe zu einer Einzelzelle. Die Pritsche, die er mir anwies, war mir zu Ehren mit einem schmuddeligen Laken bedeckt. Der »Dolmetscher« verabschiedete sich. »Ich hole Sie morgen früh wieder ab«, sagte er, und dann mit einem Augenzwinkern: »Sie sind übrigens nicht ohne Beistand geblieben. Der deutsche und der französische Konsul haben sich gegen Mitternacht energisch für Sie eingesetzt.«

Die schwere Tür fiel zu. Der Schlüssel drehte sich. Riegel wurden vorgeschoben. Ich befand mich allein unter einer schwachen Glühbirne, die nicht ausgeschaltet wurde und eine Vielzahl von Moskitos anlockte. Mit Genugtuung beobachtete ich, wie an den rissigen Zellwänden geschmeidige kleine Echsen mit langen Zungen Jagd auf die Insekten machten.

Am frühen Morgen wurde ich tatsächlich abgeholt. Vor dem Portal drängten sich schwarze und farbige Familienangehörige – auch zwei weiße Frauen waren darunter – mit Körben voll Nahrungsmitteln für die Häftlinge. Das PIDE-Büro unterhalb des Fort San Miguel sah jetzt noch harmloser aus als bei meiner ungewissen Ankunft am Vortag. Im Raum, wo ich verhört worden war, wurde mir ein kräftiges Frühstück serviert. Kurz darauf traf der deutsche Konsul Jürgen Bornemann ein, der bis zu meinem Abflug aus Luanda keine Minute mehr von meiner Seite weichen sollte. Er ließ meinen Koffer aus dem Hotel Continental in seine Kanzlei an der Marginal kommen. Vom kleinen Balkon des Konsulats blickte ich auf den Vorbeizug einer Infanterie-Einheit, die gerade aus dem Mutterland eingetroffen war und mit dem für die portugiesische Armee typischen, breitbeinigen Paradeschritt auf ihre Kaserne zumarschierte. Aus Lautsprechern dröhnte die bombastische Hymne »Angola e nossa«, die als konspiratives Geflüster beginnt und dann – von Fanfaren untermalt – zu einem gewaltigen Massenaufschrei portugiesischer Kolonialbehauptung anschwillt: »Angola e nossa – Angola gehört uns.« Eine Vielzahl weißer und brauner Zivilisten waren dieses Mal zusammengeströmt, um der Truppe Beifall zu spenden. In der Menge entdeckte ich – als harmlose Passanten getarnt – jene Spitzel der PIDE, die mich in der vergangenen Nacht so neugierig begafft hatten, darunter auch den bärtigen Kapuziner.

Auf der Fahrt zum Flugplatz von Luanda diskutierte ich mit dem Konsul über die Aussichten dieses Kolonialkrieges. Die ansässigen Deutschen, die meist adligen Kaffeepflanzer an der Spitze, waren weiterhin guten Mutes. Die Portugiesen würden niemals aufgeben, so beteuerten sie und fluchten auf die defaitistische Presse des Auslandes. Mein Urteil lautete anders. Durch Indochina-, Nordafrika- und Kongo-Erfahrungen gewitzigt, räumte ich dem Salazar-Regime noch etwa fünf Jahre ein, ehe für Portugal die Stunde des Rückzugs aus

Angola schlüge. Meine Endprognose sollte sich als korrekt erweisen, aber im Zeitablauf habe ich mich damals erheblich verschätzt. Dreizehn Jahre hat die Kolonialherrschaft Lissabons noch gedauert, ehe die »Nelken-Revolution« der portugiesischen Offiziere am 25. April 1974 dem »Estado Novo« des Salazar-Erben Gaetano ein Ende setzte und das von Heinrich dem Seefahrer ererbte Imperium den afrikanischen Nationalisten überließ.

Die Nelken-Revolution

Lissabon, im August 1974

Am Abend vor unserer Abreise von Lissabon nach Angola haben wir uns im »Teatro Maria Matos« ein revolutionäres »Musical« angesehen, das den Sturz der fünfzigjährigen Salazar-Diktatur zelebriert, eine harte, derbe Satire. Bigotte Bäuerinnen und Bürgerinnen veranstalten zu Ehren des Junggesellen und Kleriko-Faschisten Oliveira de Salazar einen Reigen, tragen Plakate mit den Aufschriften: »Die Mütter Portugals beten für Salazar und danken ihm«, – »Mit Salazar und der Jungfrau Maria wird Portugal stets groß sein.« Schließlich, in Anspielung auf das asketische Zölibat des Regierungschefs: »Gesegnet sei die fruchtbare Keuschheit Salazars.«

Antiklerikale Leidenschaft schwingt mit, wenn ein Bischof in feuerrotem Ornat mit der Jungfrau von Fatima im Hintergrund das Volk zum Gehorsam vor der weltlichen und kirchlichen Hierarchie aufruft: Gehorsam der Frau vor dem Mann, Gehorsam des Dieners vor dem Lohnherrn, Gehorsam des Schwarzen vor dem Weißen.

Es folgt eine Zirkusszene im Stil Fellinis: ein aufgeputztes Weib, das die Pseudoverfassung nach Maßgabe des »Estado Novo« darstellt; ein Menschenaffe, der mit der Fistelstimme des verstorbenen Diktators Salazar fromme Platitüden verliest; das geknechtete Volk als trauriger Clown; im Hintergrund die Folterknechte der PIDE. Mit Hilfe der »drei F«, so hört man auf der Bühne, habe Salazar die Portugiesen um ihr politisches Bewußtsein gebracht: mit Hilfe von Fußball, Fatima und Fado.

In der Endszene wird der Krieg in Afrika dargestellt. Ein Kolonialist in Khakihemd und Tropenhelm verkündet: »Angola e nossa!« Eine Sklavenstimme erläutert, daß die Bodenschätze der portugiesischen Kolonien längst internationalen Monopolen verpfändet seien. Doch der Kolonialist proklamiert weiter: »Portugal nao se vende – Portugal wird nicht ausverkauft.« Ein junger portugiesischer Rekrut begegnet dem Aufstand der Schwarzen. Er mäht viele Freiheitskämpfer mit seiner Maschinenpistole nieder. Aber da stehen immer neue afrikanische Nationalisten auf, und der weiße Soldat fällt als sinnloses Opfer der schwarzen Revolution. Als Finale singen Schauspieler und Zuschauer, in begeistertem Chor vereint, den utopischen Vers, der mir bereits aus dem Chile Salvador Allendes vertraut war: »Un povo unido jamas sera vencido – Ein geeintes Volk wird nie besiegt werden.« Ein Kind tritt nach vorn mit der roten Nelke der Freiheit in der Hand.

In diesen Tagen bewegt sich ganz Portugal in einem romantischen Taumel. Die Hauptstadt am Tajo ist von oben bis unten mit widersprüchlichen politischen Parolen zugeschmiert. Nach einem halben Jahrhundert der Knechtschaft explodiert die freie Meinungsäußerung und versetzt dieses sonst so besonnene, etwas scheue Volk in einen Rausch der Begeisterung. Manches erinnert mich an die Revolte des Quartier Latin im Mai 1968. Aber in Lissabon sind nicht Studenten und Intellektuelle die treibende Kraft, sondern jene Offiziere der Afrika-Armee, die dreizehn Jahre lang die Bürde des aussichtslosen Feldzugs und die Verbohrtheit eines mumifizierten Regimes auf ihren Schultern getragen haben. Ist es nicht paradox, daß diese Revolution weiterhin durch den ultrakonservativen General de Spinola repräsentiert wird, der noch vor kurzem in Portugiesisch-Guinea mit erstaunlich liberalen Reformen versucht hatte, dem schwarzen Nationalismus den Wind aus den Segeln zu nehmen? Im Hintergrund agiert die kleine, vorzüglich organisierte kommunistische Kaderpartei unter Führung des stahlharten Ideologen Alvaro Cunhal, der elf Jahre in den Kerkern der PIDE schmachtete. Mein alter Bekannter Frank Carlucci, ehemaliger Konsul in Elisabethville, nun zum Botschafter der USA in Lissabon avanciert, hat alle Mühe, Henry Kissinger von der totalen Boykottierung der turbulenten Offizierskomitees am Tajo abzubringen, die zwar rote Nelken schwenken und sich progressiv gebärden, aber mit Moskau nicht viel im Sinn haben.

Uige (Angola), im August 1974

In Luanda haben wir keine Zeit verloren und sind gleich nach Norden aufgebrochen. Die Kaffeeplantage Hasso von R.s liegt in der Nähe jener Stadt Carmona, die ich 1961 als unerwünschter Beobachter aufsuchte. Dieses Mal bin ich mit allen Segnungen des leutseligen Oberkommandos im Fort San Miguel ausgestattet. Über dem Herzland des schwarzen Aufstandes – im Dreieck zwischen Bolongongo und Nambuangongo – lastet weiterhin Unsicherheit. Die portugiesischen Truppen haben seit Ende Juli weisungsgemäß jede Offensiv-Aktivität eingestellt. Jetzt sickern die schwarzen Partisanen in Landstriche ein, die ihnen bislang verriegelt waren. Rein militärisch gesehen haben die Portugiesen diesen dreizehnjährigen Buschkrieg in keiner Weise verloren. Die Armeeführung Lissabons hat jedoch – ähnlich wie seinerzeit de Gaulle in Algerien – die politische Ausweglosigkeit ihres verbissenen Kraftaktes in Afrika eingesehen.

Hasso von R. gehört zu jenen deutschen Pflanzern, die sich bislang ein portugiesisches Einlenken in Angola nicht vorstellen konnten. Die Welt ist für ihn auf wunderbare Weise heil geblieben. Vermutlich fehlt ihm die intellektuelle Wendigkeit, um sich die dramatischen Konsequenzen der »Nelken-Revolution« auszumalen. Mit ausgreifenden Schritten, rot verbranntem Gesicht und leicht vorgebeugten Schultern inspiziert er die Weiten seiner Fazenda. Frau und Kinder sind bei ihm geblieben. Nachts verrammelt er sich in einem festungsähnlichen Turm mit Schießscharten und Scheinwerfern. Unser Team bezieht in den komfortablen, aber ungeschützten Gästezimmern Quartier.

In der frühen Morgendämmerung – der Nebel ist eiskalt und dringt bis in die Knochen – versammeln sich die schwarzen Tagelöhner und Saisonarbeiter vor den Lagerschuppen. Sie bieten ein erbarmungswürdiges Bild, schnattern vor Kälte unter der groben Decke, die sie um die Schultern tragen, nehmen stumpf die Gefäße in die Hand, mit denen sie in die nassen Kaffeestauden entlassen werden, um im Akkord zu pflücken. Die Atmosphäre einer Sklavengesellschaft ist hier lebendig geblieben. Portugiesische Mittelsmänner, Menschenhändler unserer Tage, haben diese armseligen Lunda-Neger im Süden Angolas für lächerlichen Lohn rekrutiert. Ein Teil des Aufgeldes kassieren ohnehin die Häuptlinge. Die Balunda sind widerwillig in das unsichere Aufstandsgebiet des Nordens gekommen, wo sie in feindlicher Umgebung arbeiten. Die ortsansässigen Schwarzen vom Volk der Bakongo, die Stammesbrüder Kasavubus und Fulbert Youlous, sind längst in den Dschungel oder über die Grenze der benachbarten Republik Zaire geflüchtet und rächen sich an den unfreiwilligen Eindringlingen.

Bis zum Umsturz in Lissabon konnte sich Hasso von R. auf den bewaffneten Schutz und die Funkverbindung verlassen, die ihm die Rotte der »Voluntarios«, kaum fünf Kilometer von seiner Plantage entfernt, gewährte. Diese freiwillige Miliztruppe, auch »Guardia rural« genannt, setzt sich zum Teil aus Söldnern zusammen, Weiße, Braune und Schwarze gemischt. Ich suche sie in ihrem befestigten Lager, ihren verschmutzten Baracken auf. Die Typen würden einem Italo-Western alle Ehre machen. Sie stehen den jüngsten Ereignissen ratlos gegenüber. Ihr buntgeschecktes Gemeinschaftsleben bietet ein trügerisches Bild rassischer Verbrüderung. Die »Voluntarios« sind viel grausamer gegen die Rebellen vorgegangen als die reguläre Truppe, die mit Dégoût auf diese verwilderten, waffenstarrenden Zivilisten herabblickte. Jetzt hoffen die Männer der »Guardia rural«, daß sich die vierhunderttausend Weißen Angolas vielleicht doch noch verzweifelt gegen die »Kapitulationspolitik« Lissabons aufbäumen werden, ähnlich wie das die Portugiesen von Mosambik bereits vergeblich geprobt haben. Die »Voluntarios« träumen wohl davon, aus Angola ein zweites Rhodesien zu machen, wo ihnen Ian Smith – zur Wahrung der »white supremacy« – die Auflehnung gegen das Mutterland vorexerziert hat. Noch sind sie nicht demoralisiert genug, um widerspruchslos die portugiesische Fahne einzuholen und sich der Unvermeidlichkeit der schwarzen »Independencia« zu beugen.

Anders die portugiesische Armee. Die Wehrpflichtigen aus dem Mutterland dienen gemeinsam mit Afrikanern in gemischten Kompanien. Bei ihnen wirkt das Propagandaplakat »Angola, meu amor – Angola, meine Liebe« wie bitterer Hohn. Die weißen Soldaten langweilen sich, zählen die Tage bis zur Heimkehr und Entlassung. Sie sind nicht mehr bereit, ihr Leben für die Sicherheit der wohlhabenden europäischen Pflanzer zu riskieren.

Am Nachmittag kommen unverhoffte Besucher zu Hasso von R.

auf die Fazenda. Diese bewaffneten Schwarzen aus dem Busch haben sich mit portugiesischen Uniformstücken kostümiert. Sie sind Partisanen der »Nationalen Befreiungsfront von Angola«. »Frente Nacional de Libertaçao de Angola« (FNLA), so lautet die Nachfolge-Organisation der UPA Holden Robertos, in der sich weiterhin die Bakongo sammeln. Seit die Portugiesen nicht mehr kämpfen, suchen diese Guerilleros die europäischen Kaffeepflanzer auf, versprechen ihnen Schutz und versichern sogar, im Angola von morgen sei brüderlicher Platz für Schwarze, Weiße und Mulatten. Nebenbei treiben sie bei den »Fazenderos« und ihren Verwaltern Abgaben in Naturalien oder in bar ein. Sie wirken lächerlich, diese paar Buschkrieger. Der Anführer ist mit einer alten Sten-Maschinenpistole bewaffnet. Zwei Kinder begleiten ihn. Sie spielen Soldat. Das Grüppchen bekennt sich zu Holden Roberto, der weiterhin in seinem Hauptquartier von Kinshasa verharrt. Während die Sendboten der Befreiungsarmee auf der Pflanzung palavern und sich leutselig geben, stehen ihre Gefährten im nahen Dickicht im Anschlag.

Luanda, im August 1974

In den Offizierskasinos von Luanda geht es hoch her. Die portugiesische Armee ist auf ihre plötzliche Machtergreifung schlecht vorbereitet. In Angola ist eine linksextreme Fraktion zum Zuge gekommen, deren Junta-Chef, Rosa Coutinho, ein hemdsärmeliger Yul-Brynner-Typ mit kahlgeschorenem Schädel, eben vom Fregattenkapitän zum Admiral befördert wurde. Aus Lissabon ist ein junger Major als bevollmächtigter Emissär des »Movimento das Forzas Armadas« in die afrikanische »Provinz« entsandt worden. Er umarmt Rosa Coutinho mit dem landesüblichen »Abraço«. Hinter der zur Schau gestellten Euphorie verbergen sich erbitterte Feindschaften und die Sorge um die Zukunft.

Die Afrikaner waren unmittelbar nach der »Nelken-Revolution« vom 25. April in Luanda auf die Straße gegangen. Anhänger von MPLA und FNLA veranstalteten getrennte Jubelfeiern. Doch die Armee hat erst einmal die Ordnung wieder hergestellt und die brodelnden Eingeborenenviertel, die »Muceques«, unter Kontrolle gebracht. Es kam zu heftigen Auseinandersetzungen, wenn die patrouillierenden Soldaten aus dem Mutterland von den Schwarzen nach der Berechtigung ihres bewaffneten Eingreifens gefragt wurden, wo Lissabon doch ein offizielles Unabhängigkeitsversprechen gegeben hatte. Die wirkliche Tragödie beginnt nachts in den Muceques, wenn weiße Rechtsextremisten der FRA, einer bewaffneten »Widerstandsbewegung«, im Verbund mit Todesschwadronen der Polizei Jagd auf die einheimischen Nationalisten machen. Bei Tage spielen hier die Kinder unter den Parolen und Wandmalereien der Unabhängigkeit. Nach Einbruch der Dunkelheit feuert die Armee ohne Warnung auf alle verdächtigen Schwarzen, obwohl keine Ausgangssperre verhängt ist. Die wenigen Weißen, die unter kümmerlichen, fast afrikanischen Bedingungen in den Muceques wohnen, bangen ihrerseits um ihr Leben. Fast alle portugiesischen »Lojas«, die Läden der Trödler und Wucherer, die bei den Eingeborenen besonders verhaßt sind, wurden niedergebrannt.

Die weiße Untergrundorganisation FRA, die an die OAS der Algier-Franzosen anknüpft, beschuldigt die linken Offiziere, Angola dem Weltkommunismus auszuliefern. »Raus mit Admiral Coutinho! In Angola ist kein Platz für Verräter!« lesen wir auf dem Sockel eines bombastischen Kriegerdenkmals im Stadtzentrum. Die Bandenkämpfe haben sich so verschärft, daß viele Schwarze aus den Muceques zum Bahnhof flüchten und dort die wenigen ausfahrenden Züge belagern. Sie strömen in jene Gegenden Mittel- und Süd-Angolas zurück, aus denen sie stammen, und streuen auch dort die Saat der Revolution.

Im südwestlichen Hochland – bei den Stämmen der Ovimbundu und Balunda – profiliert sich unterdessen ein Partisanenführer bemerkenswerten Formats. Bisher war Jonas Savimbi, Führer der UNITA – das heißt, der »Union für die totale Unabhängigkeit Angolas« –, nur den Experten bekannt gewesen. Seine tödlichen Rivalen, die Propagandisten der marxistisch gefärbten MPLA, werfen Savimbi vor, er habe sich als Guerilla-Kommandant mit den »Flechas«, den schwarzen Spezial-Commandos der Portugiesen auf stillschweigende Koexistenz, auf einen Modus vivendi eingelassen. Aber die portugiesischen Militärs wissen, daß die UNITA in den letzten Monaten des Buschkrieges ihr gefährlichster, ungreifbarer Gegner war. Die weißen Aktivisten der »bewaffneten Widerstandsfront« klammern sich an die Illusion, Savimbi könne die Rolle eines »angolanischen Tschombe« spielen und die wertvolle Südregion für sie behaupten. Die nach Luanda geflüchteten Siedler haben sich zu Protestmärschen formiert und lassen Jonas Savimbi hochleben. Sie sind bis zum Fort San Miguel gezogen und in den Palast des Gouverneurs eingedrungen, wo jetzt Rosa Coutinho amtiert. Im Sitzungssaal ist der Admiral in voller Uniform den weißen Aufrührern entgegengetreten, eiskalt, mit schneidender Verachtung. Er ist auf einen Schreibtisch gesprungen und hat die schäumenden Extremisten zur Ordnung gerufen, ja er hat sie beschimpft. Statt den »roten« Coutinho aus dem Fenster zu stürzen, haben die wilden Männer der FRA klein beigegeben und sind davongezogen wie geprügelte Hunde.

Über Vertrauensleute ist es uns gelungen, eine Kaderversammlung afrikanischer Nationalisten im Muceque zu filmen. An der Wand hingen die gelb-weiß-roten und die schwarz-roten Fahnen der beiden großen Unabhängigkeitsbewegungen FNLA und MPLA. Eine Koalition zwischen diesen sich bekämpfenden Parteien soll in letzter Stunde realisiert werden. Aber die Versöhnung will nicht gelingen. Zuviel Blut ist geflossen. Zuviel Verrat wurde geübt. Die Portugiesen wissen tatsächlich nicht, welchem schwarzen Lager sie die Schlüssel zur Unabhängigkeit aushändigen sollen.

Die MPLA gilt mehr denn je als marxistische, prosowjetische Bewegung. In ihrer Führung befinden sich weiterhin viele Mulatten und jene wenigen schwarzen Intellektuellen, die sich der portugiesischen Zivilisation anpassen durften und als »Assimilados« anerkannt wurden. An ihrer Spitze steht seit einigen Jahren der Arzt Agostinho Neto. Kein Wunder, daß die portugiesische Offiziers-Junta diese Männer begünstigt, die auch nach der »Independencia« eine gewisse Gewähr für den Bestand eines großen lusitanischen Kultur- und Interessenraums in Afrika bieten. Das fällt ihnen um so leichter, als die MPLA bislang im wesentlichen eine Exilorganisation war, im Buschkrieg stets den kürzeren zog und nur im Dembos-Gebirge nordöstlich von Luanda einen nennenswerten Maquis aufziehen konnte.

Die FNLA hingegen, die alte UPA des Rebellenführers Holden Roberto präsentiert sich weiterhin als finsterer Zusammenschluß afrikanischer Stammeskrieger. Sie rekrutiert ihre Gefolgsleute ausschließlich beim Volk der Bakongo. Manche Kader der FNLA, die in der nahen Republik Zaire von Präsident Mobutu systematisch unterstützt werden, huldigen neuerdings – so gut sie können – dem Gedankengut Mao Tsetungs. Chinesische Ausbilder wurden bei ihnen gesichtet.

In der Muceque-Hütte von Luanda schlug die Verbrüderungsszene der künftigen Bürgerkriegsparteien nach kurzem Palaver in offene Feindschaft um. Ein bulliger Guerilla-Führer der FNLA schob die dialektischen Argumente der bebrillten Agitatoren der MPLA mit drohender Gebärde beiseite. Er beschimpfte die portugiesisch geprägten Marxisten als Neo-Kolonisten. »Wir müssen zu unseren afrikanischen Wurzeln zurückkehren und beim Aufbau unserer Wirtschaft von Null ausgehen«, dröhnte er. »Wir müssen handeln wie Mao Tsetung; aus eigener Kraft!«

Cabinda, im August 1974

Die Exklave von Cabinda ist nach dem Berliner Kongreß nur per Zufall dem portugiesischen Kolonialreich zugeschlagen worden. Durch einen schmalen Küstenstreifen des ehemals Belgischen Kongo ist dieser Zipfel zwischen Atlantik, Kongo-Mündung und Mayombe-Urwald vom eigentlichen Angola getrennt. Sowohl die Republik Zaire des General Mobutu als auch die marxistisch-leninistische Volksrepublik von Kongo-Brazzaville haben ein begehrliches Auge auf dieses winzige, aber reiche Territorium geworfen. Als wir in Cabinda landeten, wurden wir von Sprechern einer örtlichen Befreiungsbewegung, FLEC genannt, über den historischen Anspruch Cabindas auf gesonderte staatliche Existenz aufgeklärt. Aber schon hatte die »Organisation für Afrikanische Einheit« zu verstehen gegeben, daß sie auch in diesem Falle auf strikte Respektierung des ererbten kolonialen Besitzstandes wachen würde. Cabinda verspricht, ein giftiger Zankapfel zu werden. Auf dem vorgelagerten Festlandssockel beutet die amerikanische Gulf Oil ergiebige Petroleumvorkommen aus. Die Förderanlagen werden bis auf weiteres von der portugiesischen Armee strengstens bewacht.

Nach mühsamer Fahrt gelangten wir zum letzten portugiesischen Außenposten im Grenzgebiet des Kongo-Brazzaville. Das hochgewölbte Laubdach des Mayombe verdunkelte den Himmel. Wir fühlten uns von den kolossalen Baumstämmen, vom äquatorialen Dikkicht erdrückt. Ein langer portugiesischer Hauptmann mit schütterem Bart, mit traurigen, malariagelben Augen – ein lusitanischer Don Quijote – bewirtete uns im Kartenraum. Seine Soldaten trugen auch hier die gleiche Uniform wie die französischen »Paras« von Algier. »Es wird Zeit, daß wir abrücken«, sagte der Hauptmann und legte eine krächzende Schallplatte mit dem schwermütigen »Fado Pinoya« auf. »Demnächst massakrieren die Schwarzen von Angola sich untereinander ohne unser Zutun. Unser Abschied wird keinen Dichter vom Rang eines Luis de Camões inspirieren. Die Zukunft Portugals liegt nicht mehr in Afrika, sondern in Europa.« Wieder einmal – wie so oft in meinem Reporterleben – wurde ich Zeuge einer Flaggeneinholung, einer Abdankung europäischer Macht, empfand ich mich als Gefährte des Rückzugs.

MOSAMBIK – ORWELL AUF AFRIKANISCH

Eine Hauptstadt ohne Land

Maputo, im Juli 1985

Ich war auf eine halsbrecherische Landung in Maputo gefaßt. Die Hauptstadt der Volksrepublik Mosambik sei von Rebellen umringt, und der Flugplatz liege in ihrem Schußbereich, hatte mir ein portugiesischer Passagier versichert. Doch meine Reporter-Erwartung, ähnlich wie in Phnom Penh während der letzten Monate des Kambodscha-Krieges, gleich bei der Ankunft in eine kriegerische Atmosphäre zu geraten – mit feuernder Artillerie und kampfbereiten Soldaten neben der Rollbahn – wurde enttäuscht.

Es ging schläfrig zu auf dem Flugplatz von Maputo. Bewaffnete waren nicht zu sehen. Ein paar Hubschrauber sowjetischer Bauart warteten vor einem Hangar. Die Zoll- und Paßformalitäten waren umständlich, aber die schwarzen Beamten zeigten sich freundlich auch und gerade zu den paar Portugiesen unseres Fluges, die als Experten oder Firmenbeauftragte in ihre ehemalige Kolonie am Indischen Ozean zurückkehrten. Es war eine seltsame Fügung, daß ich – fünfundzwanzig Jahre nach meiner Reise zum Kongo entlang der westafrikanischen Küste – mich dieses Mal im Uhrzeigersinn von Osten her über Äthiopien, Kenia, Mosambik zum neuen Weltkrisenherd Südafrika vortastete.

Bei der Einfahrt nach Maputo fiel mir ein revolutionäres Mauergemälde auf, das etwa hundert Meter lang sein mochte: Weiße Kolonialisten unter dem Tropenhelm wurden dort von heldischen schwarzen Partisanen zu Paaren getrieben. Rauchende Schornsteine und wogende Getreidefelder symbolisierten den Wohlstand, den die sozialistische Planwirtschaft der Volksrepublik Mosambik bescheren würde. Der bärtige Staats- und Parteichef Samora Machel in goldbetreßter Uniform wies den siegreichen Revolutionären der Einheitspartei Frelimo mit genialer Feldherrngeste den Weg. Die knallbunte Darstellung verriet künstlerische Begabung, erinnerte sogar an den Mexikaner Diego Rivera und ein wenig an den Franzosen Fernand Léger.

Jetzt entdeckte ich auch mosambikanische Soldaten. Sie trugen immer noch die Tarnuniform der früheren Kolonialarmee, die mir aus Angola vertraut war. Diese Krieger schlenderten lässig und meist unbewaffnet daher. Die Straßen von Maputo waren noch genauso menschenleer wie bei meinem letzten Besuch im Frühjahr 1977. Der Autoverkehr war spärlich. Der Ankommende spürte physisch, daß das Wirtschaftsleben dieser einst so geschäftigen lusitanischen Metropole am Wendekreis des Steinbocks zusammengebrochen war. Die einzigen Ansammlungen von Afrikanern stauten sich vor den Staatsgeschäften, die streng rationierte Grundnahrungsmittel – überwiegend Maniok und Mais – ausgaben. Nicht nur in den verwilderten Provinzen, auch in der Hauptstadt hungerte die eingeborene Bevölkerung. Die Sperrung aller Landverbindungen zum benachbarten Transvaal und nach Swaziland durch die Rebellen der Widerstandsbewegung »Renamo« hatte den Mangel seit ein paar Monaten dramatisch verschärft.

Im weißen Prachtbau des Hotel Polana, wo ich schon 1961 übernachtet hatte, als Maputo noch Lourenço Marques hieß, wurde ich angenehm überrascht. Der totale Verfall, der sich 1977 ankündigte, war durch eine Vorschrift der volkseigenen Direktion aufgehalten worden, wonach jede Rechnung in harten westlichen Devisen beglichen werden mußte. Diese Maßnahme hatte auch zum Auszug der zahlreichen Ostblockvertreter geführt, die die einst feudale Herberge der Kolonial-Ära mit der Dürftigkeit des ihnen staatlich verordneten Lebensstils infizierten. Mein Zimmer öffnete sich auf die glorreiche Weite des Indischen Ozeans, und ich konnte nicht umhin, mit Respekt jener Handvoll Portugiesen zu gedenken, die im Gefolge Vasco da Gamas und unter der eisernen Befehlsgewalt des Herzogs von Albuquerque an diesen Gestaden ihr Weltreich errichtet hatten. Zwischen Mosambik und Macao, zwischen Timor und Hormuz hat diese Seefahrernation zyklopische Festungen hinterlassen, seltsames

Schicksal eines peripheren iberischen Volkes, das heute so geduckt und resigniert erscheint.

In der Bar des Polana gaben weiterhin die letzten, alteingesessenen Portugiesen den Ton an. Sie plauderten und scherzten mit den schwarzen Barkeepern und Kellnern. Ihre Vertrautheit mit den Eingeborenen war die Frucht einer fünfhundertjährigen kolonialen Koexistenz. Manchem Lusitanier sieht man die schwarze Blutbeimischung an. Wie heißt es doch in Afrika: »Gott schuf den Weißen und den Schwarzen; den Mulatten schuf der Portugiese.« Eine kleine Minderheit weißer Kolonisten hatte schon während des Unabhängigkeitskampfes der Frelimo – »Frente de Libertaçao de Mozambique« – gemeinsame Sache mit den Schwarzen gemacht und nach der »Independencia« für die mosambikanische Staatsangehörigkeit optiert. Es handelte sich meist um engagierte Marxisten. Im Polana fielen mir ein paar dieser Regime-ergebenen Familien auf. Ein blondes portugiesisches Kind trug eine spitz zulaufende Rotarmistenmütze mit rotem Stern.

Bevor ich mich zum deutschen Botschaftsempfang einfand, ließ ich mich von Alfredo über die breiten, leeren Alleen fahren. Der schwarze Chauffeur Alfredo und der funkelnagelneue Mercedes-Mietwagen waren mir von der staatlichen Handelsorganisation Interfranca zu einem recht vernünftigen Dollarpreis gestellt worden. Im Stadtzentrum, unweit des Hafens, ragte immer noch das kolossale Denkmal, das den portugiesischen Sieg über die Deutschen im Ersten Weltkrieg verherrlichen soll. In Wirklichkeit war die Schutztruppe Lettow-Vorbecks, als sie in Deutsch-Ostafrika unter den konzentrischen Druck der britischen Empire-Truppen geriet, nach Mosambik ausgewichen und hatte dort – dank der Passivität der spärlichen portugiesischen Garnisonen – bis zum Kriegsende ausgeharrt.

Ich notierte mir die Straßennamen Maputos, dieses Vorpostens des Marxismus-Leninismus im südlichen Afrika. Bei der Beschilderung ging es kunterbunt, aber stets revolutionär zu: Avenida da Guerra Popular – Avenue des Volkskrieges, Avenida Karl Marx, Avenida 24 de Julho (das war der Tag der radikalen Verstaatlichung), Avenida Salvador Allende, Avenida Siad Barre (hier war offenbar übersehen worden, daß der starke Mann von Somalia inzwischen ins proamerikanische Lager übergewechselt war), Avenida Ahmed Sekou Touré, Avenida Agostinho Neto (der verstorbene angolanische MPLA-Präsident), Avenida Ho-Tschi-Minh, Avenida Mao Tsetung, Rua Kwame Nkrumah, Avenida Julius Nyerere, Avenida Friedrich Engels, Rua de Argelia (Straße von Algerien), Rua de Timor Leste (Straße von Ost-Timor), Avenida Kenneth Kaunda, Avenida Amilcar Cabral (Vorkämpfer der Unabhängigkeit von Portugiesisch-Guinea Bissau), Rua da Resistencia (Straße des Widerstandes), Avenida Albert Luthuli (zu Ehren des verstorbenen schwarzen Friedensnobelpreisträgers aus Südafrika), Avenida Vladimir Lenin und – last not least – Avenida Patrice Lumumba.

Die deutsche Residenz in Maputo war vor ein paar Wochen ausgeraubt worden. Die Einbrecher hatten alles davongetragen, was nicht niet- und nagelfest war. Der neu eingetroffene Botschafter Wilfried Nölle trug sein Mißgeschick mit Gelassenheit. Die Möbel würden von den Einbrechern irgendwo unter Preis verschleudert. Den Dieben, die auch andere westliche Vertretungen heimgesucht hatten, ging es vorrangig um die Lebensmittel, die in den Tiefkühltruhen gelagert waren. Man könne ihnen das bei der erbärmlichen Versorgung kaum verübeln, meinte der Botschafter. Unter den Cocktailgästen dieses Abends waren die Diplomaten und internationalen Beamten in der Mehrzahl. Ein paar Redakteure der verstaatlichten mosambikanischen Presse und des Rundfunks, die mir zu Ehren gekommen waren, mußten sich durch das Frelimo-Abzeichen am Jackenrevers als Einheimische ausweisen, sonst hätte man sie für waschechte, weiße Portugiesen gehalten. Selbst der Generaldirektor des Informationsministeriums und der Vorsitzende des mosambikanischen Schriftstellerverbandes gehörten zu dieser Spezies von »Renegaten«, wie man sie zur Zeit der »Reconquista« genannt hätte. In der Stunde der revolutionären Unabhängigkeit waren die marxistischen Portugiesen durch ein beachtliches Aufgebot sogenannter »Internacionalistas« verstärkt worden, rote Sympathisanten aus Westeuropa, die darauf brannten, in Mosambik – ähnlich wie später in Nicaragua – am Aufbau des Sozialismus mitzuwirken. Es gehörte viel Idealismus zu diesem entsagungsvollen Engagement. Deklarierte Absicht der Internacionalistas war es, von Maputo aus den schwarzen Umsturz auch auf die nahe Südafrikanische Republik auszudehnen. Botschafter Wilfried Nölle hatte einen in der Hauptstadt tätigen deutschen Frelimo-Aktivisten geladen. Zu meinem Bedauern war der Mann ferngeblieben.

Unter den weißen Helfern des schwarzen Nationalismus in Mosambik macht sich neuerdings eine an Verzweiflung grenzende Enttäuschung breit. Der kommunistische Staats- und Parteichef Samora Machel, der den Personenkult zur höchsten ideologischen Richtlinie erhob, kann seit etwa zwei Jahren nicht umhin, einen gewissen Ausgleich im Westen zu suchen. Die Russen, seine Verbündeten aus der Zeit des Befreiungskampfes, ließen die Mosambikaner am ausgestreckten Arm verhungern. War es nicht absurd und skandalös – um nur dieses Beispiel zu erwähnen –, daß die sowjetische Fangflotte mit modernsten Geräten die überaus fischreichen Küstengewässer Mosambiks leersaugten – als Gegenleistung durfte die inexistente mosambikanische Fischereiflotte theoretisch in sowjetischen Gewässern tätig sein –, während die »imperialistische« Bundesrepublik tonnenweise getrockneten Stockfisch in Maputo anlieferte, den die Deutschen erst bei den Norwegern für gutes Geld ersteigern mußten. Seit Samora Machel seine stetige Annäherung an die NATO-Staaten, besonders an die USA, vollzog, seit er ähnlich wie der politisch ganz anders geartete Marschall Mobutu von Zaire die Landwirtschaftspreise freigab, damit die Märkte wenigstens spärlich beliefert würden, seit er die Reprivatisierung breiter Wirtschaftssegmente erwog, mußten sich die »Internacionalistas« verraten und verkauft vorkommen. Die afrikanische Wirklichkeit entlarvte ihren Idealismus als Naivität.

Mein ergiebigster mosambikanischer Gesprächspartner war der Präsident des dortigen Roten Kreuzes, Isaias Funzamo, der in seiner Eigenschaft als protestantischer Geistlicher dem Weltkirchenrat angehört und dank seiner ökumenischen Kontakte verbindlich und erfahren auftritt. Funzamo machte nicht viel Umschweife. Sein Land befinde sich in einem tragischen Engpaß. Mehr als drei Jahre lang sei die Südhälfte von Mosambik von Dürre heimgesucht worden. Auf dem Höhepunkt dieser Trockenperiode waren mindestens hunderttausend Menschen verhungert. Jetzt ging zwar über allen Landesteilen strömender Regen nieder, aber eine Wende zum Besseren sei nicht abzusehen. Sämtliche Provinzen würden durch die »bandidos armados«, wie er sie nannte, durch die bewaffneten Banditen der antimarxistischen Widerstandsbewegung Renamo – »Resistancia Nacional de

Mozambique« – heimgesucht und in ein unbeschreibliches Chaos gestürzt. Am schlimmsten sei es im Norden und in der fruchtbaren Provinz Zambeze. Doch auch im Südabschnitt könnten die Konvois des Roten Kreuzes und anderer Hilfsorganisationen nur unter schwerbewaffneter Eskorte die Distriktzentren verlassen. Der Bevölkerung fehle es an allem. Seuchen und Krankheiten breiteten sich aus. Malaria und Parasiten grassierten. Der Bürgerkrieg zwischen Frelimo und Renamo habe zahllose Waisen hinterlassen, die mühselig in Sammelheimen aufgenommen würden.

Präsident Funzamo war ein kluger, bedächtiger Mann. Bei seinen Reisen ins Ausland, vor allem nach Sambia, kam er häufig mit der Führung des südafrikanischen Widerstandes zusammen, mit den Revolutionären des »African National Congress« (ANC). Er erzählte mir von deren Sorge angesichts der jüngsten Verschärfung des Rassenkampfes zwischen Transvaal und Kap. Die Exilpolitiker seien von der Furcht geplagt, die Jugendlichen und die Kinder der schwarzen Townships Südafrikas könnten sich ihrem Einfluß völlig entziehen. Schon gebe es Anzeichen, daß die radikalisierte Jugend, die heute die Mehrheit der schwarzen Bevölkerung ausmache, die Führer der ANC als »Appeaser«, als »Beschwichtiger«, verachtet, weil diese trotz aller Enttäuschungen an Verhandlungen mit den Weißen und an Koexistenzmodellen interessiert seien. Sogar der Friedensnobelpreisträger Desmond Tutu, der schwarze anglikanische Bischof von Johannesburg, werde von den jugendlichen Parteigängern des »black power« als »Uncle Tom« geschmäht.

Informationen aus erster Hand über die tatsächliche Situation in Mosambik sind praktisch nur bei einer attraktiven blonden Schweizerin aus dem welschen Teil des Kantons Wallis zu finden. Diese energische junge Dame, Brigitte Meng, ist örtliche Delegierte des »Internationalen Komitees des Roten Kreuzes«. Sie verfügt über einen kleinen effizienten Stab und über ein eigenes Flugzeug. Die Frelimo-Regierung ist auf die Hilfe und auf die Vermittlung des IKRK so sehr angewiesen, daß Brigitte Meng sogar in offiziellem Auftrag Kontakt zu den Rebellen der Renamo unterhält. Die Aufständischen hatten vor geraumer Zeit zwei Russen entführt. Die sowjetische Botschaft bedrängte seitdem das IKRK mit diskreter, aber extremer Hartnäckigkeit, um deren Freilassung zu erwirken.

Jede Verbindung zwischen den isolierten Verwaltungszentren ist auf unregelmäßige Flüge angewiesen. Die effektive Präsenz der Frelimo-Behörden und der regulären Armee reicht über einen jeweiligen Radius von zehn Kilometern rund um die Provinzhauptstädte nicht hinaus. Die Truppe ist schlecht bewaffnet, unterernährt, kaum besoldet, demoralisiert. Bei ihren Vergeltungsschlägen gegen die Rebellen, die meist blind und tölpelhaft geführt werden, leidet die schwarze Landbevölkerung am meisten. Sie wird von beiden Seiten geplündert und drangsaliert. Kein Wunder, daß selbst in den fruchtbarsten Landstrichen die Agrarerträge nicht einmal zur Subsistenz ausreichen. Sämtliche Straßen und Schienenwege sind blockiert, die Brücken gesprengt. Lediglich die Bahnlinie und die Pipeline, die vom Hafen Beira nach Simbabwe führen, werden regelmäßig überwacht und notfalls freigekämpft. Hier hat Robert Mugabe, der Staatschef von Simbabwe, eintausendfünfhundert Mann seiner 5. Elite-Brigade im Einsatz. Mugabe will für seine Importe und die Ausfuhr seiner Produkte nicht ausschließlich auf das Wohlwollen der Republik Südafrika angewiesen sein. In der engen militärischen Zusammenarbeit mit den Stäben von Harare, dem ehemaligen Salisbury, sieht Samora Machel seine einzige Überlebenschance.

Die Hauptstadt Maputo – im äußersten Südzipfel dieses weitgestreckten Küstenlandes gelegen – bot ein verwirrendes, groteskes Bild. Rund fünfzig Botschaften sind hier bei einer Regierung akkreditiert, die nur noch ein paar Fetzen ihres nationalen Territoriums verwaltet. Dazu kommt die stets überzählige Kohorte der vielen UN-Funktionäre, die sich ebensowenig wie die Diplomaten im Landesinnern bewegen dürfen. Alle internationalen Entwicklungsprojekte – unter hohen Kosten und dem üblichen Personalaufwand entworfen – bleiben graue Theorie.

Im Frühjahr 1977 waren wir noch ohne Schwierigkeiten nach Quelimane, der Provinzhauptstadt von Zambeze, gereist und hatten in deren Umkreis stümperhafte, aber recht milde Kollektivierungsmaßnahmen der Frelimo-Partei sowie deren Erntefeste gefilmt. Heute wäre das ein tödliches Unterfangen. Wir waren damals über Tete zum Staudamm von Cabora Bassa gelangt. Dieses gigantische Projekt war in den letzten Jahren der portugiesischen Präsenz mit Finanzhilfe und technischer Beteiligung westeuropäischer, vor allem auch deutscher

Firmen vorangetrieben worden. In der Bundesrepublik waren die Sympathisanten der Frelimo Sturm gegen die deutsche Beteiligung am Bau dieses gigantischen Elektrizitätswerks gelaufen, das angeblich den portugiesischen Fremdherren und den südafrikanischen Rassisten zugute käme. Die schwedische Dritte-Welt-Lobby, von Premierminister Olof Palme ermutigt, hatte den Verzicht der skandinavischen Beteiligung an Cabora Bassa erzwungen. Dann kam die Unabhängigkeit, und die Frelimo, die sich bei ihren Partisanenaktionen stets gehütet hatte, auch nur einen Leitungsmast dieser Musteranlage zu sprengen, schätzte sich glücklich über den Besitz der von Portugal hinterlassenen Energie- und Devisenquelle. Jeder ausländische Besucher – auch jene Frelimo-Fans aus Stockholm, die gegen Cabora Bassa protestiert hatten – wurde zur rituellen Huldigung an den Staudamm und in jene mächtigen Turbinenhallen geführt, die unlängst noch von denselben »Tiersmondisten« als Symbol und Instrument des Imperialismus gebrandmarkt worden waren. Am Ufer des Stausees von Cabora Bassa konnte man über Sinn oder Unsinn von Wirtschaftssanktionen in Schwarzafrika meditieren.

In der Bezirkshauptstadt Tete hatten wir auf der Rückfahrt eine unerträglich heiße Nacht verbracht. Die feuchte Luft klebte an den felsigen Hängen des Zambezi. Die strategische Brücke über den Fluß wurde 1977 durch ein kleines Militärkontingent aus Tansania geschützt, das Julius Nyerere seinem Freund Samora Machel zur Verfügung gestellt hatte. Im »Hotel Zambeze« tummelten sich die Ratten unter den Tischen des Restaurants. Die Speisen rochen faulig und waren ungenießbar. In der früheren Hauptgeschäftsstraße des Europäerviertels war nur noch ein Supermarkt geöffnet, wo in Ermangelung anderer Waren ein paar Plastikschüsseln angeboten wurden. Die zerlumpten, eingeschüchterten Schwarzen aus den umliegenden Buschdörfern bewegten sich vor dieser verlassenen portugiesischen Kulisse wie Schlafwandler.

In jenen Tagen gaben sich die Russen von Maputo noch einem trügerischen Triumphgefühl hin. Bei Nacht rollten vom Hafen Panzer – wenn auch ältere Modelle – zu den Kasernen der Revolutionsarmee. Die sowjetischen Stäbe richteten sich in Mosambik nicht auf die Bekämpfung antikommunistischer Freischärler ein. Sie wollten die Frelimo-Armee zur schwerbewaffneten Vorhut der Weltrevolution gegen Pretoria ausbauen. Offenbar spekulierten die Militärberater aus Moskau allen Ernstes auf einen konventionellen Zusammenprall mit der Armee Südafrikas. Sie planten für diesen Fall die Evakuierung Maputos und der Südprovinzen ein und bereiteten ihre schwarzen Verbündeten auf eine Art »afrikanisches Stalingrad« am Zambezi vor, wie mir ein jugoslawischer Beobachter grinsend versicherte. Im Hafen von Maputo war ich 1977 Zeuge, wie ein russischer Zerstörer anlegte und den Verteidigungsminister des Frelimo-Regimes feierlich an Bord empfing. Die Matrosen waren in schneeweißer Uniform angetreten. Es wurde gepfiffen und musiziert. Man hätte meinen können, die rote Admiralität wolle den Wahnvorstellungen des Wilhelminischen Reiches nacheifern, als läge die Zukunft der Weltrevolution auf dem Wasser. Dabei operierte die sowjetische Flotte wie einst die kaiserlich-deutsche aus einem »nassen Dreieck« heraus, heiße dieses nun Murmansk, Sewastopol, Kaliningrad oder Wladiwostok. Admiral Tirpitz, so schien uns, hatte in Moskau gelehrige Schüler gefunden: maritime Hybris einer Kontinentalmacht.

Das Jahr 1977 mitsamt seinen Illusionen liegt weit zurück. Die russischen Ausbilder – etwa tausenddreihundert an der Zahl – müssen sich schleunigst auf bewegliche Partisanenbekämpfung umstellen. Sie lieferten ein paar jener Kampfhubschrauber vom Typ MI-24, die sich in Afghanistan bewährten. Ansonsten tun sie sich schwer mit der Umfunktionierung der mosambikanischen Armee, zu der ihr jeder psychologische Zugang versagt bleibt. Die Rebellen rissen immer weitere Gebiete an sich. Als der Kriegerstamm der Maconde im äußersten Norden, der die Hauptlast des Befreiungskampfes gegen die Portugiesen getragen hatte und sich von der politischen Verantwortung durch die Leute des Südens ausgeschlossen fühlte, zur Renamo überging, vollzog Samora Machel eine bemerkenswerte Kehrtwendung: Er schickte Offiziere und Unteroffiziere seiner Armee nach Simbabwe, wo sie von britischen Instrukteuren für die Busch-Guerilla trainiert werden. Den Russen muß es den Atem verschlagen haben. Nun rächt sich auch, daß die Frelimo in ihrer ersten Herrschaftsphase die Gottlosenkampagne forciert hatte. Mochte die Verhaftung des schwarzen Bischofs von Beira von den schwarzen Katholiken noch halbwegs passiv hingenommen worden sein; als der atheistische Feldzug sich jedoch auch gegen die Moslems richtete, die amerikanischen Schätzungen zufolge zwischen 40 und 60 Prozent der Gesamtbevölkerung ausmachen und die vor allem beim Macua-Volk überwiegen, ertönte der Aufruf zum Heiligen Krieg. Schon ging das Gerücht um, Saudi-Arabien und das Sultanat Oman würden über die Relaisstation des Comoren-Archipels die muslimischen Mudschahidin Nord-Mosambiks mit Waffen beliefern.

Alle Spekulationen in Maputo kreisen um die zentrale Frage: Wer steht hinter der Renamo? Wer hat die »Nationale Widerstandsbewegung« der »bandidos armados« ins Leben gerufen? Wer finanziert sie? Aus welchen Elementen setzt sie sich zusammen? Eine klare Antwort gibt es nicht. In den Tagen der Unabhängigkeit hatten rechtsradikale Portugiesen versucht, das Rad der Geschichte zurückzudrehen. Ein lächerlicher Putsch der Kolonisten scheiterte im Ansatz und veranlaßte Samora Machel lediglich, die radikale Verstaatlichung des gesamten portugiesischen Eigentums zu verfügen. Von den etwa zweihundertfünfzigtausend Weißen in Mosambik sind die meisten nach Südafrika ausgewandert. Dort lebt heute – die Vertriebenen aus Angola kamen hinzu – eine lusitanische Bevölkerungsgruppe von knapp siebenhunderttausend Menschen. Die calvinistischen Buren haben ihre altangestammten Vorurteile gegen die Portugiesen beiseite geschoben. Früher hatten sie diese katholischen Navigatoren, diese dunkelhaarigen Südeuropäer, die sich hemmungslos mit den Eingeborenen vermischten, als »Seekaffern« bezeichnet. Unter den Portugiesen Südafrikas, zu denen sehr vermögende Leute gehören, sollen die rührigsten Gönner und Komplizen der Renamo zu finden sein.

In Mosambik selbst waren die schwarzen Kollaborateure der alten Kolonialmacht, vor allem die gefürchteten eingeborenen Spezialeinheiten der »Flechas«, nach der Unabhängigkeitserklärung notgedrungen in den Untergrund, besser gesagt in den Busch gegangen. Diese kriegserfahrene Truppe wurde zunächst von der weißen rhodesischen Regierung Ian Smiths mit offenen Armen aufgenommen, neu organisiert und dann als aktiver Unruhefaktor nach Mosambik eingeschleust. Natürlich hatte auch der südafrikanische Geheimdienst seine Hände im Spiel, denn Pretoria betrieb die Destabilisierung dieses prosowjetischen schwarzen Nachbarn aus Gründen der Selbsterhaltung. Mit auswärtigen Komplotten allein läßt sich der landesweite Erfolg dieser antimarxistischen Guerilla jedoch nicht erklären. Die bereits erwähnte Unzufriedenheit der großen Stämme des Nordens hat zweifellos der Rebellion den Boden bereitet, aber die wahre Verantwortung für den Zerfall des Staates muß dem Regime Samora Machel angelastet werden. Die Frelimo war untauglich für jede Form von Administration. Die Parteiwillkür, der ökonomische Aberwitz der schwarzen Ideologen trieben dieses einstige Agrar-Überschußgebiet in schreckliche Hungersnot. Dazu kamen plündernde Banden, verwilderte Rotten von Deserteuren der Frelimo-Armee, die in Ermangelung von Besoldung und Verpflegung durch die eigene Regierung ihren Unterhalt mit vorgehaltener Kalaschnikow eintrieben.

Bald war das ganze Land gelähmt. Die Sprengung von ein paar Masten der gigantischen Überlandleitung nach Südafrika reichte aus, um jeden Energie-Export aus Cabora Bassa zu unterbinden. Noch unlängst hatten auch westliche Kreise die These vertreten, die Renamo werde von Exil-Portugiesen geführt, von weißen Söldnern verschiedener Provenienz gegängelt. Als Beweis wurde ihr undurchsichtiger Repräsentant im Ausland, ein gewisser Evo Fernandes, erwähnt, ein Inder mit portugiesischem Paß, dessen Vorfahren aus Goa nach Lourenço Marques gekommen waren. Doch inzwischen hatte sich ein afrikanischer Aufstandsführer nach vorn geschoben. Der schwarze Partisanenkommandeur Alfonso Dhlakama etablierte sein Hauptquartier angeblich im ehemaligen Naturschutzpark Gorongoza. Am Ende kamen die Diplomaten von Maputo überein, daß in der Renamo verzettelte, aber durchaus autochthone Kräfte am Werke seien. Auf etwa fünfzehntausend bewaffnete Buschkrieger wurde diese allgegenwärtige Gespensterarmee geschätzt.

»Das ist das Ende«

Ich habe meinen schwarzen Fahrer Alfredo aufgefordert, mich bis an die äußerste Grenze des kontrollierten Regierungsgebietes zu fahren. In seinem dunkelblauen Anzug mit gleichfarbigem Schlips und weißem Hemd paßte er gar nicht in diese Stadt. Alfredo setzte sich ohne Einwand ans Steuer. Ich gab ihm die nördliche Richtung nach Beira an. Die verödeten Außenviertel lagen bald hinter uns. Zu beiden Seiten der Straße lösten sich verlassene Werkanlagen und verödete Felder ab. In den Fabrikhöfen wucherte schon die tropische Vegetation. Aber die Spruchbänder priesen unentwegt den sozialistischen Aufbau und verkündeten der um sich greifenden Wildnis: »Es lebe die demokratische Massenorganisation!« – »Es lebe die Planwirtschaft!« – »Es lebe der Erste Mai!«

Wir sichteten verwahrloste Soldaten der Volksarmee, aber nirgendwo entdeckte ich eine Verteidigungsstellung. Ein paar Artilleriegeschütze waren wie zum Abtransport mit Planen zugedeckt. Keine Brücke war bewacht. Eine unbemannte Radarstation vergammelte am Rande des Busches. Immerhin arbeiteten ein paar Bäuerinnen auf den Maniokfeldern. Andere Frauen schäkerten mit indolenten Soldaten. Nach exakt sechzehn Kilometern erreichten wir eine Holzschranke, die die Straße nach Beira sperrte. Daneben lungerten vier Militärpolizisten. »Isto é o fim – Das ist das Ende«, sagte Alfredo und wendete den Wagen, ohne daß ich ihn dazu aufgefordert hätte. Hier also begann das Niemandsland, besser gesagt das Feindesland. Nur zwanzig Kilometer weiter nördlich bei dem Flecken Manhiça waren in der vergangenen Woche zwei Busse von den Rebellen überfallen, sämtliche Insassen zur Abschreckung massakriert oder schwer verletzt worden. Das Sanitätspersonal einer herbeigeeilten Ambulanz hatte das gleiche Schicksal erlitten.

Anschließend unternahmen wir einen Vorstoß nach Süden und überquerten den Rio Matola. Auch hier war an der strategisch wichtigen Betonbrücke kein einziger Soldat zu sehen. Im Flußhafen, über den früher der Warenverkehr von Transvaal abgewickelt wurde, war jede Aktivität erloschen. Von der Grenze nach Swaziland trennte uns nur noch eine halbe Stunde Autofahrt, aber Alfredo kehrte um. Ohne schwerbewaffneten Konvoi war hier kein Durchkommen, das hatte mir Brigitte Meng bestätigt. Ich war verblüfft über den Verzicht auf jede Art militärischer Abwehr. Kein einziger Graben war ausgehoben, kein Maschinengewehr in Stellung, nicht einmal eine Sandsackbrüstung aufgeschichtet. Maputo lag dem Zugriff der Rebellen frei wie eine offene Stadt.

Auf der Rückfahrt ließ ich vor einem verwahrlosten Krankenhaus halten. Über dem Eingang war die heilige Familie auf bunten Kacheln dargestellt. Die wenigen schwarzen Passanten drehten sich neugierig nach mir um, als ich die Losungen der Frelimo notierte, die die lange

Hospitalmauer verschmierten. Vor dem Hintergrund dieses verwesenden Staates war das eine närrische Zitatensammlung: »Die Kraft des Sozialismus ist unbesiegbar – Es lebe die Arbeiterklasse, die führende Kraft der Revolution – Es lebe der Marxismus-Leninismus – Tod den bewaffneten Banditen, Tod den Vaterlandsverrätern, Tod den Mördern unseres Volkes – Es lebe der wissenschaftliche Sozialismus – Das Krankenhaus muß die Basis des Kampfes gegen den Obskurantismus sein – Die Kraft des Sozialismus ist unbesiegbar – Die Frau ist ein Umwandlungselement der Gesellschaft – Es lebe die neue Schule – Es lebe Präsident Samora Machel, Held der Volksrepublik Mosambik!« – Orwell auf afrikanisch.

Der 24. Juli war offizieller Feiertag. Amtsstuben, Betriebe und Schulen machten auf höchste Weisung frei. Obwohl Präsident Machel gerade dabei war, unter dem bitteren Zwang der Realität eine ganze Reihe seiner ehemals hochgepriesenen Verstaatlichungen rückgängig zu machen, ließ er dieses zehnte Jubiläum des »Tages der Nationalisierung« mit ein paar Aufmärschen seiner Parteijugend zelebrieren. Im übrigen döste Maputo lethargisch wie an jedem anderen Tag vor sich hin.

Auf meinem Weg zur Kanzlei der US-Botschaft fielen mir im Hafenviertel die ungewohnten Sicherheitsmaßnahmen auf. Soldaten mit Kalaschnikows und russischen Stahlhelmen versperrten den Zugang der Gassen, wo sich früher einmal Matrosenkaschemmen und schäbige Bordelle drängten. Frustrierte weiße Südafrikaner hatten hier vor der »Independencia« unter Umgehung des heimischen »Immorality Act« ihren Drang nach schwarzem Sex befriedigt. Die Militärposten ließen mich ohne Identitätskontrolle passieren, während die schwarzen Fußgänger gründlich gefilzt wurden. Die amerikanische Botschaft arbeitete auch am Tag der Nationalisierungen. Ich war mit Botschafter de Vos verabredet und entdeckte endlich den Grund der Abriegelung. Präsident Machel – wie ein schwarzer Fidel Castro kostümiert – ließ sich beim Besuch eines Parteibüros nahe der Kais von einer Gruppe Getreuer zujubeln.

Mit Peter John de Vos hatte das State Department eine vorzügliche Wahl für Maputo getroffen. Der Botschafter sprach fließend Portugiesisch und hatte sich auf seinen Posten gründlich vorbereitet. Den Mosambikanern gab er in aller Klarheit zu verstehen, daß es nicht in Washingtons Absicht liege, die politischen Verhältnisse in ihrer jungen Volksrepublik umzukrempeln. Den Staats- und Parteichef Samora Machel, der vor der Unabhängigkeit als Krankenpfleger in einem portugiesischen Hospital gearbeitet hatte, schätzte er als jovialen, aufgeschlossenen Gesprächspartner, ja er sah in ihm – mit großem Aufwand an good will – einen politischen Führer von charismatischem Format. Diese Sympathie stieß offenbar auf Gegenliebe, denn bei allen offiziellen Anlässen wurde der Sendbote Ronald Reagans von dem marxistischen Präsidenten spektakulär in die Arme geschlossen und so privilegiert behandelt, daß dem sowjetischen Botschafter die Galle hochkommen mußte.

Niemand ahnte an diesem 24. Juli 1985, wie weit das Zusammenspiel zwischen Maputo und Washington bereits gediehen war. Peter John de Vos verschwieg mir wohlweislich, daß Samora Machel schon im September zu Präsident Reagan reisen und somit Südafrikanern und Russen eine drastische Umschichtung der strategischen Verhältnisse in Austral-Afrika signalisieren würde. Auch die Bundesrepublik profitierte übrigens von der prowestlichen Schwenkung der Frelimo, obwohl die mosambikanischen Sicherheitsbehörden weiterhin von DDR-Experten betreut wurden. Machel drängte in Bonn auf zupakkende Hilfe bei der Durchführung des zweiten Bauabschnitts von Cabora Bassa, ein recht unsinniges Vorhaben unter den gegenwärtigen Umständen, und regte hartnäckig den Bau einer Montagefabrik für Mercedes-Limousinen in Maputo an, als ob das Land keine anderen Sorgen hätte.

Für die Amerikaner stand noch immer das sogenannte Nkomati-Abkommen im Mittelpunkt aller diplomatischen Erwägungen. Am 16. März 1984 hatte die Volksrepublik Mosambik mit der von Weißen beherrschten Republik Südafrika eine Art Nichtangriffs- und Nichteinmischungspakt unterzeichnet, eine Sensation und auch ein Skandal in den Augen der übrigen Schwarzafrikaner. Beide Staaten versprachen hoch und heilig, keine Saboteure oder Terroristen mehr über die jeweiligen Grenzen zu schicken. Das Büro des »African National Congress« in Maputo wurde geschlossen. Jede subversive Aktivität dieser schwarzen Untergrundorganisation Südafrikas wurde auf mosambikanischem Boden unterbunden. Pretoria gelobte seinerseits, der Renamo in Zukunft jede Unterstützung zu verweigern. Das Treffen zwischen den Präsidenten Pieter Willem Botha und Samora Machel in dem Grenzflecken Nkomati verlief mit protokollarischem Pomp. Endlose rote Teppiche wurden bis zum exakten Treffpunkt ausgerollt. Botha und seine Buren-»Häuptlinge« traten im förmlichen »Stresemann« mit dem unvermeidlichen »Homburg« an. Machel hatte dreimal hintereinander einen der teuersten Schneider von Saville Row speziell aus London einfliegen lassen, um seine goldstrotzende Phantasieuniform aufs eleganteste taillieren zu lassen.

Das trügerische Wunschbild von der Solidarität der sogenannten afrikanischen Frontstaaten war in Nkomati geplatzt. Aber auch die Unterzeichner wurden um die erhofften konkreten Resultate geprellt. Der Bürgerkrieg in Mosambik kam nicht zur Ruhe. Es war ein schwaches Trostpflaster für Samora Machel, daß die Zahl der mosambikanischen Grubenarbeiter in Transvaal, die auf dreißigtausend herabgesunken war, nun wieder auf fünfzigtausend erhöht wurde. Gewiß, es hatte eine geheime Nachfolgekonferenz zwischen Frelimo und Renamo in Pretoria ein paar Wochen nach Nkomati stattgefunden. Aber die beiden Bürgerkriegsgegner trennten sich ohne irgendeine Vereinbarung. Im Gegenteil, die Renamo schlug nun im Grenzgebiet nach Transvaal noch unerbittlicher zu. Nachträglich stellte sich heraus, daß der Geheimdienst Pretorias den Draht zu den Rebellen nicht abreißen ließ. Es war geradezu extravagant, welche Männer sich in Pretoria im Namen des mosambikanischen Volkes begegnet waren, um einen Waffenstillstand der Bürgerkriegsparteien auszuhandeln. Die Renamo wurde durch den bereits erwähnten Inder Fernandes repräsentiert; die Frelimo-Regierung hatte den Staatssekretär im Präsidialamt, Jacinto Veloso entsandt. Dieser ehemalige portugiesische Militärpilot war während des Befreiungskampfes mit seinem Flugzeug zu den Partisanen der Frelimo desertiert. Den Beobachtern aus Ost und West verschlug es die Sprache.

Möglicherweise hat die Rebellenbewegung Renamo, als sie das Befriedungsgespräch von Pretoria vorzeitig abbrach, die Chance verpaßt, eine Koalition mit der Frelimo zu bilden und an den Staatsgeschäften Mosambiks teilzuhaben. In seinem Hauptquartier von Gorongoza hoffte der Aufstandsführer Dhlakama vielleicht, die Südafrikaner würden ihm die Eroberung der Hauptstadt Maputo gestatten, die fast ungeschützt in seiner Reichweite lag. Dhlakama und seine

Buschkrieger konnten sich wohl nicht vorstellen, daß Botha tatsächlich an der Weiterexistenz eines ausgelaugten marxistischen Regimes in Mosambik gelegen war. Eine Machtergreifung der Renamo hätte Pretoria vor unlösbare Probleme gestellt. Jede internationale Anerkennung wäre ausgeblieben, und Südafrika wäre mit einem zusätzlichen, überdimensionalen »Bantustan« belastet worden, das permanente Intervention erfordert hätte.

Es sollte für die »Resistencia Nacional de Mozambique« noch sehr viel schlimmer kommen. Nachdem Samora Machel sich auf die Kooperation mit den Amerikanern eingelassen hatte, erhielt er plötzlich tatkräftigen Beistand aus Simbabwe. Robert Mugabe kombinierte die Blitzoffensive seiner von Nordkoreanern ausgebildeten »Crack«-Brigade mit einem letzten Aufgebot der zermürbten Frelimo-Armee. In Ermangelung südafrikanischer Protektion mußten die Banden Alfonso Dhlakamas ihr »Réduit« von Gorongoza im September 1985 fluchtartig räumen. Ein entscheidender Sieg Machels war diese Waffentat natürlich nicht. Die Guerilla würde sich endlos weiterschleppen, aber der Absturz der Frelimo in die totale Niederlage war aufgehalten.

Am Nachmittag vor meinem Weiterflug nach Pretoria habe ich noch eine Autofahrt längs der Küste unternommen. Jenseits der Badestation Costa do Sol beginne die Unsicherheitszone, war ich gewarnt worden. Über eine sandige Piste ist Alfredo trotzdem drei Kilometer weitergerollt. Ein paar Schwarze, Braune und Weiße räkelten sich am flachen Strand des Indischen Ozeans. Eine Kooperative für Fischfang, durch eine Holztafel mit rotem Stern stolz ausgewiesen, hatte nur ein paar morsche Boote vorzuweisen. Die Hauptstadt lag kaum hinter uns, und schon waren wir von dorniger Wildnis und Spuren des Verfalls umgeben. Die Afrikaner lebten hier unter primitiven Strohdächern. Die häßliche Betonkirche aus portugiesischer Zeit war in ein klägliches »Centro Cultural« der marxistischen Einheitspartei umfunktioniert worden. Die stummen Eingeborenen sahen ausdruckslos an uns vorbei. Eine schmale Holzbrücke mit Schranke wurde von drei schläfrigen Militärpolizisten bewacht. Das war der äußerste Punkt unserer Erkundung.

Alfredo und ich stiegen aus dem Mercedes und blickten nach Süden. Der schwarze Chauffeur in seinem dunkelblauen, überkorrekten

Dienstanzug wirkte befremdend, fast unheimlich in diesem Rahmen der Verwahrlosung. »Isto é o fim – Das ist das Ende«, sagte er wieder, und plötzlich erinnerte er mich an den düsteren Todesboten in einem surrealistischen Film Jean Cocteaus. Jenseits der Dornakazien wurde die weiße Skyline von Maputo durch die klare, orangefarbene Abendstimmung verklärt. Die Metropole mit ihren Hochhäusern wurde zur Fata Morgana, zur unwirklichen Vision. Die ganze Volksrepublik Mosambik erschien mir als ein leeres Gehäuse, als eine Absage an jede staatliche Rationalität. Was wußten wir überhaupt über den tatsächlichen Zustand im Innern dieses Landes, dessen Provinzen niemand mehr aufsuchen konnte? Dieser Teil Afrikas drohte in den geschichtslosen Zustand vor der Kolonisation zurückzufallen, als weder topographische noch ethnologische Erkenntnisse über die wahre Beschaffenheit endloser Weiten vorlagen und die Kartographen die leeren Flächen mit den naiven Worten füllten: »Hic sunt leones – Hier gibt es Löwen.«

NAMIBIA – RAUM OHNE VOLK

Grenzwacht im Ovambo-Land

Windhuk, im August 1985

Im Moringa-Room geht es vornehm zu. In diesem exklusiven Dachrestaurant des »Kalahari Sands Hotel« von Windhuk ist die Rassenschranke längst beseitigt. An weißgedeckten Tischen mit Silberbesteck sitzen schwarze, braune und weiße Gäste. Die gemischtrassige Bedienung trägt Smoking. Schon bei meinem letzten Besuch in der Hauptstadt des ehemaligen Deutsch-Südwest im Jahre 1977 war die Colour-Bar im »Kalahari Sands Hotel« aufgehoben worden. Damals servierten hinter dem hufeisenförmigen Tresen des Moringa-Room auffallend schöne schwarze Mädchen. Sie trugen hautenge, meergrüne Ballkleider. Schultern und Rücken waren entblößt. 1977 herrschte gehobene Saloon-Atmosphäre im Moringa-Room, als wollte die weiße, aus Pretoria gesteuerte Generaladministration, die sich halbherzig zur Preisgabe der Apartheid in Südwest entschlossen hatte, diese Freizügigkeit gleich mit dem Brandmal sittlichen Verfalls stempeln.

Ähnliche Libertinage war in anderen Grenzgebieten oder Enklaven der Südafrikanischen Republik begünstigt worden. Den puritanischen Buren standen in Swaziland, Lesotho, Botswana, und neuerdings Bophutatswana zahllose Spielsalons und Speakeasys offen. In Mbabane, Maseru und Gabarone blickten sie den weiblichen Croupiers aller Hautfarben bis zum Bauchnabel ins freizüge Dekolleté. In den Nebenzimmern schummeriger Striptease-Lokale konnten sie sich mit Bantu-Mädchen oder Coloured-Girls verlustieren.

In Windhuk ist inzwischen das Steuer herumgerissen worden. Die umstrittene Übergangsregierung von Namibia-Südwest, die von

Staatspräsident Botha in den Sattel gehoben wurde, ist auf Respektabilität bedacht. Nicht nur im Kalahari Sands benimmt man sich jetzt brav und züchtig. Die gesamte Stadt Windhuk liegt nach Einbruch der Dunkelheit ausgestorben und langweilig unter dem Kreuz des Südens. Beim späten Spaziergang am Abend meiner Ankunft aus Johannesburg war lediglich der alte Gasthof »Kaiserkrone«, ein Überbleibsel aus wilhelminischer Zeit, noch mit bunten Glühbirnen erhellt. Beat-Musik drang auf die Straße. Im Biergarten trafen sich gemischtrassige Partner der untersten Kategorie. Rachitische schwarze Strichmädchen schäkerten mit schmuddeligen weißen »Drop-Outs«. Im Sommer 1961, bei meinem ersten Aufenthalt in Windhuk, hatte in der »Kaiserkrone« der deutsche Gesangverein getagt. Die biederen Sänger von Südwest hätten sich damals nicht träumen lassen, daß ihre Stammkneipe jemals zur Lasterhöhle verkommen würde. Sie übten Chöre von Carl Maria von Weber, Albert Lortzing und stimmten deutsche Volkslieder an. Mit zunehmendem Biergenuß schmetterten sie auch trutzige Weisen aus der »kaiserlichen, der glücklichen Zeit«.

Mein heutiger Gesprächspartner im Moringa-Room ist der Justiz- und Informationsminister der neuberufenen Übergangsregierung. Minister Kozonguizi hat seinen athletischen schwarzen Leibwächter am Eingang des Restaurants postiert. Er läßt sich durch den eleganten Rahmen des Roof-Restaurants nicht beeindrucken. Kozonguizi ist jahrelang Anwalt, Barrister am Londoner Gerichtshof gewesen und entstammt einer Häuptlingsfamilie jener Herero, die sich ohnehin als Herrenrasse Namibias betrachten.

Wir reden über die Chancen und die Widersprüche der jüngsten Kabinettsbildung, die sämtliche Rassen und Stammeseinheiten Namibias – elf insgesamt – berücksichtigen soll. Auch in den offiziellen Verlautbarungen setzt sich allmählich die Namensgebung »Namibia« für das ehemalige Mandatsgebiet Südwest durch, abgeleitet von der Namib-Wüste längs der Südatlantikküste. Das pseudo-parlamentarische System, das 1977 mit der sogenannten Turnhallen-Konferenz in Gang gesetzt wurde, krankt weiterhin an der unzureichenden Repräsentation des Ovambo-Volkes. Die Ovambo siedeln im nördlichen Sektor Namibias, greifen weit in das benachbarte Angola über und bilden etwa 50 Prozent der Gesamtbevölkerung. Bei den Ovambo behauptet sich seit 1973 die SWAPO, die »Volksorganisation für Südwestafrika«, als beherrschende Nationalistenpartei. Die SWAPO-Politiker haben sich in den Wandelgängen der Vereinten Nationen durchgesetzt, wurden von der UNO sogar als einzig legitimierte Unabhängigkeitsbewegung im Mandatsgebiet Südwestafrika anerkannt. Die SWAPO führt den Partisanenkrieg im Norden, verfügt über rückwärtige Basen in Angola und zwingt die Südafrikanische Republik zu militärischer Kraftentfaltung längs der Grenze am Cunene-Fluß.

Kozonguizi gehört der Führung einer rivalisierenden schwarzen Gruppe an, der »Nationalen Union von Südwestafrika« (SWANU). Als junger Mann war er ebenfalls in den Wandelgängen des Glashauses von Manhattan für die Unabhängigkeit Namibias eingetreten. Seine Bewegung ist von der SWAPO überholt und abgehängt worden. Wie stets in Afrika gaben die Stammesbindungen den Ausschlag. Die SWANU war überwiegend bei den Herero beheimatet und damit von Anfang an in die Minderheit gedrängt. Kozonguizi weiß um die Unhaltbarkeit eines Staatsentwurfs, der eine angemessene Interessenvertretung für Ovambo und Kavango, Caprivi und Herero, Damara und Nama, Coloured und Weiße, Buschmänner und Rehobother-Baster, ja – wenn möglich – auch noch für das versprengte Grüppchen von sechstausend Tswana schaffen sollte. Mochte der Bure Dirk Mudge, der in der Übergangsregierung als Finanzminister amtierte und unter den Auspizien der Turnhallen-Allianz immerhin die Abschaffung der Apartheid durchgesetzt hatte, noch so hartnäckig im Verfassungsrat nach einer glaubwürdigen Unabhängigkeitsformel für Namibia suchen. Die gesamte übrige Welt lehnte dieses artifizielle »multiracial« Experiment von Windhuk bereits als kaum modifizierte Neuauflage südafrikanischer Bantustan-Politik ab. Bei freien, international kontrollierten Wahlen, so prognostizierten die meisten Beobachter, würde die SWAPO zwischen 70 und 80 Prozent der Stimmen erhalten, zumal ihre Propaganda neuerdings auch bei den Kavango, der zweitstärksten Ethnie Namibias, auf fruchtbaren Boden fiel.

»Ob wir es mögen oder nicht«, sagte der Herero-Minister, »das Schicksal Namibias ist von dem Südafrikas nicht zu trennen. Sogar die SWAPO ist sich dessen bewußt. Was hier an Reformen und Zugeständnissen praktiziert wird, mutet wie die Vorwegnahme ähnlicher

Maßnahmen an, die Staatspräsident Botha für Pretoria erwägt.« Ich gab zu bedenken, daß das menschenleere, rassisch verschachtelte Namibia – dieses »Land ohne Volk« – kaum als Prüfstand einer gesamtsüdafrikanischen Lösung in Frage komme. Aber die Buren haben wohl eine seltsame Neigung für extrem komplizierte juristische Konstruktionen. Schon mit der Schaffung der sogenannten »Homelands«, die sie in winzige Parzellen zerstückelten und der Außenwelt als unabhängige Bantu-Staaten präsentierten, hatten sie sich in ein absurdes Puzzle eingelassen.

»Wir gemäßigten Politiker von Namibia fürchten das Chaos, den wirtschaftlichen Niedergang, den Bürgerkrieg. Zu viele Staaten Schwarzafrikas werden von diesen Plagen heimgesucht«, fuhr Kozonguizi fort. »Es muß doch eine Möglichkeit der schwarzen Eigenstaatlichkeit geben, die Wohlstand für alle verheißt und die Rechte der Minderheiten wahrt. Wir wollen nicht die ›white supremacy‹ gegen die Willkür einer schwarzen Stammes-Hegemonie eintauschen.« Der Minister sprach mich auf meine Kongo-Erfahrungen an. Er habe diese Vorgänge der frühen sechziger Jahre aufmerksam verfolgt, während er sich als junger Mann bei den Vereinten Nationen in New York aufhielt. Es gelte jetzt, eine Wiederholung der Kongo-Tragödie im Süden Afrikas zu verhindern. Wenn er von der Überwachung freier Wahlen in Namibia durch UN-Kontingente, von einer Garantie der Minderheitenrechte durch die Präsenz der Weltorganisation höre, dann müsse er an den Präzedenzfall von Leopoldville denken, und ihm werde angst und bange. Er bedanke sich für solche Einmischung. »Vestigia terrent«, kommentierte der Anwalt mit einem Anflug von Koketterie.

Wir wandten uns einem peinlichen Thema zu, dem Vernichtungsfeldzug der deutschen Schutztruppe gegen die Herero im Jahre 1904. Unter Führung von Samuel Maharero hatten sich die Krieger- und Viehzüchterstämme der Herero gegen die wilhelminische Kolonialherrschaft erhoben und zahlreiche weiße Farmer massakriert. Die Folgen waren schrecklich. Nachdem die Aufständischen am Waterberg vernichtend geschlagen wurden, erließ General von Trotha seinen berüchtigten Vernichtungsbefehl, der auch in Berlin Protest und Abscheu auslöste. Mit Frauen und Kindern wurden die Herero in die Kalahari-Wüste gejagt. Dort ließ man sie verdursten und verhungern.

Dieser Akt der Barbarei, dieser »Völkermord«, hatte die Zahl der Herero zu Beginn des Jahrhunderts von achtzigtausend auf fünfzehntausend Menschen reduziert.

»Wir haben uns nie davon erholt. Heute leben wieder knapp achtzigtausend Herero im alten Südwest«, sagte Kozonguizi. »Dagegen sind die Ovambo, die 1904 etwa gleich zahlreich waren wie wir, auf eine halbe Million angewachsen. Die fünfundzwanzigtausend Deutschen von Namibia, die ein knappes Drittel der weißen Community ausmachen, möchten sich heute so gern auf die Herero als politisches Gegengewicht zur Ovambo-dominierten SWAPO stützen. Aber die Geschichte ist unerbittlich. Die Söhne zahlen den Preis für die Sünden der Väter.« Mit zunehmender Unsicherheit hätten seit 1976 rund vierzigtausend Weiße das ehemalige Mandatsgebiet verlassen, bestätigte der Minister. Die Mehrzahl der Herero habe sich in der schwarzen Township Katutura am Rande von Windhuk niedergelassen. Nur eine Minderheit lebe in der ausgedehnten Steppenzone, die man ihnen als Weideraum zugewiesen habe. »Die Geschichte Afrikas ist mit Blut geschrieben«, beschloß Kozonguizi das Gespräch, »die alte Feindschaft zwischen Deutschen und Herero gehört der Vergangenheit an. Wir sollten Dornen und Disteln darüber wachsen lassen wie über den Gräbern am Waterberg.«

Ich begleitete Kozonguizi zum Fahrstuhl. Der Leibwächter wich keinen Zoll von seiner Seite. Das war kein überflüssiger Schutz. Der Herero-Häuptling Klemens Kapuuo, den ich 1977 als Präsident der »Demokratischen Turnhallen-Allianz« interviewt hatte, ein schwerfälliger, aber autoritätsbewußter Mann, der als Staatschef des unabhängigen Namibia im Gespräch stand, war 1978 vor seinem Geschäft in Katutura durch einen Attentäter der SWAPO erschossen worden.

In der Kaiserstraße von Windhuk sorgt eine überwiegend schwarze Kundschaft aus Katutura für den bescheidenen Wohlstand der weißen Ladenbesitzer. Mächtig gewachsene Herero-Frauen, in feierlich wallende Kleider gehüllt, bewegen sich dort majestätisch unter dem eckig geknoteten bunten Kopftuch. Mir fielen vor allem die zahlreichen Soldaten in der erdbraunen Uniform der südafrikanischen Streitkräfte auf. Viele von ihnen – auch Unteroffiziere – waren Mulatten. Die Waffengattungen unterschieden sich durch bunte Baretts. Zum militärischen Briefing über die Lage längs der Angola-Grenze wurde ich zu einer Baracke am Rande des Militärflugplatzes geleitet. Oberst Klaus Crohn, ein deutschstämmiger Südwestler, erstattete den Lagebericht. Dem kräftigen Mann mit dem sonnenverbrannten Farmergesicht kam das Wort »Namibia« nur widerstrebend über die Lippen. Er erzählte vom zügigen Aufbau der sogenannten »Gebietsmacht« von Südwestafrika.

Seit 1977 hatte sich tatsächlich ein beachtlicher Wandel vollzogen. Etwa zwanzigtausend Milizsoldaten waren – in ganz Namibia rekrutiert – zu ethnisch geschlossenen Formationen, meist in Bataillonsstärke, zusammengefügt worden. 64 Prozent des Mannschaftsbestandes, so versicherte Oberst Crohn stolz, setze sich aus Nichtweißen zusammen. Es gab gesonderte Einheiten für Herero und Damara, Ovambo und Kavango, Nama und Caprivi, für die Rehobother-Baster – farbige Abkömmlinge eines versprengten Burentrupps – und für die Buschmänner. Im Alter zwischen achtzehn und fünfundzwanzig Jahren sei jeder Einwohner von Südwest im Prinzip verpflichtet, zwei Jahre zu dienen. Genau gerechnet müsse er 780 Tage für Grundausbildung und später im Rahmen von Bürgerwehrübungen bei der Truppe zubringen.

Im Raum von Windhuk war die Brigade 91 – aus Weißen und Coloured bestehend – mit leichten Schützenpanzern ausgerüstet. Jede Rassendiskriminierung sei in der »Gebietsmacht« abgeschafft, beteuerte der Oberst. Alle erhielten, ihrem Rang entsprechend, die gleiche Löhnung. In der Brigade 91 wohnten braune und weiße Milizmänner in den gleichen Quartieren. 67 Prozent des gesamten Mannschaftsbestandes sei permanent im nördlichen »Frontgebiet« gegenüber Angola im Einsatz. Die Gebietsmacht bewähre sich dort im Abwehrkampf gegen die »SWAPO-Terroristen«. Buschmänner würden als unermüdliche Fährtensucher besonders geschätzt, wenn es darum ginge, bewaffnete Eindringlinge in Savanne und Steppe aufzuspüren.

Ich erinnerte den Oberst an die Kongo-Ereignisse vor fünfundzwanzig Jahren, an die Meuterei der von den Belgiern kommandierten Force Publique. Ob er nicht ähnliche Enttäuschungen in Namibia befürchte? Aber Crohn war zuversichtlich. Offenbar verlassen sich die meist südafrikanischen Offiziere der Gebietsmacht auf die tief verwurzelten Stammesfeindschaften, spekulieren darauf, daß die Rehobother-Baster – um nur sie zu nennen – mit den Ovambo niemals gemeinsame Sache machen würden. »Wir haben die Kongo-Wirren sorgfältig studiert«, winkte der Oberst ab. »Sie wissen doch, daß zahlreiche Südafrikaner auf seiten Moise Tschombes kämpften.« Manche dieser »Söldner« ständen heute im Dienst der südafrikanischen Armee. Ich fragte auf gut Glück nach einem flüchtigen Bekannten aus den Katanga-Feldzügen. Ein deutscher Reisläufer, »Kongo-Müller« genannt, war seinerzeit von einem Kamerateam aus der DDR als »der Mann, der lacht« portraitiert worden und hatte dadurch eine gewisse Berühmtheit erlangt. »Sie kennen Siegfried Müller?«, strahlte Oberst Crohn. »Er ist zur Zeit in einem Ausbildungslager bei Kapstadt tätig. Wenn wir Glück haben, können Sie ihn sofort per Telefon sprechen.« Er ließ sich mit Kapstadt verbinden. Keine zwei Minuten später hörte ich die joviale Stimme von »Kongo-Müller«, tauschte ein paar Banalitäten mit ihm aus und hängte nachdenklich wieder ein.

Das Briefing, zu dem Oberst Crohn über die Situation in Angola ausholte, war weniger befriedigend. Ich wußte bereits, daß die Aktivität der SWAPO-Guerilleros, die aus der ehemals portugiesischen Kolonie ins Ovambo-Land einsickerten, immer spärlicher wurde. Die namibische Exilorganisation verfügte angeblich über tausendfünfhundert voll ausgebildete, erfahrene Partisanen. Die Mehrzahl wurde jedoch von der prosowjetischen Regierung Angolas zur Bekämpfung der Aufstandsbewegung UNITA eingesetzt, die weiterhin unter dem Befehl Jonas Savimbis stand. Die in Angola stationierten Kubaner wurden auf fünfundzwanzigtausend Mann beziffert. Die Zahl der russischen, ostdeutschen und nordkoreanischen Militärberater schätzte Crohn auf drei- bis fünftausend, womit er vermutlich etwas übertrieb.

Im Kalahari Sands war ich tags zuvor einem drahtigen, etwa dreißigjährigen Franzosen mit Borstenhaarschnitt begegnet, der sich mir als Sohn eines befreundeten französischen Offiziers vorstellte. Philippe, so lautete sein Vorname, hatte sich als Mitglied einer französischen Militärmission in Angola aufgehalten. Mit dem Segen Präsident Mitterrands waren zehn französische Hubschrauber vom Typ Dauphin und Gazelle an das marxistische MPLA-Regime von Luanda geliefert worden. Philippe, der – wie ehedem sein Vater – offenbar im Auftrag des französischen Nachrichtendienstes agierte, hatte sich im

Norden und im Süden Angolas umgesehen. In Namibia, wo die südafrikanischen Grenztruppen mit Puma-Helikoptern französischer Bauart ausgerüstet sind – sie waren vor der Machtübernahme Mitterrands überstellt worden –, bewegte sich Philippe, wie es schien, in sehr vertraulicher Mission.

Die unverhoffte Präsenz dieses »homme de confiance« erlaubte mir, die Angaben Oberst Crohns und der südafrikanischen Stäbe zu relativieren und gegenzuchecken. Oberst Crohn kam nämlich ins Schwärmen, wenn er die kämpferische Überlegenheit der Savimbi-Partisanen über die »Fuerzas Armadas Populares de Libertaçao de Angola« (FAPLA), die reguläre Armee von Angola, schilderte. Jonas Savimbis Organisation war in den zehn Jahren seit Proklamation der Unabhängigkeit ständig stärker geworden. Die großen schwarzen Völker der Ovimbundu und Balunda hatten sich ihm angeschlossen. Die Bahnstrecke, die vom Atlantikhafen Benguela nach Shaba, dem früheren Katanga, führt, war seit der »Independencia« gesprengt. Die UNITA-Freischärler zwangen Kubaner und Regierungs-Angolaner, die wichtigsten Städte des Innern, darunter Huambo, das frühere Nova Lisboa, wie belagerte Festungen zu schützen. Neuerdings verunsicherten die Anhänger Savimbis sogar die diamantenreiche Nordostregion, die an das zairische Kasai grenzt.

»Wir unterstützen die UNITA ohne jede Hemmung«, erklärte Crohn. »Wir werden Savimbi liefern, was immer er braucht. Er ist häufig in Südafrika zu Besuch. Wir erwarten von ihm, daß er bald seine große Offensive gegen Luanda einleitet und die Hauptstadt erobert.« Crohn war der Typ des unbeschwerten Troupiers. Die südafrikanischen Generalstäbler hingegen, die ich in Pretoria befragt hatte, wiesen einen Frontalangriff der UNITA auf die angolanische Hauptstadt als sträfliche Torheit weit von sich. Die Kubaner lauerten nur auf die Chance einer offenen Feldschlacht, in der die UNITA ebenso gründlich vernichtet würde wie jene Kamanyola-Division von Zaire, die Präsident Mobutu zwei Jahre nach der »Nelken-Revolution« in Nord-Angola einmarschieren ließ und die – mitsamt den FNLA-Banden Holden Robertos – von den Soldaten Fidel Castros zerrieben wurde. Das südafrikanische Oberkommando hatte die eigene Frühjahrsoffensive des Jahres 1977 noch nicht verwunden, als die Vorhut der Buren-Armee auf ein paar hundert Kilometer an Luanda herangerückt war, dort aber unter amerikanischem Druck und infolge eigenen logistischen Versagens in Bedrängnis geriet und überstürzt zurückgehen mußte.

In großen Zügen stimmten Crohn und Philippe jedoch in ihrer Lagebeurteilung über das südliche Angola überein. Die eigentliche Verteidigungslinie der FAPLA folgte etwa dreihundert Kilometer nördlich der Namibia-Grenze einer zerstörten Bahnlinie, die früher den Hafen Mossamedes mit Menongue verband. Die Stadt Lubango – bei den Portugiesen hieß sie Sa-de-Bandeira – war zum Bollwerk des MPLA-Regimes und seiner kubanischen Alliierten ausgebaut worden. Auf dem Militärflugplatz von Lubango wurden angolanische Piloten von sowjetischen Instrukteuren an MIG-Maschinen ausgebildet. Die Kampfhubschrauber MI-24 wurden von russischem Personal gewartet. Außerhalb der Dienststunden triumphierte das nationale Mißtrauen über den proletarischen Internationalismus: Angolaner, Kubaner und Russen waren in streng getrennten Quartieren untergebracht und mieden jeden Kontakt.

Jonas Savimbi, dieser bärtige Robin Hood, der von Freund und Feind nach Ojukwu von Biafra als die überzeugendste afrikanische Kommandeursgestalt beschrieben wird, verunsichert fast das gesamte Territorium der Volksrepublik Angola. Er hat FAPLA und Castristen auf die Städte zurückgeworfen. Die meisten Ortschaften sind nur noch per Flugzeug oder in massiven Panzerkonvois zu erreichen. Schon sechzig Kilometer vor den Toren Luandas tummeln sich Guerilleros der UNITA. Zur Sicherung der Hauptstadt mußten die Kubaner Dutzende ihrer Tanks in einem weitgespannten Verteidigungsring einbuddeln. Mit Hilfe einer Elite-Einheit bewachen und isolieren sie die Residenz des Präsidenten Dos Santos. Sogar der Stamm der Kimbundu, der in den ersten Jahren der Unabhängigkeit mit der marxistisch-leninistischen Einheitspartei sympathisierte, soll neuerdings den Rebellen zuneigen. Überall herrsche Hunger, Fäulnis, Anarchie. Wieder einmal ist in einem der reichsten Länder Afrikas jede staatliche Ordnung zusammengebrochen. Die Kaffee-Ernte ist auf höchstens 10 Prozent der früheren Erträge geschrumpft. Ohne die massiven Lieferungen westlicher Hilfsorganisationen wären weite Provinzen Angolas zum Hungertod verurteilt. Angesichts der mangelnden Bereitschaft oder der Unfähigkeit des Ostblocks, für das Lebensnotwendigste zu sorgen, habe sich der Angolaner Wut und Verachtung für alles Russische und Kubanische bemächtigt. Mit Zorn blicke das Volk auf die Privilegien der eigenen Partei-Nomenklatura.

Die Zustände in der einst so schönen Hauptstadt Luanda spotteten, laut Philippe, jeder Beschreibung. Das Elend der Massen sei erschütternd. Wilde tropische Vegetation habe sich ausgedehnter Stadtteile bemächtigt. In den prächtigen Avenidas von einst häufe sich der Unrat zu Bergen. Die Ratten seien die wahren Herren in dieser Kulisse des Untergangs. Allerdings habe in den letzten Wochen – nach Ankündigung einer Außenministerkonferenz der »non-aligned Nations«, die für September 1985 nach Luanda einberufen ist – eine fieberhafte Sanierungstätigkeit eingesetzt. Im Bau von Potemkinschen Dörfern sind die Angolaner offenbar gelehrige Schüler ihrer russischen Meister. Das marxistische Regime bemühte sich, den einreisenden Gästen der blockfreien Welt und den sie begleitenden Korrespondenten die Illusion eines halbwegs normalen Lebens vorzugaukeln. Die DDR lieferte zehntausend Plastiksäcke, um wenigstens den knietiefen Unrat im Umfeld der Konferenzgebäude wegzuschaffen. Moskau stellte zweihundert Personenwagen zur Verfügung. Indien schickte – sage und schreibe – achthundert Kugelstifte. Ägypten stellte Handtücher und Bettlaken, Jugoslawien zwei Müll-Autos. Abgefülltes, sauberes Trinkwasser wurde in Flaschen aus Portugal eingeflogen, das Hotel Presidente mit Lebensmitteln aus Frankreich versorgt und sogar ein internationales Telefonsystem für die kurze Dauer der Konferenz installiert. Die voraussichtlichen Kosten dieser kosmetischen Operation wurden auf einige hundert Millionen Dollar in harter Währung geschätzt. Sofort nach Abreise der Delegierten, so prophezeite Philippe, würde Luanda wieder im Unrat versacken.

Ich hatte Oberst Crohn meine vergeblichen Versuche geschildert, ein Visum nach Angola zu erhalten. Er machte eine einladende Handbewegung. »Warum haben Sie uns das nicht rechtzeitig wissen lassen? Wir hätten Sie in das Hauptquartier Savimbis nach Jamba transportiert.« In dieser Befehlszentrale unweit von Mavinga in Südost-Angola verfügt die UNITA über Verwaltungsstäbe, Hospitäler und Schulen. Natürlich wissen die kubanischen Kampfflieger, wo Jamba sich befindet, aber aus unerfindlichen Gründen wurde diese Schaltstelle der Rebellion bislang nie bombardiert.

Philippe war offenbar recht gut über ein gescheitertes südafrikanisches Commando-Unternehmen informiert, das die amerikanische Öffentlichkeit zutiefst erregt hatte. Am 21. Mai 1985 war der junge südafrikanische Hauptmann Petrus du Toit mit einem kleinen Sabotagetrupp in der Enklave von Cabinda überwältigt worden, als er sich anschickte, die Erdöl-Anlagen der Gulf Oil zu sprengen. Allem Anschein nach war du Toit – nach bester James Bond-Manier – von einem südafrikanischen U-Boot in Küstennähe ausgesetzt worden und im Schlauchboot an Land gekommen. Für Pretoria war das eine böse Schlappe. Das ohnehin ramponierte Ansehen des Präsidenten Botha im Weißen Haus erlitt schweren Schaden.

In Wirklichkeit, so meinte Philippe, war hier die schamlose Heuchelei der Supermächte aufgedeckt worden. Die einzigen Deviseneinnahmen der Volksrepublik Angola stammten aus der Petroleumförderung der US-Gesellschaft Gulf Oil. Mit diesen Royalties aus kapitalistischer Quelle finanziere die kommunistische MPLA die Niederwerfung ihrer politischen Gegner. Mit den US-Dollars der Gulf Oil bestreite sie sogar die kubanische Truppenpräsenz in Zentralafrika, was wohl der Gipfel des Zynismus sei, zumal der US-Congress fast zur gleichen Zeit durch Aufkündigung des sogenannten Clark-Amendments Präsident Reagan wieder die Möglichkeit eingeräumt habe, der Rebellenbewegung UNITA den Rücken zu stärken. Auch die Russen spielten falsch. An einer Beendigung des Bürgerkrieges könne Moskau nicht gelegen sein. Jede angolanische Regierung – mit oder ohne Beteiligung der UNITA – würde den Sowjets den Laufpaß geben, sobald im Innern halbwegs friedliche Verhältnisse herrschten.

Ob die Kubaner wohl unter gewissen Voraussetzungen bereit seien, Angola zu räumen, fragte ich. Bekanntlich forderte Washington eine solche, zumindest graduelle Evakuierung der Castristen als »conditio sine qua non« für die volle Beteiligung der SWAPO an der namibischen Unabhängigkeitsprozedur. »Wenn die Kubaner weggehen, das garantiere ich Ihnen, bricht das MPLA-Regime zusammen, und Savimbi ergreift die Macht«, lautete Philippes kategorische Antwort.

Am frühen Morgen ist in der deutschsprachigen Nachrichtensendung von Radio Windhuk mitgeteilt worden, daß das Städtchen Oshakati unmittelbar südlich der angolanischen Grenze in der vergangenen

Nacht mit Granatwerfern beschossen wurde. Der Schaden war relativ gering. Nur zwei Weiße, ein südafrikanischer Unteroffizier und seine Frau, wurden verwundet. Aber die relative Ruhe in diesem Sektor wirkt trügerisch. Bei den südafrikanischen Stäben gehen Meldungen über kubanische Truppenkonzentrationen in Südost-Angola ein. Philippe hatte erfahren, daß die Ostblock-Verbündeten der MPLA unter Ausnutzung des akuten Rassenkonflikts in Südafrika und entgegen ihrer bisherigen Praxis zu einer Generaloffensive gegen Savimbi ausholten und vielleicht sogar versuchen würden, sein Hauptquartier Jamba zu überrennen. Die Störaktionen der SWAPO im Ovambo-Land wurden hingegen als Ablenkungsmanöver gewertet. Sehr bald könnte sich die Armee Pretorias genötigt sehen, unter Verletzung des Stillhalteabkommens, das im Februar 1984 in Lusaka unterzeichnet wurde, der bedrängten UNITA zu Hilfe zu kommen und erneut in Angola einzufallen.

Ansonsten habe sich die Situation im Ovambo-Land seit 1977 kaum verändert, so wurde mir von allen Seiten versichert. Die Dinge hätten sich eher stabilisiert. Im Frühjahr 1977 war ich von der südafrikanischen Armee in die vordersten Stellungen geführt worden. Trotz der heißen Sonne herrschte hier keine High-Noon-Stimmung. Dies war kein aufregender Frontabschnitt. Jenseits des Cunene-Flusses, der eine tiefe Furche in die rostbraune Savanne grub, waren Beobachtungsposten der angolanischen Volksarmee zu erkennen. Die südafrikanischen Soldaten bewegten sich auf den Busch- oder Schotterpisten in kuriosen hochrädrigen Panzerfahrzeugen, die nach unten mit einem spitzen Kiel ausliefen. Dadurch sollte bei Minenexplosionen die Sprengwirkung zu beiden Seiten des Fahrzeugs abgeleitet und auf ein Minimum reduziert werden. Diese Mannschaftswagen, »Hippos« genannt, boten nur wenigen Passagieren Raum und mußten sehr aufwendig sein. Aber sie hatten sich offenbar bewährt.

In dem Außenposten Okalongo, nur zwei Kilometer von der feindlichen Grenze entfernt, hatten wir den Alltag dieses halbherzigen Partisanenkrieges gefilmt. Die schwitzenden Buren-Soldaten in der tropischen Landschaft weckten Erinnerungen an die Camps der amerikanischen Special Forces im Vorfeld von Kambodscha. Bei den Südafrikanern ging es sorgloser, ein wenig dilettantisch zu. Der SWAPO-Gegner wurde nicht sonderlich ernst genommen. Die meisten Patrouillen oder Spähtrupps auf den verminten Savannenpfaden wurden an Bord der explosionssicheren Mannschaftswagen vorgenommen. Schwarze Spurensucher und Hunde wurden auf eingesickerte Partisanen angesetzt. Allenfalls bei Nacht versuchten SWAPO-Emissäre, die Ovambo-Bevölkerung propagandistisch zu bearbeiten. Aus einer katholischen Mission gleich neben Okalongo waren unlängst hundert Schüler von den schwarzen Guerilleros nach Angola entführt worden. Die Missionare von Oshakati wußten allerdings auch von freiwilligen Übergängen zu den Aufständischen. »Jedesmal wenn einer unserer Ovambo-Zöglinge zu uns kommt und um ein paar Gebetbücher oder Rosenkränze bittet, weiß ich, daß er sich auf den ›Exodus‹ zur SWAPO vorbereitet«, hatte mir ein Pater anvertraut. »Dieses Überwechseln in das Lager der als Marxisten verschrieenen Rebellen vollzieht sich mit der Inbrunst einer religiösen Weihe.«

Schon im Frühjahr 1977 bemühten sich die südafrikanischen Militärs um die Aufstellung einer schwarzen Hilfstruppe. Sehr überzeugend wirkten die Übungen dieser improvisierten Ovambo-Rotte nicht. Der weiße Unteroffizier – ein breitschultriger Bure – brachte den schwarzen »Hiwis«, die sich gegen die Mehrheit ihres eigenen Volkes stellten, die Grundbegriffe militärischen Drills mit Trommelsignalen bei. Nach dem Exerzieren verlas er einen Auszug aus der Epistel des Apostels Paulus an die Korinther: »Wisset ihr nicht, daß viele in der Kampfbahn laufen, daß aber nur einer den Siegespreis erhält?«

Am Rande der Etosha-Pfanne, einem der schönsten Wildparks im südlichen Afrika, hatten wir unter den Zinnen und Schießscharten von Fort Namutoni gerastet. Hier befand sich einst der nördlichste Stützpunkt der deutschen Kolonisation. In diesem Fort hatten 1904 sieben Reiter der wilhelminischen Schutztruppe dem Angriff von hundert Ovambo-Kriegern standgehalten. Im Innern der kleinen Festung war diese Szene mit Hilfe von Zinnfiguren im Spielzeugformat rekonstruiert.

Gegen Abend kamen wir in Tsumkwe an, im Verwaltungszentrum der Buschmänner. Diese Ureinwohner Austral-Afrikas überleben am Rande der Kalahari, wo Namibia und Botswana aufeinanderstoßen. Seit Jahrtausenden nomadisierten sie als Jäger und Sammler in den Steppen und Savannen zwischen dem heutigen Kupfergürtel und dem

Kap der Guten Hoffnung. Dann brachen die Bantu-Eroberer von Norden herein, verdrängten diese unterlegene Rasse – ähnlich wie die Hottentotten des heutigen Nama-Stammes – in die trostlosen Durstzonen, unterjochten sie oder rotteten sie aus. Etwa fünfzehntausend Buschmänner mag es in Namibia noch geben, vielleicht auch weniger. Es lohnt, sich mit diesen freundlichen Menschen zu befassen. Sie verständigen sich mit Schnalzlauten. Als die Nacht über Tsumkwe hereinbrach, haben wir uns zwischen den Lagerfeuern zu ihnen gesetzt, neben ihre Schlafstellen aus geschichtetem Laub und ihre Windschilde aus Reisig. Sie führten uns ihre Tänze vor, jenes Jagdritual, das wir unverändert auf den prähistorischen Höhlengemälden am Brandberg wiederentdeckten. Ihre gelbliche Haut, ihre mongolischen Züge legten den Vergleich mit den rückständigsten Gebirgsvölkern Südostasiens nahe. Die Buschmänner haben keine Zukunft im unabhängigen schwarzen Austral-Afrika von morgen, und sei es nur, weil diese zwergenhafte Urrasse den Anspruch der Bantu-Völker auf das Recht der Erstgeburt durch ihre bloße Existenz widerlegt.

Der »braune Dunst« von Swakopmund

Windhuk, im August 1985

An der Kreuzung von Göring- und Leutwein-Straße finde ich mich am Sitz des südafrikanischen Generaladministrators für Südwestafrika ein. Louis Pienaar, ehemaliger Botschafter in Paris, ist ein weißhaariger Gentleman hugenottischer Abstammung, der sich mit mir lieber auf französisch unterhält als auf englisch. Seit die Regierung von Pretoria am 20. August 1985 den Ausnahmezustand über 36 Bezirke von Transvaal und Kapkolonie verhängte, ist natürlich auch in Namibia manches in Bewegung geraten. »Wir experimentieren den Übergang von der früheren Rassentrennung zu neuen gesellschaftlichen und bundesstaatlichen Modellen«, leitete der Generaladministrator das Gespräch ein. »Zwischen Cunene und Oranje werden Formeln realer Koexistenz zwischen Weiß, Braun und Schwarz getestet.« Insofern sei Windhuk, wo er gewissermaßen in doppelter Botschafterfunktion amtiere – Repräsentant Pretorias in Südwest-, Repräsentant Namibias in Südafrika – ein interessanter Platz. Binnen zwei Jahren solle Namibia der Unabhängigkeit zugeführt werden, notfalls ohne die SWAPO und unter Ausschaltung der Vereinten Nationen. Im übrigen sei Südwestafrika für jede Regierung in Pretoria als Einflußzone unverzichtbar. Was würde es denn bringen, wenn die Frontlinie des militanten schwarzen Nationalismus von der leicht zu verteidigenden Cunene-Linie im Ovambo-Land an die Oranje-Mündung in die unmittelbare Nachbarschaft der Kap-Provinz vorgeschoben würde?

Der Zugang zum Amtssitz des Generaladministrators war durch schwarze Bewaffnete in adretten Tarnuniformen gesichert. Ob er diesen Wächtern vertrauen könne, fragte ich Louis Pienaar. »Diese Männer stammen aus dem Caprivi-Zipfel«, antwortete er lächelnd. »Sie beherrschen außer ihrem Stammes-Idiom nur einige Brocken Englisch, können sich also mit der Afrikaans-sprechenden farbigen Bevölkerung von Windhuk gar nicht verständigen.« Später erfuhr ich, daß diese martialisch wirkende Leibgarde einer schwarzen Spezialtruppe angehörte, die »Koevoet«, zu deutsch »Brecheisen« genannt wird, und deren Brutalität gefürchtet ist.

Verhandlungen mit der SWAPO, so betonte Pienaar kategorisch, kämen nicht in Frage. Warum solle man den Extremisten der Exilorganisation zur Macht verhelfen, wo sich doch im Innern Namibias ein Trend zur Normalisierung abzeichne. Mit den »Terroristen« würde man schon fertig. Wahlen, die unter UN-Kontrolle stattfänden, müßten zwangsläufig zur Einschüchterung der gemäßigten Kräfte führen. Die Ovambo würden die übrigen Völkerschaften an die Wand drängen, und die Wiederholung einer demokratischen Wählerbefragung nach der schwarzen Machtergreifung sei ohnehin ausgeschlossen, wie alle Präzedenzfälle im übrigen Schwarzafrika bewiesen. Er wollte dem offiziellen Führer der SWAPO, Sam Nujoma, keine Repräsentativität zuerkennen; denn er stehe einer von Kommunisten und Marxisten gesteuerten Organisation vor. Die Tatsache, daß alle politischen Meetings der SWAPO mit christlichem Gebet und dem Absingen frommer Choräle beginnen, wurde vom Generaladministrator als Spiegelfechterei abgetan.

Für den Treff mit Daniel Tjongarero in der Church-Street verzichtete ich auf den Dienstwagen der Südwest-Verwaltung und mietete ein Taxi. Es klingt absurd: Mitten in Windhuk verfügt die schwarze

Widerstandsbewegung SWAPO, die im Norden blutige Kämpfe liefert, über ein offizielles Parteibüro – pro forma als »Institut für sozialen Fortschritt« ausgewiesen – und über einen anerkannten Sprecher. Daniel Tjongarero war mir aus dem Jahr 1977 bekannt. Dieses Mal traf ich ihn nicht im Parteilokal, das mit dem bärtigen Portrait Sam Nujomas und kriegerischen Darstellungen von schwarzen Partisanen geschmückt ist, sondern in einem Dienstraum der evangelisch-lutherischen Gemeinde.

Tjongarero hatte in den vergangenen acht Jahren erheblich zugenommen. Das bunte Sporthemd spannte sich über seinem Bauch. Der Spokesman der »Inland-SWAPO« sprach vorzügliches Deutsch. Der gebürtige Herero war als Sohn einer schwarzen Hausangestellten in einer deutschen Familie aufgewachsen. Tjongarero gab an diesem Nachmittag seinem Pessimismus über die weitere Entwicklung Namibias freien Lauf. Seine Hoffnungen waren geschrumpft. Die Freiheit seines Landes sei leider auch nicht durch westliche Vermittlungsaktionen zu erreichen. »Die Zukunft Namibias entscheidet sich weder in Angola noch im Ovambo-Land«, sagte er mit ungewohnter Härte, »sondern in den brennenden, gemarterten Townships unserer schwarzen Brüder von Südafrika.«

Ich wunderte mich, daß das Photo Sam Nujomas auf dem Schreibtisch Tjongareros fehlte. Vielleicht war diese Präsenz mit der kirchlichen Umgebung schwer vereinbar. Statt dessen hing das Bild eines anderen bärtigen Schwarzen an der Wand, eines grauhaarigen Patriarchen: Toivo ya Toivo, Vorkämpfer und Inspirator der namibischen Unabhängigkeit, der sich lange vor Nujoma gegen die Bevormundung Südwestafrikas durch Pretoria aufgelehnt hatte und schon vor achtzehn Jahren als politischer Häftling in das Gefängnis von Robben Island eingewiesen wurde. Diesen Vater des namibischen Staatsgedankens hatten die Südafrikaner im März 1984 freigelassen und wohl gehofft, er werde eine Gegenkraft zu Sam Nujoma bilden, die Reihen der SWAPO möglicherweise spalten. Die Rechnung ging nicht auf. In der schwarzen Satellitenstadt Katutura hatten ihm die Eingeborenen einen ziemlich lauen Empfang bereitet. Dann war Toivo ya Toivo über Sambia nach Angola ausgereist und dort in der Versenkung verschwunden. »Haben die Südafrikaner mit der Freigabe Toivo ya Toivos vielleicht erproben wollen, wie sich die Haftentlassung des ANC-

Führers Nelson Mandela in Südafrika auswirken würde?« fragte ich. Tjongarero zuckte die Schultern. Die Situation lasse sich doch nicht vergleichen.

Der Weg nach Katutura führte an der Beethoven-Straße, der Krupp-Straße, der Daimler-Straße vorbei. Das Eingeborenen-Ghetto am Rande von Windhuk wirkte weit friedlicher als bei meiner Visite vor acht Jahren. Die Drahtzäune waren entfernt. Es gab keine Eingangskontrollen der »Special Branch«. Bewaffnete Posten waren nicht zu sehen. Damals hatten neben den »Men's Hostels«, wo die schwarzen Kontraktarbeiter in festungsähnlichen Junggesellenquartieren hausen, weiße Polizisten ihre Schäferhunde dressiert. Man bedurfte der Betreuung durch einen Missionar, um sich ungehindert und ohne Verdächtigung in den Gassen von Katutura zu bewegen. Auch aus der Mulattensiedlung Khomasdal – die dort lebenden Coloured waren in der Mehrzahl Nachkommen von deutschen Schutztruppe-Soldaten – schien alle Spannung gewichen. Die Aufhebung der meisten Apartheid-Restriktionen in Südwest, die in der Erlaubnis für Schwarze und Farbige gipfelt, in den bisher weißen Siedlungsgebieten wohnen und dort Grundbesitz erwerben zu dürfen, wirkte sich offenbar doch positiv und besänftigend aus. Schockiert war ich weiterhin durch die strikte Absonderung der unterschiedlichen schwarzen Ethnien innerhalb ihrer Locations. Auf den buntbemalten, schuppenähnlichen Häuschen sind Buchstaben angepinselt: O für Ovambo, H für Herero, N für Nama, D für Damara. Die Afrikaner sind fein säuberlich geschieden, weil das angeblich dem eigenen Stammesbewußtsein entspricht und weil die Herero mit ihren ehemaligen Sklaven vom Volk der Damara nicht zusammenleben wollen.

Der späte Abend ist kühl in Windhuk. Pater Nordkamp hat mich im Kalahari Sands abgeholt und zu seiner bescheidenen Unterkunft am Rande der »Kleinen Werft« gefahren. Dort steht eine katholische Kirche. »Wir haben dieses Gotteshaus längst geschlossen, schon im Jahr 1961, als dieses Stadtviertel, das noch aus der deutschen Zeit den Namen ›Kleine Werft‹ trägt, von seinen Einwohnern, überwiegend Mischlinge, geräumt und dem Erdboden gleichgemacht wurde«, sagte der Geistliche. Für mich löste diese Erwähnung rassistischer Ausschreitung einen persönlichen Rückblick aus. Präzise im August 1961, als die Zerstörung der »Kleinen Werft« stattfand, hatte ich mich in der Hauptstadt Südwestafrikas aufgehalten. Der damalige katholische Generalvikar, Pater Henning, hatte die Willkür der Apartheid-Maßnahmen gegeißelt und düstere Voraussagen gemacht. Dabei schenkte er mir einen sauren Wein ein, der zu jener Zeit auf den sandigen Hügeln von Windhuk wuchs. Wir blinzelten in den roten Sonnenball, der hinter den kahlen Höhenkuppen im Osten – wir waren ja südlich des Äquators – hinter Kaiser-Wilhelm-Berg und Moltke-Blick unterging.

Eine dumpfe Unzufriedenheit gärte schon 1961 bei den Schwarzen von Südwestafrika; der Ausdruck »Namibia« war noch nicht geläufig. Es waren die Herero, die den deutschen Farmern in jenem Sommer Sorge bereiteten. Sie hatte die brutale Umsiedlungsaktion der Buren-Verwaltung am härtesten getroffen. Schon im Dezember 1959 waren alle Schwarzen, die am Rande von Windhuk in den Hütten der »Großen Werft« gelebt hatten, durch Einschüchterung und Gewaltanwendung in eine abgelegene neue Siedlung verfrachtet worden, der man den Namen Katutura gab. Neun Afrikaner waren dabei erschossen worden.

Pater Henning wußte, daß viele Herero sich von ihren lutherischen Missionaren abgewandt hatten. Die evangelische Kirche Südwestafrikas stand in jenen Tagen unter dem Einfluß sehr konservativer, burenfreundlicher Pastoren. Die Herero gründeten ihre eigene Kirche, in der der althergebrachte Ahnenkult eine große Rolle spielte, und sie pilgerten jährlich nach Okahanja, zum Grab des großen Häuptlings Samuel Maharero. Die Ovambo im Norden, so urteilte Pater Henning im Sommer 1961, seien noch zu stark in ihre überlieferten Stammesstrukturen eingebunden und wehrten sich kaum gegen die südafrikanischen Behörden von Südwest, die unter Mißachtung des emanzipatorischen Völkerbund-Auftrags das Apartheid-System Pretorias auf ihr Mandatsgebiet übertrugen. Allenfalls die in Katutura oder Walfisch-Bucht als Kontraktarbeiter lebenden Ovambo waren von dem heimlichen nationalistischen Aufbegehren erfaßt.

Die katholischen Missionen waren durch die wilhelminische Kolonial-Administration von Südwest systematisch benachteiligt worden. Die Folgen des Bismarckschen Kulturkampfes wirkten in Windhuk fort. Priester der römischen Kirche durften in den ersten Jahren der

Kolonisation allenfalls die katholischen Soldaten der Schutztruppe betreuen. Die Bekehrungsarbeit bei den Eingeborenen war ihnen prinzipiell untersagt. Die Narben aus der Vergangenheit und der Umstand, daß die calvinistische Buren-Kirche, die »Nederduitse Gereformeerde Kirk«, seit eh und je auf die Papisten mit argwöhnischer Verachtung herabblickte, hatten die Patres von Windhuk von Anfang an in ihrer Abwehrhaltung gegen jede Rassendiskriminierung bestärkt.

Im August 1977, sechzehn Jahre später, hatte Pater Henning mir in Ermangelung des selbstgekelterten Weins einen speziell für die Diözese gebrauten Schnaps – »Der Katholische« geheißen – serviert und mit Genugtuung verkündet, daß er auf eigene Faust und gegen die herrschende Verwaltungsvorschrift farbige Kinder in seiner Schule aufgenommen habe. Für die Turnhallen-Konferenz, die von Pretoria gefördert wurde, fand er selbst in seinen Predigten tadelnde Worte.

Inzwischen ist die Zeit in Namibia weitergeschritten. Der deutsche Bischof Koppmann ist durch einen Schwarzen abgelöst worden. Statt Pater Henning führt Generalvikar Nordkamp die Geschäfte der Diözese. Die Apartheid-Vorschriften sind im wesentlichen abgebaut worden. Es gibt keine gesetzlich verankerte Colour-Bar mehr im Erziehungswesen, und sogar der »Group Area-Act« ist theoretisch abgeschafft. »In unseren Kindergärten spielen längst Farbige und Schwarze«, meinte Pater Nordkamp, »aber jetzt bleiben die Weißen fern.« Der neue Generalvikar erschien mir noch resoluter als sein Vorgänger. Einen Teil seiner Ausbildung hatte er in holländischen Ordensniederlassungen absolviert, und das war nicht spurlos an ihm vorbeigegangen. Nordkamp plädierte in aller Öffentlichkeit für die Zulassung der SWAPO als legale Partei und für deren Teilnahme am demokratischen Wettbewerb. Das Argument, man werde damit dem Marxismus Tür und Tor öffnen, ließ er nicht gelten. Seine Ordensbrüder wußten um die Stimmung der Schwarzen in Katutura und in jenen Stammesterritorien, gegen deren Konstituierung als ethnische Mini-Staaten sogar die kompromißfreudigsten schwarzen Minister der gemischtrassigen Übergangsregierung neuerdings Sturm liefen. In Sam Nujoma sahen die Missionare gewiß keine Persönlichkeit vom Format eines Robert Mugabe oder eines Kenneth Kaunda. Aber der bärtige Partisanenführer im Exil sei für viele seiner schwarzen Landsleute – auch außerhalb der Ovambo-Gemeinschaft – zu einer Vaterfigur geworden. Ohne Berücksichtigung der SWAPO baue man auf Sand.

Diese These hat Pater Nordkamp unverblümt auf der Generalversammlung der sogenannten »Interessengemeinschaft der deutschsprachigen Südwester« verfochten, die am Tage meiner Ankunft in Windhuk, am 28. August 1985, gerade zu Ende ging. Er war dort auf heftigen Widerspruch gestoßen. Ein deutscher Vertreter der pro-burischen Nationalpartei trug auf dieser Tribüne die These von der genetischen Minderwertigkeit der Schwarzen, von der elitären Auserwähltheit der Weißen vor und erregte damit selbst in dieser überwiegend konservativen Runde Anstoß. Es kam fast zum Eklat. Die Deutschen von Südwest – es sind viele Neueinwanderer dabei, die erst nach dem Zweiten Weltkrieg kamen – bilden heute ein mißmutiges, in sich zerstrittenes Konglomerat. Der bisherige Vorsitzende der »Interessengemeinschaft«, Herbert Halenke, ein gebürtiger Südwester, beeindruckte mich hingegen durch seine bedächtige Ausgewogenheit. Es ist ihm gelungen, jene paar »Blut-und-Boden«-Figuren kaltzustellen, die 1977 noch das große Sagen hatten und sich im »Bund nationaler Deutscher« unter schwarz-weiß-roten Emblemen formierten.

Die Deutschen von Südwest sind ängstlich geworden, und das kommt ihrer politischen Vernunft zugute. Jede Woche wird dennoch in den Leitartikeln der beiden deutschsprachigen Blätter, der konservativen »Allgemeinen Zeitung« und der neugegründeten »Namibia-Nachrichten«, »Genscher-Organ« genannt, giftige Polemik ausgetauscht. Die Bonner Innenpolitik findet in der Sandbüchse von Windhuk einen seltsam verzerrten Widerhall. So segeln die »Namibia-Nachrichten« im Kielwasser sehr liberaler FDP-Thesen, während die »Allgemeine Zeitung«, von einem deutschnationalen Anthroposophen inspiriert, ihrer Sympathie für Pretoria freien Lauf läßt und – wie man munkelt – Kontakt zu Otto von Habsburg hält, zum »Kaiser von Europa«, wie die Liberalen von Windhuk lästern.

Selbst in Swakopmund, der musealen Hochburg wilhelminischer Tradition an der nebligen Küste des Südatlantik, soll der »Wind der Wandlungen« aufgekommen sein. Im Frühjahr 1977 hatten wir in der »Schützenkneipe« noch markige Sprüche vernommen. Angetrunkene junge Deutsche brachten es fertig, rechtsradikale Pose mit Gammler-Look zu vereinen. Die meisten von ihnen waren erst vor wenigen

Jahren aus der Bundesrepublik eingereist. Sie gebärdeten sich als erfolgreiche junge Aufsteiger und verspotteten die Buren als »Schlappohren«, obwohl sie deren »verkrampte« politische Vorstellungen oft teilten. Sie verdienten als Handwerker oder Techniker weit mehr Geld als die gleichaltrigen Südafrikaner und litten unter geringem Rassedünkel, wenn es um farbige Mädchen ging. Aus der »Schützenkneipe« – unter Bildern von Rommel und Hindenburg – dröhnte jeden Abend der Refrain: »Wir wollen unseren alten Kaiser Wilhelm wiederhaben«. Auch die Platte mit dem Badenweiler Marsch, dem »Marsch des Führers«, wurde regelmäßig aufgelegt. Zu später Stunde grölte man das Horst-Wessel-Lied. In Windhuk gab es damals ein geflügeltes Wort. Man sprach vom »braunen Dunst von Swakopmund«.

»Hart wie Kameldornholz ist unser Land ...« klang es am gleichen Abend aus dem »Grünen Krug«, der gutbürgerlichen Gaststätte der braven Leute von Swakopmund. Hier wurde nicht gelärmt und geprotzt wie in der verqualmten, lästerlichen »Schützenkneipe«. Im »Grünen Krug« pflegten wohlgesittete Männer und Frauen die Kunst des deutschen Volksliedes. »Am Brunnen vor dem Tore« und »Ännchen von Tharau« gehörten zum Repertoire, aber auch herzerwärmende Balladen aus der Zeit wilhelminischer Herrlichkeit: »Argonnerwald um Mitternacht ...« oder »Heia, Heia Safari ...«

Der alteingesessenen Deutschen hat sich Unsicherheit bemächtigt. Die Buren hatten ihnen nach zwei verlorenen Weltkriegen erlaubt, ihre Farmen zu behalten und im Land zu bleiben. Das schuf dankbare Bindungen an die Mandatsmacht. Aber seit sich schreckliche Gewitter über der benachbarten Republik von Pretoria zusammenbrauen, bemühen sich die weißen Südwester um Anpassung an den neuen Trend. Bisher war das schwarze Gesinde in herber, patriarchalischer Weise auf Distanz gehalten worden. Der »Kaffer«, so hieß es, wolle hart aber gerecht behandelt werden. Jetzt macht man den afrikanischen Knechten und ihren Familien Zugeständnisse, baut ihnen dezente Unterkünfte und betrachtet sie notgedrungen als die unberechenbaren Partner von morgen. Vor acht Jahren bereitete sich die Mehrzahl der Deutschen noch ohne Komplexe auf die bewaffnete Niederkämpfung der »Terroristenbanden« vor. Wir hatten eine weibliche Selbstverteidigungsgruppe gefilmt, das »Commando Alte Feste«. Erdbraun uniformierte deutsche Farmersfrauen und ihre burischen Nachbarinnen übten sich im Umgang mit Karabinern.

Unser Kameramann war offenbar durch die mangelnde Anmut, sagen wir es ruhig, durch die Plumpheit der weißen Amazonen fasziniert. Er hielt sein Objektiv lange und boshaft auf die mächtigen Hüftpartien und Gesäßrundungen dieser Kriegerinnen, als sie ächzend in Schützenstellung gingen. Nach der Knallerei stellten sich die Frauen der »Alten Feste« vor ihrem Unimog auf und sangen für uns das Südwester-Lied: »Hart wie Kameldornholz ist unser Land ...« Bei der letzten Strophe überkam uns denn doch leise Wehmut: »Und kommst du selber in unser Land und hast seine Weiten gesehen, und hat unsere Sonne ins Herz dir gebrannt, dann kannst du nicht wieder gehen. Und sollte man dich fragen: Was hält dich denn hier fest? Du könntest nur sagen: Ich liebe Südwest!« Eines ist gewiß, die künftige Nationalhymne des unabhängigen schwarzen Namibia wird anders lauten.

In seinem Anwaltsbüro habe ich Herbert Halenke gefragt, ob er denn nicht mit seiner »Interessengemeinschaft« dafür sorgen könne, daß die »Göring-Straße« im Herzen der Stadt endlich umgetauft würde, auch wenn mit ihr nicht der Reichsmarschall, sondern sein Vater, ein früherer Gouverneur von Deutsch-Südwest, geehrt werden soll. Er teilte zwar meine Bedenken gegen diesen Straßennamen, verwies jedoch auf andere Komplikationen, die bei einer systematischen Umbenennung entstünden. So müsse der Name des Strijdom-Airport geändert werden, denn der frühere südafrikanische Premierminister Strijdom sei ein Bannerträger der Apartheid gewesen. Der »Verwoerd-Park« sei aus gleichen Gründen unzeitgemäß. Hingegen würden die Deutschen von Windhuk weder auf ihre Kaiserstraße noch auf die bronzenen Denkmäler verzichten wollen, die den legendären Reiter von Südwest und den Gründer der Stadt, Hauptmann von François, verewigen. »Sollen doch die Schwarzen ihre eigenen Helden daneben aufstellen, den listenreichen Aufstandsführer Hendrik Witbooi oder den Herero-Häuptling Maharero«, meinte Halenke und wurde von dem deutschen Turnhallen-Delegierten Staby lebhaft unterstützt.

Dieses Mal bin ich nicht nach Steinhausen oder Blumenfelde zu den deutschen Viehzüchtern aufgebrochen. Sie begegnen den Besuchern aus der Bundesrepublik, vor allem den Journalisten, ohnehin mit deutlicher, manchmal freilich auch berechtigter Ablehnung. Bei aller Bemühung ist es schwer, von diesen Siedlerfamilien ein begeisterndes oder auch nur gewinnendes Bild zu zeichnen. Die meisten Farmer von Südwest sind in der Einsamkeit ihrer Steppe und ihrer Koppeln geistig verkrustet. Sie leben im spärlichen Kreis von Gleichgesinnten und sind durch riesige Entfernungen vom Nachbarn getrennt. Sie taten sich leicht, wenn sie den unbedarften Schwarzen ihres Gesindes als »Baas« gegenübertraten. Ein Herren-Dasein haben sie aber nie geführt. Weiße Gentlemen sind auf dem durstigen Boden Namibias nicht gewachsen. Die meisten deutschen Farmer sind kleine Leute geblieben, die über den Alltag ihrer Viehzucht nicht hinausblickten, die vor dem aufkommenden Wandel zurückschreckten und insgeheim einer fernen hohenzollernschen Epoche nachtrauerten, die so prächtig auch nicht gewesen sein kann, diese »bleierne Zeit« des General von Trotha.

Angesichts dieser Existenzen, deren Elle allzuoft ein schäbiges Mittelmaß war, sollte der frühe, seinerzeit heftig beklagte Verlust des deutschen Kolonialreiches in Afrika als Gunst der Geschichte betrachtet werden. In seinem Epos »Volk ohne Raum« hatte der nationale Barde Hans Grimm im Blick auf die Siedler von Südwest geschrieben: »Der deutsche Mensch braucht Sonne und Raum, um schön und gut zu werden ...« Wie lächerlich und großspurig diese Behauptung klingt, wenn der Staub der Kalahari über die geduckten, grauen Häuser zwischen Gobabis und Karasburg wirbelt!

SÜDAFRIKA – STURM AUF DIE WAGENBURG

Das Pigment als Zeichen der Auserwähltheit

Johannesburg, im August 1985

Mehr als eine Stunde ist die Linienmaschine Windhuk–Johannesburg über die menschenleere, braune Durststeppe von Botswana geflogen. Jetzt streckt sich die Hochebene von Transvaal unter uns mit exakt angelegten Getreidefeldern, sauberen Ortschaften, asphaltierten Straßen. Der junge Hauptmann neben mir wendet den Blick nicht von der wohlbestellten Landschaft. »Ich habe drei Monate an der Angola-Grenze im Caprivi-Zipfel gedient«, sagte er mit schwerem burischen Akzent, »Sie können sich nicht vorstellen, wie ich mich freue, nach Hause, nach Transvaal in die Zivilisation zurückzukommen. Schauen Sie doch mal nach unten; ist das nicht eine herrliche Gegend, die Gott uns geschenkt hat?«

Die Business-Class unseres Fluges war voll ausgebucht. Unter den Passagieren befanden sich zwei Schwarze, die mit größter Selbstverständlichkeit ihren Sitz neben einem weißen Nachbarn eingenommen hatten. Ich fragte den Hauptmann, dessen Namensschild ihn als Andries van der Merve auswies, wie sich diese Freizügigkeit in der Vorzugsklasse der »South African Airways« mit der strikten Rassentrennung vereinbaren lasse, die weiterhin bei der südafrikanischen Eisenbahn galt? Da werde sich demnächst auch eine Lockerung einstellen, entgegnete der Captain. Er selbst sei überzeugter »Afrikaaner«, aber die Leute seiner Generation hätten längst erkannt, daß mit gewissen demütigenden Bestimmungen der »petty Apartheid« Schluß gemacht werden müsse. »Die guten alten Zeiten sind für uns Weiße ohnehin vorbei«, meinte er lächelnd, »the good old times are gone.«

Plötzlich sah ich mich um ein Vierteljahrhundert zurückversetzt, im »Weißen Zug« von Leopoldville nach Matadi, wo ein müder Kolonial-Belgier fast die gleichen Worte gebraucht hatte. Ich wies Andries van der Merve auf diese Parallelität hin. Aber da ereiferte er sich. »Wir wissen, daß unsere neue Konzessionsbereitschaft im Ausland und vor allem auch bei den Schwarzen im Inland nicht als Großzügigkeit, sondern als Zeichen der Schwäche ausgelegt wird«, antwortete er. »Aber da täusche man sich nicht. Wir kehren uns ab von der ideologischen Starrheit unserer Politiker von gestern, ob sie Malan, Verwoerd oder auch Vorster hießen. An den Grundlagen unserer Existenz, an unserer Aufgabe als richtunggebende weiße ›Community‹ lassen wir aber nicht rütteln. Wir sind keine Belgier, keine Franzosen und auch keine Portugiesen. Selbst der Vergleich mit den britischen Siedlern von Rhodesien ist fehl am Platz. Wenn es denn nötig ist, werden wir uns wie die Vorväter in unserer Wagenburg, im ›Laager‹ verschanzen.«

Über dem Witwatersrand spannte sich der klare, blaßblaue Himmel des Austral-Winters. Die sechsspurigen Autobahnen führten an Villenvierteln und schmucken Apartmenthäusern vorbei. Bei dem Einreisenden mußte der Eindruck entstehen, er befinde sich in einem überwiegend weißen Land. Die schwarzen Townships waren bei der Trassierung dieser Überlandstraßen sorgfältig ausgespart worden. Die Wolkenkratzer von Johannesburg – gleißende Konstruktionen aus Glas und Chrom waren seit meinem letzten Besuch hinzugekommen – vermittelten den Eindruck eines afrikanischen Manhattan. Von Unruhe oder revolutionärer Spannung war bei den überwiegend schwarzen Passanten im Kern dieser Metropole keine Spur zu entdecken. Die Sicherheitsvorkehrungen wirkten diskreter als in Paris.

Das Carlton-Hotel war – wie die meisten Luxusherbergen der Südafrikanischen Republik – seit geraumer Zeit für alle Rassen freigegeben. Hier wurde eine Freizügigkeit vorgetäuscht, die für die bescheidenere Kategorie noch längst nicht galt und die den Durchschnittsburen von Oranje und Transvaal mit Abscheu erfüllte. Immerhin setzte das Carlton von Joburg oder das Burgerpark-Hotel von Pretoria Maßstäbe, die unweigerlich im Sinne einer zunehmenden Liberalität weiterwirken mußten. In der Hotelhalle, in der Cafeteria, an der Bar hielten sich zahlreiche Schwarze und Farbige als Gäste auf. Ein gutgekleidetes Bantu-Paar setzte sich zu mir an den Tisch und wirkte kein bißchen gehemmt. Wieder mußte ich an den Kongo des Jahres 1960 denken. »Die Schwarzen haben von den Hotelterrassen des Boulevard Albert Besitz ergriffen«, schrieb ich damals. In Leopoldville fehlte ihnen meistens das Geld, um Bestellungen aufzugeben. In Johannesburg gab es dieses Problem für die emanzipierten Schwarzen nicht.

Meine Verabredung mit einem Manager der Anglo-American Company, des beherrschenden Konzerns der Republik, verzögerte sich. In dem Maße, wie mein Whiskykonsum stieg, vertiefte sich meine meditative Stimmung. Als ich im Sommer 1961 Südafrika zum ersten Mal bereist hatte, stand das Land noch unter dem Schock von Sharpeville. Nach Krawallen in der dortigen Township hatte die Polizei blindwütig in die Menge der eingeborenen Demonstranten gefeuert. 69 Tote waren damals gezählt worden. Kurz zuvor hatte die Regierung Verwoerd die letzten Bande zum Commonwealth zerschnitten und ihre eigene Republik Südafrika ausgerufen. In jenem Schicksalsjahr war auch der Prozeß einer immer engstirnigeren Apartheid-Politik beschleunigt worden. Indern und Mischlingen – letztere waren immerhin in der großen Mehrzahl Abkömmlinge burischer Vorfahren – wurden die letzten Bürgerrechte aberkannt. Die Fanatiker der totalen Rassentrennung trieben diese »Coloured«, deren sehnlichster Wunsch es war, von den Weißen als halbwegs gleichberechtigt behandelt zu werden, mit Fußtritten gewissermaßen in die ungeliebte Front der schwarzen Solidarität. Die systematische Demütigung der Bantu-Bevölkerung, die in bösartige Pedanterie ausartete, konnte selbst pragmatische Anhänger der »white Supremacy« schockieren.

In jenen Tagen herrschte Triumphstimmung in den konservativen Gemeinden der »Neederduitse Gereformeerde Kirk«. Die burischen Nationalisten – vom geheimnisvollen mächtigen »Broederbond« gesteuert – hatten den letzten Rest britischer Bevormundung abgeschüttelt. Sie fühlten sich bestärkt in ihrem Gefühl göttlicher Auserwähltheit. Ihr calvinistischer Glaube hatte die Hautfarbe zum höchsten Kriterium der Prädestination deklariert. Die extremen Auswüchse dieser »Pigmentokratie« gingen so weit, daß die Kinder ein und desselben Ehepaares, sofern sie aufgrund unbekannter Erbfaktoren unterschiedliche Rassenmerkmale auswiesen, als Weiße oder als Coloured eingestuft werden konnten. Da auch so mancher weiße Bure aus früher Vortrecker-Zeit negroid vermischt ist, ohne daß das im Erscheinungsbild klar zutage träte, kam es zu grotesken und tragischen Situationen. Böse Zungen behaupteten, der Nationalheld Ohm Krüger wäre gemäß der rigorosen Auslese eines Malan oder Verwoerd in die geächtete Kategorie der »Coloured« eingereiht worden.

Im Frühjahr 1977, bei meinem vorletzten Aufenthalt, trauerte die schwarze »Community« um die Toten von Soweto. Über fünfhundert Demonstranten, meist Jugendliche und Kinder, waren in dieser Satellitenstadt Johannesburgs massakriert worden, als sie gegen die absurde Einführung des Afrikaans, des niederländischen Buren-Idioms, als obligatorische Unterrichtssprache und gegen andere Benachteiligungen protestierten. Premierminister Baltasar Johannes Vorster mußte wütend und widerstrebend eingestehen, daß der totale Rassenwahn seiner Vorgänger die Republik in die Sackgasse steuerte. Schon hielt Pretoria einen neuen verfassungsrechtlichen Entwurf bereit, ein kurioses Produkt politischer Schizophrenie. Der schwarzen Bevölkerungsmasse – auch in den Townships – wurde die südafrikanische Staatsangehörigkeit aberkannt. Dafür wies man ihr die »Bürgerrechte« sogenannter »Homelands« zu, weit verzettelter, meist winziger Stammesgebiete, denen sogar international anerkannte, staatliche Unabhängigkeit verheißen wurde. Der Flickenteppich dieser tribalistisch streng getrennten »Bantustans« sprach den Forderungen der schwarzen Nationalisten natürlich Hohn.

Im Sommer 1977 war ich kreuz und quer durch den ansehnlichsten dieser Ministaaten, die frischgegründete Republik Transkei, gefahren. Die unlängst proklamierte »Independence« von Transkei war nur in Pretoria zur Kenntnis genommen, in der übrigen Welt aber als Farce abgelehnt worden. In seiner »Hauptstadt« Umtala regierte damals schon der schwarze Quisling Kaiser Mantanzima – Kaiser war sein Vorname – mit Hilfe des Ausnahmezustandes. Durch Korruption und brutale Gewalt hielt er seine Opponenten nieder und bestätigte damit die weißen Rassisten auf erbauliche Weise in ihrem Vorurteil, der »Kaffer« tauge ohnehin nicht zum demokratischen »Self Government« und zur politischen Selbstverwirklichung.

Im gleichen Monat hatte ich Baltasar Johannes Vorster in seinem Regierungssitz von Kapstadt interviewt. Henry Kissinger hat diesen knorrigen Repräsentanten burischen Beharrungsvermögens angeblich als »alttestamentarische Erscheinung« beschrieben. Mir erschien John Vorster weniger eindrucksvoll. Im Gespräch wich er um keinen Zoll von der These des »verkrampten« Flügels seiner Nationalen Partei ab. Seine Zuversicht schien unerschütterlich. »Wir sind gewiß dankbar für jede fremde Hilfe, wenn wir von den Kommunisten und Marxisten angegriffen werden«, hatte er mir gesagt; »aber wir wären töricht, falls wir uns auf fremde Hilfe verließen. Es ist viel besser, auf sich selbst zu bauen und zu wissen, daß man auf eigenen Füßen steht. Fremde Hilfe würden wir allenfalls als eine Prämie betrachten. Meine gute alte Mutter hat mir stets gesagt, als ich noch ein kleiner Junge war, daß nur der gut bedient ist, der sich selbst bedient. Das ist – offen gesagt – der südafrikanische Standpunkt.«

Als bornierter holländischer Dickkopf, so blieb mir John Vorster in Erinnerung. Der damalige niederländische Botschafter in Pretoria mag für diese Beschreibung Verständnis haben. Dieser durchaus liberale Diplomat aus Den Haag hatte mir am selben Abend gestanden: »Was meine Mission in Südafrika so schwierig macht, ist der ständige persönliche Zwiespalt. Einerseits trete ich der Rassenpolitik Pretorias im Auftrag meiner Regierung aufs heftigste entgegen, andererseits glaube ich, in einen Spiegel zu blicken, wenn ich so manchem Buren gegenübersitze.«

Dieser Sommer 1985 steht wiederum im Schatten blutiger Ausschreitungen. In den schwarzen Ghettos brodelt es. Die Gewährung begrenzter parlamentarischer Rechte an 2,7 Millionen Coloured und neunhunderttausend Inder hat die Unzufriedenheit der dreiundzwanzig Millionen Bantu, die von jeder politischen Beteiligung ausgeschlossen bleiben, zur Raserei geschürt. Die wirtschaftliche Rezession tut ein übriges. Vor allem in den Townships des Witwatersrand und der östlichen Kap-Provinz kommt es zu Mord und Totschlag. Seit einem knappen Jahr fielen mehr als fünfhundert Schwarze dem repressiven Polizei-Einsatz zum Opfer. Drei bis vier Tote pro Tag sind zu beklagen.

Staatspräsident Pieter Willem Botha hatte ein paar Tage vor meiner Einreise den Ausnahmezustand in sechsunddreißig Distrikten verhängt und damit in der gesamten Welt einen Sturm der Entrüstung ausgelöst. Jetzt wollte niemand mehr zur Kenntnis nehmen, daß Pretoria sich tatsächlich von der ideologischen Verstocktheit vergangener Jahre abzuwenden begann und den schrittweisen Abbau einiger

Apartheid-Bestimmungen anpackte. So war der »Immorality Act«, der sexuelle Beziehungen zwischen Weißen und Farbigen oder Schwarzen mit hohen Strafen ahndete, widerrufen worden. Diese Liberalisierung komme nur den ausländischen Seeleuten und den weißen »Misfits« des schlecht beleumundeten Stadtteils Hillbrow zugute, hieß es jetzt; bei den Schwarzen sei die rassische Promiskuität ohnehin verpönt. Auch der »Job Reservation Act«, der den Bantu lediglich Handlangerdienste in Handwerk und Industrie zugestand, war längst außer Kraft gesetzt. In den Ministerien von Pretoria wurde überlegt, wie man den schikanösen Paßzwang für Schwarze, der jede Bewegungsfreiheit der Eingeborenen rigoros unterband, durch geschmeidigere Regelungen ersetzen könnte.

An meinen Beobachtungen aus den Jahren 1961 und 1977 gemessen zeichnet sich in diesem August 1985 eine tiefgreifende und positive Wandlung ab, nicht nur kosmetische Korrekturen, wie so oft behauptet wird. Die psychologischen Fronten haben sich sogar verkehrt. Es sind heute die weißen Neueinwanderer – Engländer, Deutsche, Portugiesen –, die mit Sorge, ja Angst in die Zukunft blicken. Sie halten Ausschau nach Ausweichpositionen, die für die weißen »Afrikaaner«, die Buren, unbeschreitbar, ja unvorstellbar sind. Bei den Schwarzen hingegen, so scheint mir, keimt die Erkenntnis der eigenen erdrückenden Überzahl, eine heimliche Siegeszuversicht, die durch die Anfechtungen plumper Unterdrückung zusätzlich exaltiert wird.

Beim »Paten« von Soweto

Soweto, im August 1985

Der schwarze Taxifahrer Jimmy zögerte keinen Moment, als wir ihn aufforderten, uns nach Soweto zu fahren. Mein Begleiter, der »Spiegel«-Korrespondent für Südafrika, Paul Schumacher, ließ seinen Sportwagen wohlweislich in der Europäerstadt zurück. Bei einer seiner letzten Reportagen in Alexandra hatte es Steine gehagelt. Auch an diesem strahlenden Sonntagvormittag waren wir auf Krawall gefaßt. In Soweto sollte der 67. Geburtstag Nelson Mandelas mit einer Massenkundgebung begangen werden. Seit dreiundzwanzig Jahren sitzt dieser angesehenste Führer des schwarzen Nationalismus in Südafrika hinter Gefängnismauern. Erst hat man diesen Sohn eines Xhosa-Fürsten aus Transkei auf Robben Island, dann im Pollsmoor-Gefängnis bei Kapstadt inhaftiert. Die Anklage gegen den Vorkämpfer des »African National Congress«, der in den Augen seiner Parteigänger schon vom Glanz des Martyriums verklärt ist, lautete auf bewaffneten Widerstand. 1961 hatte er den Kampfbund »Umkonto we Sizwe – Speer der Nation« gegründet. Neuerdings ging das Gerücht um, Präsident Botha wolle Mandela freilassen, ihm die Rolle eines verantwortlichen Gesprächspartners zuweisen und ihn auffordern, den schwarzen Aufruhr in geordnete Bahnen zu lenken. Das war eine sehr gewagte Spekulation, zudem niemand prophezeien konnte, ob die Stimme des greisen ANC-Chefs, dessen Gesundheit angegriffen scheint, tatsächlich bei den entfesselten Jugendlichen Gehör und Gefolgschaft finden würde. Nicht jeder schwarze Nationalistenführer verfügt über das Charisma und die unverwüstliche Natur eines Jomo Kenyatta.

Wir hatten die bescheidenen Reihensiedlungen der sogenannten »arme Blanke« hinter uns gelassen. Der Eingang des schwarzen Ghettos war unbewacht. An den hohen Beleuchtungsmasten fielen uns gedruckte Anschläge auf: »Mandela meeting banned«. Die Kundgebung zugunsten Mandelas war verboten worden. Dennoch war keine Nervosität zu spüren. Wir passierten die katholische Regina Mundi-Kirche, wo sich die Protestler oft sammelten. Die verschiedenen christlichen Konfessionen wetteiferten bereits um die Gunst des künftigen schwarzen Staatsvolkes. An diesem Sonntag waren die Portale von Regina Mundi lediglich für die Besucher des Hochamtes geöffnet. In den breit angelegten Durchgangsstraßen der Satellitenstadt ging es ruhig, fast schläfrig zu. Ich stellte fest, daß die niedrigen Häuser der Eingeborenen gepflegter waren als vor acht Jahren, daß in den kleinen Vorgärten Gras, Blumen und Sträucher wuchsen. Die Lebensbedingungen in Soweto, das seit 1976 mit Elektrizität und Wasser voll versorgt ist, sind denen anderer afrikanischer Städte – sei es in Nigeria, Kenia, Senegal oder Zaire – weit überlegen. Die Entrüstung europäischer und amerikanischer Südafrika-Besucher über die angeblich menschenunwürdigen Wohnverhältnisse in diesen schwarzen Außensiedlungen rühren oft aus ihrer Unkenntnis der Zustände in den unabhängigen schwarzen Staaten her. Gemessen am Luxus und an der Gediegenheit der weißen »Residential Areas« von Südafrika bot sich hier allerdings ein krasser Gegensatz.

Das große Sportstadion, wo die Einwohner Sowetos ihres inhaftierten Führers Mandela gedenken sollten, lag leer und einsam vor uns. Nicht einmal Sicherheitskräfte hatten sich dort postiert. In ihren stacheldrahtgeschützten Polizeikasernen saßen die überwiegend schwarzen Ordnungshüter lässig plaudernd unter der milden Sonne. Sie hatten die dunkelblauen Uniformjacken aufgeknöpft und wirkten in keiner Weise einsatzbereit.

Jimmy zeigte auf ein ausgebranntes Gebäude. »Das war eine Schule«, erklärte er, »hier in Soweto gehen die Kinder seit zwei Jahren schon nicht mehr zum Unterricht. Sie können sich die Sorgen der Eltern vorstellen. Der Schulstreik wird nämlich nicht von den Lehrern beschlossen. Die Bewegung geht von den Schülern aus und ist überhaupt nicht mehr kontrollierbar.« Ähnlich verhalte es sich bei den sporadischen Industriestreiks. Die Gewerkschaftsführer hätten dabei nur selten das Sagen. Häufig werde die Arbeitsniederlegung von irgendeiner Basisbewegung ausgelöst.

Der Chauffeur Jimmy war stolz darauf, Zulu zu sein. Dieses Kriegervolk, das in Natal und Ost-Transvaal beheimatet ist, betrachtet sich immer noch als Herrenrasse und hat die siegreichen Feldzüge seines »Kaisers« Chaka, des »schwarzen Napoleon«, wie ihn britische Chronisten tauften, nicht vergessen. Die Zulus hatten im Jahr 1879 sogar ein britisches Expeditionskorps bei Isandhlwana vernichtend geschlagen, ehe sie endgültig unterworfen wurden. In der Mehrheit lebt dieses schwarze Volk, vor dem einst das ganze Austral-Afrika gezittert hatte, im Homeland Kwazulu konzentriert, in einer Vielzahl widersinniger Enklaven des Berglandes nördlich von Durban und Pietermaritzburg. Ihr Fürst Gatsha Buthelezi, der als Premierminister des Homelands Kwazulu im Städtchen Ulundi amtiert, gilt als politischer Machtfaktor erster Ordnung. Er lehnt aus guten Gründen die Pseudo-Unabhängigkeit seines zersplitterten Mini-Staates ab, die ihm die Regierung von Pretoria aufdrängen wollte. Buthelezi hat seine Zulu-Gefolgschaft in der Kampforganisation »Inkatha« zusammengefaßt, die sich notfalls mit harten Schlägermethoden durchzusetzen versteht, zumal in den schwarzen Townships, wo die Grubenarbeiter aus Kwazulu meist in den Quartieren für Junggesellen, in »Men's Hostels«, untergebracht sind. Sie sind auch im Umkreis der weißen Städte ihrer Stammesüberlieferung treu geblieben, tragen bunte Wolldecken über den Schultern und verschaffen sich mit Hilfe ihres schweren Knüppels, den sie stets bei sich führen, Respekt. Bei den urbanisierten Schwarzen werden diese einfachen Männer vom Lande, diese »Bauerntölpel«, als »Wagadugus« verspottet.

Wie man den Namen »Inkatha« übersetzen könne, fragte ich Jimmy. Er antwortete nach kurzer Überlegung: »Wenn die Frauen Holz sammeln gehen und es zusammenbinden, entsteht ein Inkatha.« Der römische Begriff des Liktorenbündels, des »fascio«, hatte also eine afrikanische Parallele gefunden. Jimmy faßte allmählich Vertrauen zu uns. Wir fuhren an den verlassenen Bürohäusern der eingeborenen Kommunalverwaltung, des »Urban Bantu Council« (UBC) vorbei. »Unsere Stadtverordneten haben längst unter der Drohung der militanten Nationalisten jede Tätigkeit eingestellt«, kommentierte der Chauffeur; »wir nennen die UBC nur noch ›Useless Boys Clubs – die Clubs für unnütze Knaben‹.« In Soweto wie in ganz Südafrika war jede Aktivität des »African National Congress« strikt verboten. Statt dessen hatte sich die Massenorganisation UDF, »United Democratic Front« gebildet, in der auch Weiße und Braune vertreten waren. In der »Vereinigten Demokratischen Front« waren schwarze Nationalisten, Moskau-treue Marxisten und zahlreiche kirchlich inspirierte Emanzipationsgruppen organisiert. Die Führer der UDF, in der Mehrzahl heimliche ANC-Funktionäre, seien fast alle verhaftet, stellte Jimmy ohne sichtliche Anteilnahme fest.

Schon seit Jahren hatte die südafrikanische »Special Branch« unter den Nationalisten systematisch aufgeräumt. Als ich 1977 Johannesburg besuchte, war gerade der populäre Gewerkschaftsführer Steve Biko in einem Polizeirevier zu Tode geprügelt worden. Andere schwarze Häftlinge waren angeblich aus dem Fenster der Untersuchungsbehörde gesprungen, in der Zelle auf einem Stück Seife tödlich ausgerutscht oder gar mit letalen Folgen während des Verhörs vom Stuhl gefallen. Die politische Polizei des Apartheid-Regimes wollte offenbar alle verfügbaren Gesprächspartner, alle Kandidaten für irgendwelche Kompromißlösungen liquidieren. Neuerdings wurde diese mörderische Aufgabe von »Todesschwadronen« wahrgenommen, die vor allem in der östlichen Kap-Provinz, aber auch in Natal und im Witwatersrand unter den Wortführern der UDF und deren Anwälten wüteten.

Die »United Democratic Front« schien in diesen Tagen enthauptet zu sein. Sogar der Vorsitzende aller Reformierten Kirchen, der Kap-Mischling Allan Boesak, wurde verhaftet, als er bei der Bestattung schwarzer Opfer der weißen Polizei-Einschüchterung vor einem Hintergrund roter Fahnen mit Hammer und Sichel photographiert worden war. Wie einst zur Diskreditierung des schwarzen Amerikaners Martin Luther King versuchte die Polizei, dem Reverend Boesak einen Sittenskandal anzuhängen. Waren die Kader der UDF – in Abstimmung mit der Exil-ANC – überhaupt noch in der Lage, die brodelnden Kräfte des schwarzen Nationalismus in den Townships zu bändigen und zu steuern? Die Jugendlichen, die »Kinder«, wie Jimmy sagte, geben sich mit den Forderungen nach Gleichberechtigung und Partnerschaft mit den Weißen nicht mehr zufrieden. Sie verlangen die totale Machtergreifung, die schwarze Alleinherrschaft. Inspiriert und gegängelt werden sie durch die radikalen Aufwiegler der »Azanian People's Organization«, AZAPO, die jeden Kompromiß, jeden Kontakt mit den Weißen vehement ablehnt und ganz offen ihre Absicht proklamiert hat, alle Imperialisten und Kolonialisten ins Meer zu werfen, sie aus »Azania«, so nennen sie Südafrika, zu vertreiben. War es finsterer Machiavellismus, daß die südafrikanische Polizei die Agitatoren der AZAPO in Freiheit ließ, während man die UDF-Leader ausschaltete?

Die Erwachsenen von Soweto standen den sich steigernden Wutausbrüchen ihrer Kinder rat- und hilflos gegenüber. Einem deutschen Diplomaten hatte der schwarze Gärtner weinend von seinem Sohn erzählt, der bei den jüngsten Unruhen in Alexandra in die Tränengas-Schwaden der Polizei geraten war und mit verkrusteten Augen tagelang das Bett hüten mußte. Er habe mit haßverzerrtem Gesicht dagelegen, immer wieder die Faust geballt und »Black Power« geschrieen. Auch Jimmy schüttelte sorgenvoll den Kopf. »Wir Älteren haben einen Job, eine Familie, haben Angehörige, für die wir sorgen müssen. Aber die ›children‹ sind ohne solche Hemmungen und zu jedem Abenteuer bereit.«

Ich bat ihn, uns zu einer jener Bierhallen zu fahren, wo früher die Schwarzen nach Feierabend zusammenkamen, in kahlen Betonräumen oder auf dem nackten Erdboden kauerten und sich aus Plastikeimern das Bier literweise in den Mund laufen ließen. Diese Bierhallen seien heute bei den Schwarzen verpönt, klärte mich Paul Schumacher auf. Statt dessen treffe man sich in mehr oder minder komfortabel ausgestatteten Bars, »Shebeens« genannt, denen oft die Lizenz fehlte und die deshalb im vorteilhaften Ruf der Illegalität standen. Jimmy kannte sich bestens aus. Er führte uns in einen »Speak easy«, der besonders luxuriös ausgestattet war. Gäste waren noch nicht eingetroffen. Sie würden sich erst am frühen Nachmittag einfinden. So konnten wir in aller Ruhe die mächtigen, samtbezogenen Sessel, die Schränke und Tische im Stil des »Gelsenkirchener Barocks«, die perfektionierte Fernseh-, Stereo- und Videoanlage sowie eine unglaublich kitschige Ansammlung von Nippes auf den Mahagoniregalen bewundern. An der Decke war ein Zebrafell gespannt.

»Gehen wir doch zum Inhaber dieser ›Shebeen‹«, schlug Jimmy vor. Wir überquerten die Straße und betraten ein zweistöckiges Wohngebäude. Die Miete von hundertdreißig Rand sei für einen Durchschnittsverdiener unerschwinglich, klagte Jimmy. Man müsse schon ein gutes Nebeneinkommen haben. Immerhin könne ein Schwarzer neuerdings Wohneigentum, sogar Grund und Boden in Soweto erwerben. Wir wurden in das Apartment einer offenbar sehr gewichtigen Persönlichkeit eingelassen, denn Jimmy nahm eine unterwürfige Haltung an, als er uns einem etwa sechzigjährigen jovialen, aber sehr selbstbewußten Mann mit weißer, goldbetreßter Kapitänsmütze vorstellt. »Captain« Moloy war ein mächtiger Boß in Soweto. Er war nicht nur Inhaber zahlreicher mehr oder minder legaler Ausschänke, die bestimmt auch Treffpunkte für die gehobene Prostitution in Soweto waren; er besaß vor allem eine florierende Taxi-Gesellschaft. Jimmy war einer seiner Angestellten. Der Captain verfügte auch über eine eindrucksvolle Flotte von Mercedes-Limousinen prächtigster Ausführung, die er für festliche Anlässe und Repräsentationsfahrten vermietete. Mit dem Ausdruck Captain bezeichneten die Buren oft die Eingeborenenhäuptlinge. Moloy ließ uns trotz der frühen Stunde Whisky einschenken. Die Einrichtung seiner Wohnung war ebenso extravagant wie die der eben besichtigten Shebeen. Auf etwa fünfundzwanzig Häuser der Umgebung kämen fünf Ausschänke. Die Konkurrenz sei hart und der Alkoholismus im Steigen, sagte Moloy und schüttelte sich vor Lachen.

Wenn er seine weiße Mütze abnahm, kam ein spiegelglatter schwarzer Schädel zum Vorschein, und er wirkte dann gar nicht mehr harmlos. Er musterte uns mit einem Gemisch aus Wohlwollen und Argwohn. Vom Fenster aus zeigte uns der Captain seine in knalligen Farben gelackten Mercedes. An den Nummernschildern hatte er schwarz-rot-goldene Wappen mit der Aufschrift »Germany« angebracht. Er empfinde nun einmal eine große Sympathie für die Deutschen, meinte der Captain. Bei seinen verschiedenen Europa-Reisen habe es ihm in Hamburg am besten gefallen. Als kleiner, armer Junge im Zulu-Land habe er nur ein einziges langes Hemd als Kleidung besessen. Dieses Kleidungsstück sei ein deutsches Fabrikat und es sei unverwüstlich gewesen.

Obwohl Moloy ein typischer Zulu war, bekannte er sich nicht zur Stammesorganisation »Inkatha«. Auch mit der UDF wollte er nichts zu tun haben. Er sei Anglikaner wie Bischof Tutu. Als Geschäftsmann müsse er sich von Parteistreitigkeiten fernhalten. »Die Leute nennen mich hier den ›Paten‹, den ›Godfather‹«, betonte er immer wieder mit dröhnender Heiterkeit. »Um geachtet zu sein, muß man auch ein wenig gefürchtet werden. Es gibt so viele Banditen in Soweto, vor allem im verrufenen Stadtteil Zola. Sie haben sicher schon von diesen Gangstern, den ›Tsotsis‹, gehört. Schauen Sie den Aufkleber an, der auf allen meinen Autos angebracht ist.« Er hielt einen bedruckten Papierstreifen hoch und wir lasen: »Dieses ist ein Mafia-Wagen. Laß deine dreckigen Finger davon weg, sonst bekommst du es mit dem Paten zu tun! – Keep your dirty fingers off or else the Godfather will call on you!«

Der schwarze Mafia-Boß war fasziniert vom Gedanken an den eigenen Tod. Im Keller hatte er seinen silberbeschlagenen Sarg aufgestellt. Täglich, so berichteten seine Getreuen, versenke er sich in den Anblick dieser letzten Ruhestätte. Für ein angemessenes Grab hatte er längst gesorgt. Unter den Zechkumpanen, die sich an diesem Sonntagvormittag zusammenfanden, beeindruckten mich zwei schwarzgekleidete ältere Männer, die – wie der Ansteckknopf auf dem Jackenrevers auswies – Repräsentanten einer Beerdigungsgesellschaft, einer »Burial

Society«, waren. Beide saßen steif und feierlich in ihrer Totengräbertracht mit schneeweißen Hemden und schwarzem Schlips. Erst als sie das Wort an mich richteten, merkte ich, daß sie sturzbetrunken waren. Der eine zeichnete sich durch besonders adretten Haarschnitt und einen weißen Schnurrbart aus, ein schwarzer »Professor Unrat«, wie mir schien. Dieser zwielichtige Eindruck wurde verstärkt durch die Ankunft von zwei üppigen, blutjungen Bantu-Mädchen, deren Gewerbe leicht zu erraten war. Die Stunde für sexuellen Zeitvertreib war offensichtlich noch nicht gekommen. Die Mädchen kauften zwei Schnapsflaschen, kicherten und verschwanden.

»Die ›Beerdigungsgesellschaften‹ spielen bei uns eine große Rolle«, sagte der Captain; »sie fördern die Geselligkeit und die Solidarität. Ein schönes Begräbnis, das ist der Wunsch eines jeden, denn Sie wissen vielleicht, welche Rolle die Toten bei uns einnehmen.« Ich erzählte Moloy von ähnlichen Bräuchen im fernen Äthiopien, aber das interessierte ihn nicht. Einer seiner Mafiosi hatte auf der Straße ein Polizeiauto erspäht. »Sie suchen schon wieder nach illegalen Shebeens«, schimpfte Moloy. »In Wirklichkeit wollen sie Bestechungsgelder eintreiben.« Wir verabschiedeten uns mit dem in ganz Afrika üblichen dreifachen Händedruck, der sich um den Daumen dreht, und setzten unsere Fahrt durch Soweto fort.

In der Nähe war das Eingeborenenrestaurant »Kentucky Fried Chicken« bis auf die Grundmauern niedergebrannt. Angeblich war der Besitzer als Polizeispitzel entlarvt worden, und die Rächer der AZAPO hatten ihn bestraft. In Wirklichkeit handelte es sich wohl um einen ganz ordinären »Racket«. Die Tsotsis würden sich neuerdings oft ein politisches Mäntelchen umhängen, um ihre private, räuberische Selbstbereicherung aufzuwerten, hatte Moloy gesagt. Offenbar befanden sich die Untergrundbewegungen der schwarzen Townships in jener typischen Anfangsphase, wo kriminelle Instinkte und idealistischer Freiheitswille sich überlagern. Sowohl im besetzten Frankreich des Zweiten Weltkrieges wie im Algerien des Unabhängigkeitskampfes, so wußten die Zyniker zu berichten, hatte die Unterwelt sich von Anfang an in zwei Lager gespalten: die einen kollaborierten mit der Besatzungsmacht und wurden deren grausamste Folterknechte; die anderen stellten ihre professionelle Erfahrung in den Dienst der Freiheit und des nationalen Widerstandes.

Dieser Sonntag in Soweto war von ernüchternder Normalität. Es ging durchaus friedlich zu. Die Glocken riefen die Gläubigen zum Gottesdienst. Schwarze Sektenangehörige in blau-weißen Uniformen sammelten sich vor ihren Tempeln. Die Schulen waren oft mit politischen Parolen beschmiert: ANC stand dort oder »One Man – one vote!« Die Klassenfenster waren meist zertrümmert. Paul Schumacher zeigte mir eine Baracke mit Computer-Apparaten. Die Jugendlichen standen dort Schlange. Sie seien ganz besessen von diesen elektronischen Spielen und ungewöhnlich begabt für alle nur denkbaren Kombinationen. Wir fragten uns, ob das ein Ersatz sein könne für das traditionelle Schulsystem, ob der Personal-Computer den Bantu-Kindern, die sich dem Erlernen von Syntax und Algebra versagten, den Zugang zu den Zivilisations- und Kommunikationsformen der Zukunft öffnen würde. Ich mußte an meinen Freund Auguste in Brazzaville denken; hatte er sich also doch geirrt in seiner Voraussage über die Unfähigkeit der Schwarzen, mit der Welt von morgen Schritt zu halten?

Mit ohrenbetäubendem Gehupe kam uns ein Hochzeitszug entgegen. Die schwarze Braut trug Weiß. Mir fiel auf, daß es in Soweto an Supermärkten mangelte. Offenbar sollte der schwarze Arbeiter bei weißen Geschäftsleuten in der Europäerstadt kaufen. Eine Kinderparade – waren es Pfadfinder oder Pimpfe einer politischen Organisation? – zog in martialischem Gleichschritt, mit schwingenden Armen und starrem Blick unter Trommelwirbel an uns vorbei. Sie beachteten uns gar nicht. Überall prangten Plakate von leichtbekleideten Bantu-Beauties: Der Wettbewerb für »Miss Black South-Africa« war im Gange.

Unser Besuch in Soweto hätte auch ganz anders verlaufen können, ermahnte mich der »Spiegel«-Korrespondent. Die Gewalt in den schwarzen Townships entlud sich mit schrecklicher Plötzlichkeit wie ein Tropengewitter. Möglicherweise war zur gleichen Zeit in anderen »Locations« des Witwatersrand, der östlichen Kap-Provinz oder Natals die Hölle los, brannten Häuser, tobte die schwarze Menge, bluteten die Opfer. Dennoch war der ruhige Tag von Soweto sicherlich sehr viel typischer für die Gesamtsituation der Republik als die Krawalle, die immer wieder, aber recht sporadisch aufflackerten. Die Weißen Südafrikas befinden sich dabei in einer eigenartigen Isolation.

Ihre Wohnviertel sind meist so angelegt, daß sie von dem Aufruhr in den Bantu-Areas abgeschirmt bleiben. Allenfalls aus einer kurzen Zeitungsnotiz erfahren sie, daß es zu Ausschreitungen und Totschlag gekommen ist. Das südafrikanische Fernsehen hat jede Form von Gewalttätigkeit und Aufruhr aus seinen Nachrichtenprogrammen verbannt. »Black out«, so lautet die offizielle Informationspolitik.

Um so erstaunlicher war die Freizügigkeit, mit der Kamerateams und Photographen aus Nordamerika und Westeuropa in jenen Tagen arbeiten und ihre Aufnahmen in die heimischen Bildredaktionen verschicken durften. Sämtliche Fernsehanstalten der Welt strahlten die unerträglichen Bilder einer erbarmungslosen weißen Repression gegen unbewaffnete schwarze Demonstranten aus. Da brausten die gewaltigen Polizeipanzer, die »Hippos«, wie die frühen Kampfwagen der Hethiter zwischen die wehrlosen Protestler. Tränengas legte sich in dichten Schwaden auf die niedrigen Bantu-Häuser. Weiße »Ordnungshüter« mit wutverzerrten Gesichtern prügelten mit ihren Peitschen, den »Sjamboks«, auf schreiende Zivilisten ein, die sich bereits am Boden krümmten. Kavalleristen, durch Plastikhelme maskiert, jagten wie die Reiter der Apokalypse durch die Eingeborenenviertel und knüppelten jeden Schwarzen nieder, dessen sie habhaft wurden. Die Bestattungsfeiern der Repressionsopfer – oft durch anonyme Todesschwadronen zur Strecke gebracht – gestalteten sich unter Leitung des eingeborenen Klerus zu machtvollen Kundgebungen schwarzer Entschlossenheit. »Black Power« entlud sich gelegentlich unter den roten Fahnen der Weltrevolution, und die schwarzen Fäuste ballten sich gegen alle Weißen zur Geste der Verwünschung.

Was die südafrikanischen Behörden von Pretoria, die ja ohnehin nicht zimperlich sind, bewogen haben mag, die Außenwelt mit diesen zutiefst kompromittierenden Bildern zu füttern, bleibt dem Fremden unerklärlich, zumal hier eine exzessive Dramatisierung stattfand. Nach dem alten Grundsatz »good news is no news« wurde der banale Routine-Alltag Südafrikas ausgeklammert und statt dessen die punktuelle Tragödie zu einer Gesamtschau des Grauens und des Untergangs zusammengefügt. Maßlos verzerrte Parallelen wurden bemüht. So verglichen manche Kommentatoren die Zwischenfälle in Südafrika mit dem infernalischen Chaos des Libanon. Sehr spät entdeckte das Informationsministerium, daß eine Einschränkung journalistischer

Berichterstattung, wie die russische Praxis in Afghanistan eklatant beweist, das Ausmaß internationaler Kritik und Entrüstung erfolgreich eindämmen kann. Aber für Pretoria kam diese Erkenntnis zu spät. Das calvinistische Selbstverständnis, die liberale britische Pressetradition, das deklamatorische Bekenntnis zum demokratischen Westen setzten dem »Apartheid-Regime« psychologische Schranken, hinderten es, die Schotten ganz dicht zu machen.

Präzedenzfall Rhodesien

Johannesburg, im August 1985

Auf den geselligen Abenden in Johannesburg oder Kapstadt kreist die Konversation immer häufiger um die Ereignisse in Simbabwe. Anfang Juli 1985 haben in diesem nördlichen Nachbarland, dem früheren Süd-Rhodesien, Wahlen stattgefunden, die dem starken Mann von Harare, Premierminister Robert Mugabe, eine überwältigende Parlamentsmehrheit einbrachten und dennoch nicht zu seiner vollen Zufriedenheit ausgingen. Das Schicksal der Europäer von Simbabwe – ihre Zahl ist seit der schwarzen Machtergreifung vor fünf Jahren von einer Viertelmillion auf hunderttausend geschrumpft – beschäftigt die Weißen Südafrikas zutiefst, zumal wenn sie britischer Herkunft sind. Schon lesen manche das Menetekel an der Wand.

Dabei hatte alles so verheißungsvoll begonnen, als im Dezember 1979 das Lancaster-House-Abkommen unterzeichnet wurde. Mugabe, der Führer der schwarzen Mehrheitspartei ZANU (Zimbabwe African National Union), hatte sich als hochintelligenter, pragmatischer Politiker bewährt. Während des Freiheitskampfes hatte er sich an die Volksrepublik China angelehnt und – trotz seiner Jesuiten-Erziehung – zum Marxismus bekannt. Doch das wurde als geschickter taktischer Zug, als Lippenbekenntnis gewertet. Ein marxistischer Regierungschef stand in Afrika jenseits aller Verdächtigungen neokolonialistischer Komplizenschaft; er durfte ungestraft die eigene Parteimacht zentralisieren, erhielt im Ausland den Beifall des Ostblocks und der Neutralisten; im Westen wurde er von den Dritte-Welt-Utopisten hofiert.

Tatsächlich lief das Experiment Mugabe sehr viel positiver an, als so manche andere Staatswerdung in Schwarzafrika. Im Parlament von Simbabwe war laut Verfassung der weißen Minderheit ein Fünftel der Sitze vorbehalten, obwohl das bei einer schwarzen Einwohnerzahl von acht Millionen eine krasse Verzerrung war. Die Toleranz Mugabes ging so weit, daß er dem ehemaligen Premierminister des weißen Rhodesien, Ian Smith, der an der Spitze seiner »Rhodesian Front« einen unerbittlichen Krieg gegen die schwarzen Nationalisten geführt hatte, erlaubte, weiterhin seine einträgliche Farm zu bewirtschaften und politisch tätig zu bleiben. Die weißen Pflanzer bebauten immer noch den fruchtbarsten Boden. Ihre Zahl verringerte sich nach der schwarzen »Independence« von fünftausendzweihundert auf viertausenddreihundert, aber ihre Ernteerträge waren für das wirtschaftliche Überleben Simbabwes unentbehrlich. Sie erbrachten zwei Drittel der gesamten Agrarproduktion. Robert Mugabe hatte einen Engländer, Denis Norman, als Landwirtschaftsminister berufen und konnte sich dazu nur beglückwünschen. Das ursprüngliche Afrikanisierungsprogramm sollte 162000 Familien mit Landparzellen versorgen, die den Weißen abgekauft würden. Es blieb in den Anfängen stecken. Nur dreißigtausend landlose Bantu profitierten von dieser Reform. Doch dank systematischer Planung und vernünftiger Preispolitik, dank reichlicher Regenfälle, die der dreijährigen Trockenheit ein Ende setzten, steigerten die schwarzen Stammespflanzer ihre Maisernte dergestalt, daß sie 40 Prozent der Gesamtproduktion erzielten.

Simbabwe gehörte zu den ganz wenigen Staaten des schwarzen Erdteils, die Überschüsse ausweisen konnten. Die Behörden von Harare – unter den Briten hieß die Stadt Salisbury – haben den offiziell verkündeten »wissenschaftlichen Sozialismus« so zögerlich angepackt, daß bisher nur ein Prozent aller Produktionsmittel nationalisiert wurde. Manche Engländer, die sich in der Stunde der schwarzen Machtübernahme nach Südafrika abgesetzt hatten, bereuten bereits ihre Entscheidung und planten die Rückkehr nach Simbabwe.

Doch die jüngsten Ereignisse haben auf beiden Seiten ernüchternd gewirkt. Es herrscht Bitterkeit bei Schwarz und Weiß. Die Optimisten, die in dem Modellfall Simbabwe ein vielversprechendes Omen für die Entwicklung auch Südafrikas im Sinne eines »multiracial government« sehen wollten, wurden enttäuscht. Die Ergebnisse der jüngsten Parlamentswahlen haben Premierminister Mugabe in Rage versetzt. Die weißen Wähler, soweit sie sich nicht wie die meisten Inder und Coloured der Stimme enthielten, haben der »Konservativen Allianz« Ian Smiths zu fünfzehn Sitzen verholfen. »Die weißen Rassisten, die die Wirklichkeit Afrikas nicht anerkennen wollen und sich gegen die Führung des Landes durch die schwarze Mehrheit sträuben, haben bei uns keinen Platz mehr«, drohte Mugabe. Das Abkommen von Lancaster House sei für ihn nicht mehr wert als ein Stück Papier. Der erfolgreiche Landwirtschaftsminister Denis Norman wurde entlassen. Vieler weißer Farmer, die ihre Gewinne ohnehin nicht ins Ausland transferieren dürfen und die gelegentlich von den Stammeskriegern der Nachbarschaft bedrängt werden, bemächtigte sich Resignation. »Noch trügt der äußere Schein in Simbabwe«, sagen die nach Südafrika abgewanderten Weißen von Rhodesien; »aber wie soll ein Staat überleben, in dem viertausend weiße Farmer bedeutend mehr produzieren als achthundertfünfzigtausend schwarze Bauern? Welche Zukunft besitzt ein Land, in dem 53 Prozent der Bevölkerung weniger als fünfzehn Jahre alt sind, in dem auf acht Millionen Einwohner 1,5 Millionen Arbeitslose kommen, in dem die Geburtenrate bei 3,8 liegt und jedes Jahr zweihundertfünfzigtausend Jugendliche die Schule verlassen, ohne die geringste Hoffnung auf berufliche Betätigung?«

Hinzu kommen die mörderischen Auseinandersetzungen zwischen den schwarzen Stämmen. Mit Robert Mugabe und seiner ZANU ist das Volk der Shona zum Träger der Macht geworden. Die Ethnie der Ndebele hingegen, knapp ein Drittel so stark wie die Shona, wurde in die Minderheit gedrängt und seit Proklamation der Unabhängigkeit in zunehmendem Maße drangsaliert. Dabei waren es die Ndebele – ein Nebenzweig der großen Zulu-Nation –, die als erste den Kampf gegen die britische Kolonisation gewagt hatten und schon zu Beginn der sechziger Jahre ein von Schwarzen regiertes Simbabwe forderten. Vater des Unabhängigkeitsgedankens war nicht der spät gekommene Robert Mugabe, sondern ein wortgewaltiger Volksheld der Ndebele, Joshua Nkomo, ein Tribun von mächtigem Leibesumfang, der seine Gefolgsleute erst in der ANC, dann in der ZAPU-Partei, der »Zimbabwe African People's Union«, gesammelt hatte und das Matabele-Land im Umkreis von Bulawayo in seinen Bann schlug.

Die Freischärler Joshua Nkomos und Robert Mugabes haben sich schon während des Unabhängigkeitskampfes gegen Ian Smith gegenseitig befehdet und auszumerzen gesucht; der erstere stützte sich auf Moskau, der zweite auf Peking und London. Um des Widerstandes der kriegerischen Ndebele Herr zu werden, hatte Mugabe nach dem Regierungsantritt seine von Nordkoreanern gedrillte Verfügungstruppe, die 5. Brigade, die sich aus Schlägern des Shona-Volkes zusammensetzt, auf das Matabele-Land losgelassen. Die Shona rächten sich dort für die Massaker, die die erobernden Ndebele im vergangenen Jahrhundert an allen übrigen Stämmen in diesem Teil Afrikas verübt hatten. Die 5. Brigade wütete wie in einem feindlichen Land, mordete, plünderte und löschte ganze Dörfer aus. Zwar hielt der gewiefte Politiker Mugabe seinem greisen Rivalen Nkomo immer wieder einen Friedenszweig hin, bot ihm den politischen Kompromiß an, der aber in Wirklichkeit auf die totale Unterwerfung hinauslief. Tatsächlich sollte es am Ende zur Verschmelzung der gegnerischen Parteien und zu einer vordergründigen Versöhnung zwischen den beiden verfeindeten Politikern kommen. Die wahren Intentionen Mugabes waren von dessen Informationsminister Nathan Shamuyarira formuliert worden: Nkomo müsse im Abfalleimer der Geschichte verschwinden.

Kein Wunder, daß die Neigung der nach Südafrika geflüchteten weißen Rhodesier, in ihre Wahlheimat jenseits des Limpopo zurückzukehren, immer geringer wird. Das in der Republik ansässige britische Bevölkerungselement verfolgt sehr aufmerksam, was sich im Umkreis von Salisbury-Harare abspielt. Auch diese Engländer müssen jetzt die engen Grenzen weißer Prosperität, ja weißen Überlebens unter schwarzer Mehrheitsherrschaft erkennen. Sie schließen sich immer enger den einst mißachteten Buren an.

Wie zwangsläufig und schicksalhaft im Rückblick eines Vierteljahrhunderts sich doch gewisse Abläufe in diesem Erdteil präsentieren! Im März 1961 hatte ich für meine damalige Zeitungsgruppe einen Artikel über Rhodesien–Simbabwe verfaßt, dem heute noch verblüffende Aktualität zukommt und den ich im Wortlaut wiedergebe:

Bulawayo (Süd-Rhodesien), im März 1961

Die Schwarzen von Bulawayo versammelten sich vor einer Art Hindu-Tempel am Rande der Eingeborenenstadt. »Vashee-Hall« hieß das orientalische Gebäude, und die schwarzen Kongressisten warteten geduldig, bis der Unterricht zu Ende ging, der von einer üppigen Inderin in weinrotem Sari dort für die Kinder der indischen Gemeinschaft abgehalten wurde. Endlich war die Schulstunde vorbei, und die Schüler mit der hellbraunen Haut, den riesigen Augen und dem glatten schwarzen Haar musterten voll Neugier die zerlumpten schwarzen Männer, die bereits zu mehreren hundert im Vorhof standen und politische Plakate mit sich führten. »Freedom now!« – »One man, one vote!« – »National Democratic Party« stand auf den Banderolen zu lesen.

In der Vashee-Hall von Bulawayo hielt die afrikanische Nationalisten-Partei NDP ihre große Delegiertenversammlung ab, für Süd-Rhodesien ein bedeutendes Ereignis. Die Partei ist erst seit einem Jahr wieder richtig zugelassen, seit ihre Vorgängerin, der »African National Congress«, vor drei Jahren von der Regierung in Salisbury verboten und ihre Führungsgruppe verhaftet worden war. Ganz Süd-Rhodesien schaute gespannt auf die Tagung in Bulawayo, denn hier würde sich die zukünftige politische Linie der schwarzen Nationalisten entscheiden. Hier sollte sich herausstellen, ob die afrikanischen Erneuerer sich mit einer Entwicklung zufriedengäben, die ihnen ganz allmählich Schritt für Schritt politische Mitbeteiligung in Süd-Rhodesien, eine gewisse »Partnerschaft«, zubilligen würde oder ob sie aufs Ganze gehen und aus Süd-Rhodesien ein rein afrikanisches Land machen wollten.

Die Forderung »One man – one vote« – Ein Mann – eine Stimme, die da auf den Transparenten stand, wirkte für die Europäer Rhodesiens wie ein rotes Tuch. Ein Mann, eine Stimme – das bedeutete 2,5 Millionen Schwarze gegen zweihundertfünfzigtausend Weiße, denn so lagen Anfang 1961 die Zahlenverhältnisse in diesem südlichen Teilgebiet der »Zentralafrikanischen Föderation«.

Der Saal von Vashee-Hall hatte sich im Nu mit Delegierten gefüllt und dröhnte vom Beifall, als ein bulliger, etwa vierzigjähriger Afrikaner mit kurzem Bart die Rednertribüne bestieg. »Long live Nkomo!«

brüllte die Versammlung. Der Führer des schwarzen Nationalismus in Süd-Rhodesien – der »große Nkomo«, wie ihn seine Gefolgsleute nennen – war eingetroffen. Joshua Nkomo sieht auf den ersten Blick nicht wie ein Demagoge aus. Der Mann ist über eine bescheidene Verwaltungslaufbahn bei der Eisenbahn, über ein dürftiges Studium an einer schwarzen Hochschule in Südafrika, über die Gewerkschaft nach oben gekommen. Nkomo hat ein gutgeschnittenes Gesicht und einen mißtrauischen Blick. Als er seine Rede begann, sprach er langsam und ohne Feuer. Aber dann wurde er lebhaft und überzeugend. Er lachte fast nie, aber wenn ein Lächeln über sein Gesicht zuckte, dann wirkte er herausfordernd.

Die Rede Nkomos vor den Delegierten wandte sich zunächst Verfassungsfragen zu. Daran hätte jeder ahnungslose Besucher gleich merken können, daß er sich unter britischer Flagge befand. Die Engländer haben es in ihren meisten Besitzungen und Kolonien verstanden, die Auseinandersetzung zwischen Verwaltung und Nationalisten, zwischen weißen Siedlern und schwarzen Revolutionären in die Kanäle endloser Verfassungspalaver einmünden zu lassen. Solange diskutiert wird, wird nicht geschossen, lautete die britische These. Die stürmischen Nationalisten würden im parlamentarischen Denken und Reden trainiert. Wenn es dann eines Tages soweit sei, daß die Schwarzen die Regierungsgewalt übernähmen, hätte man es mit politischen Routiniers zu tun, die im Geiste Westminsters angepaßt wären.

In Rhodesien ist das natürlich nicht so einfach. Joshua Nkomo läuft nicht nur gegen das augenblickliche System von Salisbury Sturm, das die Afrikaner völlig aus dem parlamentarischen Leben ausschließt. Er meldet auch sein Mißtrauen gegen die geplante Verfassungsreform an, die den Afrikanern allenfalls fünfzehn Sitze zugestehen würde. Was die Dinge so verhärtet in Süd-Rhodesien, ist die leidige »Colour-Bar«, die jedes Versprechen der Weißen auf echte Partnerschaft unehrlich erscheinen läßt. »Partnership«, so sagte Nkomo, »gibt es auch zwischen Reiter und Pferd. Bisher waren wir Afrikaner das geduldige Pferd, aber wehe, wenn man uns zu sehr quält; dann wirft das Pferd den Reiter ab.«

Ein anderes Thema unversöhnlichen Streits ist die Bodenfrage. Rund 50 Prozent des gesamten Grundbesitzes in Süd-Rhodesien sind in den Händen von ein paar tausend weißen Farmern, während die afrikanische Masse sich mit dem oft dürftigen Rest begnügen muß. In einer solchen Situation fallen Kompromisse schwer, zumal an den Grenzen Süd-Rhodesiens die Entwicklung weitergegangen ist. In Nyassa-Land, das wie Nord- und Süd-Rhodesien zur Zentralafrikanischen Föderation gehört, werden die Schwarzen in naher Zukunft über die absolute Mehrheit im »Legislative Council« verfügen. In Nord-Rhodesien steht ein Verfassungsprojekt zur Debatte, das paritätische Verhältnisse zwischen Schwarz und Weiß schaffen soll. Jenseits des Limpopo hingegen versteift die Südafrikanische Union ihre Rassengesetzgebung und hat mit ihrem Austritt aus dem Commonwealth zu verstehen gegeben, daß sie bereit ist, den schweren Gang der »weißen Vorherrschaft« allein auf ihre Schultern zu nehmen. Als äußerster Ausweg bliebe den Weißen von Süd-Rhodesien noch die Ausrichtung auf Pretoria.

Immer wieder war Nkomo von den Rufen »Freedom now« unterbrochen worden. Der Redner forderte die Delegierten auf, das Feuer der Freiheitsliebe zu symbolisieren, das in ihren Herzen brannte; das geschah mit einer seltsam kindlichen Geste: Alle Teilnehmer wedelten mit der rechten Hand in der Luft. Wie sehr die panafrikanische Ideologie sich auch in Süd-Rhodesien durchgesetzt hat, erwies der ständige Verweis auf die afrikanische Persönlichkeit, auf den afrikanischen Sozialismus, auf den positiven Neutralismus und die Überwindung der Stammesgegensätze. Kwame Nkrumah wurde als Prophet der afrikanischen Befreiung gefeiert.

Schmährufe gegen den »Verräter« Tschombe von Katanga wurden laut, als Nkomo eine Gedenkminute für den Märtyrer der afrikanischen Sache, Patrice Lumumba, forderte, »Patrice Lumumba, das Opfer der westlichen Imperialisten«, wie der große Nkomo sagte. Dann erklang die Hymne der schwarzen Nationalisten, ein feierlicher Gesang, der so ergreifend von den tiefen Stimmen getragen wurde wie ein Negro-Spiritual: »Sekele'i Afrika ... Gott segne Afrika!«

Am nächsten Tag waren dreißigtausend Menschen auf dem Fußballplatz von Bulawayo versammelt, um Joshua Nkomo zuzujubeln. Der NDP war der Sprung zur Massenorganisation geglückt. Die Veranstaltung verlief ohne Zwischenfälle, bis am Ende eine Gruppe schwarzer Jugendlicher die anwesenden Polizisten mit Steinen bewarf. Die Polizei schoß Tränengas in die Menge, und plötzlich stürmten dreißigtausend Afrikaner in wilder Panik über das Feld, brandeten gegen die Eisengitter an, die den Platz abgrenzten, walzten das Hindernis nieder wie eine Elefantenherde. Als einziger Weißer in dieser Masse eingekeilt, wurde ich von der Flutwelle schwarzer Leiber mitgetragen, verlor einen Schuh, ruderte mit den Armen, um mich an der Oberfläche zu halten, und wurde jenseits der Eisenbrüstung plötzlich ins Freie katapultiert. Dabei hatte ich mich keine Sekunde lang persönlich bedroht gefühlt. Dennoch lag Gewalttätigkeit in der Luft. Es war ein Wunder, daß nicht einer dieser wütenden Ndebele den alten Mordschrei der Zulu-Krieger anstimmte: »Zi, zi, zi ...« Dann wäre das Blutvergießen nicht mehr aufzuhalten gewesen, und Bulawayo hätte dramatische Aufstandstage gekannt wie im vergangenen Herbst.

Bei Nacht macht das Zentrum von Bulawayo einen überaus friedlichen Eindruck. Die zweitgrößte Stadt Süd-Rhodesiens wirkt wie eine »Town« der amerikanischen Südstaaten. Die Schwarzen werden im Europäerviertel strikt auf Distanz gehalten. In den Kinos und Bars sind viel burische Laute zu hören. Ein Teil der Weißen in Süd-Rhodesien spricht »Afrikaans«. Die Südafrikanische Union ist nicht weit. Die Straßen von Bulawayo sind erstaunlich breit. Das kommt noch aus der ersten Pionierzeit, als die zwölfspannigen Ochsenkarren viel Raum brauchten, um zu wenden. Mitten auf der »Main Street« steht das massive Denkmal Cecil Rhodes'. Vom Rathausturm klingt eine Nachahmung des Glockenspiels von Westminster.

Wer ahnt hier schon, daß ein paar Straßenzüge weiter, im Afrikanerviertel, die Schwarzen sich mit »Kaffer-Bier« und politischen Kampfparolen berauschen. Bei den Schwarzen heißt das Land nicht mehr Rhodesien, sondern »Simbabwe«, ein Name, der den geheimnisvollen Ruinen bei Fort Victoria entliehen ist. Die Schwarzen verlangen auf ihren Transparenten, daß der Premierminister Sir Edgar Whitehead durch den »großen Nkomo« ersetzt wird. An die Stelle des Cecil-Rhodes-Denkmals möchten sie die Statue des Zulu-Feldherrn Mzilikazi aufstellen, und das Gemeindehaus »Stanley-Hall« mitten in der Afrikaner-Location wurde heute nacht in »Lumumba-Hall« umgetauft.

»... da sammeln sich die Geier«

Johannesburg/Pretoria, im August 1985

Im Carlton Hotel von Johannesburg schlagen die großen amerikanischen Fernsehgesellschaften und immer mehr Krisenreporter aus aller Welt ihre Bleibe auf. Das »Memling« in Leopoldville, das »Continental« in Saigon, das »Commodore« in Beirut hatten einst ähnlichen, unheilverkündenden Zugang erlebt. »Ubi est corpus, ibi erunt aquilae«, sagte ich zu einem jüngeren deutschen Kollegen, der seinem ersten Auslandsauftrag nachkam, und übersetzte vorsichtshalber: »Wo ein Aas ist, da sammeln sich die Geier«. Alain Debos habe ich zum letzten Mal in den Trümmern der libanesischen Hauptstadt getroffen. Der lebhafte Franzose arbeitet auch in Südafrika als Kameramann für die amerikanische CBS, und bei ihm laufen viele Drähte zusammen. So erfährt Debos stets rechtzeitig, wann Unruhen in den diversen schwarzen Townships zwischen Transvaal und Kap zu erwarten sind. Die Gewährsleute der »United Democratic Front«, die oft in Abstimmung mit der verbotenen ANC agieren, wissen um die suggestive Bedeutung der Presse- und vor allem der Fernsehberichterstattung. »Es gibt keine Helden ohne Zuschauer«, hatte schon André Malraux formuliert. Manchmal kommt es allerdings zu Eruptionen, die niemand vorausahnen konnte.

Alain Debos hat fast alle Tumultszenen gefilmt, die rüden Polizeieinsätze, das Randalieren der schwarzen Jugendlichen und Kinder, die ergreifende Bestattung afrikanischer Nationalisten. Er erzählt mir auch von seinem schrecklichsten Erlebnis. Vor wenigen Tagen während einer Beerdigungszeremonie in der Township Duduza wurde die Bantu-Frau Moki Skosana von einer Gruppe fanatisierter Jugendlicher als angeblicher Polizeispitzel identifiziert. Die Folgen waren schrecklich. Moki Skosana wurde vom Mob zusammengeschlagen und gräßlich verstümmelt, ihre Leiche öffentlich verbrannt, während die rasenden Killer einen Freudentanz aufführten. Debos hatte die Szene in allen Einzelheiten aus höchstens vier Meter Entfernung gefilmt. Seine verzweifelten Versuche, die entfesselten Eingeborenen durch gutes Zureden zu beschwichtigen, waren fruchtlos. Moki Skosana, so hieß es, sei bei einem Ladendiebstahl von der Polizei ertappt und zur Auskundschaftung der ANC-Sympathisanten in Duduza gepreßt worden.

Seit Ausrufung des »State of emergency« haben sich solche Szenen der Lynchjustiz gegen schwarze Kollaborateure des Apartheid-Regimes gehäuft. Die eingeborenen Polizisten sind die bevorzugten Zielscheiben kollektiver Überfälle. Innerhalb eines Jahres sind die Häuser von dreihundertsechzig schwarzen Ordnungshütern in Flammen aufgegangen. Eine Anzahl echter oder vermeintlicher Verräter an der nationalen Sache »Azanias« wurde öffentlich hingerichtet, »gegrillt«, wie die schwarze Feme sagt. »Kentucky« lautet das Wort für diese grausige Hinrichtung durch Verbrennung in Anlehnung an das gebratene Kentucky-Hühnchen. Debos bestätigte mir, daß insgeheim die Auseinandersetzung zwischen den rivalisierenden Gruppen schwarzer Nationalisten, die Fehden der verfeindeten schwarzen Stämme mehr Opfer fordern als die Gewaltmaßnahmen der weißen Behörden. Die Stimmen der Mäßigung und Vernunft verstummen eine nach der anderen. Weißer und schwarzer Terror lasten auf den monotonen, flachen Häuserreihen der Townships.

Als kompakte tribale Gruppe in den Bergarbeitersiedlungen rund um Johannesburg behaupten sich die Zulu. Die meisten Angehörigen dieser kriegerischen Rasse haben sich in ihren »Men's Hostels« wie in Trutzburgen organisiert. Den Propagandisten der UDF und der ANC, die mehrheitlich dem Xhosa-Volk angehören, mißtrauen sie zutiefst. Die Zulu sammeln sich im Zeichen der »Inkatha« und im Gefolge ihres Fürsten Gatsha Buthelezi. Unter den dreiundzwanzig Millionen Schwarzen Südafrikas bilden sie immerhin eine Gemeinschaft von fast sieben Millionen Menschen. Allenfalls die rührigen und streitlustigen Xhosa können es mit ihnen aufnehmen, während die dritte große Bantu-Gruppe, die Tswana, als friedfertig und fügsam gilt.

Vor acht Jahren war ich von Durban aus zu einem Abstecher nach Kwazulu aufgebrochen. Die Küstenzone von Natal war durch eine überwiegend britische Kolonisation gezeichnet. Auf fruchtbarem Boden dehnte sich das dunkle Grün endloser Zuckerrohrplantagen. In den Hafenstädten beherrschten die Inder das Straßenbild. Diese asiatische »Community« überschlug sich zwar in Protesten gegen die Rassentrennungspolitik Pretorias, doch in aller Ehrlichkeit hätte sie die »Apartheid« als eine ihrer gesellschaftlichen und religiösen Kastentradition durchaus angepaßte Lebensform akzeptieren müssen. Den gedemütigten und geschundenen Schwarzen Südafrikas leuchtete immerhin in der Ferne die Verheißung von Freiheit und Gleichberechtigung. Den Parias, den »Unberührbaren« in den Dörfern des indischen Subkontinents hingegen, die Gandhi verharmlosend »Harijan – Kinder Gottes« nannte, winkte keinerlei Hoffnung auf Erlösung aus ihrer religiös begründeten Erniedrigung, aus ihrer Verdammung.

Sobald ich mit dem Auto die Küstenebene von Natal hinter mir ließ, veränderte sich das Panorama. Der Boden wurde karg und kahl. Gewaltige Felsen säumten die Straße. Die Menschen gingen hier oft halbnackt, behängten sich mit barbarischem Schmuck aus Fell und Federn. Kwazulu erschien mir als ein wildes, ungebändigtes Land. So verstand es wohl auch Mangosuthu Buthelezi. Der Zulu-Fürst begegnete der weißen Bevormundung ebenso mißtrauisch und listenreich wie dem Streben der ANC-Politiker nach Schaffung eines südafrikanischen Zentralstaates. Buthelezi bewegte sich in einem riskanten politischen Balance-Akt. Er lief Gefahr, von den stürmischen schwarzen Nationalisten als Taktierer, Beschwichtiger, als geheimer Komplize der regierenden Weißen diffamiert zu werden. Wann würde Buthelezi das Steuer herumreißen, sich an die Spitze des schwarzen Aufbegehrens stellen? Bislang hatte er im Gegensatz zu Nelson Mandela auf die Gewalt als Mittel der Politik verzichtet. Vielleicht wußte er um die zerstörerischen Kräfte, die in seinem Volk schlummerten und auf Entladung drängten.

Neuerdings träumten die Zulu offenbar von neuem Waffenruhm, wollten es den »schwarzen Samurai« ihres glorreichen Führers Chaka gleichtun. Als es im Gefolge des Ausnahmezustandes und schwarzer Boykottmaßnahmen gegen weiße Geschäfte zu Rassenkonflikten in der Umgebung von Durban kam, präsentierte sich die »Inkatha« als festgefügte Phalanx. Die Zulu-Frauen veranstalteten auf offener Straße ihre überlieferten Kriegstänze. Bei den blutigen Zusammenstößen zwischen UDF-Anhängern und der Inkatha floß zunächst das Blut der widerstreitenden Bantu-Völker. Aber dann fielen die Schwarzen gemeinsam über die Siedlungsgebiete der Inder her, verbrannten deren Geschäfte und Häuser, verjagten die verhaßten Fremdlinge. Sogar die als »Memorial« ausgebaute frühere Wohnstätte des Mahatma Gandhi, der seine Karriere bekanntlich als indischer

Rechtsanwalt in Natal begonnen hatte, fiel der schwarzen Wut zum Opfer und wurde dem Erdboden gleichgemacht, ein hochsymbolischer Vorgang. Als Chief Buthelezi während eines Interviews des südafrikanischen Fernsehens etwas hinterhältig gefragt wurde, ob er nicht endlich seinen Machtanspruch anmelden wolle, reagierte er mit einem Eklat: »Was meinen Sie eigentlich?« entgegnete er; »als Führer der Zulu verfüge ich über mindestens soviel Macht wie Präsident Botha. Wenn wir Zulu einmal losschlagen sollten, wenn man uns zur Gewalt zwingt, dann werden alle bisherigen schwarzen Kundgebungen und Aktionen wie ein Picknick erscheinen.«

Kann man sich eine gelassenere, langweiligere Stadt vorstellen als Pretoria, die Hauptstadt Transvaals, die Hochburg des burischen »Afrikaanerdoms«? Selbst zu den Hauptverkehrszeiten pulsiert hier das Leben bedächtig und verlangsamt. In den schmucken Grünanlagen, die von Statuen irgendwelcher Buren-Führer beherrscht werden, sind die Bänke nicht mehr für Weiße reserviert. Die Schwarzen lagern auch auf dem Rasen. Auf dem Bronzehut des Ohm-Krüger-Denkmals lösen sich die Tauben ab. Einziger Mißton: Weiße Polizisten in hellblauen Uniformjacken sind vor den Geschäftspassagen postiert und halten Schrotflinten in der Hand. Ich beobachte, wie ein Schwarzer in Handschellen von zwei Sicherheitsbeamten abgeführt wird, vermutlich ein Dieb; aber die Idylle ist plötzlich getrübt.

Der Amtssitz des Staatspräsidenten Pieter Willem Botha befindet sich im »Union Building«. Dieses gewaltige Gebäude aus dem Jahre 1912 verkörpert heute noch mit seinem monumentalen Stil die verflossene Glorie des britischen Empire. In Transvaal und Oranje hatte das Weltreich erst nach schweren Rückschlägen über die Buren obsiegt. Heute geben die »Afrikaaner« in den Ministerien von Pretoria den Ton an. Sie bezeichnen sich gern als bodenständigen »weißen Stamm« im schwarzen Erdteil, weil sie dort schon im Jahr 1652 Wurzeln schlugen. Seit meinem letzten Besuch hat sich eine bemerkenswerte psychologische Wende vollzogen. Plötzlich habe ich es mit aufgeschlossenen, geschmeidigen Gesprächspartnern zu tun, die der Krisensituation mit begrenzten Konzessionen und Kompromißvorschlägen begegnen möchten. Vor acht Jahren wäre ein freimütiger Meinungsaustausch undenkbar gewesen.

Die Dinge sind in Fluß geraten. Der inoffizielle Brain-Trust Präsident Bothas ist längst zu dem Schluß gekommen, daß die starre Anwendung des Apartheid-Konzepts die Republik in eine Sackgasse geführt hat. Noch klammert man sich an die rassische Trennung der jeweiligen Wohngebiete, an das nach Hautfarben separierte Schulsystem. Hingegen versuchen die pragmatischen jungen Dozenten und Ministerialbeamten, die zur Stunde das Sagen haben, Farbige und Inder durch Zugeständnisse und durch den Hinweis auf ihre Gefährdung unter der »black majority rule« auf die Seite der Regierung zu bringen. Vermutlich ist es dafür schon zu spät. Beachtlich ist auch die Bereitschaft, die kurz danach offiziell verkündet werden sollte, der absurden Homeland-Politik den Rücken zu kehren und den dorthin ausgebürgerten Schwarzen die südafrikanische Staatsangehörigkeit zurückzuerstatten. Im »Presidential Council«, so wird beteuert, sollen die Repräsentanten der schwarzen Bevölkerung eine beratende Mitwirkung an der Spitze der Republik erhalten.

Gewiß ist man sich der Unlösbarkeit der Agrarprobleme bewußt. Die Bantu werden darauf dringen, ihre alten Stammesgebiete, die seit Generationen unter den weißen Farmern aufgeteilt wurden, Stück für Stück zurückzugewinnen. »Aber die Landwirtschaft ist doch nirgendwo mehr ein zentrales Anliegen«, beteuern die südafrikanischen Experten. In der ganzen übrigen Welt habe die Landflucht – gekoppelt mit dem technischen Fortschritt – die Dörfer geleert, das Zustandekommen hochspezialisierter, arbeitsintensiver Agrarbetriebe gefördert. Eine Parzellierung unter den schwarzen Bauern würde Durcheinander, Produktionsrückgang und am Ende Hungersnot zur Folge haben, wie die Entwicklung im übrigen Afrika beweise. Über alles könne man sprechen, so wurde mir versichert, aber mit allen Mitteln müsse verhindert werden, daß schwarze Willkür und Tyrannei die bisherige weiße Vorherrschaft ablöse. Ein föderatives, besser gesagt ein konföderales System sei angebracht, um Rechte und Schutz der Minderheiten – damit sei nicht nur die weiße Minorität gemeint – zu garantieren. Schließlich wollten auch die Coloured in Zukunft nicht von den Bantu mißhandelt und mißachtet werden, ganz zu schweigen von den unerbittlichen Stammeskriegen, die die Schaffung eines Einheitsstaates nach sich zöge.

»Fast alles steht zur Debatte«, erklärte mir ein Professor für politische Wissenschaften, der in wesentlichen Punkten die behutsame Öffnungspolitik P. W. Bothas inspirieren half, »aber eines kommt für uns nicht in Frage: ›One man – one vote‹. Damit würden wir unser eigenes Todesurteil unterzeichnen. Blicken Sie doch nach Simbabwe, wo die Dinge noch halbwegs zivilisiert verliefen. Von den Weißen, die dort lebten, sind drei Fünftel ausgewandert, und die schwarze Minderheit der Ndebele wird von der schwarzen Mehrheit der Shona brutal unterdrückt. Was heißt denn ›Ein Mann – eine Stimme‹? In den unabhängigen Staaten Schwarzafrikas ist in der Regel stets nur ein einziges Mal halbwegs demokratisch und frei abgestimmt worden. Später wurde entweder überhaupt nicht mehr gewählt, oder die Volksbefragung wurde grotesk manipuliert. Am Ende steht die totalitäre Einheitspartei, die sich meist noch marxistisch gebärdet. Wir weißen ›Afrikaaner‹ wollen uns weder demütigen noch schinden lassen. Im übrigen haben wir keine Heimat in Übersee, in die wir zurückkehren könnten wie die Briten von Rhodesien oder die Franzosen von Algier. Wir wissen nicht einmal, ob wir für den Abtransport von mindestens drei Millionen Weißen – denn das wäre der Anteil, dem in einem schwarz beherrschten Südafrika keine Lebenschance bliebe – die nötigen Schiffe und Flugzeuge auftreiben könnten.«

Dieser Krisenherd Südafrika wird die Welt noch viele Jahre beschäftigen. Es bedarf einer großen Unerfahrenheit, um auf den baldigen Kollaps der weißen Vorherrschaft zu setzen. Das Journalisten-Corps von Johannesburg – nur die wenigsten verfügen aus Altersgründen über Vietnam-Erfahrung – neigt zu voreiligen Prognosen. Mehr als zehn Jahre hatte sich das frühere Süd-Rhodesien, das heutige Simbabwe, unter der dezidierten Führung von Premierminister Ian Smith gegen den schwarzen Nationalismus behauptet, der auch von außen, aus Sambia, zuletzt vor allem aus Mosambik gegen das weiße Minderheitenregime von Salisbury anbrandete. Die winzigen rhodesischen Streitkräfte – an ihrer Spitze die Elite-Commandos der »Selous-Scouts« – hatten, vom rein militärischen Standpunkt beurteilt, eine meisterhafte Guerillabekämpfung vorgeführt.

Am Ostersonntag 1977, knapp zwei Jahre vor dem Lancaster-House-Abkommen, das dann doch die »black majority rule« konzedierte, war ich von Salisbury ganz allein im Mietwagen nach

Nordosten gefahren, um zu erkunden, wie denn das tatsächliche Kräfteverhältnis zwischen den weißen Rhodesiern und den schwarzen Partisanen beschaffen sei. Ohne jede Kontrolle hatte ich die schmucken äußeren Villenviertel durchquert. Tabak- und Maisfelder – von weißen Siedlern mustergültig bewirtschaftet – zogen an mir vorbei. Straßensperren existierten hier nicht. Soldaten waren kaum zu sehen. Ich rollte in Richtung auf die Grenze von Mosambik, wo die marxistische Frelimo-Regierung Samora Machels den Freischärlern Robert Mugabes Asyl gewährte, sie mit russischen Waffen ausstattete und mit Hilfe von Instrukteuren aus dem Ostblock im Partisanenkrieg trainierte. In der Ortschaft Mutoko, etwa hundertfünfzig Kilometer von Salisbury entfernt, hatten sich diverse Militärpatrouillen, aus Weißen und Schwarzen zusammengesetzt, mit Tarnjacken uniformiert, zum späten »breakfast« zusammengefunden wie eine fröhliche Jagdpartie.

Ein schwarzer Polizeikommissar hatte keinen Einwand gegen meine Weiterfahrt. Ich solle jedoch aufmerksam nach rechts und links Ausschau halten. Hinter Mutoko begann Busch und felsiges Gelände. Die Asphaltstraße führte in Kurven durch abschüssiges Terrain, ein ideales Gelände für Überfälle. Die Eingeborenendörfer waren verlassen. Später entdeckte ich zwei Sammellager, wo die afrikanische Shona-Bevölkerung der Umgebung zusammengetrieben worden war, bei Tage ihre Felder bearbeitete, aber bei Nacht in Baracken hinter Stacheldraht und Holztürmen schlief. Die Wachmannschaften waren überwiegend schwarz. Dann kam die große Leere. Kein Mensch bewegte sich auf der Straße. Hinter einer Krümmung hielt mich ein leichter Schützenpanzer mit zwei weißen und zwei schwarzen Rhodesiern an. Sie fragten nicht einmal nach meinen Papieren und wünschten mir gute Weiterfahrt zur Grenze, die noch vierzig Kilometer entfernt sein mochte. Am Ende meiner Exkursion befand sich der Flekken Nyamapanda. Auch hier waren die Eingeborenen in einem kaum befestigten Lager konzentriert, dessen Tore bei Tage weit offen standen. Über dem rhodesischen Grenzübergang nach Mosambik flatterte der Union Jack und eine von Ian Smith entworfene Phantasiefahne seines weißen rhodesischen Staates, der seine Unabhängigkeit gegen den Willen Ihrer britischen Majestät einseitig proklamiert hatte.

Ein englischer Sergeant begrüßte mich herzlich. Jeder Besucher war in diesem langweiligen Winkel willkommen. Sein kleines Fort, das er mit einer Streitmacht von zwölf schwarzen Hilfssoldaten verteidigte, war immerhin durch ein paar Holzbunker, Drahtverhaue und zwei schwere Maschinengewehre abgesichert. Bevor er mich zu einem bescheidenen Lunch einlud – Würstchen, Kartoffelchips und Tee –, gingen wir zu Fuß bis an die internationale Demarkationslinie. Die Weiterfahrt nach Mosambik war durch ein Stahlgeflecht versperrt. Von der Revolutionsarmee der Frelimo war in der Ferne nur ein niedriges Blockhaus zu erkennen, über dem die grün-gelb-rote Fahne der Volksrepublik von Maputo wehte. »Sehen Sie zu, daß Sie vor Einbruch der Dunkelheit wieder in Salisbury sind«, riet mir der Sergeant; »man soll das Schicksal nicht herausfordern. Immerhin sind wir in der vorletzten Nacht mit Granatwerfern beschossen worden. Getroffen haben die Kerle natürlich nicht.« Die Rückfahrt verlief ohne Nervenkitzel. Als ich die Außenviertel der Hauptstadt erreichte, ging ein strömender Gewitterregen nieder. Weiße Reservisten – es waren alte Herren, die noch im Zweiten Weltkrieg gedient hatten – machten Stichproben bei den afrikanischen Autofahrern und durchsuchten deren Kofferraum nach Waffen. Mich winkten sie mit der Maschinenpistole durch.

Gewiß, am Ende haben die weißen Rhodesier eingelenkt und sich dem schwarzen Druck gebeugt. Drei Jahre nach meinem Osterausflug nach Nyamapanda war Robert Mugabe an der Macht. Aber das Zahlenverhältnis zwischen Schwarz und Weiß im heutigen Simbabwe lag zuletzt bei eins zu dreißig. Die südafrikanischen Streitkräfte, die sich mit dem Schotten Ian Smith solidarisch gefühlt und sein stures Ausharren ermöglicht hatten, blicken heute mit einer gewissen Genugtuung auf dieses abgeschlossene Kapitel des schwarzen Aufbegehrens zurück. In der Republik von Pretoria steht ein Weißer gegen fünf Schwarze, und diese Relation sei durchaus ermutigend, hörte ich in den zuständigen Ministerien.

Die südafrikanischen Stabsoffiziere haben einiges dazugelernt. Statt gegen den Verrat des Westens zu wettern, wie das früher üblich war, statt vom Vorposten europäischer, christlicher Gesittung gegen die von Kommunisten unterwanderte schwarze Barbarei zu faseln, sind sie unterkühlt, »matter of fact«, hören sich die Gegenargumente höflich an und lassen sich auf Diskussionen ein. Die Bedrohung von außen, die lauthals angekündigte Offensivaktion der schwarzen »Frontstaaten«, ist in sich zusammengebrochen, noch ehe sie wirklich Gestalt gewann. Das Frelimo-Regime von Maputo ist auf das Wohlwollen Pretorias angewiesen. Die MPLA-Regierung von Luanda wird ausschließlich durch die massive kubanische Truppenpräsenz am Leben erhalten. Wenn die Castristen tatsächlich zu einem gezielten Schlag gegen den UNITA-Aufstand des Rebellenführers Savimbi ausholen, ist es für die Jagdbomber und Panzerspitzen der südafrikanischen Interventionstruppe von Nord-Namibia ein leichtes, diese Bedrohung abzuschlagen. Botswana kann als südafrikanisches Protektorat angesehen werden. Robert Mugabe von Simbabwe, der sich mit den Ndebele im eigenen Land herumschlägt und seinem Freund Samora Machel mit seiner besten Brigade zur Seite steht, ist viel zu klug, als daß er sich auf ein Abenteuer jenseits des Limpopo einließe. Die Sabotage-Commandos des »African National Congress«, die in den rückwärtigen Staaten Afrikas, im Ostblock oder bei Oberst Kadhafi ausgebildet werden, bereiten den Sicherheitsorganen von Pretoria nur dann ernste Sorge, wenn sie von weißen Spezialisten instruiert und aktiv angeleitet werden.

Im Herbst 1981 war ich mit den schwarzen Exilführern des ANC in Lusaka, der Hauptstadt von Sambia, zusammengetroffen. Das waren keine Vietkong-Kommissare, das waren auch keine afghanischen Mudschahidin. Diese Auslandsorganisation des schwarzen Widerstandes in Südafrika setzte sich im wesentlichen aus Bartträgern mit Predigerallüren zusammen, aus verbitterten, kein bißchen dynamischen Emigranten. Neben einem Oliver Tambo machte sogar der SWAPO-Chef Sam Nujoma einen überzeugenden Eindruck. Zudem war ich schon 1981 der Meinung, daß diese angeblichen Drahtzieher der schwarzen Revolution sich der eigenen Ohnmacht bewußt, daß ihre Befehlsstränge zu den schwarzen Townships Transvaals gekappt waren. Das Terrain in Südafrika, das nach allen Seiten offene »Veld« – das mußte man ihnen zugestehen – eignet sich in keiner Weise zum Partisanenkrieg. Allenfalls Kwazulu macht da eine Ausnahme. Im »platte Land« gibt es keine Verstecke, keine Höhlen, es gibt kaum Schatten. Auf einer solchen Billardplatte hätten auch die vietnamesischen Dschungelkämpfer, die afghanischen Hindukusch-Krieger einen äußerst schwierigen Stand gehabt. Gegen die Hubschrauber und die Tracker-Commandos der Buren-Armee ist zwischen Transvaal und dem Kap wohl kein Kraut gewachsen.

So ist der schwarze Widerstand auf Gedeih und Verderb zur Stadtguerilla verurteilt. Hier wittert natürlich das Innenministerium von Pretoria die reale Gefahr. Die Polizei-Einsätze in den schwarzen Townships haben bisher gezeigt, daß die Sicherheitsorgane ihrer Aufgabe nicht gewachsen sind. Mit Rassenhaß, mit Verachtung der »Kaffer«, mit blindwütiger Schießerei und mit Knüppelorgien wird man der Revolte von mehreren Millionen Township-Bewohner nicht Herr. Auch das perfektionierteste Spitzelsystem hilft hier nicht weiter. Es scheint, als hätten diverse Polizeigewaltige begriffen, daß die Repression gegen die »urban guerilla« und den passiven Widerstand nur in dem Maße erfolgreich sein wird, wie das Blutvergießen auf ein Minimum beschränkt bleibt.

Unter vier Augen geben einige Gesprächspartner aus dem Innen- und Verteidigungsministerium allerdings zu, daß bei ihnen konspirative Gruppen tätig sind, die in Geheimzellen operieren. Diese radikalen »Verkrampte« wollten die Dinge auf die Spitze treiben, jeden Kompromiß unterlaufen, ein Blutbad unter den Schwarzen anrichten, um die begrenzte Reformpolitik P. W. Bothas zu Fall zu bringen. »Der Kaffer versteht nur die Gewalt und jedes Zugeständnis legt er als Schwäche aus«, sagen diese Verfechter des unverzagten »Afrikaanerdoms«. Mit den Stadtterroristen werde man schon fertig. Der »Kaffer« tauge nicht zum Untergrundkampf, zum hinhaltenden Widerstand. In keinem einzigen afrikanischen Land seien die Bantu aus eigener Kraft mit Gewalt an die Regierung gekommen. Jedesmal hätten die weißen Kolonialherren – zuletzt die Portugiesen – eingelenkt. Aber Südafrika sei eben keine Kolonie. Die Buren, die weißen »Afrikaaner«, seien hier zu Hause, nur hier zu Hause. Wenn es wirklich zu Überfällen, zu Brandstiftungen, zur Lynchjustiz in den schwarzen Locations komme, so könne man auch damit leben. Die sich entrüstenden Europäer sollten doch auf ihre eigenen Länder blicken, die von allen möglichen Formen des Terrorismus heimgesucht würden. Die »Irische Republikanische Armee«, die »Korsische Unabhängigkeitsfront«, die »Rote Armee Fraktion« der Bundesrepublik hätten angeblich mehr Attentate verübt als ANC und AZAPO zusammen.

Die »Verligten«, die Aufgeklärten im südafrikanischen Generalstab

– oder geben sie sich nur so? – distanzieren sich von diesen Nostalgikern der Apartheid in den eigenen Reihen. Vielleicht ist es bequem, auf diese »die-hards« zu verweisen. Immerhin ist beim Oberkommando die schmerzliche Erkenntnis gereift, daß man die Amerikaner und die Europäer nicht mehr mit gewissen überholten Klischees schrecken kann. Der russische und kommunistische Expansionismus ist in Mosambik und Angola ins Leere gelaufen, ist sogar in den Augen der schwarzen Nationalisten fast zum »Papiertiger« geworden. Auf ein konservatives Bollwerk gegen die in voller Auflösung befindlichen Linksregime von Maputo und Luanda ist der Westen kaum noch angewiesen. Der strategische Wert des Kaps der Guten Hoffnung für den freien Schiffsverkehr der westlichen Industrienationen und für die Verteidigungspläne der NATO ist geschrumpft, seit zwischen Kreml und Weißem Haus das große Pokern um den Krieg im Weltall, den »Star-War«, im Gange ist. Wer glaubt schon noch an klassische Seeschlachten an der Schwelle zwischen Indischem und Atlantischem Ozean? Auch das Schreckgespenst einer Aneignung der unermeßlichen Mineralreichtümer Südafrikas durch den Welt-Bolschewismus löst im Pentagon und im Hauptquartier von Louveciennes keine Panik aus. Die für moderne Rüstungstechnologie unentbehrlichen Sondermetalle, die nur in Südafrika zu beschaffen sind, wurden in den USA inzwischen gehortet. Falls es tatsächlich zur schwarzen Machtübernahme am Kap und in Pretoria käme, würde jedes Regime – auch ein marxistisch-leninistisches – auf die Kaufkraft der kapitalistischen Industrienationen und deren harte Devisen angewiesen sein. Nach dem kläglichen Scheitern des arabisch inspirierten Erdölkomplotts gegen den Westen sollte von einem afrikanisch gesteuerten Mineralboykott doch wohl nicht mehr ernsthaft die Rede sein.

Die weißen Militärs von Südafrika lassen all diese ernüchternden Argumente gelten. Sie reagieren nicht mehr mit Anklage und Zorn. Sie richten sich auf einen Überlebenskampf ein, den sie allein durchstehen müssen. Abschaffung der Apartheid, Konstituierung eines Staatenbundes Südafrika mit schwarzer Beteiligung, wirtschaftliche Chancen für alle Hautfarben, auf diese Linie, die Pieter Willem Botha anvisiert, kann er seine Streitkräfte, die zwangsläufig immer mehr Einfluß gewinnen, vielleicht gerade noch einschwören. Aber die

Grenze der Nachgiebigkeit ist hier ebenso scharf gezogen wie bei den Zivilisten. Ich habe keinen Uniformträger gefunden, der über die Formel »One man – one vote« – das heißt über die vorprogrammierte Mehrheitsherrschaft der Schwarzen – mit sich reden ließe. Wie hatte der junge Hauptmann van der Merve im Flugzeug zwischen Windhuk und Pretoria gesagt: »Wir werden das durchhalten. Ich bin bereit, mein Leben darauf zu verpfänden!«

Ezechiel am Witwatersrand

Der alte Jude – wir wollen ihn Arthur Goldenstein nennen – machte eine weit ausholende Geste. Von seiner Penthouse-Wohnung blickte er weit über die Stadt Johannesburg, über ihre Geschäftsstraßen, ihre aggressiven Hochhäuser bis zu jenen gelbgefärbten Halden, die die Goldförderung ausgeworfen hatte und die seit einigen Jahren mit spärlichem Grün bepflanzt sind. »Wie heißt es doch im Neuen Testament der Christen«, fragte Arthur Goldenstein: »Der Teufel führte Jesus auf einen hohen Berg, und der Versucher zeigte ihm alle Reichtümer und alle Macht der Welt. Sie werden sich wundern, daß diese häßliche Finanzmetropole in Transvaal mich religiös inspiriert. Aber die frühe Burengemeinschaft des Ohm Krüger hatte Ähnliches empfunden, als hier am Witwatersrand gegen Ende des 19. Jahrhunderts der Goldrausch ausbrach. Die Gründung Johannesburgs erschien ihnen damals als ein Blendwerk Satans, als ein Tanz um das Goldene Kalb.«

Ich hatte Arthur fünf Jahre zuvor in Jerusalem kennengelernt. Wir waren zu Gast bei einem gemeinsamen israelischen Freund, der als Botschaftsrat in Pretoria amtiert hatte. In jener Jerusalemer Nacht war unser Blick von der Terrasse des festungsähnlich betonierten Neubaus über die felsige Landschaft Judäas geschweift. Wie stets in Israel drehte sich das Gespräch unermüdlich um die Geschicke des Judenstaates. Goldenstein hatte gerade eine jener exklusiven Wohnungen mit Aussicht auf die Klagemauer erworben, die anstelle des alten zerstörten Judenviertels errichtet wurden. Sein Großvater war aus der West-Ukraine nach Südafrika ausgewandert. Sein Vater hatte es in

Johannesburg bereits zu großem Vermögen gebracht. Er selbst war Hauptinhaber einer Kette von Supermärkten und hatte mit viel Profit in diversen Industrieprojekten Südafrikas und Amerikas investiert. Goldenstein hatte mich damals aufgefordert, ihn in Transvaal zu besuchen.

Die Penthouse-Wohnung meines Gastgebers war im gleichen Hochhaus im Herzen Johannesburgs gelegen wie seine drei Geschäftsetagen. Daneben verfügte er natürlich auch über eine luxuriöse Villa im Grünen. Er beobachtete, wie ich vor einem Chagall-Gemälde verweilte, das die Errettung des Volkes Israel unter Führung des Moses darstellte. Mit seinem kraushaarigen grauen Schädel, der mächtigen Nase, den großen semitischen Augen hätte er einer Chagall-Figur Modell stehen können.

»Sie werden es mir kaum glauben«, sagte Goldenstein, »aber dieses afrikanische Land und seine Menschen erziehen zur Frömmigkeit. Mein Großvater hatte sich hier mit einem Trödelladen durchgeschlagen. Ich kann es mir leisten, wie ein britischer Gentleman zu leben. Aber die zahlreiche mosaische Gemeinde von Johannesburg wird heute mehr denn je auf den Glauben der Väter zurückverwiesen. Unser Verhältnis zu den calvinistischen Buren, zu den ›Afrikaanern‹ ist zutiefst zwiespältig. Wir sehen in ihrem Schicksal am äußersten Ende Afrikas ein verzerrtes Spiegelbild unserer eigenen Heilsgeschichte. Oh, sie sind bibelfester als wir Juden, diese ›Afrikaaner‹. Sie beherrschen ihr Altes Testament. Im hiesigen Fernsehen gibt es eine sehr beliebte Sendung, den Bibel-Quiz. Da werden ganz gewöhnliche Bürger auf ihre Kenntnis der Heiligen Schrift geprüft. Der Quizmaster fragt sie nach dem Vers soundso aus dem Buch eines unserer Propheten, und fast immer kommt die Antwort mit verblüffender Präzision. Wissen Sie, daß diese Buren sich als das auserwählte Volk des Neuen Bundes betrachten? Als sie vor der britischen Besitznahme am Kap nach Norden auswichen, nach Oranje und Transvaal treckten, da glaubten sie, den Exodus der Kinder Israel nachzuvollziehen, in ein ›gelobtes Land‹ aufzubrechen. Die schwarzen Stämme, die sich ihnen entgegenstellten, bekämpften diese Vortrecker, als seien es Philister und Amalekiter. Dieses ist eine zutiefst patriarchalische, im Gefühl der göttlichen Prädestination lebende Gesellschaft geblieben, auch wenn die Buren seit dem Zweiten Weltkrieg Schritt für Schritt ihren Zugang zu den Schlüsselstellungen der kapitalistischen Wirtschaft und der Hochfinanz eroberten und heute dort oft den Ton angeben. Vor gar nicht langer Zeit, da war der durchschnittliche weiße ›Afrikaaner‹ ein kläglich lebender Farmer oder Viehzüchter, allenfalls ein Angestellter der Eisenbahn. Seine Kinder liefen barfuß herum wie die kleinen Bantu des Gesindes. Aber seitdem haben sie ihren sozialen Aufstieg vollzogen und sogar die arroganten Briten an die Wand gedrängt. Die Loslösung von der englischen Krone liegt ein knappes Vierteljahrhundert zurück. Glauben Sie mir, dieser weiße Stamm Afrikas ist nicht in der Stimmung abzudanken.«

Arthur Goldenstein schaltete das Fernsehen ein. Der Nachrichtensprecher berichtete kurz über Unruhen in den Vororten von Port Elizabeth, erwähnte nebenbei zwei Todesfälle und mehrere Verhaftungen. Bilder von den Zusammenstößen wurden nicht gezeigt. Wir gingen auf das TV-Programm für die Schwarzafrikaner über. Die Firmenwerbung hatte sich voll auf die Bantu-Kundschaft eingestellt und führte glückliche eingeborene Familien vor, die sich für superweiße Waschmittel begeisterten oder sich an lukullischen Mahlzeiten labten. Es folgte ein Kriminalfilm aus USA. Eine weiße Verbrecher-Gang, die die Einwohner einer schwarzen Wohngegend mit Mord und Brandstiftung erpreßte, wurde durch eine Selbstschutzorganisation der Farbigen abgewehrt und Mann für Mann aufgerieben.

Ich wunderte mich über diese seltsame Programmierung, die auf die schwarzen Einwohner von Soweto, Duduza oder Craddock wie eine Aufforderung zum bewaffneten Widerstand gegen die weiße Polizeiwillkür wirken mußte. Goldenstein hob die Hände zum Himmel: »Wenn ich boshaft sein wollte, würde ich sagen: Die Buren sind zu lange in Afrika geblieben, in mancher Hinsicht sind sie tatsächlich Bestandteil dieses Kontinents geworden. Sie erleben hier intellektuelle Kurzschlüsse, Fälle krasser Borniertheit, absurde Reaktionen, die kein Außenstehender nachvollziehen kann. Wissen Sie, wann den Buren die ersten Zweifel an der Haltbarkeit ihres Rassentrennungs-Systems gekommen sind? Nicht nach den blutigen Unruhen von Soweto, nicht nach der einstimmigen Verurteilung durch die Vereinten Nationen und auch nicht beim Absacken des Goldkurses. Nein, der sportliche Boykott hat diese Rugby-besessene Nation zutiefst getroffen. Die Weigerung des neuseeländischen Teams der ›All Blacks‹, gegen eine südafrikanische Mannschaft anzutreten, wurde hier als nationale Katastrophe empfunden.«

Goldenstein schaltete wieder auf das Programm für Weiße, das jeden Tag abwechselnd in Englisch oder Afrikaans sendet. Präsident P. W. Botha gab mit Totengräbermiene eine Erklärung ab, verwahrte sich im Interview gegen die angedrohten Wirtschaftssanktionen des Westens. »Unterschätzen Sie diesen Mann nicht«, mahnte mein Gastgeber, »er geht mit seiner Liberalisierungspolitik bis an die Grenze des Realisierbaren. Er hat übrigens die Masse der englischsprachigen Südafrikaner inzwischen hinter sich. Aber seine Sorge richtet sich auf die eigene Gefolgschaft, die ›Afrikaaner‹. Auch wenn die geheimen Gründungsväter des ›Broederbond‹ inzwischen gebrechliche Greise geworden sind, es regen sich da andere Kräfte im Umkreis der neugegründeten ›Konservativen Partei‹. Sollte es zu einem Massaker an Weißen kommen – und damit muß täglich gerechnet werden –, dann bräche Bothas Politik des allmählichen Abbaus der Rassendiskriminierung in sich zusammen. Dieser Mann träumt insgeheim davon, so behauptet seine Umgebung, die Politik an den Nagel zu hängen. In seiner Jugend hätte er sich fast für den Beruf des reformierten Predigers entschieden. Er ist zutiefst im Geiste des ›Afrikaanerdoms‹ verwurzelt, und jede Konzession an den Zeitgeist und den Wind der Wandlungen muß ihm unendlich schwerfallen. Ich kenne P. W. Botha persönlich recht gut und halte ihn für einen redlichen Mann.«

Ein schwarzer Diener knipste die Lampen an und goß uns Whisky nach. Die Stadt Johannesburg hatte sich in ein Lichtermeer verwandelt. Die Straßen hatten sich nach der ameisenähnlichen Geschäftigkeit der »Rush-hour« auf gespenstische Weise geleert. Ich fragte Goldenstein nach der wirtschaftlichen Rezession, den Folgen der sich abzeichnenden internationalen Sanktionen. Der Kursverfall des Rand, der südafrikanischen Währung, sei dramatisch, bestätigte er. In den Wirtschaftskreisen – Anglo-American an der Spitze – sei große Unsicherheit aufgekommen. Viele Betriebe ständen vor dem Bankrott. Die Arbeitslosigkeit unter den Schwarzen und damit die politische Unrast greife um sich. Der Goldpreis verharre auf niedrigem Stand. Die zahlreichen Neueinwanderer – die Deutschen und die Juden insbesondere, die spätestens seit dem Zweiten Weltkrieg um die Unbeständigkeit aller menschlichen Existenz wußten – seien schon dabei, Rückzugswege vorzubereiten. Manche seien bereits ausgereist. Auch die Engländer, sogar die Portugiesen würden sich allmählich auf das Schlimmste vorbereiten. Spitzenrepräsentanten des südafrikanischen Kapitals hätten Fühler zum »African National Congress« in Lusaka ausgestreckt. Man suche krampfhaft nach gemäßigten schwarzen Gesprächspartnern, um wenigstens die Geschäfts-, die Gruben-, die Finanzinteressen zu wahren. »Der Kapitalismus ist anpasserisch, antiheroisch, konzessionswillig bis zur Charakterlosigkeit«, lächelte Arthur.

»Ich bin ein seniler Schwätzer geworden, seit mein Sohn den Hauptteil des Geschäftes führt«, nahm er das Gespräch wieder auf. »Diese Buren, die sich auf die große Schlacht um die Wagenburg, den ›total onslaught‹ vorbereiten, die das ›Laager‹ befestigen, erwecken in mir, wie ich schon sagte, sehr gemischte Gefühle. Ob wir Juden es wollen oder nicht: Hier besteht eine gewisse Parallele zum Staate Israel inmitten seiner erdrückenden arabisch-islamischen Umgebung, so sehr uns dieser Vergleich auch schmerzen mag. Die Kontakte zwischen Jerusalem und Pretoria sind enger, als beide Komplizen eingestehen. Aber wie könnte ich vergessen, daß die alte Garde der ›Nationalen Partei‹ während des Zweiten Weltkrieges unverblümt mit Hitler und seinem Rassenwahn sympathisierte, daß die Nazis hier über ein Gefolgschaftspotential verfügten, das der kluge Marschall Smuts Gott sei Dank zu neutralisieren wußte. In der Kampforganisation ›Ochsenwagen-Brandwache‹ hatten sich damals SA-Typen zusammengeschlossen, und weil er dieser Formation nahestand, wurde sogar der spätere Premierminister John Vorster von den Briten interniert. Wenn Sie sich heute den Wortführer der rechtsextremen ›Konservativen Partei‹, Connie Mulder, ansehen, glauben Sie, einen braunen Gauleiter vor sich zu haben.«

Es seien die Zwänge der Realpolitik, die Israel in eine peinliche Kooperation mit Pretoria getrieben hätten. »Wie sagt doch euer Nietzsche?« zitierte Goldenstein, »die Staaten, diese kalten Ungeheuer.« Aber keinerlei Verständnis, allenfalls betrübte Sympathie habe er für die liberalen Weißen in Südafrika, die Gefolgsleute der »Progressive Federal Party« oder gar die weißen Weggefährten der »United Democratic Front«, die allen Ernstes glaubten, für sie gäbe es noch eine Chance der freien politischen Entfaltung in einem schwarzen Mehrheitsstaat. Gewiß, das Beispiel Mosambiks, Angolas, ja der Präzedenzfall Kongo-Zaire hätten gezeigt, daß Europäer als Entwicklungshelfer, als Experten und Handelspartner durchaus gesucht, geduldet, sogar gefördert werden könnten nach der schwarzen Machtergreifung. Die Juden hätten dabei wohl die geringsten Chancen.

Die Fraktionssprecherin der »Progressive Federal Party« im südafrikanischen Parlament, Helen Suzman, sei eine intelligente, kultivierte, hoch achtbare Frau. Doch sie solle bedenken, daß die Israeliten im Falle einer radikalen Verwirklichung von »black power« möglicherweise die ersten Opfer wären. Man erinnere sich doch nur an jene jüdisch inspirierten Gesellschaften für Rassengleichheit in USA, wie zum Beispiel die »B'nai Brith«, die sich schon in den fünfziger Jahren vehement zugunsten der dortigen »Negroes« einsetzten. Die Aktion dieser Idealisten hindere die »black muslims« Louis Farrakhane heute nicht daran, das Weltjudentum und den Zionismus in geradezu makabrer Weise an den Pranger zu stellen. Es gebe zu viele nützliche Idioten bei den weißen Liberalen. »Ich muß meine Beklemmungen loswerden«, seufzte Arthur, »für das burische ›Afrikaanerdom‹ werde ich weder meinen Besitz opfern noch meine alte Haut zu Markte tragen. Wenn ich irgendwo eines Tages einen letzten, verzweifelten Stand bis zum Untergang beziehen müßte, dann wäre das im Land der Väter, in Eretz Israel.«

Den Heimweg zum Hotel habe ich zu Fuß angetreten, obwohl die Stunde fortgeschritten war. Ich fühlte mich zwischen den leeren Betonschluchten nicht sonderlich gefährdet. Zweimal brachte das rotierende Blaulicht gemischtrassiger Polizeistreifen eine unheimliche Note in diese erstarrte Metropolis. Auf den Glasflächen des de Beers-Hochhauses, das in Form eines gigantischen Diamanten konstruiert ist, verlängerte sich der Schein der Bogenlampen zu gelblichen Fakkeln. Die Abschiedsworte Goldensteins, der sich zum Schluß in eine prophetische Exaltation gesteigert hatte, gingen mir nach.

Die Europäer, so sagte er, hätten keinen Anlaß zu Selbstgerechtigkeit oder gar Häme gegenüber diesem isolierten, dem Untergang geweihten Außenposten ihrer eigenen Gattung am fernsten Kap Afrikas. Der Rassenkonflikt, der sich heute in der Republik Südafrika abspiele, diese numerische Unterlegenheit der Weißen inmitten einer ständig wachsenden farbigen Flut, das sei doch gewissermaßen das Vorspiel einer Bedrängnis, in die sehr bald auch die Staatengemeinschaft des Westens geraten könnte. »Würden Sie nachts allein in Harlem spazierengehen, oder in Nottingham oder an der Goutte d'Or in Paris?« hatte er gefragt. »Die Rassenkrawalle von London und Liverpool, die fortdauernde Kluft zwischen Schwarz und Weiß in USA, das durch Ausländerhaß geförderte Hochkommen des Ultranationalisten Le Pen in Frankreich, die Mauerparolen ›Türken raus‹ in der Bundesrepublik – läßt sich an diesen Symptomen nicht diagnostizieren, daß die ›südafrikanische Krankheit‹ weltweit um sich greift?« Ein beharrlicher, langsamer, aber unaufhaltsamer Prozeß sei in Gang gekommen, der die privilegierte weiße Menschheit in eine von Neid und Haß umlagerte Randposition manövriere. Das Römische Reich sei auch nicht einer frontalen Aggression, sondern schleichender Unterwanderung erlegen. Großherzige Hilfsaktionen oder kleinmütige Beschwichtigung gegenüber diesen tellurischen Kräften der äußeren Barbarei würden nichts einbringen, schon gar nicht das Stammeln eines konfusen Nord-Süd-Dialogs.

»Weshalb distanzieren sich Amerikaner und Europäer so krampfhaft von den Weißen Südafrikas und belassen sie als kollektiven Sündenbock in der Wüste ihrer geistigen Vereinsamung?« hatte Arthur Goldenstein pathetisch gefragt; »weil sie die existentielle Bedrohung, die im Laufe der kommenden Dekaden auf sie selbst zukommt, verdrängen wollen! Die Leute, die mit den Protestplakaten vor den südafrikanischen Konsulaten und Botschaften in Europa stehen, glauben wohl, im Namen ihres Gewissens und der Menschenrechte zu handeln, in Wirklichkeit sind sie von der nagenden, uneingestandenen Angst um die eigene Zukunft besessen und blicken mit schreckgeweiteten Augen auf das Entgleisen aller humanitären Hoffnungen.«

Aber dann hatte er sich einen Ruck gegeben und stand kerzengerade mit einem müden Lächeln neben seinem siebenarmigen Leuchter: »Nehmen Sie das Gerede eines alten Juden nicht ernst, der sich aus atavistischer Veranlagung in der Rolle des Jeremias oder des Ezechiel gefällt. Vielleicht ist meine düstere globale Vorahnung auch nur die Spiegelung meiner sehr persönlichen Todeserwartung.«

Ein paar Stunden vor meiner Abreise aus Südafrika war ich mit Percy Qoboza verabredet, einem der angesehensten schwarzen Publizisten von Johannesburg. Das Redaktions- und Verlagsgebäude der »City Press« lag am Ende der Eloff-Street in einer Gegend, wo die geschäftige, vom Warenangebot strotzende Geschäftsallee des Zentrums in eine graue Zone von Lagerschuppen und Kleinbetrieben einmündet. Seit unserer letzten Begegnung vor sieben Jahren war Qoboza dick geworden und hatte sich einen Bart wachsen lassen. Er erinnerte mich an den SWAPO-Delegierten Daniel Tjongarero in Windhuk. In der Zwischenzeit hatte dieser gemäßigte schwarze Nationalist mehrere Monate im Gefängnis verbracht, sich aber auch zur beruflichen Weiterbildung in USA aufgehalten.

Das Gespräch wollte nicht recht in Gang kommen. Qoboza war zerstreut, blickte abwesend an mir vorbei, spielte mit seinen beiden Telefonen auf dem Schreibtisch. »Die Reformen Präsident Bothas sind in den Augen der schwarzen Bevölkerungsmehrheit völlig unzureichend«, begann er kategorisch, gestand jedoch ein, daß sich in den vergangenen Jahren vieles zum Besseren gewandelt habe. Wir kamen überein, daß der starke politische Einfluß der Kirchen in Südafrika sich wohltuend und mäßigend auswirkte, mehr als in allen übrigen Staaten Schwarzafrikas. Qoboza äußerte den Verdacht, die weiße Regierung taktiere nur, um Zeit zu gewinnen. »In Pretoria hoffen manche ›Bantu-Spezialisten‹, daß es zur großen Stammesfehde, zum Bürgerkrieg der Schwarzen komme, noch ehe der geballte Aufstand gegen die weiße Minderheit im ganzen Land aufflammt«, sagte er irgendwie resigniert. Dann zitierte Qoboza einen Satz des weißen südafrikanischen Schriftstellers Alan Paton, der in diesen Tagen häufig zu hören war. »Eine große Angst bedrückt mein Herz«, so hieß es in Patons Roman »Cry the beloved Country«, »die Angst, daß die Weißen an dem Tage, an dem sie endlich zur Liebe bereit sein werden, entdecken müssen, daß wir Schwarzen uns dem Haß verschrieben haben – I have a great fear in my heart, that one day when they are turned to loving, they will find that we are turned to hating.«

Im Nebenzimmer schrillte das Telefon. Eine schwarze Sekretärin eilte in Qobozas Büro und flüsterte ihm eine Mitteilung ins Ohr. Er sprang auf und reichte mir die Hand. »Entschuldigen Sie meine Unruhe und meine Hast«, sagte er im Weggehen, »mein Sohn ist heute nacht verhaftet worden. Soeben ruft man mich an, um mir mitzuteilen, wo er festgehalten wird.«

Das war mein letzter Abend in Südafrika. Der späte Himmel über dem Witwatersrand strahlte in der glorreichen Reinheit des Austral-Winters. Nirgendwo auf der Welt habe ich je ein schöneres Licht gesehen. Auf beiden Seiten der Autobahn wurde die eintönige Landschaft des »Veld« durch den Sonnenuntergang vergoldet und verklärt. Der Eindruck tiefen Friedens kam auf. Allzu viele Erinnerungen drängten sich mir auf. Eine Generation war verflossen, seit ich den schwarzen Erdteil zum ersten Mal betrat. In dieser Zeitspanne waren die Kolonialreiche zerbrochen; fünfzig schwarze Staaten wurden gegründet; alle weißen Widerstandsbastionen sind abgebröckelt. Die Republik Südafrika würde sich ihrer Vorbestimmung nicht entziehen können. Aber ich hütete mich, über den Ablauf oder gar die Fristen des Niedergangs eine Prognose zu wagen.

Am Jan-Smuts-Airport standen weiße und schwarze Passagiere in gemeinsamen Warteschlangen vor den Kontrollschaltern. Die Gesichter der burischen Polizisten unter der blauen Schirmmütze waren ebenso ausdruckslos, anmaßend und anonym wie die ihrer russischen Kollegen, die am Moskauer Flugplatz Scheremetjewo unter grünen Mützen die Pässe prüfen.

Die Hochebene von Transvaal verblaßte in der Dämmerung. Die Boeing-747 nahm Kurs auf Nord-Nordost, steuerte Simbabwe an und würde in einer Stunde den äußersten Zipfel von Katanga streifen. Das Abendrot war erloschen. Der Pilot teilte mit, daß die Maschine die »cruising altitude« erreicht habe. Dreizehntausend Meter unter uns lag Afrika in tiefer Nacht.

PERSONENREGISTER

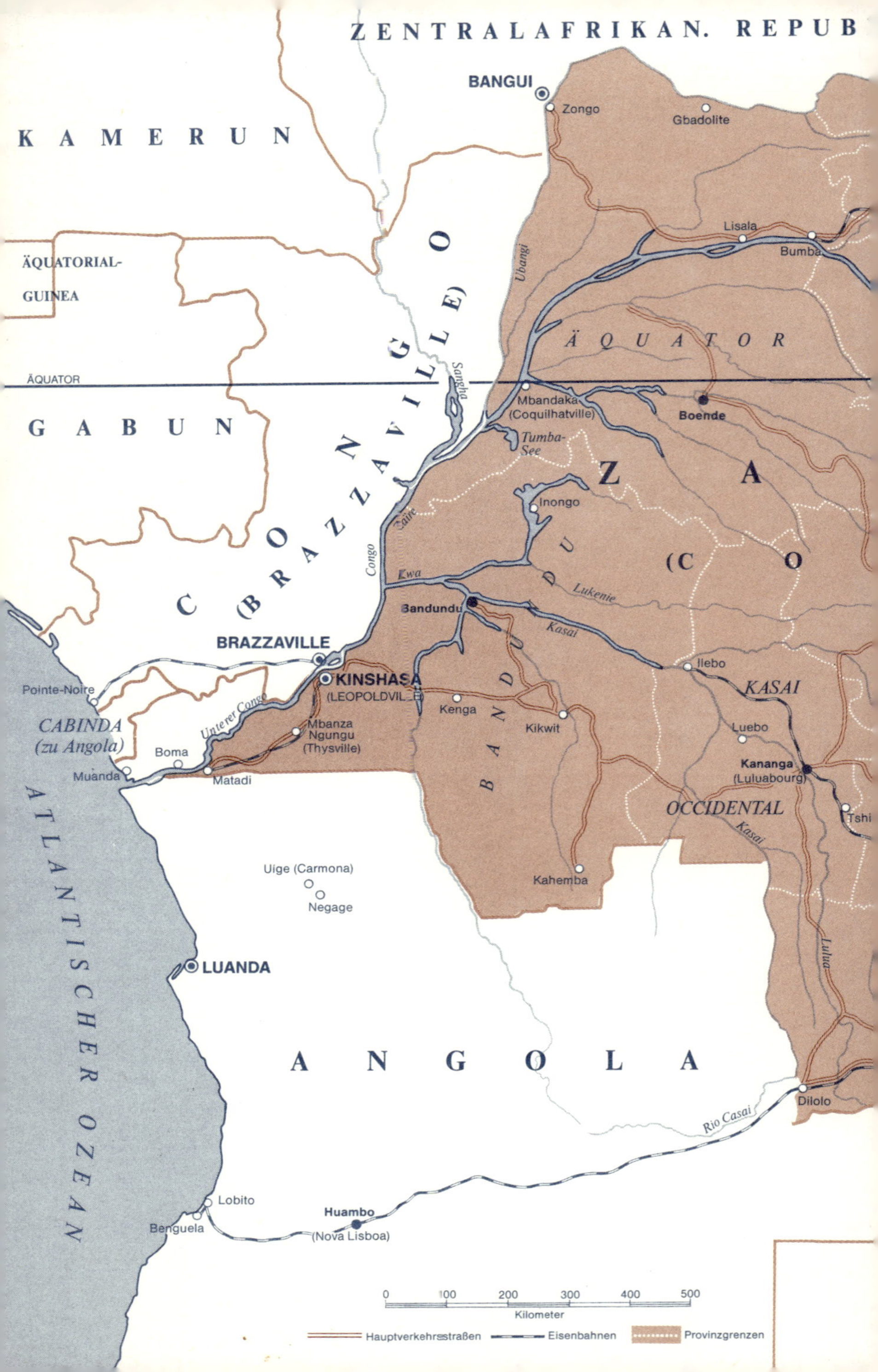

ZENTRALAFRIKAN. REPUB
KAMERUN
ÄQUATORIAL-
GUINEA
GABUN
CONGO (BRAZZAVILLE)
ZAIRE (CONGO)
ANGOLA
ATLANTISCHER OZEAN
ÄQUATOR
BANGUI
Zongo
Gbadolite
Lisala
Bumba
Ubangi
Sangha
ÄQUATOR
Mbandaka
(Coquilhatville)
Boende
Tumba-
See
Inongo
Congo
Zaire
Kwa
Bandundu
Lukenie
Kasai
BANDUNDU
BRAZZAVILLE
KINSHASA
(LEOPOLDVILLE)
Pointe-Noire
CABINDA
(zu Angola)
Unterer Congo
Mbanza
Ngungu
(Thysville)
Kenga
Kikwit
Boma
Muanda
Matadi
Ilebo
KASAI
OCCIDENTAL
Luebo
Kananga
(Luluabourg)
Tshi
Kasai
Kahemba
Lulua
Uige (Carmona)
Negage
LUANDA
Dilolo
Rio Casai
Lobito
Benguela
Huambo
(Nova Lisboa)
0
100
200
300
400
500
Kilometer
Hauptverkehrsstraßen
Eisenbahnen
Provinzgrenzen